현대일본의 문화콘텐츠 21

국립중앙도서관 출판시도서목록(CIP)

현대일본의 문화콘텐츠 21 / 중앙대학교 한일문화연구원 편. --
서울 : 한누리미디어, 2008
　　p. :　cm

색인수록
ISBN　978-89-7969-326-3 99830 : ₩22000

일본문화[日本文化]

600.913-KDC4
700.952-DDC21　　　　　　　　　　　CIP20080002747

현대일본의 문화콘텐츠 21

중앙대학교 한일문화연구원 편

한누리미디어

차 례
현대일본의 문화콘텐츠 21

머리말 현대일본의 문화콘텐츠·················· 박전열 · 6

제 I 장 일본문화 · 일본문화 콘텐츠의 기반
1. 일본의 언어문화 ······················ 임영철 · 13
2. 언어행동으로 엿보는 스즈키 씨의 하루 ············ 이길용 · 27
3. 자타의 눈에 비친 일본인 일본문화 ············· 김화영 · 51

제 II 장 생활 속의 문화예술 콘텐츠
4. 진솔한 삶의 여유 다도 세계 ················ 허 곤 · 71
5. 자연을 재현하는 이케바나와 정원 ·············· 서윤순 · 85
6. 시대정신을 드러내는 우키요에 ················ 구정호 · 107
7. 시대와 삶을 산책하는 현대문학 ················ 박영준 · 121

제 III 장 문화콘텐츠의 정체성과 다이너미즘
8. 일본인의 일생과 연중행사 ·················· 권익호 · 145
9. 신과 인간의 흥겨운 만남 마쓰리 ··············· 임찬수 · 169
10. 힘과 기를 겨루는 전통스포츠 스모 ············· 김용의 · 187

현대일본의 문화콘텐츠 21 　　차 례

제 IV 장　현대인이 즐기는 카타르시스의 전통예술
11. 역사와 삶을 그려내는 가면극 노 ·················· 유길동 · 207
12. 전통인형극 분라쿠의 아름다움 ·················· 손순옥 · 227
13. 서민의 희로애락 가부키 ························· 최경국 · 249
14. 서민들의 재치와 활기를 그려내는 라쿠고 ········ 홍지형 · 273

제 V 장　대중의 취향과 미디어예술
15. 변혁과 실험정신이 넘치는 현대연극 ············ 최인향 · 295
16. 21세기, 더욱 다양해지는 일본영화 ·········· 이즈미 지하루 · 313
17. 일본 드라마의 역사와 그 작품 ·················· 곽은심 · 335
18. 대중음악과 가라오케의 신경향 ·················· 노근숙 · 357

제 VI 장　판타지의 세계와 첨단문화산업
19. 시대를 반영하는 만화문화 ····················· 이건상 · 377
20. 아니메 파워와 역사의 아이러니 ················· 이재성 · 399
21. 판타지와 첨단기술의 조화를 즐기는 게임 ········ 한기련 · 417

맺음말 문화콘텐츠와 문화산업 ····················· 박전열 · 435

색인 · 450　　필자프로필 · 461

머리말

현대일본의 문화콘텐츠

 이 책은 문화시대를 추구하는 현대일본이 문화·예술을 문화산업으로 발전시켜 나아가는 현재의 모습을 문화콘텐츠라는 시각에서 보려는 연구가들의 논문집이다.
 문화를 담아내는 새로운 개념으로써 멀티미디어가 붐을 일으키던 1990년대부터 널리 쓰이기 시작한 콘텐츠라는 용어는 컴퓨터를 통한 저작물이라는 뉘앙스를 포함하며 단순한 내용물이라는 뜻의 콘텐츠와는 구별하여 쓰이게 되었다. 콘텐츠란 좁게는 미디어에 의하여 제공되는 뉴스의 정보나 음악, 영화, 만화, 애니메이션, 게임 등의 창작물이나, 서적이나 웹페이지에 제공되는 정보나 놀이 자체를 포함하기에 이르렀다.
 2007년까지의 일본의 콘텐츠 시장 데이터베이스에 의하면 시장규모는 12조 2,566억엔에 이르러 미국에 이어 세계 제2위의 규모로 평가되고 있다. 일본의 문화·예술을 다양한 방식으로 향수하는 콘텐츠 시장은 일본의 국내총생산량의 7분의 1이라는 매우 높은 비중을 차지하고 있다.
 국가적으로도 국민의 '문화 수요'에 대하여 적절한 문화콘텐츠를 공급해야 한다는 목표를 충족시키기 위하여 법령을 제정하고 정책을 추진하고 있다.
 경제산업성이 문화산업정책을 총괄하는데, 2003년에 「문화예술진흥기본법」을 발효시켜 문화예술의 진흥에 관한 기본적인 정책방향을 명확하게 밝히고 이를 추진하고 있다. 그간의 기술산업의 육성을 통한 경제성장을 통하여 국가적인 목표를 삼아 경제대국화를 내세우던 정책방향을 크게 바꾸어 문화예술을 창조하며 이를 향유하며 문화적 환경 가운데 삶의 기쁨을 누릴 수 있도록 하겠다는 선언으로 21세기는 문화의 세기가 되어야 한다는 세계사적인 흐름을 받아들인 획기적인 변화였다.
 구체적 분야를 제시하여 '예술, 미디어예술, 전통문화, 생활문화, 국민오락 등'에 세부적인 영역을 명시하였다. 예술의 경우는 문학, 음악, 미술, 사진, 연극, 무용 등의 공연이나 전시에 대한 시책 마련을 제시했다.

미디어예술의 경우는 영화, 만화, 애니메이션 및 컴퓨터나 전자기기를 이용한 예술의 제작과 상영 등의 지원과 이에 필요한 대책 마련을 제시했다.

이밖에도 노, 분라쿠, 가부키, 라쿠고, 다도, 꽃꽂이, 서도 등의 진흥을 위한 방침이 제시되었다.

이 가운데 미디어예술은 실로 문화콘텐츠에 해당하는 분야로써 문화의 시대에 역점을 두어 발전시켜야 한다는 국가적인 의지가 잘 나타나 있다고 할 수 있다.

2004년에는 「콘텐츠의 창조, 보호 및 활용의 촉진에 관한 법률」을 발효시켜 콘텐츠산업의 활성화에 도움을 주기 위하여, 국가, 지방자치단체, 국민이 해야 할 책무를 발표하였다. 이 법령에서는 콘텐츠를 구체적으로 명시하여 '영화, 음악, 연극, 문예, 사진, 만화, 애니메이션, 컴퓨터게임, 그 밖의 문자, 도형, 색채, 음성, 동작, 영상 혹은 이들의 조합된 것, 이들과 관련된 정보를 컴퓨터를 통하여 제공하기 위한 프로그램, 인간의 창조적 활동에 의하여 생산된 것'이라고 대상 분야를 밝혔다.

이런 경향은 거의 같은 시기에 한국과 중국에서도 나타났는데, 2002년부터 한국·중국·일본 등 3개국의 공동관심사를 논의하는 '문화콘텐츠산업포럼'이 개최되고 있다. 이 포럼에서는 전체 심포지엄에 이어 영상, 음악, 애니메이션, 게임 등 4가지 분과회의가 진행된다. 3개국 사이에 콘텐츠산업의 협력방안과 상호협력을 통하여 국제경쟁력을 강화방안이 논의되고 있다. 한국은 문화관광체육부, 중국은 문화부, 일본은 경제산업성이 주최한다.

이와 같은 국가적 관심은 이벤트의 개최로 나타나기도 한다. 2007년부터는 'CoFesta' 즉 통합콘텐츠페스티벌이라는 대회명칭으로 게임, 애니메이션, 만화, 캐릭터, 음악, 방송, 영화 등의 콘텐츠산업과 관련된 각종 이벤트가 열린다. 일본의 문화콘텐츠의 특성별로 다양한 방식으로 분류하여 볼 수 있으나. 콘텐츠 특성별로 본 콘텐츠 시장의 규모와 점유율은 다음과 같다.

분 야	시장규모	점유율	내 용
영상	4조4,545억엔	35%	영화소프트, 텔레비전 방송, 인터넷과 휴대전화를 통한 영상 전송
음악·음성	1조5,265억엔	12%	음악소프트, 라디오방송, 가라오케, 인터넷과 휴대전화를 통한 음성 전송
게임	1조1,273억엔	9%	게임소프트, 오락실용 게임, 온라인게임, 휴대전화 게임
문자·화상	5조7,438억엔	44%	신문, 서적, 잡지, 전자사전, 온라인 데이터베이스, 온라인 도서, 휴대전화의 문자서비스

표 : 일본 콘텐츠시장의 콘텐츠특성별 분포

한국에서는 '21세기는 문화의 시대'라는 시대적 요청에 주목하여 문화·예술과 이를 문화콘텐츠로 발전시켜 보다 많은 사람들이 즐기며 나아가 산업화하는 문제에 많은 관심을 기울이고 있다. 문화관광체육부가 시대적 요청에 부응하는 정책방향을 내놓기 위하여 노력하고 있음을 알 수 있는데,「문화산업진흥기본법」을 제정하고 '한국문화문화콘텐츠진흥원'을 설립하여 문화콘텐츠에 대한 정책적 지원과 국민적 관심을 불러 일으키고 있으며, 어느 정도 성과를 거두고 있다.

한국에서는 '문화상품 곧 문화콘텐츠'라는 기본개념을 바탕으로 콘텐츠의 산업화가 21세기의 국가를 이끌어갈 중요한 방향이 되어야 한다는 여론이 형성되어 있다.

여기서 '문화산업'은 '문화상품'을 생산하는 산업으로서, 문화상품의 기획, 개발, 제작, 생산, 유통, 소비 등과 이에 관련된 서비스를 창출하는 생산활동을 말한다. 문화상품의 콘텐츠로는 '영화, 음반, 비디오, 게임, 출판물, 방송영상, 문화재, 만화, 캐릭터, 애니메이션, 에듀테인먼트, 모바일문화콘텐츠, 광고, 공연, 디지털문화콘텐츠, 멀티미디어문화콘텐츠 등을 포함한다.

'문화상품'은 일반 공산품과는 달리 예술성, 창의성, 오락성, 여가성, 대중성이라는 문화적 요소가 용해되어, 경제적 부가가치를 창출하는 유형·무형의 재화(財貨, property) 즉 문화콘텐츠, 디지털문화콘텐츠 및 멀티미디어문화콘텐츠와 서비스 및 이들의 복합체를 말한다.

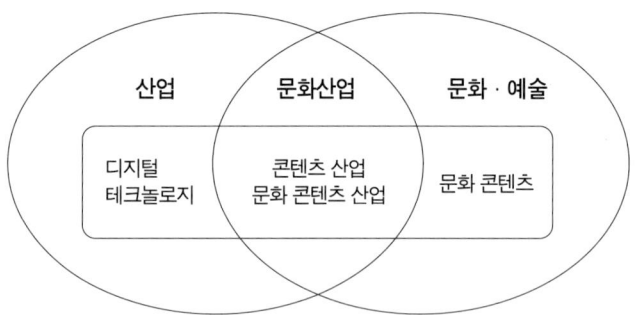

표 : 문화콘텐츠의 개념

콘텐츠란 부호, 문자, 음성, 음향 및 영상 등의 자료 또는 정보를 말하며, 문화콘텐츠라 함은 문화적 요소가 체화된 콘텐츠를 말한다. 디지털콘텐츠라 함은 콘텐츠의 자료 또는 정보로서 그 보존 및 이용에 효용을 높일 수 있도록 디지털 형태로 제작 또는 처리한 것을 말한다. 디지털문화콘텐츠라 함은 문화적 요소가 체화된 디지털콘텐츠를 말한다. 또한 멀티미디어콘텐츠라 함은 부호, 문자, 음성, 음향 및 영상 등과 관련된 미디어를 유기적으로 복합시켜 새로운 표현 및 저장기능을 갖게 한 콘텐츠를 말한다.

콘텐츠의 이와 같은 개념은 일본의 문화콘텐츠를 보는 데도 매우 유용한 기준이 된다.

주목되는 점은 콘텐츠의 개념에 현대의 첨단 테크놀로지로 제작되는 영화나 게임은 물론 '문화재' 도 포함된다는 점이다. 현대의 테크놀로지로 표현되는 콘텐츠라 하여도 모두 현대만을 시대적 배경으로 할 수는 없다. 콘텐츠에는 각국의 신화와 전설과 역사와 역사를 바탕으로 하는 신앙과 아이덴티티를 담은 전통문화의 세계, 전통문화를 바탕으로 만든 새로운 세계, 그리고 현대문명이나 상상력을 동원하여 만든 가공의 세계 등 3가지의 세계가 다양한 표현방식으로 전개된다.

이 책의 논문은 이와 같이 다양한 세계를 체계적으로 분해하여 각기 다른 시각에서 문화의 양상과 의미를 파악하고자 하였다.

제1장에서는 외국인의 시야에서 보는 일본인과 일본어의 특성을 파악하여 일본문화콘텐츠의 기반이 되는 정신세계를 살펴보고자 한다.

제2,3장에서는 일본인의 생활 가운데 일본의 정체성을 잘 간직하고 있으며, 일본문화의 상징 혹은 기호로 인식되는 전통문화론을 전개했다. 다도나 꽃꽂이라는 정적인 요소가 있는가 하면 마쓰리나 스모처럼 다이나믹한 요소로 공존한다. 일본인의 정서나 내면세계를 직접적으로 드러내는 미술이나 문학의 전통은 콘텐츠를 구성하는 좋은 소재가 된다.

오래 전에 성립된 전통연극인 노, 분라쿠, 가부키, 라쿠고 등은 역사적 공연방식을 유지하면서 오늘날에도 널리 공연되고 있는 중요한 문화콘텐츠이다. 외국에 일본을 소개하는 경우에도 매우 유효한 레퍼토리가 되지만, 그 에피소드나 메타포가 다양한 모습으로 콘텐츠에 활용되고 있음에 주목된다.

제4,5장에서는 일본인의 실험정신과 첨단 테크놀로지가 구체적인 콘텐츠를 생산해내는 과정과 문화산업의 구체적인 사례를 논의하였다. 특히 객석의 관객과 무대 위의 연기자 혹은 스크린 속의 연기자가 교감하기 위하여 노력하는 과정을 살펴보고자 한다. 나아가 판타지의 세계를 만화나 애니메이션 혹은 첨단 테크놀로지를 구사하는 게임은 무엇이며 어떤 의미가 있는가에 대한 해답을 찾고자 하였다.

일본은 미국에 이은 문화콘텐츠 혹은 문화산업의 강국을 지향하며, 이와 관련된 많은 정보를 모으며, 전통문화와 현대문화 그리고 상상력을 구사하여 많은 콘텐츠를 개발하며, 산업화에 국력을 기울이고 있다고 평가할 수 있다.

근대산업국가가 이룩한 대중사회가 추구하는 다음 단계의 문화적 수요는 '문화산업으로서의 문화콘텐츠' 라는 명제를 일본의 사례를 통하여 검토하고자 한 이 책의 목표가 독자 여러분에게 공감을 얻기를 기대한다.

그러나 이 책에는 빠르게 변화하는 일본문화의 흐름 속에서 놓친 부분도 많고, 잘못 판단한 부분도 있으리라 생각한다. 독자 여러분의 따가운 지적과 엄한 꾸지람으로 보다 큰 발전을 기대하고자 한다.

다양한 시각에서 정성을 들여 논문을 작성하여 주신 연구자 여러분에게 감사의 뜻을 표하고 싶다.

멀티미디어콘텐츠계가 활기를 띠우는 요즈음, 출판계는 상대적으로 매우 큰 어려움을 겪는 중에 있다. 이런 상황 가운데서도 정성을 들여 책을 꾸며주신 출판사 '한누리미디어' 의 김재엽 사장님에게 감사의 뜻을 표하고 싶다.

박전열

제 I 장

일본문화 · 일본문화 콘텐츠의 기반

1. 일본의 언어문화

임영철

I. 일본인의 모어와 국어
II. 일본어의 위상
III. 증가하는 일본어 학습자
IV. 일본어는 어떠한 언어인가
V. 한국어 화자의 일본어의 특징
VI. 일본어의 특징을 안다는 것은

I. 일본인의 모어와 국어

일본인들의 모어(mother tongue)는 일본어이며, 일본어는 일본의 국어(national language)이기도 하다. 일본인들은 일상적으로 일본 전국 어디를 가더라도 일본어만으로 생활이 가능하다고 믿고 있으며, 실제로 그와 같이 행동하고 있다.

그러나 전 세계적으로 보았을 때, 일본처럼 국민의 모어가 그 나라의 공용어(official language) 및 국어(national language)인 나라는 오히려 드물다고 한다. 아마 한국 정도가 아닐까 한다.

한편 일본인이라면 어느 누구나 일본어를 읽고 쓸 수 있으리라 여긴다. 그런데 이와 같이 단일 언어를 사용하며, 읽기 쓰기 능력(literacy)이 높은 나라는 전 세계적으로 보더라도 그다지 많지 않다고 한다. 즉 일본의 높은 식자율(識字率)과 국어의 보급은 근대국가로서의 일본을 형성하는 데 절대적인 견인차 역할을 했다고 할 수 있다. 그러나 오늘날과 같은 국제화 시대를 맞이하여 일본어라는 언어가 과연 일본인들만의 문화적 재산이며, 일본인들만이 공유하는 언어인지에 대해서는 다시 한 번 생각해 보아야 할 시기가 도래한 것은 아닐까 한다.

따라서 본 장에서는 먼저 전 세계의 언어 중에서 일본어의 위상은 어느 정도인가를 언어인구 면과 언어경제력 면에서 살펴보고, 국내외의 일본어 학습자 수 동향과 학습목적에 대해서 간단히 개관한다. 그리고 일본어는 어떠한 특징을 갖는 언어이며, 한국인이 일본어를 습득하는 데 있어서 어떠한 문제점들이 내재되어 있는가, 그 특징에 대해서 살펴보고자 한다.

끝으로 일본어의 특징을 파악하고 이해함으로써 한국어 화자의 일본어 습득을 보다 용이하게 하는 데 본 장의 목적이 있다.

II. 일본어의 위상

세계의 언어수는 학자에 따라서 그 숫자가 각기 다르지만, 대개 3,000에서 6,000개 정도라고 한다. 이렇게 많은 언어 중에서 일본어는 어느 정도의 위치를 차지하는 언어일까?

일본어의 위상에 대해서 언어인구적인 측면과 언어경제적인 측면에서 살펴보기로 하자.

1. 언어인구 면에서 본 일본어

먼저 〈표 1〉의 언어인구 상위 20개 언어를 통해서 언어인구적인 측면을 살펴보기로 하자. 표 중의 (A)는 모국어 사용자수를 나타내며, 다음 칸은 모국어 사용자수(A)에 제2언어(second language)로서의 상용(常用) 자수를 합한 숫자이다.

언어 사용자수를 언어인구 면에서 살펴보면, 제1위는 중국어로서 세계의 인구 순위와도 그 순위가 일치한다. 제2위의 영어는 영국과 미국을 비롯하여 오스트레일리아, 뉴질랜드 등 영어권 여러 나라에서 모어로 사용되고 있을 뿐만 아니라, 제2언어로서 널리 전 세계적으로 사용되고 있는 국제어라 할 수 있다.

〈표1〉 세계의 언어 · 상위 20개 언어(단위 백만 명)

	모국어 사용자 (A)	A+ 2개 국어 상용자	주요사용지역
중국어	약900	920	중국, 대만, 기타 동남아시아
영 어	320	390	유럽, 북미, AUS, NZ, 남아프리카
스페인어	210	250	스페인, 라틴아메리카
힌디어	180	245	인도, 파키스탄
러시아어	145	270	러시아, 동구
아라비아어	130	151	중근동, 북아메리카
포르트갈어	115	148	포르투갈, 브라질, 앙고라 등
벵갈어	120	147	방글라데시, 동인도, 파키스탄
독일어	110	119	유럽, 남북아프리카, 남비아
일본어	110	118	일본, 하와이
수단어	-	1000이상	아프리카 중부
프랑스어	90	280	서유럽, 캐나다 동부, 아프리카 33개국
반쓰어	70	80	중 · 남부아프리카
이탈리아어	60	65	유럽 · 에티오피아 · 리비아 · 소말리아
인도네시아어	55	147	인도네시아
한국어	55	59	한국 · 북한
테르그어	54	59	인도 남부
타밀어	50	58	인도 남부, 스리랑카 동북부
스와힐리어	-	500이상	동부 · 중부 아프리카
반쟈비어	50	64	인도, 파키스탄

※ 『일본어학의 이해』(1992)에서 전재

일본어의 모어 인구 순위는 독일어와 함께 동률 9위이다. 그러나 제2언어로서 그다지 사용되고 있지 않은 탓인지 제2언어까지 포함하면, 그 순위는 독일어 다음으로 12위가 된다. 즉 일본어라는 언어는 일본열도 이외의 다른 나라에서는 그다지 사용되지 않는 언어라는 것을 〈표 1〉을 통해서 알 수 있다.

어떤 언어를 사용하는 인구가 1억 이상인 언어를 대언어(major language)라 한다. 일본어도 1억 2천만 명에 가까운 사람들이 사용하는 언어이므로 대언어 중의 하나임에는 틀림없다. 그러나 다른 대언어에 비하면 제2언어로서의 사용자수가 매우 적다.

이에 비해서 프랑스어와 인도네시아어는 모어 인구순위가 각각 11위와 14위임에도 불구하고, 모국어 사용자(A)에 제2언어 상용자를 포함하면 각각 3위와 9위로 그 순위가 상승한다. 즉 프랑스어와 인도네시아어는 제2언어로서 전 세계에서 널리 사용되고 있다는 것을 의미한다.

2. 언어경제력 면에서 본 일본어

한 언어의 위상을 단순히 언어인구 면에서만 볼 것이 아니라, 그 언어가 사용되는 국가의 GNP(국민총생산)가 전 세계 GNP의 몇 %를 차지하는가를 숫자로 나타낼 수가 있다. 이처럼 국가의 GNP와 언어와의 관계를 나타내는 것을 「언어경제력」이라 한다.

〈표 2〉는 1988년 8월 6일자 일본경제신문에 실린 기사로서, 서기 2000년도의 세계 언어경제력을 시뮬레이션(simulation)한 결과를 나타낸 것이다. 〈표 2〉를 통해서 알 수 있는 바와 같이 언어인구 면과 더불어 언어경제력 면에 있어서도 영어의 우위는 21세기에도 지속될 것으로 보인다. 또한 이 기사에서는 「일본어가 영어의 뒤를 이어 실질적인 2위를 차지하기에는 좀더 시간이 걸릴 것 같다」고 전망하고 있다. 최대의 언어인구를 자랑하는 중국어의 언어경제력은 서기 2000년에는 제5위가 되리라고 분석·추정하고 있다.

2007년 현재, 세계의 언어경제력에 대한 정확한 통계보고 자료가 없는데, 작금의 중국경제의 발전하는 모습을 참작해 볼 때, 금후 중국어의 언어경제력 상승은 명약관화(明若觀火)하다 하겠다.

한편 국제연합의 공용어는 중국어·영어·프랑스어·러시아어·스페인어 등 5개 언어였는데 오일쇼크 이후, 1973년부터 유엔총회 안전보장이사회 경제사회이사회의 공용어로서 아라비아어가 추가되어 현재는 6개 언어이다. 물론 국제연합의 발족 경위와도 관계가 있겠지만, 언어인구 제1위인 중국어부터 제

3위인 스페인어와 제4위인 힌디어를 제외하고 제6위인 아라비아어까지가 국제연합의 공용어라는 점도 흥미롭다.

그런데 언어경제력 제3위인 일본어와 제4위인 독일어가 공히 국제연합의 공용어가 아니라는 현실은 국제사회에 있어서 정치와 언어가 얼마나 깊은 관계에 있는가를 나타내주는 일례가 아닐까 한다.

이와 관련하여 국제연합 운영자금의 상당 부분을 부담하고 있는 일본으로서는 일본어가 당연히 국제연합의 공용어가 되어야 한다고 주장하고 있다.

〈표 2〉 언어의 경제력 비율

1985년		2000년	
① 영어	36.9	① 영어	34.9
② 러시아어	13.1	② 러시아어	11.9
③ 일본어	10.1	③ 일본어	11.4
④ 독일어	7.2	④ 독일어	6.6
⑤ 프랑스어	5.4	⑤ 프랑스어	5.3
⑥ 스페인어	4.5	⑥ 스페인어	4.9
⑦ 중국어	3.1	⑦ 중국어	4.6
⑧ 이탈리아어	2.8	⑧ 이탈리아어	2.8
⑨ 아라비아어	2.8	⑨ 아라비아어	2.5
⑩ 포르투갈어	1.9	⑩ 포르투갈어	1.9

III. 증가하는 일본어 학습자

앞에서도 지적한 바와 같이 일본어는 주로 일본열도 안에서만 사용되는 언어로서 일본이라는 열도를 벗어나면 제2언어로서 그다지 사용되지 않는 폐쇄적인 언어라는 것을 알 수 있었다. 그러나 일본의 경제 발전과 더불어 세계적으로 일본에 대한 관심이 집중되어, 1980년대에 접어들면서부터 해외의 일본어 학습자가 증가하는 경향을 나타내고 있다.

또한 일본 국내에서도 1980년대 후반부터 동북아시아, 특히 한국어와 중국어를 모어로 하는 일본어 학습자가 증가하고 있다. 본 절에서는 해외의 일본어 학습자의 학습동향과 학습목적에 대해서 지역별로 간단히 살펴보기로 한다.

1. 아시아·오세아니아지역

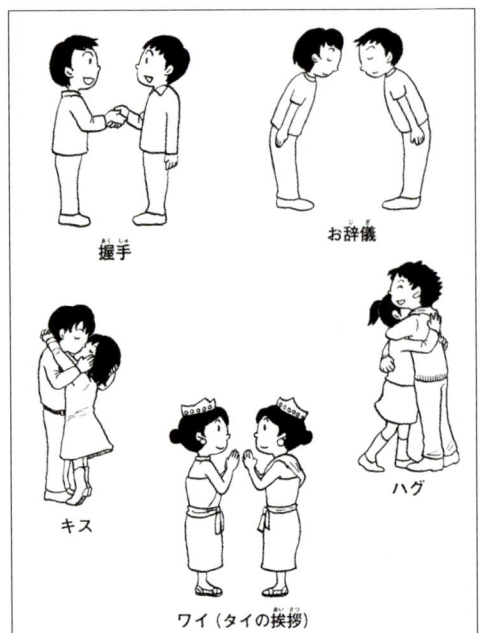

일본의 국제교류기금이 실시한「해외 일본어교육 기관 조사」의 결과에 의하면, 2006년 현재, 전 세계 133개 국가에서 약 298만 명이 일본어를 학습하고 있다고 추정하고 있다. 학습자수의 약 77%를 아시아인이 차지하고 있다. 특히 한국은 전 세계 일본어 학습자수의 30.6%를 차지하여 약 91만 명에 이르고 있다. 이는 한국인 50명당 한 명꼴로 일본어를 배우고 있다는 셈이 된다. 이른바 한국은「일본어 학습대국」인 것이다.

1945년 이후, 한국의 일본어교육 동향을 살펴보면, 한국과 일본과의 역사·정치적인 관계로 인하여 고등학교의 일본어교육은 오랫동안 금지되어 왔다. 그런데 1973년 박정희 대통령의 지시에 의해서 독일어 프랑스어 등과 함께 고등학교 제2외국어로 일본어가 채택되게 되었다. 이후 각 대학 및 대학원에 일본어문학과 관련이 있는 학과가 설치되었으며, 시중의 사설 일본어학원과 기업의 연수원 등에서도 일본어 학습자가 증가하고 있다. 또한 신문 방송을 통한 일본어 학습도 비교적 활발히 이루어지고 있다.

학습목적은 한일관계가 정치·경제적으로 상호 밀접한 협력관계로 발전해 감에 따라, 현실적인 필요성에 의해서 주로 일본의 선진 기술의 습득과 정보 입수, 나아가서는 취직에 대한 기대감 등에서 일본어 학습이 이루어지고 있다.

중국은 1978년 일중 평화우호조약을 체결한 이후, 폭발적으로 일본어 학습자가 증가하였다. 이는 중국의 대외개방정책에 의한 것으로서, 주로 중국의 동북부지역(길림성, 요령성, 흑룡강성)을 중심으로 그 숫자가 증가하고 있다. 중국정부는 근대화정책의 일환으로써 많은 유학생을 선진공업국으로 내보내고 있다. 최근에는 첨단 과학기술 정보를 수집하기 위한 수단으로써 일본어를 학습하는 경우가 많은데, 이는 유럽 여러 나라의 일본어 학습목적과 그 경향이 비슷하다.

동남아시아의 태국·말레이시아·싱가포르·인도네시아의 중등교육기관에서도 일본어가 선택과목으로 지정된 이후, 일본어교육이 활발히 이루어지고 있다. 그 중에서도 인도네시아는 1984년에 인도네시아 교육문화부가 고등학교의 외국어교육에 대한 기본방침을 제시하여 영어를 필수과목으로 지정하고, 일본어는 아라비아어 독일어 프랑스어 등과 함께 선택과목으로 지정하고 있다.

한편 말레이시아에서는 근대화정책인 동방정책(Look East)에 기반을 두고, 일본의 과학기술분야를 습득하기 위해 유학생이 증가하고 있으며, 일본으로 유학하는 유학생을 위해서 말레이대학에 2년제 일본어 예비학교를 설치하는 등, 도일(渡日)목적, 목표에 맞는 특징적인 일본어교육이 이루어지고 있다.

일본어 학습자수를 인구비율로 계산하면 오스트레일리아가 40명당 한 명꼴로 전 세계에서 제1위이다. 뉴질랜드도 오스트레일리아와 마찬가지로 중등교육과정의 학습자가 많으며, 학습자의 8할은 중·고등학교 학생이다.

이상 동북아시아 동남아시아 그리고 오세아니아의 일본어 학습자수의 동향과 그 학습 목적에 대해서 살펴보았는데, 이 지역의 학습자수가 전 세계 일본어 학습자수의 9할 남짓을 차지하며, 그 중 8할 전후가 중등교육기관에서 일본어교육이 이루어지고 있다. 이러한 점으로부터 유추해 볼 때 아시아·태평양권에 있어서 일본어는 국제성 있는 언어로서 점차 그 기반을 다져가고 있다고 할 수 있을 것이다.

2. 구미지역

유럽과 미주에 있어서도 종래의 특수한 언어 중의 하나로 여겨지던 일본어가 최근에는 학습자의 증가와 더불어 최첨단 과학기술정보를 입수하기 위한 일본어로 그 인식이 크게 바뀌어가고 있다. 독일의 경우는 중등교육기관인 김나지움(gymnasium) 등에서 일본어교육이 실시되고 있다. 미국의 경우도 고등학교와 대학교 등에 일본 관련학과가 많이 설립되어 일본어교육이 비교적 활발히 이루어지고 있다.

페루 브라질 칠레 등 중남미지역에는 일본계 이민이 많이 정주(定住)하는데, 이들 이민 3·4세에 대한 일본어교육도 국어교육이 아닌 외국어로서의 일본어교육으로 점차 이행되어 가고 있다.

3. 일본 국내

일본 국내의 일본어 학습자는 유학생 기술연수생 중

심의 일본어교육으로부터 외국인 비즈니스맨, 베트남 난민, 중국으로부터의 귀국자녀 등으로 다양화되었으며, 최근에는 한국과 중국으로부터의 어학연수 취학생(就学生)들이 증가하고 있다. 이와 관련하여 2005년 현재, 일본의 대학과 대학원에 유학하는 한국인 유학생수는 1만9천여 명으로 추정되고 있다.

이상에서 보는 바와 같이 일본어 학습자의 증가와 더불어 학습목적이나 교수방법의 다양화는 일본어를 국제성 있는 언어로 규정함과 동시에 일본어의 위상을 한층 더 높이고 있다. 또한 일본어교육은 각국의 다양한 목적, 목표를 달성하기 위해서 크게 전환되어 가고 있으며 일본어를 특수한 언어가 아닌 실용적인 언어로써 학습하고 있다. 이처럼 이미 일본어는 일본인만의 언어, 이른바 폐쇄된 언어가 아닌, 세계 속의 일본어로서 그 영역을 점차 넓혀가고 있다고 하겠다.

Ⅳ. 일본어는 어떠한 언어인가

일본어는 특수한 언어이기 때문에 외국인들은 습득하기 힘들 것이라고 생각하는 일본인들이 많은 것 같다. 즉 일본어는 다른 언어에 비해서 특이한 언어라는 생각을 갖는 일본인들이 많다는 것이다. 이에 반해 일본어에 존재하는 언어현상은 다른 언어에도 얼마든지 존재하는 보편적인 언어현상으로 볼 수 있으므로, 일본어라는 언어는 평범한 언어라는 의견이 있다. 이러한 일본어에 대한 언어관의 대립은 옛날부터 있어 왔다.

1. 일본어는 특이한 언어이다

쇼와(昭和, 1926~1988) 초기 도쿄대학의 히라이즈미 기요시(平泉澄)와 같은 역사학자는 국수주의적인 입장에서 일본어의 특이론에 대해서 다음과 같이 주장한다.

'일본어와 계통을 같이하는 언어는 없다고 하는데, 이는 당연한 일이다. 일본은 신(神)의 나라로서 일본어라는 언어는 신의 언어의 후예이기 때문이다.

즉 일본어는 전 세계 어떠한 언어와도 계통을 같이 하지 않는다고 하는 우월론적인 입장에서 일본어란 특이한 언어라는 특이론을 주장한다.

한편 종전 직후에는 소설의 신이라 일컬어지는 유명한 소설가인 시가 나오야(志賀直哉)는 매우 부정적인 입장에서 일본어의 특이론을 다음과 같이 주장한다.

'우리들은 어릴 적부터 일본어에 익숙해 있기 때문에 그렇게 느끼지 못하겠지만, 일본어만큼 불안전하고 불편한 언어는 없다고 생각한다.'

이는 앞서 소개한 히라이즈미 기요시의 의견과는 사뭇 달리 비관론적인 입장에서 일본어의 불합리론 비논리성을 주장한다. 따라서 불완전하고 불합리한 일본어라는 언어를 배제하고, 프랑스어를 일본의 국어로 해야 한다고 주장하여, 일본인들을 깜짝 놀라게 한다. 또한 모리 아리노리(森有礼)는 일본어를 사용해서는 급변하는 세계의 변화의 흐름을 쫓아 갈 수 없기 때문에 일본어를 버리고 영어를 일본의 국어로 채용해야 한다고 제안한다. 그리고 다마루 다쿠로(田丸卓郎) 등은 문자만이라도 한자를 버리고, 로마자로 표기하자는 일본어 표기개량안을 주창하기도 했다. 그런데 이러한 주창의 배경에는 일본어에 대한 부정적인 언어관이 내재되어 있다는 것을 알 수 있다.

2. 일본어는 평범한 언어이다

이에 반하여 언어학자들은 대체적으로 일본어는 다른 언어와 비교해 볼 때, 매우 평범한 언어라고 주장한다.

벨기에 출신 일본어학자인 그로타스(W.A.Grootaers) 신부는 일본인들이 일본어만이 갖는 특징이라고 주장하는 언어현상은 다른 언어에도 얼마든지 존재한다고 주장한다. 예를 들면 다음과 같은 언어현상들이다.

첫째 일본인들은 일본어는 계통적으로 고립된 언어라고 주장하지만, 일본어는 계통적으로 고립된 언어가 아니라는 것이다.

둘째 일본어는 음독과 훈독이 있어서 매우 특이한 언어라고 주장하지만, 이러한 현상은 프랑스어에도 있다고 한다.

셋째 일본인들은 경어는 일본어만이 갖는 특징이라고 하지만, 한국어를 비

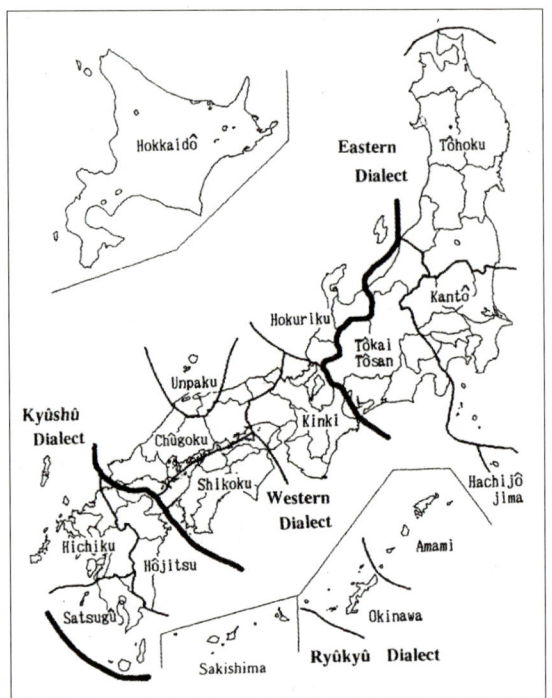
▲ 일본어의 방언구획도

롯해서 인도네시아의 쟈바어에도 경어의 체계가 있다는 것이다.

넷째 일본인들은 「が」와 「は」에 대한 구별이 있는 것은 일본어만이 갖는 특징이라고 하지만, 이러한 현상은 한국어에도 있다는 것이다.

이상 일본어란 평범한 언어라는 점에 대해서 살펴보았는데, 이러한 평범론에 대해서는 사회언어학자인 스즈키 다카오(鈴木孝夫)와 문법학자인 시바타니 마사요시(柴谷方良) 등 주로 언어를 전문적으로 연구하는 학자들이 주장하고 있다. 그러나 일본어만이 갖는 특징적인 성질이 전혀 없다고 단정할 수는 없을 것이다. 예를 들면 문자면에서 한자 히라가나 가타카나 로마자 아라비아 숫자 등 여러 가지 문자체계를 함께 사용하는 나라는 세계적으로 볼 때, 아마 일본뿐일 것이다. 그리고 음독과 훈독이 극히 일부가 아닌 일상적으로 사용되는 거의 모든 한자에 존재한다는 것은 일본어의 커다란 특징 중의 하나라 할 수 있다.

V. 한국어 화자의 일본어의 특징

한국인에게 일본어는 가장 습득하기 쉬운 언어라 할 수 있다. 그 이유는 한국어와 유사한 점이 가장 많은 언어이기 때문이다. 그러나 한국어 화자가 사용하는 일본어에는 여러 가지 특징이 있다. 그 이동(異同)에 대해서 발음 문법 어휘 3분야로 나누어, 그 특징에 대해서 간단히 살펴보기로 한다.

1. 발음상의 특징

일본어의 음절구조는 「자음+모음」 또는 「자음+반모음+모음」으로 이루어져 있으며, 모음으로 끝나는 단순한 구조이다. 이에 반하여 한국어는 「자음+모음」「자음+모음+자음」「자음+모음+자음+자음」으로 이루어져 있으며, 대체적으로 자음으로 끝나는 복잡한 구조를 이루고 있다. 음절의 종류도 일본어가 120개 정도인데 비하여, 한국어는 1200개를 훨씬 넘는다고 한다.
　음소의 종류도 일본어는 모음 5개, 자음과 반모음 21개, 특수 음소 3개를 합해서 29개이다. 반면에 한국어는 모음 21개, 자음 19개로 일본어에 비해서 그 숫자가 많으며, 특히 모음은 상당한 차이가 있다.
　한국어 화자에게 일본어는 음소나 음절의 숫자가 적고 그 구조가 간단하기 때문에 발음하기 쉽다. 그러나 실제로 한국어 화자의 일본어 발음을 들어보면, 다음과 같은 여러 가지 특징이 있다.
　(1) 한국어는 어두(語頭)에 탁음이 오지 않기 때문에 한국어 화자에게 일본어의 어두에 오는 탁음은 발음하기 어렵다. 그리고 청음과 탁음의 구별 또한 쉽지 않다.
　(2) 한국인 화자는 일본어의 발음(撥音 : ん), 촉음(促音 : っ), 장음을 하나의 독립된 1박(拍)의 길이로 발음하지 않고 짧게 발음하는 경향이 있다..
　(3) 장음을 단음으로 단음을 장음으로 발음하여 원활한 커뮤니케이션이 이루어지지 않는 경우도 있다.
　(4) 한국어는 발음할 때, 여러 가지 연음현상이 일어나지만, 일본어는 이러한 현상이 그다지 일어나지 않는다.
　(5) 「つ」를 「す」나 「ちゅ」로, 그리고 「わ」를 「あ」로 발음하는 경향 등이 있다.
　이상에서 보는 바와 같이 한국어와 일본어의 음운체계는 부분적으로는 유사한 점이 있다 하더라도 근본적으로는 서로 다르기 때문에 일본어의 음운체계에 기초하여 학습하지 않으면 안 된다.

2. 문법상의 특징

　한국어 화자가 일본어를 쉽게 습득할 수 있는 언어라고 생각하는 가장 큰 이유는 어순이 같다는 점이다. 어순이 같다는 것은 문법체계가 유사하다는 것을 의미하지만, 차이점도 적지 않다는 것을 간과해서는 안 된다. 한국어 화자의 일본어 문법상의 특징을 살펴보면 다음과 같은 것들이 있다.
　(1) 형용사나 동사를 체언에 접속할 경우, 형용사나 동사의 연체형을 사용해야 할 곳에 형용사나 동사의

「연체형＋の＋체언」과 같이 표현하는 경우가 많다.

(2) 경어사용에 있어서 한국어는 듣는 이가 말하는 이와 어떠한 관계에 있는가에 관계없이 존경어를 사용하는 절대경어인데, 일본어는 한국어와는 다른 구조를 갖는 상대경어이다.

(3) 일본인들은 문말에 여러 가지 종조사를 사용하여 심리를 묘사하는 경우가 많은데, 한국인에게는 그 습득이 쉽지 않다.

(4) 일본인은 수동표현을 많이 사용하는데, 한국어는 수동형을 갖는 동사가 한정되어 있으므로 수동표현을 많이 사용하지 않는다. 따라서 한국인 학습자가 일본어의 수동문을 습득하는 데에는 많은 어려움이 따른다.

한국어와 일본어는 문법적인 공통점이 많기 때문에 학습 초기에는 쉽게 느껴지지만 학습시간의 증가와 더불어 조사의 사용 등 문법적인 특징 때문에 어려움을 느끼는 경우가 많다. 따라서 한국어와 일본어의 상이점을 정확히 파악하여 학습하여야 할 것이다.

3. 어휘상의 특징

한일 양 언어는 같은 한자문화권에 속하는 언어로서, 한일 모두 어휘의 절반 이상을 한자어가 차지한다. 그러나 한국에서는 한자는 전문서적이나 신문에서는 사용되지만, 일상생활에서는 거의 사용되지 않는다. 한국인 화자에게 나타나는 일본어의 어휘상의 특징을 보면 다음과 같은 것들이 있다.

(1) 이해어휘가 표현어휘에 비해서 훨씬 많다. 즉 일본어의 한자어는 한국어와 거의 비슷한 의미로 사용되기 때문에 눈으로 보고 그 의미만을 이해하는 경우가 많다. 따라서 한자어의 읽는 법과 철자법을 모르는 경우가 있다.

(2) 한일 두 나라의 한자어의 의미 용법은 비슷한 점이 매우 많지만, 모두 같은 의미 용법으로 사용되는 것만은 아니다.

(3) 한국인 학습자에게 일본의 외래어의 습득은 매우 어려운 분야 중의 하나이다. 외래어에 대한 학습은 원어나 한국어의 의미 용법을 의식하지 말고, 일본어로서의 의미 용법을 습득하려는 자세가 필요할 것이다.

이상과 같이 동일한 한자어라 할지라도 한일간에는 의미나 용법에 차이가 있으며, 또한 사용빈도와 위상에 의한 차이를 나타내는 경우도 있다. 주의를 필요로 하는 부분이다.

VI. 일본어의 특징을 안다는 것은

이상 한국인이 일본어를 습득하는 데 있어서 어떠한 특징이 있는가를 발음 문법 어휘의 3분야로 나누어 그 특징을 간단히 살펴보았다. 이러한 한국인의 일본어에 대한 특징을 파악하고 이해한다는 것은 다음과 같은 점에서 매우 중요하다 하겠다.

첫째 일본어의 구조를 이해하므로 인해서 보다 정확하고 효과적으로 일본어를 습득할 수 있는 방법을 익힐 수 있을 것이다.

둘째 언어는 그 나라의 문화를 나타내므로 일본어의 특징을 안다는 것은 과거로부터의 일본인의 생활이라든가 일본인의 사고방식을 구명(究明)하는 데 도움이 될 것이다.

셋째 현재 일본은 경제·정치·군사·문화적으로 세계적인 강대국이 되었다. 일본을 알기 위해서는 일본어의 특징을 숙지하여 그들이 사용하는 언어를 통해서 그 실체에 접근해야 할 것이다.

신세대들은 변화하는 일본의 위상에 민감하게 반응한다. 과거에 연연하여 현실을 부정한다는 것은 이미 구시대적인 발상이다. 일본문화개방과 더불어 좀 더 포괄적인 자세로 일본을 바라보는 시각이 필요한 시기가 우리들의 눈앞에 도래해 있다고 할 수 있을 것이다.

【용어사전】

◇ 모어와 모국어

모어와 모국어의 차이는, 모어는 최초에 습득한 언어 즉 제1언어(first language)를 가리키며, 모국어는 개인이 소속하는 국가나 민족의 언어를 가리킨다. 예를 들면 일본에서 태어나 성장한 재일 한국인 2·3세들이 일본어밖에 못한다 할지라도 이들의 모국어는 어디까지나 한국어이며, 일본어는 모어 또는 제1언어이다. 현재 대부분의 나라에서는 모어라는 용어보다는 제1언어라는 명칭이 정식용어로서 사용되고 있다.

◇ 공용어(official language)

각국의 라디오 TV 신문 등에서는 공용어를 사용한다. 한국이나 일본은 공용어가 각각 한국어와 일본어 하나뿐인데 공용어가 여럿인 나라들이 많이 있다. 예를 들면 스리랑카의 경우는 영어 싱하이리어 타밀어가 공용어이며, 인도는 17개 언어가 공용어라고 한다.

◇ 대언어(major language)

어떤 언어를 사용하는 인구가 1억 명 이상인 언어를 대언어라 하는데, 중국어를 비롯해서 영어·스페인어·힌디어·러시아어·아라비아어·포르투갈어·벵갈어·독일어·일본어 등이 이에 속한다.

◇ 언어경제력

한 언어의 위상을 단순히 언어사용인구 면에서만이 아니라, 그 언어가 사용되는 지역의 국민총생산이 세계 GNP의 몇 %를 차지하는가를 숫자로 표시한 것이 언어경제력이다.

일본어는 70년대에는 제4위였는데, 80년대에 접어들면서부터 3위로 부상한다. 20세기 말에는 러시아어와 함께 세계 제2위의 경제력을 갖는 언어가 되리라고 예상된다.

◇ 절대경어와 상대경어

일본어의 경어는 상대적인 경어인데 한국어는 절대경어이다. 즉 일본어에서는 말하는 이나 화제의 인물과 듣는 이와의 관계에 따라서 화제의 인물에 대해서 존경어를 사용할 것인가 그렇지 않을 것인가가 정해진다. 그러나 한국어에서는 화제의 인물이 말하는 이보다 손위일 경우에는 말하는 이와 듣는 이에 관계없이 화제의 인물에 대해서 존경어를 사용한다.

◇ 이해어휘와 표현어휘

어휘를 구분할 때 듣거나 읽어서 이해할 수는 있지만 표현은 할 수 없는 어휘를 이해어휘라 하며, 현재 그 사람이 이해할 수 있고 실제로 사용해서 표현할 수 있는 어휘를 표현어휘 또는 사용어휘라 한다. 개인의 어휘량은 이와 같이 이해어휘와 표현어휘로 구별되는데, 표현어휘보다 이해어휘 쪽의 어휘량이 많다.

2. 언어행동으로 엿보는 스즈키 씨의 하루

이길용

I. 스즈키 씨는 평범한 회사원
II. 언제 인사를 하는가
III. 커뮤니케이션 능력이란
IV. 스타일 전환 능력
V. 경어표현과 경어행동(폴라이트네스)
VI. 공통어와 표준어, 방언의 현재적 해석

I. 스즈키 씨는 평범한 회사원

이 글은 일본 오사카에 거주하는 스즈키 씨(26살, 회사원)를 모델로 세워 그의 하루를 가상으로 꾸며 본 것이다. 이 글을 통하여 우리는 평범한 일본인의 일상적인 언어생활의 일면을 우리들 한국인의 언어생활과 비교하면서 관찰할 수 있을 것이다. 또한 스즈키 씨의 언어생활을 엿보면서 일본인(및 한국인)의 언어생활, 언어행동을 동적으로 파악하기 위한 사회언어학의 대표적인 시점을 몇 가지 제시하고자 한다.

먼저 스즈키 씨를 간단히 소개하자.

스즈키 씨는 오사카에서 나고 자랐으며 오사카의 한 대학에서 국제커뮤니케이션을 전공한 지극히 평범한 일본인이다. 3년 전에 대학을 졸업하고 지금은 중소기업의 영업부에 근무하고 있다. 대학의 국제커뮤니케이션학부에는 외국인 유학생도 많아 스즈키 씨는 미국 사람과 중국인, 한국인 친구들도 많다. 그 중에서도 경기도 안양에서 유학 온 장국영 씨와는 같은 동네에서 살아 매우 친하게 지낸다. 스즈키 씨가 다니는 회사는 금융상품을 판매하는 회사인데 입사 3년차인 스즈키 씨는 성실하게 근무하여 상사로부터 능력을 인정받고 있다. 오전에는 사무실에서 일을 하고 오후에는 대개 외근을 하는데, 여러 사람을 만나서 판촉 활동을 벌인다. 퇴근 후에는 보통 옛 친구들을 만나거나, 일주일에 두 번 스즈키 씨가 사는 동네에 있는 국제교류회관에서 외국인에게 일본어를 가르치거나 생활 상담을 해 주는 자원봉사활동을 한다.

그럼 본격적으로 스즈키 씨의 하루를 들여다보자.

스즈키 씨는 아침 7시에 일어난다. 독신이며 부모님과 같이 사는데, 일어나서 거실로 나오면서 '오하요고자이마스(おはようございます)'라고 큰 소리로 아침 인사를 한다. 그런데 거실에 아무도 없을 때라도 아침 인사를 한다는 점이 흥미롭다. 일반적으로 한국인은 사람의 얼굴(눈)을 보고 인사를 하는데, 일본인은 타인과 공유하는 공간(場)에 진입하면 인사를 하는 경향이 있는 듯하다. 이와 같은 인사행동은 가령 회사에 가서 사무실에 들어 갈 때도 누가 보고 있지 않더라도 (모두에게 들리도록) '오하요고자이마스(おはようございます)'라고 인사를 하며 들어가는 형태로 표출된다. 또 식사할 때면 혼자 먹더라도 '잘 먹겠습니다(いただきます)', '잘 먹었습니다(ごちそうさま)'라고 인사를 하는 경향이 있다.

이렇듯 사소한 인사행동 하나에도 사회, 문화에 따라 흥미로운 차이가 있다. 그러면 여기에서 일본인의 인사행동에 대하여 독일인과 비교한 연구 결과를 하나 살펴보자.

II. 언제 인사를 하는가

인사란 특별히 어떤 내용을 적극적으로 전달하려는 언어행동은 아니지만 사람과 사람 사이의 관계를 원활히 하거나 원활한 상태를 유지하는 데 기여하는 사교적(의례적) 행동 양식이다. 일본 국립국어연구소가 일상생활에서 반복적으로 경험하는 구체적인 상황에서 일본인과 독일인이 각각 인사를 하는지, 인사를 한다면 어떤 말을 하는지, 또 어떤 몸짓을 수반하는지에 대해 조사한 결과(1984)의 일부를 소개한다.

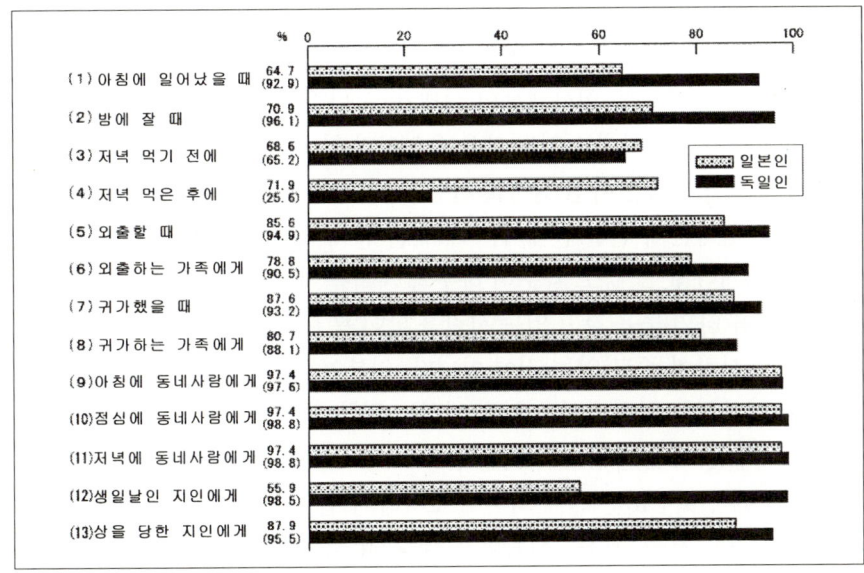

〈그림 1〉 일본인과 독일인의 인사를 하는 비율

〈그림 1〉을 보면 길에서 이웃 사람을 만났을 때는 아침·점심·저녁을 불문하고 일본과 독일 양쪽에서 대다수가 인사를 하지만 식사 전후를 제외한 모든 상황에서 독일인이 인사를 하는 비율이 일본인보다 높은 것으로 나타났다. 특히 아침과 밤에 가족에게 하는 인사는 일본측이 상당히 적고, 생일 축하 인사에서는 그 차이가 더 커져서 일본의 비율은 독일의 절반 정도에 그치고 있다. 반면 식후에 인사를 하는 사람은 일본이 압도적으로 많고 독일은 일본의 3분의 1에 지나지 않는다. 회답자의 속성에 따라서 차이는 있겠지만 전체적으로 일본과 독일의 언어생활의 차이를 명료하게 나타낸 결과라고 할 수 있겠다.

〈그림 1〉에서는 알 수 없지만 각각의 상황에서 사용되는 인사말의 종류는 조의(弔意)를 표할 때를 제외하고 모든 상황에서 일본쪽이 적다. 예를 들어 아침에 일어났을 때 사용하는 인사말은 일본에서는 '오하요(おはよう)', '오하요고자이마스(おはようございます)', '부름말+오하요(おはよう)', '옷스(おっす)', '오스(おす)', '옷하요(おっはよう)', '굿 모닝(グッモーニン)', '일어났니?(起きたの)'의 8종류 정도가 보였지만 독일에서는 55종류에 달하는 형식이 사용되고 있다. 게다가 일본은 '오하요(おはよう)', '오하요고자이마스(おはようございます)'의 두 형식이 전체의 95% 이상을 차지하고 있어 정형성이 높다고 할 수 있다.

각 언어사회에서 어떤 상황에서 어떤 언어행동을 취하는지의 여부, 한다면 구체적으로 어떠한 형식을 선택하는지, 그러한 행동을 취하게 된 배경에는 어떠한 문화적·사회적 요인이 존재하는가 하는 정보는 이문화(異文化)가 교류하는 상황에서 생활하는 경우에 매우 중요한 것이다. 한국인과 일본인의 인사행동을 비교 분석하여, 인사행동의 실태가 그 나라의 문화, 사회와 어떻게 관련되어 있는지를 밝혀내는 일도 매우 유익하다 할 것이다.

우리의 스즈키 씨는 아침 식사를 간단히 하고 8시쯤 집을 나선다. 전철을 타고 회사로 향하는데 전철 안에서는 대개 손 안에 쏙 들어가는 작은 문고본(文庫本)을 읽거나 눈을 감고 차분히 하루의 계획을 세우기도 한다. 참고로 일본에서 전철을 타면 눈을 감고 있는 사람을 많이 볼 수 있는데, 눈을 감고 있다고 해서 모든 사람이 졸고 있는 것이 아니다. 일본인은 좁은 공간에서 다른 사람과 눈이 마주쳐서 불편해지는 것을 꺼리는 경향이 있거니와 무언가를 골똘히 생각하고자 할 때 눈을 감고 정신을 집중시키는 습관이 있기 때문일 것이다.

스즈키 씨는 9시 10분 전에 회사에 도착하여 업무를 시작한다. 부서별 회의에도 참석하고 처음 만나는 사람에게 금융상품을 판매하기도 하는데, 스즈키 씨는 이러한 업무를 수행할 수 있는 (일본어의) 커뮤니케이션 능력을 지니고 있다. 그렇다면 스즈키 씨가 지니고 있는 커뮤니케이션 능력이란 무엇인가 알아보자.

Ⅲ. 커뮤니케이션 능력(communicative competence)이란

일반적으로 '커뮤니케이션 능력'이라고 하면 말을 얼마나 조리 있게 잘해서 상대방을 설득하는가 하는 것들을 생각하기 쉬우나, 말의 내용과 표현 방법의 두 측면에서 생각해 볼 수 있다. Canale and Swain은 언어적 커뮤니케이션에 필요한 능력(communicative competence)으로 다음 네 가지를 들고 있다.

(a)문법능력(grammatical competence): 음성·음운이나 어구성, 통어 구조 등의 언어 체계에 대하여 적격한 문과 결속력이 있는 문을 생성하고 이해하는 능력

(b)사회언어능력(sociolinguistic competence): 발화를 다양한 사회적 상황에서 적절히 사용하고 이해하는 능력으로, 설득, 권유, 사죄 등과 같은 언어 행위에 관한 지식을 포함한다

(c)담화능력(discourse competence): 문과 문을 이어서 의미 있고 결속력이 있는 담화를 구성하는 능력

(d)책략(策略)능력(strategic competence): 문법능력이 부족하여 의사소통이 잘 안 될 때의 한계를 극복하기 위하여 제스처나 분석적·설명적 표현 등 스트래티지를 구사하는 능력

또한 (b)사회언어능력의 하위에 다음 능력들을 두고 있다.

(b.1)개개의 언어 형식을 상황에 따라 적절히 가려 쓸 수 있는 '스타일 전환 능력(style-shift competence)'

(b.2)회화의 순서를 효과적으로 운용할 수 있는 '사회적 상호작용 능력(social interactive competence)'

(b.3)사죄나 권유, 거절 등의 발화 행위를 적절히 행할 수 있는 '화용론적 능력(pragmatic competence)'

스즈키 씨가 모어인 일본어를 습득하는 경우에, (a)

문법능력의 일부인 기본적인 음운 체계와 통어 구조는 유아기에 습득되며, 어휘의 의미 등과 관련된 항목의 습득은 소년기·청년기에도 진행된다. 또 경어 운용 능력이나 연설을 행하는 능력 등 (b)사회언어능력은 성인으로서 사회에 나와서 익히는 것이 많을 것이다. 이처럼 단계적으로 습득해 가는 데 같은 문법능력이라도 어순의 습득은 빠르고 수동문의 습득은 늦은 것처럼 항목에 따라 습득의 늦고 빠름이 있다. 모어의 습득이 연구의 대상이 된다면 이들 개개의 항목의 습득 과정을 세밀하게 기술하는 것부터 시작해야 할 것이다.

또 스즈키 씨가 영어를 습득하거나 스즈키 씨의 한국인 친구인 장국영 씨가 일본어를 습득할 경우에는, 습득하고자 하는 영어나 일본어로 적합한 문장을 생성하고 이해하는 문법능력과 더불어 화자가 처한 장면에 어울리는 발화를 생성하고 이해하는 사회언어능력을 우선적으로 습득할 필요가 있다. 문법적으로 영어나 일본어의 바른 문장을 만들어 낼 수 있어도 대화를 하는 상대방이나 대화가 이루어지는 상황에 적절한 말(style)의 운용이 불충분하면 예기치 않은 오해나 마찰이 일어날 수 있다. 외국어의 문법능력이 부족하여 발음이나 단어의 철자를 틀렸을 때, 모어화자의 평가는 큰 문제가 되지 않을 뿐만 아니라 오히려 도움을 주려 할지도 모른다. 그러나 발음도 나쁘지 않고 문법적인 문장을 사용하나 다양한 사회적 상황에서 경어 등을 적절히 사용하는 사회언어능력이 부족하면 인격적인 의심을 받는 등 오해의 소지가 커진다. 그렇기 때문에 영어나 일본어로 원활한 커뮤니케이션을 실시하기 위해서는 문법능력 이외에 사회언어능력의 습득이 필수적이라 할 것이다.

그래서 다음에서는 사회언어능력 중 하나인 스타일 전환 능력을 예로 들어 스즈키 씨가 어떤 상황에서 어떤 언어 형식을 바꿔 쓰고 있는지 알아보도록 하자.

IV. 스타일 전환 능력(style-shift competence)

여기에서 스즈키 씨의 스타일 전환 능력을 알 수 있는 구체적인 자료를 보자. 스즈키 씨가 오후에 외근을 나가 초면인 상대와 세상사에 관해 이야기를 나누는 상황(격식적인 담화)과 퇴근 후에 고등학교 동창인 친한 친구와 한 잔

하면서 나누는 일상적인 이야기(비격식적인 담화)를 상정하여 비교해서 두 상황에서 어떻게 스타일을 바꿔 쓰는가 보자.

참고로 여기에서 제시하는 자료는 실제로 존재하는 것으로, 2000년에서 2002년 사이에 필자와 공동연구자가 직접 수집한 것이다. 일본어 모어화자와 한국어 모어화자, 또 한국인 일본어 학습자의 스타일 전환 능력을 파악함을 목적으로 하여, 일본어 모어화자와 한국어 모어화자

의 경우에는 가족 및 친한 친구와의 대화와 초면인 사람과의 대화를 설정하여 각각 비격식적 담화와 격식적 담화를 수집하였다. 한국인 일본어 학습자의 경우에는 친한 일본어 비모어화자(유학생)와 처음 만나는 유학생, 친한 일본어 모어화자와 처음 만나는 일본어 모어화자와의 대화를, 또 한국인 일본어 학습자가 언어 사용에 있어서 가장 격식 차릴 것으로 예상되는 일본인 교수와의 대화도 수집하였다. 스타일 연속체 안에 존재하는 임의적인 두 지점에서 상대적으로 '보다 비격식적인 담화'와 '보다 격식적인 담화'를 수집한 것인데, 지금까지 스타일 전환을 좌우하는 요인으로 고려되어 온 '말하는 사람의 자신의 말에 대한 주의도(Labov)'와 '상대방의 말에 따라 자신의 말을 조절하는 accommodation(Beebe and Giles)',' 사회적으로 고정화되어 제도적으로 사용되는 '예의적 방식(わきまえ, type of discernment)(井出)' 등을 검토하여 자료 수집 조사를 실시한 것이다.

그러면 스즈키 씨의 담화 자료를 비교적으로 검토하여 스타일 전환 능력에 대하여 알아보자.

1. 스즈키 씨(SA)와 초면인 사람(JF)과의 대화

(수록일시 : 2000년 11월 19일, 수록장소 : 스즈키 씨의 자택)

793SA : なんせ厳しい学校でしたよ。
794SA : ぐん軍隊みたいな学校ですよ。
795JF : えっえっ厳しい軍隊とたとえばこう校則が—とか。
796SA : うん。
797SA : あ校則は緩いですんですけど、(JF : はい)なんか体育、ぶん文武両道ですか。

798JF：あーはーはーはーはー。
799SA：はい。
800SA：そうゆう意味で厳しくて、勉強もやらんとあかんし、(JF：うんー)なんかあの体育は普通の人以上に絶対できないといけないというか。
801JF：えーー。
802SA：なんか二重跳びありますよね。
803JF：はい。
804SA：あれーあい高三でーだいたい八十回は絶対とび飛ばないと。
805JF：(笑いながら)そうなん。
806SA：それもあのーあれなんですよ。
807SA：なんか(JF：うん)縄跳びがあの普通の縄跳びじゃなくて(JF：はい)ほんとの縄でできてるんですよ。
808JF：あーはいはいはい。
809SA：なんかこう回転しにくいんですよ。

2. 스즈키 씨(SA)와 친한 친구(JC)와의 대화
   (수록일시 : 2000년 11월 19일, 수록장소 : 스즈키 씨의 자택)

699JC：だらだらやってもあかんかな。
700SA：なんか難しいよな。
701SA：学校代もかかるしな。
702JC：せやんな。
703SA：だか俺なんかな、まだ民間っていう気持ちがあんなくてな、なんか(JC：うんせやなまー)だから一回落ちてももう一回挑戦するかもしれへんな。
704JC：うんー。
705SA：た宅浪なるかもしれへんで。
706JC：あぁー。
707SA：宅浪でもしんどいしな。
708JC：せやんな。
709JC：でもバイトとかしたら気い紛れるかもしれんけどな。
710SA：おおー。
711SA：まバイトやりつつ(JC：うんー)夜間かなまた。
712JC：うんー。

713JC：まーまたとりあえずもうちょっと社会経験してみるわこれから。
714SA：ああー。
715SA：ほんまやな。
716JC：うん。
717JC：きついしななんか。
718SA：うん。
719JC：とりあえずはどこいくねんって感じやな。
720SA：えっ大阪とか帰ってこへんの？
721JC：わからん。

위의 1.과 2.의 스즈키 씨의 격식적 담화(외근에서 초면인 사람과의 대화)와 비격식적 담화(퇴근 후 친한 친구와의 대화)를 비교해 보면 가장 큰 차이점으로 다음 세 가지를 꼽을 수 있다.

(1)격식적 담화에서는 794SA나 802SA에서와 같이 です・ます라는 경어 형식이 쓰이나 비격식적 담화에서는 경어 형식이 쓰이지 않는다

(2)격식적 담화에서는 대체로 표준어형이 쓰이고 방언 형식은 거의 쓰이지 않고 비격식적 담화에서는 703SA・705SA(しれへん), 707SA(しんどい), 720SA(帰ってこへん) 등과 같이 방언 형식이 많이 쓰인다.

(3)격식적 담화인 800SA에서 'やらんとあかん'이라는 방언 형식이 쓰이나 이는 곧 800SA의 후미에서 'できないといけない'와 같이 표준어형으로 정정되는 사후정정(事後訂正)을 볼 수 있다.

(1)은 경어표현(최근에는 경의표현이라는 용어가 자주 쓰인다)이나 경어행동, 폴라이트네스와 관련된 것으로 일본인의 언어행동을 특징적이게 만드는 한 요소이다. (2)는 전국공통어로서의 표준어와 각 지역에서 사용되는 방언이라는 고전적이면서도 늘 새로운 요소에 관한 것이다. (3)에서 스즈키 씨가 격식적 담화에서는 방언 형식을 써서는 안 된다는 회피의무와 반대로 격식적 담화에서는 표준어형을 써야 한다는 수행의무를 느끼고 있다는 것을 알 수 있으며, 언어관리 프로세스로 설명이 가능할 것이다. 또한 이 예에서 우리는 격식

적 담화와 비격식적 담화가 고정적이지 않고 연속성을 지니고 있음을 알 수 있다.

우리는 다음 절에서 이 세 요소에 대하여 좀 더 구체적으로 살펴보기로 하겠는데, 다음으로 넘어가기 전에 참고적으로 스즈키 씨의 한국인 친구인 장국영 씨의 한국어 자료도 간단히 살펴보도록 하자.

3. 장국영 씨(CA)와 초면인 사람(KF)과의 대화
(수록일시 : 2002년 12월 20일, 수록장소 : KF의 사무실의 회의실)

474CA : 근까 입장료만 내믄 돼요. (KF : 아-)
475CA : 입장료만 내면, 음료수는 뭐 좋은 컵이 아니라 종이컵에다가(KF : 예) 자기가 마음대로.
476CA : 내일도 거기서 인저 파티가 한 번 있기는 있는데.
477KF : 그럼 그게 사업하는 그걸 운영하는 사람은 그렇게 영리 목적은 아니겠네.
478CA : 원래가 거의 엔지오 성격을 가지고 시작을 했는데(KF : 아-) 그 친구가 인제 자기가 워낙 그 한 곳에 못있는 친군데,(KF : 예) 잡혀 있다가,(KF : 음) 인제 영업권을 넘기구, 딴 그냥 흡(숨을 들이쉰다) 일본 쪽 회산지 어느 쪽 회산지, (KF : 어-) 모르겠는데, 팔고 갔어요.
479CA : 근데 명목은 아직 남아있어 가지구.
480KF : 음.
481CA : 근데 // 경영쪽으로는/ 수익은 안 돼요.
482KF : // 별로 수익은/ 안 되겠네. 하하(웃음) 그러니까.
483CA : 근데 흡 (숨을 들이쉰다) 일본쪽으로 소문은 많이 났어요.(KF : 아-) 요 신문에도 한두세 번 나고, 그 다음에 인제 책에도 실리구 거기서.

4. 장국영 씨(CA)와 친한 친구(KC)와의 대화
(수록일시 : 2002년 12월 19일, 수록장소 : 안양의 커피숍)

1128KC : 네 명중 한 명꼴로 백수. 어-, 흡 (숨을 들이쉰다).
1129CA : 맞어.
1130CA : 현실이야.
1131KC : 아-. 대통령이 좀 바뀌면 날까?

1132CA : 몽준이가 됐어야 했어, 경제 쪽은.
1133CA : 모르지.
1134KC : 그래두 군대 이십사개월루 쭐이는 건 말두 안돼.
1135CA : 왜?
1136KC : 왜 쭐여?
1137KC : 씨발, 나 이십육개월 꽉꽉 채워가지구 하구 나왔는데.
1138CA : 야 이 씨발, 그렇게 생각하면, 너보다 한 다섯 살 많은 사람들은 삼십육개월이야, 이 새꺄.
1139KC : 삼십육개월은 너무 길어.
1140CA : 새꺄 그런 사람들 생각을 해봐. 이 새꺄.
1141CA : 응? 삼십육개월은 우리 아부지 세대구나.
1142CA : 그정 그 세대는 삼십개월이야, 인마.
1143CA : 생각을 해봐.

장국영 씨의 담화에서도 스즈키 씨의 담화에서와 같이, 격식적 담화와 비격식적 담화 간에 '경어 표현'의 사용 유무가 가장 특징적인 차이점이다. 그러나 스즈키 씨의 담화에서 볼 수 있는 '방언 형식'의 사용 유무는 그다지 눈에 띄지 않으며, 오히려 비격식적 담화에서 '욕설'이나 '비속적인 표현', '명령형(의 사용)' 등을 많이 볼 수 있으며, '1134KC : 그래두 군대 이십사개월루 쭐이는 건 말두 안돼'와 같이 중모음의 고모음화(모음의 약화)가 눈에 띈다.

참고로 다음 예와 같이 비격식적 담화에서 권유 표현을 표준형인 '-(으)ㄹ까' 대신에 중부방언형인 '-(으)까(ㄹ탈락형)'가 사용되는 예도 있었다.

　　　　923CA : 멕시코 안 가꺼야?　　　　(탈락형 ; 비표준형)
　　　　924KC : 멕시코 가 있잖아.
　　　　925CA : 안 갈거야?　　　　　　　(비탈락형 ; 표준형)
　　　　926KC : 가긴 뭘 가 씨발 을만데.

스즈키 씨와 장국영 씨의 스타일 전환에 보이는 특징을 정리하면, 오사카방언화자인 스즈키 씨는 표준어와 방언이라는 두 개의 체계를 전환하는데 반해, 한국 중부방언화자인 장국영 씨는 명시적인 방언 형식을 가지고 있지 않기 때문에 표준어 내부에서 전환을 시도하고 있다고 말할 수 있겠다.

V. 경어표현과 경어행동(폴라이트네스)

앞에서 스즈키 씨가 외근을 나가서 초면인 사람과 대화를 할 때는 경어를 쓰고 친한 친구와 이야기할 때는 반말을 사용하는 것을 보았다. 일본인의 언어행동을 특징적이게 만드는 요소로서 대표적인 것이 경어표현(대우표현, 경의표현)과 경어행동(폴라이트네스) 등이다. 일반적으로 일본어의 경어형식의 분류는 어렵지 않으나, 언제, 어디서, 어떻게 경어를 써야 하는가 하는 경어의 쓰임새가 어렵다고 한다. 예를 들어 일본 드라마를 보면 학생이 선생님에게 경어를 쓰지 않고 이야기하는 경우를 볼 수 있다. 손윗사람에게 경어를 쓰는 것은 당연한 일이거니와 또래 친구들 사이에서도 처음 만났거나 친한 사이가 아닐 경우에는 서로 말을 높이는 한국과 달리, 드라마 속의 일본에서는 처음 만난 사람이더라도, 심지어는 손윗사람에게까지 반말을 쓰는 장면도 종종 볼 수 있다. 심지어 필자의 제자(대학생, 여성)가 일본인을 만났을 때 비슷한 또래임에도 불구하고 그 일본인이 첫 대면부터 경어를 쓰지 않고 이야기하여 우리 학생 혼자 경어를 쓰게 되는 상황이 발생하였다는 경험담을 들은 적이 있었는데, 그 학생은 왠지 자신이 손해를 보는 듯한 느낌이 들었다고 한다. 비슷한 종류의 경험이 일본어를 배우기 시작했을 때의 필자에게도 있었다.

그러면 여기에서 바로 그러한 경어의 쓰임새, 즉 경어의 기능에 주목하여 일본어의 경어에 대하여 살펴보자. 먼저 경어의 형식을 간단히 정리하자면 종래에는 존경어(尊敬語), 겸양어(謙讓語), 정녕어(丁寧語)의 3종류로 분류했는데 최근에는 존경어, 겸양어Ⅰ, 겸양어Ⅱ, 정녕어, 미화어의 다섯 종류로 분류하는 수도 있다. 구체적인 형식에는 다음과 같은 것들이 있다.

3분류	5분류	구체적인 형식
존경어	존경어	いらっしゃる、おっしゃる、お名前、お忙しい、ご立派、など
겸양어	겸양어Ⅰ	うかがう、もうしあげる、お目にかかる、ご案内する、など
	겸양어Ⅱ	まいる、申す、いたす、おる、拙著、小社、など
정녕어	정녕어	です、ます、など
	미화어	お酒、お料理、など

스즈키 씨가 외근을 나가서 초면인 사람에게 사용하는 경어형식이 주로 정녕어임을 알 수 있다. 존경어와 겸양어는 보이지 않는데, 그 이유로는 첫째로

실제로는 사용되나 위에서 제시한 담화 자료에 우연히 들어가지 않았을 뿐이거나, 둘째로 존경어와 겸양어가 사용될 만큼 격식적인 담화가 아닐 수 있다는 점을 들수가 있겠다. 여하튼 일본어의 경어표현에서 정녕어(です·ます)가 중요한 위치를 점하고 있고 그렇기 때문에 정녕어(です·ます)에 대한 연구가 활발하게 진행되고 있다.

경어에 개념에 관하여 종래에는 상대방이나 제3자를 높여서 말하는 것을 경어라 했었지만, 요즈음에는 대화 참가자 간의 상호존중과 상대방에 대한 배려, 자기자신의 자기다움을 생각하여 말하는 표현으로 바뀌어 가고 있다. 일본 국립국어연구소가 2000년에 제안(답신)한 '경의표현'의 중심 개념을 알아보자.

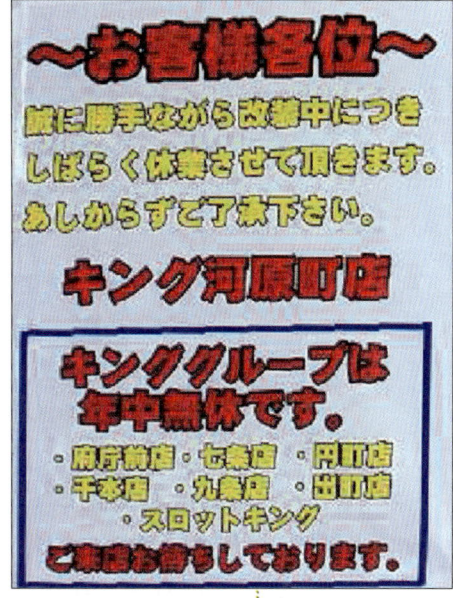

경의표현이란 커뮤니케이션에서 상호존중의 정신에 입각하여 상대방이나 대화상황(장면)을 배려하여 사용하는 언어표현을 의미한다. 화자가 상대방의 인격이나 입장을 존중하고, 경어나 경어 이외의 다양한 표현 중에서 그때그때 적절한 표현을 자기표현으로서 선택하는 것들을 가리킨다.

그리하여 일본어의 경어를 생각할 때, 단순히 위에서 분류한 구체적인 경어 형식뿐만 아니라 다음과 같은 배려를 내포한 표현이 중요시되고 있고, 그것은 즉 닫힌 체계로서의 경어가 아니고 실제 대화에 나타나는 열린 체계로서의 경의표현을 의미한다.

　　(1) 인간관계에 대한 배려 표현
　　(2) 대화상황에 대한 배려 표현
　　(3) 내용에 대한 배려 표현
　　(4) 상대방의 기분에 대한 배려 표현
　　(5) 자신의 자기다움을 나타내기 위한 배려 표현

스즈키 씨가 초면인 사람에게 경의표현을 사용하는 데는 (1)초면이라는 인간관계, (2)자신이 근무 중이라는 상황, (4)상대방이 경어를 사용하고 있기 때문에 자신도 경어를 사용해야 한다는 생각, (5)정중한 경어를 사용하여 교양인으로서의 자신을 나타냄, 등등의 이유를 생각할 수 있을 것이다.

이러한 실제 대화에서 경의표현을 사용하는 것을 경어행동 또는 폴라이트 네스(Politeness)라고 한다. 폴라이트네스는 Brown & Levinson(1987)이 주창한 이론으로, 상호 커뮤니케이션에서 '무엇을 어떻게 말할 것인가' 또는 '말하지 않아야 할 것인가' 하는 문제를 페이스(face)라는 개념을 도입하여 설명하고 있다. 사람은 저마다 페이스(face)를 가지고 있으며 이는 때로 상대방에게 위협받기 쉽다고 상정하여, 우리가 커뮤니케이션을 수행할 때에는 상대방의 페이스와 자신의 페이스를 고려한다는 보편적인 원칙이 존재한다는 것이다.

즉 상대방과 자신의 포지티브 페이스(positive face : 상대에게 인정받고 싶고 상대를 기쁘게 하고 싶은 적극적인 욕구)와 네거티브 페이스(negative face : 상대방에게 침해받거나 방해받고 싶지 않다는 소극적인 욕구)를 고려하여 언어행동을 수행한다고 하였다. 의뢰나 거절, 권유행위 등은 상대방과 자신의 페이스를 침해할 수 있는 언어적 행위가 되는데, FTA(Face Threatening Act, 체면위협 행위)를 가할 것인가, 가하지 않을 것인가에 관한 페이스 손상 정도와 FTA를 보상하기 위한 40가지 전략을 〈표 1〉과 같이 제시하고 있다.

〈표 1〉 FTA를 보상하기 위한 40가지 전략

1. Positive Politeness 전략	2. Negative Politeness 전략	3. 간접적인 전략

(1) 공통의 기반을 주장한다.
  1. H의 관심이나 욕구에 주목한다.
  2. H의 관심·찬성·공감을 과장해서 말한다.
  3. H의 관심을 강화한다.
  4. 친근함을 나타낸다.
  5. 의견의 일치를 지향한다.
  6. 의견의 불일치를 피한다.
  7. 공통의 기반을 전제, 도입, 주장한다.
  8. 가벼운 농담을 한다.
(2) S와 H가 협력적임을 전한다.
  9. H의 욕구를 S가 알고 있는 관심과 결부시킬 것을 전제로 한다.
  10. 전제·약속한다.
  11. 낙관적인 입장을 취한다.
  12. 어떤 일에 S와 H를 포함시킨다.
  13. 이유를 말한다·묻는다.
  14. 상호이익을 가정, 주장한다.
(3) H의 욕구를 만족시킨다.
  15. H에게 선물, 공감, 이해, 협력한다.
	(1) 직접적·간접적으로 말한다는 양쪽 욕구를 만족시킨다.
	  1. 관례적인 간접 표현
	(2) 추측을 피한다.
	  2. 질문이나 애매한 표현
	(3) H에게 강요하지 않는다.
	  3. H가 응하지 않을 것이라고 가정하여 비관적인 태도를 취한다.
	  4. 강요를 최소화한다.
	  5. 경의를 표한다.
	(4) H를 침해할 의사가 없음을 전한다.
	  6. 사과한다.
	  7. S와 H를 비인칭화한다.
	  8. FTA를 일반적인 원칙으로 말한다.
	  9. 명사화한다.
	(5) (FTA의 보상으로) H의 다른 욕구를 보전한다.
	  10. S측이 H측에게 보답해야 함을 표한다.
		(1) Grice의 관련성 원칙에 대한 위반
		  1. 힌트를 준다.
		  2. 연상의 실마리를 제공한다.
		  3. 예상한다.
		(2) 양(量)의 원칙에 대한 위반
		  4. 불충분한 표현
		  5. 과장하여 말한다.
		  6. 중시표현
		(3) 질(質)의 원칙에 대한 위반
		  7. 모순
		  8. 비꼼
		  9. 은유
		  10. 수사법을 사용한 의문
		(4) 양태(樣態)의 원칙에 대한 위반
		  11. 애매함
		  12. 막연한 표현
		  13. 과잉 일반화
		  14. H를 대체한다.
		  15. 불완전한 표현, 생략

(S: Speaker, H: Hearer의 약자)

이상으로 일본어의 경어표현과 경어행동을 대략적으로 알아보았다. 마지막으로 한국어와 일본어의 경어 사용에 대하여 한미경 교수의 연구(1998)를 인용하여 소개한다. 한미경 교수의 연구에 따르면 한국어의 경어에서 가장 우선시 되는 것은 '경의의 표시'이고, 일본어에서는 상대가 누구든 긴장감을 느끼지 않고 편안하게 이야기해도 될 경우에는 경어(한미경 교수는 '정중체'라 칭함)를 사용하지 않고 반말(동 '비정중체')를 사용한다고 한다. 그리고 화자의 정중체, 비정중체의 사용이 상대방에게 주는 느낌은 일본어에서는 격의가 있고 없음인 데에 반하여, 한국어에서는 예의를 갖추었는가 아니면 무례한가라는 느낌이라고 하였다.

VI. 공통어와 표준어, 방언의 현재적 해석

스즈키 씨의 스타일 전환에 보이는 커다란 특징 중 또 다른 하나는 전국공통어로서의 표준어와 각 지역에서 사용되는 방언이다. 여기에서 공통어와 표준어, 그리고 방언의 고전적인 개념과 이들에 대한 현재적인 해석을 살펴보겠다.

1. 공통어와 표준어, 방언의 개념

먼저 공통어의 일반적인 개념을 알아보자. 공통어란 생활 환경이 다르고 지역성을 지닌 방언을 사용하는 사람들이 상호 의사소통을 위하여 편의적으로 사용하는 언어를 말한다. 일반적으로 공통어는 여러 지역 방언 중에서 세력이 강한 것이 기반이 되는데, 일본어에서는 현대 정치·경제, 문화의 중심지인 도쿄방언을 기반으로 하고 있다. 이 공통어에 관한 지식은 주로 교육과 방송을 통하여 국민에게 보급되며, 모든 국민이 공통어를 사용할 수는 없을지언정 이해능력은 갖고 있다고 볼 수 있다. 공통어는 규범으로서의 표준어를 염두에 두고 실제로 사용하는 의사소통을 위한 실용적인 언어이다. 그렇기 때문에 어떤 언어 요소가 형태와 의미 면에서 차이가 있을지라도 '통하면 된다'는 의견이 있을 수 있다.

다음으로 표준어란 언중의 원활한 의사소통을 위한 공통어를 규범화한 이상적인 언어라고 할 수 있는데, 국가가 인위적으로 정한 공인된 언어이다. 우리나라의 표준어는 '교양 있는 사람들이 두루 쓰는 현대 서울말로 정함을 원칙으로 한다'는 표준말 사정 원칙 1항에 따라 정해져 있고, 일본어의 경우에는 도쿄의 말을 근간으로 하고 있다. 가령 NHK의 아나운서가 뉴스를 읽을 때 사용하는 언어는 표준어를 지향하고 있다고 볼 수 있는데, 일본어로서 가장 규범적일 것이 기대되고 그 사용에 강제력을 지닌 이상적인 절대언어이다. 이렇듯 표준어는 규범성을 지니고 있기 때문에 '맞고 틀림'의 척도가 요구된다. 일반적으로 '정확한 일본어' 라고 할 때는 표준어를 지향하고 있음을 알 수 있다.

한편 방언은 언어학적으로 보면, 한 언어를 형성하고 있는 하위단위로서 지역성을 지닌 언어체계 전반을 가리킨다. 가령 일본어를 이루고 있는 각 지역의 언어 하나하나를, 즉 그 지역의 언어체계 전부를 방언이라 하는데 고전적인 방언 분류를 보면 다음 〈그림 2〉와 같다.

〈그림 2〉 일본의 방언 구획

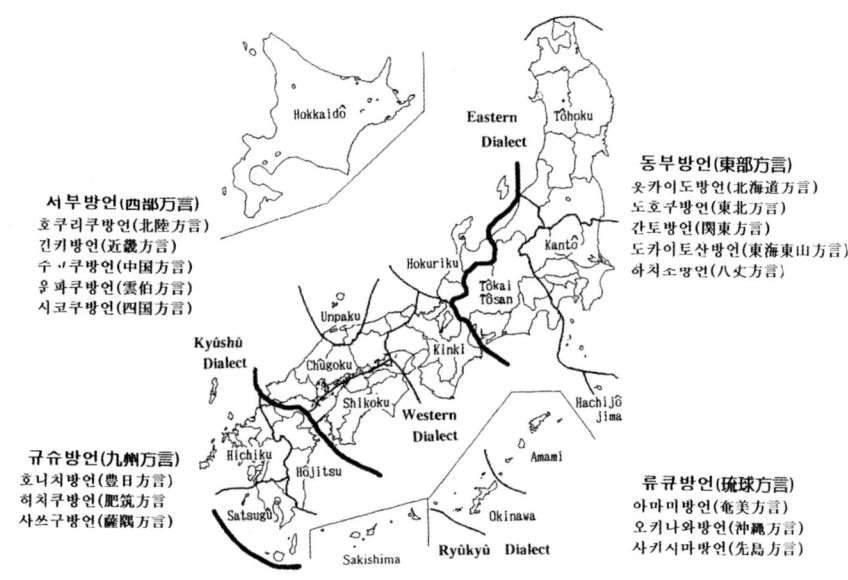

이 방언 분류는 도조 미사오(東条操)가 주로 문법과 음성적 특징을 바탕으로 구분해 놓은 것이다. 참고로 방언을 분류하는 기준으로는 '경어'나 '방언 이미지' 등도 있다. 우리의 스즈키 씨는 오사카에서 나고 자라 긴키방언(그 중에서도 오사카방언)을 말한다. 교토방언과 오사카방언을 포함하는 긴키방언은 예로부터 일본의 중앙어의 전통을 이어오고 있으며 현재에도 도쿄어 다음으로 영향력과 지명도가 높다. 스즈키 씨가 말하는 오사카방언의 대표적인 특징으로는 단정사와 부정형을 들 수 있는데, '-이다'를 나타내는 단정사(표준어는 -だ)는 -や를 쓴다(そうや, 学生や, 등). 한편 부정형으로는 -ない 대

신에 行けへん, 出せへん과 같이 'e+へん'을 사용한다. 그리고 스즈키 씨와 그의 친구는 'しんどい', 'ほんま', 'アカン' 등의 어휘적 표현을 쓰는데 이들은 전국적으로 지명도가 높은 표현들이다.

그런데 '방언'이라고 하면 종종 표준어보다 못하다든가, 세련되지 못하고 규칙이 없다든가 하는 부정적인 평가를 동반하기도 한다. 심지어 도호쿠방언(東北方言)과 같이 사회적으로 낮게 평가되어 차별을 받는 등 사회 문제가 야기되기도 한다. 표준어와 대립되는 개념으로서의, 다시 말하면 비표준어라는 개념으로 쓰이는 경우의 방언은 '사투리(訛り, 里言)'라는 용어로 바꿔 쓸 수 있다. 이때의 방언 내지 사투리는 대개 한 지역의 언어체계 전반을 가리키기보다는 그 지역의 말 가운데서 표준어에는 없는 단어나, 그 지역 특유의 음성적 특징 등 개별적인 언어 요소만을 일컫는 것이 보통이다.

일본어의 경우에는 메이지유신 이후에 국민 국가로서의 전국적 통일을 위해 가열하게 진행되어 온 표준어 정책 및 방언 박멸 운동과 국어 교육의 부산물일 것이다. 메이지유신 이후 일본에서는 일본의 이상적 언어체계로써 표준어를 상정하고 지역성을 지닌 방언을 박멸의 대상으로 삼아 왔다. 그리하여 제2차세계대전 패전까지 각 지역의 개성이 살아있는 방언을 제거하는 국어(일본어) 교육이 일관되게 추진되었다. 그 와중에 방언밖에 사용하지 못하는 사람들은 방언 콤플렉스를 느끼기도 하였다. 패전 후에 공통어란 용어가 국어(일본어) 교육자들에 의해 교육 현장에 들어와, 공통어가 표준어를 대신하는 신시대어로 선전되었다. 전시(戰時)의 표준어 보급 교육에 이데올로기 교육을 겹쳐 왔던 것에 대한 혐오와 반발에서 비롯된 일이었을 것이다.

2. 공통어와 표준어, 방언에 대한 현재적인 해석

그렇다면 공통어와 표준어, 방언에 대한 현재적인 해석을 보자. 위에서 각 지역의 고정적인 언어체계를 방언이라 하고 여러 방언 중에서 세력이 강한 것을 기반으로 하여 규범화한 것을 표준어라 하였다. 또한 표준어를 의식하여 실제로 사용하는 것을 공통어라 규정하였다.

그런데 스즈키 씨는 가족이나 친구에게는 방언을 사용하고, 자신이 오사카방언을 쓴다는 것은 잘 알고 있다. 직장에서는 좀 더 격식적인 일본어를 써서 사무를 보는데 의사소통에 전혀 불편이 없다. 그런데 직장에서 사용하는 말이 표준어인지는 잘 모르겠다. 심지어 오사카방언과 도쿄말을 섞어서 쓰는 경우도 종종 있다. 사실 표준어에 관하여 '일본 전체에서 단 하나의 규범'이라는

엄격한 제한을 적용시키면 그 실체가 뚜렷한 것은 아니다. 표준어란 언어를 구조적 개념(structural concept)에서 파악한 용어인데, 가령 '東京へ行く'와 '東京に行く'는 어느 쪽이 규범적인가? '大きい字'와 '大きな字', '感ずる'와 '感じる'의 경우는 어떠한가. 또 '早急'는 'さっきゅう'라고 읽는가 'そうきゅう'라고 읽어야 하는가? 이처럼 표준 일본어의 기준에 모호한 점이 있다.

현재에는 일본인의 거의 대부분이 지역 방언과 공통어를 이해하고 사용할 수 있는 2언어(방언)화자라는 전제하에, 표준어의 '표준'을 '단 하나의 고정적인 규범'으로 한정하는 것이 아니라 가변적일 수 있고, 표준성의 정도가 단계적일 수 있다는 견해가 주류를 이루고 있다. 각 지역에 격식적인 언어로서 표준어가 있고 비격식적 또는 일상적인 언어로 방언이 존재한다는 견해이다. 그리고 말하는 사람이 '표준'을 지향하여 말하는 언어 체계가 그 사람의 표준어가 된다는 견해이다. 그렇기 때문에 표준어에 개인차, 지역차가 존재할 수 있다.

한편 공통어란 언어 체계나 언어 구조를 말하는 것이 아니라, 언어의 기능이나 역할을 가리키는 기능적 개념(functional concept)에서 나온 용어이다. 예를 들어 도쿄방언을 중심으로 한 말이 일본어의 공통어로 기능한다거나 '영어는 세계 공통어'라고 말할 때처럼, 커뮤니케이션의 중요한 역할을 수행한다는 기능론에 의거한 명명이다. 그렇기 때문에 공통어는 어떤 언어 요소의 사용범위나 지리적 분포를 설명할 때 쓰인다.

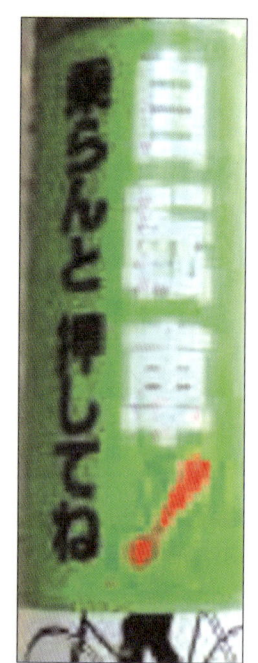

즉 '"귀차니즘"은 청소년들의 공통어다', '"훈남", "뭥미" 등은 젊은이들의 공통어가 되었다'고 하는 용법이다.

현재로서는 스타일(style)로서의 표준어와 방언이 이슈화되고 있다. 각 지역 사회에서 방언은 일상적인 상

황에서 사용하고 표준어는 격식적인 상황에서 사용한다. 이른바 스타일상의 구별이 되는 것이다. 그리고 한 사람의 화자가 상황에 따라 표준어와 방언을 가려 쓰는데, 머릿속에서 표준어와 방언이 상호 접촉을 일으켜 혼합되기도 한다. 예를 들어 도쿄말의 'ダメじゃないの'를 순수한 오사카말로 번역하면 'アカンやないか'나 'あきまへんがな'가 되는데, 젊은 오사카 사람들은 'アカンやないの'란 표현을 쓴다. 오사카의 전통적인 방언이 너무 촌스럽게 여겨져서 도쿄말(ダメじゃないの)과 오사카말(アカンやないか)이 섞인 표현, 이른바 네오방언(ネオ方言)을 젊은이들이 자신들의 언어(방언으)로 사용하는 것이다. 제Ⅳ절에서 살펴 본 스즈키 씨의 스타일 전환 능력은 공통어와 표준어, 방언에 대한 현재적인 시점을 바탕으로 한 것이다.

Ⅶ. 언어관리 프로세스

스즈키 씨의 스타일 전환 능력 중에서 마지막으로 살펴 볼 것은 언어관리 프로세스이다.

언어관리 프로세스(the process of language management)는 네우스투프니(ネウストプニー)가 제안한 이론으로 개략적으로 살펴보면 다음과 같다. 어떤 언어 특히 그 언어를 사용하여 담화를 수행하는 데 있어서 현실적으로 어떤 문제에 직면할 경우에, 그 언어를 사용하는 주체가 그 문제를 배제 또는 최소화하기 위해 언어를 조정하여 대처하고자 하는데 이 조정을 언어관리라고 한다. 언어관리의 가장 간략한 형태는 다음 5가지 단계로 진행된다. 물론 실제 프로세스는 많은 경우에 이보다 복잡하고 소위 '교섭(negotiation)'의 형태를 취하게 된다. 스즈키 씨의 경우에는 격식적인 담화에서는 표준어를 써야 한다는 규범이 존재하고, 방언 형식을 사용함으로써 규범에서 일탈하게 되며 그러한 규범에 유의하며, 방언 형식의 사용을 부정적으로 평가하여 표준어형으로 조정하는 행동을 실시했다는 언어관리 프로세스를 볼 수 있다.

마지막으로 시부야 가쓰미(渋谷勝己) 교수는 언어관리이론은 개개인의 커뮤니케이션과 제2언어(외국어) 습득에도 적용할 수 있는데 다음 6가지 조건이 충족되어야 한다고 했다.

(1) 언어문제의 범위 : 언어 교육까지 포함하는 모든 언어문제를 다룬다.
(2) 언어문제의 해결 가능성 : 모든 문제가 해결될 수는 없다. 해결될 수 없는

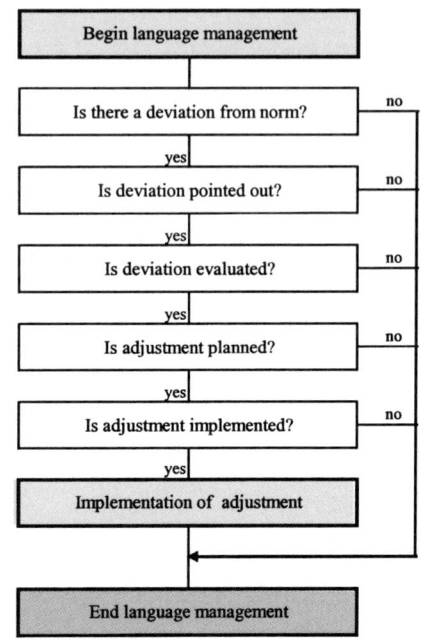

〈표 2〉 언어관리 프로세스

문제의 처리도 필요로 한다.

(3) 언어문제 이외의 문제와 결부 : 언어문제는 '언어' 만의 문제가 아니다. 문제를 커뮤니케이션의 과정에서 관여할 수 있는 사회문제와 관련해서 볼 필요가 있다.

(4) 언어문제의 레벨 : 담화 등 폭넓은 층위에서 다룬다.
(5) 언어문제의 과정 : 언어문제는 '관리과정' 의 형태를 취한다.
(6) 언어문제 처리의 보편성 : 언어문제는 사회에 따라 패러다임이 다르다.

이러한 관점에서 볼 때 이문화커뮤니케이션은 모어에서의 언어관리와 제2언어(외국어)에서의 언어관리가 충돌을 일으킬 수 있는 여지가 충분히 있으며, 언어관리를 수행하는 데 있어서도 양국 간에 존재하는 각각의 패러다임이 작용할 수 있다. 이때 모어의 패러다임과 목표언어의 패러다임이 동시에 작용할 경우, 어느 한 기능이 우선시될 것인가 또는 어느 쪽도 제대로 기능하지 못하는 것 아닌가 하는 혼란을 예상할 수 있다. 앞으로 이러한 개념에 기초한 심층적인 담화분석이 필요하리라 본다.

그러면 마지막으로 스즈키 씨의 절친한 친구인 장국영 씨가 제2언어인 일본

어로 스타일 전환 능력을 습득하는 경우를 보자. 스즈키 씨와 장국영 씨의 자료는 스즈키 씨가 자원봉사활동을 하는 국제교류회관에서 수록한 것이다. 장국영 씨의 담화 자료에서는 제2언어(외국어) 습득에서도 경어행동(폴라이트네스), 표준어와 방언의 사용 또 언어관리 등에 관하여 다양한 양태를 관찰할 수 있는데, 구체적으로 어떠한 사상(事象)인지는 독자 여러분의 분석 및 해석에 맡기고자 한다.

1. 장국영 씨(CA)와 처음 만나는 일본인(JF)과의 대화

　(수록일시 : 2002년 1월 31일, 수록장소 : 오사카의 한 대학교 교내)

499CA : これはだいてい普通の車は運転できるように。(JFは国際免許書を見て、CAはお茶を飲む)
500JF : 本当ですね。
501CA : はい。
502JF : Aは押してないんですね。
503CA : はい。
504JF : でもこれBを押せば、Aを押したことにはならないんですか。
505CA : まこれだと思ったんですけれど、どもだちはだいていバスまで運転可能で、(JF : はい)その子はあのはんこが全部あるんですよ。ふふ(笑い)(JF : あー)

506CA : その人はまま問題 ないんですけれども、(JF : はい)普通の人は。
507CA : いやまここであのここであの茨木とか『茨木は警察はもう大丈夫ですよ』言うんですけれども、(JF : あーほほほ)けい警察よって違うんですよ。
508JF : あそうなんですか。中川のほうは。
509CA : 中川のほうでも警察よって違うんですよ。
510CA : ほかの警察は『大丈夫↓』(JF : へい)ほかの人『あかん』とか(笑いながら)(JF : へー)
511CA : だからちょっと危ないから。
512JF : はーなるほど。
513JF : 十七万払わされたら困りますもんね。
514CA : はい。

2. 장국영 씨(CA)와 친한 일본인 친구(SA)와의 대화
(수록일시 : 2002년 1월 31일, 수록장소 : 오사카의 한 국제교류회관 로비)

531CA : だからまだいてい韓国で問題になるのは韓日関係が一番(JC : うんー)なんかだいせつな問題だから。…(중략)…
546CA : なんだけど、自尊心があるからな。
547SA : そうなんだろうね。
548CA : そうそうそう。
549CA : ワルドゥカップの問題でも(SA : うん)今日本だったらジャペニズコリアンワルドカップとか書くやろ。
550SA : あーコリアン。
551CA : なんかこれ問題になった。
552CA : わかる?
553SA : なるほどね。
554CA : うん。
555SA : うんーほーほーほー。
556CA : これが名前を決まるどきから(SA : うん)なんか韓日で書くようになったわ。
557SA : うんーうんーうんー。
558CA : だけd 《だけど》『何で日本なの中では日韓書くの?』とか韓国は(SA : あー)反論して、これFIFAに何とかしたんで、

(SA：なるほどね)FIFAからも何とか最初からそんなに決めちゃったんで、(SA：うん)『日本の中ではそんなに書いてください』とか(SA：うんなってなく)『かか書かなさい』とか言うこんとになって、(SA：うん)日本もじぇんぶ変わった。

저녁 9시가 되었다.

퇴근 후 고등학교 때 친구와 이자카야(居酒屋)에서 한 잔 걸친 우리의 스즈키 씨도 집에 도착하였다. 부모님은 안 계시는 듯 불이 꺼져 있는 집에 들어가며 '다녀왔습니다(ただいま)' 하고 인사를 한다. 이제 따뜻한 물을 넘실거리는 욕조에 들어가 몸과 마음을 정갈히 하고 내일의 활약을 기약하며 잠자리에 들 것이다. 스즈키 씨 '편히 쉬세요(お休みなさい)'.

이상으로 스즈키 씨의 일상적인 언어생활을 통해 평범한 일본인의 하루를 엿보았다. 그리고 언어적 사상에 초점을 맞추어 사회언어학에서 다루는 주된 시점을 몇 가지 소개하고자 하였다. 현재 일본어의 사회언어학 분야에서 가장 활발히 연구가 진행되는 테마들이다.

【용어사전】

◇ 언어행동

언어행동이란 구체적인 상황에서 특정한 의도나 목적을 가지고 이루어지는 언어적 행동을 말한다. 사회언어학은 일상적인 사회생활 속에서 언어가 어떻게 사용되는가 하는 언어 운용 체계에 흥미를 가져 왔다. 즉 정적(静的)인 체계로서의 언어가 아닌 동적(動的)인 체계로서의 언어행동을 파악하는 것이다.

◇ 스타일(style)

Cheshire(1992)는 스타일을 'the variation that occurs in the speech of a single speaker in different situational contexts'라고 정의하고 있다. 스타일은 언어항목(vocabulary and syntax, as well as the use of small-scale linguistic variants)과 언어행동(terms of address, honorifics, turn-taking and politeness strategies), 또

방언과 언어 체계에 이르는 다양한 형태를 말하는데, 한국어로는 '말투, 말, 언어' 등으로 번역할 수 있겠다.

◇ **말에 대한 주의도(attention to speech)**

스타일 전환 요인의 하나로서 Labov(1966)가 제창한 것이다. Labov는 화자가 말을 할 때 자신이 쓰는 말에 어느 정도 주의를 기울이는지가 중요하다고 보고, 말에 주의를 기울이면 기울일수록 표준적인 언어 형식을 사용하게 되고 반대로 이야기의 내용에 주의를 집중하면 말도 일상생활에서 쓰이는 변종(vernacular)을 사용하게 된다는 가설을 세웠다. 그리하여 '죽을 뻔했던 경험과 같이 내용에 열중하기 쉬운 화제로 이야기하기', '조사자와의 면접', '문장 읽기', '단어 읽기' 등, 말에 대한 주의도(注意度)에 변화를 줄 수 있는 여러 상황을 설정하여 화자의 스타일 전환 행동을 파악하고자 하였다.

◇ **적응(適應, accommodation)**

Giles(1973)는 Labov(1966)가 말에 대한 주의도로 설명한 스타일 전환 사상(事象)을 대인관계의 조절 과정으로 재해석하여, 언어 적응 이론(speech accommodation theory)을 제창하였다. 이 이론은 화자와 청자 간의 심리적 거리와 스타일 전환의 양상을 모델화한 것으로, 연령, 성별, 신분, 모어, 모방언(母方言) 등이 다른 사람끼리 회화할 때에는 ① 의식적 혹은 무의식적으로 심리적 거리를 좁히고자 화자가 상대방의 언어 표현이나 언어적 특징에 접근해 가는 통합(convergence)과 ② 상대와의 거리를 강조하여 심리적 거리를 취하고자 상대방의 말투나 언어적 특징으로부터 멀어져 가는 분리(divergence)가 있음을 지적하였다.

◇ **예의적 방식(わきまえ方式)' 과 '전략적 방식(はたらきかけ方式)'**

언어행동 참가자 간의 인간관계와 스타일 전환의 관계는 동적(動的)인 것이다. 사람들은 상대방과의 사회적·심리적 관계에 따라 스타일을 전환하는 일이 있고, 또 스타일을 전환함으로써 인간관계를 미묘하게 변화시킬 수도 있다. 井出他(1986)는 넓은 의미에서의 인간의 경어행동을 크게 '예의적 방식' 과 '전략적 방식' 으로 나누어 각각 다음과 같이 정의하고 있다.

(1) 예의적 방식(type of discernment, わきまえ方式): 사회·문화적 습관에 따라서 행해지고, 사회적 거리·친소 관계 등에 따라서 취하는 수동적인 경어행동

(2) 전략적 방식(type of volition, はたらきかけ方式): 상대방을 칭찬하거나 연대감(連帶感)을 표시하는 등, 화자의 대인 책략 선택 행위로서의 적극적인 경어행동

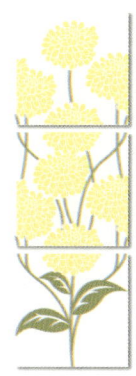

3. 자타의 눈에 비친 일본인 일본문화

김화영

Ⅰ. 전후 일본인론과 일본문화론의 역사적 흐름
Ⅱ. 일본인의 눈을 통해 본 일본인·일본문화
Ⅲ. 외국인의 눈을 통해 본 일본인·일본문화
Ⅳ. 새로운 일본인론과 일본문화론의 발굴과 지향점

일본이란 무엇인가? 일본인이란 무엇인가? 일본문화란 무엇인가? 이러한 물음은 일본인의 마음 속에서 계속되어 온 화두였다. 물론 어떤 민족이나 자신이 어떠한 특성을 가진 민족인가를 자문하지 않는 민족은 없을 터이지만, 특히 일본인은 그러한 성향이 강해 보인다. 이러한 성향은 일본은 문명을 형성하고, 나라로서의 의식을 자각하기 시작한 이래 일관해서 바다를 건너오는 대륙의 문명과 자신을 비교하고 자신을 되돌아보려는 습관에서 기인된 것이 아닐까? 문자를 시작으로 행정제도, 사상종교에 이르기까지 단순한 모방으로 끝나는 것이 아니라 자신의 풍토, 문화에 맞게 소화하고 변용시키고 대륙문명과 조화하는 과정에서 항상 상대와의 거리를 확인하고, 자신과 상대를 구별해 왔던 것이다.

이러한 습관은 메이지 이후, 근대에 들어서도 상대가 중국에서 서구로 바뀐 것뿐 그대로 계승되어 왔다. 일본에 의한, 일본인을 위한 일본인론, 일본문화론이 무수히 나오고, 읽혀지고 논해져 왔다. 이렇게 일본인은 자신을 확인하고 형성해 왔던 것이다.

뿐만 아니라 고래부터 일본인을 바라보는 외국인의 시선도 간과해서는 안 될 것이다. 그러한 글들 가운데에 비추어진 일본인과 일본문화는 다양한 색깔을 지닌다.

여기에서는 몇가지 키워드로 분류하여 대표적인 일본인과 일본문화를 소개하고자 한다.

일본은 동양에 위치해 있으면서도 독특한 정치구조를 지니면서 제국주의를 택하는가 하면 제2차 세계대전을 벌이고, 또한 전후에는 놀랄 만한 경제적 발전을 이룬 나라이기 때문에 구미인들에게도 일본은 무언가 색다른 나라로 인식되었다. 이런 관심은 많은 저서로 나타났는데 각 방면에서 나온 일본문화론의 수효는 방대한 것이었다.

I. 전후 일본인론과 일본문화론의 역사적 흐름

일본인 문화인류학자 아오키 다모쓰(靑木保)는 『「일본문화론」의 변용─전후 일본문화와 아이덴티티』(中央公論新社, 1999)에서 1945년 이래 외국인들과 일본인들에 의해서 봇물처럼 쏟아져 나온 일본문화론을 정리하여 그 흐름을 크게 4단계로 구분하였다.

제1단계는 전쟁 후 약 10년간 출판된 저서인데 전쟁 직후의 혼란 시기의 일본을 보는 시각은 일본문화의 부정적 특수성의 인식이 주류를 이루고 있었다. 구미인 특히 미국인이나 영국인의 시각에서 보는 일본은 적국으로서 무모하고 잔악한 전쟁을 일으킨 나라이다. 일본인은 집단주의이며 가족적 구성 원리로 사회가 구성된 비민주적인 특수한 체제를 지니고 있다고 평가되었다.

제2단계는 일본이 한국의 6.25전쟁의 특수 경기에 힘입어 경제에 탄력을 얻을 무렵부터 약 10년간에 「역사적 상대성을 인식」하는 일본문화론이 전개되던 시기를 말한다. 일본인 학자들은 이전 같으면 입 밖에도 낼 수 없었던 일본문화의 잡종성을 논한다든지 일본문화와 서구문화의 비교를 적극적으로 전개하여 일본문화의 상대적 의미를 규명하려는 시도가 전개되었다.

제3단계는 「긍정적 특수성의 인식」의 시기로 한창 1960년대 경제의 고도성장기를 지나고 있을 때였다. 이 시기의 일본은 국내외로부터 경제적 발전에 대한 경이와 찬사를 받으면서 이제까지와는 달리 자신들의 문화에 대한 자신감과 긍지를 지니게 되었다. 일본의 특수한 사회구조나 사고방식은 긍정적으로 평가하면서 집단성이나 사회의 수직적 구조 등을 내세워 이런 요소들이 일본을 발전시킨 원동력이 되었다는 인식을 확대시켜 갔다.

제4단계는 일본문화론의 시각을 「특수성에서 보편성으로」 전환시키던 시기였다. 1980년대 중반에 이르자 세계는 일본의 경제적 성장이 독보적인 추세로 나아가기 시작했고 무역의 흑자가 심화되자 일본문화를 보는 시각에 변화가 생겼다. 일본의 집단주의나 폐쇄적인 요소는 관련국의 반발을 사기 시작하여 일본 찬사는 자취를 감추고 「일본 때리기(Japan Bashing)」현상이 일어나고 있다. 이런 분위기 가운데 나오는 일본문화론은 복안적이며 객관적인 시각을 지닐 수 있게 되었다.

이는 일본의 대외적 역할에 따른 상대국의 이해와 정서에 따라 다른 해석이 내려지곤 했던 일본문화론의 실체를 잘 말해 주고 있다. 일본이 무모한 전쟁을 일으키거나 막대한 무역흑자를 추진하며 내부적으로는 자신의 아이덴티티를 확립하고자 하였을 때 일본문화는 부정적인 것으로 평가되었고 그들의 부흥기에 내부적인 아이덴티티를 추구하되 외부에 영향을 미치지 않던 시기에는 일본문화의 긍정적 측면이 강조되고 평가를 받았던 것이라고 할 수 있다.

일본의 국제적 역할에 따라 다양한 모습으로 평가받아온 일본문화는 어쩔 수 없이 관찰자의 시각에 따라 전혀 다른 모습으로 묘사되어 왔음을 알 수 있다.

다음으로 일본인의 눈을 통해 본 일본인과 일본문화의 특질을 알아보고자 한다. 여기서는 근대 이후의 일본인론과 일본문화론으로 텍스트를 한정하여 살펴보겠다.

II. 일본인의 눈을 통해 본 일본인·일본문화

1. 일본의 미의식 「이키(粹)」

일본의 미의식 가운데 가장 잘 알려진 미의식으로는 와비(わび)와 모노노 아와레(もののあわれ), 사비(さび), 이키(いき)가 있다.

와비와 사비는 다도의 정신적인 미의식을 상징하는 단어로 와비란 가난함과 부족함 가운데에서 마음의 충족을 끌어내는 일본인의 미의식이다. 실의에 빠진 생활 속에서도 세속을 벗어난 서글프고 한적한 삶에서 아취를 느끼고 탈속까지 승화된다면, 그것이 곧 모자람의 미의식이 된다. 모든 것을 버린 가운데에서 인간의 본질을 붙잡으려는 정신인 것이다. 사비란 깊이 파고든 호젓함과 고요함 속에 무르익은 가운데에서 넘쳐나서 한없이 깊이와 넓이를 지녔음을 깨닫는 미의식이다. 모노노 아와레는 자연의 풍물에 대한 미적 체험에 의하여 야기된 미감이며 「덧없음」의 감정이 깃들인 것으로 서양의 「우미」의 미개념과 더불어 미라는 기본 범주에서 파생된 미적 범주라고 한다.

이키라는 단어는 현재의 한국어로는 세련됨, 멋있음으로 해석될 수 있다. 일본어의 이키는 외면적 치장의 우미함이나 세련을 의미하는 것뿐만 아니라, 화류계(花柳界)라고 하는 특수한 사회와 밀접하게 연결된 일본의 독자적인 미의식의 표현이다.

에도시대에 유곽의 발달과 함께 성장한 개념인 이키는 남자에게 아양을 떠는 여자의 요염한 태도를 포함하면서도 순결함, 자존심을 잃지 않고 보기 흉하게 상대방에게 집착하지 않는 일종의 깨달음의 경지에 도달해 있는 사랑의 미학을 의미하고 있었다. 즉 유녀나 게이샤의 사랑의 특징으로서, 일본의 남녀관계의 미학을 표현하는 것이었지만 그것과 동시에 깔끔한 모습이나 패션까지도 이키라고 표현하고 있다.

『「이키(いき)」의 구조』(岩波書店, 1930년)에서 구키 슈조(九鬼周造, 철학자)

는 주로 불교, 독어와 비교하면서 이키라는 단어가 외국어에 대응하는 말이 없고, 일본인의 「특수한 민족성」을 표현하는 단어라고 했지만, 아시아에 대해서는 어떠한 것일까?

한국어에서는 「멋」이 그것에 가까운 의미를 가지고 「멋」을 가지고 있는 사람이라고 말하면 멋진 사람, 멋쟁이라는 의미가 되고 그것은 단순히 외견을 찬미하는 것뿐만 아니라, 인격적인 매력을 표현할 수 있다. 한편 일본어에서 이키를 한자로 표현할 때 사용되는 이키는 중국어에서는 이키의 의미가 아니라 화류계라는 특수한 세계에서 탄생한 미의식을 나타내는 것으로, 중국어와 비교하여도 일본의 독자적인 개념이라 할 수 있다.

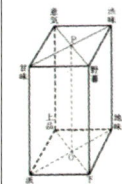

또한 이키는 일본문화 속에서도 에도문화의 산물이고 가미가타(上方)의 미의식과는 대립하는 면도 있다. 구키 슈조는 기하학적 모양이나 평행선 및 검은색(黒味)를 띤 차가운 색조야말로 이키이고, 회화적 모양이나 곡선, 화려한 색이나 「잡다한 배색」은 이키가 아니라고 지적하고 있지만 이것들은 현재라도 관동지방과 관서지방 여성의 패션에서도 확연하게 드러난다. 즉 관서지방의 여성은 화려한 원색의 색채가 뒤섞인 모양을 좋아하고 반대로 관동지방의 여성은 어두운 색과 그다지 모양이 없는 옷을 멋이라고 간주하는 경향이 있다. 건축의 디자인이나 번화가에 있어서 윈도우 디스플레이 등을 봐도 관서에서는 곡선을 이용한 꽃모양 등의 디자인이 눈에 띄지만 관동에서는 직선적인 날카로움을 강조한 것이 많다.

그러나 현대 일본에서는 화류계를 중심으로 한 것이 아니며 남녀관계에서는 그다지 의식되지 않고 있다. 오히려 이키와는 반대로 상대와 일심동체인 것을 구하는 순애가 젊은 남녀 사이에는 이상으로 되어 있다. 현대의 일본어에서는 이키는 패션에 관련되어 사용되든가, 또는 1980년대 후반부터 에도 붐에 더불어 에도의 이키 등이라는 형태로 에도문화의 특징을 나타내는 단어로서 사용되어지는 것이 많다.

2. 칼끝에 놓인 정신 무사도

무사도는 일본문화에서 빼놓을 수 없는 중요단어이다. 에도시대에는 11월 11일 사무라이의 날도 있었다고 한다. 한자로 11을 써보면 十一이다. 이것을

「武士道はその表徹たる桜花と同じく、日本の土地に固有の花である」——こう説きおこした新渡戸(1862-1933)はは以下、武士道の淵源・特質、民衆への感化を考察し、武士道がいかにして日本の精神的土壌に開花結実したかを説き明かす。「太平洋の懸橋」たらんと志した人にふさわしく、その論議は常に世界的コンテクストの中で展開される。

합하면 士(선비사)로 보인다. 일본에서는 이 한자가 선비가 아니라 사무라이를 뜻하는데 11월 11일 사무라이의 날이었던 것이다. 이것은 옛날부터 사무라이가 일본사회에서 큰 비중을 차지했음을 뜻한다. 이러한 사무라이의 어원을 살펴보면 사무라이는 가까이에서 모신다는 뜻에서 나온 말로 원래 귀인을 가까이에서 모시며 이를 경호하는 사람들을 일컬었다. 그러나 헤이안시대 이후 영주들의 경호를 위해 많은 무사들을 채용하고 하나의 계급으로 성장하면서 점차 사무라이의 뜻은 무사 일반을 뜻하게 되었다.

니토베 이나조(新渡戸稲造)는 사무라이 정신인 무사도에 대해서 1899년 『무사도』란 책을 남겼다. 그가 서문에서 밝혔듯이 벨기에의 노교수 드 라블레이와 서양인 아내 메리와의 대화를 통해 일본의 정신에 대해서 서양인들의 이해가 부족한 것을 깨닫고 서양인들이 일본의 정신을 이해하는 데 도움을 주기 위해서 쓴 것이다. 이 책은 이후 17개국에 번역 소개되었으며 백년이 넘은 지금에도 서양에서 일본의 정신을 이해하는 교과서로 읽혀지고 있다.

니토베 이나조는 사무라이 정신인 무사도의 덕목으로 의, 용기, 인, 예, 진실과 성실, 명예, 충의, 극기, 비장 등을 든다. 그가 무사도의 규범 중에 가장 중요한 것을 꼽는다면 인과 의, 예를 들었다. 하지만 이 무사도의 원천이 공자나 맹자의 가르침에 있다는 점에서는 다소 놀라지 않을 수 없다.

"어진 자 중에 의를 가까이 하지 않는 자는 없다."

"불인함으로 나라를 얻은 자는 있을 수 있지만 불인함으로 천하를 얻은 자는 없다."

이처럼 두 사람 모두 천하를 다스리는 자에게 반드시 필요한 조건을 인이라고 정의했다 어찌 보면 무사와 인은 어울리지 않을지도 모른다. 하지만 일본의 무사들은 무력을 행사할 수 있다는 특권 그 자체에 긍지를 느끼면서 그와 동시에 공자나 맹자의 사랑의 힘에 대해 완전히 동의를 한 것이다. 항상 타인을 연민하는 마음을 가지고 무사의 자비로움을 강조하며 그들의 내면세계를 만들어 갔던 것이다.

그럼 의란 것은 어떤 것인가? 「의란 결단하는 힘을 상징하고 용(勇)은 의로써 판경를 내리는 일이다」라는 말이 있다. 무사가 생각하는 의를 가장 잘 나타낸 표현이라 할 수 있는 말이다. 항상 행동으로 옮기기 전에 의로운 일인가를 한 번 더 심사숙고함으로써 자칫 만행으로만 치달을 수 있었던 그들의 용맹을 조절할 수 있었던 것이다.

마지막으로 예란 것은 무사들에게 있어서는 규율과 같이 여겨졌다. 그것은 예법을 기초하여 일상에서 끊임없이 단련함으로써 몸의 여러 부분과 기능에 올바른 질서를 가지게 하고 환경에 몸을 조화시켜 정신이 몸을 통제하도록 하는 일을 의미한다. 현대사회에서도 일본인은 예의 바른 나라라고 알려져 있다. 이런 이유도 옛적부터 예절을 중시하는 삶을 살아오면 그것이 전해져 내려오며 몸에 익숙해졌기 때문이다. 유학에서도 이 세 가지 덕목은 중시되는데 그들은 유학 사상을 받아들여 그들만의 사상으로 발전시킨 것이다.

3. 풍토학으로 본 일본인

와쓰지 데쓰로(和辻哲郎)의 『풍토』(岩波書店, 1978년)는 동아시아, 남부아시아, 서아시아, 유럽 각 지역의 풍토적 특성과 각각의 지역 문화의 전통적 특징의 관계에 대해 고찰한 저작이다. 와쓰지는 도쿄제국대학에서 철학을 배웠으며, 다니자키 준이치로(谷崎潤一郎) 들과 함께 문학 활동을 하였고 탐미적 경향의 작품을 썼다. 이후 교토제국대학 문학부 교수, 도쿄제국대학 문학부 교수를 역임하였다.

『풍토』에서는, 남부아시아는 혹서와 습윤으로 나무가 많고 범신론적 종교인 힌두교나 불교가 많이 차지하는데 비해, 서아시아는 폭염과 건조하여 절대적인 일신교인 유태교, 크리스트교, 이슬람교 등이 융성하였다고 한다. 남부아시아의 범신론은 대지의 은혜를 수용하는 모성적 종교를 낳았지만 서아시아에서는 자연을 지배해 그 위에 서는 절대 유일한 신을 받드는 일신교가 융성하였다고 적고 있다.

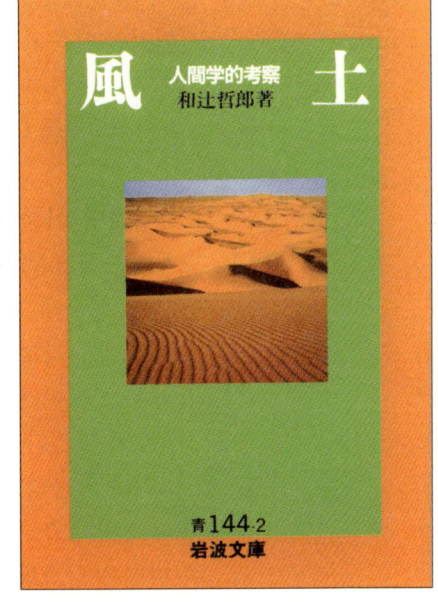

뿐만 아니라 일본의 풍토가 몬순지역이기 때문에 인간의 존재 방법도「몬순적」이라고 하였다. 풍토의 이중적 성격은 일본인을 수용적·인종적(忍從的)인 성격을 띠게 만들었다고 한다.

첫째로 열대적이다. 계절의 변화가 현저하여 일본의 인간 수용성은 상태의 빠른 변천을 요구한다. 그래서 대륙적인 침착성과 동시에 매우 활발하고 민감한 편이지만 지치기 쉽고 지구성을 가지지 않는다. 일본인의 피로는 휴양에 의해서 치유되는 것이 아니라 하고, 새로운 자극·기분의 전환 등의 감정의 변화에 의해서 치유된다. 치유되었을 때 감정은 변화에 의해서 전혀 다른 감정이 되고 있는 것이 아니라 여전히 원래의 감정인 것이다.

두 번째로 계절적·돌발적이다. 변화에 대해 몰래 인내하는 감정은 끊임없이 다른 감정에 변전하면서 같은 감정으로써 유지하는 것이기 때문에 단지 계절적·규칙적으로 바뀌어도 변화가 없다. 단지 돌발적·우연적으로 변화하지 않고 변화의 각 순간에 돌발적으로 이전의 감정에 규정당한 듯 다른 감정으로 바뀌는 것이다.

그리고 일본어의 개념 중 안(うち)과 밖(そと)이라는 개념을 자세히 설명하고 있다. 자본주의를 도입한 일본인은 「집」에 대해서 개인을 보지 않고, 개인의 집합으로 집을 보게 된 것 같다. 가장 일상적인 현상으로서 일본인은 「안」을 「우리」라는 의식 안에서 파악한다. 집 밖의 세상이 「밖」이다. 그렇게 해서 그 「안」에서는 개인의 구별은 소멸한다. 아내에게 남편은 「집안사람」이며, 남편에게 아내는 「안사람」이다. 가족도 「우리 사람」이며, 밖의 것과 구별은 현저하지만 내부의 구별은 무시된다. 「안」으로서는 확실히 「칸막이가 없는 관계」로서의 가족의 전체성이 파악되지만 그것은 「밖」의 세상과 멀어지는 것이다. 이러한 「안」과 「밖」의 구별은 유럽의 언어에서는 찾을 수 없다.

일본어 안·밖에 대응할 정도의 중대한 의미를 가지는 것은 첫 번째로 개인의 마음과 밖이며, 두 번째로 가옥의 내외이며, 마지막으로 나라 혹은 마을의 안 밖이다. 즉 정신과 육체, 인생과 자연, 그리고 인간의 공동체의 대립이 주요시되지만 가족의 관계를 표준으로 하는 견해는 거기에는 존재하지 않는다.

4. 일본문화를 이끌어온 장인들 「쇼쿠닌(職人)」

산업혁명 이전에는 쇼쿠닌(職人)이 생산 활동의 중심이었다. 기술은 주로 도제제도(徒弟制度)에 따라 전승되어 직장을 방문하여 오야카타(親方)의 허가를 얻어 입문해 고용살이를 하는 것이 통례였다. 기술(技)은 하나하나를 감독이 제자에게 가르치는 것이 아니라, 간단한 작업이나 잡무를 하는 사이에 조금씩 배우는 것이라서 제 몫을 하게 되려면 수년에서부터 수십년을 필요로 하는 경우조차 있었다.

그러나 최근의 사회·산업·생활양식의 변화에 따라 종래의 어려운 종형제도 아래에서 쇼쿠닌을 목표로 하는 젊은이는 격감하고 있어 그 본연의 자세가 큰 변혁을 강요당하고 있다. 특히 건축 분야에서의 쇠퇴는 현저하다. 그 요인은 후계자 부족이라는 문제와 해외로부터 수입된 투바이포(2×4) 공법이나 프리패브 공법 등 전통적 기술을 필요로 하지 않는 공법이 대기업 주택업자 등에 의해 보급한 일을 들 수 있다.

에로쿠 스케(永六輔)의 『쇼쿠닌(職人)』(岩波書店, 1996년)은 일본의 쇼쿠닌의 일면을 알기 쉽게 표현한 글이다. 일본에서 요즘은 수공예품(특히 전통적 공예품)을 만드는 사람이나 목수·미장이·정원사 등이 쇼쿠닌으로 불린다. 수공예품 이외의 예외적인 것으로 식품을 취급하는 스시 쇼쿠닌이 있다. 또한 산업 양식의 변화에 따라 선반이나 용접 등에서 특별히 뛰어난 기술을 가지는 사람을 쇼쿠닌이라고 부르기도 한다. 숯을 굽는 사람을 「숯 굽는 쇼쿠닌」이라고 부르는 일이 있지만, 도자기 등의 예술 작품을 만드는 사람은 일반적으로 도예가 등으로 불린다.

역사적으로 일본에서는 쇼쿠닌을 존경하는 전통이 있어 조선에서 도래한 도예공이나 철기공은 무사의 신분(士分)만큼 대우하였다.

쇼쿠닌이 가지는 기술은 쇼쿠닌기술이라고도 불린다. 쇼쿠닌가타키(職人気質, 장인기질)라는 말이 있다. 이것은 「자신의 기술을 탐구해 또 자신감을 갖고 금전이나 시간적 제약 등 때문에 자신의 의지를 굽히거나 타협하거나 하는 것을 싫어하고 납득이 가는 일만을 하는 경향」, 「일단 맡은 일은 이익을 도외시해서라도 기술을 다해 완성하는 경향」 등을 가리킨다. 일본에서는 이러한 옛날 기질을 가진 쇼쿠닌이 고도 경제성장기 무렵부터 감소했다고 한다.

저자 에이 로쿠스케는 1933년 도쿄에서 태어나 와세다대학 제2문학부를 중퇴한 후 방송국에 스카우트되어 방송 탤런트, 에세이스트, 작사가 등 폭넓은 분야에서 활약하고 있다.

책 구성을 보면 1. 말한다 ―「삶의 방법에는 귀천이 있군요」 2. 화내다·꾸짖는다 ―「화내지 않으면 안된다. 노인은」 3. 교제한다 ―「필요한 것은 비싸도 사는 것이 쇼핑이다」 4. 방문한다 ―「유용해야만 아름답다」 5. 계승한다 ―「쇼쿠닌대학 학생 제군!」으로, 쇼쿠닌으로서의 중요한 덕목을 한 눈에 볼 수 있다.

5. 일본인의 전통적인 멘탈리티 「아마에(甘え)」

정신분석학자 도이 다케오(土居健生)는 일본어 「아마에 ; 어리광, 응석부리기」라는 어휘를 구사하여 독특한 일본인의 성격론을 전개했다. 1971년에 『아마에의 구조』가 출판되자 많은 사람들의 관심을 모았다. 이 책의 저자는 외국

인과의 대화하는 가운데 외국어에는 응석부리기라는 뜻인 아마에와 같은 뜻의 단어가 없다는 것을 알고, 아마에를 일본어 특유의 단어로 이해하고 일본인의 사고 특성을 「아마에」라는 키워드로 분석해냈다. 그러나 사실 아마에라는 개념이나 단어 사회적 현상은 한국에도 있는 것인데 서양어에 알맞은 번역어가 없으니 일본에만 있는 것이라는 식의 논리는 잘못된 것이라 지적하지 않을 수 없다.

도이 다케오는 일본인의 사회적 대인관계에 있어서 방어기구의 하나인 분리의 역할에 주목했다. 도이 다케오는 아마에의 심리적 원형을 모자관계로 보았다. 모자 미분화 상태로부터 분리되어야 하는 시기에 아이는 모친에게 밀착하려는 심리가 생긴다. 일본의 모자관계에서 유아기에 모친에 대한 의존욕구와 의존감정은 성장과정에 필수적인 것이라 하여 긍정적인 것으로 보고 있다. 분리과정에 아이는 불안이나 갈등을 가지게 된다.

「스네루 —토라지다 등지다」「히가무 —삐뚤어지게 받아들이다」「히네쿠레루 —성질이 삐뚤어지다」「우라무 —원망하다」따위의 일본어는 아마에를 할 수 없을 때 쓰는 표현이다. 이런 아마에의 정서는 모자관계 뿐만 아니라 성인이 새로운 인간관계를 맺을 때도 쓰인다. 영화『사나이는 괴로워(男はつらいよ)』에서 떠돌이 도라지로와 도라지로의 누이동생의 가족관계 등에서 아마에의 관계를 찾아볼 수 있다. 이처럼 아마에는 대상 의존적이며 타자와 일체가 되고 싶다는 주객일체를 희망하는 행동인 감정을 말한다. 「인간은 본래 만나면 헤어져야 한다는 사실을 부정하며 분리의 고통을 지양하려고 하는 것」이 도이 다케오의 정의이자 일본문화를 해석하려는 데 쓴 키워드였다.

도이 다케오는 아마에라는 비논리적이고 폐쇄적이며 사적인 심리를 일본의 퍼스널리티나 사회구조의 원리로 규정하고 있다. 이런 측면을 심리학에서는 인간의 기본적인 욕구로 파악하고 있지만 일본인들의 많은 관심을 집중시킨 독창적인 이론이었다.

6. 수직적 일본사회구조

문화인류학자 나카네 치에(中根千枝)가 저서『수직적 사회의 인간관계』(1967)와『수직적 사회의 역학』에서 쓴『수직적 사회』(1978)라는 키워드는 일본문화의 한 특성을 집약한 말로 당시의 유행어가 되었다.

나카네 치에는 개인과 개인, 개인과 집단, 집단과 집단의 관계에서 가장 변하기 어려운 관계를 사회구조라고 규정하고 일본의 사회구조 분석을 통하여 일본론을 전개하고자 했다. 사회집단의 구성요소를 「자격」과 「장」으로 파악했다. 자격은 선천적으로 귀속되어 있는 가문이나 성격, 후천적으로 획득한 학력·지위·직업·남자·여자·노인·청년 등의 생물학적 속성까지를 포함한다. 이와 대조적으로 「장」은 일정한 지역이나 소속기관 등의 소속집단을 가리킨다. 일본사회는 「자격」보다 「장」을 우선하는 특징이 있다. 예를 들면 소속하고 있는 회사의 직무나 직종보다는 회사 그 자체에 귀속되어 있음을 중시한다. 개인이 회사와 계약을 맺고 있는 주체인 것이 아니라 회사가 개인의 모든 것이라는 식으로 가족적으로 생각한다. 소속집단은 소속외 집단에 대하여 폐쇄적인 생활공동체적 색채를

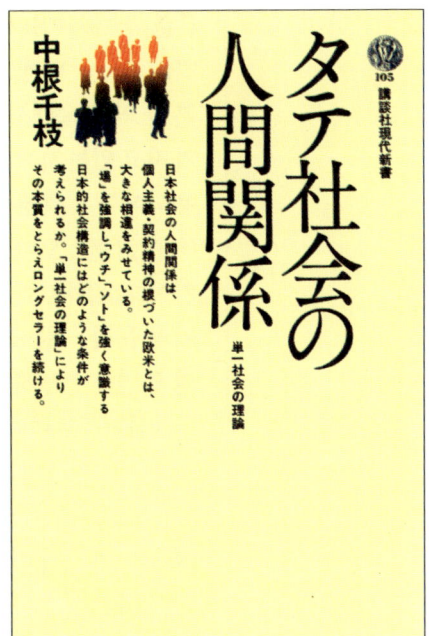

띈다. 즉 개인은 소속집단과 같은 비중으로 동시에 소속 외 집단의 구성원이 될 수 없다. 일상회화에서 우치, 소토를 잘 구별해서 쓰는 현상이 이를 잘 증명해 주고 있다. 소속집단은 「집안」과 유사한 인간관계로 구성된다는 것이다.

여기에는 무사도의 내용과 같이 개인을 억제하여 소속집단에 충성을 다하는 형식이 나타난다. 『주신구라(忠臣蔵)』이야기가 영화나 텔레비전 혹은 극장에서 수없이 반복 상연되는 것도 수직적 관계가 대중의 심정을 잘 나타내고 있기 때문이다.

현대에는 대기업에 현저한 연공서열제도나 이와 밀접한 관계에 있는 종신고용제가 수직적 사회의 상징이라 할 수 있으며 개인대 개인, 집단대 개인의 관계를 일방적으로 규정하고 있는 단일성으로 유지되는 사회이다. 그곳에는 상이한 자격을 지닌 사람들이 포함되어 전체 구성원을 이루니까 구성원 사이에 수직적 관계 즉 상사와 부하, 오야분(親分)과 고분(子分), 선배와 후배 등이 발달하게 된다는 것이다. 나카에 치에는 의례적 서열관계가 중시된 사회를 일본사회의 특성으로 파악하려 했던 것이다.

7. 근대 일본남녀관계 「연애」의 성립

비교문학 연구자 사에키 준코(佐伯順子)는 저서 『색과 사랑의 비교문화사

(「色」と「愛」の比較文化史)』(岩波書店, 1961년)에서 우리가 오늘날 보통 사용하고 있는 「연애(恋愛)」 또는 「사랑(愛)」이라고 하는 말과 그 의미가 근대 일본의 역사 속에서 어떻게 성립했는지, 그리고 그것이 어떠한 문화사적 의미를 가지고 있는지, 특히 헤이안시대 이래 남녀의 사이를 지시하는 데 일본에서 이용되어 온 「색(色)」 개념과 다른 점, 갈등의 여러 가지 모습을 쓰보우치 소요(坪内逍遥), 오자키 고요(尾崎紅葉), 후타바테이 시메이(二葉亭四迷), 모리 오가이(森鴎外), 이즈미 교카(泉鏡花), 나쓰메 소세키(夏目漱石) 등 주로 메이지기의 문학 작품을 상세하게 분석 검토하고 있다. 이 저서는 일본 근대의 심성의 일면을 선명하게 떠오르게 하여 성공한 뛰어난 노작이다.

「너를 러브한다(君をラブして居る)」라고 하는 『당세서생기질(当世書生気質)』의 등장 인물의 대사에 엿보여지듯이, 「러브(ラブ, 愛)」(사랑)은 종래의 「색(이로, 色)」에서는 파악할 수 없는 새로운 감정 표현을 담당하는 것으로서 메이지 초기에 서구로부터 수입되었다고 한다. 그것은 문명 개화의 소산이었지만 다른 많은 근대화=서구화의 사례의 경우와 같이 서구의 개념이 그대로 정착한 것은 아니었다.

저서는 「색(色)」으로부터 「사랑(愛)으로」라고 하는 큰 흐름을 기본 좌표축으로 하면서 한편으로 「색」의 역할과 의미를 명확하게 하고, 한편으로 「사랑」이 가져온 충격과 「사랑」이 처음에는 크리스트교적 함의가 농후하면서도 결국에는 남녀 사이의 감정에 오로지 적용되어 버렸다. 그것도 특히 이상화된 「플라토닉 · 러브」로 특화되어 가는 과정을 면밀하게 조사하여 각각의 작가가 직면한 과제를 분명히 하고 그것을 일본 근대의 심성사 속에서 평가하고 있다. 「색」을 대신한 이러한 「사랑」의 이상이 근대의 일본인에 있어서 보편적인 가치가 되고 동시에 속박하게 된 것을 밝힌 점과 많은 문학 작품을 통해 증거를 제시한 점에서는 공적이 크다고 말해도 좋을 것이다.

8. 서양과 근대 지식인의 만남

파리가 근대 일본의 문학자나 미술가 모두 동경해 온 도시였던 것에는 두 말 할 나위가 없을 것이다. 도대체 파리의 무엇이 그들을 그렇게도 매료시켰던 것인가?

이마하시 에이코(今橋映子)는 19세기 후반의 파리에 성립한 예술가들의 「보헤미안 생활」이야말로 파리 신화의 근원이었다고 주장하였고, 그 성립의 경위와 실태를 세밀하게 설명하고 있는 저서가 『이도동경 일본인의 파리(異都憧

憬日本人のパリ)』(柏書房)이다.

제1부를 시작으로 이와무라 도오루(岩村透)의 『파리의 미술 학생(巴里の美術学生)』과 나가이 가후(永井荷風)의 『프랑스 이야기(ふらんす物語)』를 보헤미안 문학이라고 하는 관점에서 재검토하고 있다. 내외의 문헌을 널리 섭렵해, 텍스트를 꼼꼼하게 읽어서 완성된 제1부만으로도 대단하다고 생각되는데 저자는 제2부에서 파리에 대한 동경이란 차원을 넘은 3명의 작가, 다카무라 고타로(高村光太郎), 시마자키 도손(島崎藤村), 가네코 미쓰하루(金子光晴)의 파리 체험에 대해서도 자세히 적고 있다.

특히 흥미진진한 것은 시마자키 도손의 이야기이다. 1913년 5월, 도손은 단신으로 파리로 건너가 1916년 4월까지 3년간 체재했다. 잘 알려져 있는 사실이지만 그의 프랑스행은 통상적인 외유가 아니고, 조카 고마코(こま子)와의 위험한 관계로부터 도피하기 위한 것이었다. 그 경위를 고백한 장편 『신생(新生)』은 「속죄(贖罪)」라고 하는 말이 빈번히 발견되고 있고 귀국 후의 기자 회견에서 「3년간 낮잠을 잔 것 같다(三年間昼寝に行ってきたのと同様だ)」라고 말하고 있어서 파리에서 도손이 우울한 삶을 살았다는 것이 통설로써 여겨져 왔다.

이에 대하여 이마하시 에이코는 종래 가볍게 다루어져 온 『프랑스소식(仏蘭西だより)』에 주목하여 그가 파리를 자세히 관찰하고 도시 구조의 특징을 잘 파악해 문명비평가로서 활약한 모습들을 상세하게 지적하고 도손의 파리 생활이 소극적인 것이라고는 말할 수 없다고 말한다. 또한 도손이 사랑한 샤반누의 벽화의 실물의 앞에서, 「여행자란 신분을 잊을(旅の身を忘れる)」정도의 「더 없이 행복한 시간(至福の時間)」을 가진 사람이라고 말한다. 그리고 에밀·벨나르의 『회상의 폴 세잔느(回想のセザンヌ)』를 보고 친구 아리마 이쿠마(有馬生馬)에게 알려, 일본에 있어서의 폴 세잔느 붐의 개막에 한 역할을 하기도 하였다. 그리고, 「자신과 같은 사람도 어떻게든지 살고 싶다(自分のような者でもどうかして生きたい)」는 말이 상징하듯이 무뚝뚝하게 침묵을 지켜 매달리기 어려운 도손과는 어딘가 다른, 또 한 사람의 도손의 상을 저서에서는 엿볼 수 있다.

III. 외국인의 눈을 통해 본 일본인·일본문화

1. 서양인 눈에 비친 일본

『일본지(日本誌)』(1728)의 저자 엥겔벨트 켄펠(Kämpfer, Engelbert 1651~1716)은 독일의 박물학자이며 의사이기도 한 인물로 쇄국주의를 펼치고 있던 일본에 방문하여 정보를 수집하고 그것을 유럽에 소개하였다. 그는 독일의 작은 지방도시 렘고에서 태어나 단치히, 쿠라카우, 케이니히스베르크, 우프사라의 대학에서 박물학 및 의학을 수학한 후 스웨덴 사절의 서기관으로서 러시아·페르시아로 부임한다. 그 후 네델란드 동인도회사의 의관이 되어 쟈바·샴을 거쳐 1990년 마침내 일본을 방문하게 되었다.

겐로쿠(元禄)시대 켄펠은 짧은 동안에 두 번이나 네델란드 상관장(商館長)을 수행하여 에도삼부(江戶参府)를 수행하였다. 그 사이 일본 연구에 착수, 사회·문화에서부터 동식물, 지리·기후 등 다양한 분야의 자료를 수집했다. 의사이기도 한 켄펠은 조수나 일꾼 이외에 환자로부터도 정보를 구매하고 있던 것 같다.

귀국 후, 그는 이러한 조사의 결과를 「오늘의 일본(今日の日本)」이라고 하는 원고로 정리했지만 그의 생존 중에는 출판되지 않고 사후 11년이 지난 1727년 『일본지(日本誌)』라는 이름으로 간행된다. 내용은 러시아 여행기를 시작으로 일본의 정치, 종교, 나가사키(長崎)의 모습, 에도삼부기행(江戶参府紀行)이 있다. 특히 그가 그린 일본 지도는 중요하다 할 수 있는데 체제 중에 손에 넣은 지도와 에도삼부 도중에 은밀하게 계측한 자료 등을 기본으로 일본 지도를 작성하고 여행기를 보충했다. 『일본지』에 게재된 켄펠 자필의 지도는 당시의 최

▼ 일본지(日本誌)

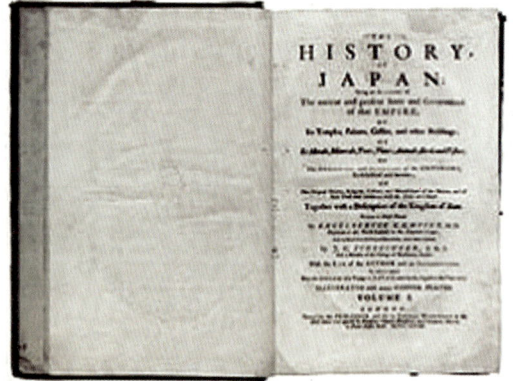 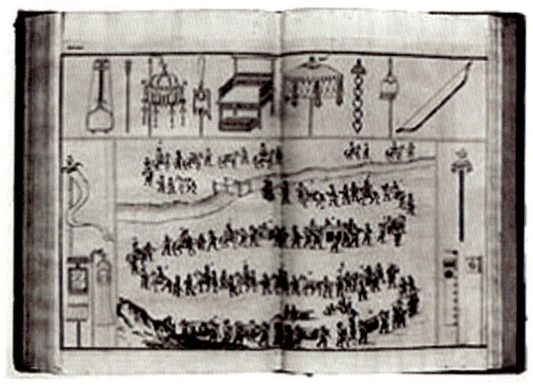

신 정보로서 주목을 끌어 100년 이상 유럽에서 출판되어 일본 지도의 바탕이 되었다고 한다.

2. 염치의 일본 현대사회와 『국화와 칼』

일본문화론의 첫 성과는 미국의 여류문화 인류학자 루스베네딕트가 쓴 『국화와 칼』을 들 수 있다. 이 책은 제2차 세계대전 중에 적국에 대한 연구의 하나로 저술하여 1946년에 발표되었다. 직접 일본 현지조사로 얻은 자료가 아니라 재미 일본인과의 면접, 문학이나 영화 등으로 얻은 자료의 분석을 통하여 일본 사회의 체질을 예리하게 분석한 책으로 오늘날에도 많은 독자를 확보하고 있는 고전이라 할 수 있다.

저자는 일본사회를 특징짓는 상하관계의 질서에 주목하여 그 질서 가운데 「명인」의 명인다운 위치를 지키려는 사람들의 행동이나 사고에 대하여 「은혜」나 「의리」「덕」「오명」 등 일본인 특유의 표현법을 근거로 하여 분석해 나아갔다.

저서에서 제시한 일본인론의 중심테마는 일본문화의 특질을 염치의 문화라는 용어로 파악하고 있다. 이 테마는 일본인론의 출발점이 된 개념이었다. 도덕의 기준을 내면적 죄의 자각에 두고 자신을 다스려 가는 서구의 문화를 「죄의 문화」라 함에 대하여 일본은 주위 사람들을 의식하면서 타인의 비판을 기준으로 하는 「염치(恥)의 문화」라고 규정했다.

외국인이 쓴 일본인론에 대한 일본인들의 과민하면서도 과잉된 관심 때문에 일본인이 구미인의 필명으로 일본인론을 출판하기도 한다. 이와 같은 익명성을 지닌 저서가 잘 팔린다고 하는 사실 그 자체는 일본사회의 염치의 문화적인 측면을 잘 드러내고 있다. 그러나 일본에서 염치의 개념은 남들의 비웃음을 제재하려는 외면적 강제라는 의미만 있는 것이 아니다. 염치를 안다는 것은 「마땅히 지녀야 할 자기로서의 명예를 존중한다는 의미. 부덕을 부끄럽게 안다」는 자기 통제의 기능을 동시에 지닌다.

3. 작은 것이 아름답다

1982년 일본에서 출판된 이어령의 『축소지향의 일본인』은 당시 일본문화계를 떠들썩하게 했다. 출판과 동시에 베스트셀러가 되었던 이 책은 일본문화의 특징을 서구인이 아닌 동양인의 눈으로 보는 예리한 일본문화론이라 하여, 영

어와 불어로도 번역되어 명저로 평판을 받고 있다. 저자는 일본인들이 물건을 만들어 낼 때 편이성과 디자인 등을 염두해 두고 실용적이면서도 작고 모양 좋게 물건을 만들어 내는 사례를 들어 일본문화론을 전개했다. 포개 놓는 그릇, 쥘부채, 도시락, 분재, 꽃꽂이, 다실 등의 전통적인 문화의 사례와 소형화 고성능화 하려는 트랜지스터 라디오, 자신의 압축적인 소개장인 명함 등 현대의 사례를 들었다. 일본인들의 문화적 지향성은 사물을 축소하여 넣는 데서 만족감과 안정을 얻으려는 경향이 있음을 지적하였다. 이런 경향은 현대의 경제 활동에서도 나타나는데 상품의 개발이나 무역의 문제에서 그런 실례를 찾아볼 수 있다.

또한 일본인들이 이런 경향을 추구하는 시기에는 찬란한 문화의 꽃을 피지만 반대로 그들의 의지를 외부로 잘못 확대하려는 시기에는 오류를 범하곤 했다. 예를 들어 임진왜란이나 근대에 제국주의를 실현하려던 때 즉 확대지향을 추구하려던 때는 실패와 외부에 대한 피해만 남기게 된다.

저자는 특히 한국어판 서문에서 한국의 젊은 독자들에게 「젊은이들이 지적 용기를 갖고 일본인을 떳떳이 바라보는 맑은 시선을 가질 수 있게 되기를 빈다」고 했다. 다양한 역사적 현상과 현대의 사례로 일본의 키워드를 축소지향에 둔 문화론은 일본문화의 일면을 충실히 설명해 주었다고 할 수 있다.

IV. 새로운 일본인론과 일본문화론의 발굴과 지향점

일본의 모습은 보는 각도에 따라서 실로 다양한 모습을 지니고 있다. 그렇기 때문에 일본문화는 신비롭다고 하는가 하면, 신비를 하나하나 벗기고 보았더니 마치 양파를 벗겨내듯이 달리 남는 것은 하나도 없으니 양파의 문화라고도 한다.

한국에서 제일 가까운 나라인 일본은 한국인들의 관심이 가장 큰 나라이기도 하다. 역사적으로 많은 사건과 문화가 얽혀 있으며, 실제로 많은 한국인들이 일본에 거주하고 있으며, 오늘도 많은 일본인들이 한국에 오며, 또 많이 거주하고 있다. 일본의 상품과 문화가 많이 들어와 있고 우리의 주요 무역 대상국이기 때문에 한국인들의 일본·일본인·일본문화에 대한 흥미 아닌 탐구열의는 무궁무진하다고 할 수 있다.

이런 욕구를 채워 주기 위하여 쏟아져 나오는 일본인·일본문화에 관한 서적이 줄을 이어 출판되고 베스트셀러가 되기도 한다. 일본체험에서 나온 일본 기행문이나 감상문도 있고, 진지한 일본연구의 학문적 성과물도 있다. 어떤 책은 도쿄나 교토를 며칠 둘러보고 느낀 일본문화와 한국문화의 이질성을 써낸 글도 있고, 장기간 일본에 체류하는 동안에 경험했던 일을 차분하게 써 내려간 글도 있다. 일본사회가 한국사회와 다른 점이 먼저 인상적으로 느껴지기 때문에 이런 면에 대한 기술과, 일본인들의 생활하는 모습을 대조적인 관점에서 기술한 예가 많다.

현대 사회는 급격한 변화를 겪고 있고, 다양한 목소리와 시선이 존재하고 있다. 때문에 이러한 독자들을 충족시키기 위해서는 이제부터의 일본문화론은 보다 차분한 목소리로 치밀하게 전개되어 가야 할 것이다. 각 방면에서 깊이 있는 전문적 연구가 축적되고 이것이 다시 종합되고 다시 해체되어 다음 단계를 향하는 식으로 한국의 일본문화론은 심화되어 가야 한다고 생각한다. 그러기 위하여 일본·일본인·일본문화를 보는 데는 세계사적인 안목과 내외를 두고 볼 수 있는 복안적(複眼的)인 시각이 절실히 요구될 것이다.

【용어사전】

◇ 이키(粹)
와비, 사비와 함께 일본을 대표하는 미의식 중의 하나.
에도시대 후기에 조닌 사이에 발생되었다고 한다. 몸가짐과 행동이 세련된 것, 인정이 많고 노는 법을 알고 있다는 의미도 포함한다. 그리고 남자를 유혹하는 요염한 여자의 태도와 순결, 자존심을 잃지 않고 상대방에게 집착하지 않는 일종 사랑의 미학을 이키라고도 한다. 이키는 와비, 사비와 같은 일본의 미적관념과 공통된 부분을 가지고 있으면서도 와비와 사비가 종교적인 관념이 강한 것에 비해 이키는 일상적인 생활과 친밀하여 현재에도 일상적으로 사용되고 있다.

◇ 무사도(武士道)
사무라이는 귀인을 가까이에 모시며 경호하는 사람들을 지칭하는데, 헤이안 시대 이후 영주들의 경호를 위해 무사들이 채용되고 하나의 계급을 형성하였다. 무사도는 봉건사회에서의 무사계급의 논리 및 가치 기준의 근본을 이루는 체계화된 사상을 말한다. 교육가이자 사상가인 니토베 이나조(新渡戶稲造)는 구미의 종교관과 비교하여 일본인의 자기확립을 위해 실용주의를 주창하고, 인간이 가져야 할 의무와 그것을 지지하는 무사도를 집필하였다.

◇ **쇼쿠닌(職人)**

쇼쿠닌는 스스로 연마한 기술로 수작업으로 물건을 만드는 것을 직업으로 하고 있는 사람을 가르키는데 특히 전통적인 공예품을 다루고 있는 사람을 말하였다. 에도시대의 사농공상의 「공」에 해당하며 일본에서는 그들을 존경하는 전통이 있으며 조선반도로부터 도래한 도예공을 대우하여 주었다. 요즘에는 목수, 미장이, 정원사 등의 사람들도 쇼쿠닌이라고 부르기도 한다.

◇ **아마에(甘え)**

「아마에」는 일본인의 심리와 일본사회의 구조를 알기위한 키워드이다. 아마에라는 것은 주위사람에게 사랑과 인정을 받아 그들에게 심적으로 의존하는 일본인 특유의 감정이라고 정의한다. 이러한 관계를 부모와 자식의 관계로 비유되며 이러한 인간관계를 이상적인 형태로 보고, 다른 인간관계에서도 이러한 관계와 같은 친밀감을 요구해야한다고 한다.

제Ⅱ장

생활 속의 문화예술 콘텐츠

4. 진솔한 삶의 여유 다도 세계

허 곤

I. 다도의 발생과 성장
II. 다회의 진행 순서
III. 다도의 예
IV. 다도의 와비정신
V. 차의 종류와 다회를 여는 일곱 가지 방식

I. 다도의 발생과 성장

1. 차 문화의 태동과 형성

일본 차(茶)의 원류라고 할 수 있는 중국에서 차를 마시기 시작한 기원은 정확히는 알 수가 없다. 중국의 육우(陸羽)가 지은 『다경(茶經)』중에서는 BC 2700년 신농(神農)시대부터 마셨다고 하나 실제적으로 신농시대 이전부터 차나무가 존재하였기 때문에 지금으로부터 5천년 이전부터 차를 마셨다고 볼 수 있다.(고대 중국 설화중 농사의 신(神)인 신농씨가 온 세상의 모든 식물의 맛을 보다 독초에 의해 중독이 되었는데, 어느날 문득 찻잎을 먹고 난 다음 독이 제거된 것을 확인하고 이를 인간에게 널리 마시게 한 데부터 그 기원을 보고 있다.)

『사기(史記)』에 의하면 BC 1066년 "서주(西周)의 파촉(巴蜀, 지금의 중경. 성도 부근) 지방에서는 차의 재배가 행해졌다"고 하며, 이후 "춘추전국시대(BC 59년 전한(前漢)시대의 사천(四川) 일대에서는 차가 사대부들의 생활필수품으로 시장에서 상품화되어 매매가 이루어지고 있었다. 그러나 민간인들에게까지 널리 음용되기 시작한 것은 당(唐)대에 들어서 비로소 보편화되기 시작하였고, 송(宋)대에서는 생활필수품으로서 쌀, 소금과 더불어 매일 없어서는 안 될 중요한 물품이 되었다.

2. 일본에의 전파와 발전

헤이안시대 초기에 들어온 중국의 차 마시는 풍속은 좀처럼 일본에 정착되지 못하고 대부분 소멸해 버렸다. 그로부터 약 400년 후 가마쿠라시대 초기에 이르러 당시에 성행했던 송나라와 교류 때 차는 다시 일본에 들어왔다. 차나무를 들여온 것은 오로지 일본 임제종의 에사이(榮西) 선사(禪師)의 공적이었지만, 이 시대에 송나라에 갔던 사람들은 에사이만이 아니었고 다른 사람들도 중국에서 성행한 차 마시는 습관에 주목했을 터라 차를 들여온 것은 에사이 한 사람에 그치지 않았을 것이다. 이렇게 중국에서 차나무가 들어온 후 규슈와 교토로 차는 급속히 퍼져 나갔다.

초기의 차는 대부분 약용이었다. 그것이 기호(嗜好) 음료로 바뀐 것은 가마쿠라시대 후기의 일이다. 일본의 남북조시대에는 투차라는 차의 맛을 구분하는 차 모임이 시민 사이에 퍼졌다.

한편, 중국에서 들여온 미술 공예품으로 장식하는 호화로운 귀족의 사랑채에서 벌어지는 예능이 무사 귀족사회에서 인기가 높았다. 이렇게 되자, 그 예법 가운데 차를 대접하는 예절이 생겨났는데 여기서 의례적인 차 마시는 풍습이 발생한 것이다.

오늘날 차를 끓여서 대접하는 예절이나 다도라고 불리는 예도(芸道)가 탄생한 것은 이러한 차를 마시는 문화의 보급과 뒤를 이어서 14세기 무로마치시대로부터 16세기의 모모야마시대에 걸친 일이었다. 중국의 송, 원대 문화에 압도되어 중국의 물건을 매우 좋아하면서도 좀 더 마음 편히 즐길 수 있는 차를 추구하는 문인들이 등장하게 된다. 차를 추구하는 문인들은 중국 물건을 대신하여 일본의 물건 또는 고려의 물건에 주목했다. 중국 물건과 같은 섬세한 아름다움에는 미치지 못하지만 거칠고 투박한 모습에서 중국 것에서는 찾아볼 수 없는 따뜻함이 있는 일본의 도자기나 한반도의 도자기와 은둔문화로 연결되는 암자의 풍치, 그리고 선에 통하는 고담무심(枯淡無心)의 경지에 매력을 느꼈다. 그러한 중세 문화의 요소를 모아서 차를 대접하는 예절이라는 새로운 문화가 창조되었다. 그것은 와비차(다도에서 예법보다는 화경청적(和敬清寂)의 경지를 중시하는 일)의 탄생이었다.

와비차의 창조자들인 무라타 주코(村田珠光), 다케노 조오(武野紹鴎), 센노 리큐(千利休) 등은 '와비'라는 새로운 미의 발견자들이었다. 와비는 지금까지는 없는 미(美)의 기준이었기 때문에 기물(器物)로 삼을 만한 물건은 그들의 주변에 흔히 있는 것이었다고 할 수 있다. 일상의 잡기(雜器)나 한반도에서 건너간 기물이 주로 와비차의 도구가 되었다. 마침내 와비차는 도구뿐만 아니라 다실, 작업, 회석요리(다도에서 차를 대접하기 전에 내는 간단한 음식) 등을 동반하는 여러 형식을 갖춘 문화로 완성되었다. 그것은 16세기 말 모모야마시대의 일이었다.

II. 다회의 진행 순서

1. 낮다회의 진행 순서

다도의 구체적인 모습을 이해하기 위하여, 낮에 여는 표준적인 '낮다회'의 진행 순서를 살펴보자. 우선 다회를 주최하고 싶은 사람, 즉 다회의 주인은 초대할 손님들에게 초대 편지를 낸다. 출석 여부의 답장을 받으면 다회를 열 준비를 한다. 다회 당일 약속한 시간에 손님들은 다실 정원 입구의 대기실에 모

▲ 낮다회

인다. 여기서 손님들은 한 사람씩 정객(正客), 차객(次客), 삼객(三客), 사객(四客), 말객(末客) 등으로 역할을 분담한다. 역할에 따라서 다실 내에서 차를 대접받는 순서와 앉는 자리가 정해진다.

손님들은 외로지(外露地)라고 하는 바깥 정원의 굽은 길을 걸어 들어가서, 준비된 걸상에 앉아 기다린다. 주인이 맑은 물을 담은 통을 들고 나와 손 씻는 물그릇에 물을 채워 놓고 들어간다. 손님들은 일어나서 차례로 손을 씻는다. 그 후 주인은 안쪽 정원인 내로지(內露地)로 들어가는 문을 열고 손님들을 맞이하며 인사를 나눈다.

주인은 안쪽에 있는 출입구로 먼저 다실에 들어가서 손님들이 들어오기를 기다린다. 손님들은 니지리구치(躙口)라는 작은 문을 통해 몸을 움츠리고 고개를 낮추고 기어들어 가듯이 다실로 들어간다. 이 문은 몸을 구부려야 들어갈 수 있도록 작게 만드는데, 그 크기는 가로 약 60센티미터, 세로 약 60센티미터이다. 문을 이렇게 작게 만드는 데는 까닭이 있다. 다실에 들어가면 누구나 다 속세의 신분의 귀천을 떠나 대등한 자격으로 만나야 한다는 상징적인 의미로 문을 작게 만든 것이다. 다실에서는 빈부귀천을 따지지 않으며 인간의 원래의 겸손한 자세로 돌아가서, 모두가 평등한 관계에서 다회를 진행해야 한다는 의도가 나타나 있다.

다실 안으로 들어와 앉은 손님과 주인이 인사를 나눈 뒤, 손님들은 차례대로 정해진 자리에 앉는다. 주인은 먼저 로(炉)라는 실내용 화덕에 숯불을 피우면 손님들은 숯불이 피는 모습을 감상한다. 주인은 향(香)을 피워 정취를 돋운다. 이어서 준비해 두었던 회석요리(懷石料理)를 내어 손님들을 대접한다.

2. 회석요리

회석이란 원래 불교에서 나온 말이다. 선방(禪房)에서 수양하는 젊은 승려들이 긴긴 겨울밤 공복에 시달릴 때, 이를 이기지 못하여 돌을 따뜻하게 데워서 품속에 넣어 허기를 잊으려 했다는 고사에서 유래한다. 회석요리는 잔칫상의 잘 차린 풍성한 요리와 달리, 일시적으로 허기를 달랠 정도 분량의 간단한 식사를 가리킨다. 회석요리란 밥 한 주먹, 반찬 한두 가지, 국 한 그릇으로 차린 조촐한 상차림을 말한다. 회석요리를 먹을 때는 술을 곁들이는데, 술은 취하지 않을 정도로 조금만 마신다. 회석요리를 다 먹은 후에 주인은 다과를 낸다. 손님들은 다과를 다 먹은 후에 일단 정원으로 나간다. 중간 휴식을 위한 것이다.

손님들이 나가서 쉬는 사이에 주인은 다실에 걸어 두었던 족자를 떼어 내고 그 자리에 꽃을 장식하고 차를 준비한다. 준비가 끝나면 주인은 걸어 두었던 징을 쳐서 손님들에게 들어올 시간이 되었음을 알린다. 손님들은 다시 손을 씻고 차례대로 다실로 들어와 자리에 앉는다. 주인은 먼저 맛이 진한 차인 말차(抹茶)를 낸다. 로에 새로 숯을 얹어 숯불을 다시 지피고 다과를 낸 뒤, 이번에는 맛이 엷은 차인 박차(薄茶)를 낸다. 이 동안에 손님과 주인은 여러 가지 이야기도 나누고, 시(詩)도 짓고, 주인의 다도구나 다실에 대한 감상도 이야기하며 다회를 즐긴다.

▲ 회석요리

보통 다회를 한 차례 진행하는 데 걸리는 시간은 4시간 이내로 하며, 그 이상 길어지지 않도록 한다. 손님의 수는 5명 이내를 원칙으로 한다. 5명 이상 되면 이야깃거리가 분산되거나 손님들이 편을 갈라 이야기를 나누게 될 염려가 있기 때문이다.

3. 다회에서의 마음가짐

다회에서 무엇을 이야깃거리로 삼는가는 매우 중요한 문제이다. 다도의 창시자의 한 사람인 다케노 조오가 교훈하기를 "다실에 들어오면 세속적인 잡담은 금한다"고 했다. 다실에서는 금전에 관한 이야기, 남녀 관계 이야기, 정치에 관한 이야기 등은 금기 사항이었다. 시나 차에 대한 이야기를 이상적인 이야깃거리로 삼으며 다실을 통해서 풍류를 즐겨야 한다고 했다.

다실에는 반드시 족자를 걸거나 꽃꽂이로 장식해 둔다. 다실은 차를 마시는 공간이자 예술 감상을 위한 공간으로서의 의미를 지닌다. 도회지 한 가운데 있는 다실의 경우, 다실을 나서면 곧 사람들의 왕래가 빈번한 거리라고 해도, 다실 안에서는 깊은 산중에 있는 것과 같은 마음가짐이 들도록 준비를 해야 한

▲ '시중의 산거'를
느끼게 하는 다실

다. 이를 일컬어 다실의 공간은 '시중(市中)에 있는 산거(山居)'와 같은 곳이어야 한다고 말한다. 다실은 일상생활과 예술 세계를 연결짓는 완충지대 역할을 한다. 다실에 들어감으로써 번잡한 일상생활로부터 단절되어, 정신적으로 해방된 예술 세계를 실현하게 되는 것이다.

4. 다도의 사규

사규(四規)란 네 가지의 규(規), 즉 지켜야 할 네 가지의 규율을 말한다. 선종(禪宗)에서는 승려들의 생활양식은 화·경·청·적을 기본으로 해야 한다고 말한다. 센노리큐는 바람직한 다실의 분위기, 즉 다도를 하고자 하는 사람들이 지녀야 할 마음가짐은 이 네 가지가 기본이 되어야 한다고 했다.

① '화'란 서로 사이 좋게 지내며, 나아가 불심에 의하여 서로가 하나로 잘 어우러지는 상태를 말한다. 다실에 모인 주인과 손님은 각기 개성을 발휘하는 독립·독보적인 존재이면서도, 모두 함께 불성(佛性)으로 돌아감으로써, 서로 하나가 되는 상태가 곧 화이다. 즉, 각자는 개성을 지닌 사람임과 동시에 모두가 공통적으로 불심을 지니고 있음으로써 불이일여(不二一如)하는 상태가 곧 화의 정신이다.

② '경'이란 종이 주인을 섬기듯이 일방적으로 윗사람을 섬기라는 말이 아니다. 주인이나 손님 모두가 불성을 공유하는 존엄한 인격체임을 서로 인정할 때 저절로, 우러나오는 상호 존중의 마음가짐을 말한다. 늘 서로 합장하는 자세로 서로 공경하는 마음으로 다도에 임하는 정신을 말한다.

③ '청'은 감각적·물질적인 청정무구(淸淨無垢)의 상태를 기본으로 한다. 늘 마음을 깨끗하게 하고, 욕심을 떨쳐 버린 마음을 지님으로써, 참된 자유로움을 얻어, 청정무구한 가운데서 살아갈 수 있는 경지를 말한다. 청은 정신세계의 청정을 말할 뿐만 아니라 다실과 다도구를 청결하게 다루는 일과도 통하는 정신이다.

④ '적'은 조용한 상태, 즉 다실에서는 정적(靜寂)함을 유지하라는 의미이지만, 다도에서는 공간적인 정적만을 의미하는 것이 아니라, 주위에 의해서 동요

되지 않는 마음의 정적, 적연부동(寂然不動)의 심경을 말한다. 이는 나아가, 불교적인 원적(円寂), 즉 열반(涅槃) 또는 대조화(大調和)를 이루어 평온한 세계를 가리킨다.

이와 같은 다도의 사규, 즉 '화경청적'은 다실에 주객이 모여 진행하는 다회를 통해서 구현되는 다도의 이상적인 정신세계를 의미한다.

Ⅲ. 다도의 예

1. 의식과 규범으로서의 다례

다도의 예를 다례(茶礼)라고 한다. 예(礼)는 의식이고 규범이다. 예에 이르러 차도 깊은 경지에 이르는 것이다. 이러한 예식으로 고조되어야 비로소 다도가 된다. 방식은 우리들로 하여금 지키도록 요구한다. 그만큼 다례는 권위가 있다. 배우는 자는 이 예에 충실히 따라야만 한다. 복종을 사람들은 구속이라고 해석할지도 모른다. 그러나 법에 따르는 것은 법을 지키는 것이고 이것밖에 완전한 자유는 없다. 자유는 제멋대로라는 뜻이 아니다. 법에 입각할 때 비로소 완전한 자유를 얻을 수 있는 것이다. 제멋대로 한다는 것보다 큰 구속이 또 있을까. 자기를 우거낼 때 사람은 부자유를 강요당한다. 다례는 사람들에게 자유를 선사하는 공도(公道)이다. 이것에 모든 전통적 예도의 숨은 뜻이 담겨 있다. 형식을 떠나 노가쿠(能楽)의 아름다움이 있고 가부키(歌舞伎)의 예능이 있을 수 있을까. 아무리 새로운 것이 생겨난다 해도 그것이 심화되면 결국은 형식에 이르게 되는 법이다. 차의 아름다움은 그 형식에서 가장 심화된다. 차를 행하는 이에게는 법에 대한 조심성이 있어야만 한다.

'차'는 항상 예에 이어진다. '차'가 법에 섞이면 저절로 다례가 된다. 예는 법이고 형식이고 형태이다. 차를 달이는 일을 법에 맞도록 하는 것은 차를 달이는 행동이 좁혀져 모든 쓸데없는 것이 줄어들고 없어서는 안 될 것만이 남는 것이다. 그것이 결정(結晶)되면 저절로 형태를 낳는다. 여기에서 다례가 생겨난다.

2. 다례의 형식화가 가지는 의미

다례는 동작의 형식화라고도 할 수 있다. 형식이라는 말은 자칫하면 오해를 불러 일으키기 쉬워서 우리들은 그것을 종종 '모양화'라고 부른다. '차'의 형태는 동작의 모양화이다. 모양이라는 것은 사물의 모습을 축소한 형태이고 말하자면 단순화, 요소화(要素化)된 것이다. 그 요소적인 것이 강조되어서 표현되면 저절로 모양에 이른다. '차'의 동작이 원소적인 것으로 환원되면 '차'의 형태가 생겨난다. 그 때문에 형태를 떠난 다례는 없다고도 할 수 있다. 이 형태가 몇 명 다도의 선조에 의해서 나누어져 몇 개의 유파를 형성했다.

그러나 여기에서 충분히 형태의 성질을 파악하지 못하면 엄청난 오류에 빠진다. 형태는 정형이라고도 할 수 있어서 일종의 결정된 양식이 된다. 그러나 이 양식은 실은 필연에 이끌린 것이어서 억지로 형식을 갖춘 것이 아니다. 동작을 헛되지 않은 본질적인 것으로 환원할 때, 일정한 형태로 자리 잡는 것이다. 그 때문에 필연을 떠난 형태는 진정한 형태가 아니다. 형태는 오히려 당연한 것, 저절로 꼭 그렇게 되는 자연스러움이 있어야만 한다. 그러므로 그 배후에 있는 필연을 상실하면 형태는 단순한 형식에 빠지고 자연스러움에서 어긋나 버린다. 형식에 집착하면 부자연한 상태에 빠지는 것은 그 때문이다. 형태는 정적인 것이지만 그 정적인 것은 동적인 것이 응축된 것이라는 것을 잊어서는 안 될 것이다. 동적인 것이 없는 정적인 것은 단지 정지된 것이고 고사(枯死)된 상태이다. 이 점이 다례의 어려운 점일 것이다. 자연스러움과 부자연스러움이 형태에서 표리관례에 있다고도 할 수 있다. 종이 한 장의 차이이지만 그것이 천지 차이가 되는 것이다.

3. 마음의 형식으로서의 다례

차를 대접하는 예절을 배우는 것은 형태를 배우는 데서 시작된다. 또한 형태로 가르치는 것이야말로 그 전통이 계승되는 것이다. 그러므로 형태를 까다롭게 말한다. 말차를 달이는 일을 배우는 것은 행동의 형태를 얼마나 터득하느냐에 달려 있다. 익숙하지 않으면 처음에는 어색한 것은 당연하고, 때로는 순서를 틀리거나 경직되거나 한다. 그러나 이것들은 재주가 있느냐 없느냐에도 달려 있겠지만, 누구라도 형태를 반복함으로써 언젠가는 습득할 수 있을 것이다. 단지 문제는 그 형태가 원래의 필연성과 어느 정도 연결되어 있느냐에 달려 있다.

유감스럽게도 소위 다인이 말차를 달이는 것을 보고 있으면 형태를 나타내려고 하기 때문인지 쓸데없는 행동에 치우치는 경우가 많다. 형태가 필연을 넘어서 의미 없는 것으로까지 과장된다. 모든 형태는 어떠한 의미에선 강조이기 때문에 형태의 동작에는 '거짓'이 있다고도 할 수 있다. 그러나 이 '거짓'은 진실을 나타내는 한 존재 이유를 가지는 거짓이고 단순한 거짓이 아니다. 그러나 그 과장이 일단 도를 넘으면 진실과 어긋나 버린다. 그리하여 필연을 깨고 억지에 빠져 버린다. 형태가 필연인 한 그것은 쓸데없는 것을 필요로 하지 않는다. 필연이 부족하면 쓸데없는 것만이 눈에 띈다. 그런데 이 명백한 의미가 지금은 얼마나 무시되고 있는가.

　다도에서 종종 쓸데없는 행동과 마주치기도 하고, 경우에 따라서는 부자연스러운 형태와 마주치며 때로는 불쾌한 과장과 마주치기도 한다. 예를 들면 자센(茶筅)을 씻을 때, 과장되고 쓸데없는 형식을 자주 본다. 엔슈류 등이 그 전형적인 것이지만 형태의 의미를 완전히 잊는 것이어서 그 폐해가 너무나 드러난다. 이러한 무익하고 고의적인 과장은 '차'에서 하나의 사도(邪道)라고 보는 시각도 있다.

IV. 다도의 와비정신

　차의 와비(侘)정신을 이해하기 위해서는, 먼저 적(寂)과 빈(貧)의 의미를 생각해 볼 필요성이 있다. '적(寂)'이란 불교에서는 흔히 '정(静)'과 결합되어 '정적(静寂)'이라고 한다. 두 글자가 모두 같은 경지를 응시하는 말로 정도 이원의 혼란을 갖지 않는 조용함을 가리키는 말이다. 그리고 '적(寂)의 아름다움'은 '빈의 아름다움'이라고 부를 수 있다. 여기에서 '가난하다'는 것은 경제적인 의미에서 가난하다는 것이 아니다. 그러한 가난은 오히려 부를 쫓는 가난이라고 할 수 있다. 탐하는 것이 없는 곳에 비로소 빈이 있는 것이다. 그러므로 빈이라는 글자는 종종 청빈(清貧)이나 성빈(聖貧) 등으로 불리며 기림을 받았다. 이렇듯 진정한 아름다움은 빈의 아름다움에까지 무르익는 것이다. 적어도 그 요소를 포함하지 않는 한 절대적인 것에 이를 수 없다.

　차 예절에서는 그러한 빈의 아름다움, 적의 아름다움을 '와비'라고 했다. 와비는 한적하며 정취가 있는 모습을 말한다. '사비(寂)'라고도 말하지만 원래 '적'의 뜻으로 하이카이(俳諧 ; 하이카이렌가(俳諧連歌)의 준말로 무로마치 말기 이후에 성행한 렌가(連歌)의 하나) 작가인 마쓰오 바쇼(松尾芭蕉 ; 에도시대의 하이카이 작가)의 하이카이 세계를 이루는 기본이념이기도 하다. 『센차로쿠(煎茶錄)』 등에 따르면 와비는 '부족하다는 뜻'이며 빈의 마음이다. 그리하여 부족한 것에서 만족을 아는 마음씨를 가리키는 것이다. "부자유하지만 부자유하다는 생각을 하지 않고, 부족해도 부족하다고 생각지 않고, 부진해도 부진하다는 생각을 품지 않으면 와비라고 이해할 것"이라고 적혀 있다. 따라서 와비의 마음은 마음 속에 아무런 사심을 갖지 않으며, 그렇게 함으로써 늘 마음에 충만한 것을 갖는 것을 의미하며 이것이야말로 빈의 부(富)인 것이다.

'와비 차'라고 하지만 단지 형태만을 한정하여 정취 있게 갖추어도 마음에 '와비'가 없으면 '차'가 되지 못한다. 사치를 뽐내는 차에 와비는 없다. 와비는 부족한 것에 괴로워하는 마음도 아니고 만족하려고 탐하는 마음도 아니고 또한 만족을 자랑하는 마음도 아니다. 있는 그대로에서 만족하는 것이다. 빈이 빈의 상태에서 덕(德)으로 되살아나는 것이다. 어떠한 탐욕의 힘으로도 이겨낼 수 없는 것을 빈(貧)이라고 하는 것이다. 빈의 덕과 결합되지 않는 '와비'는 있을 수 없다. 지금 대부분의 차는 빈이 없는 차, 부를 탐하는 차라는 평을 받아도 어쩔 수 없다.

『센차로쿠』는 '호(好)'와 '스키(数奇)'를 구별하는 데 있어서 매우 엄격하다. 왜냐하면 '호(好)'는 집착에 불과하고 스키는 뭔가 부족한 '우수리', 즉 기수(奇数) 속에서 충분히 만족을 안다는 의미이기 때문이다. 다도를 좋아하는 사람이란 여의치 않음을 그대로 만족으로 바꿀 수 있는 사람을 가리키는 것이다. 따라서 스키는 아집이 있어서는 안 된다. 자신의 취향에 집착하는 사람은 다도를 좋아하는 사람이라고 할 수 없다.

V. 차의 종류와 다회를 여는 일곱 가지 방식

1. 차의 종류

일본의 차의 종류는 아래와 같이 분류 할 수 있다.
① 전차(煎茶) : 찻잎을 작게 썰어서 말려 열탕에 우려 마시는 차이다.
② 말차(抹茶) : 찻잎을 곱게 갈아 열탕에 풀어 마시는 차이다.
③ 반차(番茶) : 새로운 찻잎을 따고 난 뒤에 남은 딱딱하고 오래된 찻잎으로 만든 차이며, 중저급품의 차를 의미하기도 한다.
④ 교쿠로(玉露) : 그늘에서 비료를 많이 주면서 재배한 고급 차이며, 맛과 향이 강하고 가격이 비싸다.
⑤ 호지차(焙茶) : 반차를 불로 때서 만든 차로서, 카페

▼ 말차

인의 함유가 적고 맛이 시원해서 병약한 환자나 어린이들에게도 권할 수 있는 차이다.
⑥ 메차(芽茶) : 전차나 교쿠로를 만들 때, 새 눈(芽)을 추려서 만든 차이며, 맛과 향이 강하고 다량의 카페인이 함유되어 있다.
⑦ 구키차(莖茶) : 줄기(莖)부분을 추려서 만든 차이다.
⑧ 현미차(玄米茶) : 전차나 반차에 볶은 현미를 섞은 차이다.

일본 다도에서는 이 중에서 특히 말차나 전차를 준비하여 주인이 다실에 손님을 불러 마시며 이야기를 나누는 일을 다회(茶會)라고 한다. 스승이나 제자 또는 벗을 초대하여 다도를 즐길 수 있도록 다실(茶室)과 다도구(茶道具)를 갖추어 놓고, 좋은 이야깃거리가 있다면, 언제라도 다회를 열 수 있다.

2. 다회의 종류

다회는 개최 시기와 목적 등에 따라서 일곱 가지로 분류되는데, 이를 다사칠식(茶事七式)이라고 한다.
① 정오에 모여 간단하게 식사를 곁들여 여는 다회는 '낮다회' 라 한다.
② 밤에 모여 이야기를 나누며 여는 '밤다회' 는 주로 겨울밤에 열며, 이때는 긴 겨울의 정취를 이야깃거리로 삼는다.
③ 아침에 여는 '아침다회' 는 주로 여름날 아침에만 열며, 이른 아침에 느끼는 청량감을 이야깃거리로 삼는다.
④ '새벽다회' 는 새벽 4시경부터 동이 트는 풍경을 보면서 그 정취를 이야깃거리로 삼기 위하여 연다.
⑤ 신분이 높은 귀한 손님이 다실에 다녀간 직후에, 비록 그 손님과 함께 차를 마시지는 못했으나, 그 손님과 같은 자리에 앉아서 그 손님이 쓰던 다도구로 차를 마시며, 그 분의 정취를 느껴보기 위해서 여는 다회를 '자취다회' 라 한다. 귀한 손님의 자취를 음미하며 감상에 젖어 보는 데 의미가 있다.
⑥ 미리 알리지 않고 불쑥 찾아온 손님을 위하여 여는 다회를 '불시(不時)다회' 라고 한다. 이 경우에는 정식 절차를 갖추지 못하며, 손님도 이를 탓하지 않는다.
⑦ 그 해에 새로 딴 찻잎을 차 단지에 넣어 봉해 두었다가 11월에 손님을 모신 자리에서 개봉하고, 그 자리에서 찻잎을 갈아 차를 달여 대접하는 다

회를 '개봉다회'라 한다. 손님이 보는 앞에서 개봉하는 일은 그 손님에게 소중한 것을 드린다는 정성의 표시가 된다.

다회를 여는 방식은 이상과 같은 일곱 가지가 있으나, 이 밖에도 손님을 한 분만 모시고 여는 '독객(独客)다회', 손님이 식사를 하고 왔을 경우 다과만 내는 '식후(食後)다회', 밤새 다실에 피워 둔 숯불의 타다 남은 불꽃을 감상하기 위하여 아침에 손님을 모시고 여는 '잔불을 감상하는 다회' 등 그때그때 적절한 목적에 따라서 다회는 다채롭게 전개된다.

【용어사전】

◇ 다실(茶室)

다실의 기원에 관해서는 여러 가지 설이 있지만, 무로마치(室町)시대에 넓은 객실의 한 부분을 병풍 등으로 가리고 거기서 차를 마시던 것이 기원이 되었다고 전하여지고 있다. 기본적인 넓이는 사방 3미터 정도의 방이었고 그 넓이가 오늘날의 다실의 기준이 되고 있다. 다실의 외관은 소박한 맛을 풍기도록 꾸미는데, 보통 초가로 지붕을 만들고, 벽에는 흙을 발라 자연미가 넘치는 시골집의 운치를 느끼게 한다. 다실은 원래, 실용성을 가장 중시했었지만 외관 또한 주인의 차(茶)에 관한 마음을 잴 수 있는 기준이 되었기에 오늘날과 같은 최고의 멋을 추구하게 된 것이다.

◇ 정원(庭園)

다실의 정원은 차 모임을 가질 때 실제로 사용하기 위하여 만들어진 것으로서 단순히 감상하는 것만이 아니라 차 모임의 진행될 때의 순서와 밀접한 관계가 있다. 차는 정원의 어느 곳에서나 마셔도 문제가 되지 않지만, 차를 마신다고 하는 것은 단지 차를 마신다고 하는 행위만을 의미하는 것이 아니라, 그 행위의 속에는 모든 생활의 모습이 함축되어 있고, 보다 넓고 높은 미적 생활을 차 속에서 창작한다고 하는 행위를 의미하기도 한다.

◇ 다도구(茶道具)

다도구류(茶道具類)는 중국에서 처음 넘어 왔다. 아직 찻물을 끓이는 다도(茶道)의 예법이나 양식이 제정되어 있지 않았으나 무로마치시대(15세기)에 무라타 주코(村田珠光)에 의해 예법이 정해지고 여러 가지 도구가 필요하게 되었다. 이러한 도구들을 다음에서 소개하고자 한다.

① 다이스카자리(台子飾)

다도에서 최고의 도구장식방식이다. 다이스(台子 : 다구를 얹어 놓는 네 발 달린 탁자)는 선종(禪宗)의 불구(仏具)로서 가마쿠라(鎌倉) 말기에 중국에서 건너 왔다. 가운데에 풍로 가마를 놓고 미즈사시(水指 : 물단지), 에샤쿠다테(물 주걱을 세워 놓는 도구), 겐스이(建水 : 찻잔을 부신 물을 버리는 그릇), 후타오키(蓋置 : 뚜껑을 놓는 도구)를 장식하는 것이 정식인데 나중에 와서 가라카네풍(唐金風 : 중국풍) 대신 닌세풍(仁淸風 : 에도시대 도공의 이름에서 딴 양식)의 색채가 든 도자기의 종류가 만들어졌다.

② 미즈사시(水指)
물을 담아두고 차를 끓이는 동안에 찻종을 씻거나 가마에 끓이는 물을 대기 위해 언제나 다실에 준비해 두는 도구이다.

③ 자이레(茶入れ)
중국에서 차의 씨를 가져올 때 작은 단지에 넣어 왔는데 이것이 말차(抹茶)의 분말을 담아두는 그릇이 되었다. 자이레는 시후쿠(仕服)라는 주머니에 넣어서 보관한다.

④ 자샤쿠(茶杓)
말차를 떠내는 숟갈이다. 처음에는 상아로 만들어졌으나 다케노 조오(武野紹鷗)의 무렵부터 대나무로 만들어지기 시작했다. 대나무에 매듭이 있는데 매듭이 없는 것을 신(眞), 중간 정도에 있는 것을 소(草), 아래에 있는 것을 교(行)라 등급을 매겼다. 이 중에서 일반적으로 쓰이는 것은 소(草)이다.

⑤ 다완(茶碗)
청자, 백자 등의 다완이 있었는데 16세기말부터 고라이다완(高麗茶碗)이 사용되기 시작했다. 고라이다완 중에서도 이도다완(井戶茶碗)은 다회에서 사용되는 다완 중에 가장 많이 쓰였다.

⑥ 가마(釜)
가마는 차를 마시기 위한 물을 끓이는 데 사용되는 도구이다. 리큐(利休)는 "가마 하나만 있으면 다회는 이루어지는 것인 즉…"이라는 와카(和歌)를 지어냈다. 차를 끓이기 위해서는 물을 끓이는 가마가 있어야 한다는 의미이다.

⑦ 자센(茶筅)
가루차를 끓일 때 차를 저어서 거품을 일게 하는 도구이다. 송나라 시대에 중국에서 사용되고 있던 것은 나무주걱 비슷한 것의 끝 부분을 잘게 쪼갠 것인데 일본으로 건너가서는 여러 가지로 개조되었다. 자센은 손님을 맞이할 때마다 새로 쓰는 것을 다인(茶人)의 마음가지로 삼는다.

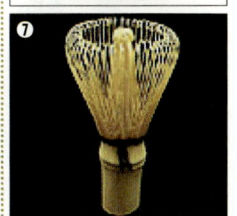

⑧ 가시키(菓子器)
가시키는 한자 그대로 풀어서 과자를 담는 그릇이라는 뜻을 가지고 있다. 다회의 자리에서는 과자를 후치다카(綠高 : 가장자리가 높은 그릇)에 담아서 손님에게 권하는 것이 정식이다. 과자는 요즘처럼 기호물(嗜好物)이 아니라 차를 대접하기 전의 간단한 요리였기 때문에 정성을 많이 들였다.

⑨ 겐스이(建水)
일반적으로 고보시라고도 한다. 다완을 씻은 물을 버리는 그릇으로 정식으로는 옆

은 나무 널빤지를 굽혀서 만든 것을 사용한다.

나무로 만든 겐스이는 손님을 맞이할 때마다 새로운 것을 사용하는데 다완을 씻은 물을 버리는 역할을 하기 때문에 손님에게 청결한 느낌이 들도록 자센과 마찬가지로 새로운 것을 사용한다.

⑩ 후타오키(蓋置)

가마의 뚜껑을 놓는 받침대이다.

처음에는 중국에서 먹을 올려놓는 받침대를 후타오키에 사용하고 있었는데 센노리큐(千利休)는 대나무로 후타오키를 만들었다. 그 후 여러 가지의 재료를 사용한 후타오키가 만들어졌다.

⑪ 하나이레(花入)

하나이레는 꽃을 담는 그릇이다. 다실 안에 화사함을 만들기 위해 도코(床)에 장식되는 생화이다. 다도에서는 청동, 청자, 도자기, 대나무, 소쿠리 등의 하나이레를 그때그때에 따라 사용된다.

⑫ 고고(香盒)

고고는 속에 향을 집어넣는 그릇이다. 다도에서는 손님이 다실에 들어오기 전에 향을 피워 두는 것이 다인의 취향으로 되어 있는데 스미테마에(炭手前)라고 해서 차를 끓이기 전에 우선 화로나 풍로에 숯을 지피는 경우가 있다. 스미테마에 후에는 반드시 향을 피운다.

⑬ 나쓰메(棗)

말차(抹茶)를 넣어 두는 그릇이다. 그릇의 모양새가 대추열매와 유사한 형태를 한 데서 그 명칭이 유래했다.

◇ 센노리큐(千利休)

센노리큐(1522~1591)는 아즈치·모모야마시대의 다인으로 오사카 남부의 상업 도시인 사카이(堺)의 상인 집안 출신이다. 다케노조에게 차에 대한 격식을 배워, 소박하고 차분한 멋을 이상으로 하는 와비차(侘茶)의 경지를 구현하고 이를 격식화하였다.

도요토미 히데요시의 측근이 되어 다회의 집행을 담당하는 한편 궁중의 다회의 집행을 담당하기도 했다. 그의 다도에 관한 사상을 기록한 『남방록(南方錄)』이 전해지고 있다.

5. 자연을 재현하는 이케바나와 정원

서윤순

I. 조형예술의 대표 이케바나와 정원
II. 옥내의 공간조형예술 이케바나
III. 옥외의 공간조형예술 일본정원
IV. 생활에 변화를 주는 이케바나와 정원

I. 조형예술의 대표 이케바나와 정원

　일본어에는 자연을 나타내는 어휘가 많다는 것이 정평이다. 그것은 일본의 자연 변화가 풍부하다는 것과 더 하나는 일본인이 자연에 늘 접하면서 강한 관심을 가지고 있었던 것을 의미한다. 그 일본인의 자연을 사랑하는 마음은 거대하고 아름다운 자연을 자신의 집안으로 끌어들이는 것으로 언제나 자연을 가까이에서 느끼고 싶다고 하는 욕망을 가능하게 했다.
　꽃꽂이와 정원을 어떻게 관상해야 할 것인가. 그것은 음악을 감상하는 것과 마찬가지로 사람마다 각자의 관상 방법이 있고 이렇게 관상해야 한다는 일정한 규칙도 없다.
　그러나 꽃꽂이와 정원이 일본의 전통문화로서 일본인뿐만 아니라 많은 외국인으로부터 사랑받게 되는 가운데 어떠한 역사 배경 속에서 태어나 어떻게 발전해 왔는지에 대해서 아는 것은 일본문화를 이해하는 데 있어서 중요한 것이다. 오늘날 일본적인 것이 점점 없어지고 있다고 하지만 가장 일본적인 것이 꽃꽂이와 정원이 아닐까 생각한다. 그 역사와 의장(意匠)을 배워 꽃꽂이와 정원의 마음을 이해해 나가는 것은 일본의 꽃꽂이와 정원의 문화를 보다 깊게 알게 되어 나아가서는 일본문화를 재인식하는 작업의 하나라고 볼 수 있다.

II. 옥내의 공간조형예술 이케바나

　이케바나(生け花)는 일본 전통예술의 하나로서 꽃·나뭇가지·잎사귀·풀 등의 화재(花材)를 그릇, 즉 화기(花器)에 담아서 꽂는 일 또는 그 기법을 말한다. 이케바나는 그 역사가 오래 되었기 때문에 기법이 시간의 흐름에 따라 다양하게 나타났으며 여기에 사용된 화기 또한 여러 가지가 사용되었다. 화기에는 길다란 화병, 넓적한 수반(水盤), 이층짜리 화병, 대접, 컵 등이 있다.
　이케바나는 신(神)에게 헌화하는 용도로 1300년대 초반에 등장하기 시작하였다. 이케바나는 그동안 수많은 유파를 만들어냈고 가장 체계적이며 영향력이 큰 이에모토제도(家元制度)를 낳았다.
　현대에 들어와 이케바나는 종교적인 용도보다는 실용적인 성격이 짙어졌다. 오늘날 일본인들은 이케바나를 스스로 만들어 감상하기도 하지만 손님을 품위있게 대접하는 데 이용하기도 한다. 또한 이케바나는 생활공간을 아름답게 하는 인테리어의 한 측면으로서도 기능하고 있다. 이처럼 현대의 이케바나는 인간생활을 윤택하게 해주는 복합적 생활예술이라고 할 수 있다. 그러나 이케바나는 단순히 생활의 외형을 아름답게 만드는 데 그치지 않고, 사람이 자연과 친밀해지고 마음의 평정을 갖게 해준다. 또 이케바나를 하는 사람은 작업과정 자체를 즐거워하고 겸손한 태도를 배우는 것과 같은 정신적 수양을 하게 된다. 이케바나를 가도(花道, 華道)라고 부르는 것은 이런 점에서 연유한다.

1. 이케바나의 철학적 의미

이케바나의 하나가타(花形)는 3개의 나뭇가지가 얼개로 구성되어 있다. 높이가 서로 다른 3가지 나뭇가지가 각각 상단·중단·하단에 위치하고, 거기에 살을 붙이는 나뭇가지가 더해져 하나의 하나가타가 이루어진다. 이렇게 이루어진 이케바나의 나뭇가지는 천지인(天地人)의 의미를 가진다. 여기서 3개의 나뭇가지는 각각 천지(天枝), 지지(地枝), 인지(人枝)라고 한다. 이 3개의 가지는 이케바나의 형체를 만드는 데 중요한 역할을 하기 때문에 야쿠에다(役枝)라고 부른다. 중국의 역학(易學)에서 유래된 천지인은 이케바나에서 사물을 3가지로 구분하여 하나로 통일시키는 개념이다.

천지인의 개념은 세이카(生花)가 성립되는 에도(江戶)시대 중기 이후에 사회질서와 도덕에 적지 않은 영향을 미쳤다. 세이카가 천지인삼재(天地人三才)를 받아들여서 구성의 기본원리로 한 것은 이 때문이다. 또한 세이카의 내용이 단순히 외면적인 미에 의지할 뿐만 아니라 생활지표로서의 '도'(道)와 같은 정신적인 수양의 의미를 갖고 형성된 것도 이 천지인의 사상과 깊이 관련되어 있다.

이와 같이 세이카에 반영된 천지인의 개념은 이케바나의 다른 양식에서도 볼 수 있다. 다만 그 이름은 각 유파에 따라 달리 붙여졌다. 예를 들어서 일본의 이케바나계(係)에서 주류를 이루는 이케노보(池坊)에서는 '진·부·체(眞副体)', 엔슈류(遠州流)에서는 '진·행·류(眞行留)', 미쇼류(未生流)에서는 '체·용·류(体用留)' 등으로 불린다. 또한 한자의 서체 가운데 개서, 행서, 초서에서 유래된 '진·행·초(眞行草)'라고 하는 유파도 있다.

이 '진행초' 개념은 이케바나의 양식에도 나타나는데 이를 '산타이(三態)'라고 한다. '진'의 하나가타는 서있는 모양으로 산타이 중에서 가장 격조 높고 품위 있다. '행'의 하나가타는 '진'의 그것에 비해 곡선이 깊어지고 움직임이 눈에 띠는 모양을 하고 있다. 이것은 사람이 걸어가는 모습을 나타낸다. 그리고 '초'의 하나가타는 곡선이 더욱 깊어지며 약동적이고 유연한 화려함을 갖고 있다. 즉 '초'는 사람이 뛰어가는 모습이다. 이 산타이는 각각 '진·행·초'가 전개되는데 이 변화를 '규지(九姿)'라고 한다. 가령, 산타이 중의 하나인 '진'이 다시 '진의 진', '진의 행', '진의 초' 등으로 나누어져 9가지가 생긴다는 말이다. 이상과 같이 천지인을 상징하는 3개의 야쿠에다를 기본으로 해서 여러 가지 하나가타가 만들어져 발전해 왔다.

2. 이케바나의 발달과정

이케바나는 오늘날 쇼우카(活花) 또는 세이카(生花)라고 표기하고 있지만 그 명칭은 시대에 따라서 변천이 있어 왔다. 아래에서는 각각의 이케바나를 발달과정 속에서 살펴보고자 한다.

1) 이케바나의 발생

이케바나는 무로마치시대의 히가시야마(東山) 문화의 하나로서 15세기 중엽부터 발생하였다. 이것은 고대부터 전래되어 온 꽃을 꽂는 이른바 소우카(挿花)의 풍습과는 다른 것이었다. 일본 최고(最古)의 소우카에 관한 기록은 『만엽집(万葉集)』에 있는데, 그 가운데 754년에 쓰여진 한 시가(詩歌)에는 황색 매화나무 가지가 화병에 꽂혀 있는 내용이 있다. 당시의 이케바나는 자연에서 꽃이나 나무를 집에 옮겨 놓은 정도 이상을 넘지 못하는 수준이었지만 당시 사람들의 예술적 감각의 단면을 보여주고 있다.

구체적인 이케바나 형식이 발달하는 데는 이와 관련된 당시의 풍습이 일정한 계기를 제공하였다. 헤이안시대의 귀족들 사이에는 꽃가꾸기 취미가 경쟁적으로 유행하고 있었다고 한다. 이것은 꽃을 신에게 바치던 기존의 관행에서 탈피하여 생활의 즐거움을 맛보려는 실용적인 차원으로 전환하게 되었다는 것을 의미한다. 당시 꽃가꾸기 취미생활에는 이미 화기가 사용되고 있었다. 이런 현상은 무로마치시대까지 이어지는데 당시 꽃가꾸기는 귀족뿐 아니라 무사, 여유 있는 승려 등으로 확산되었다. 이때가 되면 화기를 사용한 꽃가꾸기는 이들 계층 사이에는 보편적인 현상이 되었으며 어전에 헌상(献上)할 정도였다고 한다. 이런 가운데 이케바나를 보다 세련된 수준으로 발전시키려는 노력이 생겨나기 시작하였다.

2) 릿카(立花 또는 立華)

가장 고전적인 꽃꽂이인 릿카는 말 그대로 '立てる'(세우다)의 형식에서 유

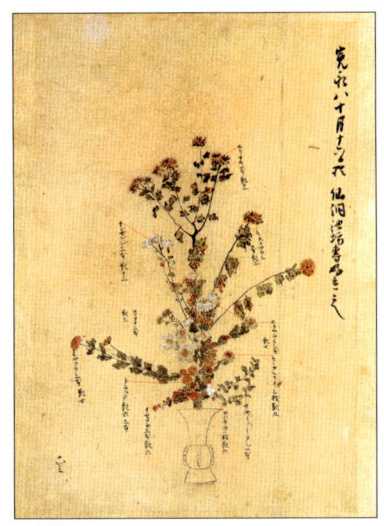
▲ 릿카

▲ 정법사육각당(頂法寺六角堂)

래되어 같은 한자를 사용하여 '다테바나'라고도 한다. 릿카는 15세기 후기, 손님을 접대하는 방의 장식용으로 사용되기 시작하였다. 이 호칭은 1682년에 발행된 『릿카대전(立花大全)』에서 처음 사용되었다. 릿카의 형식은 조화, 비례, 균형을 중요시하고 전체적으로 정적(静的)인 특성을 보여준다. 릿카에 기본적으로 사용되는 화재는 다섯 가지 정도의 초목들이었다. 릿카의 모양은 먼저, 중심이 되는 가지(主枝)가 있고 그 좌우에 화초들이 위로 팔을 벌린 것 같은 형상을 띠고 있다. 중심가지 아래쪽에는 꽃들이 방사형으로 펼쳐져 있다.

릿카는 에도시대 초기 이케노보 센코(池坊専好)에 의해서 체계화된 양식으로 자리잡혔다. 릿카의 '명인(名人)'이라 불린 그는 천황 앞에서 이케바나를 보여줄 정도의 실력이었다고 한다. 그리고 릿카의 전파에는 당시 교토 소재의 정법사 육각당(頂法寺 六角堂)이 큰 역할을 하였다. 당시 이곳은 상인들의 사교장으로도 사용되었다. 여기서 릿카가 상인들에게 알려지게 되고 이들이 릿카를 전파하는 데 기여하였다고 한다.

릿카는 이 명인에 의해 양식 수준은 절정에 이르게 되었지만 역설적이게도 바로 그 이유로 릿카는 더 이상의 발전을 하지 못하였다. 한편으로 '사물'(もの) 또는 세계나 우주에 대한 사고방식이나 관점도 크게 변하기 시작하였다. 릿카가 절정을 맞이한 때는 유학, 특히 주자학(朱子学)의 전성기이기도 했다. 주자학은 당시 대중들에게 널리 스며들어가기 시작했기 때문에 이에 따라 대중의 사고방식도 변해 갔다.

이와 같이 이케바나 내부로부터의 반성과 당시 사람들의 세계관의 변화에 의해 그 시대를 반영하는 새로운 양식이 등장하기 시작하였다. 그 양식은 세이카(生花)였다.

3) 나게이레바나

나게이레바나(抛入花) 역시 가도가 발생한 15세기부터 시작했다고 추정된다. 문자의 사용방법은 시대에 따라 특징을 달리하는데, 초기에는 '나게이레바' 또는 '나게이레' 라는 호칭이 사용되었고 현재 가장 오래된 관계자료는 『분아미전서(文阿弥伝書)』(1131년)이다. 여기에는 천장에 매단 배 모양의 화기나 기둥에 거는 화기(柱花瓶)의 그림이 전해지고 있다. 배 모양의 화기에는 꽃을 담아놓은 듯이 꽂혀 있고 잎사귀는 아래로 늘어뜨려져 있고, 주카빈(柱花瓶)에는 약식으로 조금 기울여진 상태로 자연스럽게 꽂혀 있다. 이러한 형태의 이케바나를 '나게이레바나' 라고 부른다. '나게이레바나' 의 어원에서도 이런 형태를 짐작할 수 있다. '나게이레' 에서 '入れ' 는 '入れる', 즉 '넣다, 꽂다' 는 뜻이다. '投げ' 는 '投げる', 즉 '물건을 던지다' 는 의미가 아니라 '기울다, 경사지다' 는 의미를 가진다.

아즈치모모야마 시대는 다인 센노리큐(千利休)의 노력에 힘입어 다도가 성행하기 시작하면서 다화(茶花)가 발생하였다. 센노리큐는 다도를 할 때의 마음가짐, 즉 '사규칠칙(四規七則)' 중에서 "꽃은 뜰에 있는 것처럼 꽂으라"고 설명하고 있다. 다화는 극히 상징성이 높은 꽃꽂이로서 그 후에 이케바나에 큰

▼ 배 모양의 화기와 주카빈(柱花瓶)

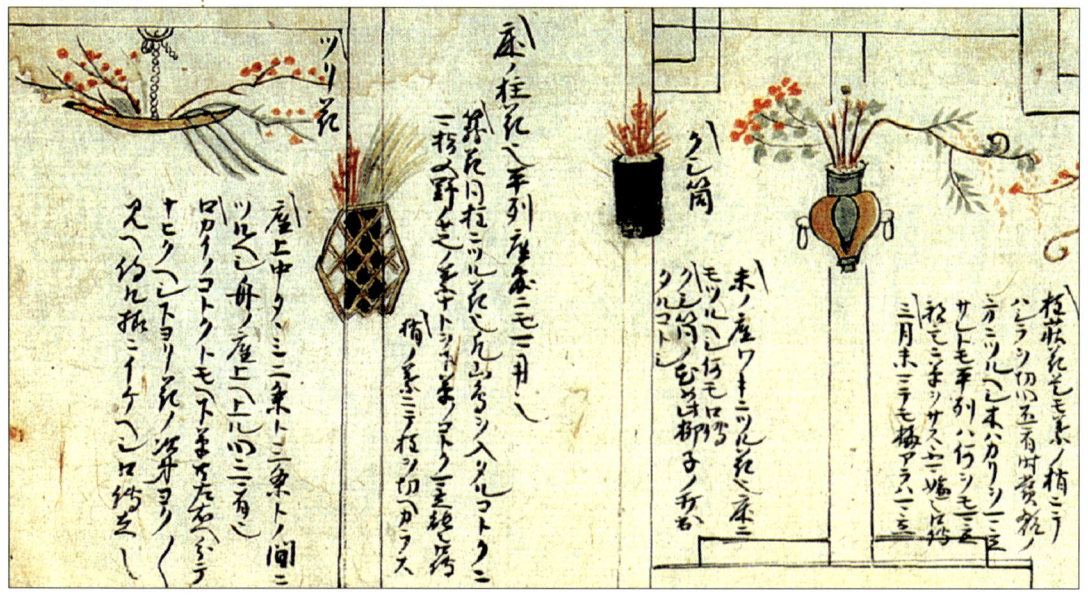

영향을 미쳤다. 이런 작품이 많이 남아 있지 않지만 『이마이소큐차노유가키누키(今井宗久茶湯書抜)』라는 책에 가장 오래된 것이 발견된다. 1554년 정월 28일 그린 것으로 되어 있는 그림에는 화병에 하얀 동백꽃이 꽂혀 있다. 이 그림의 내용은 다섯 장의 잎사귀가 달린 한 송이 꽃이다. 그리고 『소탄일기(宗湛日記)』 가운데 1587년 3월 4일과 9일자 내용에는 작품의 약도가 있다. 여기에도 꽃 한 송이에 몇 장의 잎사귀가 달린 그림이다. 다실에는 바닥에 두는 화병 외에도 주카빈이나 배 모양의 화기를 사용하고 있었기 때문에 나게이레바나가 다도에 쓰이고 있었다는 것을 알 수 있다. 다도에서 쓰여지는 꽃꽂이는 나게이레바나에 포함되기 때문에 다도인들은 나게이레작가이기도 했다.

1600년대에 나온 『나게이레카텐쇼(抛入花伝書)』(1684년)에 나오는 나게이레바나는 "릿카를 줄인 것"이라는 기록이 있다. 그래서 나게이레바나는 릿카에서 생겨난 것이라는 주장이 제기되었다. 하지만 의식성이 강조된 릿카와 생활성이 강조된 나게이레바나는 거의 동시에 나타났다. 나게이레바나는 릿카처럼 똑바로 서있는 모양은 아니라서 딱딱한 느낌은 없고 경사지게 꽂은 경우와 같은 부드러움을 갖추고 있다. 간소함과 운치, 그리고 부드러움은 나게이레바나에서 일관되게 보이는 아름다움이다. 이런 특성을 지닌 나게이레바나는 1700년대에 융성하다가 1800년대에 들어와 쇼우카·세이카에게 밀려나기 시작했다.

4) 쇼우카·세이카

세이카는 에도 시대가 처음으로 배출한 이케바나 양식이다. 세이카는 형식상 릿카의 모양을 따른 것이며 내용상으로는 '린엔구소쿠(輪円具足)' 철학이 담겨 있다. 그리고 그 형체는 벌써 완성의 경지에 도달해 있었다. '사물(もの)'이 완성의 경지에 도달하면 거기부터는 두 가지 길이 남겨진다. 하나는 형식이 굳어져 버려 여유를 상실해 버린 상태가 되고, 또 하나는 굳어진 형식을 타파하여 새롭게 더 살아가려는 방향으로 가게 된다.

전자에서는 전통을 더욱 구체적인 것으로 하려고 하고, 그 결과 전통에 숨어 있는 내용적인 깊이보다는 형식적인 미를 강조하는 경향이 짙다. 전통이라는 것은 내용과 형식을 동반하는 것이지만 이 경우에는 한결같이 형식을 중요시하고 소중한 내용을 소홀히 하게 된다. 그래서 살아 숨쉬는 전통이라기보다는 점점 '전승' 할 대상으로만 남게 되어 버렸다.

후자에서는 내용적인 깊이에 감동을 받아 그 깊이를 더욱 추구하려고 하였다. 이를 위해 경화된 형식으로부터 탈출하여 그 깊이에 알맞은 형식으로 간

▲ 세이카(生花)

다. 그때까지의 이케바나의 양식, 즉 릿카는 딱딱함의 속박에 갇혀 있었다. 그러한 어색한 느낌으로부터 탈피하기 위해서 부드러움을 추구하게 되었다. 그 결과 형체상의 변화가 불가피하였다.

제1의 형체상의 변화는 수직체를 피하고 경사체가 추구된 것이다. 릿카에 관계없는 유파 또는 관계가 있으면서도 수직체를 물리친 모든 유파들이 경사체를 주축으로 하고 있었다. 제2의 변화는 모든 것이 충족되어 있는 완전한 '린엔'을 피하고 다소 '결함있는 것', 즉 타원형으로 변화되었다.

세이카는 천지인삼재, 즉 당시 널리 퍼지기 시작하던 주자학의 개념이 깊이 반영되어 있어서 19세기 형태상의 변화에도 불구하고 이는 유지되어갔다. 릿카와 달리 세이카는 한때 많은 유파가 발생하여 일반 민중 사이에 널리 보급되어 이케바나의 중심적인 양식으로 자리잡았다. 대표적인 유파로는 이케노보(池坊), 엔슈류(遠州流), 고류(古流) 등을 꼽을 수 있다. 그 결과 유파에 따라서 형체는 섬세하기도 하고 호장하기도 하고, 때로는 정열적이기도 하는 등 다양하였다. 그 아름다움을 한 가지로 국한하는 것은 오해를 받을 수도 있다. 단지 공통점은 '선(線)의 아름다움'을 추구하는 것이다.

5) 모리바나

모리바나는 1897년경 오하라 운신(小原雲心)이 처음 시작했다고 전해진다. 현재는 모리바나라는 명칭 대신에 지유바나(自由花), 신바나(新花), 겐다이바나(現代花) 등으로 불리는 유파도 있지만 그것들 모두가 모리바나를 가리킨다.

▼ 모리바나(盛花)

모리바나의 형체를 간단하게 말하자면, 수반이나 꽃바구니와 같은 화기를 가지고 화재를 수북히 담듯이(盛る) 낮게 꽂는 방법인데, 여기에 연유하여 모리바나(盛花)라고 부르게 되었다. 모리바나는 일본 꽃과 함께 색채가 화려하고 모양이 다른 서양 꽃과 풀도 사용한다(色彩盛花). 또 모리바나에는 기교를 사용하지 않고 자연 속에 있는 식물 그대로를 사용하는 방법도 발생하였다(自然盛花). 이의 원류는 가도의 발생과 함께 시작되었고 다도의 꽃꽂이 계보를 계승한 것이지만, 모리바나에서 이러한 방법이 발전해 나갔다.

이와 같이 모리바나는 자연 풍경과 색채 감각을 강조하는 유파들이 생겨나면서 발전해 나갔는데 20세기 초에 크게 유행하였다.

또 모리바나는 나게이레바나와 병용하여 일반 여성들에게 널리 보급되었다. 당시 모리바나와 나게이레바나, 그리고 세이카는 결혼할 여성들의 교양으로 여겨졌다. 세이카는 정형을 중요시하여 규정에 속박되는 경우가 많았다. 이것과 비교할 때, 모리바나는 나게이레바나와 함께 자유롭게 꽂을 수 있는 친근감이나 현대적인 감각을 특징으로 하였다. 꽂는 방법이 자유롭지 못했던 세이카에 비해 모리바나와 나게이레바나가 일찍부터 자유바나라고 명명된 것도 이러한 사정에서 연유한다.

6) 젠에이바나

젠에이바나(前衛花)는 제2차 세계대전이 끝난 후, 자유주의사회가 등장한 시대적 배경에서 현대의 자유로운 사상, 감각, 수법을 사용하여 비교적 화려한 조형과 색채를 강조하는 이케바나를 말한다. 전후는 무엇보다도 자유가 존중되었다. 자유로운 감각과 자유로운 수법으로 단순히 자유롭게 꽃을 꽂으면 된다는 생각이 만연했다. 이 이케바나의 근본 사고는 어떤 점에서는 오래된 나게이레바나의 사고방식과 유사한 점이 있다. 젠에이바나는 단지 초목을 자유롭게 꽂는 것이 아니라 내면적인 표출이 강하게 요구되었다. 이런 점에서 초목을 '있는 그대로' 꽂은 나게이레바나와는 전혀 다른 이케바나가 다양하고도 다채롭게 전개되었다. 현대적인 감각이 물씬 풍기는 젠에이바나는 전후 다원주의사회로 나아가는 일본사회의 변화를 반영한 새로운 표현경향으로 정착해 나갔다.

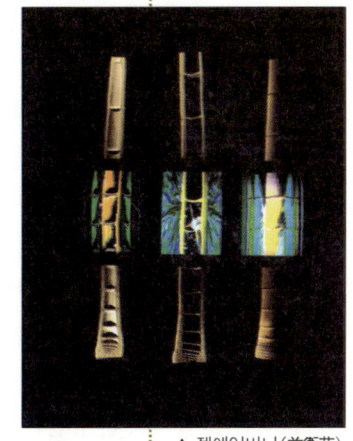
▲ 젠에이바나(前衛花)

Ⅲ. 옥외의 공간조형예술 일본정원

일본정원이란 도대체 어떠한 것을 말하는 것인가. 외국의 정원, 예를 들어 프랑스정원, 이탈리아정원, 영국정원이라고 하면 각각의 문화와 역사가 결부되어 그 나라의 정원양식으로서 이해되고 있지만 그 점에서 일본정원은 복잡해서 한 마디로 설명하기가 어렵다.

일본 정원의 창조기는 중국이나 한반도의 영향이 강하고 사상적으로도 역사적으로도 대륙에서 이입된 도교(道敎)나 불교 사상의 영향을 크게 받으면서 발전해 왔다.

헤이안시대가 돼서 당시 귀족들 사이에서 신덴즈쿠리(寢殿造)라고 하는 주택양식이 유행하면서 그 부지 내에 만들어진 정원을 신덴즈쿠리 정원이라고 부르게 되었다. 그 신덴즈쿠리 정원에 불교문화와 관계된 극락왕생(極楽往生)을 기원하는 정토(淨土) 사상이 큰 영향을 미쳐 정토 정원이라고 하는 새로운 정원 의장이 완성됨으로 중세의 정원 문화를 보다 풍부한 것으로 구축해 갔다. 게다가 가마쿠라시대에 도입된 선(禅)문화의 영향은 크고 이때부터 일본정원도 야마토에(大和絵)적인 조형으로부터 수묵산수(水墨山水)적인 조형으로 변해 가고 이윽고 일본의 독자적인 물을 하나도 사용하지 않는 가레산스이(枯山水)정원에까지 발전해 갔다.

또한 모모야마시대 이후의 다도의 발전은 일본의 정원문화에도 큰 영향을 주었다. 그 결과 차니와(茶庭) 또는 로지(露地)라고 하는 새로운 정원의장이 출현하게 되었다. 그 차니와의 발달에 따라 석조물(石造物)이 정원에 이용하게 되고, 특히 석등롱(石炉篭)과 데미즈바치(手水鉢 ; 손을 씻을 물을 떠 놓은 큰 그릇) 등이 귀하게 여겨졌다.

에도시대가 되면 그때까지 만들어진 정원 양식이 다이묘(大名) 정원이라고 하는 형식으로 꽃 피어 종합적인 정원문화로 발전하게 되었다.

이와 같이 일본의 정원은 해외의 문화를 교묘하게 도입하면서도 독자적인 다양한 정원문화를 형성해 왔다고 할 수 있다. 일본정원은 언제나 자연을 모티프로 해서 풍경을 여러 가지 의장으로 연출해 왔다. 그 의미로 기본적으로 일본정원은 풍경식(風景式)정원이라고 할 수 있다. 그러나 같은 풍경식을 기반으로 한 의장을 가지진 외국의 정원, 중국이나 영국의 풍경식 정원과의 차이는 어디에 있는 것일까?

오늘날에는 세계 문화유산과 같이 국제적인 관점에서 정원을 평가하여 관상하는 시대가 되었다. 그 만큼 일본의 정원문화는 일본의 독자적인 양식과 의장을 가진 '일본정원' 이라는 형태로 발전해 왔지만, 문화의 독자성을 묻는 시대가 되어 가면서 중국정원이나 영국정원과의 상위를 원리적으로도 의장적으로도 명확하게 해 둘 필요가 있다.

중국정원은 일본정원과 같은 도교사상을 기반으로 신선(神仙)의 세계를 표현해 왔지만 대호석(大湖石) 등의 기암괴석(奇巖怪石)을 진중하게 생각하고 독자적인 신비적 세계를 연출해 왔다. 그 중국의 정원 풍경의 특징은 「신비적 풍경식 정원」의 세계라고 이해할 수 있다.

영국정원은 자연에서 볼 수 있는 뛰어난 풍경을 사실적으로 도입한 자연풍경관이 그 뿌리에 있는 것이 확실하고 일반적으로는 「사실적 풍경식 정원」이라고 할 수 있다.

▲ 중국정원

▲ 영국정원

　그에 비해서 일본정원의 의장은 자연을 그대로 구현화하는 것이 아니라 상징적으로 추상화 하는 점에 특징이 있다. 의장은 더욱 더 자연의 경관이나 신선의 세계, 정토의 세계 등을 축소시켜서 수정해 왔다. 그러한 의미로 일본정원은「상징적 축경식 정원」이라고 할 수 있다. 이러한 점에서 다른 나라들의 풍경정원과 다르다고 할 수 있을 것이다.

　「상징적 축경식 정원」인 일본의 정원문화는 특별한 시대에 창조된 하나의 의장이 아니라 각 시대의 문화와 사상, 종교를 배경으로 그 시대의 여러 문화와의 관계, 그리고 생활과 깊이 관련되면서 다양한 양식과 의장을 창조해 왔다. 그 때문에 여러 문화와의 관계도 깊고 건축이나 다도, 화도, 불교나 도교사상 등과 함께 정원문화를 볼 필요가 있다.

1. 일본정원의 양식

　일본의 정원문화를 이해하는 데 있어서 우선 일본정원에는 어떠한 양식이 있고 각 정원이 어느 양식에 속하는 것인지를 머리에 넣어 둘 필요가 있다. 일본정원은 크게 나누면 지센(池泉)정원, 가레산스이(枯山水)정원, 차니와(茶庭) 또는 로지(露地)의 세 개 양식이 있고 그 형태와 의장에 따라서 세분화된다.

1) 지센 정원
　연못을 수반한 정원의 총칭으로 이케니와(池庭)라고도 한다. 역사적으로도 가장 오래된 것이며 동시에 의장적으로도 기술적으로도 다양성을 가지는 양식이다.

아스카시대에 한반도의 백제로부터 영향을 받은 네모난 연못(方池)이 만들어졌다. 그 후, 통일신라와 당(唐)의 영향을 받아 꼬불꼬불 구부러진 연못, 즉 교쿠이케(曲池)로 진전하여 거기에 모래톱이 있는 바닷가를 본뜬 모양의 스하마(洲浜) 등을 수반한 지센정원이 생겼다. 헤이안시대에는 귀족주택의 형식인 신덴즈쿠리에서도 연못을 수반한 정원이 성립하여, 거기서 정토정원이 태어났다. 에도시대에는 다이묘정원으로 발전하여 지센정원은 언제나 일본정원의 주류를 이루어 왔다. 그 분류는 다음과 같이 네 개의 양식으로 나눌 수 있다.

```
                ┌─ 지센 주유식 정원
                ├─ 지센 회유식 정원
지센 정원 ──────┤
                ├─ 지센 관상식 정원
                └─ 유수 관상식 정원
```

「지센 주유식 정원」은 지센(園池, 苑池)에다가 배를 띄우고 주유하면서 정원의 경관을 즐기는 것을 주체로 한 정원이다. 『일본서기(日本書記)』에 의하면 402년 11월에 천황이 배를 만들게 하여 그것을 정원 안에 있는 연못에서 띄워서 황비들과 놀았다고 기록되어 있다. 이것도 주유식 정원의 범주에 들어가는 것이라고 해석할 수 있다. 헤이안시대가 되면 신덴즈쿠리정원 등 연못에 용두익수선(龍頭鷁首船)을 띄워 의식이나 행사 우타카이(歌会)가 거행되고 있었다. 이것은 리큐(離宮)정원과 다이묘정원에 많이 도입된 양식이다.

▼ 슈가쿠인리큐 (修学院離宮)

▼ 덴류지 (天龍寺)

「지센 회유식 정원」은 정원 내를 걸으면서 관상하는 것이 주체가 되는 정원이다. 경관의 변화가 중요하기 때문에 지면의 구획이 복잡해진 것이 많고, 보행 길이 바로 정원의 경관이 되는 양식이다. 리큐(離宮)정원과 다이묘정원에 의하여 본격적인 지센 회유식 정원이 생겼고 주유식 정원을 겸하는 예도 많다.

「지센 관상식 정원」은 정원에 면한 건물로부터 관상하는 것을 주체로 한 정원이며, 「지센 좌관식 정원(池泉座観式庭園)」이라고도 한다. 대부분의 경우, 정원의 정면이 정해져 있는 양식이다. 돌다리를 걸쳐 놓거나 징검돌을 넣거나 보행 길을 만든 정원도 많아서 「지센 회유식 정원」이라고 생각하는 경우도 있다. 그러나 이 경우, 원내를 걸어다니는 것도 가능하다는 구성의 정원이며, 본래 작자의 의도한 관상 방법과는 달리 통로가 있다고 해서 지센 회유식으로 분류할 수는 없다.

「유수 관상식 정원」은 단순히 유수식 정원이라고도 불리며, 유수 또는 곡수를 주체로 구성된 정원이다. 귀족들이 궁중에서 정원 내를 흐르는 개울 앞에 앉아 개울에 띄운 술잔이 자기 앞을 지나가기 전에 시가를 읊으며 술을 즐기던 놀이를 곡수연(曲水宴)이라고 하는데 이 개울을 곡수라고 하고 곡수와 야리미즈(遣水)도 이 범주에 들어간다. 일본에서 곡수연의 기록의 가장 오래된 것은 485년 3월의 『일본서기』의 기사이다.

▲ 죠난구(城南宮)

곡수연은 에도시대까지 연면히 이어지는 연회의 형식이다. 그 양식은 자연의 유수가 풍부하게 있는 것이 조건이 되므로 만들어진 사례는 그다지 없지만 히에잔(比叡山)으로부터의 유수를 이용한 엔랴쿠지(延暦寺)의 정원이나 야마구치(山口)현 하기(萩)시의 성하를 흐르는 아유바가와(藍場川)라고 하는 인공강의 물을 민가로 끌어들여 유수식 정원을 만든 구 유카와(湯川) 저택의 정원 등에는 지역의 특징을 살린 흥미로운 정원이 남아 있다.

▲ 유카와(湯川) 저택의 정원

2) 가레산스이정원

가레산스이(枯山水)정원이란 일체 물을 사용하지 않는 정원의 총칭으로 모래와 자갈, 이끼 등을 이용해 물을 상징해서 표현한 양식이다. 무로마치시대 말기에 출현한 정원 양식이며, 헤이안시대에 쓰여지고 일본 최고(最古)의 조원 비전서(造園秘伝書)인 『사쿠테이키(作庭記)』에 「가레산스이」라고 쓰여진 것은, 그 당시에는 지센정원 일부에 가레타기(枯瀧 ; 물을 이용하지 않고 모래나 자갈로 폭포의 모양을 표현한 것)나 이시구미(石組 : 돌의 배치) 등의 가레산스이 의장이 이용된 것이다.

이러한 가레산스이 양식을 「전기식(前期式) 가레산스이 정원」, 또는 「고식(古式) 가레산스이 정원」이라고 부르고 있다. 이 양식은 그 성격에 따라서 다음과 같은 다섯 개로 분류할 수 있다.

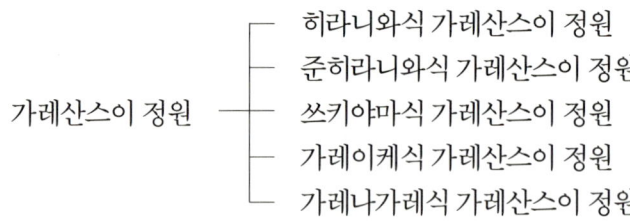

「히라니와식(平庭式) 가레산스이정원」은 흙이나 돌을 가지고 만든 인공산인 쓰키야마(築山)와 물을 사용하지 않고 돌과 모래로 연못을 표현한 가레이케(枯池)를 마련하지 않고 정원 전체를 평평한 평면으로 만들었다. 그리고 전면에 모래나 이끼를 깔고 돌을 배치하는 양식이다. 무로마치시대 말기에 출현한 양식이며 교토시에 있는 료안지(竜安寺) 호죠(方丈)정원과 다이토쿠지(大徳寺) 호죠정원 등이 대표적인 것이다. 「준히라니와식(準平庭式) 가레산스이 정원」은 정원 전체를 평지로 만들지 않고 일부에 흙을 쌓아 올려서 작은 언덕을 만들거나 가운데 부분에 섬(나가지마 : 中島)을 만들거나 때로는 작은 쓰키야마나 가레타기를 짜거나 한 가레산스이 정원이다. 교토의 슈코인(聚光院) 정원과 곤치인(金地院) 정원 등을 말한다.

▼ 료안지(龍安寺) 호죠(方丈) 정원

「쓰키야마식 가레산스이 정원」이란 쓰키야마를 만들거나 산의 경사면을 이용해서 만든 가레산스이 정원을 말한다. 교코시의 간지인(勧持院) 정원과 효고현(兵庫県) 미나미아와지시(南淡路市)에 위치한 진구데라(神宮寺) 정원 등이 있다.

「가레이케식(枯池式) 가레산스이 정원」은 물을 이용하지 않고 지센정원과 같은 형태로 만든 정원이며 교토시의 다이조인(退藏院) 정원과 다이잔지(太山寺) 세슈인(成就院) 정원 등에서 볼 수 있는 형식을 말한다. 「가레나가레식(枯流式) 가레산스이 정원」은 개울을 상징하여 물을 이용하지 않는 마른 상태지만 모래와 작은 돌을 이용해서 물이 흐르듯이 흐름을 만든 것을 말한다.

▼ 곤치인(金地院)의 정원

3) 차니와
다실에 부수된 정원을 차니와(茶庭)라고 말하기도 하고 로지(露路 또는 路地)라고도 한다. 다도의 성립과 함께 다실에 이르는 보행 길로서 태어난 정원이다. 다과회를 개최하기 위한 실용성과 풍경을 양립시키는 것이 요건이 된다. 다실의 형식에 따라서 다음과 같이 둘로 분류된다.

```
차니와 ┬ 소안식 차니와
       └ 쇼인식 차니와
```

「소안식(草庵式) 차니와(로지)」는 일반적으로 소안이라고 불린다. 와비(わび) 본래의 다실에 부수한 차니와이다. 일본 다도의 한 유파인 오모테센케(表千家)의 후신안(不審庵) 정원 등이 대표적인 정원이다.

「쇼인식(書院式) 차니와(로지)」는 쇼인식 다실에 부수한 것으로 일반적으로 객실의 자리에 마주 보게 만들어지는 정원이다. 징검돌은 소안식 차니와에 비해 큼직한 자연석을 이용하는 경우가 많다. 고보리 엔슈(小堀遠州)가 교토시에 만든 고호안(孤篷庵) 정원 등에 이 형식을 볼 수 있다.

2. 일본정원의 디자인

1) 물

① 이케(池, 연못)

일본정원은 기본적으로는 풍경식이며, 정원의 기원 때부터 물과의 관계가 깊다. 인공적인 연못은 본래 관개(灌漑)를 목적으로 한 것으로 일본에서도 벼농사의 발전과 함께 많이 축조되었다. 나라분지에서는 고분시대(3세기 후반부터 6세기)의 주호(수호) 축조 기술이 높고 오사카 평야에서도 많이 만들어졌다. 이러한 연못이 원지(園池)나 지센(池泉)으로 발전했다고 말해지고 있다. 정원의 연못 변형으로서 유수식이나 곡수 등도 있다. 원지는 물놀이과 함께 여름철에는 시원함을 주기 위해서도 필요했다.

② 나가레(流れ, 개울)

개울은 일본정원 가운데서 가장 옛부터 출현한 정원 의장이다. 죠노에쓰(城

▲ 도후쿠지(東福寺)의 호조 정원

▲ 오모테센케(表千家)의 후신안(不審庵)정원

之越) 유적에서는 샘물에서 나오는 물을 이용해서 신덴즈쿠리 정원에 그 물을 끌어들여 흐르게 하는 등 정원 구성에 없어서는 안 되는 것이었다. 곡수연은 대륙에서 이입된 것으로 일찍부터 일본에서도 만들어지고 개울은 일본 정원의 디자인으로서 지극히 중요한 것이다.

③ 야리미즈(遣水)

야리미즈는 헤이안시대의 신덴즈쿠리 정원에서 정원으로의 도수로(導水路)로서 이용되었다. 같은 무렵에 쓰여진 『사쿠테이키』에서는 「야리미즈」의 항목이 마련되고 있으며, 물을 흐르게 하는 방법과 가옥과의 관계, 개울의 구배는 3%가 순조롭다 등 그러한 기사가 나와 있다. 그 외에도 물가에 돌을 두지 않고 개울이 꺾어지는 위치에 둬야 한다고 기재되고 있다. 그리고 연못이 없는 정원에서는 폭넓게 해야 한다고도 되어 있다.

④ 다키(瀧, 폭포)

「나치(那智)의 폭포」와 「요로(養老)의 폭포」 등, 일본인은 폭포를 옛부터 사랑하고 동시에 일본정원에 있어서의 가장 중요한 주경의 하나로 여겨져 왔다. 『만요슈』에서는 「동쪽의 폭포」가 있고 헤이안시대가 되면 「나코소폭포(名古曾瀧)」이나 「청녀(青女)의 폭포」 등이 생기며, 사이온지(西園寺)에는 높이 45자(13.5m)에 이르는 폭포가 있었다고 기록되어 있다. 그 후에도 명원에는 반드시라고 해도 좋을 정도 폭포의 조형을 볼 수가 있다. 로쿠온지(鹿苑寺)와 덴류지(天龍寺) 정원의 폭포처럼 용문폭(龍門瀑) 형식의 폭포도 출현한다. 폭포는 물이 위에서 아래로 떨어지는 낙수의 폭포뿐만 아니라 가레산스이의 가레타키처럼 전혀 물을 사용하지 않는 폭포 등, 여러 가지 조형을 보여주기도 한다.

▲ 청녀(青女)의 폭포

▼ 덴류지(天龍寺)정원의 이시바시

2) 다리

지센 정원의 연못 가운데에 있는 나카지마(中島)에 건너가기 위해서, 또는 개울에 있어서 중요한 구조물로서 다리를 걸쳐 놓는 일도 일찍부터 볼 수 있었다. 다리는 그 재료에 따라서 나무다리, 흙다리, 돌다리가 있다. 그리고 그 형상에 따라서도 평탄한 히라바시(平橋), 중앙 부분이 높고 활처럼 휜 소리바시(反橋), 건물과 건물을 연결하는 로교(廊橋) 등으로 분류할 수 있다. 두루

마리로 된 일본전통 그림책, 에마키모노(絵卷物)에는 여러 가지 다양한 형태의 다리가 그려져 있다. 헤이조쿄(平城京) 아즈마엔(東園)에서 출토한 기바시 유적은 가장 오래된 것이다.

흙다리는 통나무를 늘어놓은 위에 흙을 깔고 잔디를 심거나 작은 자갈을 깔아서 완성시킨 것이 많다.

돌다리에는 자연 돌다리와 기리이시바시(切石橋)가 있다. 자연 돌다리는 일부 가공한 것도 있지만 천연의 돌로 만들어진 이시바시를 말한다. 헤이안시대에 그려진 에마키모노에서도 다양한 다리를 볼 수 있지만, 현재 존재하는 것으로는 덴류지 정원의 폭포 앞에 있는 것이 가장 오래된 이시바시라고 말해지고 있다. 기리이시바시는 인공적으로 돌을 가공해 만든 이시바시를 말한다. 주로 화강암이 많이 사용되고 있다. 자연 이시바시보다 역사적으로 비교적 새로운 다리며, 모모야마시대부터 출현했다고 생각된다.

▲ 구 토쿠시마성(德島城) 오모테고덴(表御殿) 정원

현존의 가장 오래된 예로서는 구 도쿠시마성(德島城) 오모테고덴(表御殿) 정원의 것이라고 여겨지고 있다. 위로 휘어지게 한 소리바시가 많고 이것은 이시바시에 강도를 증가하기 위해서라고 한다. 에도시대가 되면 직선의 기리이시바시도 나오게 된다. 게다가 다수의 돌을 조합한 구조적인 기리이시바시도 정원 내에 나타나게 된다. 특히 중국적인 아치 모양의 다리도 에도 시대에는 출현한다. 그 최고의 예로서는 고이시카와 고라쿠엔(小石川後楽園, 東京都)의 엔게쓰교(円月橋)가 현존하고 있다.

3) 엔로

정원 안에 만들어지는 보행길 즉 엔로(園路)에는 도비이시(飛石, 징검돌), 노베단(延段), 이시단(石段, 돌계단) 등이 있다. 모두 정원 내를 걷기 쉽게 하기 위한 것이다.

도비이시가 이용되게 된 시기는 모모야마시대이며, 차니와에 사용된 것이 최초이다. 보통 윗면이 평평하고 걷기 쉬운 자연석이지만, 잘라낸 돌이나 가람석(伽藍石) 맷돌을 만들 때 사용되는 돌 등 가공석을 이용하기도 한다.

▼ 가쓰라리큐(桂離宮)

노베단은 표면의 평평한 자연석 또는 가공석을 일정한 보행로 폭에 맞춰서 전면에 깐 것이며, 다타미이시(畳石)라고도 한다. 에도시대부터 사용되고 있지만 가쓰라리큐(桂離宮)에 사용되고 있는 것이 빠른 시기의 것이라고 생각되고 있다.

이시단은 돌로 만든 계단이고 기리이시를 사용한 것과 자연석을 사용한 것이 있다. 에도시대의 「지센 회유식 정원」에서는 여러 가지 의장이 태어났다. 가끔 노베단을 의미하기도 한다.

4) 데미즈바치

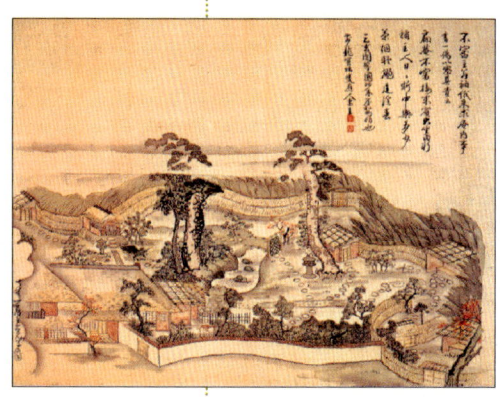

데미즈바치(手水針)는 손을 씻고 입을 가시기 위해 물을 넣어 두는 그릇과 같은 것으로 돌로 만든 것이 대부분이지만 가끔은 도자기나 금속으로 만든 것도 있다. 그 기원은 사찰에 참배할 때에 사용하는 손을 씻을 물을 떠 놓은 푼주로 이것을 사찰형 데미즈바치라고 한다. 정원에 이용하는 데미즈바치의 종류에는 자연석으로 만든 자연석 데미즈바치와 낡은 석탑이나 석등롱 등의 일부분을 이용해서 그것에 물구멍을 뚫어 만든 미타테모노(見立物) 데미즈바치, 그리고 자연석을 가공한 창작형 데미즈바치가 있다. 데미즈바치의 별칭으로서 미즈바치(水鉢), 이시바치(石鉢), 데아라이바치(手洗い鉢), 미즈후네(水船), 이시부네(石船), 데미즈이시(手水石) 등으로 불리고 있다.

5) 가키

가키(垣) 즉 울타리는 저택이나 정원 공간을 둘러싸기 위한 구조물로 가키네(垣根)라고도 말한다. 재료로서 목재, 대나무, 돌, 초목 등이 있다.

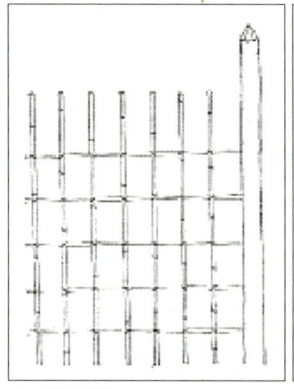

▲ 스카시가키   ▲ 샤헤이가키

이케가키(生垣)는 수목이나 대나무 등을 산 채로 심고 형태를 유지한 생울타리를 말한다. 둘러싸기 위해 만들어지는 가코이가키(囲い垣)와 칸막이하기 위해 만들어지는 시키리가키(仕切り垣)가 있으며 바람이나 화재, 먼지 등을 방지하는 역할을 가진다. 보통 전정을 해서 미관상 형태를 정돈한 것이 많다.

다케가키(竹垣, 대나무 울타리)는 정원의 경관을 구성하는 장식적 요소로도 중요하다. 대나무를 생산하는 동남아시아 제국, 중국, 일본 등에서는 옛부터 만들어지고 있다. 크게 나눠서 울타리에 틈새를 만들어 반대편을 볼 수 있는 스카시가키(透かし垣)와 전혀 보이지 않는 샤헤이가키(遮蔽垣)가 있다.

6) 가리코미

가리코미(刈込)는 수목을 인공적으로 일정한 형태에 정리해 베어 정돈하는 것을 말하고 오카리코미(大刈込)와 고카리코미(小刈込)가 있다.

오카리코미는 수목을 크게 산이나 구름, 파형 등 일정한 조형으로 벤 것이다. 오이케데라(大池寺)정원이나 요리히사데라 정원, 슈가쿠인리큐(修学院離宮) 정원 등이 잘 알려져 있다. 고카리코미는 수목을 단독으로 원형이나 각형에 작게 벤 것을 말한다.

▲ 오오카리코미

7) 석등롱

이시도로, 즉 석등롱(石燈籠)은 중국을 기원으로서 한반도를 거쳐 불교의 전래와 함께 전해졌다고 보여진다. 당초는 불전 정면의 신앙적인 헌등(獻燈)으로서 이용되었지만 헤이안시대 이후에는 신사에도 이용되게 된다. 그러나 헤이안시대에서는 아직 정원에 석등롱이 도입되었다고는 할 수 없다. 신덴즈쿠리 정원에서 지센에 배를 띄워 논 것은 잘 알려져 있지만, 낮에 뿐만이 아니라 밤에도 뱃놀이를 했다고 한다. 그 때 조명으로 사용된 것은 석등롱이 아니라 화톳불이었던 것 같다.

▼ 석등롱

가마쿠라시대나 무로마치시대에도 석등롱을 정원 재료로써 이용할 일은 없었던 것 같다. 넓이 정원에 도입되는 것은 모모야마시대의 차니와가 출현하고 나서라고 말할 수 있다. 이때에도 당초는 밤의 다과회의 조명도구로서의 실용성 때문이었다. 에도시대에 이르러 처음으로 조명 때문이 아니라 정원을 장식하는 하나의 풍경으로서 다과회뿐만 아니라 일반정원에도 사용되며, 정원 구성에 불가결한 재료가 되었다. 당초에는 사찰에 있는 오래된 석등롱이 이용되었지만 그런 석등롱은 구하기가 매우 어려웠다. 그래서 오래된 사찰의 석등롱을 본뜬 사본을 만들고 정원에 사용했다.

　에도시대가 되면서 여러 가지 형태의 등롱이 고안되었다. 육각형이 가장 많지만 팔각형부터 사각형, 에도시대에 이르고서는 원형, 삼각형, 변형시킨 것들이 유행했다.

　이상과 같이, 이러한 정원 의장의 발전에 의해서 일본의 정원 문화는 다른 나라에서는 볼 수 없는 조형 미술을 창조하고 형성하였다.

IV. 생활에 변화를 주는 이케바나와 정원

　최근에는 이케바나와 정원을 결합시킨 흥미로운 작품을 볼 수 있게 되었다. 이케바나와 정원을 전혀 다른 차원에서 보고 논하는 것이 아니라, 자연과 공간이라는 공통점을 이용해서 인공적이면서도 지극히 자연스러운 상태를 만들고 유지하려고 하는 노력들이 계속해서 시도되고 있다.

　이케바나도 정원도 한 마디로 말하자면 자연을 소재로 한 옥내·옥외 예술이며 조형 미술이라고 할 수 있다. 그 속에는 여러 가지 사상과 철학, 디자인, 기술 등이 포함되어 그것을 한정된 공간 내에 축소·정리한 종합예술이라고도 할 수 있는 것 같다.

　힘들고 지친 현대인들의 일상생활에 변화를 주는 것은 바로 계절과 자연의 변화가 아닐까 생각된다. 그러한 생활 속에서 이케바나나 정원을 통해서 매일매일 새롭게 발견하는 자연의 작은 변화는 하루하루를 살아가는 활력소가 되고, 나아가서는 그날그날을 뭔가 의미 있고 풍요로운 것으로 바꾸는 계기를 주는 것 같기도 한다. 그런 점에서 이케바나와 정원이 단순히 자연을 재현하는 예술적인 측면뿐만 아니라 심신을 치유해 주는 역할도 가지게 되었다.

【용어사전】

◇ 이케노보(池坊)

현재 활동하고 있는 이케바나의 유파 가운데 가장 오랜 역사를 지니고 있으며, 가장 규모가 큰 유파의 명칭이다. 이케노보는 교토 법정사의 승방 명칭이자, 이 유파의 시조의 성(姓)이기도 하다. 16세기 후반에 활동한 유파의 창시자 이케노보 젠케이(池坊專惠, 생몰연대 미상) 이후로 많은 이케바나의 명인을 배출하여, 이 방면의 독점적인 위치를 차지하여 오늘에 이르고 있다. 1952년에는 도쿄에, 1960년에는 도쿄에 대학을 설립하여 새로운 이케바나의 연구와 교육에 근대적인 방법을 동원하였다. 현재 일본 내에 약 3000 개의 지부를 두고 많은 문하생을 두고 있다.

◇ 오하라 운신(小原雲心 1861~1916)

이케바나 유파의 하나인 오하라류(小原流)의 창시자로 시마네현(島根縣) 마쓰에(松江)에서 태어났다. 조각가를 지망하였으나, 병약하여 취미 삼아 이케노보(池坊)의 이케바나를 배웠으나, 매너리즘에 빠져 있음에 실망하였다. 러일전쟁 후에 서양 꽃이 많이 들어오고 생활양식이 변화되어가고 있음에 착목하여 수반을 쓰는 모리바나를 고안해내었다. 1912년에 국풍식(国風式) 모리바나(盛り花)라는 명칭으로 이케노보 유파로부터 독립하여 근대 이케바나의 새로운 길을 개척했다.

◇ 사쿠테이키(作庭記)

이 책은 헤이안시대에 쓰여진 정원을 만드는 방법에 대하여 기록한 서적이가. 내용은 신덴즈쿠리 계통의 정원형태와 디자인에 대하여, 전체적인 공간분할에서 연못, 인공섬, 폭포, 물의 흐름 등에 대하여 상술하고 있다. 특히 돌의 조합과 배치 기법에 대하여 구체적으로 기록하고 있으며, 또 정원을 만 들 때에 주의해야 할 금기사항에 대한 기술은 후세까지 지대한 영향을 미쳤다. 『사쿠테이키』는 헤이안시대 정원의 연구에 중요한 자료가 되는 것은 물론, 정원을 꾸미는 데에 있어서 자연순응(自然順應)의 정신에 입각하면서 작자의 자유로운 구상이나 창조력을 존중하고 있는 점에서 현대의 각종 정원에서도 그대로 활용할 수 있는 합리성을 지니고 있다고 할 수 있다. 이 책에 기록된 원리를 충실히 고수하는 정원사(庭園師)의 유파를 사쿠테이키파(作庭記派)라 한다.

◇ 슈가쿠인리큐(修学院離宮)

규가쿠인리큐은 교토에 있는 고미즈노오(後水尾)천황의 산장으로 1655년에 착공하여 6년간에 걸쳐 완성했다. 천황의 구상에 따라서 산중턱에 높이 15미터 길이 200미터 되는 둑을 쌓고 물을 끌어들여 연못을 만들었다. 폭포와 조용히 흐르는 물줄기가 조화를 이루며, 연못에는 섬을 만들고 다리를 놓았으며, 곳곳에 정자와 다실을 지었다. 연못 주위를 걸어서 돌며 풍경을 감상하기도 하고, 배를 타고 연못을 돌면서 주위의 경관을 감상하며 즐길 수도 있게 설계했다. 일본정원의 대표적인 예로써, 일본인들이 매우 소중하게 여기는 문화유산의 한 가지이다.

6. 시대정신을 드러내는 우키요에

구정호

I. 우키요에의 탄생
II. 우키요에에서 찾을 수 있는 시대정신
III. 우키요에 판화의 발전 단계와 소재
IV. 풍경화와 화조화 그리고 시사적 내용을 담은 우키요에
V. 대표적인 우키요에시

I. 우키요에의 탄생

우키요에는 '우키요' 라는 말과 그림이라는 의미의 '에(絵)' 의 복합어이다. 우키요라는 말은 근세 이전에는 일반적으로 「憂世」라고 표기하였다. 불교적 사상을 바탕으로 하는 염세적 관점에서 보면 이 세상은 근심이 가득 찬 허무한 세상, 이른바 「우키요(憂き世)」였다. 우키요라는 용어가 탄생하게 된 것은 당시 이하라 사이카쿠(井原西鶴)를 대표로 하는 새로운 스타일의 소설인 우키요조시(浮世草子)가 큰 인기를 누릴 무렵이었고, 이 당시에 등장하게 되는 새로운 장르의 그림을 우키요에라고 불렀다.

근세에 들어서 조닌(町人)이라고 부르는 도시 상공업자들이 문화의 중심에 서게 되었다. 이들의 의식을 지배한 것은 보통 사람들은 불교에서 말하는 성불도 어렵고, 짧은 인생을 들뜬 기분(浮き)으로 신명나게 세상(世)을 즐기며 살아가자는 식의 사고였고, 이러한 사고가 그들을 지배하면서 근심이 많은 세상이라는 의미의 '우키요(優世)'를 밝은 느낌을 주는 '우키요(浮世)'로 글자로 바꾸어 쓰게 되었다. 이러한 우키요에 유행했던 그림이 바로 '우키요에' 이다. 짧은 인생을 신명나게 살아보자는 의식은 현재의 풍속을 중시여기고 평가하게 되었으며 이러한 시대적 기류가 그림으로 승화하였다.

우키요에를 다시 한 번 설명하자면 그 명칭이 의미하듯이 속세의 갖가지 모습을 그린 그림을 의미한다. 당시 속세에서 볼 수 있는 갖가지 모습, 그 중에서 세인들의 흥미를 끌 수 있는 것이 우키요에의 소재가 되었는데, 예를 들면 유녀(遊女), 가부키 배우, 스모 선수, 명승지의 풍경 등이었다. 당시 인쇄술의 발달과 더불어 여러 가지 색깔로 찍어내는 판화 기술은 우키요에와 결합하여 당시의 일본인들의 꿈과 정서를 잘 나타내주고 있다.

II. 우키요에에서 찾을 수 있는 시대정신

근세문화의 중심적인 역할을 했던 조닌들은 무가(武家) 문화와 대립적인 위치에 놓여 있었다. 무가와는 다른 조닌만의 문화, 무가문화와 구별되는 문화를 창조하려고 했다. 회화(絵画)에 있어서도 예외는 아니었다. 당시 막부(幕府)나 다이묘(大名)와 같은 무사계급의 지지를 받고 있던 것은 가노파(狩野派) 화가들의 작품이었다. 중국의 전통화와 일본 전통화를 이어받은 가노파는 무사들의 사랑을 받았다.

무가의 비호를 받으면서 화단에 군림하던 가노파는 전통적이며 정형화된 표현양식에 입각하여 많은 그림을 그려냈지만, 화가 자신들의 개성이나 감정이 넘치는 그림을 그려내지는 못했다. 이와 같은 사정 아래 에도시대의 그림은 관화파(官画派)와 재야파(在野派)로 나뉜다. 이른바 아(雅)와 속(俗)의 대립구조였고 우키요에는 후자의 속에 속하였다.

▲ 당시 에도의 니혼바시

재야적이란 전통에 얽매이지 않고, 신선한 감각을 가지고 자유롭게 문화를 만들어 갈 수 있다는 것을 말한다. 우키요에가 이렇게 새로운 장르의 회화를 만들어낼 수 있던 것은 에도라는 지역의 특성 때문이다. 우키요에가 유행하던 당시 에도는 오사카, 교토와 더불어 3대도시로 꼽히던 곳이었다.

특히 에도는 도쿠가와가 에도에 막부를 설치한 후, 급속도로 발전한 신흥도시였기 때문에 다른 두 도시보다는 자유롭고, 전통에 구애받지 않는 문화적 분위기가 숨쉬고 있었다. 우키요에의 화가인 우키요에시(浮世絵師)들은 당시의 풍속이나 화젯거리에 관심이 많았고, 그 관심은 그들의 예술적 충동을 불러 일으켰다. 그들은 이전과는 다른 신선한 감각과 기발한 묘사법을 전개해 나갔다. 그들은 우키요적인 요소에 대하여 민감하게 반응하였고, 그것을 그림으로써 표현했던 것이다. 그들이 눈을 돌린 곳은 우키요라는 말처럼 '밝고 즐겁고 건전한 현실' 만은 아니었다. 겉으로 보이는 것 이외에 인간의 향락적이고 호색의 욕정이 그림으로 표출되곤 하였다.

도시 상공업의 발전으로 비록 신분은 낮지만 경제적인 부(富)를 움켜쥔 조닌들에게는 봉건적인 신분제도나 기존의 도덕률에 얽매이지 않는 자유로운 장소가 필요했다. 그래서 그들은 가부키를 보기 위해 가부키 극장이 있는 거리로 몰려들었고, 그들의 원초적인 본능을 해소하기 위해 유곽의 기녀를 찾곤 했다.

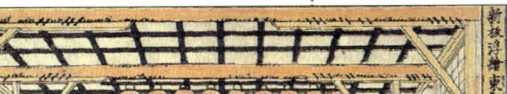
▼ 당시 가부키 극장

당시에는 기녀들이 있는 거리와 가부키 극장이 몰려 있는 거리를 악소(惡所)라 하였는데, 일단 악소에 가면, 사람들은 그 안에서 자유로워질 수 있었다. 악소에 찾아온 사람들은 현실에서 벗어나 마음 내키는 대로 본연의 정념(情念)이나 미의식을 추구할 수 있었다.

시대정신을 드러내는 우키요에 · 구정호

이와 같은 악소를 모태로 하여 에도시대의 서민적인 문화가 꽃피었는데, 그 중에서도 특히 우키요에는 악소를 중심으로 전개된 문화의 대표적인 예가 된다. 우키요에의 대표적인 종류인 미인화(美人画)와 야쿠샤에(役者絵)는 악소의 주역인 기녀나 배우가 대상이 되어 있으며, 이런 인물 그림 가운데는 호색적인 표정이나 분위기가 나타나 있음은 중요한 사실이다.

에도시대 문화의 특징 중 하나가 바로 출판문화의 발달이다. 당시 에도는 활발한 경제적 상황을 바탕으로 하여 많은 책을 간행하였다. 당시의 조닌문학의 발달은 조닌들의 독서능력과 경제적인 능력에 부응하여 획기적인 발전을 가져 왔다. 당시의 소설류인 가나조시(仮名草子)나 호색본(好色本)은 문장에 삽화가 들어가 있는 형식으로 출판되었고, 이는 우키요에의 발전에 많은 영향을 주었다.

소설의 문장과 삽화가 어우러져 있는 이야기책이 인기를 얻자, 출판업자들은 수요자의 요구를 충족시키기 위해서 많은 책을 간행하였고, 따라서 출판업자들은 우수한 목판화 전문가를 고용하기에 이르렀다, 대표적인 목판화 전문가로 히시카와 모로노부(菱川師宣, ?~1694)를 꼽을 수 있다. 그는 당시에 유행하던 가나조시와 호색본을 중심으로 많은 삽화를 그려 넣었고, 차츰 차츰 삽화의 비중을 확대해 나갔다. 구체적으로 말하자면 책자 한쪽의 상단 5분의 1정도만 문장을 넣고 나머지는 그림을 넣는 형식으로 마치 그림책 같은 느낌을 주었다. 이러한 형식은 이전의 문장 중심의 책에서 그림 중심의 책으로 출판의 형식을 바꾸어 나가는 기틀을 마련하였다.

처음에는 이야기책의 문장표현을 보완하기 위해서 사용되었던 삽화가 역전되어 그림을 설명하기 위해 짧은 문장을 집어넣은 것 같은 느낌의 책자가 유행하게 되었다. 이후, 문장이 필요 없는 오로지 그림을 감상하는 우키요에 판화의 형태로 독립하기에 이른다.

우키요에의 크기는 약 30여 가지가 있지만, 판화로 찍어내는 것이기 때문에 판목의 크기에 한계가 있고, 가로로 길게 만드는 것, 세로로 길게 만드는 것, 정사각형에 가까운 것 등 여러 가지 형식이 있었다.

III. 우키요에 판화의 발전 단계와 소재

우키요에는 초창기에는 '에도의 그림(江戸絵)' 이라 불렀다. 인구 백만을 자랑하는 대도시로 발달한 에도에 왔던 사람들이 집으로 돌아갈 때, 여행선물로 아름답고 가벼운 우키요에 판화를 사가지고 갔기 때문에, 전국적으로 알려지게 되었다.

이렇게 다른 지역 사람들이 우키요에를 '에도의 그림(에도에)'이라고 부를 때, 에도 사람들은 베니에(紅絵) 혹은 니시키에(錦絵)라는 명칭을 사용하였다.

1. 베니에

베니에란 우키요에의 발전단계의 한 가지 명칭이다. 베니란 홍화(잇꽃 ; 紅花)의 꽃잎으로 만든 물감으로 이를 사용하여 그린 그림이 베니에다. 베니는 분홍색의 식물성 물감으로 색채가 밝고 투명하며 경쾌한 느낌을 준다. 먼저 목판으로 그림의 선과 검은 부분을 종이 위에 찍어낸 뒤에, 붓으로 베니와 그 밖의 색을 간단하게 칠하여 판화를 완성하는 수법이다. 이런 수법을 필채판화(筆彩版画)라고 한다.

그 후 붓으로 색을 칠해 넣는 대신, 목판을 여러 벌 만들어서 다양한 색을 표현할 수 있는 판화, 즉 다색 판화가 나오게 되는데, 이 단계의 우키요에를 베니즈리에(紅摺絵)라 한다. 베니즈리에는 베니에와 달리 여러 벌의 목판을 베니나 풀에서 뽑은 물감을 써서 빈 공간이 없도록 여러 번 찍어내는 기법이다. 이후 다색판화 기법의 발달은 우키요에를 더욱 정교하고 아름답게 만들었다. 1765년 이후 복잡한 제작과정을 거쳐 여러 가지 색으로 찍어낸 우키요에가 등장하게 되는데, 화려한 비단처럼 아름답다고 하여 비단 그림(니시키에 : 錦絵)라는 미칭(美称)으로 불렸다.

2. 니시키에

니시키에의 '니시키'는 비단이란 뜻이다. 화려하고 아름답다고 하여 붙여진 이 이름은 우키요에의 판화 양식명칭이기도 하다.

니시키에가 발전하게 된 계기는 당시 에도에서 유행하던 그림달력교환회(絵暦交換会)라는 놀이였다.

그림 달력이란 말 그대로 문자를 쓰지 않고 일년간의 농사나 양잠의 일정 등을 그림으로 표현하여 이것을 목판인쇄로 제작하였고, 이렇게 만들어진 그림 달력을 정초에 친지에게 선물로 보내는 풍습이 그림 달력의 대량생산을 유도하게 되었으며 니시키에의 유행에 결정적인 역할을 하였다.

니시키에는 화려하고 값도 비싸서 지나치게 사치스럽다 하여, 한때 제작과

▲ 기녀도

배포를 금지하기도 했지만 니시키에의 인기와 수요는 여전해서 개인적으로 만들어 유통시키기에 이르렀고, 이런 과정을 거쳐서 우키요에의 기법은 날로 발전하였다.

중세에 유행하던 풍속화가 각양 각층의 직업과 풍속을 그대로 그려 낸 것이 특징이라고 한다면 에도시대의 풍속화는 악소의 향락적인 풍물로 그 소재가 한정된다. 이러한 풍속화의 계통을 이어받은 우키요에는 초기부터 기녀들의 모습을 그린 미인화, 그리고 가부키의 배우 얼굴을 소재로 삼았다.

미인화는 당초에는 다유(大夫)라 불리는 등급이 높은 기녀들의 모습을 그린 그림에 거의 한정되었지만, 나중에는 하급 기녀나, 찻집의 여인이나 소문난 미인 등을 다루게 되었다.

가부키 배우 그림은 배우라는 의미의 야쿠샤의 그림, 즉 야쿠샤에(役者絵)라고 불렀다. 가부키 배우가 연기하는 모습을 그린 초상화부터 시작해서 상반신과 얼굴 부분의 초상화를 그리기도 하였다.

가부키와 더불어 에도 조닌들의 흥미거리가 된 것은 스모(씨름)였다. 따라서 인기 씨름꾼을 모델로 한 스모에(相撲絵)도 나타났는데 이는 요즈음의 브로마이드와 같은 것이라고 할 수 있다.

에도시대 중기에 들어서면서 인물화보다는 풍속화의 성격을 띤 우키요에가 유행한다. 기녀나 가부키 배우의 얼굴 대신에 기녀들의 거처나 가부키 극장의 풍속을 그린 유락풍속화(遊楽風俗画)가 유행하게 되고, 그 밖에도 조닌이나 무사의 일상의 생활풍속을 그린 작품이 눈에 띄게 많아진다.

미인화나 풍속화와는 별도로 춘화(春画), 사화(私画), 비희화(秘戯画), 염본(艶本) 등의 이름으로 불리던 장르가 있었다. 이것은 개인이 즐기기 위하여 제작하여 보급하는 것으로 남녀간의 정사장면이나 이와 관련된 심리묘사를 주제로 하였다.

▼ 스모에

이런 종류의 우키요에는 규제를 피하기 위하여 정식 판매경로가 아닌 암거래로 이루어졌다. 인물화로서는 문학작품의 주제에 근거를 둔 작품의 예도 많고, 일본이나 중국의 시

가나 소설, 혹은 고사 등을 직접 소재로 하기도 하고, 간접적으로 가부키의 주인공을 극적으로 표현하기도 하였다. 특히, 일본이나 중국의 호걸영웅을 그린 무사그림은 오랜 시대에 걸쳐 애호되었다.

또 당시에 유행하던 소설장르인 기뵤시(黃表紙)나 샤레본(洒落本), 요미혼(読本) 등의 삽화 제작도 우키요에의 중요한 부분 중의 하나였다.

▲ 춘화

IV. 풍경화와 화조화 그리고 시사적 내용을 담은 우키요에

1. 풍경화와 화조화

크게 주목할 만한 점은 관화파의 중요한 관심사인 풍경화와 화조화(花鳥画)가 우키요에의 주제로 유행되었다는 것이다. 풍경화는 크게 두 가지로 나눌 수 있다. 그 하나는 명소(名所) 그림이라고 하여 특정한 장소의 풍경의 아름다움과 그곳에 사는 사람들의 삶의 모습을 소개하기 위한 그림이 있었고, 다른 하나는 여행하는 사람의 눈으로 본 숙소나 역(駅)의 풍경이나 여행 도중의 경관과 풍속을 그린 도중(道中) 그림이었다. 풍경화는 모두 인간의 삶과 깊은 관련을 갖는 인간미 나는 풍경묘사를 특색으로 하고 있다.

화조화는 일상생활과 밀접한 동식물을 소재로 선택하여, 그림 위에 와카(和歌)나 하이쿠(俳句)를 써 넣는 등 계절의 감각을 충분히 전달하려 하였고, 서민들에게 친숙하기 쉬운 표현을 시도하였다.

▼ 명소그림

2. 시사적 내용의 우키요에

우키요에는 시사적인 정보를 전달하는 기능도 지니고 있었다. 유명인이 죽은 직후에는 그 초상을 그린 후, 거기에 생전의 업적과 임종 때 지어 남긴 와카나 하이쿠를 기재하여 추도의 뜻을 표현하였는

▼ 도중그림

데, 이를 시니에(死絵)라 하여 시중에서 판매하였다.

1855년에 대지진이 있었는데 이후, 한동안 거대한 몸집의 메기를 그린 '나마즈에(鯰繪)'가 큰 인기를 얻었다. 메기 그림이 유행하게 된 이유는 일본인들의 속신(俗信)에 의한 것으로 일본인들은 메기가 지진을 예보해 주는 능력이 있는 신통한 물고기라고 생각하기 때문이다. 대지진 직후에 나마즈에는 여러 가지 양식으로 대량 제작되었다. 인간의 모습을 한 메기가 사회를 풍자하는 장면을 그리기도 하고, 지진 피해에 관한 뉴스 혹은 우스개 소리 등을 싣고 있다.

그 밖에 요코하마에(横浜絵)가 있다. 1859년 개항 이후, 급속하게 변모해 가는 요코하마의 이국적인 모습을 소개하는 데 중점을 두고 제작된 우키요에를 말한다. 요코하마에의 소재는 주로 요코하마에 거주하는 외국인의 모습이나 서양식 건축물이 들어선 거리의 풍경으로 뉴스성을 강조하였다. 사진이나 비디오 등 영상 매체가 없던 당시로서는 요코하마의 시가지 모습, 선박, 이국인의 풍속과 초상, 군인, 수입상품, 방파제, 상점 등은 우키요에가 유일한 대량 전달매체가 되었던 것이다.

▲ 나마즈에

▲ 요코하마에

특히 요코하마를 통해 수입된 서양의 동판화에서 힌트를 얻어 그려낸 호랑이나 코끼리 그림은 일본에는 서식하지 않는 동물이었기 때문에 큰 호기심을 불러 일으켰다.

V. 대표적인 우키요에시

1. 히시카와 모로노부

히시카와 모로노부(菱川師宣)는 우키요에의 초창기를 대표하는 화가이다. 그는 당시 에도의 서민들에게 널리 읽혔던 유곽의 유녀(遊女) 평판기나 이하라 사이카쿠(井原西鶴)와 같은 호색본(好色本)에 목판삽화를 그리는 작가로 알려져 있었다. 그는 일본 전통화를 기초로 해서 중국의 판화도 흡수하여 히시카와요(菱川樣)라는 미인화의 새로운 양식을 창안했다. 그는 또한 소설의 삽화에서 독립한 한 장짜리 목판화를 개발하면서 새로운 표현을 연구하였다. 그는 평생 100종 이상의 그림책(絵本)과 50편 이상의 염본(艶本)을 남겼다. 모로노부는 이후 장남인 모로후사(師房)를 비롯한 많은 제자들을 길러내었고 한 장짜리 판매용 그림을 제작했다. 그는 주로 가부키 극장과 기녀들의 거리, 즉 악소를 소재로 삼았고, 그 외 우에노(上野) 등의 행락지를 소재로 하여 그곳에 모여드는 사람들의 다양한 모습을 우키요에로 남겼다.

2. 기타카와 우타마로

기타가와 우타마로(喜多川歌麿, 1753~1806)는 에도시대 후기의 작가로 본명은 기타가와 이치타로(北川市太郎)이다. 그의 처녀작은 1775년에 간행된 조루리(淨瑠璃)의 대사집(会詞集)인 『사십팔수련소역(四十八手恋所訳)』의 표지 그림이었다. 우타마로의 본격적인 작품은 1777년에 오사카의 나카무라좌(中村座)의 배우초상화였다. 그는 당시에 유명한 출판업자인 쓰타야 주자부로(蔦屋重三郎)에게 인정받아 한 장짜리 니시키에 뿐만 아니라 다색판화로 만든 교카에혼(狂歌絵本)도 발표하였다. 그의 대표적인 다색판화 작품으로는 『화본충찬(画本虫撰)』 『조간(潮干)』 『백천조(百千鳥)』 등의 3부작은 벌레, 조개, 새를 스케치풍으로 그린 다색판화가 들어간 그의 대표작으로 유명하다.

▲ 히시카와의 미인화

이후 기타가와(北川)에서 한자가 다른 기타가와(喜多川)로 바꿨고, 이름도 우타마로(歌麿)로 바꾸었다. 우타마로로 개명한 이후 그는 미인화 전문가가 되었다. 그는 특히 오쿠비에(大首絵)라는 형식의 작풍을 창안하였는데, 이는 여성의 표정의 미세한 변화를 포착해서 이를 우아한 모습으로 그려내었다.

우타마로는 1792년부터 미인화 시리즈를 발표하였다. 그는 색과 선을 적게 사용하는 기법으로 명쾌하고 솔직한 효과를 냄으로써 미적 효과를 거두었다. 그는 미인화의 대상을 각계각층의 부인은 물론 기녀나 찻집의 여인 등을 모델로 많은 작품을 발표하였다.

우타마로는 우키요에의 발행인이자 그의 작품세계에 많은 영

▼ 우타마로의 기녀도

향을 주었던 쓰타야가 세상을 떠난 후, 작품에 질적인 변화가 일어났다. 그는 주로 육감적인 묘사에 주력하면서 퇴폐미를 가진 미인을 그리다가 1806년에 세상을 떠났다.

3. 도슈사이 샤라쿠

▲ 샤라쿠의 가부키 배우 그림

도슈사이 샤라쿠(東洲斎写楽)가 언제 태어났고 언제 죽었는지는 확실하지 않다. 그는 1794년 5월경부터 그 다음해 1월 사이에 공연된 가부키의 배우들과 스모선수들을 모습을 그리다가 갑자기 행방불명이 되었다. 갑작스럽게 사라져 버렸기 때문에 사람들은 그를 「수수께끼의 화가(謎の浮世絵師)」라고 불렀다. 따라서 그에 대한 여러 가지 가설이 많지만 근거가 희박하다.

당시의 기록 중에는 그는 초상화를 그리기는 했지만, 사실대로 그리려 하지 않았기 때문에 이내 그림에서 손을 떼었다는 기록이 보인다. 또 한편으로는 노(能) 배우였다는 설도 있다. 전해지는 그의 작품은 총 142점으로 우타마로와 마찬가지로 쓰타야가 발행인으로 되어 있다.

그의 작품 가운데 가장 우수한 평가를 받고 있는 것은 초기의 미인화 시리즈이다. 작품 대상의 얼굴 모양을 대담하게 재구성하고, 우스꽝스러울 정도로 과장되게 그리며, 심리묘사가 잘 되어 있다는 평을 받는다.

4. 가쓰시카 호쿠사이

가쓰시카 호쿠사이(葛飾北斎, 1760~1849)는 에도에서 태어났다. 어려서부터 그림 그리기를 좋아했고, 14, 5세 때부터 목판 판화 찍는 기술을 배웠다. 18세에 우키요에 세계에 데뷔한 그는 당시 가부키 배우 그림의 대가로 알려져 있던 가쓰카와 신쇼(勝川春章)의 문하에 들어갔고 그 다음해로 스승의 이름을 본떠서 가쓰카와 슌로(勝川春朗)라는 호를 쓰기 시작했다.

그 후 약 15년간 가쓰카와파(勝川派)의 화가로서 니시키에를 발표하는 한편, 기뵤시나 샤레본 등의 소설에 삽화를 그리기도 했다. 1798년에는 호쿠사이(北斎)라는 호를 쓰며 독립적이고, 독보적인 우키요에 작품 활동을 개시하였다.

1804년경부터 여러 해에 걸쳐 일정한 테마에 의한 시리즈 작품을 발표하면서 그림 교습서의 하나인 에테혼(絵手本)을 간행하였다. 대표적인 에테혼은

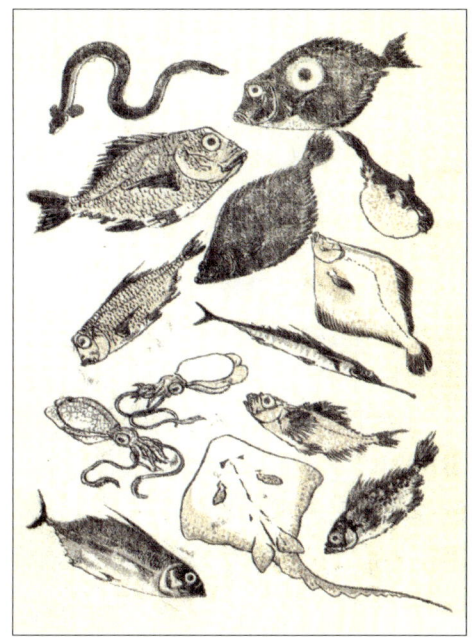
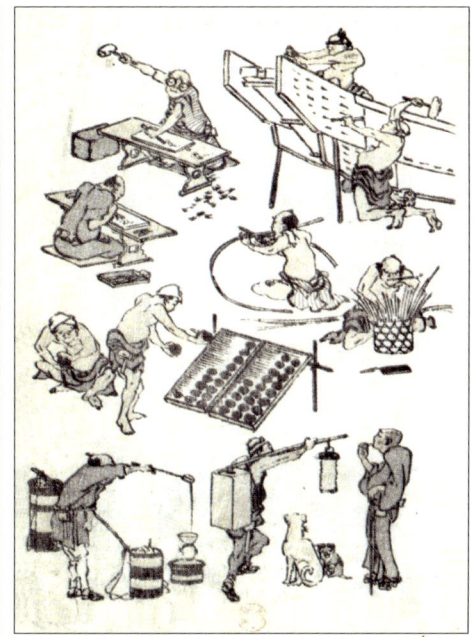

◀ 호쿠사이 만화

호쿠사이가 세상을 떠날 때까지 계속하여 그렸던 『호쿠사이 만화(北斎漫画)』 총 3000여장의 그림이 실려 있어서 우키요에의 백과사전이라는 평가를 받는다. 이것은 일본은 물론, 「호쿠사이 스케치」라는 이름으로 유럽에도 알려졌다.

그러나 무엇보다도 그의 대표작으로 꼽을 수 있는 것은 총 46장의 그림을 자랑하는 후지산을 그린 『부악삼십육경(富嶽三十六景)』이다. 그밖에도 유명한 폭포를 그린 총8장의 제국롱회(諸国瀧廻)』, 유명한 다리를 그린 총 11장의 『제국명교기람(諸国名橋奇覧)』 등, 시리즈물을 집중적으로 출판하였다.

▲ 부악 삼십육경

5. 우타가와 히로시게

우타가와 히로시게(歌川広重, 1797~1858)의 풍경화는 서정성(抒情性)이 풍부하여 보는 이로 하여금 강한 인상을 갖게 한다. 그의 본명은 안도 주에몬(安藤重右衛門)이었다. 15세에 당시 이름을 떨치던 우타가와 도요쿠니(歌川豊国)

시대정신을 드러내는 우키요에 · 구정호 | 117

▲ 동해도오십삼차, 니혼바시

▲ 동해도오십삼차, 누마즈

의 문하생으로 들어가려 했으나 거절당한 후, 우타가와 도요히로(歌川豊広)의 문하생이 되었다. 입문한 그 다음해 스승으로부터 도요히로의 '히로(広)', 그리고 자신의 이름에 있는 '주(重)'를 따서 히로시게(広重)라는 화호(画号)를 받았다.

그가 작가로서 역량을 발휘하게 되는 것은 35세에 발표한 에도의 풍경을 다룬『동도명소(東都名所)』였다. 히로시게는 진한 남색과 선명한 분홍의 배합을 통하여 자신만의 서정적인 풍경화를 그림으로써 그의 독자적인 경지를 개척하였다.

그가 기록적인 판매부수를 올리면서 작가로서 대성공을 거두게 한 것은 37세에 호에이도(保永堂)에서 발행한『동해도오십삼차(東海道五十三次)』이다. 이 작품은 작가 자신이 실제로 도쿠가와 막부에서 교토로 보내는 헌상품을 운반하는 행렬에 참가하여 맛본 여행을 토대로 하여 그 행렬이 머무는 숙박시설인 슈쿠바(宿場)과 연도(沿道)의 풍경을 작품화한 것이다. 그림의 구성은 행렬의 출발점인 니혼바시(日本橋), 그리고 행렬이 머물던 53개의 숙소와 도착지인 교토의 산조오하시(三条大橋)까지 총 55장으로 구성된 작품이다.

히로시게는 이후 풍경판화의 제1인자로서 확고한 지위를 확립하였고, 이후 우키요에의 리더로서 활약하였고, 이후에도 계속해서 풍경화 시리즈를 발표하였다. 유명한 작품으로는 1856년부터 세상을 떠나는 1858년 사이에 간행된 총 118장의 풍경화 시리즈인『명소에도백경(名所江戸百景)』이 있다.

히로시게의 풍경화는 각지의 명승지나 숙소 등을 주제로 삼았는데, 다양하고 변화 있는 구도와 풍경의 원근을 잘 조화시켰다는 평가를 받는다. 그는 작품 속에서 계절, 날씨, 시간 등의 속성에 변화를 주어 작품마다 각각 다른 상황이 다채롭게 전개되어 있다. 똑같은 비 오는 장면이라 해도 여러 가지 풍부하게 변화하는 상황을 설정하여 표현한 것이 더욱 큰 감동을 준다. 그의 작품은 독자적인 일본적인 풍경화의 양식을 확립하였다는 점에서 평가를 받는다.

【용어사전】

◇ 우키요조시(浮世草子)

1682년에 간행된 이하라 사이카쿠의 작품 『호색일대남(好色一代男)』을 기점으로 100여년간 가미가타(上方)라고 부르던 교토와 오사카를 중심으로 인기가 있던 소설문학의 한 장르다. 이전의 문학이 주로 귀족과 무사계급을 중심으로 전개되었다고 한다면 우키요조시는 서민들의 인정과 풍속의 묘사를 기본적인 방법으로 하는 소설이다. 우키요조시는 당시의 현실을 배경으로 하여 기발한 착상과 묘사법으로 인기를 얻었고, 서민들의 사고방식이나 욕망의 추구 등을 긍정적으로 보는 관점에서 작품을 전개하는 것이 특징이다. 당시의 풍조를 반영한 우키요조시는 예능이나 미술에도 영향을 미쳤다.

◇ 미인화(美人画)

미인화는 남녀의 아름다운 모습을 감상용으로 그린 그림이다. 일찍이 중국에서는 당(唐) 나라에서 나무 아래 남녀가 서 있는 장면을 그린 「수하(樹下) 미인도」가 유행했다. 일본에서도 이 영향을 받아서 8세기 경에 그린 수하미인도가 있다. 가마쿠라시대에는 장군의 부인을 그린 그림이 유행하기도 했고, 에도시대에는 풍속화 가운데 여자 배우나 기녀 등, 악소와 관련된 인물화가 많이 나왔다. 우키요에를 창시한 히시카와 모로노부는 목판화의 새로운 표현매체로써 생명력이 넘치는 미인상을 그려내었고, 미인화는 우키요에에서 빠질 수 없는 존재가 되었다.

◇ 기보시(黄表紙)

에도시대에 출판업의 발달과 서민들의 독서능력이 증가됨에 따라 서민들의 취향에 맞추어 간행된 소설류의 명칭이다. 기보시는 이름 그대로 출판되는 책의 표지가 황색이었기 때문에 생겨난 이름이다. 그림을 중심으로 전개하는 소설류의 한 장르 명칭으로, 내용은 당시의 풍속, 사건, 항간의 이야기 등을 다루며, 본질적으로는 해학적인 요소를 추구하는 데 목적을 두고 있다.

◇ 샤레본(洒落本)

샤레(洒落)란 기녀들의 세계를 중심으로 생긴 독특한 생활미적 이념과 이에 관련된 언어와 행동을 나타낸다. 전반적으로 골계미가 중심으로 되어 있다. 기녀들과 어울리는 한량들의 세계를 그린 소설의 장르 명칭이다.

◇ 요미혼(読本)

요미혼은 말 그대로 에혼(絵本)처럼 그림을 보는 책이 아니라 문장을 읽는 책이라는 의미이다. 내용적으로는 역사적 사건을 다룬 것이 많고, 환상, 괴기, 전기(伝奇)적인 요소가 많다.

◇ 슈쿠바(宿場)

가도(街道)나 육상교통의 요지에 휴식과 숙박을 목적으로 하는 설비. 주로 강어구나 산기슭에 형성되었다. 후대에는 휴게나 숙박뿐만 아니라 운수업의 요지로도 활용되었다. 운송과 통신을 위하여 항상 인부와 말을 대기시켜 두는 한편, 여관과 찻집을 두어 일반 여행자들도 이용할 수 있도록 했다.

◇ 부악삼십육경(富嶽三十六景)

후지산(富士山)을 소재로 한 가쓰시카 호쿠사이의 우키요에 풍경 판화 시리즈. 발행 당시에는 36매로 완결할 예정이었지만, 우라후지(裏富士)라 불리는 10개소의 풍경이 추가되어 총 46매로 구성되었다. 1822년부터 1831년 사이에 완성. 여러 장소에서 바라본 후지산의 다양한 모습을 그렸다. 작가의 풍경 판화의 집대성적 성격을 지니고 있으며 예술성을 높이 평가받고 있다.

◇ 동해도오십삼차(東海道五十三次)

에도에서 교토에 이르는 가도인 동해도(東海道)의 각 슈쿠바의 풍경을 그린 작품. 실제 여행경험을 바탕으로 제작되었지만, 보았던 그대로를 그린 것은 아니고, 극적효과를 거두기 위해서 작자의 느낌이나 풍경을 주관적으로 재구성하였다는데 특징이 있다.

◇ 에혼(絵本)

에혼 즉 그림책이라는 의미이다. 그림만으로 된 것과 약간의 문장을 곁들인 것이 있다. 에도시대의 에혼이라면 가부키의 배우들을 소개하는 책자나 부인이나 어린이용으로 그림이 많이 들어간 이야기책을 말한다. 이미 잘 알려진 이야기의 스토리에 따라 그린 그림을 즐기는 데 목적을 둔다. 어린이용 에혼은 특히 표지를 빨간색으로 만들었기 때문에 아카혼(赤本)이라 하였다.

◇ 가부키 배우 그림

가부키 배우들이 무대 위에서 무용이나 연기하는 장면 혹은 배우들의 일상생활 풍습을 주제로 한 그림. 흔히 야쿠샤에(役者絵)라고 한다. 특정 인기 배우를 모델로 하는 경우가 많다. 초기에는 그림에 새겨진 배우의 이름이나 입고 있는 옷의 모양을 보고 배우의 이름을 알 정도였으나, 차츰 묘사 수법이 정교해져서 배우 한 사람 한 사람의 개성을 잘 드러내는 표현이 가능해졌다. 이후부터는 배우들의 개성을 구분하여 그림으로써 누가 보아도 배우의 이름을 알 수 있을 정도로 실제 인물과 비슷하게 표현하기에 이르렀다.

7. 시대와 삶을 산책하는 현대문학

박영준

日本文学三六五日

I. 현대문학은 어떻게 시작되었는가
II. 현대문학의 성립
III. 현대문학의 전개
IV. 오늘의 현대문학

I. 현대문학은 어떻게 시작되었는가

근대문학과 현대문학의 경계를 어디에 두는가 하는 문제는 그리 간단치 않다. 학자에 따라서는 간토다이신사이(関東大地震) 이후, 즉 1923년 이후의 문학을, 또는 패전(1945) 이후의 문학을 현대문학으로 보는 견해가 많다. 나카무라 미쓰오(中村光夫)가『현대의 일본소설』서문에서 "쇼와(昭和, 1926~1989)도 40년을 넘고 있는 현재 전체를 현대로 부르는가의 의문"이며 또 "쇼와문학의 역사를 쓰는 것은, 그것을 현대라는 의미로 받아들이는 한 누가 쓰더라도 무리일 것"이라고 지적하고 있듯이, 현대문학의 여명을 자리매김하는 데에는 다소간의 문제점을 안고 있다. 쇼와시대도 끝나고 헤이세이(平成, 1989~현재)도 올해로 20년째이다. 그런 의미에서 근대문학과 현대문학의 경계를 보다 구체적으로 자리매김하는 작업이 요청된다고 하겠다.

나카무라 미쓰오의 지적대로 현대문학의 출발점에 대한 자리매김은 많은 문제점을 내포하고 있지만, 현대문학의 출발을 1955년도로 보고자 한다. 그 이유는 1955년도를 기점으로 해 지금까지의 근대문학, 즉 메이지(明治, 1868~1912), 다이쇼(大正, 1912~1926), 쇼와 전반기의 문학과는 전혀 다른 패러다임을 갖기 때문이다. 소위 현대문학의 출발이다.

메이지 이래의 소위 근대사회에는 하나의 커다란 지도적 이념이 있었다. 그 이념이란 봉건적·전근대적 제도와 사상, 구습을 타파하고 근대시민사회를 건설하는 것이다. 이 이념에 의한 속박은 대단히 강했으며, 문학도 예외는 아

니었다. 이러한 이념에 근거한 근대문학의 중심적인 주제는 자아의 확립과 사회의 확립이었다. 사회라는 말은 메이지시대에 만들어진 신조어이지만, 이 사회의 확립은 시민사회와 근대자본주의 국가를 지향한 일본의 국가적 목표이기도 했다. 그리고 자아의 확립은 이것에 대응하는 중요한 명제였다.

현대문학이란 앞에서 언급한 근대문학의 이념과 주제를 비판하고 더 나아가 부정하고, 붕괴하기에 이른 시기의 문학이다. 다시 말해 근대시민사회를 부정하고, 그 해체를 지향하는 문학이다. 따라서 현대문학의 중심적인 주제는 자아의 해체와 사회의 해체에 있었고, 동시에 사회적 테마로서는 현대의 관리, 정보화 사회를 지배하는 체계화의 논리에 있었다. 이와 같은 근대문학의 이념과 주제의 붕괴가 문학상황의 중심을 차지하게 된 것은 1960년대 후반에서 1970년대 전반에 걸쳐

서이다. 그러나 그 싹은 이미 1955년대부터 「제3의 신인」의 활약, 신전후파의 대두, 여류문학의 변화 등 여러 방면에서 그 붕괴현상은 시작되고 있었던 것이다.

II. 현대문학의 성립

1955년에 이르러 일본은 겨우 패전의 의식에서 벗어나는 중이었다. 그와 동시에 문학에서도 새로운 기운이 싹트기 시작한다. 전후 10년간의 이른바 전후문학은 전시 하에서 신음하던 문인들의 제2의 청춘인 동시에 프롤레타리아 문학운동의 재개라는 측면도 갖고 있었다. 그러한 이유로 주제인 면에서는 아직도 자아의 확립이라는 근대문학의 주제를 계승해 정치사상, 사회사상과 관련해 작품 활동을 하는 일이 많았다.

그러나 다자이 오사무(太宰治), 사카구치 안고(坂口安吾) 등의 부라이하(無賴派) 혹은 신게사쿠하(新戲作派)의 활약과 하니야 유타카(埴谷雄高)와 나카무라 신이치로(中村真一郎), 그리고 아베 고보(安部公房)의 전위소설의 출현도 이미 전후문학을 장식하는 한 요소로서 존재하지만, 아직까지도 전후란 자아의 계절이자 정치의 계절이었다. 그렇지만 1955년이 되면 그러한 사상과 속박이 서서히 붕괴하기 시작해 작가 개인의 사색과 감정을 중심으로 하는 소설과 전통적 이야기 틀을 이용한 작품이 나타나기 시작한다. 이른바 정치사상과 사회사상에 속박 받지 않는 문학의 자립현상이 일어난 것이다.

한편, 독자 측도 크게 변화한다. 다시 말해 패전 직후의 천황제와 가족제도의 붕괴, 교육개혁, 그리고 남녀동권 등 여러 가지 제도 개혁 후에 교육을 받은 젊은 세대가 독자로서 등장한 것이다. 그리고 1958년부터 2년간 전국에 걸쳐 소용돌이쳤던 「60년 안보투쟁」 후, 기성의 정치당파에서 벗어나 신좌익으로서의 전학련(全学連)이 큰 역할을 하고, 정치사상도 서로 대립한다. 그 결과 문학적 소재가 풍부한 다양화 사회가 이들 젊은 세대의 등장과 더불어 뚜렷하게 나타났던 것이다.

기성의 문인들 중에서도 이러한 경향을 자기의 문제로서 민감하게 받아들인 작가들도 많이 있었다. 예들 들면 다케다 다이준(武田泰淳), 우메자키 하루

오(梅崎春生), 나카무라 신이치로, 가와바타 야스나리(川端康成), 미시마 유키오(三島由紀夫), 아베 고보 등이 이 해체기를 대표할 만한 작가들이라 할 수 있다.

한편 문단에서는 「제3의 신인」이라 하는 작가들의 등장과 정착, 그리고 젊은 세대를 대표하는 아쿠타가와상(芥川賞) 작가인 이시하라 신타로(石原慎太郎)와 오에 겐자부로의 등장도 주목할 만하다. 이 두 사람은 동세대의 작가인 가이코 다케시(開高健)와 더불어 큰 인기를 끌고 많은 독자를 갖게 된다. 그리고 기독교의 신의 문제를 주제로 작품을 쓴 엔도 슈사쿠(遠藤周作)와 새로운 유형의 모노가타리(物語) 작가로서의 이노우에 야스시(井上靖)의 등장도 이 시기의 주목할 만한 것이었다.

이상과 같이 이 시기의 전반적인 문학상황은 크게 말해 전후상황으로부터의 탈출과 극복이라는 문제를 중심으로 전개되었다. 물론 전후적인 것도 존재했기 때문에 완전히 현대문학이 문학전반을 지배했다고는 말할 수 없다. 그렇지만 분명한 것은 이 시기에 현대문학의 주제와 표현은 거의 성립했다고 하겠다.

1. 전후 최초의 문학 세대인(제3의 신인)

「제3의 신인」이란 문단용어는 1953년 『문학계』 1월호에 게재된 야마모토 겐키치(山本健吉)의 평론 「제3의 신인」에서 유래한다. 야스오카 쇼타로(安岡章太郎), 요시유키 준노스케(吉行淳之介), 고지마 노부오(小島信夫), 소노 아야코(曾野綾子), 엔도 슈사쿠 등 1945년 후반에 등장한 일군의 작가들을 포괄적으로 말하는 용어이다. 이들 작가들은 제1차 전후파인 노마 히로시(野間宏), 하니야 유타카, 시이나 린조(椎名麟三)와 2차 전후파인 오카 쇼헤이(大岡承平), 미시마 유키오, 아베 고보 등에 이은 제3의 전후 문학세대이다.

그러나 이들을 제3차 전후파라 하기에는 다소 이질적인 문학적 성향을 가지고 있었다. 1953년부터 1955년에 걸쳐 야스오카 쇼타로의 『나쁜 친구』, 요시유키 준노스케의 『소나기』, 고지마 노부오의 『아메리칸 스쿨』, 엔도 슈사쿠의 『백인』이 연속해서 아쿠타가와상을 받았다. 그런 이유로 「제3의 신인」이라는 용어는 상당히 저널리즘 쪽에서 유행했다. 그렇기 때문에 이들을 전후 문학의 한 세대로서 정의하는 일은 어렵고, 또한 학자에 따라서는 작가의 범위도 상당히 다르다.

이러한 면에도 불구하고 이들의 특징은 한 마디로 말해 전후파 작가들이 꺼려했던 정치성·관념성에 대해 의식적으로 무관심을 표명했고, 일상적인 세계를 중시했다. 이 시기에는 사상이란 용어는 일반적으로 정치적 사상을 의미했기 때문에 「제3의 신인」이란 용어는 "사상이 없다", "일상성에만 구속된다"라는 부정적 이미지를 갖고 있었다. 그러나 이들은 정치사상이나 서구문학의 이념, 그리고 종교 등 타인의 사상이나 언어에 의해 소설을 쓰는 것이 아니고, 어디까지나 자기의 관념과 사색, 감성만을 무기로 해 소설을 썼다. 그러한 의미에서 전후 최초로 등장한 대단히 문학적인 세대였다고 할 수 있다. 또한 동시에 이들 작가가 1980년대의 문단의 중심적 역할을 담당한 것도 주목할 만한 사실이다.

1) 아베 고보의 『모래의 여자』

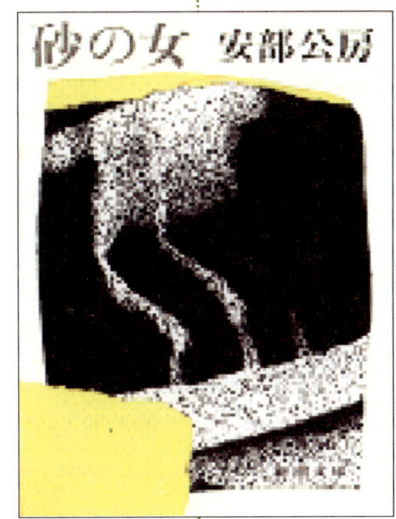

"확실히 모래는 생존에 적합하지 않다. 그러나 정착이 생존하는 데에 절대불가결한 것일까. 정착에 고집하려고 하기 때문에 저 꺼림칙한 경쟁도 시작되는 것은 아닐까. 만약 정착을 포기하고 모래의 유동에 몸을 맡겨 버린다면 이미 경쟁도 없을 것이다. 지금 사막에도 꽃이 피고 곤충과 짐승들이 살고 있다."

8월의 어느날 한 남자가 이런 생각을 곰곰이 하면서 해안의 사구지대를 곤충 채집하기 위해 걷고 있었다. 저녁 무렵 그는 사구 속에 있는 정체 모를 촌락에서 헤맨다. 마을 사람들한테 숙박을 부탁하자, 큰 모래구멍 밑에 있는 폐가로 안내한다. 거기에는 젊은 미망인이 혼자 생활하고 있었다.

다음 날 아침 그는 마을사람들에 의해 이 여자의 집에 감금당한 것을 알게 된다. 낭패한 그는 그 개미지옥과 같은 구멍 바닥에서 탈출하려고 시도하지만 실패한다. 그는 탈출에 대한 희망을 버리지 못하고 헛된 노력을 되풀이하지만, 한편에서는 그 여자와의 기묘한 동거생활에 익숙해져 간다.

2) 엔도 슈사쿠의 『침묵』

포르투칼에서 쇄국 중인 일본에 포교하러 온 페레이라 신부가 나가사키에서 고문을 받고 선교를 포기했다는 소식이 본국에 전해졌다. 페레이라의 제자 마르타, 가르페, 로드리고 등 세 명의 신학생은 이 이야기를 믿을 수 없었다.

진상을 파악하고 스승의 오명을 씻으려고 일본행을 결의한다. 그들은 고아를 거쳐 마카오에 도착하지만, 마르타가 발병해 두 사람만이 나가사키 부근의 천주교 부락에 표류한다. 두 사람은 마을 신도들에게 환영을 받고 장로 집에 숨어들지만, 관리들의 검문이 심해진다. 로드리고는 결국 체포되어 나가사키 외곽에 있는 감옥으로 보내진다. 그는 스승도 받았다고 하는 「아나즈리」의 고문을 각오하지만 관리는 뜻밖에도 포교포기를 온화하게 권유한다.

한편, 그의 눈앞에서 붙잡힌 가르페를 죽이고 일본인 신도들에게 고문을 가했던 것이다. 어느날 그는 뜻밖에도 지금은 사와노 다다이오로 개명한 스승 페라이라를 만난다. 그 만남이 신학생인 그에게 중대한 전기를 초래했다.

이 로드리고의 모델 쥬제페 캬라가 페레이라신부를 찾아 일본에 온 것이 1643년. 그 11년 전 3월 22일에 페라이라신부가 나가사키에서 보낸 편지가 지금도 남아있다. 거기에는 운젠(雲仙)지옥의 열탕에 의한 고문에도 굴하지 않고 박해와 싸우는 그의 강한 의지가 쓰여져 있다.

2. 전후 문학의 일대 전환기―60년 안보투쟁

1960년 1월 워싱턴에서 새로운 미일안보조약이 체결되었는데, 제6조는 극동에서 전쟁이 일어나면 일본은 미국의 전초기지가 된다는 내용을 담고 있었다. 그렇기 때문에 야당과 매스컴, 노동자와 학생이 반대데모를 시작한다. 이 과정에서 도쿄(東京)대생인 간바 미치코(樺美智子)가 사망하고 1000명이 부상당하는 최악의 사태를 맞이한다. 그러나 자민당 정권은 5월 19일 밤 야당을 배제한 채 날치기로 통과시켰고, 6월 19일에 조약이 성립되어 미국과의 신안전보장조약이 발효된다. 그 결과 학생들은 미국에 의한 냉전구조를 비판해 투쟁을 했고, 문인들 또한 내각 총사퇴, 국회 즉시 해산, 신안보 저지의 성명을 발표해 정부에 투쟁했던 것이다. 이 사건을 60년 안보투쟁이라 한다.

60년 안보투쟁은 전후문학이 갖고 있던 「정치와 문학」의 본질을 확연하게 드러낸 것도 사실이다. 안보투쟁을 소재로 한 작품에는 훗타 요시에(堀田善衛)의 『해명(海鳴)의 밑에서』, 노마 히로시의 『나의 탑은 거기에 선다』 등이 있다. 이 두 작품은 이른바 「정치와 문학」논쟁을 불러 일으켰다. 또 1994년에 노벨 문학상을 수상한 오에 겐자부로의 『만원 원년의 풋볼』도 1860년에 일어난 농민봉기와 백년 후의 안보투쟁을 교차시키면서 민중의 입장에서 다룬 작품이다.

안보 투쟁에 의한 정국이 혼란의 소용돌이 속에서 많은 테러가 일어나는데, 그 중 사회당 위원장 아사누마 이네지로(浅沼稲次郎)가 우익 소년에게 피살되는 사건이 일어난다. 오에 겐자부로는 이 사건을 소재로 해『세븐틴』을 발표했고, 후카자와 시치로(深沢七郎)는『풍류의 꿈이야기』속에서 황족을 비판적으로 묘사해 오에 겐자부로와 더불어 우익단체로부터 협박받는 사건이 일어나기도 한다.

60년 안보투쟁의 패배는 70년 안보투쟁에 이르는 신좌익의 대두와 전공투 운동으로 계승되었고, 사상적으로는 하니야 유타카와 요시모토 다카아키(吉本隆明)가 교조적 존재로서 지지를 받았다. 다시 말해 60년 안보투쟁은 70년 안보투쟁과 전공투 운동의 시발점으로서 자리매김할 수 있고, 그것은 동시에 1960년대가 전후문학의 일대 전환기였다는 것을 의미한다.

1970년 이후의 차세대들의 작품으로서는 미타 마사히로(三田誠広)의『나란 무엇인가』가 대표적인 작품이라 할 수 있다. 그의 세대가 되면 이미 60년 안보투쟁은 정치와 단절된 형태로 존재한다. 그것은 동시대의 작가 무라카미 하루키(村上春樹)에도 나타나는 공통된 특색이다. 무라카미 하루키는『1973년의 핀볼』과『양을 둘러싼 모험』에서 60년 안보투쟁을 「핀볼」과 「양」이라는 은유로 환원시키는 것으로써 1970년대를 받아들이고 있다.

1980년대에 들어 시마다 마사히코(島田雅彦)에 이르면 70년대의 안보투쟁은 패러디의 대상 밖에 되지 않았다. 결국 전후 민주주의와 경제의 고도성장이 교착한 시기에 서로 오버랩되는 60년 안보투쟁이 문학에 끼친 영향은 문학의 정치참여(앙가주망의 문학)를 기조로 하는 「정치 속의 문학」에서 「문학 속의 정치」로의 질적 변화이며, 문제의식을 실체화하는 60년대, 70년대의 사회 전체상을 명시하는 방법이었다.

1) 노마 히로시의『나의 탑은 거기에 선다』

우미쓰카 소이치는 교토대학에 막 들어갔지만, 그의 안팎에는 많은 문제가 소용돌이치고 있다. 그의 말을 빌리면, 사음, 탐욕, 낭비, 분노, 살해, 파괴, 약탈, 남색, 기만, 유괴, 성직매매, 도박…, 밤하늘의 별처럼 무수히 악덕이 북적거렸다. 우미쓰카는 주지의 아들로서 후계자로 간주되었지만, 종파를 거부하려고 교의로부터도, 문도로부터도 도망치려고 한다. 문학의 동인잡지, 「자본론」연구회에 속해 있었지만, 동인들과도 학생운동을 하는 친구들과도 거리를 느끼고 있었다.

주위에서는 천황기관설 문제를 둘러싸고 파시즘의 광풍이 거칠게

불고 있었다. 그리고 우미쓰카가 다니는 교토대에도 다키가와사건을 계기로 정부의 탄압이 가해졌다. 5월 26일 다키가와사건 기념일에 집회를 가지려고 해도 대학당국이 인정하지 않았기 때문에, 장소를 우지(宇治)에 있는 뵤도인(平等院)으로 바꾸어 신입생환영회 명의로 모이게 된다. 우미쓰카도 이 집회에 가지만 경찰 때문에 집회는 중도에 해산되고 참가자는 도망치려고 우왕좌왕했다. 겨우 도망친 우미쓰카는 폭풍 속에서 한 줄기 높고 검게 우뚝 솟은 탑의 이미지를 본 것이었다.

2) 오에 겐자부로의 『만엔원년(萬延元年)의 풋볼』

6월 15일 저녁에 일어난 우익의 습격사건은 많은 사람들에게 전혀 예상치 못했던 사건이었다. 기독교인들과 자유롭게 참가한 사람들의 행렬 사이를 신극인들이 행진하고 있었다. 앞뒤 네 번에 걸친 유신행동대의 습격은 가장 약한 행렬을 향해 이루어졌다. 이 날 밤 친구는 그 자신의 정치적 의지에 따랐다기보다는 결혼한 지 얼마 안 되는 처가 속해 있는 신극단의 데모대에 따랐다. 혼란이 일어났을 때 무장 경찰의 봉으로 맞아 머리가 깨지고 말았다. 큰 상처는 아니었지만, 그 이후 이 친구는 경미한 조울증에 걸렸다. 그 후 그는 콜롬비아대학에 유학하지만, 가벼운 정신이상을 일으켜 유학생활을 접고 귀국해 요양원에 들어간다. 그러나 여기서 그는 갑자기 간호사를 공격해 반쯤 죽게 만든다.

그해 늦여름 날, 그가 국회의사당에서 부상당한 지 1년 남짓 지난 무렵, 그는 빨간 물감으로 머리와 얼굴을 칠하고 벌거숭이인 채로 항문에 오이를 질러 넣고 액사했던 것이다. 그 성적 도착증을 연상시키는 광적인 죽음에 고뇌의 극한에서 무엇인가를 고발하려고 하는 분노가 묻어나 있던 것이다.

3. 일본문단의 이방인 재일 조선인 작가

재일 평론가 임전혜는 "1940 ~ 1942년에 『예술과』(일본대 예술과 발행)에서 활동하고 있던 김달수, 이은직 등 젊은 세대가 등장해서 강제된 일어를 사용하면서 반일제의 문학적 영위를 가능하게 하는 재일 조선인 문학자들의 다양한 투쟁의 소지를 개척했다. 일본의 식민지 지배로 형성된 재일 조선인에 의한 재일 조선인 문학은 이 시기에 시작한다"고 한다. 이 문장 속에 재일 조선인 작가들의 문학적 성격이 그대로 드러난다 하겠다.

1945년 일본이 패전하기까지 조선은 일본의 식민지였다. 조선인들은 이 사이에 일자리를 찾아, 혹은 강제로 이주해 일본에 살게 된다. 그러나 이들 2세에 해당하는 아이들은 모국어 습득의 기회를 잃고 일본어로 밖에 자기를 나타낼 수 없는 경우가 많았다. 일본에서 태어나 일본어로 말하는 데에도 불구하고 외국인으로서 차별을 받았다. 더욱이 민족은 대한민국과 조선민주주의 인민공화국으로 갈라지고 전쟁까지 일어나자 재일 조선인들의 차별은 더욱 심화되었다.

재일 조선인 작가들의 주된 주제가 일본의 제도적인 차별 문제, 과거·현재에 걸친 편견, 타민족이면서도 일본어로 표현해야만 하는 모순, 조국 분단의 아픔 등이라는 것도 이와 무관하지 않을 것이다. 재일 조선인 작가로는 『현해탄』의 김달수(金達壽)를 비롯해 고사명, 김학영, 이회성 등은 1960년대가 되면서 일본문학 속에서 큰 세력을 차지하게 되고, 또 일본인 독자도 많이 생겨난다.

이소가이 지로(磯貝治良)는 재일 조선인 문학을 3단계로 구분하고 있다. 1단계는 일본어로 쓰여진 조선인의 문학, 2단계는 재일 조선인 문학, 3단계는 재일 문학시대이다. 이소가이 지로는 1960년대 초쯤에 재일 조선인 문학이라는 호칭이 쓰이기 시작했는데, 그것은 일본어 문학권에서 무시할 수 없는 지위를 가졌기 때문이라 한다. 다시 말해 재일 조선인 문학이 일본문학계에서 본격적으로 주목을 받은 시기이다. 그것은 어느 의미에서는 단순한 민족적 주제를 뛰어넘어 인간 전체에 공통하는 문제로까지 문학적으로 승화했기 때문일 것이다.

이러한 문학적 토양 위에서 재일 조선인 작가로는 처음으로 이회성(李恢成)이 『다듬이질하는 여인』으로 1972년에 아쿠타가와상을 받는다. 수상 이유 역시 작품이 일본어 문학으로서 높은 완성도를 나타냈기 때문일 것이다. 이후 재일 조선인 2세의 문학은 더욱 성장해 1988년에는 『유희』로 이양지(李良枝)가, 1997년에는 유미리(柳美里)가 『가족시네마』로, 2000년에는 현월이 『그늘의 집』으로 아쿠타가와상을 수상한다. 특히 유미리는 일본문단에서 끊임없이 작품을 발표해 현재까지 주목받는 작가로서 활동하고 있다.

○ 김달수의 『현해탄』
서경태는 도쿄 근교의 K신문사에 근무하고 있었지만, 지방

지로 가게 되어 장래가 없었고, 또 마침 오이 기미코한테 실연당한 것도 영향을 주어 고국 경성으로 돌아갔다. 도쿄에서 우연히 알게 된 백성오의 집에 머물게 되고, 후에 경성일보에 면접을 봐 거의 취직이 결정되었다. 때마침 전시였기 때문에 조선어를 쓰는 것이 금지되고, 성도 니시무라, 시라카와라고 일본식으로 바뀌게 된다. 더구나 심한 차별은 전부터 남아 있었다.

경태가 고국에서 본 것은 압박받는 민족의 비참한 운명이었다. 채용이 결정되고 나서 도쿄로 뒤처리하러 가는 여행에서도, 부산에서 배를 탈 때에 일본인으로 사칭했다고 해서 형사한테 구타를 당하고, 시모노세키에서는 특고 형사한테 잡혀 황국신민의 맹세를 암송한다. "하나, 우리들은 황국신민이다. 충성으로써 군국에 보답한다. 하나…"라는 강제된 맹세를. 그는 황국신민이 아니었기 때문에 기미코와의 결혼을 체념했던 것이다. 경성에 와서 받은 사령장에는 '지금부터 월급 60엔, 임시 수당 10엔을 지급한다. 1943년 5월 17일 「경성일보사」'로 되어 있었지만, 월급도 일본인과는 큰 차이가 있었다.

III. 현대문학의 전개

1960년대의 일본은 고도성장의 결과 이른바 번영의 시대를 맞이한다. 물론 번영의 이면에는 많은 차별과 빈부의 격차가 존재하고 있었지만, 문화면에서는 다양화되고 개별화된 풍부한 상황을 맞이했다고 해도 좋을 것이다. 문학의 독자층도 일본 역사상 유례가 없을 정도로 깊이를 갖게 된다. 다시 말해 독자의 중심이 전후의 새로운 교육을 배운 세대로 옮겨갔다는 것은 문학의 새로운 전개상 대단히 중요하다. 왜냐하면 기존의 문장체가 표현양식으로서 기능하지 못했기 때문이다. 이미 정치사상과 사회사상, 혹은 서구 문학이념 등에 근거한 소설을 쓴다고 하는 경향은 점점 사라져 가고, 기존의 표현에서 벗어나는 것에 의해 다양한 소설양식이 추구된다.

그 결과 이전 시기인 1960년 전후에 확립된 일본의 현대문학은 이 시기에 이르러 비약적인 발전의 시대를 맞이한다. 다시 말해 봉건적, 전근대적 제도와 사상을 비판하고, 근대시민사회를 확립하려는 문학을 비판하고 공격하는 문학이 젊은 세대들에 의해 성립한 시대였다.

이들 젊은 세대는 다양화, 개별화의 경향 속에서 자기의 감성에만 의지하고, 자신의 언어로써 표현하려고 하는 작가들이었다. 이른바 「내향의 세대」라 하는 작가들로 오가와 구니오(小川国夫), 고토 메이세이(後藤明生) 등이 대표적이다.

한편, 순수문학이라는 개념이 거의 소멸된 것도 이 시기의 특색이다. 순수문학이란 특정한 문인들이 형성하는 문단과 특정한 편집자들이 제작하는 문예잡지에 의해 독점적으로 관리되어 온 영역이다. 그러나 이 시기가 되면 이러한 관리 하에 있지 않던 새로운 작가들이 대학생을 중심으로 하는 독자층에게 압도적으로 환영받기에 이른다. 이른바 문학의 대중화이다. 대표적 작가로는 노사카 아키유키(野坂昭如), 이쓰키 히로유키(五木寬之), 이노우에 히사시(井上ひさし) 등이 있다.

이와 더불어 이 시기에 주목할 만한 문단의 변화는 반근대 지향 속에서 에로티즘과 오컬트를 재조명하려고 하는 경향이 있었으며, 새로운 흐름으로서는 행동적 묘사를 특징으로 하는 마루야마 겐지(丸山健二), 하타야마 히로시(畑山博) 등이 있고, 여류문학에서도 여성 독자의 사상과 표현에 의해 남성작가와는 확연히 선을 긋는 작가들이 계속 등장한 것도 주목할 만하다.

그리고 이 시기의 또 하나의 특색은 문인들과 관련된 사건과 논쟁이 많았다는 것이다. 가와바타 야스나리가 『유키구니(雪国)』로 노벨문학상을 수상한 일, 미시마 유키오의 자살 사건, 노사카 아키유키의 『다타미방 맹장지의 초배』가 외설문서 배포혐의로 지적되어 재판에 회부되는 등 사회적 사건이 많은 시기이기도 했다.

1. 감성의 작가인 내향의 세대

「내향의 세대」란 용어는, 당시 좌익의 대표적 평론가인 오다기리 히데오(小田切秀雄)가 「만주사변으로부터의 40년 문학의 문제」에서 생겨난 말이다. 오다기리 히데오는 이 평론에서 "이들 작가들은 사회에 눈을 돌리지 않고 안이하게 자기의 내부로 도피하고 있다"고 비판했다. 이들 작가들을 부정적인 의미로 파악한 것이다. 대표적 작가로는 오가와 구니오, 고토 메이세이, 히노 게이조(日野啓三), 미키 다쿠(三木卓) 등이 있다.

「내향의 세대」 작가들 대부분은 1926년에서 1934년 사이의 태생으로 전후에는 소년기를 보내고 있었다. 그렇기 때문에 이들은 동요하는 사회 속에서 자신의 존재가 불확실할 수밖에 없었다고 인식하는 원체험을 갖고 있었다. 더구나 패전하기까지 고토 메이세이와 히노 게이조는 조선에서, 미키 다쿠는 중국에서 자랐기 때문에, 일본에 돌아와서는 일본이라는 나라에 대한 귀속의식을 갖지 못했다. 다시 말해 "자신이 어디의 누구인지를 모른다"라는 의식은 그들이 속한 고도 성장기의 일본의 복잡한 구조와 맞물려 더욱 조장되어 그들 작품의 저변에 깔려 묻어나게 된다.

오가와 구니오 등 새로운 유형의 작가들이 1970년대에 주목을 받았다. 이들 작가들의 대부분은 문학과는 상관없는 일에 종사했기 때문에 직업작가로서의 출발은 늦었지만, 완성도가 높은 작품을 계속해서 발표했다. 그들은 작품 속에서 자아의 해체를 더욱 강력하게 추진해 아이덴티티가 확립된 인간상을 그려내는 것을 포기하고, 개개의 윤곽을 배제한 채 인간의 내면 깊은 곳에서 꿈틀거리는 생생한 모습을 담아냈다.

또한 이들은 "자신이 타인보다 확실하다는 보증이 없다"라는 아픔에 인내하면서, 인간 본래의 삶의 원형을 찾는 방향으로 나아가, 누구나 인자로서 갖고 있는 광기의 부분과 관념이탈, 끓어오르는 폭력 등으로 하강해 간다. 왜냐하면 사회도, 가족도, 사물도, 자신도 확고한 존재가 아닌 도깨비라는 자각 속에서 익명의 인간과 정체모를 존재와의 관계를 묘사하는 것이 이들에게는 작품을 쓰는 의의였기 때문이다.

○ 고토 메이세이의 『웃는 지옥』

35세의 주인공은 주간지 대작자. 친구의 잡지에 실을 르포 취재를 위해 어느 광기어린 파티에 간다. 그런데 처음 마신 하이미날이 과해 잠에 빠져 버려 동석한 친구들한테 무참하게 당한다. 그는 도중에 눈을 떴지만, 자는 체를 하면서 파티의 추태를 관찰한다. 그는 조롱당하면서도 자는 체를 계속한다. 그러한 자신의 행동을, 역사의 결정적인 순간에는 늘 참가하지 못하고 지나간 자신의 운명을 되돌아보며 자조한다.

우선은 1945년 8월 15일, 천황의 방송을 듣지 못했던 중학교 1학년인 그는 기숙사에서 졸면서 선배한테 종전을 들은 것이다. 다음은 1952년, 아르바이트 면접시험을 잘 치른 그는 술에 취해 친구 집에 머물게 된다.

그는 다음 날 아침 피의 노동절 사건을 안다. 그리고, "때는 안보 원년 5월 19일 저녁. 그들은 라면, 볶은 밥, 만두 등으로 배를 채우고 국회의사당 쪽으로 향하고 있었다. 그리고 그 날 나는, 과장의 마음에 들지 않는 상업광고를 써 파기당하고……, 대중식당에서 15, 6미터 떨어진 선술집에서 술을 마시고 있었지."

그의 르포는 광기어린 파티의 주최자가 경찰에 잡혀 게재 보류된다.

2. 문학의 대중화

순수문학의 변질에 대한 논의가 이루어진 1955년을 거쳐, 1965년도가 되면 대중 소비사회와 매스 미디어가 점점 발달되어 문학도 그러한 외적 변화에 대응하지 않을 수 없었다. 이러한 시대의 분위기에 민감하게 반응해 새로운 풍속을 받아들여 작품화하는 데에 성공한 작가들이 등장한다. 새로운 시대를 받아들이는 그들의 재능은 각각의 노력과 수련에 바탕을 둔 것이지만, 이들 작가 대부분은 매스 미디어에 관계되는 일에 종사했다. 이러한 점이 이들 작가들의 큰 특징이다.

1968년에 『반딧불의 묘』로 나오키(直木)상을 수상한 노사카 아키유키는 콩트 작가 · CM송 작사가 · 방송작가 · 음악프로그램 편성자 출신이었고, 『창백한 말을 보라』로 1967년에 나오키상을 수상한 이쓰키 히로유키는 라디오 프로그램 제작 · PR지 편집 · CM송 작사 · 방송작가 등 매스컴의 영역에서 왕성한 활동을 한 경험을 갖고 있다.

또 1970년에 『빛과 그림자』로 나오키상을 수상한 와타나베 준이치(渡辺淳一)도 라디오 · 텔레비전의 드라마 작가로서 정력적으로 활동했고, 극작가로서도 이름을 날리던 이노우에 히사시의 뛰어난 언어감각의 저변에도 방송작가의 경험이 있었다.

이처럼 1965년대의 대중화된 문학의 담당자들은, 많은 독자와 관계를 맺기 위한 확실한 방법의식을 매스컴과의 관련과 연구생활 등의 수련기간 중에 길러서 전후문학의 흐름을 크게 변화시켜 갔던 것이다. 이들의 공통점은 대부분 나오키상을 받은 작가들이라는 것이다.

○ 노사카 아키유키의 『반딧불의 묘』

1945년 6월 5일. 고베는 B29의 대공습을 받았다. 중학교 3학년인 세이타이는 몸이 편찮은 엄마를 마을에 있는 방공호로 피난시키고, 자신은 동생 세쓰코를 업고서 식량을 마당에 묻는다. 옷을 꺼내고 있는데 소이탄에 의한 화재가 나 간신히 이시야강에 있는 제방으로 도망쳐 피신한다. 엄마는 방공호에 직격탄이 떨어져 돌아가신다. 세이타이는 세

쓰코와 함께 엄마 유골을 수습하고 나서 니시미야의 먼 친척인 미망인에게 몸을 의지한다. 이 미망인은 살갑게 맞이하지만, 그것은 첫 순간뿐. 세이타이의 식량이 떨어지고 이재민의 식량보급도 없어지자 갑자기 애물단지 취급을 했다. 세이타이와 세쓰코는 거기에 더 이상 머물 수 없어 해변에 있는 동굴로 간다. 밤엔 반딧불이 운치 있게 날고 있었지만, 불결한 동굴생활에 세쓰코의 몸은 점점 약해져 8월 20일 낮에 세이타이가 없는 중에 죽어버린다.

"밤이 깊어져 감에 따라 모닥불이 다 타버렸기 때문에 유골을 수습하는 데 너무 어두웠고, 가늠할 수 없어 그대로 동굴 옆에 놓았다. 주위는 셀 수 없이 많은 반딧불. 하지만 세이타이는 반딧불을 바라보며 세쓰코는 슬프지 않겠지, 반딧불이 함께 있으니까. 난비하는 반딧불. 멀지 않아 반딧불도 사라지겠지만 반딧불과 함께 천국에 가럼."

3. 에로스와 오컬트의 문학

1965년도부터 1975년에 걸쳐 포르노그라피를 중심으로 하는 성의 문학과 괴기·환상미 넘치는 오컬트 문학이 등장해 문단을 압도한다. 1955년 이시하라 신타로(石原慎太郎)가 『태양의 계절』을 발표했다. 작품 속에 묘사된 젊은이들의 성풍속이 독자들에게 신선한 충격을 주었으며, 더 나아가 태양족이라는 신조어가 만들어질 만큼 큰 인기가 있었다. 물론 일본의 패전 이전의 작가, 예를 들면 나가이 가후(永井荷風)나 다니자키 준이치로(谷崎潤一朗)의 작품에도 성적 문제를 다룬 작품이 많았지만, 전후가 되면 성은 문학에서 하나의 중요한 주제가 된다.

문예작품은 중간소설·대중문학이 주류를 이루었고, 중간소설지를 간행하는 출판사들은 앞 다투어 이 새로운 성의 가치관에 눈을 돌려 성에 관한 특집을 싣고, 또한 에로스 소설을 게재했다. 이것이 계기가 되어 가와카미 소쿤(川上宗薫) 등의 작가들이 포르노그라피에 손을 대기 시작했다.

한편 오컬트 문학이 대세를 차지하게 된 원인은 에로스문학의 대두와 기성문단의 교착화에 기인한 결과 소설 본래의 황당무계한 재미를 바라는 욕구가 높아진 것을 들 수 있다. 구체적 현상으로는 전전(戰前) 작가 중심의 전기(伝記)·탐정소설의 복간의 유행을 들 수 있다. 이 계기를 만들었다고 할 수 있는 것이 1967년부터 간행되기 시작한 전집 『현대소설의 발견』이다. 첫 번째 배본분에는 이제까지 손에 넣기 어려웠던 하니야 유타카(埴谷雄高)의 『사령(死靈)』을 수록했고, 이어 나온 전집에서도 에로스문학집과 전기 로망집을 간행, 유메노 규사쿠(夢野久作) 등이 재평가 받는 계기가 되었다. 이 후 1968년부터는 「대로망의 부활」이라 해 많은 독자의 지지를 얻어 출판사들은 경쟁하듯이 전전의 괴기·환상적 작품의 복간에 힘썼다. 또 기성작가 중에서도 괴기·환상의 오컬트 문학을 발표하고 있던 나카이 히데오(中井英夫) 등의 작가들의 활약이 눈에 띄었다. 이러한 시대의 조류 속에서 한무라 료(半村良) 등 새로운 작가들이 나타나 전기 로망의 담당자로 등장해 많은 활약을 한다.

○ 이시하라 신타로의 『태양의 계절』

K학원 고교 3학년인 쓰가와 다쓰야는, 기성사회의 질서와 도덕에 반역하며 좀 더 열리고 넓은 생동감 있는 세상을 요구한다. 또한 여자, 흥정, 싸움, 공갈 등의 악덕을 추구하는 젊은 무리 중의 하나이다. 하루 밤 그의 유희의 대상이 된 에이코는 주지 않고 빼앗기 위해 남성편력을 계속해 온 여성이지만, 마침내 다쓰야에게만은 주는 여성으로 변모한다. 이와 같은 에이코에게 다쓰야는 쌀쌀맞게 행동하고, 임신했다는 이야기를 듣자 수술시기는 놓쳤지만 중절수술을 하라고 한다. 수술 도중 에이코는 사망하고, 장례식 날 체육관에서 펀치 볼을 치는 다쓰야는 에이코의 사랑의 목소리를 듣는 동시에 에이코의 웃는 얼굴도 본다.

IV. 오늘의 현대문학

해체를 거듭해 온 근대문학, 전후문학의 패러다임은 이 시기가 되면 거의 소멸돼 현대문학이 전체의 문학상황을 지배하게 된다. 우선 특기할 만한 사항은 전후 태생의 젊은 작가들이 계속해서 등장해 많은 독자층을 확보해 간 것이다. 나카가미 겐지(中上健次), 쓰카 고헤이(つかこうへい), 무라카미 류(村上竜), 무라카미 하루키(村上春樹), 그리고 쓰시마 유코(津島佑子) 등이다. 또 SF와 추리소설의 영역에서도 확연한 세대교체의 바람이 불었다.

이러한 새로운 작가들 중에는 구세대 작가들이 지향했던 근대 시민사회에 대한 비판과 풍자의 눈을 갖고 있었다. 표현도 가볍고 밝았으며, 패러디에 대한 의식도 강했다. 특히 이 시기의 전반에는 나카가미 겐지의 활약이 두드러졌고, 후반에서는 무라카미 하루키가 압도적인 인기를 끌었다.

한편, 기성의 작가들인 오에 겐자부로, 이노우에 히사시 등의 작품이 널리 읽혀졌고, 또 하니야 유타카, 나카무라 신이치로, 엔도 슈사쿠 등이 새롭게 활약하지만, 무엇보다도 이 시기에 새롭게 등장한 것은 주로 강한 개성을 가지면서 밝은 작품을 쓰는 작가들이었다. 다나카 고미마사(田中小実昌), 가타오카 요시오(片岡義男) 등이 그들이다.

그리고 이 시기의 여류문학은 실로 여류의 시대라 불러도 좋을 만큼 화려했다. 왜냐하면 기존의 작가인 오오바 미나코(大庭みな子), 사에구사 가즈코(三枝和子), 다나베 세이코(田辺聖子), 소노 아야코, 구라하시 유미코(倉橋由美子) 등이 계속해 활약했고, 또 전후 태생의 작가와 주부작가의 등장이 있었기 때문이다. 이 시기의 여류문학은 이른바 근대여류문학의 어두운 이미지를 타파하고, 산뜻한 표현과 밝은 것을 추구하는 데 그 특색이 있다. 여성측으로부터의 성의 표현도 명쾌하고 자유롭게 작품 속에 녹아들어 간다.

전체적으로 말해 이 시기의 문학현상 면에서의 특색은 작가들의 세대교체, 여류문학의 융성, 그리고 미디오와의 상호영향 관계 등이다. 주제적으로는 정보화 사회, 관리사회의 양상을 드러내 온 사회구조 속에서 소집단적 감성에 호소한다는 형태의 다양화, 개별화한 소주제가 환영받았다. 또 표현 면에서는 명쾌하고 유머가 들어간 작품이 독자들에게 환영받았다. 이것을 다른 각도에서 말하면 독자 중시의 경향이 뚜렷하게 나타났다는 것이다. 이것은 문학을 작가가 일방적으로 독자에게 주는 것이 아니라 독자 자신이 선택하는 것으로 변했다는 것을 의미한다. 그러나 이러한 현상을 단지 문학의 대중화라는 한 측면으로 받아들이는 것은 온당치 않을 것이다.

1. 신세대 작가들

가치의식이 확산된 다양화의 시대에 어울리게 1975년대에 문단에 등장해 활약한 작가들은 세대로서의 뚜렷한 특징을 보이지 않고, 또 시대에 대한 인식을 감추려고 하듯이 각각의 감성을 드러내었다. 신세대의 기수라 할 수 있는 나카가미 겐지는 1975년 『곶(岬)』으로 아쿠타가와상을 수상하고, 1977년 『고목 여울』에서 기슈(紀州)의 신화적 풍토에 기인한 심층의 이야기를 공허한 현대로 묘사하는 등 왕성한 활동을 했다. 또 무사시노(武藏野)미대 학생이었던 무라카미 류의 『한없이 투명에 가까운 블루』를 비롯해, 미대 출신 작가들에 의한 이미지를 구사한 작품이 아쿠타가와상을 수상하고 베스트셀러가 되었는데, 이러한 현상도 감성의 시대를 상징하고 있다고 할 수 있다.

또한 전공투시대의 젊은이들의 모습을 패러디한 『나란 무엇인가』의 미타 마사히로, 도시화에 퇴색된 농촌의 청춘상을 묘사한 『원뢰(遠雷)』의 다테마쓰 와헤이(立松和平) 등도 새로운 감성을 소유한 대표적 작가로서 들 수 있다.

한편, 종래의 문학기법에 의지하면서 성공한 신인작가도 있다. 『바람의 노래를 들어라』로 문단에 등장한 무라카미 하루키처럼 생의 리얼리티를 거부하고 소설을 쓰려고 한 작가도 등장하지만, 『우아한 좌익을 위한 희유곡(嬉遊曲)』의 시마다 마사히코(島田雅彦)처럼 자각적 문체로서 패러디를 구사하는 작가들도 나타났다.

1990년대 들어 우리나라에서 일본소설에 대한 관심이 고조되는 가운데 무라카미 하루키의 소설들이 번역 출판되어 많은 독자를 갖게 되어「무라카미 신드롬」이라는 말이 생겨날 정도였다. 무라카미 하루키의 전집이 번역되는 등 지금까지도 그의 작품은 큰 인기를 끌고 있다.

1) 무라카미 류의 『한없이 투명에 가까운 블루』

미군기지를 무대로 마약과 섹스와 록에 빠져 지내는 젊은이들의 일상을, 화자인 류는 자기의 감성의 스크린에 비친 모습을 그대로 묘사해 간다. 바퀴벌레가 기어 돌아다니는 미군의 집에 사는 나 류는 모르핀을 맞은 릴리와 몸을 포개거나, 모인 친구들과 헤로인을 해 급성 중독에 빠져 버린 나날들의 연속이다. 흑인들과의 난교 파티를 알선하고, 또 외국인들의 섹스 스프레이의 도구가 되어 경찰의 단속을 받아 검거되지만, 석방된 그날 록 콘서트에 간다. 광란의 시간을 보낸 뒤의 공허감 속에서 나는 내 자신을 없애려고 하는 것의 그림자에 놀라 릴리를 다치게 한다.

전편을 통해 나의 오관의 감각도 생리적인 반응도 모두가 투명한 필름 위에 정착되어 있는 것 같고, 그 내면은 거의 공허함 그 자체이다. 마지막에 이르러 공허함 속에 희미한 우수가 머물고, 꿈과 혼미가 하나 된 기분 속에서 자신을 에워싼, 갇혀진 현실에 대한 전적인 파괴의 충동이 드러난다.

2) 무라카미 하루키의 『양을 둘러싼 모험』

광고대리점을 공동 경영하는 나는 우익의 막후 실력자의 비서로 강요받고, 사진 속의 양을 찾으러 여행을 떠난다. 사진은 오랜 친구인 쥐가 보내온 것이다. 홋카이도에서 나는 양박사와 우연히 만났다. 등에 별 모양의 얼룩무늬가 있는 이 양은 일찍이 양박사의 몸 안에 들어가고, 후에 우익청년을 택해 숙주로 바꾸어 권

력과 재력을 장악한 우익의 막후 실력자한테 그를 키우게 했다. 양박사가 가르쳐 준 사진의 장소는 쥐가 소유하고 있는 목장 근처의 별장이었다. 별장에 머무른 나에게 비서와의 약속한 시간도 임박해 왔다. 내가 어둠 속에서 재회한 것은, 우익 막후 실력자의 후계자가 되는 것을 거절하고, 몸 안의 양과 함께 목을 매달아 죽어버린 쥐의 영혼이었다. 지옥 순례라고도 해야 할 양을 둘러싼 모험에서 귀환한 나는 상실감 속에서 한바탕 눈물을 흘린다.

2. 여류문학의 황금기

현대문학의 성립기에 큰 변화를 보인 여류문학은 1960년대의 구라하시 유미코와 고노 다네코의 등장으로 한 획을 긋고, 1965년도에 들어 큰 발전을 이룬다. 특히 이 시기에는 한 인간이 어머니와 처라는 역할을 버리고, 또한 역할을 박탈당한 한 인간으로 서로 마주 대하는 것을 주제로 한 작품이 모습을 드러낸다.

이것은 제도적인 틀 속에서 인간을 파악하는 눈이 사회 인습에 뿌리 깊게 박힌 것에 대한 비판이다. 거기에는 가족 속의 피의 문제를 비판하고 추구한 것도 이 시기의 특징이다. 이러한 여성작가들의 등장으로 제도 속에 갇혀 있던 여성의 존재를 적극적으로 재조명하는 다양한 시도가 이루어진다.

오바 미나코는 『세 마리의 게』에서 자기가 속한 공동체 사회를 버리고, 벌거숭이의 인간으로서 살려고 하는 여성의 절망적인 희구를 묘사했고, 『좀조개』와 『우라시마(浦島)의 풀』에서는 더욱 깊게 파 내려가 남성과 여성이 갖는 관계의 의의와 아이를 낳는 여성의 의식을 재조명했다.

1) 구라하시 유미코의 『꿈의 부교』

가도마쓰(門松) 기간이 지나면 마을은 정월다운 기분은 거의 사라져 버린다. 6일 밤, 소나무를 치우면서 교토에서는 15일까지가 가도마쓰 기간이지만 하고 엄마가 말했다. 그래도 역 앞의 번화한 거리로 나오면 나들이옷에 모피 목도리를 한 젊은 여성들의 모습은 아직도 눈에 띈다. 11일에는 게이코도 나들이옷을 입고 메구로에 있는 노가쿠(能楽) 극장에 간다. 어느 사립대학 영문과의 재원 히라타 게이코는 2년 선배인 애인 미야자와 고이치와 결혼할 예정이었지만, 두 사람은 부모들로부터 예상 외로 강한 반대에 부딪힌다. 게이코는 그 이유를 찾던 중, 양쪽 부모들 사이에 스와핑이 행해졌던 사실과 고이치와 자신이 이복남매

인 것을 밝혀낸다. 결국 게이코는 맞선을 본 지도교수인 야마다와 결혼하기로 한다. 한편 고이치도 다른 여성과 결혼한다.

그러나 근친상간이라는 전율적인 운명을 예상하는 두 사람은, 각각의 배우자와 함께 우연을 가장해 메구로의 노가쿠 극장에서 만난다. 그들 사이에서 스와핑이 가능한가를 시험하기 위해서지만, 게이코는 고이치의 부인 마리코가 사랑스럽고 학식 있는 인품임을 알고서 교환가능하다고 직감한다.

2) 미우라 아야코의 『빙점』

먼 곳에서 축제의 폭죽이 터지는 소리가 들려온다. 호카이도 아사카와 교외의 무더운 여름의 정오가 지난 무렵이었다. 쓰지구치 병원장 부인 쓰지구치 나쓰에는 남편이 부재 중에 자택 응접실에서 안과의 무라이와 숨 막히는 대화를 나누고 있었다. 겨울 이래 눈을 치료하는 중에 친해진 그녀는 안과의인 무라이로부터 열렬한 구애를 받고 있었다. 그녀는 귀찮은 척하면서도 허무적 모습을 지닌 남자다운 무라이에게 끌렸던 것이다.

나쓰에가 응접실에서 무라이의 사랑의 공세를 피하느라 지쳐 있을 때, 놀다가 싫증난 나쓰에의 딸 루리코가 뛰어들어 왔다. 나쓰에는 루리코를 본 순간 차갑게 뿌리쳐 버린다. 마음에 상처를 받은 루리코는 집 근처에 있는 숲 속으로 달려간다.

루리코가 그대로 실종된 것을 안 것은 저녁 무렵이었다. 다음 날 아침 루리코는 사체로 발견되었다. 악한한테 목이 졸려 죽었던 것이다. 나쓰에는 무서운 죄의식에 시달리고, 나쓰에와 무라이의 관계를 안 남편 게이조는 분노와 질투로 불탄다. 나쓰에는 일시적 정신착란이 진정되자 루리코를 대신할 아이를 갖고 싶어 한다. 게이조는 교도소 안에서 자살한 범인의 유아를 나쓰에에게는 알리지 않고 데려온다. 그것은 부정한 처를 향한 그의 벌이었다. 밝게 자라는 요코를 사이에 두고 죄를 서로 짊어진 쓰지구치부부의 고뇌의 나날이 이어진다.

한편, 요시다 도모코(吉田知子)와 사에구사 가즈코는 초기부터 대단히 방법적으로 인간존재의 균열을 묘사했고, 시인으로서 출발한 도미오카 다에코(富岡多惠子)는 허구화되어 버린 가족과 성의 공동화와 생명체로서의 생을 찾는 인간의 모습을 건조한 문체로 묘사했다. 또 폭 넓게 독자를 확보한 점에서는 다나베 세코와 사토 아이코(佐藤愛子)의 스케일이 큰 유머소설, 미우라 아야코(三浦綾子)의 성과 에고이즘을 다룬 소설 또한 특기할 만한 것이다.

1975년이 되면 기존의 여성작가들 외에 소노 아야코, 구라하라 유미코, 고노

다헤코 등 기성의 여성작가들이 다시 활약한다. 또 신인으로서 다카하시 다카코 등이 등장해 여류문학은 황금기를 맞이한다. 이 시기의 여류문학의 특색은 근대여류문학의 어두운 이미지와는 확연히 달라 표현에 있어서도 산뜻하고 밝은 면을 갖는 것이라 할 수 있다. 또 성에 대한 표현도 명쾌하게 그리고 대담하게 이루어졌다.

이후 이러한 여성작가들을 거쳐 1987년에 『키친』을 발표해 문단에 등장한 요시모토 바나나(吉本ばなな)는 페미니즘 문학으로 일본 문단에서 주목을 받는 작가로서 등장함과 동시에 「바나나 붐」을 일으키기도 했다.

【용어사전】

◇ 부라이하(無頼派)

부라이하라는 말은 패전 직후인 1946년에서 1950년 사이에 활동한 문인들에게 붙여진 명칭이다. 이 명칭은 다자이 오사무의 부라이하 선언에 의해 문단에 등장한다. 다자이 오사무는 자유사상가의 의미로 사용했지만, 저널리즘 상에서는 반속, 반도덕적인 생활자라는 이미지가 강했다. 신게사쿠하라고도 불리는 이 파의 대표적 작가로는 다자이 오사무, 오다 사쿠노스케, 사카구치 안고 등이다.

이들은 신감각파나 프롤레타리아 문학이 좌절된 후, 소설의 황금기인 근대가 종언하고 미지인 현대라는 시대가 도래했음을 인식한다. 이러한 인식 하에서 기성의 소설관과 방법에 반역하고, 새로운 현대문학을 모색한 문인들로 당시 패전의 혼미 속에 있던 젊은이들에게 큰 공감을 주었다.

○ 아쿠다가와상(芥川賞)

1935년 문예춘추사 사장인 기쿠치 간(菊池寛)이 만든 문학상이다. 이 상은 천재작가이자, 자살한 친구 아쿠타가와 류노스케(芥川龍之介)를 기념하고, 신진 무명작가의 등용문이 되는 문학상이다. 전반기와 후반기로 나누어 2회 수상한다. 제1회 수상자는 이시카와 다쓰조(石川達三)의 『백성(蒼氓)』이다. 나오키상(直木賞)이 대중문학의 등용문이라면 아쿠타가와상은 순수문학상이라 할 수 있다.

◇ 중간소설

순수문학과 대중문학과의 중간에 위치한 소설이라는 의미로서 사용된다. 대중소설 그 자체로서는 나카자토 가이잔(中里介山)의 『대보살의 언덕(大菩薩峠)』 등 전전(戦前)에도 있었다. 그러나 전후 매스컴의 거대화와 도시의 급격한 인구증가에 따라 구심적이었던 순수문학과 오락으로 일관하는 통속적인 대중소설로는 사람들의 욕구를 충족할 수 없게 되자 중간소설이 많이 등장하게 된다.

◇ 현대문학 여명기의 여류 문학

패전 후, 여성은 법률상으로는 한 개인의 인간으로서 남자와 같은 권리를 인정받았지만, 전전부터 계속되어 온 구습에 괴로워하고 있는 것이 현실의 모습이었다. 이러한 것을 주제로 해 1955년도부터 여류작가들은 악습에서 신음하는 여성의 모습을 사회적 문제로써 그려냈다. 엔치 후미코(円地文子), 아리요시 사와코(有吉佐和子) 등이다.

이들은 자신들을 에워싸고 있는 유형무형의 제도를 사실주의의 눈으로 재인식하는 것과 소설을 읽는 재미를 독자에게 제공하는 소설가인 것이 서로 평행해 진행된 시대였다.

◇ 전공투 운동

전학공투회의(全学共鬪会議)의 약칭. 각 대학에 결성된 신좌익계 내지는 무당파(無党派)의 학생조직. 1968년 니혼대학(日本大)투쟁과 도쿄대학(東京大)투쟁으로 시작되는 대학분규는 시민운동과 노동운동으로 연결되어 거대화되고, 1969년이 되면 전후 민주주의와 독점 자본주의의 재검토와 개혁을 요구하는 문학운동으로 변모했다. 이 기반에는 조직보다도 운동을 중시하고, 참가도 탈퇴도 자유로운 전공투(全共鬪)라는 새로운 운동 형태였다.

제Ⅲ장

문화콘텐츠의 정체성과 다이너미즘

8. 일본인의 일생과 연중행사

권익호

I. 일본인의 일생과 연중행사
II. 탄생과 유·아동기의 행사
III. 청소년기와 성인의 행사
IV. 청장년기
V. 일본인의 노년기와 장례 및 사후행사
VI. 삶에 활력을 주는 연중행사

I. 일본인의 일생과 연중행사

사람들은 이 세상에 태어나 다양한 형태로 일생을 보낸다. 태어난 지역의 풍토나 직업 혹은 인생관에 따라서 각 개인은 다른 생활 방식을 갖게 된다. 그러나 보통의 일본인은 태어나서 죽을 때까지 인생이라는 긴 여정을 한 걸음 한 걸음 걷는 과정에서 각각의 단계에 맞는 의례(儀礼)를 행한다. 아이가 태어나면 탄생을 축하하는 것을 시작으로 성년이 되면 성인식을, 그리고 결혼식을 행하고, 사람이 죽으면 장례(葬礼)를, 그 후는 제사(祭祀)를 지낸다. 이러한 성장 단계에서의 행사나 관혼상제(冠婚喪祭) 등 인생의 각 단계에 행하는 의례를 인생의례 혹은 통과의례라고 한다.

그와 더불어 일본에서는 계절의 변화에 맞추어 특정 행사가 매년 같은 시기에 같은 양식으로 반복된다. 이를 연중행사 또는 세시풍속이라 한다. 연중행사는 촌락이나 마을, 또는 사회 집단을 단위로 행해지는 전통적인 관습으로 계절의 변화에 따라 다양한 모습으로 전개되어 생활에 활력을 제공해 주며 바뀌는 계절을 확인하기도 한다.

II. 탄생과 유·아동기의 행사

1. 탄생

한 사람의 인간이 태어나 성장해 간다는 것은 그 개인이나 가족의 문제일 뿐만 아니라 개인이 소속하고 있는 집단 전체의 관심사이다. 아이가 탄생해서 성장해 가는 과정에 행해지는 다양한 의례는 개인의 탄생이나 성장을 축하한다는 의미뿐만 아니라 집단 전체에게 탄생 사실을 널리 알리고 한 인간으로서 승인을 얻는다는 의미도 가지고 있다.

최근에는 대부분의 아이들이 병원에서 태어나지만 이전에는 외가에서 출산했다. 특히, 첫아이인 경우에는 외가에 가서 낳는 것이 관습이었다. 그러나, 요즘에는 출산을 외가에 가까운 큰 병원에서 하기도 한다. 아이의 탯줄은 버리지 않고, 보존해 두는 습관이 있었다. 오늘날에는 탯줄을 보관하는 일이 거의 없어졌지만, 더러는 보관하고 싶어하는 부모도 있다. 이것은 옛날 호적이 완비되어있지 않았던 시대에 탯줄이 출생의 증명으로써 사용되었었기 때문이다.

출산 직후에는 출산을 도와준다는 신에게 음식을 공양한다. 그 음식은 가족

과 산파, 주변의 사람들도 먹을 수 있도록 가능한 한 많이 짓는다. 많은 사람에게 공양하면 할수록 아이가 건강하게 자란다고 한다. 생후 3일째부터 14일째 되는 날 사이에는 아이에게 이름을 지어주는 의례가 행해진다. 아이의 이름을 종이에 써서 신을 모시는 선반인 가미다나(神棚)라든가 도코노마(床の間)의 기둥에 붙여서 축하하고 주변 사람들에게도 알린다. 일반적으로는 아이가 태어나

▲ 시치고산

100일째에는 처음으로 음식을 먹으며 축하하는데 이를 구이조메(食初め)라 한다. 처음으로 음식을 먹게 되었다는 데 뜻이 있으며, 음식은 조금만 먹이고 평안한 성장을 기원한다.

11월 15일에는 시치고산(七五三)이라는 축하 행사를 한다. 시치고산은 남자아이가 3세와 5세, 여자아이가 3세와 7세가 된 해에 명절용 새 옷 즉 하레기(晴れ着)를 입고 신사를 참배하면 아이가 건강하게 자란다라고 한다.

2. 유·아동기의 행사

1) 오시치야

아이가 태어나서 7일째에 이름을 지어 축하를 하는 관습이 있었다. 옛날에는 태어난 아이의 외조부가 이름을 짓는 경우가 많았지만, 부모가 존경하고 있는 사람에게 부탁해 이름을 짓기도 했다. 최근에는 부모가 직접 짓는 경우가 많아지고 있다. 옛날에는 좋은 의미의 글자를 선택했지만 지금은 부르기 쉬운 이름을 선호하고 있다. 이름에 사용되는 한자에는 법률상의 제한이 있기 때문에 제한 이외의 글자를 사용하려고 하면 호적계에 신청서를 내어야 한다. 오시치야(お七夜)에는 태어난 아이의 이름과 생년월일을 한지에 붓으로 써서 집안의 가미다나라든가 도코노마에 붙인다.

2) 구이조메와 오하시조메

출산 후 100일 내지 200일이 되면, 보통 아기는 스스로 목을 가눌 수 있게 되는데, 이 무렵에 젖 이외에 어른들이 먹는 것과 같은 음식을 먹임으로써, 아기의 성장을 확인하는 의례이다. 실제로는 아기가 밥을 먹을 수 없기 때문에, 어

른들이 음식을 아기의 입에 대어 먹이는 시늉만을 한다. 일반적으로 상위에 밥공기, 생선, 젓가락(버드나무로 만든 것) 그리고 돌멩이를 준비해 놓고 아기를 그 앞에 앉힌다. 돌멩이는 아기의 이가 튼튼해지기를 바란다는 의미가 있으며, 이때부터 자기 몫의 밥공기와 젓가락을 가지게 된다는 의미를 지닌다.

구이조메 날에는 동네나 친지 가운데 제일 연장자에게 부탁해 양부모의 역할을 하게 하는 것이 올바른 축하 형태이다. 아이가 남자라면 고령자인 할아버지에게 부탁하고 여자인 경우에는 그 반대로 고령자인 할머니에게 부탁한다. 최근에는 백화점에서 구이조메용 식기 세트를 팔고 있고 양부모의 역할도 아이의 부모가 하기도 한다.

3) 첫돌

일본에서 전통적으로 탄생일을 축하하는 것은 만 일년째 하는 돌잔치뿐이었다. 옛날에는 돌 때에는 떡을 했지만, 지방에 따라서 여러 가지 축하행사를 했다고 한다. 아이에게 커다란 떡을 밟게 시키기도 하고, 떡을 등에 지게 하기도 했다. 태어나서 일년 정도 지나면 아이는 홀로 서서 걷게 되지만 돌이 오기 전에 걷기 시작한 아이는 성장해서 그 집을 떠나가 버린다고 해서 너무 일찍부터 걷는 것을 기뻐하지 않은 시기도 있었다. 또 이날 남자아이의 앞에는 주판이나 붓 등을 늘어놓고 여자아이 앞에는 빗이나 반짇고리 등을 늘어놓아 아이가 잡은 것에 의해 그 아이의 장래를 점치기도 한다. 이 습관은 중국이나 한국에도 있는 풍속이다.

4) 아이의 첫 신전 참배

일본의 종교 인구 중에서 불교도의 숫자와 신도신자의 수를 빼면 일본의 총 인구보다 많아진다. 이것은 일본인 중에 장례 등을 불교의 의식에 따라 행하는 한편 신사를 참배하는 사람이 많기 때문이다. 신사에 모시고 있는 신 가운데는 조상의 신인 우지가미(氏神)를 많이 모시고 있다. 그리고 신사는 보통 우지가미사마(氏神樣)라고 불리고 있다. 어떤 지역에서 아이가 태어나면 신사에서는 그 아이를 그 지역의 신의 아이라고 여기고 우지코(氏子)라 한다. 이 새로운 우지코가 처음으로 우지가미에게 인사를 한다는 의미에서 참배하러 가는 행사를 오미야마이리(お宮参り)라고 한다. 예전에는 오미야마이리 때에는 신사에서 우지코후다(氏子札)라는 부적이나 패를 받거나 우지코초(氏子帳)에 이름을 쓰거나 하는 경우도 있었다. 오미야마이리는 남자아이는 태어나서 31일 째 여자아이는 태어나서 32일 째 하는 것이 보통이다. 오미야마이리에 친할머니

가 아이를 안고 가고, 외가에서 축하의 옷을 보낸다. 옛날에는 오미야마이리를 한 후에 친척집을 방문하며 출산 축하를 받았다고 한다. 또, 방문을 받은 집에서는 오미야마이리의 축하로 종이로 개 모양을 만든 이누하리코(犬張子)를 보냈다고 한다. 이누하리코는 자고 있는 아이의 옆에 두어 아이 대신에 병이나 재난을 짊어지게 하는 것이었지만, 현재에는 아이가 있는 집의 장식물이 되어 버렸다.

5) 히나마쓰리

매년 3월 3일은 히나마쓰리(雛祭り)라 하여 히나단(雛壇)에 인형과 여러 가지 장식물을 진열해 놓고 여자 어린이의 건강과 행복을 기원한다. 이것은 중국에서 불결해진 마음과 생각을 인형에 옮겨 강물에 흘려 보내는 풍습과 헤이안 시대의 인형놀이가 결합되어 시작된 행사이다.

히나인형(雛人形 : 히나마쓰리 때에 장식하는 인형)은 계단식 장식대인 히나단에 진열한다. 히나단을 꾸미는 방식이나 규모는 지방마다 집집마다 다르지만 관동지방(関東地方)에서는 기본적으로 5단이나 7단 등의 홀수 단에 빨간색의 주단을 깔고 히나인형을 장식한다. 최상단에 왕과 왕후 인형인 다이리비나(內裏雛), 두 번째 단에 3명의 궁녀인형인 산닌칸조(三人官女), 세 번째 단에 5명의 악사 인형인 고닌바야시(五人囃子), 네 번째 단에 2명의 신하인형인 즈신(隨臣), 다섯 번째 단에는 3명의 시종 인형인 지초(仕丁), 그리고 다음 두단

◀ 히나마쓰리

에 걸쳐서 여성이 결혼할 때 필요한 도구 등으로 장식한다. 이 밖에도 젊음을 보전한다는 복숭아꽃을 장식하거나 히나인형 앞에 술과 떡 그리고 대합(여자의 정절을 의미)이 들어간 맑은 국 등을 차려놓고 축하를 한다.

히나단은 2 ~ 3주일 전부터 장식하지만 언제까지나 장식해 두면 결혼이 늦어진다고 하여 3월 4일 아침에는 정리를 한다. 히나마쓰리는 본래 인형을 강에 흘려보내는 행사였기 때문에 지방에 따라서는 나가시비나(流し雛)라 하여 3월 3일 ~ 4일에 히나인형을 강이나 바다에 흘려 보내기도 한다. 돗도리현(鳥取県)과 와카야마현(和歌山県)의 나가시비나가 유명하다.

6) 단고노셋쿠

5월 5일은 어린이날로서 어린이의 인격을 존중하고 어린이의 행복을 도모하는 날이다. 그러나 예부터 일본에서는 단고노셋쿠(端午の節句)라 하여 5월 인형(5月人形)과 고이노보리(鯉幟り)를 장식하여 남자 어린이의 건강과 입신출세를 기원하였다. 단오(端午)의 『端』은 처음이라는 뜻으로 단오는 그 달의 첫 말의 날을 가리킨다. 이 날은 천하에 남성적인 에너지 즉 양기가 넘치는 날이라 하여 남성들이 남성다움을 드러내고 북돋우는 날로 삼아왔다.

단고노셋쿠의 행사 중에서 5월 인형 장식은 남자 어린이에게 남성다운 용맹과 기상을 북돋아 주기 위하여 실내에 무사들과 관련된 것들을 장식한다. 일반적으로 투구를 중심으로 한 '투구장식', 갑옷을 중심으로 한 '갑옷장식', 젊은 무사를 중심으로 한 '무사인형' 등이 있다. 대개 장식대 중앙에 투구나 갑옷 또는 무사 인형을 중앙에 세워놓고 그 양옆에 무기, 깃발, 부채, 북 등을 장식하며 그 앞에 창포, 술, 떡 등을 차려놓고 남자 어린이를 축하한다.

▼ 단고노셋쿠

실내에는 5월 인형을 장식하지만 마당에는 높다란 장대 끝에 고이노보리를 장식하여 어린이의 입신출세를 기원한다.

고이노보리는 에도시대에 무사들의 집에서 남자 어린이가 태어나면 집안을 상징하는 사각형의 깃발이나 반 원통형의 깃발을 세우던 풍습에서 유래했다. 이러한 무가(武家)의 풍습이 서민들 사이에 변형된 모습으로 전해졌는데 무사들의 깃발 대신에 입신 출세를 의미하는 잉어 모양의 깃발 즉 고이노보리를 만들어 내

걸었다. 잉어는 거센 강물도 잘 거슬러 올라간다는 성질 때문에 입신 출세의 상징물로 잘 알려져 있다.

　마당에 세우는 장대의 맨 끝에는 바람개비 등의 장식품을 달고 그 아래에 마고이(真鯉)라 하여 검은색 잉어를 달고, 그 다음에 히고이(緋鯉)라 하여 빨간색 잉어를 단다. 그 밑에는 남자 어린이 수만큼 여러 가지 색으로 된 잉어를 단다.

　이러한 장식물들은 셋쿠의 1~2주 전에 장식하고 셋쿠가 지나면 날씨가 좋은 날을 선택하여 1주일 이내에 정리한다.

　그 밖의 행사로는 재액을 물리치기 위하여 창포를 넣은 창포탕에서 목욕을 하기도 한다.

7) 시치고산

　11월 5일의 시치고산(七五三)은 3살·5살·7살이 된 어린이의 성장을 축하하고 신사에 참배하는 연중행사로 근세에 시작된 풍습이다. 시치고산이란 어린이의 나이가 3살·5살·7살이 되는 나이에 맞추어 하는 행사라 하여 붙은 명칭이다. 3살이 된 남녀 어린이에게는 '가미오키(髪置)'를 하고, 5살이 된 남자 어린이에게는 하카마(袴)를 입히는 '하카마기(袴着)'를 하고, 7살이 된 여자 어린이에게는 허리띠 즉 오비(帯)를 매어주는 '오비토키(帯解)'를 한다.

　가미오키란 남녀 어린이의 머리를 3살 되는 해까지는 짧게 단발머리를 하다가 3살이 되는 해부터는 머리카락을 자르지 않고 기르기 시작한다는 뜻이다.

　하카마기란 5살이 된 남자 어린이에게 무사들이 의례를 행할 때 입는 바지인 하카마를 입힌다는 뜻이다.

　오비토키란 7살이 되기 전까지의 여자 어린이는 간단한 끈으로 옷의 허리를 조여 매고 지냈으나 7살부터는 헝겊으로 만든 오비를 허리에 매고 지낸다는 뜻이다.

　이와 같은 의식들은 헤이안시대에 귀족들의 풍습으로 각각 행해졌으나 에도시대 중기에 들어와서는 서민들의 일반적인 풍습이 되어 같은 날 행해졌다. 의식을 행하는 날짜도 각 가정에서 길일을 선택하여 축하하던 것을 현재의 11월 15일로 정하였다. 현재에는 이러한 의식은 하지 않지만 시치고산을 맞이한 집안의 어른들은 명절 옷을 입고 어린이에게도 명절 옷인 하레기(晴れ着)를 입히고 자신들의 조상신을 모신 신사 또는 유명한 신사를 찾아가서 참배를 하고, 신관주재로 어린이들이 건강하게 자라도록 기원하는 액막이 행사를 한다. 또 어린이의 장수를 기원하며 지토세아메(千歳飴)를 사주기도 한다.

Ⅲ. 청소년기와 성인의 행사

1. 청소년기

일본의 교육은 초등학교 6년, 중학교 3년, 고등학교 3년, 대학교 4년의 6·3·3·4제를 따르고 있다. 그리고 초등학교와 중학교가 의무교육이 되어 있지만, 고등학교 진학률이 95%에 달해 고등학교 졸업이 당연시되는 추세이다. 대학 진학률은 약 40%로 일본은 세계에서 보기 드문 고학력 사회이다.

최근에 청소년들은 학교가 끝나자마자 학원으로 직행하고 집에 돌아와서는 자기 방에 틀어박혀 텔레비전을 보거나 컴퓨터 게임을 하는 소위 어린이 칩거현상(子供の巣籠り)이 늘고 있다.

그리고 중고등학생의 가장 큰 고민은 진학이다. 그러나, 시험공부에 대해서는 좋은 학교나 대학에 들어갈 수 있도록 열심히 하고 싶어하는 사람이나 현재로는 아무 것도 할 수 없기 때문에 해야 한다라는 학생이 대부분을 차지하고 있다. 학교는 시험에 의한 경쟁의 사회인 것이다.

자신의 희망대로 대학에 들어가는 사람도 있지만 그 중에는 1, 2년 정도 재수를 해서 원하는 대학에 들어가려고 하는데, 이것은 일본사회가 이름 있는 대학졸업장을 중시하기 때문이다.

일본에서 대학생은 가장 혜택 받은 존재일지도 모른다. 고등학교 때까지 선생님의 관리에서 벗어나고 부모로부터는 어른 대접을 받게 되기 때문이다. 지금까지 하지 못했던 것들 즉, 아르바이트도 하고 놀고 싶은 만큼 놀고, 자고 싶은 만큼 자기도 하고, 흥미 없는 수업은 듣지 않아도 되는 것이다. 이러한 자유 속에서 동아리에 가입하여 스포츠에 몰두하고 아르바이트를 해 번 돈으로 차를 사거나 해외여행을 하는 등 변화가 풍부한 생활을 만끽하고 있다. 이를 일컬어 대학의 레저랜드화라고도 한다.

2. 성인식

아이가 성장하여 한 사람의 어른으로서 활동할 수 있는 연령이 되면 성인식을 행하고 사회적으로도 성인으로서 인정받게 된다.

매년 1월 15일은 성인의 날이라 해서 이날까지 만 20세가 된 사람들의 성년이 된 것을 축하한다. 이것은 아주 새로운 행사로서 1948년부터 시작된 것이다. 이 날은 공휴일로 지정되어 있고 각 지역마다 성인식을 행하고 있다. 이 날의 복장은 정해져 있지 않지만 남자는 양복을 입고, 여자는 기모노를 많이 입는다. 남자나 여자 모두 만 20세가 되면 선거권이 주어지고, 법률상 모든 권리를 보장받는다. 옛날에는 겐푸쿠(元服)의식이 성인식이었다. 이 겐푸쿠라는 것은 당나라의 제도를 일본에 접목시킨 것으로 나라시대에 행해지기 시작했다. 겐푸쿠는 나라시대에서 헤이안시대에 걸쳐 천황가나 귀족의 사이에서 행해지고 있었다. 남자는 13~16세, 여자는 12~16세 사이에 행했었다. 남녀 모두 이때 처음으로 성인의 머리를 하고, 성인의 복장을 했던 것이다. 무로마치시대 무렵부터는 무사사이에 마에가미(前髮)를 자르는 것이 유행하여 그것이 겐푸쿠의 표시가 되었다. 에도시대에는 이 머리 형태가 농민이나 조닌(町人)사이에도 유행해 상투를 트는 존마게 시대가 되었던 것이다. 매년 1월 둘째 주 월요일은 성인의 날이다. 1949년(1999년까지는 1월 15일이었음)부터 공휴일로 지정되어 전국 각지 자치단체 주관으로 20세가 되는 청춘 남녀를 축하하는 행사가 개최된다. 각 가정에서도 축하의 모임을 갖기도 한다.

▲ 성인식

만 20세가 되면 선거권이 주어지고 부모의 동의 없이도 결혼할 수 있으며 음주와 흡연이 정식으로 인정된다.

성인식의 차림으로 남성은 양복이 일반적이고 여성은 후리소데(振袖)라 불리는 미혼 여성만이 주로 입는 기모노(着物)가 일반적이다. 대부분의 여성은 이날을 위하여 처음 장만한 후리소데를 입고 미용실에서 메이크업과 기모노에 어울리는 헤어스타일로 치장을 하는 등, 그 화려함을 다투어 경쟁이라도 하는 듯하여 비난의 대상이 되기도 한다.

IV. 청장년기

1. 결혼

1990년 이후 일본에서는 85% 이상이 연애결혼을 하고 있으며, 그밖에는 중매결혼이다.

상대는 같은 학교, 직장 또는 친구, 선배, 후배 더욱이 그들의 형제, 자매, 가

▲ 결혼식

운데서 선택하여 결혼하는 경우가 많다.

일본인이 결혼하는 것은 남자가 26-7세, 여자가 23-4세라는 것이 메이지 이후의 통계에 나타난 숫자이다. 1945년까지는 남편과 아내는 4살 차이가 보통이었지만, 그 이후는 남편과 아내의 연령이 가까워져서 세 살 차이나 두 살 차이의 부부가 보통이 되었다.

혼주는 결혼식 안내장을 1~2개월 전에 친지, 친척들에게 발송한다. 그 안내장에는 반드시 결혼식에 참석 가부를 표시하는 반송용 엽서가 들어있다.

결혼식에 참가의사를 표시한 수만큼의 피로연 좌석을 준비하고 하객들의 좌석 위치까지 미리 결정해 둔다. 따라서 사전에 참가의사를 표시하지 않은 사람은 결혼식장에 가도 자기 좌석이 없다.

결혼식은 신전결혼식, 불교식, 기독교식, 천주교식 등 여러 종류가 있는데, 이 중에서도 가장 일본적인 것은 신사에서 하는 신전결혼식으로 서민 사이에서 인기가 있는 결혼식의 형태이다. 신전결혼식은 신랑 신부, 중매인, 그리고 가족 친지 등이 출석해 신관의 주재로 행해진다. 식은 신관이 신에게 두 사람의 결혼을 알리고 기원하는 것으로부터 시작되고 산콘노기(三献の儀), 맹세의 말을 읽고 반지교환, 신랑신부의 인사순으로 그것이 끝나면 피로연을 한다. 결혼식을 마치고 수일 후 신랑신부는 신부의 집에 인사하러 가는데 이것을 사토가에리(里帰り)라고 한다. 결혼 후 부부는 가족의 부양이나 선조의 제사 등 가정을 위한 일을 계속한다. 또 자신이 살고 있는 마을의 생활공동체에도 참가해 일원으로서의 다양한 활동도 한다.

결혼에 앞서 극히 일본적인 것으로「맞선」이 있다. 맞선이란 본인끼리의 자유연애에 의해 맺어지는 것이 아니고,「중매쟁이」라고 불리는 중매자가 결혼하고 싶어하는 남녀를 소개하여 본인들의 마음에 들면 결화까지 도와준다고 하는 구조이다. 대개의 경우, 부모는 적령기의 딸에게 권하여 사진관에서 맞선 사진을 찍게 한다. 상반신의 사진과 전신의 것 두 장을 찍게 하는 사람도 있다. 맞선 사진이 완성되면 딸의 어머니는 아는 사람에게 그 사진을 나누어 주고, 딸의 좋은 배필을 찾아주도록 부탁한다. 그때는 딸의 이력서와 신상서도 건네준다.

신상서에 가족이나 가까운 친척에 대해 쓴다. 부탁 받은 사람은 자신이 알고 있는 사람중에 적당한 청년이 있으면 아가씨의 사진을 보이고, 그 아가씨와 아가씨의 가정에 대해 이야기한다. 또, 아가씨 쪽에도 그 청년에 대해 이야기한다. 그 결과, 서로 만나보고 싶다고 생각하면 「맞선」을 보게 된다. 이 맞선에서 취미나 가정에 관해서의 포부 등을 서로 이야기하고 자신의 결혼 상대에 어울리는가 어떤가를 판단하는 것이다.

맞선을 보고 거절하는 경우도 있지만, 쌍방이 교제하여 좀 더 상대를 알고 싶다고 생각하면 잠깐 교제해 본다. 그 결론은 중매쟁이에게 보고하지만, 쌍방이 결혼에 동의하면 약혼하게 된다. 약혼을 할 수 있으면, 중매쟁이는 먼저 남자 집에 가서 다음 물건을 여자 집으로 약혼의 정표로서 갖고 간다.

① 노시 ② 쥘부채 ③ 삼실 ④ 다시마 ⑤ 말린 오징어 ⑥ 가타랭이포 ⑦ 버드나무통 ⑧ 금포 ⑨ 목록, 이중 ⑧의 금포에 「결납금(납폐금)」을 넣지만, 꾸러미 위에는 「온오비료(띠값)」라고 쓴다. 액수는 남자 월급의 2~3배가 보통이다. 여자의 집에서는 이것을 받아 도코노마에 장식하고, 중매쟁이에게 남자 집으로 「결납(납폐)」을 갖다 주도록 하지만, 금포 위에는 「온하카마값」이라고 쓴다. 금포에는 「띠값」의 반액을 넣는 것이 상식이었지만, 최근에는 「하카마료」가 「오비료」의 1/5인 듯하다. 젊은이들은 결납이라고 하는 의식에 의해 약혼의 기분을 맛보게 된다.

옛날에는 결혼식을 집에서 하는 것이 보통이었다. 그러나 최근에는 전문 결혼식장이나 호텔을 이용하는 사람이 많아졌다. 게다가 가을에 식을 올리는 사람이 많고, 타이안의 날을 택하는 사람이 많기 때문에 결혼식장이 붐빈다.

결혼하는 데에 법률상으로는 거의 비용이 들지 않는다. 구청에 혼인 신고서를 제출하기만 하면 결혼은 성립한다. 단지 남자는 18세, 여자는 16세 이상이 되지 않으면 안 된다. 성은 법률상으로는 상관없게 되어 있지만, 현실에서는 98.9%의 아내가 남편의 성으로 고치고 있다. 또, 같은 성씨끼리 결혼해도 상관이 없다.

2. 저출산

일본의 경우, 전쟁 전부터 출생률이 저하되긴 했지만, 1940년대 후반 베이비붐 때는 연간 약 270만 명이 태어났으며, 그 후 1950년대부터 출생률은 급격히 저하되기 시작했다. 2차 베이비붐이라고 불리는 1973년을 기점으로 출생률이 떨어지기 시작하여 다산소사(多産少死)에서 소산소사(少産少死) 사회로 구조적인 변화를 겪게 되었다.

1975년에는 출생수가 200만 명에도 못 미칠 정도였다. 1989년의 인구통계에서는 출생률이 1.57로 떨어져 사회적 관심을 모았으며 그 이후 출생률과 출생수는 지속적으로 떨어지고 있다.

1980년 이후 20대 부부에서의 출생률은 떨어졌지만, 30대에서의 출생률은 다소 상승하였다. 그러나 전체 출생률은 계속 떨어지고 있다. 저출산 현상(일본에서는 小子化 현상으로 표현)은 독신, 만혼의 증가가 주원인이며 1980년 이후, 미혼률, 평균 초혼 연령, 출산시 평균 연령은 계속 올라가고 있다.

저출산의 원인으로는 일과 육아를 양립할 수 있는 환경 정비의 부족, 핵가족화에 따른 육아 부담의 증가, 고학력화에 따른 교육비 부담의 증가, 여성 취업률 상승에 의한 결혼, 출산 기회 비용의 증대, 결혼과 출산을 경시하는 사회현상, 도시 인구과밀에 의한 주거 환경의 악화, 고용 환경 악화에 따른 경제적 불안 증가 등을 들 수 있다.

V. 일본인의 노년기와 장례 및 사후행사

사람의 죽음은 가족에게 있어서는 영원한 이별이 되기 때문에 상당히 슬픈 일이다. 죽은 자에게 이별을 고하는 의례는 가족이나 친지가 모여 장례식을 거행한다. 지역사회에서는 장례 때 상부상조하는 조직이 있어서 이웃들이 도와준다.

보통 유체(遺体)는 관에 넣어 화장해서 묘지에 묻는다. 그러나 그 영혼은 자손이 제사를 지내는 것에 의해 자손을 지켜주는 선조신이 된다고 한다. 이것은 선조 숭배의 신앙에 기초를 둔 것으로 사람은 죽어서도 조상신·씨족의 신으로서 영원히 자손과의 연결을 지속한다라는 사고방식에 의한 것이다.

1. 일본인의 고령화

일본이 장수국가라는 것은 널리 알려진 사실이다. 일본 인구에서 노년층이 차지하는 비중은 계속 증가하고 있으며 다른 선진국과 비교해 보아도 일본에서 노년층이 차지하는 비중이 크다는 것을 알 수 있다. 이와 같이 일본의 노년층이 차지하는 비중이 큰 이유는 출생률의 저하 때문이다. 출생률 저하의 주요 원인은 여성의 고학력화와 사회진출로 인한 만혼화가 점점 진전되고 있기 때문이라고 말할 수 있다. 일본 후생성의 인구문제 연구소의 조사에 따르면 남성의 초혼 연령은 26.1세로 사상 최고가 되었다. 따라서 2011년에는 일본의 인구가 1억 3000만명에 이르고 그 후로는 점차 감소할 것이라는 연구 결과이다. 이 상태로 낮은 출생률이 지속된다면 인구 구성은 점점 고령화로 기울고, 일본 사회의 활력은 실종되고 말 것이다. 1998년 일본 전체 인구에서 노년층이 차지하는 비율은 16.2%라는 높은 비중을 차지하고 있다. 일본 전체 인구에서 65세 이상이 차지하는 비율은 1950년대 초부터 증가하기 시작하였으며 1985년에는 10%, 1996년에는 15%에 육박했다.

고령자 비율의 증가는 연금이나 건강보험제도를 압박하기 시작하였고, 이로 인한 재정의 압박이 사회적 문제로 등장하고 있다. 이렇듯 고령자의 비중이 증가한 배경으로는 우선 출산률의 저하와 고령자의 평균수명이 급속히 증가한 사실을 들 수 있다. 그런데, 저출산 즉 영유아를 포함한 소년기 인구의 감소는 그 원인을 따지지 않는다고 하면 인류 역사상 몇 번이고 있었던 현상이다. 그러나 65세 이상의 사망률 저하는 인류가 한 번도 경험하지 않은 완전히 새로운 사실이라는 점에서 「혁명적 변화」라고도 할 수 있다.

고령자의 수명 연장이 사회적으로 문제가 되는 것은 정년퇴임 후 예전보다 10여년 이상을 더 살아야 한다는 것이다. 그러나 현재 일본에서는 늘어난 12～13년을 인생의 어떠한 단계로 할 것인가에 대한 기본제도 설계가 아직 완전히 준비되지 못하고 있으며, 시행착오를 거치면서 해결방안을 모색하고 있다고 해도 과언이 아니다. 따라서 정년연장이나 연금제도 등 여러 사회보장제도가 중요한 사회문제로 대두되고 있는 것도 이러한 이유에서라고 생각된다.

2. 야쿠도시와 도시이와이

예로부터 일본에서는 사람이 일생동안에 재난에 처하게 되는 일이 많은 연령이 있다고 전해지고 있다. 그 해를 야쿠도시(厄年)라고 말한다. 남자는 25세, 42세, 61세이고, 여자는 19세, 33세, 37세가 그것이다. 그 중에서도 위험한 것은 남자는 42세이며, 여자는 33세로 부모가 이 연령이 될 때에 낳은 아이는 기르기 어렵다고 한다. 우리나라와 같이 일본도 4를 꺼리는 경향이 있는 것처럼 「42(시니)」는 일본어로 죽음을 뜻하는 「死に(시니)」와 통하고 있고, 33은 일본어의 산잔(散々—심하게 나쁜 형태)과 통하기 때문에 사람들은 이 해를 싫어하게 되었다. 야쿠도시를 무사히 넘기기 위해서는 말과 행동을 조심스럽게 하며 신의 가호를 받기 위하여 재액을 쫓는 야쿠바라이(厄払い)의 의례를 행하기도 한다. 그리고, 생애 가운데 특정한 나이가 되는 해에 특별히 건강하기를 기원

하며 또 그 나이를 축하하는 일을 도시이와이(年祝い)라 하고, 61세를 환갑(還曆), 70세를 고희(古稀), 77세를 희수(喜壽), 88세를 미수(米壽)라 하여 가족들이 노인의 장수를 기원하는 뜻으로 선물을 보내거나 축하잔치를 베푼다.

3. 장례식

사람이 죽음으로써 일생을 마감하면 장례식을 치른다. 이는 죽은 사람을 위한 일일 뿐만 아니라 사회성을 지닌 중요한 의례가 된다. 일본인들은 사람의 숨이 끊어지면 그 혼이 육체에서 분리되어 허공을 방황하므로 그 혼을 불러 육체에 다시 깃들게 해야 한다고 생각하였다. 망자의 혼을 다시 불러들인 뒤에 일정한 격식에 맞게 장례식을 치러야 비로소 후손들에게 음덕을 가져다 줄 수 있다고 믿었다. 장례의 절차는 엄격하고 복잡한 형식이 있어서 이를 집행하는 데에는 가족의 힘만으로는 할 수 없다.

전통사회에서는 장례를 서로 돕는 상부상조 조직이 있었는데, 이를 소시키구미(葬式組)라 하였다. 소시키구미는 상가의 표식을 만들어서 다는 일, 장례 용구를 준비하는 일, 초상집의 친척들이나 친구들에게 연락하는 일, 음식 장만하는 일, 손님을 접대하는 일, 무덤을 준비하는 일 등을 하였다. 장례식 전날 밤, 상가 근처의 사람들과 친지들이 모여 하룻밤을 지내는 것을 오쓰야(お通夜)라고 하는데, 최근에는 사람이 죽은 날 밤에 오쓰야를 하는 경우가 많아졌다. 요즘 도시에서는 이런 조직의 활동은 거의 없고 전문적인 장의사에게 장례를 대행하게 한다.

4. 무덤

묘에 시신을 묻는 방법은 매장법과 화장법이 있는데, 요즈음에는 거의가 다 화장을 한다. 화장한 유골은 묘에 안장되는데, 가족들이 다니는 절의 경내에 있는 묘지나 공동묘지에 안장된다. 사람이 죽을 때마다 새로운 묘를 만들기도 하지만 하나의 무덤을 대대로 물려주는 납골당이라는 묘의 형태를 취하고 있는 데에 특징이 있다. 즉, 돌탑처럼 쌓아 올려 만든 묘의 아랫부분에 유골을 넣을 수 있는 공간을 만들어 두었다가 그 공간에 새로운 유골을 집어넣게 된다. 따라서, 하나의 묘는 한 개인의 묘가 아니라 우리와는 달리 한 집안의 묘, 가족의 묘가 된다. 그러나, 분가하여 새로운 가계를 이룬 사람이나 특별한 사람은 새로 묘를 만들어 묻기도 한다.

5. 오히간

오히간(お彼岸)은 선조를 공경하여 돌아가신 분들을 추모하는 날로서 춘분(3월 21일경)과 추분(9월 23일경)을 사이에 두고 전후 3일간씩 일년에 두 번 있다. 국가에서는 선조에게 공양할 수 있도록 국경일로 정하였으며, 각 가정에서는 성묘를 가거나 불단 앞에서 공양을 드린다.

▲ 오히간

춘분과 추분은 24절기 가운데 하나로 태양이 춘분점, 추분점에 도달하는 날이다. 이때 태양은 정동(正東)에서 떠서 정서(正西)로 지며, 밤낮의 길이가 같게 된다. 불교에서는 극락정토가 서쪽에 있다고 하여, 태양이 정서로 지는 춘분, 추분에는 이승과 저승의 교류가 이루어지기 쉽다고 하여 선조에게 공양을 드린다. 가정에 불단이 있는 경우에는 오히간 기간에 들어가기 전날에 불단을 깨끗이 청소하고, 새 꽃을 꽂아 놓는다. 오히간 중에는 등불을 밝히고 선향을 피워 놓으며, 고인이 좋아했던 음식이나 오하기(お萩 : 떡의 일종) 등을 올려놓고 공양을 한다.

한편 성묘를 가는 경우에는 오히간 기간 중이면 언제 가더라도 상관없다. 성묘를 갈 때에는 꽃, 선향, 초, 공물 등을 지참한다.

6. 시와스

12월은 일년을 마무리하고 새해를 맞이하기 위한 바쁜 시기로 각 가정에서는 스님을 모시고 독경을 하며 선조의 영혼을 위로하는 행사를 한다. 따라서 스님들이 이리저리 분주히 돌아다녀야 하는 달이라는 뜻으로 음력 12월을 시와스(師走)라고 한다.

관공서에서는 시고토오사메(仕事納め)라 하여 12월 28일 업무를 마감하고 가정에서는 하순이 되면 신년을 맞이하기 위한 준비로 집안 대청소를 하여 대단히 바쁘다. 예전에는 방안에 이로리(囲炉裏)라는 화덕을 설치하여 나무로 불을 피워 난방을 하기도 하고 음식을 만들기도 하여, 집안의 기둥이나 천장, 문, 각종 세간에 검댕이를 털고 닦아내는 등 대청소를 하는데 이를 스스하라이(煤払い) 또는 오소지(大掃除)라 한다. 특히 신을 모셔놓은 선반인 가미다나(神棚)는 정성껏 청소한다.

오미소카(大晦日)인 12월 31일은 각지에 흩어졌던 가족들이 모두 모여 묵은

해를 보내며 새해를 맞이하는데 이를 도시코시(年越し)라 한다. 대청소도 끝내고 설에 먹을 음식 준비도 끝내 놓고 가족들이 둘러앉아 이야기꽃을 피우며 밤새 이야기를 나누며 즐긴다. 밤이 깊어지면 밤참으로 메밀국수를 먹는 풍습이 있는데 이를 도시코시소바(年越しそば)라고 한다. 가늘고 긴 메밀국수처럼 장수하기를 기원하며 먹는 도시코시소바는 에도시대 중기에서부터 시작되었다고 한다. 오미소카의 자정이 가까워지면 각 사찰에서 치는 제야의 종소리가 겨울밤의 찬 공기를 뚫고 108번 울려 퍼진다. 107번까지는 자정이 되기 전까지 치고 나머지 한 번은 신년이 되는 시각에 치고 있어 각 사찰에는 제야의 종소리를 직접 듣기 위해 많은 신도들이 모여들어 신년을 맞이하기도 한다.

VI. 삶에 활력을 주는 연중행사

일본에서는 계절의 변화에 맞추어 특정 행사가 매년 같은 시기에 같은 양식으로 반복된다. 이를 연중행사 또는 세시풍속이라 한다. 연중행사는 촌락이나 마을, 또는 사회 집단을 단위로 행해지는 전통적인 관습으로 계절의 변화에 따라 다양한 모습으로 전개되어 생활에 활력을 제공해 주며 바뀌는 계절을 확인하기도 한다. 현대 일본 사회의 연중행사는 전통적인 것과 풍속적인 것이 잘 조화를 이루고 있다. 그 중에서 국민생활과 밀접한 관계에 있고 대중화 된 행사는 어떠한 것들이 있는지 살펴보자.

1. 오쇼가쓰의 행사

한 해의 시작인 설은 연중행사 중에서도 가장 중요한 행사이다. 설(お正月)은 한 해의 신을 맞이하는 행사로서 이것이 잘 치러지지 않으면 그 해가 불행해진다고 믿고 있다. 설의 행사는 신을 맞이하기 위하여 가도마쓰(門松)를 세우거나 신에게 공양하기 위해 가가미모치를 만들거나 또는 신에게 새해 인사를 하는 하쓰모데(初詣)를 가는 등 신에 관련된 행사로 이루어지고 있다. 여기에서는 현재 대중화되어 쉽게 접할 수 있는 행사들을 중심으로 살펴본다.

1) 가도마쓰
신년의 장식물로써 소나무와 대나무를 잘라 정결한 새끼줄로 다발을 묶어, 가정이나 상점, 빌딩의 문 양옆에 세워 두는 것이 가도마쓰이다. 원래는 정월에 후손들에게 찾아와서 일년 동안의 복을 내려주고 돌아간다고 하는 도시가미(年神)를 맞이하기 위한 의식용 장식물이었다. 도시가미가 틀림없이 자기 집으로 찾아 들어올 수 있도록 하는 표시로 갓 베어 낸 소나무와 대나무로 단을 만들어 문 양옆에 세워 놓았던 것이다. 요즈음은 가족들의 건강과 장수를 기원하기 위해 장식하기도 한다. 가도마쓰는 보통 12월 26일 경에 장식하여 1월 7일 경에 치운다.

2) 시메카자리

신년의 장식물로서 볏짚을 왼쪽으로 꼬아 만든 시메나와(注連繩 : 금줄)로 신을 모시는 선반인 가미다나(神棚)나 현관 등 집안 여기저기에 장식을 하는데, 이것을 시메카자리(注連飾り)라 한다. 시메카자리가 장식된 곳은 신성한 장소라는 표시로서 악귀가 접근하지 못하도록 하는 주문의 의미가 있다. 현재에는 시메카자리를 집안뿐만 아니라 자동차나 오토바이 등에도 달아 사고가 나지 않도록 기원하기도 한다.

3) 가가미모치

도시가미에게 바치는 동그란 모양의 찹쌀떡을 가미다나, 도코노마(床の間), 현관, 부엌 등에 놓아두는데, 이것을 가가미모치(鏡餅)라 한다. 가가미모치의 모양은 옛날에 신에게 바치던 동경(銅鏡)을 연상하게 하며, 새로 빚은 떡을 신에게 바침으로써 새로운 생명력을 얻게 된다고 한다.

기본 장식 방법은 나무 쟁반 위에 종이를 깔고 동그란 떡을 두세 개 겹쳐 올려놓으며 떡 이

▲ 가가미모치

외에도 새우나 다시마 또는 귤 등을 곁들여 놓는다. 정월 11일이 되면 가가미비라키(鏡開き)라 하여 그 동안 신에게 바쳤던 가가미모치를 손이나 나무망치로 쪼개어 단팥죽에 넣어 먹거나 튀겨 먹는다.

4) 하쓰모데

일본인들은 신년 초에 신사나 사찰에 참배하러 간다. 이를 하쓰모데라 한다. 대개 가족들과 함께 가서 신에게 신년 인사를 드리고 가족들의 건강과 자신의 소원 등을 기원하는데 이때 준비해 간 새전(賽錢 : 신불에 참배하며 올리는 돈)

을 새전함에 넣는다. 보통 늘 다니던 신사나 사찰을 찾아가지만, 근년에는 유명한 신사나 사찰로 하쓰모데를 가는 참배객이 늘고 있다. 도쿄(東京)의 메이지신궁(明治神宮) 같은 곳에는 정월 초하룻날에 수십만 명이 몰려들어 가족들의 건강과 자신의 소원을 빌며 새전을 던지는 인파로 장관을 이룬다. 신사나 사찰에서는 액을 물리친다는 부적이나 화살 또는 달마(達磨)인형 등을 만들어 파는데 참배객들은 이를 사다가 가미다나 등에 장식을 하며 신년의 경사스러운 분위기를 즐긴다. 하쓰모데는 원단부터 7일 사이에 행하여지고 있다.

5) 오세치요리

▲ 오세치요리

명절에 먹는 요리, 특히 설에 먹는 요리를 오세치요리(御節料理)라고 한다. 원래는 공양하는 요리를 오세치요리라 하며, 정월에 이 오세치요리를 먹는 것은 신에게 공양했던 음식을 여러 사람과 나누어 먹는다는 의미와 도시가미를 맞이하고 있는 동안에 음식을 만드는 것을 삼가기 위해서이다.

오세치요리는 연말에 만들어 두었다가 설날부터 가족도 먹고 손님에게도 내어놓는다. 냉장고가 없던 시대에는 며칠 동안 보관하며 먹을 수 있도록 보존이 잘 되는 음식을 만들어 찬합에 담아 포개둔다. 오세치요리의 메뉴는 지방마다 가정마다 특색 있게 만들어 주부의 요리 솜씨를 자랑할 기회가 되는데, 이 요리에는 몇 가지 공통점이 있다. 기본 요리의 재료는 무·당근·우엉·두부·다시마 등이며 이를 어패류와 함께 양념을 넣고 오랜 시간 동안 약한 불에 조려 만드는 것으로 조미료와 요리 방법에 따라서 특색 있는 음식 맛을 낼 수 있다. 이 밖에도 어묵·콩자반·생선구이·멸치조림 등의 음식이 있다. 요즈음에는 햄·베이컨·소시지·프라이드치킨 등의 서양식 음식이나 만두나 돼지고기 구이 등의 중국식 음식을 만들기도 한다.

6) 오토시다마와 연하장

오토시다마(御年玉)는 신에게 바쳤다 물린 떡을 나누어 준 것이 그 시초이다. 현재에는 설날에 부모나 친척이 어린이에게 주는 돈을 오토시다마라고 한다. 오토시다마는 작고 무늬가 있는 오토시다마 봉투에 새 지폐를 넣어 주는데, 요즈음 어린이들은 설날을 오토시다마를 받는 날로 알고 있으며 때로는 오토시다마로 예금계좌를 여는 어린이가 있을 정도이다.

연하장(年賀狀)은 새로이 시작되는 해에 대한 기쁨을 나누고 지난해에 따뜻이 보살펴 주었던 친지나 평소에 도움을 받았던 사람들에게 감사의 뜻을 전하며, 앞으로도 변함 없는 지도와 격려를 희망하는 인사장이다.

연하특별우편제도에 의해 연말까지 우체국에 모아 두었던 연하장은 설날 아침에 일제히 배달된다. 연초 며칠 동안에 일본 전국에 배달되는 수는 40억매에 달하여 많은 아르바이트 집배원이 동원되는 국민적 행사이다.

연하장은 우정성(郵政省)에서 발행하는 연하용 엽서를 사용하는 것이 일반적이며 엽서에 판화나 삽화를 그려 넣기도 하고 가족사진을 인쇄하기도 하는 등 기발한 디자인이나 개성적인 것들도 있어 받는 사람에게 즐거움과 기쁨을 선사하기도 한다. 또한 현대사회에서 소원해지기 쉬운 인간관계를 이어주는 중요한 역할도 하고 있다.

2. 다나바타

7월 7일은 다나바타(七夕)라 하여 사사다케(笹竹 : 작은 대나무)에 단자쿠(短冊), 색종이, 종이학, 종이를 잘라 만든 여러가지 모형 따위를 장식한다. 단자쿠에는 각자의 소원을 적어 종이끈으로 사사다케에 매단다. 이때 이슬로 먹을 갈아 단자쿠에 소원을 쓰면 글씨를 잘 쓰게 된다고 하며, 또 일년간 사용한 천을 매달아 놓으면 바느질을 잘 하게 된다는 이야기도 있다.

본래 은하수를 사이에 두고 떨어져 있던 견우와 직녀가 음력 7월 7일 밤, 일년에 한 번 만난다고 하는 중국의 전설과 다나바타쓰메(棚機津女)라고 불리는 베 짜는 처녀가 물가에 베틀을 놓고 신의 강림(降臨)을 기다리며 하룻밤을 보내는 일본의 풍습이 결합되어 현재의 다나바타의 형태가 되었다고 한다.

요즈음 다나바타 무렵이 되면 문구점에서는 단자쿠를 팔고 꽃가게에서는 사사다케를 판다. 유치원과 초등학교에서는 다나바타 장식물을 만들어, 사사다케에 자신들의 소원을 쓴 단자쿠와 함께 장식을 한다. 하지만 일반 가정에서는 다나바타 때 사사다케에 장식을 한다는 등의 행사는 거의 볼 수가 없다. 특히 도시에서는 거의 볼 수 없는 풍경이 되었다.

다나바타의 사사다케는 6일 저녁에 처마 근처에 장식하고 7일 저녁에 치우는 것이 관습이다. 예전에는 다나바타오쿠리(七夕送り)라 하여 7일 밤이나 8일 아침에 강이나 바다에 흘려 보내는 액막이 행사를 하기도 하였다. 특히 센다이(仙台)의 다나바타마쓰리(七夕祭)가 유명하다.

▲ 다나바타마쓰리

3. 오주겐

오주겐(お中元)은 7월 15일을 중심으로 평소에 도움을 받았던 사람들에게 선물을 하는 풍습이다. 본래 주겐(中元)은 선물이라는 뜻이 아니라 날짜를 가리키는 말이다. 중국에서는 음력 1월 15일을 상원(上元), 7월 15일을 중원(中元), 10월 15일을 하원(下元)이라고 하고, 이 셋을 합하여 삼원(三元)이라 불렀다. 삼원은 신에게 공양하는 날이다.

신을 공양하는 날인 주겐이 일본에 전해지면서 조상을 공양하는 오본(お盆)과 결합하였다. 에도시대의 궁중에서는 오본 때, 불단을 담당하는 시녀가 매일 새 공양물을 바치고, 쇼군(將軍)은 조석으로 배례를 하였다. 한편 무사의 시녀 중에서 부모가 생존해 있는 사람에게는 선물을 하사하였다. 이와 같이 부모가 생존해 있는 사람을 축하하는 본의 행사를 이키본(生盆)·이키미타마(生身魂)라고 하였으며 특히 생선을 선물로 보내는 풍습이 있었다.

오주겐은 오본 행사의 연장으로 형성되었다. 도시 발달에 의한 생활양식의 변화로 교재 범위가 확대됨에 따라 오본 전에 평소에 신세를 진 사람들에게 선물을 보내는 습관으로 변화된 것이다. 오주겐의 선물은 7월 초에서 15일 사이에 상대방에게 도착되도록 한다. 매년 6월 중순경부터 각 백화점을 비롯하여 크고 작은 가게에서는 식료품과 선물 셋트를 팔아 대단한 매상을 올리고 있으며, 3000엔 내지 5000엔짜리 선물 세트가 가장 인기가 있다.

4. 오본

오본(お盆)은 음력 7월 15일을 중심으로 조상을 공양하는 민속적 불교의식으로 집에서 제사를 지내거나 조상의 묘를 찾아가 참배하는 오늘날에도 널리 행해지고 있는 매우 중요한 연중행사이다. 오본은 불교의 우라본(盂蘭盆)에서 온 말로, 아귀도(餓鬼道)에 떨어져 고통을 받고 있는 제자의 어머니를 부처님이 공양을 드려 아귀도에서 구해냈다고 하는 고사에서 유래하고 있다.

가정에서는 조상의 영혼을 맞이하여 오본 기간 중에 여러 가지 행사가 행해진다. 오본 기간은 지방에 따라 다르지만 일반적으로 13일에 영혼을 맞이하고 15일 밤에 배웅을 한다.

7월 13일 저녁에 대문 앞에 모닥불을 피워놓고 조상의 영혼을 맞이하여 집안에 모신 다음 제사를 지낸다. 14일에는 조상의 영혼을 집안에 모셔두고, 승려에게 독경을 의뢰하기도 한다. 15일 밤에 다시 저승으로 돌아가는 조상의 영혼을 대문 앞에 모닥불을 피워 배웅을 한다. 조상의 영혼을 집안에 모시는 동

▼ 본오도리

안에는 제단을 만들어 위패, 꽃, 향을 갖춰놓고 야채와 과일, 정화수 등을 공양하고, 영혼이 타는 오이나 가지로 만든 말이나 소 등을 올려놓는다.

오본 기간 중에는 선조의 영혼을 위로하고 대접하기 위하여 마을사람들이 한 자리에 모여 춤을 추는데 이를 본오도리(盆踊り)라 한다. 남녀노소 누구나 유카타(浴衣)를 입고 참가하여, 야구라(櫓 : 춤을 추는 광장 한가운데에 악기를 연주할 수 있도록 만든 단상)를 중심으로 노래에 맞추어 빙글빙글 돌며 정형화 된 춤을 춘다.

최근 도시에서는 오본을 음력 7월 15일이 아닌 양력 8월 15일로 정하여 많은 사람들이 생가에 내려가 성묘를 한다. 회사에서도 '오본 휴가'라 하여 휴가를 주어 철도나 비행기는 귀성객들로 초만원이다. 특히 도쿄 같은 대도시는 도시가 텅 비어 여느 때와 다른 한적함마저 느낄 수 있다.

5. 오쓰키미

중국에서는 음력 7월을 초추(初秋), 8월을 중추(中秋), 9월을 만추(晩秋)라 하며, 그 달의 보름달을 보고 즐기는 풍습이 있었다. 그 중에서도 음력 8월 15일의 보름달을 「중추의 명월」이라 부르며, 일년 중에서 가장 밝고 아름다운 달로서 섬기며, 공물을 바치고 시가를 읊었다.

에도시대에는 서민들 사이에서도 「오쓰키미(お月見)」의 풍습이 정착되었는데, 농작물의 수확기 직전이라는 이유에서 풍작을 기원하는 첫 마쓰리로서의 의미가 있었다. 달이 차고 일그러지는 것을 부활과 불사의 상징으로 생각하여 많은 농작물을 차려놓고 풍작을 기원하였다. 이날은 공물 가운데 중심이 되는 것은 막 수확된 감자이기 때문에 '감자 명월'이라고도 한다. 현재에는 '오쓰키미'라고 하면 중추의 명월을 즐기는 것을 말한다. 쟁반 위에 쌀가루로 만든 '달맞이 경단'을 위에 올리고 토란, 과일, 풋콩 등의 농작물을 올려놓고, 참억새를 비롯한 가을 화초 등을 장식한다.

【용어사전】

◇ **하레기(晴れ着)**

오늘날에는 외출복 혹은 정장이라는 의미로 쓰이지만, 원래는 명절이나 특별한 의례를 치르는 날인 하레(晴れ)에 입는 옷을 가리킨다. 즉 예장(礼装), 예식복(礼式服), 정장(正装), 성장(盛装), 등을 의미한다. 축제일이나 관혼상제, 탄생에서부터 성인식

등에 입는 옷을 말한다. 평소에 일할 때 입는 옷을 조기(常着), 후단기(ふだん着), 노라기(野良着)라 하여 하레기와 구별된다. 하레기는 보통 때 입는 조기와 천이나 모양은 같지만, 깨끗하게 손질하여 입는다. 특히 미야마이리, 결혼, 장례 등에는 하레기의 중요성이 강조된다.

◇ 우지가미(氏神)

조상신 혹은 고장의 수호신을 우지가마라 한다. 일본 고유신앙인 신도(神道)에서는 습관상 동족집단 혹은 지연사회를 포괄적으로 수호하는 신사와 그 신사의 신(神)을 구성원간의 단결력을 상징하기 위하여 우지가미 즉 씨신(氏神)이라 한다. 그 기원은 고대의 씨족제 사회의 친족집단의 협동원리에 바탕을 둔 수호신 혹은 씨족의 신을 공동으로 신앙하던 정신에 있다. 우지가미는 우부스나가미(うぶすな神)라고도 한다.

◇ 이누하리코(犬張子)

이누하리코는 액운을 쫓기 위해 흙으로 만든 개 모양의 장식용 장난감이다. 머리는 사람 몸은 개가 자고 있는 모양을 종이로 만든다. 무로마치시대 이후 귀족들 사이에서 출산 때, 개가 새끼를 낳듯이 무사히 안산하기를 기원하여 산실에 장식했다는 기록이 있다. 그 후 안산을 보장해 주는 부적이나 상징물처럼 쓰였는데, 에도시대에는 신부의 혼수품의 한 가지가 되었다. 예쁜 이누하리코를 준비해 두었다가 매년 히나마쓰리 때, 장식하기도 했다. 그 배경에는 개가 다산하는 동물이며 사악한 존재를 물리치는 주술적 능력이 있다는 민간신앙이 깔려 있었다.

◇ 히나마쓰리(ひな祭り)

여자아이의 건강과 장래의 행복을 바라는 마음에서 옛 궁중의 옷을 입은 작은 인형들을 각 단별로 진열, 장식하고 떡·감주·복숭아꽃 등을 차려놓고 즐기는 행사. 3월 3일에 행해진다. 천황이나 황후의 모습을 본떠서 만든 남녀 한쌍의 인형인 다이리비나(內裏びな)를 중심에 장식한다.

◇ 조닌(町人)

에도시대에 도회지에서 활동하는 상인, 근세의 사농공상(士農工商) 가운데, 도회지의 상인계층을 가리킨다. 피지배계급 신분인 농민과 직인(職人)과 함께 가장 중요한 신분이었다. 그 기본적인 성격은 여러 가지 상업을 하는 상인자본을 바탕으로 형성된다. 조닌은 도시에 자기 집이 있는 지연적 공동체인 조(町)의 주민이자 정규 구성원이며, 국가와 영주권력에 대하여 조닌신분으로서의 소정의 의무를 부담하는 사람들을 가리킨다. 이들은 공동체에 소속되어 각종 의무와 권리를 행사하며, 문화를 선도하는 계층이 되었다.

◇ 유이노(結納)

유이노는 우리나라의 함과 같은 것으로 약혼을 통하여 집안과 집안이 인연을 맺게 되었음을 확인하기 위하여 보내는 물건을 의미한다. 보통, 유이노를 보내고 이를 받아들이면 결혼이 성사된 것으로 여기게 된다. 신랑 측에서 보내는 유이노킨(結納金)이나 유이노힌(結納品)를 중매인이 신부 측에 전달하는 유이노 의례에는 신부 측의 양친과 친척 등이 참석한다.

◇ 산콘노기(三献の儀)

전통적인 결혼식에서 신랑과 신부가 술잔을 나누어 마시는 의례를 산콘노기(三献の儀) 또는 산산쿠도(三々九度)라 한다. 산산쿠도는 부부의 인연을 맺는 약속의 표시로 술잔을 돌려가며 마실 때, 술 석잔을 나누어 마시는데, 각 잔을 세 번씩 나누어 마시는 것을 말한다. 첫 번째 잔은 신부가 한 모금 마시고, 신랑에게 주면 신랑이 한 모금 마신 다음 신부가 다시 받아서 남은 한 모금을 마신다. 두 번째 잔은 신랑이 먼저 마신 뒤 신부가 마시고, 다시 신랑이 마신다. 세 번째 잔은 첫 번째와 마찬가지이며 부부가 완전히 결합되었음을 상징한다.

◇ 음력과 양력

옛부터 일본에서는 음력을 사용했으나 메이지유신 이후 서양 문물을 받아들이는 단계에서 음력을 폐지하고 양력을 쓰기로 하였다. 즉 메이지 정부는 서양과 교류를 할 때의 번거로움과 하루 빨리 구습은 버리고 문명개화를 추진하기 위하여 1873년부터 양력을 쓰기 시작했다. 연중행사에 있어서도 음력을 그대로 양력화 하였거나 한달 늦은 날로 변경하여 행하였다.

◇ 도코노마(床の間)

일본식 방의 상좌에 바닥을 한층 높게 만든 곳으로 보통 객실에 있다. 벽에는 족자를 걸기도 하고 바닥에는 꽃이나 도자기 등을 장식하기도 하는 공간이다. 설에는 가가미모치, 단고노셋쿠에는 무사인형 등을 장식하기도 한다.

◇ 삼원(三元)

중국 도교에서는 음력 1월 15일, 7월 15일, 10월 15일을 각각 상원(上元), 중원(中元), 하원(下元)이라 하고 이 셋을 합하여 삼원(三元)이라 하였다. 즉 1년을 셋으로 나누고 그 각각의 첫날을 상원(上元), 중원(中元), 하원(下元)이라고 한 것이다. 삼원(三元)은 신을 모시고 속죄를 하는 날로서 하루 종일 정원에서 불을 피우는 풍습이 있었다. 일본에서도 보름날을 1개월의 시작으로 삼고, 이날 신에게 공양을 드리는 풍습이 있었다. 또 1년을 둘로 나누어 1월과 7월을 각각 그 첫 달로 생각하는 풍습도 있었다. 따라서 중국의 상원·중원은 일본의 정월 대보름·오본의 행사일로서 저항없이 수용되었다.

9. 신과 인간의 흥겨운 만남 마쓰리

임찬수

I. 축제로 번역되는 마쓰리란 무엇인가
II. 마쓰리의 기능이란
III. 마쓰리의 구성요소
IV. 마쓰리의 가지가지
V. 대표적인 마쓰리

I. 축제로 번역되는 마쓰리란 무엇인가

마쓰리란 일반적으로 공적(公的)이면서 즐겁고 경사스러운 종교적 의식 즉, 축제를 의미한다. 마쓰리(祭)는「마쓰루(奉る)」라는 말에서 파생된 것으로 좌우의 손을 들어 제물을 바치는 모습을 상형화한 글자이다. 제물과 두 손뿐만 아니라 마음이 합일된 상태를 가리킨 것이다. 즉 신에 대한 경외심과 감사하는 마음, 기원 등이 표면으로 나타난 의식이 마쓰리이다.

마쓰리는 본래 종교적 행위였지만 지금은 그 의미가 폭넓게 사용되고 있다. 단지 많은 사람들이 모여서 기념하거나 축하나 선전 등을 위해 개최하는 집단적인 행사를 가리켜「○○마쓰리」라고도 한다. 이것이 소위「이벤트(event) 마쓰리」라는 것이다. 보다 넓은 의미로는 종교적 의식은 물론, 이벤트마쓰리의 개념뿐만 아니라 장례나 제사, 병을 치료하기 위한 의식, 죽은 영혼의 원한을 풀어주는 의례, 부정을 씻는 행위 등도 포함한다. 이는 마쓰리라는 단어가 종교적 행위를 가리키는 마쓰루(まつる)와 동일한 어원을 가지고 있기 때문이다. 따라서 마쓰리를 규정하는 데는 다음의 네 가지 요소가 필수적이다.

> 마쓰리를 규정하는 4가지 요소
> ① 신성(神聖)
> ② 일상적인 것으로부터 탈출
> ③ 주기성
> ④ 집단참여

먼저 신성이라는 의미는 마쓰리에서 불상, 신체(神体) 또는 제사도구, 상징성을 지닌 물건 등을 소중히 하고 각각의 마쓰리 고유의 관습과 규칙을 참가자들에게 지키게 하는 것을 말한다. 제단이나 도구를 깨끗이 하거나 부정을 씻는 행위를 통해 신성한 공간과 시간을 만들어 낸다. 신에게 제사드릴 때에 4개의 나무를 세우고 금줄을 치고 목욕재계한 신관이나 관계자 외에 외부인을 출입할 수 없도록 하는 것도 이런 이유에서이다. 이것에 의해 일상적인 생활로부터 탈출하는 것이다. 일상적인 것에서의 탈출이라는 것은 마쓰리 기간중에는 일상적인 생업이나 학업에서 벗어나는 것을 의미한다. 화려한 복장을 하고, 평상시 먹이지 않았던 떡이나 술을 마시고, 신사(神社) 참배하는 길에 깃발이나 장식을 하기도 하며 신(神)이 강림하는 곳을 신성한 공간으로 만드는 활동으로 전환하는 상태이다. 이러한 비일상적인 생활을 통해 새로운 에너지를 얻고 일상생활의 리듬을 회복하게 되는 것이다.

　한 번으로 끝나는 마쓰리는 있을 수 없다. 모든 마쓰리는 일년에 한 번 내지는 수십 년에 한 번이라도 주기적으로 이루어진다. 물론 비가 올 때만 하는 조건적인 것도 있지만 대개의 경우 시간적으로 반복해서 행해진다. 주기를 갖는다는 것은 중요한 것으로, 반복적으로 마쓰리가 행해질 때 집단 내에서 자신의 정체성을 확인할 수 있으며, 집단의식 내지는 동료의식을 갖게 하는 작용도 한다. 또한 주기성을 가짐으로써 마쓰리의 규칙과 관습 등이 후세에 그대로 전달되기도 한다. 마쓰리에는 집단 속에서 자신의 아이덴티티를 확인하는 중요한 기능이 있다. 엄격한 규율과 규칙 속에서 행사를 수행하다 보면 자신이 집단 속의 일원으로서 살아간다는 기쁨과 성취감을 맛볼 수 있기 때문이다.

II. 마쓰리의 기능이란

　본래 마쓰리는 초인간적, 초자연적인 존재 즉 신과의 교감을 목적으로 하고 있다. 정기적으로 신에게 기도한다든지 그 영력을 얻어 재앙과 역병 등을 막으려는 행위의 일종이다.

　부산물로서 마쓰리에 참석하는 사람들이 동질감과 소속감을 느끼며 서로 교감하며 만족하게 한다. 먼저는 신과의 일체감을 느끼며 안녕과 마음의 위안

을 얻는 것이다. 다음으로는 마을이나 집단 행사를 주관하는 사람들이 서로 동일한 목적과 가치관을 형성하게 되는 것이다. 통일된 세계관과 공동체의 질서를 유지하는 기능도 있다. 정월과 대보름에 조상에게 제사를 한다든지 조상신을 맞이하고 보내는 절차를 통해 영적 세계의 구상화(具象化)가 가능하다. 상업을 한다면 1월 10일 에비스신(エビス神)에게 상업의 번창을 위한 제례를 한다. 농업이라면 파종할 때, 모를 심을 때, 수확할 때 각각의 날짜에 맞추어 기원과 감사의 예를 올리게 된다. 동일한 신에게 정해진 일정에 따라 풍요와 수확의 감사제를 올리게 됨으로써 현세, 내세에 대한 동일한 세계관과 이를 통한 마을의 질서를 배우게 되는 것이다.

한편으로 평소의 스트레스나 불만을 해소하는 기능도 있다. 마쓰리는 일상적인 것에서 벗어난 행위이다. 그러므로 일상의 일들에 대한 갈등과 불만을 제거할 수 있는 기회이며 함께 구호를 제창하고 격렬하게 춤추고 움직이는 행위가 새로운 활기를 북돋우어 준다. 그리고 새로운 형태의 마쓰리를 창조하게 하는 원동력이 된다. 대표적인 것이 바로 우라마쓰리(裏祭)이다. 공식적인 마쓰리로부터 파생된 비공식 마쓰리이다. 예를 들면 히로사키(弘前) 지방의 네푸타(ねぷた)마쓰리의 경우, 격렬하게 춤을 추는 하네또라든가 나가사키쿤치(長崎くんち) 마쓰리의 우라쿤치(裏くんち) 등이 대표적인 예이다. 기존의 공식적인 마쓰리 틀 안에서는 수용할 수 없는 욕구가 생겨났을 때, 그것이 본 행사 기간 중이나 전후 등에 다른 형태로 에너지를 발산하게 된다. 그러나 기존의 마쓰리와 조화를 이루지 못할 때는 폭도로 변하기 쉽다.

III. 마쓰리의 구성요소

마쓰리의 기본적인 형식은 보통 세 단계로 설명할 수 있다. 먼저 신을 맞이하는 행위이다. 이를 위한 조건으로 마쓰리에 참가하는 사람은 몸을 정결하게 한다든지 부정을 없애는 행위를 하는데 이를 재계(斎戒)라고 한다. 상(喪)을 당한 사람이라든지, 출산이나 월경을 부정한 것으로 간주하여 여성을 배제하거나 신을 모신 곳에 들어오지 못하도록 금지시키는 곳도 많다. 신을 영접하기 위해 육식을 금하고 성적 접촉을 피하며 정신적 육체적으로 일상의 생활에서 분리되는 것이다.

신의 강림은 인간이나 혹은 식물, 물체와 같은 구체적인 형태를 통해 표현된다고 생각하였다. 이를 빙의(憑依)라고 한다. 빙의의 대상으로는 상록수(榊)

명주천이나 종이(みてぐら), 지팡이(杖), 조릿대(笹), 활(弓), 창(鉾), 검(劍) 등이 주로 이용되었으며, 신이 머물고 있다는 것을 상징하기도 하지만, 부정과 더러움을 정화하는 도구로도 사용한다.

두 번째는 신과의 교류이다. 신에게 술을 바치고 같이 음식을 나누면서 가무(歌舞)를 즐긴다. 이를 통해 신의 주술을 받는다. 이를 나오라이(直会)라고 하는데 이런 행위는 신에게 음식을 대접함으로써 신의 은혜를 기원하는 것이다. 한편으로는 마쓰리에 참가했던 사람들이 같이 음식을 공유함으로써 공동체의식을 새롭게 다지는 기회가 되기도 한다. 신에게 바치는 술을 미키(神酒), 음식을 신센(神饌)이라고 하고 이를 담당하는 사람을 도닌(頭人) 또는 도야(頭屋)라고 하며 교대로 담당한다. 신에게 바치는 술이나 음식은 희귀하고 진귀한 것이 아니라 일상생활에서 얻어지는 것으로 물과 쌀이 주된 것이다. 또한 마쓰리 기간 중, 신을 맞이하고 봉안(奉安)하기 위해 임시로 사당을 만드는데 이를 오다비쇼(御旅所)라고 하며 주변에 소나무나 삼나무를 심는다. 이는 인간과 교류하기 위해 또는 신의 가호가 지역 전체에 미칠 수 있도록 설치한 것이다.

세 번째는 신의 귀환이다. 신을 맞이하여 함께 향연, 축제, 제의(祭儀)을 통해 인간의 소원을 알리고 신의 뜻을 깨달은 다음에는, 원래 있었던 곳으로 신을 돌려보내는 것이다. 이로써 마쓰리의 일정이 끝나게 된다.

IV. 마쓰리의 가지가지

1. 전통적 마쓰리와 현대적 마쓰리

전통적인 마쓰리와 현대적 또는 이벤트마쓰리와의 차이점은 외형적으로는 닮아 보이지만 근본적인 개념부터 완전히 다르다. 가장 두드러진 차이점은 종교성의 존재 여부이다. 전국의 화려한 마쓰리중에는 불교나 신도(神道) 등의 종교와 관련된 마쓰리가 있는 반면 전혀 신성성(神聖性) 내지는 종교적 의례 전반이 생략되어 있는 것이 있다. 종교의식이나 제례로부터 시작된 것을 전통적 마쓰리로 분류하고 발생 또한 자생적이다. 반면 무라오코시(村おこし)로서의 이벤트성이 강한 현대적 마쓰리는 의도적이며 기획적이다. 이는 주관자의 자세에도 영향을 미친다. 주인의식과 종교적 신념을 전통적 마쓰리에서는 엿볼 수 있지만 현대적인 이벤트는 기획자의 관점에서 본 객관적이라는 점에 차

이가 있다. 따라서 마쓰리의 목적도 달라진다.

원래는 역병이나 큰 재앙이 있다든지 또는 원령(怨靈)을 달래기 위해 신을 부르고 신 앞에서 예능을 보이거나 신을 기쁘게 하는 행위를 하여 그 결과로 악귀를 물리치거나 마을의 평안을 구하는 것이 근본 목적이지만, 현대적 마쓰리는 행정관청이나 지역 청년회 또는 지역 상공회의소가 주도하여 마을의 부흥이나 경제적 활성화에 초점이 맞추어져 있다. 지방의 경제적 발전을 위해서, 많은 관광객을 유치하거나 상품이나 회사의 이미지 혹은 지명도를 높이기 위해서 선전하는 등 주최자의 목적이 뚜렷이 나타나 있다. 이러한 행정주도의 마쓰리에는 마쓰리의 기능중, 집단내에서 자기의 정체성을 발견한다는 중요한 목적을 이룰 수 없다는 단점도 있다. 전통 마쓰리의 또 다른 특징은 신전(神前)에서 행해진 가무(歌舞)나 예능이 있다는 점이다. 이것을 가구라(神楽)라고 한다. 가구라는 신이 계신 장소라는 의미의 가무구라(神座)에서 변형된 말로서 신을 부르거나 진혼(鎭魂)의 의식을 의미하며 신과 함께 어울린다(神遊)라는 의미로도 사용되었다. 그러나 현대적 마쓰리에서는 이런 전통적인 예능을 볼 수가 없다.

마쓰리는 본래 신에게 드리는 제례이지만 제례가 전부는 아니다. 최근에는 보여주는 마쓰리로서 변하고 있다. 더 나아가 보여주는 것뿐만 아니라 관객이 참가할 수 있도록 유도하고 있다. 대표적인 것이 네부타마쓰리의 하네또(跳人)와 아와오도리(阿波踊り) 그리고 대북(太鼓台)을 짊어지는 유명한 마쓰리들이 적지 않다. 특별히 현대적 마쓰리에는 적극적으로 참여하고 즐김으로써 성공한 마쓰리도 많다. 대표적인 예가 요사코이마쓰리, 헤소마쓰리(ヘそ祭), 가시마 갯벌올림픽(鹿島ガタリンピック) 등이다.

2. 전통적 마쓰리

일본은 마쓰리의 나라라고 할 정도로 일년 내내 전국 곳곳에서 크고 작은 마쓰리가 많이 열린다. 신사(神社)에 속한 마쓰리만도 30만 정도이므로 그 수를 헤아릴 수 없을 정도이다. 또한 술과 음식을 대량으로 소비하므로 마쓰리소동

(お祭り騷ぎ)이라는 말이 생길 정도이다.

전통적 마쓰리의 구조는 우선 신이 모셔져 있는 신사(神社)로부터 신을 가마(山車, 御輿)에 태워 마을 한 곳에 영접한다. 이곳을 오다비쇼(御旅所)라고 한다. 임시로 신이 머무는 장소이다. 그러면 마을에 있는 사람들이 역병신이나 원령을 가마에 태워 이곳을 방문하면 쫓아낼 수 있다고 믿었다. 또는 신에게 예능이나 음식, 술 등을 대접하여 신을 즐겁게 함으로써 그 해를 아무 탈 없이 보낼 수 있다고 믿었다. 이러한 의례과정이 끝나면 신은 마을을 행차한 후 다시 신사로 돌아간다. 이런 과정이 전통 마쓰리의 기본구도이다.

이와는 반대로 신이 있는 곳으로 가는 경우도 있다. 신에게 드릴 제문과 예물을 가지고 신을 방문하는 것이다. 예로부터 신은 높은 곳에 존재한다고 생각하였다. 높은 산이나 커다란 나무에 임재한다고 믿었거나 하늘에서 지상으로 내려오는 길이 따로 있다고 생각하여 신앙의 대상으로 삼았다. 이곳을 요리시로(依代)라고 한다. 신을 참배하기 위해 또는 신이 계속 임재해 있기를 바라는 마음에서 건물이 세워지게 되는데 이것이 바로 신사인 것이다. 오늘날에는 신을 방문하는 행렬이나 신을 모시고 오는 행렬이 마쓰리의 볼거리가 되어 관광상품화로 일반인들에게 판매되기도 한다.

1) 기온마쓰리

기온마쓰리(祇園祭り)의 기원은 이름 그대로 불교적인 제례(祭礼)가 기원

이 되었다고 전해진다. 교토에 역병이 만연했던 869년 6월 7일 우라베히로마로(占部比良麻呂)의 명에 의해 66개의 창을 세우고, 14일에는 미코시(神輿)를 신센엔(神泉苑)으로 보내 역병 제거를 위해 기온사에서 고료에(御霊会)가 행해졌다. 100년 후인 970년부터 매년 실시하게 되었다. 기온이라는 이름은 석가가 설법을 행한 인도의 기원정사(祇園精舎)에서 유래한다.

천재나 역병 등 재난의 발생은 정치적 음모에 의해 희생된 사람이나 비명에 죽은 사람들의 영혼이 저주한 것이라고 믿었다. 그래서 그 영을 달래고 위로하여 재앙을 벗어나기 위한 제사를 드렸는데 그것이 바로 고료에(御霊会)이다. 사람들은 수많은 신, 동식물의 정령(精霊), 역병신(疫病神), 당시 비명에 죽은 영혼, 그리고 불교의 여래나 보살 등을 기원의 대상으로 생각하고 역병퇴치를 기원했다. 그 후 역병이 만연할 때마다 기온사에서 고료에가 행해지게 되었다.

기온사의 창건은 불확실하지만 한반도에서 도래한 사람들이 고주텐노(牛頭天王)를 제신으로 섬겼다는 설에서 유래한다. 고주텐노는 기온정사의 수호신으로 역병신이기도 하면서 만병을 고칠 수 있는 술법을 알려주는 신이기도 하다. 이 기온사가 메이지(明治)시대 이후 야사카신사(八坂神社)로 불리게 되었다.

현재의 기온마쓰리는 야마보코(山鉾) 순례가 유명하지만 매년 7월 1일부터 31일까지 한 달동안 행해지는 마쓰리이며 야마보코 순례는 일부분에 지나지 않는다. 야마보코 순례는 17일과 24일 두 번에 걸쳐 행해지고 있지만 현재는 하루에 함께 진행한다.

일본의 신은 왕래하는 신이다. 산과 바다로부터 인간세상으로 찾아오는 나그네(客人, まれびと)이다. 인간 세상에 있는 동안 신은 휴게소라 할 수 있는 다비쇼에 머문다. 미코시(神輿)는 신이 다비쇼로 이동할 때 타는 것이며, 미코시아라이(神輿洗い)는 미코시를 깨끗하고 정하게 하는 행사이다. 부정이 타지 않도록 깨끗하게 한 미코시에 신이 옮겨지고 신의 분령(分霊)으로서 다비쇼까지 온다. 이것이 7월 17일의 신고사이(神幸祭)이다. 신의 내방(来訪)을 환영하기 위한 퍼레이드가 같은 날 낮에 행하는 야마보코순행(山鉾巡行, 즉 さきのまつり)이라고 할 수 있다. 원래는 역병신을 야마보코에 태워 기온신에게 보여줌으로써 퇴치한다는 의미에서 시작하였지만 기온신을 환영하고 환송한다는 의미도 가지게 되었다. 그리고 24일까지 신은 다비쇼에 머문다. 즉 인간이 사는 마을 속에 인간과 함께 있는 것이다. 24일의 간고사이(還幸祭)에서는 신이 다시 자기가 있던 곳(本社)으로 돌아간다. 그리고 7일간 다비쇼에 체재했던 신을 환송하는 퍼레이드가 24일 낮에 행하는 하나카사순행(花傘巡行, 즉

あとのまつり)인 것이다.

기온마쓰리의 트레이드 마크라고 할 수 있는 것은 야마보코이다. 32개의 야마보코의 행렬에서 언제나 제일 선두에 서는 것은 높이 25미터의 긴 창의 모습을 한 나기나타보코(長刀鉾)이다. 맨 마지막은 미나미간논야마(南觀音山)가 장식한다. 나머지 야마(山)나 호코(鉾)는 매년 제비뽑기를 하여 정해진 순서에 따라 행렬한다. 특히 사거리에서 십여 톤이나 되는 수레를 방향 전환하는 일은 행렬 중에서 가장 볼 만한 장면이다. 회전하고자 하는 쪽에 대나무를 깔고 물을 적신다. 그리고 잡아당기면서 조금씩 방향전환을 한다.

행렬에서 돌아오면 야마는 그날로 전부 분해하고 호코도 다음날 중으로 완전히 모습을 감춘다. 그리고 20일을 전후로 하여 마을 사람과 하야시카다(囃子方, 악기연주자)가 각각 아시아라이(足洗い)라는 연회를 연다. 마을 사람들은 이로써 일년 동안의 마쓰리를 끝내고 일상생활로 돌아가는 것이다.

2) 산자마쓰리

산자마쓰리(三社祭り)는 도쿄에서 가장 거친 마쓰리(荒祭)로서 사람들이 가장 많이 모이는 서민 마쓰리이다. 아사쿠사진자(浅草神社)에서 매년 5월 셋째주 토, 일요일(본래는 17일, 18일)에 열리는 행사이다.

센소우지(浅草寺)의 기원설에 의하면 628년 3월 18일 스미다가와(隅田川) 하구 근처인 아사쿠사우라(浅草浦) 부근에서 고기를 잡던 히노쿠마 하마나리(桧熊浜成), 다케나리(竹成) 두 형제가 고기 그물에 걸린 불상을 가지고 와서, 그 지방의 지식인인 하지 마나카치(土師真仲知)에게 보였더니 하지(土師)는 이것은 거룩한 관음상(觀音像)이라 하였다. 두 사람의 공덕을 치하하고 자택에 초암(草庵, あかざ堂)을 만들어 관음상을 안치하고 세 사람이 정성껏 제사를 드리게 되었다는 이야기가 센소지(浅草寺)의 기원이다.

후에 이 세 사람이 센소지의 개척자로 받들어 산자다이곤겐(三社大権現)로 칭하여져 제사를 드리게 되었다. 그후 1873년 산자곤겐(三社権現)이라는 명칭은 폐쇄되고 현재의 아사쿠사진자(浅草神社)로 불리게 되었다. 산자마쓰리라는 이름도 바로 이 세 사람을 제사하게 된 것에서 유래한다.

　마쓰리의 시작은 1316년 신탁에 의해 시작되었다고 한다. 날짜는 5월 17일, 18일이었지만 관광화되면서 5월 세번째 일요일을 마지막 날로 삼일간 열린다. 첫째날은 오하야시(お囃子) 빈자사라춤 등이 공연되고, 둘째날은 각 마을(44개)마다 마을 신을 모신 미코시 100채 정도가 센소지 경내로 모두 모인다. 마지막날에는 불상을 건진 3사람의 신령을 모신 가마 3채(一の宮, 二の宮, 三の宮)가 경내에서 마을을 순회하는데 사람들과 뒤엉켜 혼란이 극에 달한다. 그때에 신사에서는 덴가쿠(田楽)와 사자춤 등이 연출되는데 덴가쿠는 빈자사라(びんざさら)춤인데, 춤은 씨를 뿌리고 벼를 심고 새를 쫓아내는 동작을 연기한다.

　그 당시 초암을 만드는 데 도와준 10명의 농부가 초암의 완성을 축하하며 그 주위에서 춤춘 것이 빈자사라춤의 시작이라고 한다. 후에 이 농부들은 10명의 풀을 베는 동자(草刈童子)라고 불리었고 짓샤곤겐(十社権現)으로 숭배되었다. 참배자가 많았다고 전해지지만 1873년 신불혼합금지령(神仏混淆禁止令)이 내려져 산자(三社) 경내의 다른 신들과 합치되어 센쇼신사(千勝神社)라 불렀으나, 1945년에 도쿄대공습으로 소실되었다.

　3) 덴진마쓰리
　덴진사이(天神祭)라도도 하는 덴진마쓰리는 학문의 신인 스가와라 미치자네(菅原道真)를 섬기는 오사카덴만궁(大阪天満宮)의 행사이다. 951년 신사 근처의 강가에서 부정함을 가미보코(神鉾)에 의탁하여 흘려 보내고, 도착한 곳에 제단을 쌓고 부정을 씻어내기 위해 목욕재계를 했을 때 주위 사람들이 배를 준비해서 맞이한 것이 마쓰리의 시작이었다.

　현재는 7월 24일 오가와(大川)에서 호코를 흘려 보내는 의례(鉾流神事)로부터 마쓰리가 시작된다. 나무로 만든 가미보코(神鉾)를 든 신동(神童)과 참석자(供奉人) 약 300명의 행렬이 덴만궁을 출발, 옛날 와카마쓰(若松) 마을 강가

에 있는 제사장(祭祀場)으로 향한다. 부정을 제거(水無月の祓い)하는 엄숙한 의식을 치르고 도지마강(堂島川)에서 가미보코를 흘려 보낸다. 이는 마쓰리의 무사와 안전 그리고 마을의 번영을 기원하며 마쓰리의 개막을 알리는 개막식이다.

그날에는 10대 트럭을 2그룹으로 나누어 복제 인형을 태우고 징과 북을 울리면서 오사카 시내를 퍼레이드하면서 마쓰리 분위기를 한껏 북돋운다. 시작을 알리는 힘찬 북소리로 마쓰리의 준비가 완료되었음을 알리고, 사자춤(獅子舞)과 우산춤(傘踊り), 단지리(地車) 등의 순서로 신사에 들어간다.

25일에는 미치자네의 탄생을 축하하는 엄숙한 대제(大祭)를 드리고 봉황의 모습이 새겨진 가마에 덴만궁의 신령을 모신다. 오후 4시경 시작을 알리는 북소리와 함께 신의 행차(陸渡御)가 시작된다. 먼저 왕조풍속의 화려한 의상을 입은 3천명의 대행렬이 「체—사자—(チェ—サジャ—)」라는 구령과 함께 행진하는데 행렬의 제 1진은 모요오시다이코, 가미보코, 단지리, 사자춤 등으로 이어진다. 제2진은 헤이안시대 당시 귀족계급들이 이용했던 우차(牛車)나 수레를 재현한 오하구루마(御羽車)가 50명 정도의 인원에 의해 끌려간다. 이어서 이 행렬의 중심이 되는 스가하라 미치자네의 신령(神靈)을 봉안(奉安)한 가마가 등장한다. 이 가마는 윗부분이 봉황으로 장식되어 있고 고대풍속 그대로 옷을 입은 사람들이 어깨에 매고 행진한다. 제3진은 오토리미코시(鳳神輿)와 다마

미코시(玉神輿)이다. 구령과 함께 높이 치켜 올리는 장면은 박력이 넘친다.

오후 6시가 지나면 대단원인 후나도교(船渡御)가 시작된다. 신사로부터 선박지까지 약 4km를 3000명이 참가한다. 신령을 모신 봉황가마가 선박(御鳳輦船)에 안치된다. 봉안선박(奉安船) 그리고 음악을 연주하는 배, 여러 단체들의 선박(供奉船)들, 가부키배, 분라쿠배, 라쿠고배 등 예능을 상연하는 배들이 함께 덴진다리를 출발하여 오가와(大川)로 향한다. 한편 신령을 맞이하기 위한 선박(奉拝船)이 히쇼린(飛翔檎)에서 출발하여 오가와까지 내려온다. 강변에는 많은 불빛과 등불로 밝혀지고 수백척의 배들이 오가와를 왕래하면서 예능을 선보이며 클라이맥스를 맞이한다. 신을 모신 선박에서는 장엄한 수상제(水上祭)가 시작된다. 다른 배에서는 전통예능이 상연되기도 하고 음악(天神囃子)이 연주된다. 신에게 바치는 불꽃놀이가 시작된다. 신을 모신 가마를 실은 봉안선, 동행한 단체들의 선박은 히쇼다리에서, 신령을 맞이한 선박(奉拝船)은 덴만린(天満檎)에서 되돌아 텐만궁으로 돌아온다. 밤 10시쯤 텐만궁에서는 간고사이(還御祭)가 행해짐으로 감동과 낭만이 넘친 이틀간의 마쓰리가 막을 내리게 된다.

4) 네부타마쓰리

일본의 모든 마쓰리중에서 최대의 인파를 자랑하는 것이 아오모리(青森)의 네부타마쓰리이다. 내부에 불을 밝힌 거대한 수레가 운행하고 참가자 관광객을 합쳐 350만명이 넘는 인파로 장관을 이룬다. 네부타는 잠귀신(睡魔)를 가리키는 말이다. 아오모리현(青森県)에서는 네부타나가시(ねぷた流し)라는 노래도 있고, 아키타현(秋田県)에서는 네부리나가시(ねぶりながし)라고 부르고 있다. 원래 이 행사는 본격적인 가을 추수기를 맞아 농사일에 부지런히 일하도록 졸음을 쫓아내기 위한 의도로 시작되었다.

현재는 졸음을 쫓아버린다는 요소는 사라지고 8월 2일부터 7일까지 행하는 장식행렬 또는 장식물을 네부타라고 한다. 히로사키시(弘前市)에서는 네푸타(ねぷた)라고도 한다. 네부타는 대나무나 철사로

여러 가지 모양의 틀을 만들고 그 위에 종이를 바르고 색칠을 하여 만든 이동식 대형 장식물이다. 종류도 다양해서 무사인형의 모습을 한 인형 네부타, 삼국지 등의 영웅호걸들의 전쟁장면을 그린 부채모양의 네부타 등 크고 화려하다. 네부타가 화려하고 대형화가 된 것은 에도(江戶) 중기부터라고 한다. 처음에는 상자모양보다 조금 큰 제등(提灯)에 소박하게 글자나 그림을 그려 넣고 장대 끝에 달아 어깨에 메고 돌아다녔다. 그러나 시간이 흐름에 따라 대형화되고 그려진 그림도 화려함과 정교함이 경쟁하듯 발전해 오늘날에 이르게 되었다.

매년 8월 2일부터 7일까지 매일 밤 네부타 안에 불을 켜고 시가지를 현란하고 화려한 모습으로 행진한다. 이때 북과 피리가 연주되고 하네토(跳ね人)의 난무(乱舞)가 시작된다. 하네토란 유카타(浴衣)에 삿갓을 쓰고 다스키(たすき)를 한 형태로 네부타의 앞뒤에서 「랏세라-랏세라-」라는 소리와 함께 힘껏 뛰듯이 춤을 추는 사람을 가르친다. 일종의 여장(女裝)이다. 100명에서 많게는 3000명에 이르는 대장관을 이룬다. 의상을 갖추고 저녁 네부타의 운행 전에 입기만 하면 관광객이든 그 고장사람이든 누구든지 상관없이 하네토가 될 수 있다.

마지막 7일에는 모든 장식물과 등불을 강물에 흘려 보낸다. 이는 인간의 액운과 부정을 장식물에 실어 흘려 보내고 심신을 청결하게 하고자 하는 상징성을 지닌다.

3. 현대적 마쓰리

신을 맞이하여 잔치를 베풀고 신을 즐겁게 하는 신앙활동의 하나로서 발생한 것이 마쓰리이다. 그러나 이 축제행사가 현재에는 신앙, 제례라는 종교적 성격이 쇠퇴하고 상업적 또는 집단의 단결 등을 목적으로 하는 마쓰리가 생겨났는데 이를 흔히 현대적 또는 이벤트마쓰리라 부른다.

누군가에 의해 만들어져서 행해지는 이벤트로서의 마쓰리는 근대화 이후 도시로 인구가 집중되면서 지방이 경제적으로 쇠퇴하고 동시에 노령화가 가속화됨에 따라 생겨나게 되었다. 또한 개인별 직능별 분화현상이 심각한 현대사회에서 연대감과 귀속의식을 창출하기 위해 만들어지기도 한다. 따라서 어떤 특정한 목적을 가진 현대적 마쓰리들은 대개의 경우 마을에 대한 애착과 지역경제의 활성화를 목적으로, 관광객 유치 또는 마을 홍보를 위한 다양한 기능으로서의 역할을 담당하고 있다고 할 수 있다.

1) 요사코이마쓰리

고치시(高知市)에서는 매년 8월 9일부터 12일까지 4일간 요사코이마쓰리(よさこい祭り)가 개최된다. 요사코이란 「요사고이(夜さ来い)」로 즉 「(오늘)밤에 오세요」란 뜻으로 고치시 상공회의소가 중심이 되어 경기진흥책의 하나로 시작한 대표적인 이벤트마쓰리이다.

요사코이마쓰리는 나루코(鳴子, 캐스터네츠와 비슷함)를 든 무용수가 요사코이 리듬에 맞추어서 경연장 또는 번화가를 걸으면서 춤을 추는 정열적인 마쓰리이다. 복장은 전통적인 핫피(法被)나 기모노(着物)로부터 현대적인 무대의상까지 다양하다. 리듬도 옛날에는 전통적인 요사코이 리듬이 주류를 이루었지만 최근에는 록, 삼바 등으로 편곡한 현대적인 곡조가 주류를 이루고 있다.

춤도 본오도리(盆踊り) 스타일에서 젊은이들이 대거 참여하는 집단무 형식으로 화려하고 활동적인 춤으로 변화하였다. 보통 1팀당 참가인원이 100명에서 150명 정도로 치열한 경연을 벌인다. 홋카이도의 한 학생이 요사코이 마쓰리를 본 후 "우리 마을에도 마쓰리가 있었으면" 하는 발상에서 홋카이도(北海道) 민요인 소란(ソーラン)리듬을 혼합하여 홋카이도 요사코이 소란마쓰리가 탄생하였다. 특히 젊은이들에게 인기가 있어 도쿄, 사이타마(埼玉), 군마(群馬) 등지에서도 요사코이마쓰리가 행해지고 있다.

나루코는 원래 농작물 해치는 새들을 쫓기 위한 농기구였지만 요사코이마쓰리에서는 양손에 잡고 카

치카치(カチカチ) 소리를 내는 악기로 사용된다.

2) 헤소마쓰리

헤소마쓰리(へそ祭り)의 주역은 뭐라 해도 진기절묘(珍奇絶妙)한 배꼽춤(図腹踊り, 배에 그림을 그리고 추는 무용)이다. 마쓰리에는 특이한 것이 필요하다고 생각한 상인들이 배꼽을 이용한 춤을 만들자고 제안하여 시작된 마쓰리이다. 처음에는 춤추는 사람을 모집하는 것도 힘들어서 젊은이들을 달래서 겨우 11명을 춤추게 했다는 에피소드도 전해진다. 현재에는 이틀간 110단체 5000명의 무용수와 많은 관광객이 찾아오는 대표적인 홋카이도 후라노시(北海道富良野市)의 여름 마쓰리로 발전하였다.

헤소마쓰리는 1969년 7월에 제정된 후라노 시민헌장 중에 「우리들은 홋카이도의 중심부에 있는 후라노 시민이다」라는 문장이 계기가 되었다. '모든 사물에는 중심이 있고 인체에도 중심이 있는데 이는 배꼽이다'라고 생각하여, 이것을 장래의 관광내지는 상업발전과 연관시킬 수 없을까 해서 만들어진 것이 헤소마쓰리이다.

헤소마쓰리에는 몇가지의 규칙이 있다. 그중 하나가 개최일이다. 대개의 경우 이벤트나 마쓰리는 토, 일요일이라는 형편에 맞추어 날짜가 결정된다. 헤소마쓰리도 처음에는 8월 15일이었지만 3회 이후부터는 7월 28일, 29일로 결정하여 지금까지 지켜져 오고 있다.

헤소마쓰리는 배에 그림을 그리고 삿갓을 쓰고 손은 삿갓을 잡은 채로 춤을 추는 마쓰리이다. 그림(図腹)의 종류도 다양한데 당당하고 뚱뚱한 배, 홀쭉한 배, 작은 배, 길고 가는 배 등등 여러 가지가 있고 그려진 얼굴도 가부키의 영웅, 애니메이션의 주인공, 미인화 등 다채롭다.

그림을 그리는 순서를 보면

① 우선 가슴부터 배꼽 아래까지 하얀 유성(油性)분을 바른다.
② 그 위에 전체적으로 분을 바른다.
③ 검은 포스터 칼라로 입, 목, 코 등을 그린다. 어떤 사람의 배라도 배꼽이 입에 해당되도록 그리는 것이 포인트이다.
④ 손이나 헝겊 등을 사용하기도 하여 빨강색, 파랑색, 노랑색, 분홍색 등의 포스터 칼라로 화려하게 색을 칠해 완성한다.

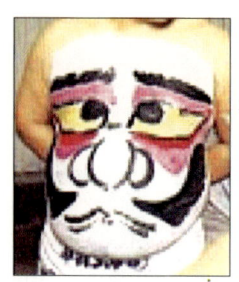
　또한 헤소마쓰리의 정신적 기둥이 되는 헤소신사(へそ神社)에는 생명의 상징인 탯줄을 안치하고 탄생과 성장, 건강, 번영, 행복 등을 기원하고 있다. 군마현 시부카와시에서도 1983년 후라노시의 마쓰리를 보고 헤소마쓰리를 시작하였다. 시부카와시는 일본 본토의 중심부에 있는 도시이므로 헤소와 관련시켜서 마쓰리를 하고 있다.

3) 시텐노지 왓소마쓰리

　시텐노지(四天王寺) 왓소(ワッソ)마쓰리는 고대 동아시아 나라들의 국제교류를 영웅·위인들의 모습을 통해 우아하게 재현한 것이다. 「왓소」라는 말은 한국어의 「왔다」라는 의미로 일본에서 마쓰리를 할 때 가마를 메고 「왓소이(ワッショイ)」라고 힘찬 구령소리를 내는데, 이것이 한국어의 「왔소」가 어원이라고 한다.

　행사는 11월 3일 문화의 날(文化の日)에 오후 1시부터 4시까지 수천명의 행렬을 중심으로 이루어진다.

　마쓰리는 신라 백제 고구려부터 조선시대까지의 각시대의 인물로 분장한 수천명이 다니마치 거리에서부터 시텐노지까지 행진하는 것이다. 행진은 쇼토쿠태자(聖德太子)에게 불교를 전해 준 고구려의 고승 혜자(慧慈)를 선두로, 가야의 우륵, 일본에 문자를 전해 준 백제의 왕인박사, 삼국을 통일한 김춘추 등 각시대의 위인들과 영웅들을 비롯하여 발해, 중국의 남북조를 통일한 수나라의 배세청(裵世淸), 조선시대의 세종대왕, 그리고 조선통신사의 인물들이 행진한다. 장대한 행렬은 쇼토쿠태자를 비롯한 일본을 대표하는 문부대신, 만요(万葉)시인 가키노모토 히토마로(柿本人麻呂) 등의 영접을 받으며 시텐노지에 도착하면 끝난다.

　시텐노지 왓소마쓰리의 상징은 길이가 12미터에 이르는 일본 최대의 배수레이다. 이 배수레는 고대 동아시아를 항해하는 데 사용된 것을 재현한 것이다. 또한 사물놀이패가 등장하여 행렬의 화려함을 더해 주는 것은 물론, 우주 만물의 리듬을 자유롭게 조절하여 듣는 사람들의 육체와 영혼을 고대의 세계로 인도한다.

　조선통신사와 관련된 마쓰리로는 쓰시마섬의 아리랑 마쓰리가 있다. 8월 중순경에 열리는 이 마쓰리는 조선통신사가 쓰시마섬을 경유하여 일본 본토에 상륙하였던 것을 기념하여 당시 통신사의 행렬을 재현한 것이다.

V. 대표적인 마쓰리

일본의 대표적인 마쓰리

계절	행 사 명	일 시
봄	나라 동대사 2월당 오미즈토리(奈良東大寺二月堂お水取)	3월 1일 ~ 14일
	아오이마쓰리(葵祭)	5월 15일
	산자마쓰리(三社祭)	5월 17일 ~ 18일
	수미요시대사의 모심기 마쓰리(住吉大社お田植祭)	6월 14일
	홋카이도 요사코이마쓰리(北海道Yosakoiソーラン祭)	6월 셋째 주말
여름	교토의 기온마쓰리(京都祇園祭)	7월 1일 29일
	오사카 덴진마쓰리(大阪天神祭)	7월 24일 ~ 25일
	아오모리현의 네부타(青森ねぶた, 弘前ねぶた)	8월 1일 ~ 7일
	고치시의 요사코이마쓰리(高知よさこい祭)	8월 9일 ~ 12일
	센다이 칠석(仙台七夕)	8월 6일 ~ 8일
	아와오도리(阿波踊り)	8월 12 ~ 15일
가을	나가사키 군치(長崎くんち)	10월 7일 ~ 9일
	오츠마쓰리(大津祭)	10월 9일 ~ 10일
	나다의 싸움 마쓰리(灘のけんか祭)	10월 14일 ~ 15일
	시대마쓰리(時代祭)	10월 22일
	덴노지 왓소마쓰리(天王寺ワッソ祭)	11월 3일
겨울	묘겐궁 대제(妙見宮大祭)	11월 21일
	다카치호 밤 가구라(高千穂の夜神樂)	11월 중순 ~ 2월 중순
	가스가 와카미야마쓰리(春日若宮おん祭)	12월 15일 ~ 18일

【용어사전】

◇ 야마보코

야마(山)와 호코(鉾)를 가리키는 말이다. 산(山)의 형태에 소나무를 세워둔 수레를 야마라고 하고 신의 계신 자연의 산을 상징한다.

호코(鉾)에 관해서는 당초 무기인 창으로부터 왔다고 하지만 어떤 과정을 거쳐 현재의 형태로 되었는지는 기록에 남아있지 않다. 또한 야마보코가 동북지방으로 올라갈수록 변화하여 제등 또는 네부타로 변화하였다고 한다. 현재와 같은 야마보코가 등장한 것은 남북조시대(南北朝時代)부터이다. 당시는 전란으로 인한 무정부상태가 계속되었기 때문에 각 마을마다 공동체를 결성하여 스스로 방어를 하였다. 그런 가운데 기온마쓰리의 야마보코에 역병신(疫病神)을 퇴치한다는 의미와 함께 신을 환영하고 환송한다는 의미가 부가되었다. 그리고 신을 기쁘게 하기 위해 인형이라든지 음악 예능의 요소가 첨가되기도 하고 미술공예품을 사들여 기온마쓰리때 장식하기도 하지만 공동체의 결속과 힘을 과시하기 위한 방편으로도 이용되었다.

◇ 빈자사라

빈자사라는 길이 15.15센티미터 폭 3.03센티미터 두께 0.61센티미터의 작은 판 108개를 윗부분을 끈으로 묶은 것이다. 전체길이는 167.88센티미터 정도이다. 좌우 양쪽에 손잡이가 달려 있고 검은 옻칠이 되어 있다. 108개의 판자는 염주의 수와 동일하게 108번뇌를 의미한다.

이것을 U자 모양으로 구부릴 때 108개의 작은 판자들이 부딪쳐「샤랏샤랏」이란 소리를 낸다.

빈자사라의 어원은 작은 판자가 부딪칠 때「사라사라」라는 소리를 내기 때문에 헨사라사라 축약되고 다시 빈자사라로 바뀐 것이라는 어원설과 티벳어의 빈자사아라(ビンザザーラ)에서 온 것이라는 어원설도 있다.

◇ 미코시(御輿)와 다시(山車)

미코시는 신을 모신 작은 가마라고 할 수 있다. 크기는 각 마쓰리마다 다르지만 대개의 경우 10명 정도가 멜 수 있는 것부터 크게는 100여명이 메어야 할 정도의 가마도 있다. 모양은 작은 신전모양을 하며 화려하게 장식한다. 그 안에는 신의 분령(分靈)이 모셔져 있는데 기온마쓰리의 경우는 거울이 들어가 있다.

다시는 마쓰리를 할 때 북, 피리, 징 등을 연주하는 악사들이 타며, 지붕을 씌우고 그 위에 창 모양을 만들어 꽂기도 한다. 다시에는 바퀴 4개를 달아 많은 사람들이 끌고 다닌다. 높이는 5, 6미터에서 20미터에 이르는 것도 있다고 한다. 또 다른 이름으로는 단지리라고 하며 간사이(関西) 지방에서는 다시라고 한다.

◇ 피리, 북, 징

마쓰리에 사용되는 대표적인 악기로는 피리, 북, 징 등을 들 수 있다. 신에게 바치는 예능이나 가무(歌舞)에도 반주악기로 사용되었으며 선율의 대부분을 피리가 담당한다. 특히 징이나 북 소리가 이 세상의 사람과 저 세상의 신을 연결해 주는 효과가 있다고 생각하기도 하였고 악령이나 해로운 곤충 등을 쫓아낸다고 믿었다. 기온마쓰리에서 사용하는 피리, 북, 징의 음악은 악령을 퇴치하는 효능이 있다고 믿었다.

◇ 불(火)

마쓰리의 중요한 요소 중 하나가 불이다. 어두움은 신의 세계라고 여겼다. 그래서 많은 마쓰리가 밤에 제사를 드린다. 이때의 불은 신의 내방(來訪)을 안내하는 역할과 동시에 머무를 장소를 알려주는 수단이기도 하다. 또한 불에 의해 신의 신비성이 더욱 강조되고, 신을 향한 인간의 마음을 정화시켜 주는 기능도 한다.

10. 힘과 기를 겨루는 전통스포츠 스모

김용의

Ⅰ. 스모는 일본의 국기인가
Ⅱ. 스모는 어떻게 발전해 왔는가
Ⅲ. 혼바쇼는 어떻게 운영되는가
Ⅳ. 리키시들은 어떤 생활을 하는가
Ⅴ. 스모의 국제화는 가능한가

I. 스모는 일본의 국기(国技)인가

1. 스모라는 말의 어원

스모(相撲)는 일본의 국기로 정착하였다. 스모는 대중 스포츠임에 분명하다. 그러나 스모를 진행하는 방식, 스모하는 사람의 차림새, 스모를 하는 공간 구조 등이 독특함을 볼 때, 승부만을 겨루는 단순한 스포츠가 아닌 듯하다. 일본의 전통문화로서 스모가 갖는 의미를 이해하기 위하여 스모의 의례적 성격, 스모의 기원 및 역사적 변천과정, 혼바쇼(本場所)의 운영방식, 도효(土俵)의 구조, 리키시(力士)의 생활과 계급 등을 중심으로 고찰하기로 한다.

스모는 보통 도효라 부르는 공간에서 리키시라 부르는 스모 선수들이 힘과 기술을 발휘하여 승부를 가르는 스포츠이다. 승부를 가르는 방법은 둥근 원 밖으로 나가거나 발바닥 이외의 신체 부분이 지면에 먼저 닿는 쪽이 진 것으로 한다.

한자로는 상박(相撲)이나 각력(角力)으로 표기하고 일본어로 스모(すもう)라 읽는다. 이 말은 어원적으로 「지지 않으려고 버티다」 「다투다」 「서로 겨루다」 등을 뜻하는 일본어 동사인 스마우(すまふ)에서 비롯되었다.

흔히 스모를 일본의 국기로 생각하기 쉬우나 스모가 공식적으로 일본의 국기로 지정되어 있는 것은 아니다. 1909년에 도쿄의 료고쿠(両国)라는 곳에 스모를 하기 위한 전용경기장이 건립되었다. 그 경기장 이름을 국기관(国技館)으로 부른 것이 스모를 국기로 인식하게 된 발단이다. 그 후 사람들 사이에서 자연스럽게 스모는 일본의 국기라는 인식이 점점 확산되어 오늘날에 이르고 있다.

2. 스포츠인가, 의례인가?

일본인뿐만 아니라 외국인들까지 스모를 일본의 국기로 인식하게 된 배경에는 스모가 전통스포츠로서 의례적 성격이 강하다는 점과 깊은 관련이 있다. 스모는 일본에서 대중적으로 인기 있는 스포츠임에 분명하다. 그렇지만 야구나 축구와 같은 대중 스포츠와는 달리, 오랜 역사를 통하여 일종의 의례에 가깝게 고도로 양식화된 전통스포츠이다. 스모 경기를 진행하는 과정을 지켜보면 마치 종교적 의례를 집행하는 듯하다. 이 의례적 양식성이야말로 다른 스포츠와 비교할 때 스모가 지닌 가장 큰 특징 중의 하나이다.

▲ 메이지신궁에서 열린 요코즈나의 도효이리 의식

　우선 리키시들이 스모를 겨루는 씨름판인 도효의 공간구조가 매우 독특하고 양식화 되어 있다. 또한 리키시가 승부를 겨루기 위해 준비하는 과정부터 승부가 끝날 때까지 보여주는 동작 하나 하나에서 매우 절제된 의례성을 느낄 수 있다. 리키시에게 스모의 승부와는 상관없이 가능한 한 감정을 밖으로 드러내지 않도록 요구하는 것도 이 때문이다. 리키시뿐만이 아니라 스모를 진행하는 심판에 해당하는 교지(行司)의 복장이나 경기 진행방식을 보아도, 스포츠 경기의 심판이라기보다 의례를 집행하는 사제(司祭)를 연상케 한다.

3. 스모와 민간신앙

　스모는 역사적으로 일본의 민속신앙과 깊은 관련이 있다. 일본의 농촌에서 그 해의 농사가 풍년이 들지, 흉년이 들지 점쳐 보는 민속행사를 도시우라(年占)라 하는데, 민간에서는 이 도시우라의 일환으로 스모를 행하기도 하였다. 유명한 사례로 「히토리 스모(一人相撲)」를 들 수 있다.

　히토리 스모란 말 그대로 혼자서 하는 스모이다. 불과 얼마 전까지만 해도 에히메(愛媛) 현 게요제도(芸予諸島)의 오미시마(大三島) 지역에서는 인간이 가상의 신을 상대로 혼자 스모를 하는 히토리 스모가 거행되었다.

　이 스모는 일종의 연극적 퍼포먼스로, 처음부터 신의 승리로 끝나도록 정해져 있다. 그 배경에는 신을 기쁘게 함으로써 풍년을 보장받는다는 민간신앙이

자리하고 있다. 오늘날에도 일본 각지의 신사(神社)에서 제례(祭礼)를 행할 때에 스모를 봉납(奉納)하는 경우가 많다. 한 예로 시즈오카시의 하치만 산(八幡山)에 위치한 하치만 신사에서는 매년 8월 15일의 제례에 스모를 봉납한다. 신에게 스모를 봉납함으로써 원하는 바를 성취할 수 있다고 믿기 때문이다. 이처럼 스모와 민간신앙과의 관계는 스모를 깊이 이해하고자 할 때 빠뜨릴 수 없는 요소이다.

II. 스모는 어떻게 발전해 왔는가

1. 스모는 농경의례에서 출발

문헌에 등장하는 일본 스모의 기원에 관하여 논할 때에 흔히『고사기(古事記)』(712)와『일본서기(日本書紀)』(720) 속에 나타난 기록을 예로 든다.『고사기(古事記)』의 신화 속에는 다케미나카타노 미코토(建御名方命)와 다케미가즈치노 미코토(建御雷命)라는 두 신이 지금의 시마네(島根) 지방에서「힘겨루기」를 하였다는 기록이 있다. 그리고『일본서기』에는 스이닌(垂仁)천황 시대에 노미노스쿠네(野見宿禰)와 다이마노게하야(当麻蹴速)라는 두 장사가 천황이 보는 앞에서「힘겨루기」를 하였다는 기록이 보인다.

이들 문헌에 나타난 이른바「힘겨루기」란 오늘날의 격투기에 가까운 형태이다. 지금 우리가 보고 있는 스모와는 많은 차이가 있으나, 일본에서는 이들 문헌에 나타난「힘겨루기」를 스모의 원형으로 보는 것이 통설처럼 되어 있다.

스모의 역사적 기원과 관련하여 관심을 끄는 것이 농경의례설이다. 스모는 원래 일본의 민간에서 농사의 풍년을 기원하고 점쳐 보는 농경의례로 출발했을 것이란 주장이다. 동아시아 지역에서 널리 행해진 줄다리기와 마찬가지로 스모도 처음에는 농경의례의 일환으로 행해졌다는 것이다. 앞서 소개한 도시우라의 경우가 대표적이다. 이 농경의례설은 스모 연구자들 사이에서 폭넓은 지지를 받고 있다.

▼ 노미노스쿠네와 다이마노게하야의 스모

2. 헤이안시대의 스모세치에

스모의 역사를 고찰하는 데 있어 빠뜨릴 수 없는 것이 헤이안시대의 스모세치에(相撲節会)이다. 세치에(節会)란 천황이 절일(節日)이나 중요한 의식을 행할 때에 신하들을 궁정으로 불러들여 벌인 잔치를 말한다. 스모는 세치에의 하나로 중요한 위치를 차지하였으며 여러 문헌에 스모세치에 관한 기록이 남아 있다.

▲ 스모세치에 그림

『속일본기(續日本紀)』(797)에는 734년 칠석(七夕)에 조정에서 스모세치에가 열렸다는 기록이 있으며, 일반적으로 이를 스모세치에의 효시로 보고 있다. 스모세치에가 열릴 무렵에는 미리 궁정의 좌우 근위부(近衛府)에서 고토리노쓰카이(部領使)라 부르는 사신을 지방으로 내려보내서 스모세치에 출전할 힘센 장사를 선발하여 미리 훈련을 하도록 하였다.

스모세치에는 주로 시신덴(紫宸殿)이라는 궁전 앞에서 거행되었다. 스모세치에는 황족부터 참의(参議) 이상의 귀족들이 다 모인 가운데 매우 성대하게 치러졌다. 왜냐하면 천황의 위상을 확인시키고자 하는 정치적인 의도가 작용했기 때문이다. 즉 스모세치에는 많은 사람들에게 천황의 중앙권력을 강화하고 확인시킬 목적으로 행해진 일종의 정치적 퍼포먼스로서의 성격을 지니고 있었다.

따라서 천황에게 충성을 맹세토록 하는 여러 의례적 장치가 준비되었다. 예를 들어 스모세치에를 거행할 때 리키시들이 스모를 겨루기 전에 차고 있던 칼을 풀고 입고 있던 옷을 벗어 두는 의례적 절차가 있었다. 이 의례적 절차는 말하자면 천황 앞에서 무장해제를 하고 충성을 맹세하는 의례적 퍼포먼스라는 해석이 가능하다. 이 때문인지 일본의 역사에서 천황의 권력이 쇠퇴함에 따라 스모세치에도 점점 행해지지 않게 되었다. 스모세치에는 1174년 다카구라(高倉)천황 때를 마지막으로 역사에서 사라지게 된다.

흥미로운 것은 시대가 바뀌고 스모의 성격이 크게 변했음에도 불구하고, 오늘날까지 스모의 정치적인 상징성이 일부 이어져 오고 있는 점이다. 지금도 도쿄의 료고쿠(両国)에 있는 국기관에는 천황을 위한 전용 좌석이 마련되어 있다. 1월에 여기서 열리는 스모대회에는 천황이 참석하여 관람한다. 천황이 참석하여 관람하는 스모를 가리켜 특별히 덴란스모(天覧相撲)라 부른다.

3. 병사들의 신체단련을 위한 무술

특히 일본의 중세에는 스모가 병사들의 신체단련을 위한 무술로 중요하게 여겨졌다. 이 시대에 권력을 쥔 무장들은 이러한 목적에서 스모를 널리 장려하기에 이르렀다. 중세 가마쿠라시대의 초대 쇼군(將軍)이었던 미나모토 요리토모(源賴朝)는 스모를 장려하여, 쓰루오카하치만(鶴岡八幡宮) 신사에서 스모대회를 개최하였다는 기록이 남아 있다.

우리들에게도 많이 알려진 전국시대의 오다 노부나가(織田信長)나 도요토미 히데요시(豊臣秀吉)도 스모 애호가로 유명하다. 오다 노부나가는 1570년에 조라쿠지(常楽寺) 절에서 조란스모(上覧相撲)를 개최하였으며, 1578년에는 아즈치성(安土城)에서 개최하였다는 기록이 있다. 조란스모란 쇼군이 참석하여 관람하던 스모를 말한다. 조란스모를 개최한 배경에는 병사들의 신체단련을 위한 목적 이외에도 다분히 쇼군의 정치적 의도가 작용하고 있었다. 즉 스모세치에 담긴 정치적 의도의 연장선상에서 해석할 수 있다. 천황을 대신하여 군사적인 실권을 장악한 쇼군이, 이전의 스모세치에서 천황이 의도했던 정치적인 상징성을 이번에는 자신의 권력을 강화하고 확인시키기 위한 퍼포먼스로 이용했던 것이다.

4. 간진즈모

전국시대를 거쳐 에도시대(1603 ~ 1867)에는 간진즈모(勧進相撲)가 성행하게 되었다. 간진(勧進)이란 원래 불교용어로, 신사나 절의 건립 및 수리에 필요한 자금을 염출(捻出)하기 위하여 여는 행사란 의미이다. 이를 목적으로 여는 스모를 간진즈모라 한다.

그러나 시대가 변함에 따라 차츰 간진이라는 본래의 목적과는 상관없이, 간진을 명분으로 하여 흥행만을 목적으로 한 상업적 성격의 스모가 많이 행해지게 되었다. 간진즈모의 사무를 관장하거나 리키시의 양성을 담당하던 사람을 도시요리(年寄)라 불렀는데, 일본어로 노인을 뜻하는 「도시요리」라는 말은 여기서 유래했다고 한다.

이 시대에는 흥행을 목적으로 한 여자 스모(女相撲)가 자주 행해지기도 했다. 여자 스모는 승부를 가리는 스포츠라고 하기보다는 관중들에게 보여주기 위한 연희적인 성격을 띤 스모였다. 거구의 여자가 체격이 작은 남자를 상대로 스모를 하거나 여자들끼리 스모를 하여 관중들의 웃음을 자아내곤 하였다. 이 같은 장면은 일본의 풍속화에 그려지기도 하였다.

5. 근대적 스모의 출발

메이지유신(1868)을 맞이하면서 일본의 스모도 크게 변모하였다. 특히 문명개화를 목표로 한 서구적인 사고가 지배하였던 메이지 초기에 스모가 큰 위기에 직면하였다. 왜냐하면 스모는 「야만스런 스포츠」 「벌거벗고 추는 춤」이라는 서구인들의 인식이 그대로 일본인들 사이에도 반영되었기 때문이다. 일본의 스모는 신사에서 봉납스모와 같은 형태로 거행함으로써 겨우 위기를 넘길 수 있었다.

봉납스모란 신사에서 제례를 올릴 때에 바쳐지는 스모를 말한다. 예를 들면 1869년에 야스쿠니(靖国)신사 앞의 광장에서 스모를 봉납하기도 하였다. 이 야스쿠니신사는 해마다 8월이면 일본 각료들의 공식참배 여부로 잘 알려진 신사이다. 이후 야스쿠니 신사에서는 봄과 가을의 제례에 정기적으로 스모를 봉납하게 되었다.

이 시기에 일본의 스모가 쇠퇴하지 않고 이어질 수 있었던 다른 요인으로는 유력한 스모 애호가들의 후원을 꼽을 수 있다. 특히 사이고 다카모리(西鄕隆盛)나 이토 히로부미(伊藤博文)와 같은 유력한 스모 애호가들의 후원이 큰 힘이 되었다고 한다. 이 두 사람은 정치가로서 뿐만 아니라 스모 애호가로도 유명하다.

스모가 위기에 직면한 한편으로 일본의 근대화를 거치면서 스모는 많은 것들이 정비되었다. 지금 행해지고 있는 스모는 대부분이 이 시기에 제도적으로 정비되었으며, 특히 이 시기에는 스모에 반영된 일본의 내셔널리티라는 문제를 주목할 필요가 있다.

즉 스모는 일본의 국기라는 인식이 생겨났으며, 일본의 전통문화의 한 장르라는 인식이 확산되기에 이른다. 오늘날 일본에서 스모가 커다란 인기를 누리고 있는 배경에는 주로 이 시기에 형성된 일본의 내셔널리티가 크게 작용하고 있음을 부인할 수 없을 것이다.

Ⅲ. 혼바쇼는 어떻게 운영되는가

1. 혼바쇼와 도리쿠미

혼바쇼(本場所)란 일본스모협회가 개최하는 공식적인 스모대회를 말한다. 보통 오즈모(大相撲)라 부르기도 한다. NHK의 위성중계나 케이블 TV에서 보여주는 것이 이 혼바쇼이다. 리키시들은 이 혼바쇼에 출전하기 위해서 평소에 혹독한 훈련을 쌓는다.

혼바쇼는 모두 15일간의 일정으로 진행된다. 일년 중 홀수 달에 한해 모두 여섯 번 개최한다. 혼바쇼의 명칭은 계절이나 개최되는 지역의 이름을 따서 부르는 것이 관례이다. 1월에 도쿄에서 처음 열리는 하쓰바쇼(初場所), 3월에 오사카에서 열리는 하루바쇼(春場所), 5월의 나쓰바쇼(夏場所, 東京), 7월에 나고야바쇼(名古屋場所), 9월에 도쿄에서 아키바쇼(秋場所), 11월의 규슈바쇼(九州場所) 등이다. 즉 도쿄와 지방도시를 번갈아가며 개최한다.

혼바쇼가 열리는 15일 동안에 서로 대진할 리키시를 정한 대진표나, 대진하는 일 자체를 가리켜 도리쿠미(取組)라 부른다. 첫째 날과 둘째 날의 도리쿠미는 보통 혼바쇼가 열리기 이틀 전에 미리 짜 놓는다. 그리고 셋째 날 이후의 도리쿠미는 그 전날에 짜서 당일에 발표하는 것이 원칙이다. 이 도리쿠미를 인쇄한 것을 「와리」라 하며, 도리쿠미는 도리쿠미 편성회의에서 정한다. 도리쿠미를 짜는 기준은 기본적으로 비슷한 계급의 리키시끼리 대진할 수 있도록 한다. 그렇지만 마에가시라(前頭) 이상의 계급이 겨루는 마쿠노우치(幕內) 스모에서는, 계급이 낮을지라도 요코즈나(橫綱)나 오제키(大関)와 같은 최상급의 리키시와 대진할 수 있다.

▼ 혼바쇼가 열리기 전에 도효를 만들고 있는 모습

도리쿠미에 있어 중요한 원칙 중의 하나가 같은 소속팀(이를 「스모베야(相撲部屋)」라 함)에 속한 리키시끼리는 대진하지 않는다는 규정이다. 이 때문에 실력 있는 리키시를 많이 보유하고 있는 스모베야는 유리할 수밖에 없다. 실제로 스모의 명문(名門)으로 알려진 후타고야마 베야(二子山部屋)의 경우, 실력 있는 리키시가 많이 소속하고 있어 도리쿠미에서 유리한 위치에 있다. 같은 스모베야에 속한 리키시가 대진하게 되는 경우는, 두 리키시의 15일 동안의 승률이 같아서 우승자를 정할 수가 없어 다시 결승전을 치르는 경우에 한한다.

2. 도효 만들기와 도효마쓰리

우리가 스모를 관람할 때 스모의 승부 못지 않게 관심을 끄는 것이 한국의 씨름판에 해당하는 도효이다. 이 도효는 혼바쇼가 끝나면 바로 철거하고 다음 혼바쇼가 열릴 때마다 새로 만들도록 되어 있다. 도쿄의 국기관에서 열리는 하쓰바쇼의 경우를 예로 들면, 혼바쇼가 시작되기 오륙일 전에 요비다시(呼出し)라 부르는 사람들이 사흘 걸려서 도효를 만든다. 요비다시란 혼바쇼 기간 동안 도효 위에서 동서 양쪽의 리키시 이름을 크게 부르는 역할을 맡은 사람이다. 이들이 도효를 만드는 중요한 일도 맡고 있다.

도효 만들기가 끝나면 혼바쇼가 시작되기 전날, 오전 10시부터 도효마쓰리(土俵祭)라 부르는 제사를 지낸다. 이 도효마쓰리는 리키시가 도효 위에서 부상당하지 않고, 혼바쇼 기간 중에 스모가 평안하게 진행되기를 신에게 기원하는 제사이다. 도효 위에서 군바이(軍配)라는 부채를 들고 스모를 진행하며 직접 판정을 내리는 사람을 교지라 하는데, 교지 중에서 가장 지위가 높은 다테교지(立行司) 한 사람과 그 밑의 와키교지(脇行司) 두 사람이 사제가 된다. 이 때 스모협회의 이사장, 심판부장, 심판위원도 참가하지만, 도효 위에 올라갈 수 있는 것은 다테교지와 와키교지이고, 다른 사람들은 밑에서 지켜본다.

도효마쓰리의 절차를 살펴보면, 먼저 교지가 도효 위에 가는 막대에 흰 천을 단 일곱 개의 제구(祭具)를 꽂는다. 다음에 제문을 읽고 도효의 네 귀퉁이에 자리한 사신(四神)에게 술을 바친다. 이어서 도효의 한가운데에 미리 뚫어놓은 구멍 속에 밤, 비자나무 열매, 다시마, 마른 오징어, 쌀, 소금 등 여섯 가지 제물(祭物)을 묻는다. 마지막으로 요비다시가 격렬하게 큰북을 두드리며 도효를 세 바퀴 돈다.

도효와 관련하여 매우 흥미로운 것은 이 도효에 여자가 올라가서는 안 된다는 금기(禁忌) 사항을 엄격하게 지키고 있는 점이다. 여자가 올라가서는 안 되는 이유

▼ 도효마쓰리

는 혼바쇼가 열리는 동안의 도효가 신이 거주하는 신성한 공간으로 간주되기 때문이다. 즉 신성한 공간이므로 달마다 월경(月經)을 하는 여자가 올라가면 부정을 탄다고 믿기 때문이다.

3. 도효의 지붕구조

혼바쇼가 열리는 동안 도효의 위를 보면 천장에 지붕이 하나 매달려 있다. 이를 일본어로 쓰리야네(吊り屋根)라 부른다. 신메즈쿠리(神明造り)라 부르는 일본의 전통가옥의 지붕을 흉내낸 양식이다. 이는 일본 천황가의 조상신을 모셔놓은 이세신궁(伊勢神宮)의 지붕과 같은 양식이다. 이 지붕은 국기관에서 스모 이외의 행사가 열릴 경우에는 보이지 않게 위로 올려놓는다.

원래는 지붕 밑의 네 귀퉁이에 기둥이 세워져 있었으나 1952년부터 기둥을 없앴다. 그 이유는 TV중계에 방해가 되기 때문이었다. 리키시들이 스모를 겨루는 장면이 기둥에 가리어 카메라에 제대로 담을 수가 없었기 때문이라고 한다. 그리고 리키시가 기둥에 부딪쳐 부상당할 염려가 있다는 것도 그 이유였다. 기둥을 없앤 대신에 지붕의 네 귀퉁이 밑에 네 가지 색깔로 된 커다란 수술을 늘어뜨려 놓았다. 즉 청색, 주색, 백색, 흑색으로 된 수술이 매달려 있다. 이 수술들은 각각 사신도(四神図)에 등장하는 청룡(青龍)·주작(朱雀)·백호(白虎)·현무(玄武)를 상징한다. 그리고 청춘(青春)·주하(朱夏)·백추(白秋)·현동(玄冬)이라는 사계절과도 대비되며, 동서남북이라는 방위(方位)를 나타내기도 한다. 물론 이 같은 사신(四神)신앙이나 방위설에 근거한 해석은 근대기에 도효가 정비되어 가는 과정에서, 스모에 역사적인 의미를 부여하기 위하여

▼ 도효 위에서 리키시들이 준비운동을 하고 있다

덧붙여진 해석이다. 따라서 원래부터 도효에 이 같은 상징적인 의미가 담겨져 있었다고 보기는 어렵다. 왜냐하면 에도(江戸)시대 초기까지만 해도 구경꾼들이 모여서 둥근 원을 만들고 그 안에서 스모를 했다는 기록이 있으며, 그 이전에는 지금과 같은 도효는 존재하지도 않았기 때문이다.

같은 맥락에서 눈길을 끄는 것이 음양오행설에 근거한 미즈히키마

(水引幕)의 존재이다. 미즈히키막은 불전(佛前)이나 무대 등에 둘러치는 막을 말한다. 혼바쇼에서는 천장에 매달린 지붕 바로 밑에 둘러쳐 놓는다. 보라색 바탕에 일본스모협회의 문장(紋章)인 벚꽃이 새겨져 있다. 여기에는 물의 기운으로 불의 기운을 누른다는 상징적인 의미가 담겨 있다고 한다. 즉 리키시들의 스모가 과열하여 불의 기운이 지나치게 강성해지면 사고가 일어날 수 있으므로, 이를 방지하기 위하여 물의 기운을 나타내는 「미즈히키막」을 둘러친다는 것이다. 이 같은 해석도 후대에 스모를 양식화해 가는 과정에서 누군가 의미를 부여하기 시작한 결과라 볼 수 있을 것이다.

4. 도효의 경계선

스모의 승부를 정하는 데 중요한 역할을 하는 경계선은 「다와라(俵)」를 묻어서 표시한다. 「다와라」란 한국어로 가마니란 뜻으로, 스모에 쓰이는 가마니는 보통 쌀가마의 3분의 1 정도의 작은 가마니에 흙과 모래와 작은 자갈을 섞어 넣어서 만든다. 스모를 관전할 때 참고로 알아두면 도움이 되는 도효의 경계선에는 다음과 같은 것들이 있다.

- 승부 다와라(勝負俵) : 승부를 가리기 위해 둥글게 만든 원을 승부 다와라라고 한다.
- 도쿠 다와라(德俵) : 승부 다와라를 자세히 보면 둥근 원을 이루는 경계선보다 약간 뒤쪽으로 네 개의 다와라가 나와 있는 것을 알 수 있다. 이를 도쿠 다와라라고 하며, 원래 스모가 야외에서 행해질 때에 빗물이 고이면 밖으로 쓸어낼 목적으로 만들었다고 한다.
- 우치 다와라(內俵) : 승부 다와라 중에서 도쿠 다와라(德俵)를 뺀 부분을 말한다.
- 소토 다와라(外俵) : 승부 다와라의 바깥쪽에 정방형으로 묻어둔 다와라를 말한다. 이 중에서 네 귀퉁이에 묻은 네 개를 특히 쓰노 다와라(角俵)라 한다.
- 시키리 선(仕切り線) : 도효의 중앙에 그어져 있는 두 개의 폭이 넓은 흰 선을 말한다. 선과 선 사이는 70cm로, 리키시는 이 선에서 상대방에게 달려들기 위한 준비동작을 취한다.
- 자노메(蛇の目) : '뱀의 눈' 이란 뜻으로 둥근 원의 바깥쪽에 25cm 정도의 폭으로 모래를 깔아 놓은 부분이다. 스모를 할 때에 리키시의 발이 밖으로 나갔는지 여부를 확인하기 위하여 설치하였다.

5. 반즈케의 발표

혼바쇼가 끝나면 리키시들의 성적에 따라 새로 계급을 정하는데, 이들 리키시의 계급을 순서대로 적어 놓은 표를 가리켜 반즈케(番付)라 한다. 반즈케는 일본스모협회의 공식기관인 반즈케 편성회의에서 정한다. 반즈케는 리키시의 이름, 계급, 출신지 등을 계급순에 따라서 동서 양쪽으로 위에서 아래로 다섯 단으로 나누어 적는다. 이 때 계급이 높은 리키시의 이름을 가장 크게 적고, 아래로 갈수록 글씨가 작아진다. 같은 계급의 리키시가 동서 양쪽에 위치하게 되는 경우, 동쪽에 상위의 리키시 이름을 적는다.

IV. 리키시들은 어떤 생활을 하는가

1. 스모베야와 리키시 입문

리키시가 되기 위해서는 일본스모협회가 정해 놓은 규정을 충족시켜야 한다. 즉 의무교육을 마친 23세 미만의 남자, 키 173㎝ 이상, 몸무게 75kg 이상이라는 세 가지 조건을 갖추어야 한다. 특히 키와 몸무게는 리키시가 갖추어야 될 최소한의 신체조건을 말해 주는 것이다. 리키시는 반드시 어느 특정한 스모베야(相撲部屋)에 소속해야만 한다. 스모베야란 리키시들이 오야카타(親方)라 부르는 스승 밑에서 함께 기거하고 훈련하는 리키시 양성소를 말한다. 본인이 입문하기를 희망하는 스모베야의 오야카타의 허락을 받아서 소속이 정해진다. 리키시는 일단 어느 스모베야에 소속하게 되면, 그 스모베야가 없어지거나 독립하기 전에는 소속을 바꿀 수 없다. 오야카타는 스모를 지도하는 감독 겸 운영자이다. 오야카타가 새로 들어온 리키시를 일본스모협회에 등록을 함으로써 본격적인 리키시의 길을 걷게 된다.

2. 스모베야의 생활

스모베야는 대개 연습장, 거실, 식당, 리키시들이 거처하는 방, 오야카타의 방으로 이루어졌다. 그 중에서 연습장이 리키시들의 주요 생활공간이다. 스

▼ 스모베야에서 식사하는 모습

모베야의 생활은 철저히 계급 순서에 따라 이루어진다. 아침 4시쯤이면 계급이 낮은 리키시가 일어나서 연습장의 바닥을 고르고 훈련을 시작하며, 계급이 높은 리키시는 8시쯤에 나와서 후배들과 훈련을 시작한다. 오전 훈련은 공복(空腹)인 상태로 오전 11시쯤까지 이어지며, 계급 순서대로 목욕을 마치고 식사를 한다.

3. 리키시의 계급

반즈케에 올라있는 리키시의 계급에는 다음과 같은 것이 있다. 이 중에서 오제키, 세키와케, 고무스비를 가리켜 특별히 산야쿠 리키시(三役力士)라 부르며, 마에가시라 계급 이상을 마쿠노우치 리키시(幕內力士)라 부른다.

- 요코즈나(橫綱) : 가장 높은 계급의 리키시이다. 본래는 계급을 칭하는 말이 아니라 오제키(大關) 중에서 가장 뛰어난 사람에게 굵은 밧줄(橫綱)을 허리에 두르는 것을 허용한 데서 유래한다. 메이지시대 말기부터 계급으로 정착하였다. 통상 신과 같은 존재로 간주하기 때문에, 이 요코즈나의 성적이 계속하여 좋지 않으면 은퇴를 하도록 압력을 가하기도 한다.
- 오제키(大關) : 요코즈나 다음 계급으로 반드시 동편과 서편에 한 명 이상씩 있어야 한다.
- 세키와케(關脇) : 반즈케에서 오제키의 옆(脇)에 위치하므로 붙여진 이름으로, 동편과 서편에 반드시 한 명 이상씩 있어야 한다.
- 고무스비(小結) : 세키와케의 다음 계급으로 동편과 서편에 반드시 한 명 이상씩 있어야 한다.
- 마에가시라(前頭) : 하급 씨름(前相撲)의 우두머리(頭)라는 의미로 붙여졌으며, 동편과 서편에 각각 16명씩이 서열대로 위치한다. 그 수는 고무스비 이상의 수에 따라 변동이 있다.
- 주료(十兩) : 에도(江戶)시대에 지금의 주료에 해당하는 계급 중에서 상위 열 번째 계급까지 십량(十兩) 이상의 급료를 지급한 데서 유래하며, 동편과 서편에 각각 13명씩 26명이 있다.
- 마쿠노시타(幕下) : 동편과 서편에 60명씩 모두 120명이 있다.
- 산단메(三段目) : 반즈케의 세 번째 단에 이름을 쓰므로 이같이 부른다. 동편과 서편에 100명씩 200명이 있다.
- 조니단(序二段) : 반즈케의 조니단(序二段) 부분에 이름을 쓰므로 이같이 부르며, 리키시의 수는 고정되어 있지 않다.

- **조노구치(序ノ口)** : 말 그대로 스모를 「막 시작했다」는 의미이다. 반즈케의 가장 아래 단에 위치한다.

리키시의 세계에서는 계급에 따른 엄격한 신분제도가 적용되고 있다. 예를 들어 주료 이상의 리키시에게는 일본스모협회에서 월급이 지급되지만, 마쿠노시타 이하의 계급에는 월급이 나오지 않는다. 또 주료 이상에게는 심부름이나 보조 역할을 맡아 하는 하위 리키시가 따르지만 마쿠노시타 이하에는 따르지 않는다. 뿐만 아니라, 신칸센(新幹線)을 이용할 때도 좌석의 등급에 차등을 둔다.

4. 리키시의 머리모양과 복장

리키시의 세계는 엄격한 신분사회로 정해진 계급에 따라 급료, 머리모양, 복장, 신발, 식사 등의 모든 면에서 대우가 달라진다. 우선 머리의 상투가 계급에 따라 다르다. 이 리키시의 머리 상투는 일찍이 일본에서 근대화가 추진되는 과정에서, 1871년에 단발령이 내려졌을 때에도 리키시의 상투만큼은 제외되었을 정도로 리키시를 나타내는 대표적인 상징물이다. 지금 우리가 흔히 보는 머리 상투는 오이초(大銀杏)라 부르는 머리 모양으로, 이는 머리 상투의 앞부분을 마치 은행잎처럼 넓게 펼친 데서 붙여진 이름이다. 이 오이초는 주료(十両) 이상의 리키시가 혼바쇼에 출전할 때만 틀어맬 수가 있다. 마쿠노시타(幕下) 이하의 계급에서는 리키시가 일상적으로 매는 존마게(ちょんまげ)라 부르는 평범한 머리 상투를 하고 혼바쇼에 나가도록 되어 있다.

리키시가 스모를 할 때에 매는 샅바를 마와시(廻し)라 한다. 특히 도효 위에서 매는 마와시를 시메코미(締め込み)라 한다. 마쿠노시타 이하의 리키시는 도효에 오를 때도 연습용 마와시와 똑같은 것을 매도록 하고 있으나, 주료 이상의 리키시는 연습용과 다른 명주로 된 마와시를 맬 수가 있다. 참고로 이 마와시는 더러워져도 절대 빨지 않는다. 더 이상 사용할 수 없게 되었을 때는 불에 태운다고 한다. 또한 주료 이상은 혼바쇼 기간 중에 도효이리(土俵入り)라 부르는 의식 등이 있을 때에, 앞치마처럼 허리에 두르는 게쇼마와시(化粧廻し)를 가질 수 있다. 마쿠노시타 이하는 게쇼마와시를 가질 수가 없다. 이 게쇼마와시는 한 벌에 적어도 백만 엔(円) 이상 간다고 하며, 리키시의 후원회 사람들이 만들어주는 것이 관례이다.

5. 리키시 이름의 유래

리키시는 본명 대신에 연예인처럼 일종의 예명(芸名)을 사용한다. 이 예명을 한자로 '醜名'이나 '四股名'로 표기하고, '시코나'로 읽는다. '시코'란 스모에서 리키시가 양다리를 벌리고 약간 주저앉은 자세에서 양쪽 다리를 번갈아가며 높이 쳐든 후에 힘차게 지면을 밟는 동작을 말한다. 이는 리키시들이 스모를 시작하기 전에 취하는 동작으로, 우리가 스모를 관전할 때 흔히 볼 수 있다. '시코(醜)'라는 말은 고대 일본의 문헌에 자주 등장하며, 「강하고 무서운 것」「완강한 것」이란 의미이다.

리키시의 시코나에는 출신지역을 나타내는 이름이 유난히 많다. 또한 산이나 바다나 강과 관련한 이름을 붙이는 경우가 많다. 이 시코나는 대개 스승이나 선배 혹은 후원자가 지어주는 경우가 대부분으로, 스승의 이름 중에서 한 글자를 물려받기도 한다. 흥미로운 것은 리키시가 성장하여 계급이 높아짐에 따라 시코나가 바뀌는 점이다. 예를 들면 형제 두 사람이 요코즈나를 역임한 적이 있는 와카노하나(若乃花)와 다카노하나(貴乃花)의 경우, 요코즈나가 되기 이전에는 각각 와카하나다(若花田)와 다카하나다(貴花田)라는 시코나를 사용하였다.

V. 스모의 국제화는 가능한가

스모는 전통적인 의례로 보아도 좋을 정도로 고도로 양식화 된 스포츠이다. 역사적으로 스모의 배경에는 농경의례와 관련한 민간신앙이 자리하고 있다. 뿐만 아니라 근대 이후의 스모는 일본의 내셔널리티와 밀착하여 「국기」로 성장해 왔다. 사람들이 스모를 가리켜 일본의 전통문화의 하나로 손꼽는 데 주저하지 않는 이유도, 바로 스모의 이러한 특성 때문일 것이다. 요코즈나가 천황가의 조상신을 모셔놓은 이세신궁이나 메이지신궁에서 거행하는 도효이리 의식은 스모의 내셔널리티를 단적으로 보여주는 예이다. 이 요코즈나의 도효이리 의식은 지금도 거행되고 있다.

일본의 스모 관계자들은 최근 들어 스모의 국제화를 유난히 강조하고 있다. 말하자면 국기에서 「국제기(国際技)」로 발돋움하려고 애쓰고 있는 셈이다. 일본의 전통문화를 주의 깊게 살펴보면 매우 흥미로운 사실을 발견할 수 있다. 즉 대표적인 일본의 전통문화로 꼽는 가부키(歌舞伎), 이케바나(生け花), 하이

쿠(俳句) 등과 비교할 때, 세계적으로 가장 보급이 안 되어 있는 것이 스모라는 사실이다. 이 점에 관해서는 일본의 유도(柔道)가 세계적으로 널리 보급되어 있는 점과 비교해 보아도 금방 이해할 수 있다.

이러한 사정을 극복하기 위해 일본의 스모계에서는 스모의 국제화가 강조되었다. 국제화 전략의 일환으로 꾸준히 추진해 온 것이 외국을 돌며 개최하는 스모대회이다. 외국에서 개최하는 스모대회는 승부를 목적으로 하는 일본 국내의 혼바쇼와는 달리, 홍보를 목적으로 한 퍼포먼스 성격의 흥행(興行)이다. 흥행의 역사도 꽤 오래 되었다. 즉 메이지시대인 1907년에 히타치야마(常陸山)라는 당시의 유명한 리키시가 미국으로 건너가 루즈벨트 대통령과 회견한 기록이 있다. 1986년에는 프랑스 파리의 시청에서 당시의 요코즈나가 도효이리 의식을 선보이기도 하였다. 현재 외국에서 홍보 목적으로 개최하는 스모대회는 현지에서도 좋은 반응을 보인다고 한다. 2004년에는 우리 한국에서도 서울과 부산 두 곳에서 스모대회가 열리기도 하였다.

스모의 국제화를 위해서 외국인 리키시를 양성하고자 노력하기도 하였다. 외국인 리키시의 등장은 특히 스모의 국제화에 많은 기여를 하였다고 볼 수 있다. 오늘날 일본 스모의 두드러진 특징 중의 하나는 외국인 리키시의 활발한 진출이라 할 수 있다. 외국인 리키시들은 일시적으로 쇠퇴할 기미를 보이던 일본 스모계에 활력을 불어넣는 존재가 되었다. 지금은 이들 외국인 리키시의 약진이 너무 두드러져서 일본인 리키시들을 압도하고 있다.

특히 하와이와 몽골 출신 리키시들의 활동이 두드러진다. 하와이 출신으로는 일찍이 오제키 계급까지 오르고 은퇴한 고니시키(小錦)를 비롯하여 요코즈나까지 오른 아케보노(曙)와 무사시마루(武蔵丸)를 꼽을 수 있다. 현재는 몽골 출신의 리키시들이 대단한 활약을 보여주고 있다. 이들 몽골 출신 리키시들이 빠진 혼바쇼란 상상도 할 수 없을 정도이다. 요코즈나로 맹활약 중인 아사쇼류(朝青竜)와 하쿠호(白鵬)가 모두 몽골 출신이다.

스모의 국제화는 앞으로도 계속해서 추진될 것이다. 그런데 스모의 국제화라는 과제와 관련하여 항상 문제가 되는 것이 있다. 즉 마와시 하나만을 두른 리키시의 벌거벗은 모습이다. 스모의 국제화를 가로막는 최대의 장애물은 이 마와시에 있는 듯하다. 거구의 리키시가 거의 맨몸에 가까운 상태로 스모를 하는 모습이 외국인들에게 많은 거부감을 불러 일으키기 때문이다. 이 때문에 외국에서 스모를 개최할 때에는 마와시 대신에 반바지를 착용하게 한 적도 있다. 앞으로 스모의 국제화가 어떤 방향으로 진행될지 지켜볼 일이다.

【용어사전】

◇ 교지(行司)

리키시에게 대진할 자세를 갖추게 하고 승부의 판정을 내리는 역할을 맡은 사람을 말한다. 1910년부터 지금과 같이, 에보시(烏帽子)라는 모자에 히타타레(直垂)라는 예복을 입고, 손에는 군바이(軍配)라는 부채를 드는 복장을 하였다. 교지에는 다섯 등급이 있어 복장이 다르며, 혼바쇼에서 대진하는 리키시의 계급에 맞추어 교지도 바뀐다.

▲ 교지의 복장

◇ 요비다시(呼び出し)

혼바쇼가 진행되는 동안 북(太鼓)을 매고 두드리며 주변을 돌아다니기, 도효 만들기 등의 중요한 역할을 맡는다. 특히 닷쓰케바카마(たっつけ袴)라는 복장에 흰 부채를 들고, 대진할 리키시의 이름을 크게 부르는 모습은 혼바쇼의 구경거리이다. 혼바쇼의 스모는 이 요비다시가 박자를 맞추어 두들기는 효시기(拍子柝)의 소리에 따라 진행된다.

◇ 유미도리식(弓取式)

마지막 판의 스모가 끝나면 이긴 리키시를 대신하여 도효 위에서 활을 들고 하는 의식이다. 속설에 따르면 오다 노부나가(織田信長) 때부터 시작되었다고 한다. 문헌에는 헤이안시대에 스모세치를 거행할 때 더 많이 이긴 쪽에서 춤추는 사람이 나와서 활을 들고 춤을 추었다는 기록이 있다.

▲ 유미도리 의식

◇ 스모 48수

예부터 스모의 기술은 48수라고 전해진다. 이는 승부를 가르는 기술을 던지기(投げ) 12수, 걸기(掛け) 12수, 뒤집기(反り) 12수, 비틀기(捻り) 12수로 통일하여 정리한 것이다. 후대에 와서 밀기(押し) 등과 같이 상대방을 도효 밖으로 밀쳐내는 기술이 늘어남에 따라, 현재는 일본스모협회에서 승부수를 70수로 통일하고 있다.

◇ 도효이리(土俵入り)

리키시가 대진하기 전에 도효에서 행하는 일종의 입장식이다. 요코즈나의 도효이리가 있고, 마쿠노우치나 주료 계급의 리키시가 동서 양쪽으로 나뉘어 둥글게 서서 행하는 도효이리가 있다. 요코즈나의 도효이리에는 운류형(雲龍型)과 시라누이형(不知火型)의 두 종류가 있다.

◇ 하나즈모(花相撲)

반즈케나 급료와 상관이 없는 혼바쇼 이외의 스모를 가리킨다. 여기에는 이세 신궁이나 메이지 신궁에서 천황가의 조상신에게 봉납하는 스모, 리키시가 현역에서 물러날 때 하는 은퇴 스모 등이 있다. 특히 은퇴 스모에서는 리키시의 상징인 상투를 자르는 단발식이 거행된다.

제 IV장

현대인이 즐기는 카타르시스의 전통예술

11. 역사와 삶을 그려내는 가면극 노

유길동

I. 노의 성립과 발전
II. 노를 구성하는 요소
III. 연출의 특징
IV. 무대의 중요성
V. 배우와 유파
VI. 공연작품과 관객의 역할

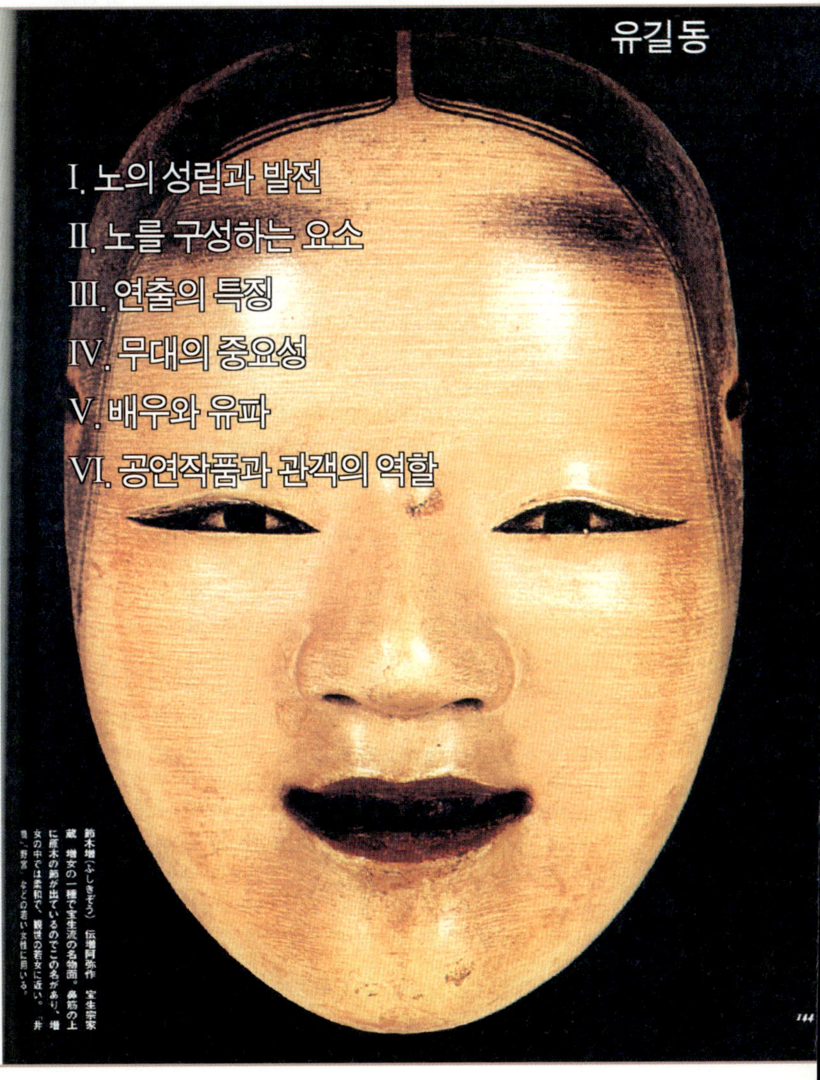

I. 노의 성립과 발전

일본 나라(奈良)시대 초기에 곡예(曲芸), 매직(魔術), 코미디(笑劇)의 세 가지 요소로 이루어진 산가쿠(散楽)가 실크로드를 경유하여 중국과 한반도를 거쳐서 일본에 건너갔다. 이 중 코미디 요소는 웃음을 소재로 하는 일본 고래(古来)의 소극(笑劇)인 와자오기(俳優)와 혼합하여 노(能)의 원형이라 할 수 있는 산가쿠(散楽)가 일본에 정착하게 되었는데 산가쿠는 헤이안(平安)시대 중반에 이르러서 사루가쿠(猿楽)라는 이름으로 변하였다.

사루가쿠는 이후 국가의 안녕과 번영을 기원하는 국가적인 종교행사 속에 포함되어 액운을 털어내는 연출을 위하여 선악(善惡)의 가면을 착용하였다. 가마쿠라(鎌倉)시대 말기인 13세기 말경에 이와 같은 주술적인 예능은 노인의 춤을 중심으로 이루어지는 오키나사루가쿠(翁猿楽)라고 불리는 예능 집단이 활동하였으나 이것을 노의 원형이라 할 수 있다. 이들은 당시에 유행하던 사원(寺院)의 개수(改修)에 필요한 비용을 모금하는 간진히지리(勧進聖)의 역할과 잘 융합하면서 공연료를 받는 예능으로 발전하였다.

이들 사루가쿠 예능 집단 중에서 단연 두각을 나타낸 간아미(勧阿弥)는 단조로운 멜로디 중심의 노 음악에 당시에 유행하던 리듬 중심의 구세마이(曲舞)라는 오늘날의 랩과 유사한 형식의 음악을 도입하여 당시로서는 최첨단의 혼합 음악을 만들어 내었다. 이로써 단순한 춤과 곡예 중심의 노가 줄거리가 있는 연극의 형태로 완성된 것이다.

1374년 간아미는 사원을 중심으로 일반 민중에게 즐거움을 주는 존재이던 사루가쿠노(猿楽能)를 당시의 권력자이자 이후 그의 예능단체인 간제(勧世)좌의 절대적인 비호(庇護) 세력이 되는 아시카가요시미쓰(足利義満) 앞에서 공연하여 인정을 받게 되었다.

교토(京都) 이마쿠마노(今熊野)에서 있었던 공연으로 당시의 권력자에게 인정 받은 간아미는 그의 후계자이자 이후 노를 무대 예술의 경지로 완성하여 오늘날에 이르게 한 아들 제아미(世阿弥)로 하여금 당대의 고귀한 신분의 교양인과 교유하면서 학식을 연마하도록 하였다.

간아미의 사망으로 22세에 간제좌의 책임자(座頭, 観世大夫)가 된 제아미는 선배 배우인 오미사루가쿠(近江猿楽) 이누오(犬王)의 장점을 받아들이는 등, 가무(歌舞)를 중심으로 한 우아한 노로의 전환에 큰 계기를 만들었다. 이후 제아미는 권력자의 교체와 그에 따른 기호(嗜好)의 변화에 적응하기 위하여 연구를 거듭하여 노 예능의 완성에 이르게 되었다.

　제아미는 실제 공연에 임하는 배우이자 노 예능의 이론가로서 노의 연기법, 연출법, 예술적 가치에 관한 저술을 남기고 있다. 조카 온아미(音阿弥)에게 권력자의 사랑을 빼앗긴 제아미는 1434년 아직도 분명하게 밝혀지지 않은 죄목으로 사도(佐渡)로 유배되고 2년 후 그의 아들 모토마사(元雅)도 돌연 사망하는 비극을 맞이하게 된다.

　제아미의 예능은 아들 모토마사와 사위 곤파루젠치쿠(金春禪竹)에 이어지고 변화 발전하면서 비극 중심의 가무극(歌舞劇)으로 정착하였다. 한편 최초의 코미디 요소는 교겐(狂言)이라는 대사극(台詞劇)으로서의 희극(喜劇)으로 발전하였다.

　제아미가 활동할 당시에 노는 하루에 15작품을 교겐과 번갈아서 공연하고 한 작품에 약 3,40분의 소요되었던 것이 메이지(明治)시대에 1시간으로, 오늘날은 1시간 반 정도가 걸린다.

　전국시대에 이르러 도요토미 히데요시(豊臣秀吉)는 노 애호가로 스스로 작품을 만들고 연기를 하기도 하였다. 이 시대부터 노 배우는 봉급생활자가 되어 생활의 안정을 누릴 수 있었으며 이 정책을 이어 받은 도쿠가와 이에야쓰(德川家康)에 의하여 간제(観世), 호쇼(宝生), 곤파루(金春), 곤고(金剛)의 4좌가 막부의 봉록을 받았으며 여기에 2대쇼군(將軍) 히데타다(秀忠)에 이르러 기타류(喜多流)가 더해져서 이 4좌1류 체제가 메이지시대를 거쳐서 현재까지 존속하고 있다.

에도(江戶)시대에는 막부의 보호와 통제를 동시에 받으며 정해진 형식의 노 연기를 더욱 세련되고 아름답게 표현하는 데 주력하여 오늘날의 노가 제아미 시대의 모습으로 유지될 수 있도록 하였다. 그러나 한 편으로는 권력자의 명령으로 옛 작품을 새롭게 공연하는 이른바 복곡(復曲)붐이 조성되기도 하고 중세의 언어로 된 대사를 당대 언어로 바꾸고자 하는 등 새로운 연출이 시도되기도 하여 오늘날과 같은 다양한 노 연출법을 만들어냈다.

노가 최대의 위기를 맞이한 것은 메이지유신으로 쇼군가를 비롯한 지방 영주 등, 비호 세력의 해체에 따른 노 가문의 붕괴 위기였다. 몇몇 유파가 소멸되는 등의 어려움 가운데도 당시의 몇몇 뛰어난 배우들은 위기를 예능을 더욱 높은 차원으로 끌어올리는 계기로 삼고 노력한 결과 20세기 초에 예맥(芸脈)을 이어 나갔다. 제2차 세계대전의 패전으로 노에 다가오는 위기감을 간제히사오(観世壽夫)는 오늘날의 노 부흥의 계기로 바꿔놓는 노력을 하였다.

에도시대까지 옥외에 만들어졌던 노극장(能舞台)이 메이지 이후에는 배우가 자신들의 연기 수련장으로 소유 건물의 내부에 만들게 되어 집안(屋內)에 노가쿠도(能樂堂)가 생기게 되었다. 현재 다키기노(薪能)와 같이 밤에 화톳불을 밝히고 야외에서 행하는 경우나 몇몇 신사나 사찰의 정원에 별도 건물로 된 노무대를 제외하면 국립노가쿠도(国立能樂堂)를 비롯하여 대부분의 노 공연은 건물 내부에 만들어진 무대에서 이루어진다.

II. 노를 구성하는 요소

이상과 같은 노는 오늘날 노(能)라는 명칭과 더불어 노와 교겐(狂言)을 총칭하여 노가쿠(能樂)라고도 한다. 노의 대본인 악곡(樂曲)을 요교쿠(謠曲)라고 한다.

노는 일종의 가무극(歌舞劇)이지만 서양의 오페라나 뮤지컬과는 본질적으로 다른 요소가 혼재하고 있다. 성악(声樂)은 우타이(謠), 기악(器樂)은 하야시(囃子), 연기는 가타(型), 무용은 마이(舞), 미술공예는 가면(能面)·의상(能装束)·악기, 건축은 노무대(能舞台) 등이다. 이밖에도 연출형식에 시간이라는 요소를 활용하고 무대와 객석을 하나로 하는 공간요소 등의 독특한 구성 요소는 노만이 갖고 있는 구성요소로 이들 모든 요소들이 혼연일체가 되어 세련된 독자의 아름다움(美学)을 만들어내고 있다.

1. 음악요소

음악요소는 크게 성악과 기악으로 나눌 수 있다. 성악은 이른바 무대에서 연기를 펼치는 시테나 와키의 노래(謠)와 지우타이의 제창(齊唱)이며 기악은 하야시(囃子)의 연주이다. 노는 연극요소 다음으로 음악이라는 관점에서 많이 연구되고 있으며 노가쿠(能楽)라는 명칭에서 알 수 있듯이 음악의 한 장르로 분류되기도 한다.

2. 미술요소

무대는 건축 미술이며 가면(能面)이나 악기, 소도구는 공예 미술, 의상은 디자인과 색채 미술, 가가미이타(鏡板)의 노송 그림은 회화 등 무대를 구성하는 요소 모두가 미술적인 요소로 구성되었다.
또한 노는 한 장면 한 장면의 사진이 독자적인 미술적 가치를 지니고 있어서 무대 위의 한 장면 한 장면이 평면적, 입체적인 미술품으로 해석할 수 있다.
노 연기자의 공연 모습을 '움직이는 조각'이라고 말한 서양인도 있다.

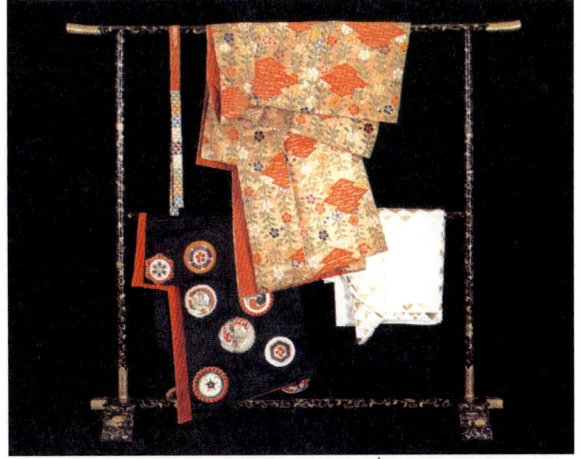

3. 연극요소

관객 앞에 무대가 있고 배우가 등장하여 무대가 시작되고 퇴장으로 끝난다는 형식이 무엇보다도 연극적인 요소이다. 특히 일상적인 이야기를 현실 시간의 진행이 아닌 시공(時空)을 자유롭게 이동하는 면에서는 배우나 관객 모두에게 가장 연극적인 상상력을 요구하는 부분이기도 하다.
배우의 연기 또한 지극히 제한된 움직임과 절제된 음악을 바탕으로 이루어지고 있으므로 악극이나 뮤지컬에 가깝다. 연출자가 따로 존재하지는 않지만

시테카다(シテ方)가 중심이 되어 각 파트의 출연자가 정해지며 작품이 정한 연출방식에 의거하여 자신의 담당 부분을 충실하게 수행하여 공연을 완성한다.

극의 진행이 스토리를 중심으로 전개되지는 않지만 일정한 테마가 있어서 배우의 연기를 통하여 그 주제를 관객에게 전달한다는 연극 요소를 갖고 있다.

4. 시간요소

노가 다른 공연 예능과 크게 다른 점이 있다면 '시간' 이 중요한 구성 요소라는 점이다. 현대극에서도 과거를 회상하거나 미래를 예상하는 구성은 흔한 일이지만 노는 그 대부분의 작품이 주인공으로 하여금 사후(死後)의 시점에서 무대상의 시점으로 돌아와 자신이 살아 있을 때의 상황을 말한다. 이와 같이 노는 '시간' 의 자유로운 이동을 기본 요소로 구성되어 있다는 것을 이해한다면 난해(難解)한 노의 실체에 관객은 보다 쉽게 다가갈 수 있다.

시종 관객 앞에 모습 전체를 드러내고 있는 무대 위에서 시간을 자유롭게 오갈 수 있게 하기 위하여 무대 위에는 지극히 상징적인 소도구가 사용되며 인간의 표정을 차단한 가면을 통하여 연기자의 시간적인 제한을 최소화하였다.

5. 공간요소

하시가카리(橋掛り)는 주인공이 저승에서 이승으로 이동하는 긴 여정을 상징한다. 또한 본 무대의 네 기둥 안에 있는 정사각형의 마루는 때로는 넓은 해변, 때로는 봄꽃이 화려한 동산이기도 하다. 몇 걸음으로 무대를 돌아 다시 제자리로 돌아와 선 것은 수만리 먼 길을 그리운 사람의 방문 앞에 서 있는 것이 된다. 노는 노무대라는 한정된 공간을 배우와 관객의 상상을 바탕으로 무한한 거리와 넓이로 변화하는 공간으로 변화시킨다.

노는 이와 같은 공간요소의 특징 때문에 연기자의 일거수일투

족이 지극히 제한적이며 외견상 작은 동작으로 나타나게 하고 있다. 따라서 노에서 배우의 연기가 성공적인가 여부는 얼마나 작고 아름다운 동작으로 최대한의 효과를 내어 관객을 감동시킬 것인가에 달려 있다.

III. 연출의 특징

노는 연극의 연출이나 영화의 감독과 같은 역할을 담당한 사람은 없지만 오랜 세월 함께 공연을 하면서 서로의 약속에 의하여 일사불란하게 시작되고 끝난다. 또한 하나의 작품을 공연하기 위하여 상당한 기간을 함께 모여 연습을 하는 일은 없고 다만 공연 전에 최소한의 필요한 협의(申し合わせ, 모시아와세)가 있을 뿐이다. 합동연습도 없이 단 한 번의 공연이 만들어내는 긴장감과 호흡이 연기자에게나 관객에게나 큰 매력이라고도 할 수 있다.

특히 가면을 쓴 시테의 노래와 춤으로 구성된 연기는 노 예술이 무대 위에 만들어내는 아름다움의 최고 가치(花, 하나)라는 말로 노의 예술세계를 표현하기도 한다. 노를 완성한 제아미가 일생을 통하여 추구하고 후손에게 전승하고자 한 것 또한 시테가 자신의 정신적 육체적인 수련을 통하여 무대 위에 실현하고자 한 것이 하나의 이론이다.

노는 작품에 따라서 조금씩의 다른 점은 있으나 주연인 시테의 춤(舞)이 작품의 핵심인 경우가 많다. 따라서 그날의 본 작품 공연 전에 한 명의 배우(주로 시테카타)가 노래(謠, 우타이)에 맞춰서 일정한 작품에 나오는 한 가지 춤만을 보여주는 시마이(仕舞)를 행할 정도로 노에서 춤은 독립적으로도 예능적인 가치를 인정받고 있다.

노는 그 내용이 과거를 회상하는 형식의 무겐노(夢幻能)와 현재 진행형의 겐자이노(現在能)로 나눌 수 있다. 무겐노는 보통 전장(前場)과 후장(後場)으로 이루어지며 전장에서는 수행승이나 나그네(와키)가 옛날부터 사연이 전해 오는 한 장소를 방문하니 홀연히 나타난 한 사람(시테)이 그 장소에 전해 오는 사람에 관한 이야기를 하고 그 이야기의 주인공이 바로 자신이라고 밝힌 후 퇴장(中入, 나카이리)한다.

후장에서 자신의 생전 모습으로 다시 등장한 시테는 노래(謠, 우타이)와 아름다운 춤사위(舞, 마이)로 노의 주제를 표현하며, 이는 이 모습을 시종 지켜보고 있는 와키의 꿈속(夢幻)에 나타난 상황이기도 하다. 무겐노의 주인공은 사람의 영(靈)이나 천사(天使)나 신(神)이 대부분이며 도깨비(鬼)나 초목의 정령(精靈) 등, 초인적인 존재인 경우도 많다.

그러므로 무겐노는 노가 시공(時空)을 자유롭게 넘나드는 연출로 관객의 상상력을 자극하고 있는 점을 이해하는 지표이기도 하다.

이에 비하여 겐자이노는 현대 연극과 같이 현실적인 시간의 진행 방향에 준하는 스토리 전개 과정이 있으며 등장인물도 실재하는 사람이다. 두 사람 이상의 등장인물이 대립하며 인간의 고뇌와 마음을 묘사하는 특징이 있다.

노의 연출과 관련하여 무엇보다도 특기할 만한 것은 주인공(시테)이 가면(能面)을 착용한다는 점이다. 가면의 눈 부분에 좁게 난 구멍을 향하여 전방을 봐야 하는 시야의 궁색함과 입을 가려서 대사나 노래가 제대로 전달되지 못하는 불편, 그러나 그 무엇보다도 연기자의 얼굴 표정을 이용한 연기 표현을 원천적으로 봉쇄하는 가면을 착용한다는 것이다. 그러나 노에서는 가면 착용으로 발생하는 이 모든 연기상의 부조리를 노만이 갖는 최고의 연출로 설명하고 있다. 고정된 얼굴, 불확실한 노랫말, 좁은 시야를 고도의 예술정신으로 극복할 뿐만 아니라 그 이상의 것을 나타낼 수 있다는 이론이다. 여기에 일본인이 지향하는 정신세계와 가치를 두고 있음을 간과할 수 없다. 최소한의 움직임으로 최대한을 동작 효과를 나타내고 불분명한 언어 표현으로도 자신의 의사를 상대방에게 전달하는 것이 가치 있는 것이라는 이론이 그것이다. 일본인들은 쉽게 자신의 희로애락을 얼굴에 표현하지 않는 것을 미덕으로 여기는 것은 바로 노의 연출이론과 일맥상통한다. 상가(喪家)의 상주가 결코 웃음이라고는 할 수 없는 엷은 미소로 문상객을 맞이하는 얼굴은 그 설명에 가깝다고 할 수 있다.

그리고 움직임에 불편하기 짝이 없는 의상을 입은 상태에서 시야마저 불편한 가면을 착용한 채로 연기에 임해야 하는 상황에서는 지극히 작은 움직임으로도 무대 위에 아름다운 장면을 연출하기 위해서는 연기자의 정신력이 요구된다. 노 연기의 백미(白眉)라고 하는 발을 끄는 듯이 걷는 스리아시(摺り足)도 가면의 착용이 주는 동작의 제한(制限)에 기인한다고 할 수 있다.

그러나 노에서 가면의 착용은 위에서 살핀 현실적인 연기상의 의미 이전에 연기자의 변신에 더 큰 의미가 있다. 노에서 시테가 자신의 분장실인 가가미노마(鏡の間)에서 모든 의상과 분장을 마친 후 최후에 가면을 착용하는 순간은

단순한 분장의 의미가 아닌 다른 세계로의 이동을 의미한다. 따라서 노멘(能面)은 노 전체를 지배하는 신성한 제의적(祭儀的), 주술적(呪術的)인 기능이 있고 일본문화를 상징하는 존재이다.

시테가 착용하는 노 의상인 쇼조크(裝束)는 단순하고 소박한 무대 위에서 현란한 색채와 호화로운 모습으로 패션쇼 분위기로 관객을 사로잡지만 이 또한 양식화(樣式化) 되고 여러 가지 약속과 규제에 따라서 착용한다. 관객은 쇼조쿠의 외양(外樣)을 보고 극중 인물의 성격을 느낄 수 있는데 특히 색깔에 의한 구분이 있어서 희색은 신성함과 고결함을 의미하며 붉은 색(紅色)을 중시하여 붉은 색이 있고 없음으로 이로이리(色入り) 이로나시(色なし)라고 구분하여 말한다.

IV. 무대의 중요성

노에 관하여 이야기할 때 노무대(能舞台)는 가장 중요한 소재가 된다. 그 이유는 그 구조가 일반 극장과 다를 뿐만 아니라 노무대는 노의 연출, 연기 전반에 걸쳐 그 하나하나의 의미와 관련된 존재이기 때문이다.

노무대를 갖추고 있는 건물인 노가쿠도(能樂堂)에 들어가면 작은 휴게 공간이 있고 때로는 작은 레스토랑이 있어서 시작 전이나 휴게시간에 간단한 식사나 차를 마실 수 있는 공간이 있다. 관람석까지 음식물을 갖고 들어가는 가부키(歌舞伎) 극장과 비교하면 덜한 편이지만 일본의 공연 관람과 음식문화는 특색이 있다고 할 수 있다. 더불어 노 관련 상품이나 서적을 파는 매점이 있으며 그날의 작품(謠曲)을 구입하여 대본을 보면서 노를 감상하는 사람도 많이 볼 수 있다.

객석이 있는 극장 안으로 들어가면 제일 먼저 중후한 느낌의 품격 있는 지붕과 무대와 객석 사이에 깔린 하얀 자갈길, 왼쪽으로 긴 회랑이 이어지고 끝에는 막이 드리워져 있다. 이 회랑은 하시가카리라고 하며 배우의 등퇴장의 통로이기도 하고 연기하는 무대의 연장선이기도 하다. 하시가카리와 객석 사이에 심어져 있는 세 그루의 소나무도 독특한 분위기를 자아내지만 객석을 향하여 들어와 있는 정사각형의 마루로 되어 있는 본무대도 인상적이다. 사방이 객석인 우리나라의 마당극 극장과는 달리 두 면에만 객석이 마련되어 있다. 이는 본디 노의 원형인 사루가쿠가 야외에서 대중에 둘러싸인 가운데 공연을 하던 모습이 남아 있는 것이라고도 할 수 있다. 또한 이는 신사의 참배소(拜殿)와 같

은 모습을 하고 있는 것은 신에게 제사를 드린 후 신을 기쁘게 하고 참배객에게 여흥을 즐기게 하던 초창기 노의 모습을 연상하게 한다. 무대 정면의 배경에는 큰 노송(老松)이 한 그루 그려져 있으며 우편 벽에는 대나무가 그려져 있다. 소나무는 강신(降神)의 자리를 의미하여 따라서 무대가 자연 속에 존재하고 있음을 상징하고 있다.

오늘날의 모습을 한 노전용무대로 정착한 것은 무로마치(室町)시대이며 에도시대에 들어서 무대의 규격도 통일되었다. 이와 같은 무대 구조로 인하여 노에서 배우는 정면에서 뿐만 아니라 측면이나 사각(斜角)으로 보인다. 객석 또한 이를 바탕으로 쇼멘(正面), 와키쇼멘(脇正面), 나카쇼멘(中正面)으로 나뉜다. 입장료도 이에 따라서 다르기 때문에 관람권을 구입할 때 주의가 필요하다. 앉은 자리에서 배우의 등퇴장과 중요한 연기를 정면에서 바라볼 수 있는 좌석인 쇼멘석(正面席)이 가장 높은 값이고, 하시가카리를 좌측으로 하여 본 무대의 측면에서 배우의 연기를 지켜보며 무대 위 우측에 두 줄로 앉아있는 합창단인 지우타이(地謠)와 마주보는 객석인 와키쇼멘석(脇正面席)이 그 다음이다. 본무대의 사각형에서 객석을 향하여 나온 부분에 위치한 기둥인 메쓰케바시라(目付柱)가 시야를 방해하여 무대 중앙을 향하여 사각(死角)이 존재하는 나카쇼멘석(中正面席)의 입장권이 가장 저렴하다. 노 관람은 사전에 반드시

예매를 해야 하며 예매할 때 좌석을 정하게 된다. 자신의 경제적인 여유에 따라서 입장권의 선택은 자유이나 최초로 분위기를 보기 위하여 입장하는 경우라면 나카쇼멘석도 충분하다.

무대의 조명은 객석과 동일하다. 이 또한 일반적으로 극장의 객석은 어둡고 무대는 밝게 하는 점과 다른 특징이 있으며 이는 노는 배우의 연기만으로 이루어지는 것이 아니라 오로지 조용히 배우를 보며 긴장하는 관객의 참여를 전제로 이루어짐을 나타낸 것이다.

노무대를 처음 대하는 사람은 본무대를 구획하고 있는 네 개의 기둥에 주목하게 된다. 위에서 나카쇼멘석에 대하여 설명하면서 말한 것처럼 기둥은 관객의 관람을 방해하는 존재이기도 하기 때문이다. 그러나 이 네 기둥은 무대 구조와 연기의 역학을 규정하는 데 중요한 역할을 한다. 배우가 서 있는 자세, 걸어가는 자세, 방향을 바꾸는 동작, 멈추는 동작, 통과하는 모습, 어느 곳을 향하는 동작이 모두 기둥을 기준으로 하여 이루어지기 때문이다. 바꾸어 말하면 네 개의 기둥은 배우의 모든 동작의 기준이 된다는 것이다.

본무대 이외에 하시가카리 또한 이는 어떤 일이 발생하는 장소인 본무대를 향하는 방향성과 거리감을 나타낸다. 현세와 천상의 세계를 연결하는 공간으로 노가 진행되는 위치와 방향을 제시하는 하시가카리는 때로는 배우가 크라이맥스를 연출하는 공간으로 활용하기도 한다.

노무대의 마루 밑에는 몇 개의 빈 항아리가 설치되어 있다. 배우의 발굴음 소리를 공명하는 것을 비롯하여 무대의 음향효과를 위한 것이다. 결국 노무대

는 노연기의 효과를 최대한으로 이끌어내기 위한 공간으로 만들어진 것이다.
　노무대의 뒤편에는 분장실이나 배우의 대기실에 해당하는 공간이 있다. 가가미노마(鏡の間)는 주연배우가 의상을 입고 가면을 착용하는 신성한 공간이며 노가 시작되기 직전에 음악을 담당하는 하야시카타가 악기의 조율을 행하여 그 소리로 이제 곧 노가 시작됨을 관객에게 알리는 장소이기도 하다.
　가가미노마와 하시가카리를 구분하는 아게마쿠(揚げ幕)가 올라가고 하야시카타들이 각각 자신의 악기를 들고 느릿한 걸음으로 하시가카리를 걸어서 본무대에 들어오면 무대 오른쪽의 작은 문(기리도구치, 切戸口)으로 고켄(後見), 지우타이(地謠)가 입장을 하여 자신의 정해진 자리에 앉는다.

V. 배우와 유파

　일본에서 연예인에 대한 호칭은 다양하다. 연기자를 중심으로 생각해 보면 우선 무대 연기자는 일반적으로 야쿠샤(役者), 하이유(俳優)로 불리는데 야쿠샤는 가부키 연기자를 가부키야쿠샤(歌舞伎役者)라고 하는 것처럼 고전극에 사용하고 하이유는 일반 연극이나 영화의 연기자를 호칭하는 경우에 더 많이 사용한다. 따라서 노의 연기자도 노야쿠샤(能役者)라고도 하지만 전문적인 호칭은 노가쿠시(能楽師)라고 하며 이는 연기자 이외에 음악을 담당하는 사람을 다 포함한다. 일본의 모든 노가쿠시를 회원으로 하는 일본노가쿠협회(日本能楽協会)의 자료를 보면 현재 1500여명의 노가쿠시가 활동하고 있으며 이들은 다시 담당 전문 분야에 따라서, 주연 배우에 해당하는 시테카다(シテ方), 조연에 해당하는 와키카타(ワキ方), 반주 음악 담당(하야시카타, 囃子方)은 각각 연주하는 악기에 따라서 후에카타(笛方), 고즈쓰미카타(小鼓方), 오즈쓰미카타(大鼓方), 다이코카타(太鼓方)로 구성되어 있으며 이들은 각각 전통적인 가문의 이름 뒤에 ○○류(流)라고 부른다. 따라서 모든 노가쿠시는 어느 한 가지 전문 역할과 어느 한 유파(流派)의 예능 단체로 그중 어느 가문인가에 소속되어 있다. 대부분의 경우 하나의 작품을 공연하기 위해서는 공연을 주도권을 갖고 있는 시테카타가 여타의 역할을 담당할 사람들을 모아서 공연진을 구성한다.
　현재 시테카타의 유파로는 간제류(観世流), 곤파루류(金春流), 호쇼류(宝生流), 곤고류(金剛流), 기타류(喜多流)의 5유파가 있으며 와키카타에는 시모가카리호쇼류(下掛宝生流), 다카야스류(高安流), 후쿠오류(福王流)의 3유파가 활동하고 있다. 음악을 담당하는 하야시카타(囃子方)에는 후에카타(笛方)에 잇소류(一噌流), 모리타류(森田流), 후지타류(藤田流)의 3유파가, 고즈쓰미카타(小鼓流)에는 교류(幸流), 고세류(幸世流), 오쿠라류(大倉流), 간제류(観世流)의 4유파가 있다. 또한 오쓰쓰미가타(大鼓方)에는 가도노류(葛野流), 다카야스류(高安流), 이시이류(石井流), 오쿠라류(大倉流), 간제류(観世流)의 5유파가 있고, 다이코가타(太鼓方)에는 간제류(観世流), 곤파루류(金春流)가 있다. 나아가서 큰 범주에서 노에 포함되는 교겐(狂言) 연기자인 교겐카타(狂言方)에는 오쿠라류(大蔵流), 이즈미류(和泉流)가 있으며 이들 또한 어느 한 이에모토에 소속되어 있다.

노가쿠시는 각각 자신이 소속한 유파의 정해진 규정과 유파별로 조금씩 다른 작품의 해석을 바탕으로 각각의 전문 분야별로 수련을 쌓고 소속 이에모토의 뜻에 따라서 출연을 하게 된다. 정식으로 출연료를 받는 직업적인 노가쿠시로 공연에 임하기 위해서는 일본노가쿠협회의 회원이어야 하며 이들은 모두 협회의 평가에 의하여 출연료의 많고 적음이 결정된다.

많은 경우 노가쿠시는 노 가문에 출생하여 조부나 부친으로부터 연기의 수련을 받고 3, 4세에 아역(児役)으로 첫 무대에 서며 10대 후반에 본격적인 노가쿠시의 길을 걷는다. 근래에 간혹 노 가문과는 관계가 먼 집안 출신이 노가쿠시로 활동하는 경우가 있기는 하나 극소수에 불과하다.

또한 가부키와 마찬가지로 노가쿠시는 남성이다. 남성적인 힘을 바탕으로 여성적인 섬세함을 나타내어 표현효과의 극대화를 기한다.

VI. 공연작품과 관객의 역할

노 공연은 각 유파가 매월 또는 일정 기간에 한 번씩 하는 정기공연과 계절이나 연중행사 또는 어떤 일을 기념하기 위하여 매년 하는 정례공연 등이 있으며 어떤 계기가 있어서 하는 특별 공연이 있다. 근래에는 여러 유파가 서로 협력하여 공연하는 경우도 적지 않으나 대부분의 경우는 한 유파의 주관으로 공연이 이루어진다.

다키기노(薪能)와 같이 야간에 공원 등의 야외에서 횃불을 밝히고 하는 공연도 있지만 대부분의 공연은 각 유파가 소유한 노무대를 이용하여 공연한다. 따라서 노를 관람하기 위해서는 주로 도쿄를 중심으로 하는 수도권에 많이 분포되어 있는 노무대를 찾아가는 방법과 각 지방에서 해마다 열리는 행사로서

의 노 공연을 미리 알아 두는 것이 좋다. 오사카 교토에도 상설무대가 있어서 관람할 수 있다.

　노는 현재 약 250 정도의 작품이 있으며 보통 테마별로 신(神)·남(男)·여(女)·광(狂)·귀(鬼)의 다섯 종류로 분류하며 이 순서로 다섯 작품을 하루 공연에 순서대로 편성하여 공연하는 것을 고반다테(五番立て)라고 한다.

　고반다테는 노가 에도시대에 막부에서 의식을 행할 때 연주하는 음악(式楽)으로 확립한 형식으로 오늘날의 노 공연은 보통 노 두세 작품, 교겐 한두 작품, 시마이(仕舞) 몇 작품으로 약식(略式)으로 행한다.

　노 작품(각본)은 대부분이 순수한 창작품이 아니라 역사상의 사건이나 인물, 신화, 전설, 전쟁담, 설화 등을 제재로 하고 있다. 이와 같은 작품의 바탕이 되는 전거(典據)를 제아미는 혼제쓰(本説)라 하여 혼제스가 확실할수록 명작으로 꼽았다. 관객이 '아, 그 이야기였군'이라고 할 정도로 유명한 제재나 전거를 활용함으로써 작품의 이미지를 풍성하게 할 수 있는 것이다. 따라서 명소나 옛터의 이름을 그대로 작품명으로 하는 경우에는 그 장소를 테마로 한 시가(詩歌)의 한 구절이나 한시(漢詩) 한 수, 한 수의 와카를 작품의 클라이맥스 부분에 넣는다.

　250여의 현행 작품 중에서 자주 공연되는 것을 간추려 보면 다음과 같다.

1. 오키나

고반다테를 기준으로 작품을 살펴보면 서곡(序曲)이라 할 수 있는 작품인 오키나(翁)가 있다. 오키나는 시키삼방(式三番)이라고도 하며 노 연기자와 교겐 연기자가 함께 엮어내는 작품으로 그 구성이나 대사, 노래, 반주, 춤, 가면, 의상이 일반적인 노와는 다르다.

노인의 역할을 하는 연기자가 중심이 되어 축복의 노래와 춤을 추는 것이 중요한 부분으로 되어 있으며 오키나의 공연에 앞서서 연기자는 별도로 식사를 하는 등 신성한 역할을 한다는 의식이 강하며 이 때 사용하는 가면 그 자체를 신격화(神体)하여 존중한다.

2. 와키노

신(神)이 주인공으로 대부분 어떤 일에 대한 축하하는 의미의 작품군(作品群)으로 그날 공연에서 오키나에 이어 첫 번째 공연이라 하여 하쓰반메모노(初番目物)이다. 대표적인 작품으로는 에마(絵馬), 다카사고(高砂), 지쿠부시마(竹生島) 등으로 신의 공덕을 기리고 축복하는 내용으로 되어 있다. 다카사고(高砂)는 부부의 정과 행복을 축원하는 의미로 결혼식에서 작품 중의 일부 대사가 인용되기도 한다.

3. 슈라노

대부분 전장(戰場)에 죽어간 무장(武將)이 주인공으로 죽음에 즈음한 처절한 순간을 노래하는 작품으로 헤케모노가타리(平家物語)에 등장하는 인물로 다이라가문(平家)과 미나모토가문(源家) 사람의 이야기가 많다. 니반메모노(二番目物) 작품군으로 자주 공연하는 작품이 많으며 그 중 다다노리(忠度), 다무라(田村), 야시마(八島), 아쓰모리(敦盛), 기요쓰네(淸經), 사네모리(実盛), 도모에(巴), 요리마사(賴政) 등이 대표적인 작품이다.

4. 가쓰라모노노

한(恨)의 여인, 비련의 여인 또는 선녀나 요정 등을 주인공으로 하며 아름다운 여인의 가면과 가발이 상징적인 작품으로 하루 동안 공연하는 노의 하이라이트에 해당하는 작품이 많다.

일본 전통 문화나 노를 소개할 때 여인의 가면이 맨 먼저 눈에 들어오는 것은 그만큼 노에서 여인을 주인공으로 하는 산반메모노(三番目物) 작품들이 일본 전통미(伝統美)를 잘 나타내고 있기 때문이다.

따라서 일반적으로 노 공연에 가장 자주 무대에 올려지며 대표적인 작품으로는 이즈쓰(井筒), 에구치(江口), 세키테라고마치(関寺小町), 데카(定家), 도보쿠(東北), 노노미야(野宮), 하지토미(半蔀), 히가키(檜垣), 후타리시즈카(二人静) 요키히(楊貴妃), 오바스테(姥捨), 가키쓰바타(杜若), 하고로모(羽衣), 마쓰카제(松風), 유야(熊野) 오하라고코(大原御幸) 고초(胡蝶) 등 다수이다.

5) 모노구루이노

정상적인 정신으로는 감당할 수 없는 슬픔과 씻을 수 없는 업보(業報)에 갈등하는 가운데 발생하는 일들을 소재로 이루어진 작품이 많다. 주제와 연출도 다양하여 세상사를 다룬 작품에서 오락적인 성향이 강한 작품에 이르기까지 다양하다.

노가 연극으로서의 면모를 보이는 것은 이들 욘반메모노(四番目物)의 작품들을 두고 말한 것이다. 신(神)을 주제로 하여 와키노(脇能)의 성격이 나타나는 작품으로 우게쓰(雨月), 미와(三輪)가 있으며 빙의(物狂い) 상태의 작품으로는 아시카리(芦刈), 우키후네(浮舟), 가게쓰(花月), 지넨코지(自然居士), 스미다가와(隅田川), 세미마루(蟬丸), 소토바코마치(卒塔婆小町), 한조(班女), 후지타이코(富士太鼓), 미이데라(三井寺), 요로보시(弱法師), 간탄(邯鄲), 우토(善知鳥), 아코기(阿漕), 모토메즈카(求塚), 아오이노우에(葵の上), 도조지(道成寺), 모치쓰키(望月), 아타카(安宅), 고소데소가(小袖曾我), 후나벤케이(船弁慶) 등이 자주 공연된다.

6. 기리노

하루의 노 공연을 마감하는 작품으로 대부분 인간 세상과 차원을 달리하는 한국의 도깨비나 요괴 등이 주인공으로 등장하는 경우가 많다. 그 날의 노를 마친다는 의미로 기리노(切能)라고도 하며 시테의 연기와 음악이 빠르고 화려한 무대가 펼쳐진다. 중요한 작품으로는 우카이(鵜飼), 구즈(国栖), 구로즈카(黒塚), 셋쇼세키(殺生石), 오에야마(大江山), 구라마텐구(鞍馬天狗), 고카지(小鍛冶), 쓰치구모(土蜘蛛), 모미지가리(紅葉狩り), 아마(海女), 쇼쇼(猩猩), 야마우바(山姥) 등이 있다. 상상의 동물의 가면을 쓴 주인공의 연기가 빠르고 힘차며 그날 공연의 클라이맥스를 장식한다.

이상에서 볼 수 있듯이 노는 신(神)이나 여인, 유령, 광기(狂氣)인물의 등장이 주를 이룬다.

이는 노의 소재가 많은 경우 우아한 헤이안 왕조를 산 궁정 여인의 이야기나 헤이케모노가타리(平家物語)에 등장하는 무장(武將)들의 생사(生死)에 얽힌 비극이기 때문이다.

노는 무대극이므로 관객이 있어서 비로소 공연이 이루어진다. 사루가쿠 시대의 관객은 신사나 사찰의 종교 의식에 참여한 민중이고 중세를 지나 근세에

이르러서는 무가(武家) 권력자가 주된 관객이었다. 관객의 변화에 따라서 노의 내용이나 연출기법도 그에 상응하게 변화하였으며 에도시대에는 관객이 지배층으로 한정되기도 하였다. 특히 노는 에도시대를 거치는 동안 막부의 공식적인 음악인 시키가쿠(式樂)로서 지배 계층이나 무인(武人)의 교양과 고상한 취미로 자리매김하였다. 따라서 일반 민중을 관객으로 하는 경우는 횃불을 밝히고 야간에 야외에서 행하는 다키기노와 에도 말기 전통적인 노와는 약간의 변형된 모습을 한 조닌노(町人能) 등이 있다.

메이지 이후 노의 관객은 노가쿠시를 스승으로 하여 우타이를 배우는 제자들이 대부분이다. 결국 노의 관객은 전통예능을 애호하는 사람들의 모임으로 일종의 문화센터 강좌의 성격으로 참여하는 사람들, 노를 연구하는 학자, 대학의 노 관련 동아리 회원, 전통 예능의 동호인을 포함한 연기자의 주위 사람들이라고 할 수 있다.

그러나 관객의 구성요소와는 별도로 모든 연극에서 그렇듯이 노에서 관객의 역할은 크다. 특히 박수나 환호로 대응하는 것이 아니라 무대에 펼쳐지는 무겐과 유겐의 세계를 함께 느끼고 감동해야 하는 것이기 때문이다. 노는 배우가 퇴장하고 텅 빈 무대에서 느낄 수 있는 여운(餘韻)과 무상(無常)을 위하여 공연이 끝난 후에도 박수를 치지 않는 것이 상례이다. 다만 근자에 들어서 맨 마지막으로 음악을 담당하였던 하야시카타와 지우타이 담당자들이 퇴장하고자 각각 아게마쿠와 기리도를 향하여 걸어갈 때 박수를 치는 관객이 많아졌다.

관객 중에는 그날 출연한 배우의 제자가 많아서 요쿄쿠(謠曲)를 손에 들고 한 구절 한 구절을 확인하면서 자리에 앉아 있는 사람을 자주 대할 수 있다. 노에 대한 상당한 감상안이 있거나 깊은 이해가 없는 경우 지루한 느낌을 갖는 것은 처음 노를 보는 관객에게는 흔한 일로 졸음을 참지 못하는 사람의 모습도 볼 수 있다. 특히 노는 현대의 무대극에 나타나는 사건이나 갈등이 없고 스토리의 전개가 그다지 중요한 요소가 아니므로 가부키와 같이 활기차고 변화 있는 무대를 기대한 관객에게는 지루한 느낌을 주기 쉽다.

그러나 노를 '움직이는 조각'이라고 평한 서양인의 평에서도 알 수 있듯이 노의 관객은 조용히 움직이는 조각을 감상하는 마음으로 하야시카타와 지우타이가 만들어내는 불협화음의 독특한 연주에 자신을 맡기는 사람이다.

【용어사전】

◇ 간진(勸進)

간진이란 불교용어로 남에게 불교를 권하며, 선행을 하도록 하는 일을 말한다. 또한 사찰이나 신사 혹은 교량 등의 공공물을 수리, 재건하기 위하여 기금 모금의 목적으로 하는 공연을 간진이라 했다.

◇ 다카사고(高砂)

제아미 작. 하루 공연의 첫 무대를 장식하는 와키노모노(脇能物)로 축복의 의미를 지닌 이 작품의 한 구절은 결혼식의 축하로 사용되기도 한다. 규슈 아소(九州阿蘇)에 있는 한신사의 신관이 상경하던 중 하리마의 다카사고 포구에서 소나무 아래를 쓸고 있는 노부부를 만나게 된다. 노인은 이 소나무가 백년해로를 상징하는 나무라고 하며 자신은 세쓰(攝津)지방 스미요시(住吉)에 살며 할머니는 이곳사람이라고 설명하며 사랑하는 부부란 사는 곳이 달라도 그 마음을 변함이 없다는 말을 한다. 노인은 소나무의 덕을 기리는 춤을 추고 자신들이 나무의 정령이라고 밝히고 먼저 스미요시에 가서 기다리겠노라고 말한 후 사라진다. 신관이 마을의 남자에게 상세한 연유를 물으니 남자도 소나무의 축복을 기리며 마침 배를 새로 건조하여 신관을 태워 드리고 싶으니 스미요시까지 타고 갈 것을 권유한다. 스미요시에 닿으니 스미요시의 신이 나타나 장쾌한 춤으로 천하태평을 기원한다.

◇ 도조지(道成寺)

작자미상. 넷째·다섯째 마당의 귀녀(鬼女)를 주인공으로 하는 작품에 속한다. 지금의 와카야마(和歌山)현에 해당하는 기노쿠니(紀伊国)의 도조지에서 종을 잃어버린 지 오래되어 새로 주조한 종을 설치하는 행사를 하는 날에 일어난 일이다. 주지스님은 절의 일꾼들에게 여인들이 절에 들어오는 일이 없도록 철저히 막을 것을 명한다. 그러나 한 시라뵤시(白拍子)가 춤을 추겠다는 것을 빌미로 절 안에 들어오기를 허락받아 춤을 추다가 잽싸게 종에 접근하자 종은 떨어지고 여인은 종속으로 모습을 감추어 버린다. 이 사실을 전해들은 주지스님은 이는 필시 원령의 소행임에 틀림없다며 전해 오는 이야기를 한다. 옛날 이 지방의 한 아가씨가 수행승을 사랑하였으나, 그는 불도를 닦고자 이 절로 도망을 왔는데 절에서 수행승을 종 밑에 숨겨 주었다. 이 아가씨는 사랑의 집념으로 큰 구렁이로 변하여 종을 감아 그 뜨거운 열로 종이 녹고 그 속에 있던 수행승은 죽고 말았다는 것이다. 시라뵤시가 그 아가씨의 원령이라며 주지스님이 염불을 외우자 종은 다시 위로 올라가고 그 안에 귀녀 모습을 한 시라뵤시가 나타나 주지에게 덤비지만 염불의 힘에 눌려 사라져 버린다.

12. 전통인형극 분라쿠의 아름다움

손순옥

I. 분라쿠의 형성과정
II. 분라쿠의 구성요소
III. 분라쿠의 작품 분류
IV. 분라쿠의 구성
V. 분라쿠의 작가와 명작

I. 분라쿠의 형성과정

인형극 분라쿠(文楽)는 18세기 말 오사카에서 닌교조루리(人形浄瑠璃)를 무대에 올려 선보였던 분라쿠좌라는 극단의 이름에서 유래한 것이다. 이야기를 이끌어 가는 다유(太夫)와 샤미센(三味線)에 의한 기다유부시(義太夫節)에 맞춰 인형을 조정하여 연기하는 분라쿠의 기원은 무로마치시대로까지 거슬러 올라갈 수 있다. 그러나 분라쿠는 에도시대에 이르러 교토와 오사카 지방을 중심으로 더욱 발전하여 완성되었다.

인형은 머리, 어깨, 몸통, 팔로 이루어져 있고, 다리는 원칙적으로 남자인형에만 있다. 중심이 되는 오모즈카이가 목, 몸통, 오른손을, 두 번째 사람인 히다리즈카이가 왼손을, 세 번째 사람인 아시즈카이가 다리를 조정한다. 여자 인형에는 다리가 없는 것이 보통이지만, 기모노(着物) 자락을 손끝으로 잡아 처리함으로써 다리가 있는 듯이 보이도록 하였다. 원래 표정이 없는 인형이지만 검은 두건과 검은 의복을 입은 인형조정자, 즉 닌교즈카이에 의해 영혼이라도 있는 듯이 감탄하고 웃고 화를 내는 것이 특징이다.

그 내용은 무가사회(武家社会)를 소재로 한 시대물(時代物)과 서민을 주인공으로 한 세와물(世話物)로 크게 두 종류로 구분된다. 그 어느 것이든 인간과 인간관계의 본질을 시정(詩情) 넘치게 추구했다는 점에서 시대를 뛰어넘어 현재까지 사람들의 마음을 감동시키고 있다.

1. 분라쿠의 성립

분라쿠는 다유와 샤미센 반주에 의한 기다유 음악, 거기에 인형 등의 세 가지 요소로 성립되어 있다. 크게 분류하면 음악과 인형이 긴 형성과정을 거쳐 합쳐진 것이므로 우선 그 역사를 알아둘 필요가 있다.

가락을 붙여 샤미센 악기에 맞추어 낭창하는 줄거리를 가지는 음악인 조루리(浄瑠璃)는 15세기경에 시작된 것으로 알려져 있다. 샤미센이 류큐(琉球)로부터 전해져서 비파 대신에 조루리의 악기가 된 것은 1560년경이다. 인형을 가지고 놀리는 인형연극은 그보다 훨씬 앞선 1100년경으로, 이들은 각각 따로따로 시작되어 발전되어 왔다. 양자가 함께 되어 닌교조루리로 발전하기 시작한 것은 1600년경으로, 처음에는 에도지방에서 생겨났지만 점차 그 중심이 교토와 오사카로 이동한다.

이 지역에서 특히 인기를 얻을 수 있었던 것은 오사카 출신의 다모토 기다유

(竹本義太夫)의 영향이 컸다. 그는 1684년에 오사카의 도톤보리(道頓堀)라는 곳에서 다케모토좌(竹本座)를 창시하여 그 곳에서 대인기를 얻는다. 그 다음 해, 희곡 작가인 지카마쓰 몬자에몬(近松門左衛門, 1653 ~ 1724)은《슛세카게키요(出世景清)》라는 작품을 통하여 조루리에 근세 연극으로서의 내용을 갖추게 하였다. 이 작품 이전의 것을 고조루리(古淨瑠璃)라고 하며, 기다유에 의해 창시된 다케모토좌의 기다유부시가 점차 고조루리를 압도하여 간다.

1703년 지카마쓰(近松)와 기다유의『소네자키신주』가 크게 히트하며 다케모토좌의 중흥시대를 맞이하지만, 기다유의 한 좌(座)에 있던 도요다케 와카타유(豊竹若太夫)가 창시한 도요다케좌(豊竹座)와의 경쟁에 돌입하게 된다. 두 좌, 즉 다케(竹)와 도요(豊)의 대항으로 인하여 닌교조루리는 1700년대 초반에 가장 많은 인기를 누리며 전성기에 접어들게 된다.

이와 같이 기다유부시가 인형과 결합하여 닌교조루리로 완성되어 폭발적인 인기를 얻은 것은, 그것이 단순한 창의에 의한 것이 아닌, 지금까지 오랜 세월에 걸친 시연(試演), 실험의 토대를 기초로 하여 만들어진 것이기 때문이라고 할 수 있다.

2. 다케모토 기다유의 등장

1651년 오사카의 농촌 태생의 다케모토의 본명은 덴노지 고로베(天王寺五郎兵衛)이다. 그의 나이 21세인 1671년, 풍부한 천재적 재질을 인정받아 당시 최고의 실력 있는 다유였던 이노우에 하리마노조(井上播磨掾)의 제자가 된다. 그는 16살 연장이자 늘 경쟁상대에 있던 연기자 우지 가가노조(宇治加賀掾)의 일좌에 들어가 수업에 임하지만 곧 그 곳을 탈출, 자신만의 새로운 전진의 길을 찾기에 이른다. 가가노조는 당시로서는 매우 새로운 생각과 예풍으로 모든 유파의 장점을 받아들임과 동시에 노(能)를 의식하여 아름다운 말투와 정밀한 곡조의 고상한 조루리를 이루어낸 장본인이었다.

다케모토는 가가노조와의 경쟁에서 높은 호평을 얻으면서 이윽고 1684년, 그의 나이 35세때에는 가가노조와 사이가 멀어진 자본주 다케모토 쇼베(竹屋庄兵衛)의 도움으로, 당시 제일의 환락가였던 오사카의 도톤보리 거리에 다케모토좌(竹本座)를 창설하게 된다. 다케모토 기다유(竹本義太夫)라는 이름은 이때부터 얻은 것으로, 다케모토 쇼베라는 이름으로부터 한 글자를 따서《다케모토(竹本)》라 하고 거기에 의(義)를 중요시한다는 의미를 나타내어《기다유(義太夫)》로 한 것이다.

다음해 한 때 스승이었던 가가노조와의 경연대전에서 1·2차를 모두 다케모토의 승리로 장식하며 가가노조는 결국 교토로 내려가고, 기다유는 명성과 함께 다케모토좌의 기초를 다져간다. 기다유는 이후 점점 더 인기가 높아졌으며 1703년에는 지카마쓰 몬자에몬의 『소네자키신주』라는 히트작을 세상에 내보였다. 그의 나이 52세였을 때이다.

1) 다케모토좌의 특징

다케모토좌의 창설 이래 『소네자키신주』까지의 19년간은 순조롭지만은 않았다. 흥행에 결손이 많았던 것은, 기다유가 경영보다는 예술을 우선으로 하는 경향이 있었기 때문이다. 당시는 소규모의 꼭두각시 인형연극과 마술인형이 인기를 모으고 있었다. 다케모토좌 또한 인형극을 하고 있었지만, 거기에 꼭두각시 인형이나 마술을 혼합하면 어떨까 하는 제안이 있었다. 그러나 그런 구경거리만의 기다유는 배척되었다.

더욱이 1704년 같은 좌의 도요다케 와카타유(豊竹若太夫)가 도톤보리의 동쪽에 새로 도요다케좌(豊竹座)를 일으켰다. 다케모토좌에 대한 명백한 도전이었다. 이러한 고난과 도전 속에서도 기다유는 다케모토좌를 사수하는 일에 끝까지 힘을 쏟았다. 기다유의 기다유부시가 300년 이상 지난 오늘까지 존속되어질 수 있었던 것은, 당시 연극계의 거물이었던 하리마노조와 가가노조가 넘을 수 없었던 벽을, 기다유 스스로가 인생의 풍부한 경험을 통해 변신해 가면서 이룬 대단한 업적 때문이다.

1705년 극장경영에 어려움이 더욱 가해지게 되자 기다유는 다도에 전념하는 한편, 지카마쓰 몬자에몬을 다음 대표로 맞아들여 새로운 체제를 확실히 굳히기도 하였다.

2) 고조루리와 신조루리

다케모토 기다유가 창시한 기다유부시 이전의 조루리를 고조루리(古淨瑠璃)라고 한다. 고조루리는 교토, 오사카, 에도의 세 지방에서 발달했는데, 그 내용들은 연애이야기가 대부분이었다. 당시에 크게 활약했던 인물로는 이노우에 하리마노조와 우지 가가노조가 있다.

하리마노조는 황당무계한 내용에 풍미와 정취를 더한 『긴피라모노(金平物)』와 같은 작품을 발표하였다. 이에 반하여 가가노조는 초기에 흥미를 가지고 있던 요곡(謠曲)이 폐쇄적이고 단지 소리를 내뿜어내는 것만으로는 깊은 의미를 전달할 수 없는 것에 불만을 품고 신흥예능인 조루리로 전환한다. 그는 당시로서는 획기적인 형식의 부드럽고 아름다운 말투와, 정밀한 곡조를 통하여 조루리를 한 차원 높은 고상한 경지에 이르게 하였다. 형식과 내용적으로 문학성을 높였으며, 인형의 연출법도 한층 발전시켰다.

그런 때에 하리마노조의 제자로 출발하여 가가노조의 상대역으로 활동해 온 기다유가 창시한 기다유부시를 당류조루리(当流淨瑠璃)또는 신조루리(新淨瑠璃)라고 칭하게 된다. 그 이전의 150년간의 여러 다유나 유파는 모두 고조루리라고 불린다. 고조루리는 1720년경 그 모습을 감추었으며, 기다유부시만이 계승자를 얻어 닌교조루리로서 그 명맥을 유지하게 되는 것이다.

▲ 국립분라쿠극장

그 후 발전을 거듭하던 닌교조루리는 한 때 침체기를 겪기도 하였으나, 19세기 오사카에서 훌륭한 기다유인 우에무라 분라쿠켄(植村文楽軒)의 출현으로 다시 부흥되어 발전을 거듭한다. 그의 문하생들은 인형극 전용극장을 개설하였고, 스승인 우에무라 분라쿠켄의 이름을 따서 극장의 명칭을 분라쿠좌(文楽座)라 했다.

분라쿠좌가 새로운 방식의 인형극 공연으로 많은 인기를 얻자, 닌교조루리라는 이름을 대신하여 분라쿠(文楽)라 하게 된다. 분라쿠는 이렇듯 역사의 대변혁기의 시련을 잘 견디면서 인형극의 전통을 유지하여, 일본의 대표적인 전통예능의 하나이자 일본인들이 자랑하는 연극장르가 된 것이다. 분라쿠좌가 있던 자리에는 국립분라쿠극장(国立文楽劇場)이 설립되어 오늘날에도 활발한 공연이 이루어지고 있다.

II. 분라쿠의 구성요소

분라쿠는 기다유부시조루리(義太夫節淨瑠璃)의 연주에 맞추어서 세명의 인형조종자가 인형을 다루어서 연기하는 어른을 대상으로 한 연극이다. 그리고 기다유부시는 이야기를 이끌어가는 다유와 샤미센 반주자가 함께 협력하여 연주된다.

1. 다유

다유는 원칙적으로 한 사람이며, 모든 등장인물의 언어와 동작은 물론, 내면의 심리상태 및 정경(情景)이나 분위기의 묘사에 이르기까지, 모든 것을 말로 읊어 표현한다. 기다유부시는 매우 리얼한 대사(詞)와 샤미센을 다루는, 매우 미묘하고도 조화롭게 작곡되어 있는 노래이다. 수백명의 관객에게 마이크를 사용하지 않고 육성으로 확실하게 전달하는 재능과 기술이 요구되기도 한다. 대사는 박진감이 있고 생생하여야 하며, 결코 목소리만을 뽑아내서는 안 된다는 점에서 다유의 역할은 그 중요성을 더한다.

1) 다유의 수업

분라쿠는 스승과 제자와의 관계 속에서 수업이 이루어지며, 예능을 전승한다는 이념 아래 독자적인 전통을 구축해 왔다. 피를 말리는 엄격한 수업을 견디어내며 예능을 획득한 최고의 자리를 몬시타(紋下) 또는 야구라시타(櫓下)라고 하며, 그 명예를 얻은 명인들도 수없이 배출되어지고 있다.

기다유부시에서 가장 중요한 것은 '마음을 표현' 하는 일이다. 그러므로 기다유는 '삼사십년을 하지 않으면 관객을 감동시키는 연기를 할 수 없다' 는 말이 있을 정도로 엄하고 혹독한 수업을 해야 한다. 그러한 전문성 때문에 다른

▼ 다유와 샤미센

일과 겸업을 할 수도 없다. 실력위주의 세계라는 것이 문벌위주의 가부키와 다른 점이며, 실력이 있는 자가 리더가 된다는 불문율이 지켜지고 있는 점은 예나 지금이나 변함없다.

2) 다유의 복장과 자세

한 사람의 다유가 담당하는 각 장면은 긴 경우 한 시간 반 정도 된다. 그것을 끝까지 이야기하기 위해서, 다유는 우선 아랫배에 스모(相撲)의 샅바와 같은 두꺼운 면으로 만든 허리띠를 몇겹으로 꽉 졸라맨다. 그 위에 가문을 새긴 몬쓰키(紋付)를 입고, 가슴자락에 오토시라는 팥과 모래를 넣은 작은 주머니를 넣는다.

하카마(袴)와 가타기누(肩衣)를 걸치고, 무대용 책인 유카혼(床本)을 얹어 놓은 독서대(見台)를 앞에 두고 앉고 허리 아래에는 방석과 비슷한 시리히키라는 낮은 받침대에 앉아서 발가락을 세우고 연주한다. 허리와 배에 힘을 주는 복식호흡을 하여 배에서 소리를 내야 한다. 샤미센을 켜는 사람도 닌교즈카이도, 수업의 힘든 과정은 다르지 않지만 그 중에서도 다유는 자신의 몸을 악기로 개조시켜 가야 하기 때문에 그 노고는 이루 말할 수가 없다.

2. 샤미센

1) 샤미센의 역할

기다유부시의 샤미센은 다유를 돕고, 때로는 다유를 리드하여 두 사람이 힘을 합쳐 기다유부시를 만들어간다. 그러므로 다유와 샤미센은 자주 부부로 비유된다. 실제로 아이샤미센(合三味線)이라고 하여, 특정의 다유와 샤미센이 어떤 무대를 반드시 함께 역할을 해 나가기로 정했을 때에는, 두 사람은 결혼식과 같이 맹세의 술잔을 나누기도 한다.

샤미센은 조루리의 템포와 리듬을 결정하며, 또한 그 장면의 정경이나 분위기를 나타낸다. 그러므로 다유와 마찬가지로 '조루리를 켠다', '마음을 표현한다' 라고 정의되어지기도 한다. 다유와 샤미센은 협력하여 조루리를 만들지만 무대에서는 결코 서로 짜 맞춘 듯한 연주는 하지 않는다. 매회마다 상대의 태도에 따라서 즉흥적이고도 진지한 승부와 같은 긴장감에 넘친 연주를 하고 있다.

샤미센의 수업도 다유와 같이 제몫을 다하는 능력 있는 사람이 되기 위해서는 30년 내지 40년이 걸리지만, 샤미센 켜는 사람은 다유와 달리, 무대에서는

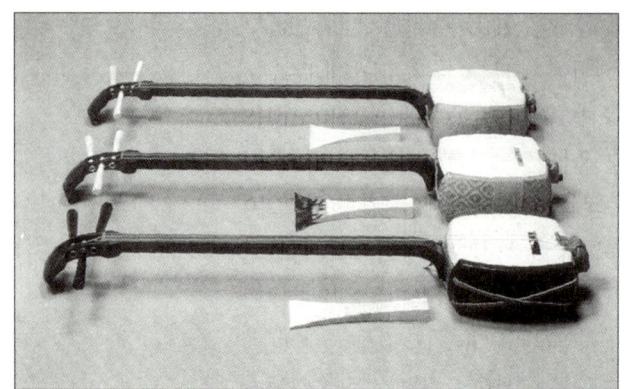
▲ 샤미센

책을 보는 일이 허락되지 않는다. 모두 외워서 연주한다. 그러므로 샤미센의 수업은 가능한 한 빨리 6살 정도부터 시작하는 것이 이상적이지만 현재로서는 매우 어려운 일이다.

2) 샤미센의 구조

중국의 삼현(三弦)에 유래하는 샤미센은 무로마치시대 말기에 류큐지방으로부터 오사카에 전해진 것을 개량하여 만든 악기이다. 몸통에 뱀가죽을 붙인 데서부터 자비센(蛇皮線)으로 불리기도 하였다가 지금의 샤미센이라고 호칭되었다. 비단뱀 가죽 대신에 개나 고양이 가죽을 붙여서 몸통을 만들고, 술대를 사용하여 연주하게 되었으므로, 여음이 있는 부드러우면서도 큰 소리를 내게 되었다. 또한 현악기이면서 타악기와 같은 주법도 가능하여 다채로운 표현을 할 수 있다.

샤미센의 줄을 매는 길다란 막대부분인 사오(棹)는 폭에 따라 호소자오(細棹)·주자오(中棹)·후토자오(太棹) 등 세 종류로 구분된다. 기다유부시에서 사용하는 것은 가장 대형인 후토자오이다. 사오는 인도산의 매우 딱딱한 홍목(紅木)으로 만들어진다.

몸체는 중국과 동남아시아산의 모과나무, 술대는 아프리카산 상아, 실의 진동을 가죽에 전하는 작은 삼각형 모양의 고마(駒)는 동남아시아산 물소의 뿔 등으로, 가장 좋은 소리가 나도록 세계 각지에서 모은 재료로써 만들어진다. 세 줄의 명주실만이 일본산이지만, 요즈음은 여러 사정으로 이 재료들을 구하기 힘들어 좋은 샤미센을 확보하기에 매우 어려움을 겪고 있다.

샤미센을 켜는 사람의 예명은 다케자와(竹沢), 노자와(野沢), 쓰루자와(鶴沢), 도요자와(豊沢) 등 반드시 자와(沢)라는 글자가 붙는다.

3. 인형

분라쿠는 오모즈카이·히다리즈카이·아시즈카이로 구성된 세 사람의 인형조종자가 호흡을 맞추어서 하나의 인형을 다루는 연극이다. 전체적으로 훌륭하게 조화와 통일을 이루어 마치 한 사람이 움직이듯 연기한다. 히다리즈카이와 아시즈카이는 검은 두건과 검은 옷을 입는다. 오모즈카이 역시 검은 의상을 입지만, 때로는 몬쓰키와 가타기누와 하카마만을 입기도 한다. 그것은 인형의 몸통을 다루는 오모즈카이의 연기가 완숙기에 달해 관중으로부터 대단한 인기를 얻었을 때이다. 이를 데즈카이라고 한다.

1) 몸통조종자 오모즈카이

오모즈카이는 인형의 목과 몸통, 오른손을 다루는데, 배 중간의 허리 아래에 뚫린 구멍에 왼손을 넣고 인형목 아래의 몸치를 지탱하는 막대기인 도쿠시(胴串)를 쥐며, 오른손으로 인형의 오른손을 다룬다. 인형의 목에는 내부에 조립되어진 실과 스프링을 사용한 조종장치로 눈과 눈썹, 입이 움직이는 것도 있다. 조정장치 실의 끝은 도구시에 붙은 고자루(小猿)라 불리는 대나무 발톱 같은 막대에 연결되어져 있다. 오모즈카이가 엄지손가락과 검지손가락으로 고자루를 당기면, 눈이 좌우를 노려보거나 눈썹이 상하로 움직이거나 입이 열리기도 한다.

오모즈카이의 가운데 손가락은 항상 도쿠시 앞의 틈에 맞춰 끼운 히키센(引栓)을 붙잡고 있다. 히키센을 느슨하게 하면 머리가 아래를 향하고 꽉 조이면 위를 향한다. 그것을 빠르게 하면 고개가 끄덕이게 되므로 이 동작을 '우나즈키'라 부른다. 이 실이 끊어지게 되면 목은 전혀 움직일 수 없게 된다. 분라쿠 인형을 다루는 가장 중요한 장치이므로 인형조종자는 무대에 나오기 전에 이 실을 반드시 점검해야 한다.

2) 히다리즈카이와 아시즈카이

왼쪽 조종자인 히다리즈카이는 자신의 오른손으로 인형의 왼손에 붙어 있는 사시가네(差金)를 쥐고 인형을 다룬다. 히다리즈카이는 왼손이 비어 있으므로 인형이 무대에서 사용하는 소도구를 다룰 수 있다. 무대 전체의 배역의

▼ 인형조종사

▲ 인형을 조종하는 모습

위치나 움직임에도 감정을 불어넣어야 하며, 오모즈카이에게 긴급사태가 발생했을 때에는 바로 그 역할을 대신할 수도 있어야 한다.

또 발 조종자인 아시즈카이는 몸을 낮추어 허리를 반쯤 들어올린 자세로 인형의 두 발을 다룬다. 오모즈카이가 15~40cm나 높은 무대용 게타를 신고, 인형을 무대 난간의 84cm나 되는 상단까지 들어올리고 있을 때에도 계속 그 자세로 서 있거나 과격한 움직임을 해야 하므로 매우 어려운 일이다.

남자인형에는 다리가 있지만 여자인형에는 다리가 없으므로 아시즈카이는 옷자락을 움직이게 함으로써 걷고 달리고 앉기도 하는 연기를 돕는다.

3) 인형조종자의 특징

오모즈카이와 히다리즈카이와 아시즈카이 세 명은 항상 같은 조로 편성되는 것은 아니다. 히다리즈카이와 아시즈카이는 즉석으로도 누구의 어떤 역할도 소화해 낼 수 있어야 한다. 또한 이들은 프로그램에 이름이 나오지 않으며, 오모즈카이가 인형의 목과 어깨를 다루면서 보내는 신호를 순간적으로 이해하여 지시대로 조종하여야 한다. 검은 의상은 '없음(無)'을 나타내는 약속이기도 하므로 히다리즈카이와 아시즈카이는 인형의 뒤에 숨도록 하여 가능한 한 보이지 않게 한다.

오모즈카이는 공연이 가까워지면 인형을 준비한다. 몸통에 옷깃과 속옷 등 의상 한 벌을 바늘과 실로 꿰매어 가면서 심리적으로도 완전히 그 배역으로 동화되도록 하는 것이다. 인형조종자는 인형의 형태나 동작을 인간처럼 흉내내어 연기하는 것이 아니라, 결국 다유나 샤미센과 마찬가지로 그 역할의 정신을 그려내는 것이 중요하다. 그러기 위해서는 20~30년이라는 긴 수업을 거치지 않을 수 없다.

인형조종자의 예명은 많이 있지만 일반적으로 지금은 요시다(吉田) 또는 기리다케(桐竹) 혹은 도요마쓰(豊松) 등으로 짓고 있다.

Ⅲ. 분라쿠의 작품 분류

16세기 말부터 17세기 초에 성립한 조루리 인형극은 같은 시대에 나온 가부키가 연기자의 육체와 기술적인 매력을 전제로 하여 성립되었던 것과는 달리, 조루리에 의해 이야기되어지는 서사적인 내용 설정과 그것을 말로 읊어 표현하는 다유의 기술이 무엇보다도 중요했다. 초기의 조루리는 군기물(軍記物)이나 신불(神仏)의 영험담 등이 주류를 이루었으나『십이단초지(十二段草紙)』의 대중적 인기에 힘입어 민중의 오락으로서 자리를 잡게 된다. 그 당시 조루리는 한편이 12단으로 구성되었으나, 고조루리 중흥의 근원인 하리마노조와 가가노조를 거쳐 다케모토 기다유에 의해 시대극 5단 구성으로 완성된다. 그 후 지카마쓰 몬자에몬과 기다유에 의해 세화극 조루리가 만들어지는데, 이 두 가지가 내용적으로 기다유 조루리를 나누는 큰 갈래가 된다. 분라쿠의 내용적 분류를 통해 그 특징을 알아보도록 한다.

1. 시대물

시대배경이 헤이안·가마쿠라·무로마치 등, 에도시대 이전의 것으로 귀족이나 무사계급의 활약을 다룬 작품이나 외국의 호걸들을 주인공으로 한 것을 시대물(時代物)이라 한다. 이 가운데서도 특히 헤이안시대 귀족의 양대 세력이었던 겐씨(源氏)가문과 다이라씨(平氏)가문 사이의 대립과 1180년부터 1185

년에 일어난 이른바 겐페이전쟁(源平合戰)을 배경으로 하는 작품이 많다. 이런 작품으로는 「이치노타니후타바군키(一谷嫩軍記)」, 「오슈아다치가하라(奧州安達原)」, 「요시쓰네센본자쿠라(義経千本桜)」 등이 잘 알려져 있다.

헤이안시대 전기의 귀족들의 활약을 그린 시대물은 대시대물(大時代物) 혹은 왕대물(王代物)이라 하며 「이모세야마온나테킨(妹背山婦女庭訓)」, 「하데쿠라베이세모노가타리(競伊勢物語)」, 「스가와라덴주테나라이카가미(菅原伝授手習鑑)」 등이 특히 자주 공연되고 있다. 또한 에도시대에는 도쿠가와(德川) 장군의 집안이나 정치에 관한 사건을 사실 그대로 각색하는 것은 금지되어 있었으므로, 그것들을 가마쿠라 또는 무로마치시대의 사건이나 인물 등으로 대치하여 상연하였다. 에도시대에 일어났던 실제 사건을 어떻게 해서라도 극화하기 위하여, 사건을 극적으로 재구성하는 수법이 나오게 되었다. 등장인물의 이름은 실제 인물의 이름은 그대로 쓰지 않고 새로운 이름을 지어 붙이고, 사건의 배경도 에도시대가 아니라, 그 이전의 가마쿠라나 무로마치시대로 설정하여 작품을 써냈다.

▲ 요시쓰네센본자쿠라

▲ 주신구라

이런 예 가운데 널리 알려진 작품으로는 「가나데혼추신구라(仮名手本忠臣蔵)」가 있다. 줄여서 「주신구라」라고 부르는 작품은 에도시대에 실제로 일어났던 무사들의 집단 복수 사건을 극화한 작품이다. 1701년과 1702년에 에도에서 일어났던 이 사건은 당시 사람들의 큰 관심의 대상이었기 때문에 분라쿠 종사자들은 이 사건을 다루면 틀림없이 흥행에 성공할 것이라고 생각했다. 그러나 막부의 금지명령에 따라서 사건을 그대로 무대에 옮겨놓을 수는 없었기 때문에, 사건을 허구화한 창작품을 내지 않을 수 없었다. 실제 사건의 골격은 있는 그대로 유지하되 시대적 배경을 400년 전으로 거슬러 올라간 가마쿠라 시대로 설정하고, 등장인물의 이름과 관직명을 바꾸어 극화하는 수법을 썼다.

결국 이 작품은 크게 히트하였고, 내용면에서도 좋은 평판을 얻어 대성공을 거두었다. 관중의 흥미가 어디에 있는가를 잘 찾아내어 작품을 쓰되, 막부의 금지명령을 지키기 위하여 독특한 작품세계를 구상해냈던 것이다. 물론 이런 수법으로 작품을 쓰다 보니, 작품 내부에는 시대착오나 스토리 전개의 모순이 발견되기도 하지만 관객들은 이런 점에는 별로 개의치 않고, 무사들의 용기에 갈채를 보냈다.

시대물의 작품 수는 다른 장르보다 많아 분라쿠의 주류를 이루고 있다. 또한 연출이나 연기, 작곡 등의 면에서 과장되는 면이 많고, 의상이나 무대도 화려하며 양식성이 강하다는 특징이 있다. 시대물은 역사적 사건을 다룬다고 하지만 순수한 역사극(歷史劇)이라고는 할 수 없으며, 오히려 그 양식화된 연출, 과장된 사건과 인물, 드라마의 서사시적인 스케줄의 장대함을 즐거움의 대상으로 삼는다. 따라서 등장인물의 윤리관이나 극도의 과장된 표현과 기교 등은 현대의 관점에서 볼 때는 이해하기 어려운 점도 많다. 그러나, 사실성을 중시하는 현대극과는 달리 기상천외의 줄거리가 관객의 흥미를 끌기도 할 뿐만 아니라, 거기서 일종의 해방감과 통쾌감을 느껴 오늘날에도 많은 관객이 몰려들고 있다.

2. 세와물

'세와물(世話物)'이란 분라쿠나 가부키 등의 연극 장르에서는 물론 소설문학 장르에서도 쓰이는 용어로서, 에도시대의 상공인의 생활과 풍속을 배경으로 서민의 연애 및 인정의 갈등 따위를 주제로 한 작품을 말한다. 주로 세상이야기를 다루는 장르로서 17세기 후반에 발생되어 그 시대의 서민들 사이에 일어났던 사건을 소재로 하였다. 따라서 세와물은 관객들의 피부에 와 닿는 이야

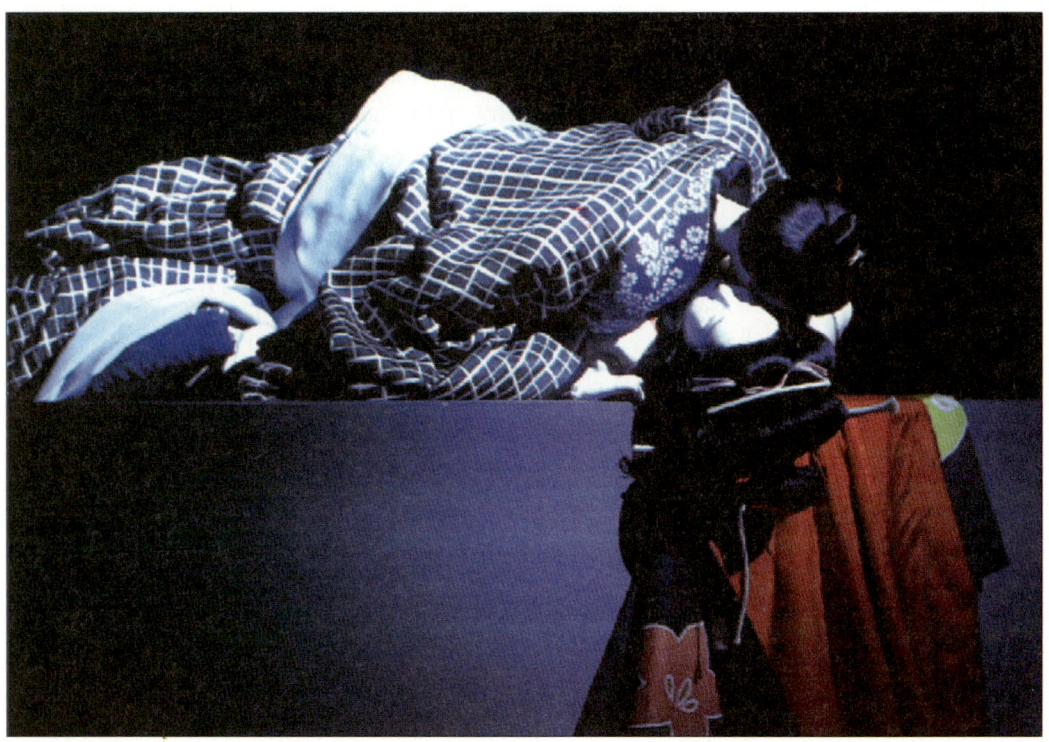
▲ 소네자키신주

기로서 생동감이 넘쳐 대중의 공감을 얻을 수 있었다.
　대도시의 항간에 일어난 정사(情死) 사건이나 치정에 얽힌 살인사건을 발생 수일 만에 무대화하여 시사성을 띠우고 있었으므로 관객들은 최근에 주변에서 일어난 이야기 거리를 분라쿠라는 연극형식을 통해서 감상한다는 효과도 누릴 수 있었다. 세와물의 또 하나의 주제는 의리와 인정의 묘사였다. 이런 작품에는 당시 인기 씨름꾼 즉 스모토리나 협객을 주인공으로 삼은 경우가 많았다.
　그러나 세와물 가운데서도 가장 인기 있는 테마는 남녀간의 영원한 문제인 사랑과 정사였다. 이승에서 못다 이룬 사랑을 저승에서나마 이루기 위해 남녀가 함께 자살하는 일을 신주(心中)라 하였는데, 1688년부터 1704년에 이르는 겐로쿠(元禄)시대에 교토와 오사카를 중심으로 유행병처럼 많이 일어났다. 그럴 때마다 분라쿠로 작품화되어 화제를 모으곤 했다. 간장집 아들과 유녀가 정사한 사건을 각색한 것으로, 사랑의 도피 장면이 유명한 지카마쓰 몬자에몬의 『소네자키신주』가 그 최초의 작품이다.
　이승에서 다 못 이룬 사랑을 저승에서나마 이루기 위하여 남녀가 함께 자살하는 일은 동서고금에 있는 일이지만, 근세 일본의 신주는 매우 극적인 요소를 띄우고 있었다. 젊은이들의 순수한 사랑이 주위의 장애 요소 때문에 한계에 부딪쳤을 때, 이를 극복하기 위해서 선택하던 신주는, 멋있는 일 또는 용기 있는 일로 여겨지던 풍조로서 그 시대의 산물이었다.

세화물은 시대물에 비해서 수는 적고, 상 중 하 3단으로 구성되는 경우가 많았으며 사실적이고 템포도 빠른 편이었다. 이후에는 무가(武家) 집안에서 일어난 소동(騷動) 등을 그린 장편을 일컫는 '시대세와(時代世話)'라는 장르도 만들어졌다.

3. 게이고토

서경적이거나 서정적인 아름다운 문장에 화려한 선율을 첨가한 단막짜리 짧은 작품이다. 인형의 연기도 무용 요소가 중요한 구경거리가 되며 눈에도 귀에도 아름답고 즐거움을 주는 작품이다. 다른 작품과 곁들여 상연된다.

일반적인 기다유부시와는 달리 여러 명의 다유와 샤미센이 어울리는 형식을 취한다. 샤미센이 우위에 서는 입장을 취하며 다유도 소리를 띄워 가볍게 노래부르듯이 읊조린다. 인형도 우아하게 춤추는 듯한 동작을 주로 한다.

IV. 분라쿠의 구성

1. 5단 조직

단(段)이란 다유가 이야기하는 장면을 말한다. 시대물은 보통 5단으로 구성된다. 다케모토 기다유와 지카마쓰 몬자에몬에 의해 완성되었다. 가장 처음의 단을 초단이라고 하며, 초단은 궁궐이나 대사원과 신사 등의 장면에서 사건이 시작된다. 초단의 처음 부분을 특히 다이조(大序)라고 부른다.

2단째는 대결의 장면이 많으며 주인공 쪽이 적이 되어 싸움에 진다. 3단째에는 악에 승리하기 위하여 주인공이 희생되어서 셋부쿠(切腹)하거나, 자신의 아이를 대신하여 죽이는 비극이 그려진다. 전체의 클라이맥스에서 도시나 농가가 배경으로 설정되는 경우가 많으며 사실적으로 연기된다.

4단째의 처음부분에는 화려한 미치유키(道行)를 설정하여 앞단의 가라앉은 분위기를 바꾼다. 그 후 또 다시 주인공 측의 고생이 전개되지만, 그 고생의 보람으로 사건은 해결에 가까워진다. 앞단과 비교하여 화려한 저택 등의 화사한 장면이 많다. 5단째는 템포가 빠르고 형식적이며 모든 것이 잘 해결되도록 구성되어 있다.

이와 같은 내용과 형식에 따라서 각단의 작곡이나 이야기하는 법, 연출 등이 정해진다. 3단째와 4단째의 중심부분이 가장 중요하다.

이에 반하여 세화물은 상 중 하 3단으로 구성된 것이 보통이다. 시대물의 5단, 세화물의 3단보다 많은 단수로 쓰여진 조루리는 '다단물(多段物)'이라고 불리운다.

2. 기리

조루리의 각단의 후반의 절정을 이루는 부분을 기리(切) 또는 기리바(切場)라고도 한다. 기리 앞의 짧은 부분은 구치(口), 나카(中), 쓰기(次) 등으로 불린다. 초단의 기리는 조기리(序切)라고 한다. 다섯 개의 기리바 중에서 3단째 기리와 4단째 기리가 가장 중요하며, 가장 실력이 있는 다유가 담당한다.

기리바를 담당하는 다유를 '기리바가타리'라고 하며, 프로그램 이름 위에 '기리'라고 쓴다. 분라쿠의 다유들은 '기리바가타리'를 담당할 수 있기를 소망하여 가장 중요한 목표로 삼기도 한다.

3. 여러 가지의 공연방식

시대물 조루리를 1단 첫 장면부터 최종 5단 끝까지를 공연하는 방식이나 그 작품을 도오시쿄겐이라고 한다. 시대물은 대부분 길어서 완전히 상연하려면 10시간 정도 걸리므로, 지금은 낮과 밤의 2부로 나누어서 처음부터 4단까지를 8시간 정도에 걸쳐 공연한다. 또한 스토리의 결말이 좋은 곳을 뽑아내어 일부 4시간 정도 상연하는 것을 '한도오시'라고 한다.

때로는 시대물의 3단의 기리와 4단의 기리, 세와물의 한 장면 등 유명한 단만을 가려 뽑아서, 흥미로운 부분만 공연하는 방식이 있는데 이를 '미도리'라고 한다. 또한 극중에서 관객에게 웃음을 자아내게 하는 한 장면을 '자리바'라 하여 우스꽝스러운 음악과 연기로 흥미를 끌기도 한다.

V. 분라쿠의 작가와 명작

1. 극작가—지카마쓰 몬자에몬

지카마쓰 몬자에몬은 현재의 후쿠이현인 에치젠(越前)에서 대대로 귀족을 섬기는 무사 집안 출신이었으나 아버지대에 이르러 관직을 물러나 낭인이 되어 일가(一家)는 교토로 옮겨와 살게 되었다. 지카마쓰는 차남으로, 당시 일본 제일의 문화도시였던 교토에서 낭인의 아들이라는 신분이었지만, 하이카이나 고전에 교양을 지닌 귀족을 시중들게 되어 예능에 관심을 갖게 된다. 사관(仕官)의 길은 어려운 낭인의 몸이었기에 스스로 예능계에 들어가 불교와 문학을 공부하여 극작가가 된 것으로 추측되고 있다.

당시의 극작가는 사회적으로 천대받는 신분이었으나 유명한 다유인 우지 가가노조의 문하생이 되어 인형극에 관련되는 수업을 받는다. 일본 최대의 극시인(劇詩人)이라 불릴 정도로 훌륭한 작품을 많이 남겼으며, 그의 작품은 닌교조루리 뿐만 아니라 가부키로 공연되기도 했다. 당시 항간의 서민들 사이에 일어난 사건을 극으로 꾸미기도 하고 역사적 사건을 극화하기도 하여 많은 관객에게 큰 인기를 끌었다.

그의 작품은 당시 사람들이 중요시하던 의리(義理)와 인정(人情)을 주요한 구성요소로 하여 창작되었다. 뿐만 아니라 연극의 이론 방면에도 좋은 업적을 남겼다. 지카마쓰가 쓴 조루리는 90편 정도가 전해지는데 그 중 70편이 시대물이다.

2. 명작의 감상

1) 소네자키신주

『소네자키신주(曾根崎心中)』는 에도시대부터 환락가의 하나로 사람들의 왕래가 빈번한 오사카 시내의 소네자키라는 곳에서 일어났던 유명한 정사 사건을 극화한 세화물이다. 지카마쓰 몬자에몬이 쓴 이 작품은 1703년에 초연되어 폭발적 인기를 얻었을 뿐만 아니라, 최초의 본격적 정사극이자 성공한 분라쿠로 일본 연극사에 중요한 위치를 차지하고 있다.

이 작품은 간장가게의 점원 도쿠베(德兵衛)와 유곽의 기생인 오하쓰의 비극적인 사랑을 다루고 있다. 도쿠베와 오하쓰 두 사람은 일하는 중에도 틈틈이 짬을 내어 사랑을 나누어 장래를 굳게 약속한 사이였다.

▲ 마루 밑 장면

    도쿠베의 가게 주인은 도쿠베의 부지런하고 사람됨이 마음에 들어서 도쿠베의 계모에게 돈 2관을 선금으로 주어 언제까지나 자기 상점에 묶어 두려고 했다. 뿐만 아니라 주인은 그 돈을 자신의 처조카의 지참금으로 삼아 처조카와 도쿠베를 결혼시키고 언젠가는 상점도 물려주려고 마음먹었다.

    주인은 도쿠베에게 처조카와의 혼담을 꺼냈으나 이미 오하쓰를 아내로 작정한 도쿠베는 거절해 버린다. 도쿠베의 거절에 분개한 주인은 돈을 곧 되돌려 달라고 했다. 도쿠베는 계모에게 돈을 찾으러 갔다. 쉽게 내어놓지 않는 계모를 달래고 얼러서 마감일에 7일 앞서 돈을 찾아 가지고 온다.

    이때 기름 가게의 점원이자 친구인 구헤지(九平次)를 만났는데 급히 돈이 필요하다 하여 3일간의 융통으로 돈을 빌려 주었다.

    그러나, 약속한 날이 되고, 하루가 지났으나 구헤지는 나타나지 않았다. 겨우 찾아낸 구헤지는 돈이란 한 푼도 빌린 일이 없다며 시침을 떼는 동시에, 차용증서마저 위조했다며 오히려 도쿠베에게 누명을 씌운다. 도쿠베는 남들이 자기에 대해 뭐라고 해도 자신은 결백하지만 오하쓰에게 이를 증명할 방법이 없어 안타까워한다. 유곽으로 오하쓰를 찾아간 도쿠베는 마루 밑에 숨어 그녀가 다른 손님들과 이야기하는 것을 듣는다. 오하쓰와 도쿠베의 관계를 알지 못하는 손님들은 도쿠베가 나쁜 놈이라며 떠들어대었지만 오하쓰는 참고 손님들을 응대한다. 마루 밑의 도쿠베는 마루에 걸터 앉아 손님들과 이야기를 나누는 오하쓰의 발에 얼굴을 비빈다. 이 장면은 도쿠베가 오하쓰와의 사랑을 확인하는 비극적인 장면으로 이 극의 중요한 대목이다.

    마루 밑에 사람이 있다는 것은 꿈에도 모르는 채, 오하쓰에게 흥이 나서 이야기를 걸고 있는 유곽의 손님들, 얻어맞아 흉한 몰골이 된 채 마루 밑에 숨어 있는 도쿠베의 모습은 매우 대조적이다. 또한 이런 틈바구니에서 고통을 참아내고 있는 오하쓰의 모습은 극중의 긴장감을 고조시킨다. 이런 긴장된 상황은 오히려 두 사람에게 뜨거운 사랑을 확인하게 하며, 함께 죽음의 길을 택하자는 의지를 굳히게 된다. 밤이 깊어 손님들도 돌아가고 사방이 조용해지자 두 사람은 유곽을 몰래 빠져 나와 죽음의 길로 달려간다. 이때 도쿠베의 나이는 25세였고 오하쓰는 19세였다. 소네자키 신사의 숲에 당도한 두 사람은 몸을 함께 단단히 묶고 동반자살을 한다. 다유들이 에필로그로 부르는 노랫말에 이 남녀의 이야기는 틀림없이 사랑하는 사람들의 귀감이 되리라는 구절과 함께 분라쿠 소네자키신주의 막이 내린다.

2) 이쿠타마신주

이쿠타마신주(生玉心中)는 지카마쓰 몬자에몬의 작품으로 1715년 8월에 초연된 세와물로서 실제 있었던 신주사건을 제재로 하고 있다. 오사카 마쓰야(松屋) 거리의 그릇가게 아들 가헤이지는 사촌인 정혼자 오키와와의 결혼이 마음에 들지 않아 후시미거리의 유녀 오사가와 사랑을 나눈다. 가헤이지는 나쁜 친구 조사쿠에게 속아 돈을 빼앗기고 거짓 영수증 때문에 텐만신사(天滿神社)에서 흠씬 모욕을 당한다. 가헤이지는 오사가와 함께 신주를 결의한다. 두 사람이 야마토바시(大和橋)에서 뛰어내리려는 순간 아버지가 약혼녀 오키와를 데리고 나타나 결혼을 조건으로 아들의 곤경을 구해주며 돈을 놓고 간다.

그러나 그 돈마저 친구인 조사쿠에게 빼앗겨 끝내 절망의 늪에 빠진 가헤이지는 유녀 오사가를 데리고 사랑의 도피행을 한다. 이쿠다마 신사 경내에 도착한 가헤이지는 허리에 찬 칼로 오사가를 찌른 다음, 스스로도 여인의 허리띠로 목을 매어 자결한다는 이야기이다.

조루리와 인형극이라는 전혀 다른 성격의 두 장르가 만나서 이루어진 분라쿠는 300년이 넘는 긴 세월을 거치면서 현재까지 세계 어디에서도 그 유례를 찾아볼 수 없는 독특한 무대 예술로 일본을 대표하고 있다.

인형극이지만 그 대상이 어린이가 아닌 어른을 위주로 하는 것이며, 그 밑바탕에는 일본인의 의리 인정 애증과 같은 서정을 담으며 인간 내면의 속성을 그려내고 있다. 특히 하나의 인형을 세 명의 각각 다른 사람이 부위를 담당하여 정교하게 다룬다는 것이 매우 볼거리라 하겠다.

그 중에서도 가장 중요한 특색은 조루리 음악이 핵심이 되어 인형과의 연계에 의해 드라마가 전개되어 간다는 것이다. 분라쿠는 무용을 제외하고는 이야기와 음악을 기본으로 한 드라마이다. 그 극을 주로 한 사람의 다유가 샤미센의 도움을 빌려서 몇 사람의 인물을 나누어 이야기하며 전개시켜 나간다. 일본의 전통의상을 입고 겐다이를 앞에 두고 땀을 흘리면서 때로는 소리치기도 하며, 울거나 웃거나 하는 광경을 예전에 본 적이 없는 사람이 처음으로 접한다면 분명 낯설 것임에 틀림없다.

대부분의 작품이 에도시대의 것으로, 교토와 오사카의 액센트와 인터네이션 등에 충실한 연주는 더욱 귀에 익숙하지 않다. 그러나 차분히 감상하노라면 어느 시대 어느 민족에게도 공통될 수 있는 보편적인 인간 본래의 모습을 날카롭게 그려낸 것에 깊은 감동을 맛볼 수 있는 연극이다. 이야기, 샤미센 반주, 정교한 인형조종의 기술 및 소도구 등 여러 각도에서 즐길 수 있는 종합예술이라고 할 수 있다.

【용어사전】

◇ 가타기누(肩衣)

다유와 샤미센을 켜는 사람이 겉옷으로 입는 소매가 없는 조끼를 가타기누라 한다. 원칙적으로 다유가 샤미센 켜는 사람에게 하카마와 함께 지급되며, 무대에서는 다유와 같은 무늬의 것을 입고 나중에 다유에게 돌려준다. 게이고토(景事) 등 양식성이 강한 공연에서는 닌교즈카이가 입기도 한다.

◇ 겐다이(見台)

다유가 무대 마루에 앉아서 공연할 때 책을 두기 위한 받침대이다. 이야기하는 단의 내용이나 분위기에 따라 겐다이의 색이나 문양, 거기에 달린 술실의 색깔 등을 고르는 것도 다유의 중요한 임무이다.

◇ 사와리(サワリ)

기다유의 한 곡조 중에서 가장 들을 만한 훌륭한 대목을 사와리라고 한다. 특히 여성이 사랑하는 마음이나 슬픔 등 자신의 심정을 호소하는 대목이 들을 만하다. 인형의 연기도 매우 잘 고안되어 있어 중요한 장면이기도 하다.

◇ 다이조(大序)

시대물 1단의 가장 처음 부분이다. 에도시대 때의 닌교조루리 전성기는 한 좌의 우두머리인 다유가 담당하고 있었으나 그 이후에는 젊은 다유와 샤미센을 켜는 사람이 교대로 맡아 하는 중요한 장면으로 점차 수행의 장면이 되었다.

◇ 인형의 도(胴)

인형의 몸체를 도라 한다. 목을 끼워 넣기 위해 구멍을 뚫은 어깨판자 즉 가타이타(肩板)와 허리띠를 잇는 위치가 되는 대나무로 된 고시와(腰輪)의 앞뒤를 튼튼한 끈으로 엮기만 한 단순한 구조로 안쪽은 텅 비어 있다. 고조루리 시대의 인형에서부터 기본적으로 변하지 않았지만 그 단순함이 오히려 닌교즈카이의 기예를 자유롭게 발휘시켰다. 닌교즈카이 개인 소장품이다.

◇ 도쿠시(胴串)와 노도키(喉木)

목 아래의 쥐는 부분을 도쿠시라 한다. 머리 가운데에 눈, 눈썹, 목을 상하로 움직이게 하는 실이 여기에 집중되어, 얼굴의 각 부분에 연결하면, 닌교즈카이의 왼손가락에 의해 조작된다. 노도키는 목과 도쿠시를 이어주는 부분이며, 노도키의 각도가 인형의 자세와 시선을 정하므로 중요하다. 또한 히키젠(引栓)은 머리를 상하로 움직이게 하는 실을 조작하는 대나무 장치로써 인형의 생명선이라고도 한다.

◇ 반즈케(番付)

선전 등을 위하여 종이 위에 상연하는 분라쿠의 제목과 출연자, 배역 등을 기록해 놓은 일람표를 말한다. 문자의 크기와 쓰여진 장소에 따라 출연자의 격이나 지위 등을 명확히 알 수 있다.

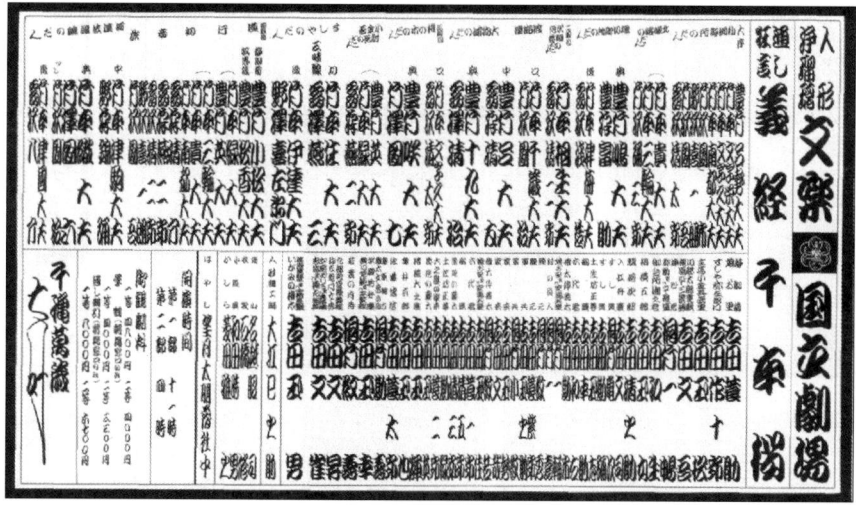

◇ 마루혼(丸本)과 유카혼(床本)

분라쿠의 대본인 마루혼은 인본(院本)이라고도 한다. 기다유부시 조루리의 1단 처음부터 5단째 마지막까지를 완전히 인쇄한 책이다. 분라쿠에서는 마루혼이 모든 기본 및 기준으로 중요시되어 현재에도 마루혼대로 연주하는 것을 원칙으로 하고 있다. 또한 다유가 무대에서 실제로 사용하는 대본을 유카혼이라 한다. 다유가 교대로 노래하는 각 단별로 제본되어 있다. 예전에는 각쪽에 각종 부호나 글씨 써넣기를 전문으로 하는 사람이 있었으나 현재에는 자필로 적어 넣는다.

◇ 미치유키(道行)

등장인물이 목적지까지 이동하는 도정(道程)을 화려한 곡절로 장식한 것이 미치유키이며 시대물에서는 후반부에 장식물로서 반드시 첨가된다. 연인들의 도피행 또는 남녀의 동반자살로 인한 황천길로 가는 행선지의 노래가 대부분으로, 두 사람의 애절한 사랑을 계속 노래로 나타낸다.

◇ 신주(心中)

신주는 사랑하는 남녀가 주변의 여러 가지 사정 때문에 이승에서는 원만하게 사랑을 이룰 수 없다고 생각하여 동반 정사(情死)하는 일이다. 신주의 어원은 마음의 한 가운데라는 의미로 진심을 뜻하는 말이었으나, 진심이 통하여 함께 목숨을 끊는다는 뜻으로 바뀌었다. 겐로쿠시대에 신주가 빈번히 일어나, 이런 사회적 풍조를 반영한 문학작품이나 연극이 많이 나왔다. 신주에 일종의 매력을 느끼는 젊은이들이 많아져 신주가 빈발하자 1722년에는 신주금지령(心中禁止令)이 내렸다. 그러나 신주는 끊이지 않았고 세인의 화젯거리가 되었다. 오늘날에도 일본인들의 미의식 가운데는 신주를 아름다운 일이라고 받아들이는 경향이 있다.

13. 서민의 희로애락 가부키

최경국

I. 가부키란 무엇인가?
II. 가부키의 역사
III. 가부키의 연극성
IV. 연기와 연출양식

I. 가부키란 무엇인가?

2005년 11월 유네스코의 세계무형유산에 등재된 가부키는 노, 분라쿠와 함께 일본 3대 전통연극에 속한다. 이즈모의 오쿠니가 '가부키 춤'을 창시한 1603년 이래 400년이 넘는 역사 속에서 서민들의 전통예능으로 자리한 가부키는 대중 속에서 대중의 지지 아래 뿌리를 내린 대중의 연극이라 할 수 있다. 한마디로 근세 에도 조닌(町人 ; 상인, 직인)이 만들고 기른 예능이다. 따라서 배우는 대중들로부터 절대적 인기의 대상이 되었고, 그 직업은 가문 대대로 이어지게 되었다.

가부키는 에도시대 조닌의 경제력을 바탕으로 발전해 나갈 수 있었다. 초기 무용중심의 가부키에서 벗어나 연극 중심의 가부키가 된 다음에 고정된 극장을 갖고 점점 더 많은 레파토리를 형성하면서 에도시대 서민의 인기를 집중하였다.

II. 가부키의 역사

1. 발생기

1603	오쿠니(お国)가 교토 기타노신사 경내와 고죠강변에 가설극장을 만들어 가부키춤을 추다. 가부키의 시작.
1624	사루와카 간자부로(猿若勘三郎)가 에도에 사루와카좌(猿若座)를 개장하다. 가부키극장의 시작.
1629	여성(遊女) 가부키의 금지.
1652	소년가부키(若衆歌舞伎)의 금지.
1653	소년의 심볼인 전발(前髪)을 깎고 성인 머리(野郎頭)로 할 것과 흉내내기 연극을 주로 하여야 한다는 조건으로 가부키흥행 재개를 허가 받는다. 이후를 성인가부키라고 칭하여 매춘적 요소를 없애고 연극으로서의 길을 걷는다.
1660	모리타 다로베(森田太郎兵衞)가 모리타좌(森田座)를 창설하다.
1661	이 무렵부터 주역, 원수역 등의 역할 분담이 확립되다. 또 연속공연이 성립되어 그때까지의 풍속스케치적인 촌극에서 일정한 스토리를 갖는 연극으로 진화하다. 인막(引幕)이 고안되어 극의 진행에 시간적인 비약을 표현할 수 있게 되었다.

가부키가 만들어진 것은 1603년 이즈모신사의 무녀 오쿠니(お国)에 의해서이다. 오쿠니는 처음 교토의 가모가와(鴨川) 강변에서 흥행하였고 나중에 기타노텐만궁(北野天満宮) 경내로 자리를 옮긴다. 이곳이 오쿠니공연의 상설무

▲ 오쿠니가부키도병풍 (17세기 초, 교토국립 박물관 소장)

대가 된다.

 가부키의 어원은 '가부쿠(傾く)'로서 이상한 차림이나 행동을 가부키라고 하였다. 전쟁이 끝나고 평화의 시대로 접어들면서 튀는 행동을 즐기는 사람들이 나타나고 그러한 시대풍속을 춤으로 표현한 것이 오쿠니였다.

 무대에서의 공연은 단순한 춤이었다. 남장을 하였으나 아름다운 얼굴을 드러내고 자신이 노래를 하며 활기차게 춤을 추었다. 춤의 형태는 상당히 관능적이고 선정적으로 당시 사람들의 마음을 사로잡아 인기를 누렸다.

 초기 가부키 극장을 그린 병풍을 보면 무대의 정면 폭과 깊이는 3.3m에서 5.5m 정도의 정사각형 무대로 뒷자리에 연주자들이 앉아있고 무대 위에는 지붕이 있고 무대 뒤쪽으로 막을 치고 있으며 노무대와 마찬가지로 네 귀퉁이에 기둥이 보인다. 오쿠니에 의해 인기를 얻게 된 가부키춤을 모방하여 여자가부키가 발생한다. 무대, 앞자리, 옆 관람석 등 노의 무대 양식을 그대로 따르고 있다. 주위에 둘러친 대나무 담장에 거적을 둘러치는 모습도 관람료를 받고 공연하는 노(勸進能)와 같다.

 1649년 여자 가부키가 금지되고 뒤 이어 나타난 소년가부키(若衆歌舞伎)도 풍속을 문란시킨다는 이유로 1652년 7월에 금지되자 야로가부키(野郎歌舞伎)가 탄생하였다. 상연 형식도 '흉내내기 연극(物真似狂言尽)', '유곽연극(島原狂言)'이었고 뒤이어 '연속극(続き狂言)'으로 성장한다. 줄거리가 이어지는 긴 이야기를 복수의 장면으로 나누어 상연하는 연속극은 초기 가부키에서 상연된 짧은 단막극(一幕物)에 대한 용어이다. 연속극이 처음 상연되는 시기는 1661~1672년경이라고 한다. 겐로쿠(元禄)시대에는 보다 복잡하게 발전하였기 때문에 전속 작가가 탄생하게 된다. 이는 극장구조에 있어서도 드라마 극장으로서 발달을 가능하게 하여 1664년경에 처음으로 사용되는 인막(引幕 ; 옆으로 당겨서 여닫는 막)과 대도구의 사용, 또 하나미치(花道)의 출현(1668년경) 등이 보이기 시작한다. 이 과정에서 서서히 노무대의 양식을 이탈하여 극적인 내용 진척에 상응하는 가부키극장으로 발전하여 갔다.

2. 연기술이 확립된 겐로쿠(元祿)시대 가부키

1667	무라야마좌의 흥행권을 이치무라 우자에몬이 취득하여 사카이초(堺町)에 이치무라좌(市村座)를 창설하였다.
1673	초대 이치카와 단주로 14세로 에도 나카무라좌(江戶中村座)에서 첫 공연을 하다. 거친 연기의 창시.
1697	초대 이치카와 단주로, 「시바라쿠(暫)」를 처음 공연하다.
1698	교토지역의 요시자와 아야메가 온나가타로서 확고한 지위를 구축하다. 온나가타의 시조.
1699	교토에서 사카타 도주로가 누레고토, 야쓰시가 완성된 연기를 보여서 교토 가부키계의 정점에 선다. 와고토(和事)의 시조.

* 누레고토(濡れ事) : 가부키에서 남녀가 애정을 나누는 장면
* 야쓰시(やつし) : 가부키에서 영주의 아들이나 부자집 아들이 의리나 사랑 때문에 가출하여 유랑하여 행상과 같은 신분으로 지내는 일

▲ 아라고토 연기
'시바라쿠'

겐로쿠시대(1688~1704)는 도시 조닌의 경제적 성장과 부의 축적을 배경으로 서민의 문화가 꽃이 피게 된다. 가부키는 에도(江戶)와 가미가타(오사카, 교토 지방)에서 각각 독자적인 양식이 탄생된다. 에도에서는 초대 이치카와 단주로(市川團十郞)가 창시한 아라고토(荒事 ; 가부키에서 괴력을 지닌 용맹한 무사나 초인적인 귀신을 주역으로 하는 연극, 또는 그 과장된 연출양식을 말한다)가 무사계급을 중심으로 형성된 신층도시의 거친 기풍에 맞아 인기를 끌게 되었다.

한편 교토에서는 초대 사카타 도주로(坂田藤十郞)에 의해 초기 가부키 유곽놀이 연극의 전통을 이은 와고토(和事 ; 유약한 미남자의 연애 묘사를 중심으로 한 연기, 또는 그 연출 양식)의 연기양식이 확립된다. 이 가부키의 구성에는 대부분이 다이묘(大名 ; 만석 이상을 지닌 막부 직속 무사) 가문의 젊은 도련님이 모략에 의해 집에서 쫓겨나 볼품없는 조닌의 모습으로 옛날 친하게 지내던 유녀를 찾아가는 장면이 들어있다.

이러한 사실적인 연기 속에서 온나가타(女形 ; 가부키에서 여자역을 맡는 남자배우)의 연기가 완성되었다. 그 이외에도 가타키야쿠(敵役 ; 악인 역할)나 도케야쿠(道化役 ; 웃기는 연기로 사람들을 즐겁게 하는 역할)의 연기도 이 시기에 확립된다.

3. 닌교조루리와의 교류

1705	지카마쓰 몬자에몬(近松門左衛門)이 교토에서 오사카로 이주하여 다케모토좌(竹本座)의 극장작가가 된다. 이때부터 인형 조루리(人形浄瑠璃)의 전성시대로 접어든다.
1716	소가 교겐(曾我狂言)을 길례(吉例)라고 하여 매년 첫 공연을 하게 된다.
1721	2대 이치카와 단주로(世市川団十郎)는 처음으로 천량배우(千兩役者)가 된다.
1734	이 무렵부터 하나미치(花道)가 극장에 상설되게 된다.
1746	오사카 다케모토좌(大坂竹本座)에서 인형 조루리 「스가와라덴주테나라이카가미(菅原伝授手習鑑)」가 초연되다. 합작시대의 개막.
1747	오사카 다케모토좌(大坂竹本座)에서 인형 조루리 「요시쓰네센본자쿠라(義経千本桜)」가 초연되다.
1748	오사카 다케모토좌(大坂竹本座)에서 인형 조루리 「가나데혼추신구라(仮名手本忠臣蔵)」가 초연되다.

1624년경부터 에도에서도 조루리가 왕성해져서 다수의 유파가 형성되었다. 오사카에서는 두 손을 집어넣는 식의 인형 조루리의 인기가 날로 높아져서 상설 극장을 원하게 되었다. 그런 가운데 1684년 다케모토 기다유(竹本義太夫)가 도톤보리에서 다케모토좌를 개설하였다.

다케모토 기다유는 지카마쓰 몬자에몬과 제휴하여 1684년 다케모토좌 개장 인형극으로서 지카마쓰의 『요츠기소가(世継会我)』를 상연하였고, 2년 후 『슛세가게키요(出世景清)』로 그 이전의 조루리와는 완전히 다른 조루리가 된다. 이 무렵 세상은 안정된 시대의 주역인 조닌이 대두하는 시기와 겹쳐진다. 지카마쓰는 그때까지의 전투를 주로한 인형극의 전통에서 조닌의 '의리와 인정'이나 시대풍속을 그린 「세와물(世話物)」의 세계를 확립하였다.

다케모토 기다유의 제자 도요타케 와카다유(豊竹若太夫)가 독립하여 도톤보리에 도요타케좌(豊竹座)를 연다. 견실하고 사실적인 다케모토좌에 비해 도요타케좌는 화려한 변설과 음악성으로 인기를 얻어 두 극장은 서로 경쟁하는 시대를 구축한다.

닌교조루리의 성공은 가부키의 침체기를 초래하였다. 가부키는 침체기에서 벗어나기 위해 닌교조루리에서 성공한 작품을 곧바로 가부키로 옮겨와 상연하였다. 「스가와라덴주테나라이카가미」 「가나데혼추신구라」 「요시쓰네센본자쿠라」와 같은 시대물 3대 명작을 비롯하여 「나쓰마쓰리나니와카가미」 「후타쓰초초구루와닛키」 「이치노타니후타바군키」 등 가부키의 대표적인 작품이 이 시대에 조루리로 만들어졌고 바로 가부키로 상연되었다.

이 무렵 초대 세가와 기쿠노조(瀬川菊之丞), 초대 나카무라 도미주로(中村

▲ 나카무라좌의
가나데혼추신구라
(中村座仮名手本
忠臣蔵, 1749)

富十郎) 등 온나가타의 명우들이 활약하여 쇼사고토(所作事 ; 가부키 무용)가 확립되었다. 쇼사고토는 온나가타의 전유물이 되어 나가우타(長唄 ; 샤미센 가곡) 반주로 춤을 추었다. 「샷쿄」「교가노코무스메도조지」등의 원형은 이때 시작되었다.

즉 가부키는 닌교조루리에 의해 인기가 떨어지자 이를 만회하기 위하여 닌교조루리의 각본을 적극적으로 받아들인다. 닌교조루리의 뛰어난 각본을 받아들여 침체기에서 벗어나게 되자 이와 반대로 1763년경부터 닌교조루리가 쇠퇴하기 시작한다. 가부키와 닌교조루리는 서로 상반되는 존재였다.

4. 가부키 무대의 완성시대

1758	오사카 가부키 작가 나미키 쇼조(並木正三)가 「산짓코쿠부네노하지마리(三十石舟始)」에서 처음으로 회전무대를 고안하였다.
1766	나카무라 나카조(中村仲蔵)가 「가나데혼추신구라」의 오노 사다쿠로(斧定九郎) 역할을 새롭게 연기하여 인기를 얻다. 조연도 인기를 얻게 된다.

1720년 1월에 소실된 나카무라좌를 개축할 때 배우 대기실을 삼층으로 만들었다. 이치무라좌도 모리타좌도 1724년 이후에는 이를 모방하였고 여기서 배

우 대기실의 세세한 약속과 제도가 탄생하였다.

　나카무라좌가 전체 지붕을 덮은 1724년에 무대 길이를 11.7m로 늘리고, 하나미치의 길이도 14.5m로 늘였으며, 또 관객석에 옆 관람석을 많이 늘였다. 가로 21.6m, 세로 36.3m 정도의 부지에 지어진 극장이므로 약 600명 정도의 관객을 수용하였다고 추정된다.

　1751~1764년에는 무대기구에 있어서 혁신적인 여러 기술개혁이 실시되었다. 세리(1753년), 회전무대(1758년), 슷폰(1759년), 간도가에시(1761년) 그리고 1789년에는 덴가쿠가에시가 창안되어서 다채로운 가부키 연출이 가능해졌다. 1761년에는 무대 위에 설치하였던 지붕과 함께 기둥도 철거하여 노와는 다른 독자적인 무대를 형성한다. 가부키의 무대와 무대장치가 완성되는 시기이다.

5. 에도 가부키의 사실적 연출

1790	에도 가부키에 사실적 연출을 존중하는 풍토가 마련되다.
1794	나미키 고헤이가 에도로 진출하다.

　18세기 후반은 특히 에도에 있어서 서민문화가 최고조에 달한 시기이다. 작자로는 초대 사쿠라다 지스케(桜田治助)가 이 시대를 대표한다. 지스케의 작품은 전통적인 에도 가부키의 독특한 작품을 발전시킨 것으로 전체적으로 화려한 무대로서 세련되고 기지에 가득 차 있다. 기발한 취향을 보여주는 데 뛰어나고 대사도 가벼운 특징이 있다.

　1790년경 에도 가부키에 새로운 경향이 보이기 시작하였다. 이는 연기, 연출의 사실적 경향이다. 나카무라 나카조(中村仲蔵), 4대 이치카와 단조(市川団三), 5대 마쓰모토 고시로(松本幸四郎) 등에 의해 동작이나 풍속에 사실적인 연출을 존중하는 풍토가 유행하기 시작하였다. 이후 1804~1830년에 등장하는 기제와(生世話 ; 극히 사실적인 연기, 연출)의 연출양식으로 발전하는 계기가 된다.

　에도의 문화 전반이 점차로 변화하였다. 이를 상징적으로 보여주는 것이 가미가타 작가인 나미키 고헤이(並木五瓶)가 에도로 진출한 일이다. 고헤이는 사실적이고 합리적인 구성과 템포가 있는 줄거리 운용, 인물의 성격묘사가 특징이다. 이전이라면 에도에서 환영받지 못할 작품이었으나 이 시대의 에도 사람들은 고헤이를 환영하였다.

1794년 11월 고헤이는 에도로 진출한다. 1796년 정월 「소가 다이후쿠초」의 두 번째 상연종목을 「스미다노하루 게이샤가타기」로 걸었다. 이 이전 에도에서 하나의 제목으로 첫 번째 상연종목(시대물)과 두 번째 상연종목(세와물)을 억지로 연결성을 갖게 하는 작극법을 전통으로 하고 있었다. 그 때문에 줄거리가 비합리적으로 전개되어도 어쩔 수 없었다. 고헤이가 첫 번째 상연종목과 두 번째 상연종목의 내용을 분리하여 제목도 각각 다른 것으로 한 일은 획기적이었다. 이는 가미가타에서는 일찍부터 행하여져 온 방법이다. 가미가타 풍의 합리적인 구조와 골격을 에도 가부키에 주입시킨 공적은 크다.

6. 광기와 잔혹의 미학

* 하야가와리(早変り): 가부키에서 한 배우가 동일 장면에서 재빠르게 모습을 바꾸어 두 가지 이상의 역할을 연기하는 일
* 게렌(ケレン): 가부키에서 시각적인 효과를 높이기 위해 기발함을 보여주는 연출

1804	「덴지쿠토쿠베에카라바나시(天竺徳兵衛韓噺)」가 수중 하야가와리(早変り) 등 게렌(ケレン)으로 크게 성공하였다. 쓰루야 난보쿠(鶴屋南北)는 이 이후 25년 동안 가부키 작자 생활을 보낸다. 그 작품은 잔혹, 비정한 살해 장면이나 세메바(責め場 : 주요 등장인물을 모질게 괴롭히는 장면, 잔학, 호색, 변태 취미 경향을 띰), 관능적인 정사장면(濡れ場) 등을 대담하게 그리며 시정의 풍물을 리얼한 필치로 그려서 「기제와물(生世話物)」이라고 불린다.
1825	「도카이도요쓰야카이단(東海道四谷怪談)」이 나카무라좌(中村座)에서 초연되다.
1832	7대 이치카와 단주로가 가문의 예능으로서 가부키 18번을 제정하다.
1840	7대 이치카와 단주로가 「간진초(勧進帳)」를 창시. 노의 가부키화를 시작하다.

고헤이에 의해 도입된 사실적 수법을 보다 철저하게 사용하는 독자적인 작극술을 만들어내어 기제와라고 불리는 시정사실극의 기초를 닦은 것은 쓰루야 난보쿠이다. 난보쿠의 작품에서 보이는 냉혹, 비정, 광기, 원념의 처참함은 다른 작품과 비교할 수 없다. 그는 봉건도덕이나 무사사회의 윤리라고 하는 다테마에(建前 ; 겉으로 남에게 보이기 위한 행동)에 묶이어 살아가지 않으면 안 되는 인간의 비애, 허무를 그리는 한편, 본능적인 욕망이 시키는 대로 자유분방하게 살아가고 있는 인간의 강인함을 힘 있게 그리고 있다. 그러한 매력적인 인간상은 사회의 신분제도로부터 소외되어 저변을 살아가는 무명의 남녀들의 일상생활과는 대조적으로 생생한 박력을 갖고 관객을 압도한다.

정사장면(濡れ場), 살인장면(殺し場), 세메바(責め場) 등 관능적인 연기, 연출이 사실적으로 펼쳐지고 잔혹한 국면이나 괴기한 세계가 대담하게 무대화되었다. 또한 스피디한 템포로 진행되는 서커스적인 연출을 구사하여 기발한 취향을 가능하게 하였다.

난보쿠의 대표작 『도카이도요쓰야카이단』을 소개하기로 하자. 난보쿠는 잔

혹한 살인장면과 남녀 정사장면의 묘사에 역점을 두고 있었고, 극적 전개와 무대장치 개발, 망령을 등장시키는 괴기취미, 그리고 기발한 취향에 의해 이질적인 것들을 결합시키는 극을 특징으로 했다. 이러한 것들이 종합적으로 완성된 가부키가 바로 『도카이도요쓰야카이단』이다.

줄거리는 다음과 같다.

『주신구라(忠臣蔵)』로 유명한 엔야한간(塩冶判官) 집안에 요쓰야 사몬이라는 노인이 있었다. 사몬에게는 두명의 아름다운 딸이 있었는데 언니를 오이와, 동생은 오소데라고 한다. 오이와는 무사 이에몬과 결혼을 하고 동생도 무사 요모시치와 혼약을 하였다. 얼마 안 되어 오이와는 임신하게 된다.

이때 장군의 성에서 엔야한간의 칼부림사건이 일어나게 된다. 그래서 엔야집안은 단절되게 되고 모든 무사는 낭인이 되었다. 사몬은 거지가 되고 오이와는 길거리에서 몸을 팔고 오소데는 안마사 다쿠에쓰가 경영하는 사창굴에서 일하게 된다.

사몬은 사위 이에몬이 엔야집안이 망하기 전에 공금에 손을 대었다는 사실을 알고 딸을 이혼시켜 집으로 데리고 온다. 이에몬은 그 사실이 발각되는 것을 두려워해

장인 사몬을 은밀하게 죽여 버린다. 그리고 이에몬은 일상생활에 불편함을 느껴 오이와에게 부친의 원수를 갚아주겠다고 구슬려 다시 같이 산다.

오이와는 아이를 출산하지만 산후 조리가 나빠 병을 앓게 된다. 그런 오이와를 이에몬은 점차 귀찮게 생각하게 되었다. 그러는 동안 옆집에 사는 주군의 원수 고노 모로나오의 가신 이토가 이에몬에게 자신의 손녀 오우메와 결혼 할 것을 제안한다. 이에몬은 그 집안과 인연을 맺으면 다시 무사로 돌아갈 수 있다고 생각하여 그 제안에 동의한다. 그리고 오이와를 부정한 여자로 몰아 쫓아내기 위하여 안마사 다쿠에쓰에게 돈을 주어 오이와를 겁탈하도록 명한다.

그런데 이토도 손녀와 이에몬의 결혼을 확실하게 하고자 오이와에게 산후조리약이라고 속여 얼굴을 추하게 만드는 독약을 보내었다. 그런지도 모르고 약을 마신 오이와는 얼굴이 불처럼 뜨거워지고 얼굴이 변해간다. 화를 참으며 다쿠에쓰의 눈앞에서 머리기름을 빗에 바르고 머리를 빗는 도중에 머리카락이 흠뻑 흠뻑 빠져나가면서 피가 흘러내리고 얼굴은 부어오르는 처절한 형상으로 바뀌게 된다.

놀란 다쿠에쓰는 이제 오이와를 폭행할 수 없게 되어, 솔직하게 이에몬의 악행을 자백해 버린다. 화가 난 오이와는 다쿠에쓰와 실갱이를 벌이다가 다쿠에쓰의 칼에 찔려 죽어버린다.

그리고 이에몬과 오우메는 결혼을 한다. 그런데 오우메의 얼굴이 이에몬에게는 오이와의 얼굴로 보여 공포에 질린 이에몬은 오우메를 베어 죽여 버린다.

이에몬은 칠월 칠석 새벽 헤매다 찾아 들어간 집에서 미인 여주인에게 환대를 받지만, 그 여주인의 얼굴은 어느새 오이와의 얼굴이 되어 있다. 게다가 뜰의 호박도 모두 오이와의 얼굴이고 불단 속에서 오이와가 출현한다. 이에몬은 망령에 떨며 백만 번의 염불을 행하지만 효과는 없고 거듭되는 망령의 출현에 괴롭힘을 당한다. 그리고 마지막으로 사몬의 사위 요모시치에게 장인과 처형의 원수로서 살해당하고 만다.

「주신구라」의 극적 상황을 뒤바꾸고 해체하면서, 항간에 떠도는 이야기인 오이와의 원령담, 그리고 밀통한 남녀가 문짝 앞뒤로 못에 박힌 채 강에 떠내려 왔다는 이야기 등을 결합하여 만든 극이다. 단순한 가해자(악)와 피해자(선)의 관계가 아니라, 오이와는 추악한 얼굴이 되는 것과 동시에 피해자에서부터 원한에 맺힌 가해자로 바뀌어 관객에게 공포심과 함께 혐오감을 주게 된다.

그로테스크, 잔인, 악, 비애, 때로는 해학적인 모습까지를 중첩시켜 봉건사회 붕괴기를 살아가는 하층사회의 세상과 인간의 심리를 생생하게 그려낸 걸작으로서 에도 말기 서민의 생활감정, 사회의 저변을 살아가는 소외된 인간들의 망집과 운명을 섬세하고 다채롭게 그려내고 있다.

오이와의 모습이 추악하게 변화하여 가는 그 때, 그 배경으로 시끄러운 아이의 울음소리를 들려주는 것처럼 괴담과 일상적인 생활공간이 교차한다. 난보쿠는 괴담극이라는 형식을 빌어 여러 가지 인간상에 잠재되어 있는 욕망과 집념을 그려낸 것이다. 그 점에서 난보쿠 가부키의 현대성을 발견할 수 있을 것이다.

7. 근대화와 가부키

1878	12대 모리타 간야(守田勘弥)가 신토미좌(新富座)를 건축하다. 첫 공연에 외국공사, 대신 등 명사들을 초청하고, 배우는 연미복, 극장주는 후로크 코트로 인사하여 화제가 되다.
1878	9대 이치카와 단주로를 중심으로 가부키 혁신운동이 일어나다. 황당무계한 줄거리에서 벗어나 역사적 사실을 바탕으로 시대고증을 하여 분장, 연출하려고 하였는데, 이는 활력극(活歷物)이라고 불리었다.
1881	「시마치도리쓰키시라나미(島ちどり月白浪)」 가와타케 모쿠아미(河竹默阿弥) 작품. 도쿄 신토미좌(新富座)에서 초연되다. 메이지 시대의 개화풍속을 다룬 잔기리모노(散切物)의 대표작이다.
1887	아자부토리이자카(麻布鳥居坂)의 이노우에 가오루(井上馨) 저택에서 천황이 관극하는 가부키가 행해지다.
1889	도쿄 히가시긴자(東銀座)에 가부키좌(歌舞伎座)를 개장하다.

> **극장제도의 개편**
> 1. 막부의 조례가 폐지되고 신정부는 시사문제 각색을 허가하고 자유롭게 극장을 설립하도록 하였다.--극장의 도심진출
> 2. 메이지 4년 8월의 천민해방령에 의해 가부키 배우도 천민에서 평민으로
> 3. 극장의 건축양식도 메이지 말기에는 완전히 전통적 가부키극장에서 서양식으로
> 4. 극단주(座元) 제도에서 회사제로의 이행

메이지유신을 계기로 가부키를 구속하고 있었던 막부의 여러 조례가 하나하나 폐지되었다. 극장주(座元) 이외의 사람도 흥행을 할 수 있고, 또 사루와카쵸에 한정되었던 극장건축도 해방되고 새로이 극장 면허제가 도입되었다. 1872년에는 에도 3좌 중 하나인 모리타좌의 12대 모리타 간야(守田勘弥)가 모리타좌를 신축하여 10월에 개장하였다. 1874년에 신토미좌(新富座)로 개칭하였으나 화재로 소실된 후 재건하여 1877년 6월에 화려하게 개장식을 거행하였다. 당시의 문명개화와 서구화주의에 영향을 받아 장내 설비는 신양식을 사용

▲ 신토미좌

하였고 유효 무대 정면폭은 19.8m의 직선 상태이고 외국인용 의자석을 만들었고 무대 앞 관객석과 옆 관람석을 상중하 삼등으로 나누었다. 이후 나카무라좌는 1886년 아사쿠사로, 이치무라좌는 1892년에 시모야로 이전한다.

메이지시대에 들어가 문명 개화의 세상이 되어, 서양의 연극에 관한 정보도 알려지게 되자 가부키의 황당무계한 줄거리나 흥행의 전근대적인 관습 등을 비판하는 소리가 높아지게 되었다.

9대 이치카와 단주로(市川団十郎) 등은, 정확한 시대 고증을 한 가부키를 상연했지만, 관계자의 반발도 많아서 같이 공연했던 초대 나카무라 소주로(中村宗十郎)에 비난당하거나 작가인 가나가키 로분(仮名垣魯文)은 「활력(活歷)」이라고 비꼬았다(활력이란 산 역사이며 연극은 아니라고 하는 의미). 사실 연극 팬에게는 오히려 기이한 인상을 주어 자주 흥행에서 실패하여 기존 시대물을 어렌지하는 데에 머무르게 되었다.

1886년 제1차 이토(伊藤) 내각의 의향도 있어서 정치가, 경제인, 문학자 등이 연극 개량회를 결성, 문명국의 상류 중류 계급이 보기에 어울리는 연극을 주장하여, 여역 남우의 폐지(여배우의 출연), 하나미치의 폐지, 극장의 개량 등을 제언했다. 1887년에는 외무 대신 이노우에 가오루(井上馨) 저택에 가설무대가 설치되어 메이지천황의 천황 관람 가부키가 실현되었다. 연극 개량회는 극장을 건설하는 일도 기획했지만 자금난 때문에 좌절했다. 그러나, 운동에 자극받은 후쿠치 오치(福地桜痴) 등의 손에 의해서 1889년에는 가부키좌가 개장했다. 연극 개량회의 주장은 급진적이고, 받아들여지지 않은 면도 있었지만, 가부키의 근대화를 향해서 큰 영향을 미쳤다.

8. 현대의 가부키

현재 일본에서 가부키는 도쿄 히가시긴자의 가부키좌(歌舞伎座)에서 가장 많이 상연된다. 그 외에도 국립극장, 신바시연무장, 메이지좌 등 여러 곳이 있지만 그래도 가부키좌에서 가장 많은 공연을 소화하고 있다. 가부키좌를 비롯하여 대부분의 가부키 공연은 하루 동안에 여러 가지 상연종목을 상연하고 있다. 에도시대에는 극장에서 하루 종일 한두 가지 공연을 상연하였으나 지금은 공연시간이 짧아져서 도저히 그렇게 할 수 없으므로 인기 있는 장면만을 골라서 상연하고 있다.

즉 1부(오전 11시 ~ 오후 4시경), 2부(오후 4시 30분 ~ 9시 20분경)로 나누어 공연하는데 각각 4가지 상연종목을 공연하고 있다. 게다가 막간 시간이 길어서 10분에서 30분까지이다. 2005년 한국에서 공연했을 때 막간이 길다는 설문 응답이 많이 나왔었는데, 30분이나 되는 것은 그 시간동안 식사를 하도록 길게 잡은 것이다. 에도시대에는 아침에 가부키를 구경 오면 극장에서 점심 저녁을 다 먹으면서 공연을 구경했었다.

이에 반해 국립극장에서는 '연속상연(続き狂言)'으로 공연한다. 원래 가부키의 상연종목은 사건의 발단에서 결말까지를 하루 공연시간 속에서 볼 수 있는 형태였다. 그러나 긴 역사 속에서 인기가 있는 볼 만한 장면이 독립하여 상연되게 되어 현재에는 오히려 단막상연이 주류가 되었다.

에도시대 사람들이 갖고 있던 가부키의 제재나 등장인물에 관한 공통의 이해가 사라져 버린 현대에는 이처럼 '골라보기' 형식의 상연방식은 특히 초심자에게 있어서 가부키를 가깝게 하기 어렵게 만드는 요소이다. 인기 있고 볼 만한 장면만 상연하는 것은 가부키 흥행에 안정을 가져오지만, 새로운 관객층 개척은 어렵다.

국립극장은 그러한 관점에서 가부키를 이해하기 쉽고 예비지식을 필요로 하지 않으며 가부키를 즐길 수 있게 하기 위한 방책으로써 '연속상연'을 중시하였다. 자주 상연되는 인기 가부키를 상연하는 경우에도 거의 상연되는 일이 없었던 전후의 장면을 부활하여 '연속상연' 함으로써 초심자에 있어서도 가부키가 친숙해질 수 있다고 하는 생각에서이다.

III. 가부키의 연극성

1. 가부키의 분류

현재 전승되고 있는 에도시대에 창작된 가부키의 상연 목록은 크게 나누어 인형극(분라쿠)의 상연 목록을 이식한 것과 가부키 희곡으로서 창작된 것이 있다. 인형극의 상연 목록을 이식한 것은 마루혼물이라고 불린다. 이 경우, 무대 오른 쪽에 자리를 설치해 다유(노래를 읊는 사람)와 샤미센에 의한 연주를 한다. 다만, 인형극에서는 모든 상황 설명과 대사를 다유가 노래하는데 가부키에서는 상황 설명을 다유가 하고 배우가 대사를 한다. 원래부터 가부키로 창작된 작품은 기본적으로 무대 왼쪽에서 음악을 담당한다.

연극적인 내용으로서는, 역사적 사실을 연극으로 만든 시대물과, 그 당시의 세계를 묘사한 세태물로 나눌 수 있다.

또, 세계라고 불리는 약속이 있어 작품의 배경이 되고 있는 이야기의 기본적인 큰 범위가 정해져 있었다. 예를 들면 「태평기의 세계」, 「헤이케 이야기의 세계」, 「소가모노의 세계」 등이 있어 등장인물이나 그 관계 등은 처음으로 구경하는 관객에게도 잘 알려진 가운데 관객은 희곡 작가가 어떻게 스토리를 전개시킬까를 즐기게 되었다.

에도시대의 가부키 공연은 일출부터 일몰까지 공연되었다. 따라서, 당시 창작된 상연 종목은 휴식 시간이나 무대 전환 등의 막간을 고려하여도 비교적 장대한 것이 많다. 관객에 있어서도 가부키 하루 온종일이 걸리는 놀이였다. 그 중에는 시대물을 좋아하는 관객이나 세태물을 좋아하는 관객도 있기 때문에 다양한 관객을 즐겁게 해야 했다. 그 때문에 하나의 상연 종목 속에서 시대물과 세태물이 막간을 사이에 두고 혼재하는 복잡한 스토리 전개를 보이는 것도 적지 않다.

2. 의리와 인정의 갈등

일본 고전연극에 있어서 가장 보편적인 갈등의 구조는 의리와 인정이다. 의리(義理)라고 하는 것은 사회생활을 영위하면서 생기는 타인에 대한 도덕적 규칙을 말한다. 즉 부모자식간을 비롯하여, 주종관계, 사제관계와 같은 상하관계, 그리고 친구, 이웃과 같은 대등한 관계에 있어서 지키지 않으면 안 되는 도의를 말한다. 예를 들면 "다른 사람에게 은혜를 입게 되면 반드시 은혜를 갚아야 한다"는 사회적 불문율이 있고 이를 지키지 않으면 의리가 없는 사람이 된다. 이에 비해 인정(人情)은 인간이 누구나 갖고 있는 자신이나 가족에 대한 애정을 말한다.

따라서 의리는 인정과 대립하는 일이 생기게 된다. 일본에서는 인정보다 의리를 중시해야 한다는 개념이 강조되어 왔다. 「메이보쿠센다이하기(伽羅先代萩)」는 주군의 아들이 독살되는 일을 막기 위해 자신의 아들이 먼저 음식을 먹게 하여 결국은 죽게 되는데, 이는 주군에 대한 의리 때문에 자신의 자식을 죽인다든지 하는 인정을 억제하고 의리를 추구한 전형적인 예이다.

여기서 일본이 한국이나 중국과 다른 점은 충이 효를 우선해야 한다는 주장이다. 에도시대는 막부가 유교적 통치이념을 따르게 되지만 중국이나 한국이 효를 충보다 우선한 데 비해 일본은 무사들의 세상답게 충이 효를 우선한다. 이러한 이데올로기 속에서 인간으로서 겪을 수밖에 없는 갈등을 연극으로서 보여주는 것이 가부키의 연극성이라 할 수 있다.

이하 가부키의 상연종목을 몇 가지 살펴보기로 하겠다.

3. 권력 쟁탈 소동(伽羅先代萩)

이 극은 실제로 있었던 사건에서 취재한 것이다. 참근교대(에도시대 모든 영주를 에도에서 격년제로 지내게 한 제도)로 에도에 와 있던 영주 다테 쓰나무네(伊達綱宗)가 기생 다카오(高尾)에게 빠져 막부로부터 품행이 문란하다는 이유로 은거할 것을 명받고 그의 아들 가메치요(龜千代)가 2살의 어린 나이로 영주자리를 물려받게 된다. 그러자 가메치요의 삼촌이 다른 부하들과 손잡고 영의 실권을 잡게 되자 어린 영주 편에 섰던 다른 부하들이 막부에 호소하여 어린 영주에게 실권을 되찾아주는 사건이다.

전체적으로 5막 구성이지만 요즈음 자주 공연되는 부분은 제2막 유카시타(床下 ; 마루 밑) 장면이다. 적들은 어린 주군 쓰루키요(鶴喜代 ; 가메치요를 변형한 이름)를 독살하려 하지만 이 음모는 충신 마쓰에 세츠노스케(松枝節之助)와 유모 마사오카(政岡)에 의해 발견되고 마사오카는 자신이 직접 밥을 지어 주군에게 먹인다.

그러던 중 적의 부인인 야시오(八汐)와 사카에 고젠(榮御前)이 직접 독이 든 과자를 쓰루키요에게 먹이러 온다. 먹기 싫어하는 쓰루키요에게 억지로 먹이려 들지만 직위가 낮은 마사오카는 이를 막을 수 없다. 이러한 때를 대비하여 자신의 아들인 지마쓰(千松)에게 항상 주군이 음식을 먹기 전에 먼저 먹도록 훈련을 시켰고 지마쓰는 그런 훈련에 따라 주군이 먹으려고 하는 과자를 자신이 채어가서 먼저 먹는다. 독이 든 과자를 먹은 지마쓰는 그 자리에서 쓰러지고 야시오는 사건을 은폐하기 위하여 무엄하게 주군의 과자를 빼앗아 먹은 죄를 묻겠다며 죽어가는 지마쓰를 칼로 찌른다.

이렇게 자신의 아들이 무참하게 죽어가는 모습을 지켜보면서도 마사오카는 전혀 동요하지 않는다. 그 모습을 보고 야시오와 사카에 고젠은 죽은 지마쓰가 마사오카의 아들이 아닐 것이라고 생각하게 된다. 그리하여 소문대로 지마쓰와 쓰루키요를 바꾸어 길렀을 것으로 생각하고 마사오카를 같은 편으로 끌어들이려 한다.

　마사오카는 적들에게 죽은 지마쓰가 주군인 것으로 생각하게 하고 그들을 돌려보낸다. 야시오와 사카에 고젠이 돌아가고 혼자 남은 마사오카는 그제서야 죽은 아들을 끼어 앉고 주군을 지킨 충절을 칭찬하면서도 슬픔을 참지 못한다. 주군을 보호해야만 하는 충(忠)이라는 이념과 아들을 사랑하는 정(情)이 갈등을 겪어 끝내는 충을 선택하고 말지만, 긴박한 상황이 끝나고 혼자 있는 시간이 되어 슬픔을 참지 못하고 오열하는 이 장면은 눈물을 자아내는 곳(愁嘆場)으로서 유명한 곳인데 나도 이 장면을 보고 처음으로 가부키에 감동을 느꼈다.

4. 소네자키신주(曾根崎心中)

　막이 열리면 무대는 오사카 이쿠타마신사. 유녀인 오하쓰는 손님의 손에 이끌려 신사구경을 나왔다. 남자 주인공 도쿠베는 오하쓰를 찾아 이곳까지 왔고, 오하쓰는 도쿠베가 요즈음 소식도 전하지 않는다고 울며 원망한다. 도쿠베는 그동안 돈을 받아오기 위해 바쁘게 돌아다녔고 그 돈이 지금 친구 구헤이지에게 가 있다는 것을 설명한다.

　도쿠베는 어린시절 부모님과 헤어져 아저씨에 해당하는 오사카의 간장가게 상인의 손에서 자라났다. 지금 일꾼으로서 열심히 일하고 있는데, 어쩌다 유녀인 오하쓰와 사랑에 빠지게 되었다. 상점원과 유녀와의 사랑, 이 사랑이 이루어지기는 너무나도 곤란한 일이며 타오르면 타오를수록 비극적인 결말이 가까워질 운명이었다.

　그런데 간장가게 주인은 도쿠베의 성실함을 높이 평가하여 부인의 질녀와 결혼시켜 장사를 시키려고 생각하였다. 그래서 도쿠베의 동의를 얻기도 전에 계모에게 지참금을 보내고는 도쿠베에게 결혼을 강요한다. 도쿠베는 사랑하는 사람이 있으므로 이를 격렬하게 거부한다. 화가 난 주인은 돈을 돌려달라고 요구하고 앞으로 오사카에서 살 수 없도록 하겠다고 말한다.

　도쿠베는 시골로 가서 계모에게서 돈을 돌려받고 오사카로 돌아왔다. 그런데 우연히 만난 친구 구헤이지가 그 돈을 단 하루만 빌려달라고 애걸을 하는 바람에 아직 주인에게 돌려줄 날짜가 남아 있었기 때문에 우정을 발휘해서 빌려준 것이었다.

　그런데 이 이쿠타마 신사에서 친구 구헤이지는 여러 친구들과 술에 취하여 비틀거리며 지나간다. 도쿠베는 이미 약속 기한이 지났으므로 바로 돈을 돌려달라며 돈을 빌린 영수증을 눈앞에 들이댄다. 그러나 구헤이지는 영수증에 찍힌 도장은 자신이 잃어버려 관청에 신고한 지가 언젠데, 네가 그 도장을 주워서 영수증을 위조하고는 내게 돈 내놓으라고 협박하는 거냐고 거꾸로 누명을 씌워버리며 영수증을 빼앗는다.

도쿠베는 완전히 구헤이지의 수법에 넘어갔다는 것을 깨닫고 빼앗기지 않으려 힘을 쓰지만 반대로 연못에 밀려 떨어지고 구헤이지 친구들에게 흠씬 얻어맞는다. 도쿠베는 억울함에 눈물을 흘리며 죽을 각오를 하고 모인 사람들 틈을 조용히 빠져 나온다. 돈을 잃은 것뿐 아니라, 체면을 차릴 수 없을 정도로 치욕을 받은 것이다.

그날 밤 밀짚모자로 얼굴을 숨긴 도쿠베는 조용히 유곽의 문 앞에 선다. 그 모습을 발견한 오하쓰가 주인의 눈을 피하여 마루 밑에 숨게 한다. 그 곳에 구헤이지가 친구들과 함께 술을 마시러 와서, 도쿠베가 내게 사기를 치려 해서 혼을 내 주었으니 그 녀석이 찾아와서 무슨 소리를 하건 믿지 말라며 욕을 해댄다. 오하쓰는 분을 못 이겨 부르르 떠는 도쿠베를 발로 누른다. 마루 밑, 오하쓰의 치마 속에 숨어 있는 도쿠베가 오하쓰의 발을 자신의 목에 가져다 대는 장면이다. 이렇게 자신은 죽을 각오를 하고 있다고 표현하자 오하쓰는 혼잣말처럼 동반자살의 약속을 한다. 그리고는 자신을 기적에서 빼가려는 구헤이지를 한껏 모욕한다. 구헤이지도 참지 못하고 얼굴색을 바꾸며 유곽을 떠난다.

밤이 깊어져 조용해지자 오하쓰는 새 하얀 옷을 걸치고 2층에서 내려와 도쿠베와 손에 손을 잡고 유곽을 빠져 나온다. 사랑하기 때문에 죽음에 이르는 길을 지나 이윽고 두 사람은 소네자키숲에 이른다. 이승에서 한 날 한 시에 같은 장소에서 죽으면 내세에는 같은 세상에 태어난다는 불교적 믿음에 따라 내세에서 꼭 다시 만나 사랑이 이루어지게 해달라고 빌면서 서로의 몸을 묶는다. 죽어서라도 저세상에서 부부가 되고자 하는 강렬한 열망이 젊은 두 사람을 죽음으로 재촉한다.

도쿠베는 아저씨인 간장가게 주인에게 죄를 용서해 달라고 빌고, 오하쓰는 멀리 시골에 있는 부모님께 이별을 고하며 서로 눈물을 흘렸다. 이윽고 도쿠베는 오하쓰의 재촉에 의해 떨리는 손으로 사랑하는 오하쓰의 목에 단검을 꽂고 자신도 오하쓰의 면도칼로 목을 찔러 목숨을 잃는다. 두 사람은 고요한 숲 속에서 몸을 겹쳐 쓰러져서 서서히 눈을 감는다.

일본에서『소네자키숲 동반자살』은 여러 장르에 걸쳐서 지금도 계속 상연되고 있다. 가부키, 분라쿠, 신극, 현대연극, 현대인형극, 일본무용, 영화, 오페라, 발레, 샹송, 민속음악 등 거의 모든 연극, 예능, 음악 장르에 걸쳐 있다. 또한 일본 고전극의 해외공연에는 빠지지 않는 레파토리이기도 하다. 이렇게 현대인에게도 끊임없이 감동을 주는 이유는 도쿠베, 오하쓰 두 주인공이 시대를 초월하여 죽음을 두려워하지 않는 불멸의 사랑을 불태웠기 때문이리라.

5. 47인의 사무라이(仮名手本忠臣蔵)

1748년 초연 당시부터 공전의 대인기를 누린 이 작품은 공연만 하면 언제라도 대성황을 이룬다. 때문에 극단 기사회생의 특효약이라 한다. 이 연극의 내용은 1703년에 실제 일어났던 복수 사건인 아코(赤穂)의 무사 47명의 활약담이다. 당시 막부의 간섭 때문에 사건을 있는 그대로 극화하지 못하고 시간적 배경을 아시카가 시대(足利, 1302~1573)로 설정하였다.

아코성의 성주 아사노(浅野)는 당시의 참근교대 제도에 따라서 에도 막부에 기거하고 있었다. 아사노는 막부의 교관이던 기라의 지휘 아래서 일하고 있었으나 기라와의 의견 충돌로 인한 싸움 끝에 상처를 입히게 된다. 그러나 당시의 법도에 따라서 성 안에서 칼을 뽑은 무사는 자결하라는 엄명을 받고 억울하게 세상을 떠난다는 내용을 극화하였다.

가부키에서는 유라노스케(由良之助)를 비롯한 부하들은 주군을 잃고 일자리도 없는 낭인이 되었지만, 주군의 복수를 맹세한 뒤에 서로 흩어져서 가난과 외로운 날을 견디며 복수의 날을 기다린다. 복수를 맹세한 뒤에 서로 흩어져 가난과 외로운 삶을 견디어 낸다. 당장에라도 복수에 나서고 싶지만, 이들에 대한 감시가 느슨해질 때까지 기다려야 했다. 특히 유라노스케는 주색에 빠진 폐인처럼 보이도록 생활하며 감시의 눈을 피했고, 다른 부하들도 역경을 견디면서 때를 기다렸다. 드디어 약속했던 날 주군을 죽게 한 모로나오(師直)의 목을 베어 주군의 무덤 앞에 바치고 향을 피운다. 이는 주군에 대한 철저한 충성심을 행동으로 옮긴 일이었다. 에도 막부 시대에 철저한 충성심으로 상하 관계가 이루어지던 무사사회의 미덕과 가치관이 잘 나타난 작품이다.

IV. 연기와 연출양식

1. 연기 양식

가부키의 연기는 무용적 요소를 기저로 양식화 되었다. 이는 가부키춤에서 출발한 이 예능의 기본적인 성격임과 동시에 노, 교겐이나 인형조루리로부터 영향을 받은 결과이다. 에도 말기의 '기제와(生世話)'도 철저한 사실주의 연극이라고는 할 수 없다. 예를 들면 정면을 바라보고 하는 연기, 미에(見得 ; 신체를 조각적으로 아름답게 보이려고 하는 연기의 수법), 다치마와리(극중 칼싸움 장면의 연출법), 단마리(암흑 속에서 더듬어 찾는 장면을 양식화한 것)와 같은 양식, 대도구, 소도구, 화장, 분장 등은 모두 회화적, 혹은 조각적인 모습의 아름다움을 목표로 하고 있다. 또한 음악도 사실성을 추구하는 것이 아니라 정서적인 음악성, 혹은 소리를 양식화하여 과장한다. 어떠한 장면, 어떤 연기, 연출도 그림과 같이 아름다운 형태로 구성되어야 한다.

가부키의 연기는 근대극의 연기처럼 희곡에 의해 강하게 제약을 받는 것이 아니다. 역으로 연기술 자체에 다수의 패턴이 있고 그것을 스토리 속에 조합하여 전개시키는 방법에 의해 극이 구성된다. 극적으로 고양된 순간에 스텝이 사각형의 나무를 바닥에 치면 그 소리에 맞추어 정지된 포즈를 취하는 '미에',

무용성이 높은 '단마리'와 '다치마와리', 희곡과는 관계없이 걷는 모습의 아름다움을 추구하는 등은 사실주의에 의한 서구 근대극과 구조적으로 이질적인 가부키가 만들어낸 독특한 연기양식이다. 대사도 마찬가지로 제각기 양식에 독자적인 일종의 리듬을 지닌다.

2. 음악성

가부키에 있어서의 음악은 악기나 도구를 사용하는 반주, 효과음악은 크게 셋으로 나눌 수 있다.

첫째, 무대 왼쪽의 검정 발속에서 연주하는 게자(下座) 음악이고 이는 관객에게는 보이지 않는다. 노래, 샤미센, 악기 등으로 구성되어 있다. 악기는 작은 북, 큰북, 피리 등이고 그 외의 여러 가지 보조악기도 사용한다. 이들을 잘 조합하여 연주하여 그 장면에 가장 적합한 분위기를 창출한다. 바람, 비, 눈과 같은 의성음도 담당한다. 인물의 출입이나 독특한 장면, 또는 국면의 패턴에는 정해진 반주방식이 전해져 오고 있다.

두 번째로 관객으로부터 보이는 장소에서 연주하는 음악은 배경음악으로서 극의 진행을 돕기 위해서 하는 반주 내지 효과의 영역에 머무는 것이 아니라 배우의 연기와 대등한 것으로서 연주자 개인의 예술을 들려주려는 성격이 강하다.

세 번째로 나무막대이다. 나무막대는 막을 열거나 닫을 때의 신호이기도 하다. 동시에 배우가 대기실(樂屋)로 들어가거나 대기실에 개막을 알리는 등의 역할을 하고 있다. 또한 나무막대로 바닥을 쳐서 내는 소리로 클라이맥스에서 선명한 인상을 주기 위해서 사용되는 이외에도, 예를 들면 인간이 뛰는 발소리나 물건이 떨어지는 소리를 관객에게 확실하게 듣게 하는 의성음의 역할을 한다.

3. 분장

화장, 의상, 가발은 양식과 인물의 역할에 따라 제각기 정해져 있다. 아라고토의 구마도리(隈取 ; 배역의 힘을 강조하기 위하여 얼굴에 선을 그리는 것)는 역할의 성격에 따라 색과 형태에 차이가 있다. 정의와 용기를 나타내는 붉은색, 초인적인 악을 표현하는 파란색 등이다. 또한 미남 배역에는 흰색 분장을 하고 악역은 빨간 분장을 하는 것처럼 얼굴을 화장한 색에 의해 단숨에 배역의 유형을 알 수 있는 것도 많이 있다. 가부키 화장의 특징은 얼굴 전체를 빈틈없이 칠하기 때문에, 음영을 그려서 리얼한 표현을 하려고 하지 않는 점이다. 이러한 독특한 화장법은 옛날 공동체의 마쓰리 때에 마을 사람들이 신으로 변신을 꾀한 오래된 예능전승을 무의식중에 계승했기 때문이리라.

가발에도 배역의 성격에 의해 정해진 유형이 있다. 기본적인 가발만 해도 수십 종에 이르고 또 그 부분들의 조합에 의해 상당한 수의 종류가 있다. 대도구와 소도구도 특수한 예외를 제외하고는 사실적인 표현을 피하고 양식미를 중시하여 제작된다.

4. 연출과 형

고전적인 가부키의 연출에는 특정한 작품마다 고정적인 형(型 ; 연기의 스타일이라고 할 수 있음)이라는 것이 있다. 특히 인형조루리에서 온 시대물에는 형의 고정이 현저하다. 형은 가부키가 기나긴 시간을 거쳐 많은 배우들에 의해 반복되어 상연된 결과 연구가 계속되고 세련되어지고, 엄격하게 취사선택이 행하여져서 현대에 전승된 연출을 말한다. 단 지금 전해지는 형은 한 종류만이라고는 볼 수 없다. 때로는 변화를 주기 위하여 다른 형을 채용할 때도 있다. 형에는 '이치카와 집안(市川家)의 형'처럼 배우의 가계(家系)에 의해 전승된 형과, '나카조(仲蔵)의 형', '5대 고시로(幸四郎)의 형'처럼 특정 배우가 창출하여 완성시킨 형, 그리고 '에도의 형', '가미가타(上方)의 형'처럼 지역에 전승되어 그 지방적 특징을 보여주고 있는 형이 있다.

형은 그 가부키의 주역이 되는 배우의 연기를 중심으로 형성된다. 그리고 배역에 따라서 말하자면 가발, 화장, 의상의 색이나 모양, 연기의 형태나 수순, 소도구의 취급법 따위, 전체 연출의 면에서는 대도구, 악기에 이르기까지 세세하게 규정하고 있다. 형의 존재는 고전연극으로서의 가부키를 미래에 규범을 고치지 않고 지켜 나가는 데 극히 중요한 의미를 지니고 있지만 그 속에는 잘못 해석하여 생긴 연출이나 맹목적으로 전승되어 온 예도 없지 않다.

5. 무대

가부키 무대의 특징은 회전무대와 하나미치(花道)가 있다는 점이다. 회전무대는 작자인 나미키 쇼조(並木正三)가 발명하였다. 지금은 장치를 설치하는 시간을 절약하기 위하여 세계 여러 나라에서 많이 쓰이고 있지만 회전무대는 일본에서 처음 만들어졌다. 회전무대를 만든 의도는 같은 시간에 다른 장소에서 벌어진 사건을 표현하기 위해 무대를 양쪽으로 돌리며 두 무대를 보여주는 데 있었다.

하나미치는 자주 노(能) 무대에 있는 하시가카리(橋掛り)와 비교된다. 그러나 발상은 같다고 해도 구체적으로 보면 다른 점이 많이 있다. 하시가카리는 신이 현신하는 길로써 유명계(幽冥界)와 노 무대를 연결하는 통로이지만 하나미치는 관객이 배우와 교류하는 길이다.

처음에는 관객이 배우에게 선물을 주는 통로에서 발달하였다. 연출에 있어서 하나미치는 우선 도로나 수로 또는 복도의 표현으로서 보통 사용되는데 또 다른 무대의 역할을 하는 경우도 있다. 「메이보쿠센다이하기(伽羅先代萩)」에서 오토코노스케(男之助)가 쥐를 밟고 나서 "놓쳐버렸나?" 하고 무대 위에서 부르짖고 쥐가 하나미치에서 사라지면 그 대신에 그 자리에서 니키(仁木)가 등장한다. 여기서는 오토코노스케의 눈에는 니키의 모습이 보이지 않으나 관객의 눈에는 보이는 것이다. 또한 무대가 육지이고 하나미치가 바다나 강이 되는 경우도 있다.

6. 무용

가부키 무용의 대표작은 「무스메도조지(娘道成寺)」이다. 이 작품은 노의 상연 종목을 받아들여 가부키화시킨 것이다. 사랑을 맹세한 여행승에게 버림받은 기요히메(清姫)가 분노한 나머지 뱀으로 변신하여 남자의 뒤를 쫓아 도조지(道成寺)에 도달한다. 여인이 들어갈 수 없는 절로 도망하여 종속에 숨어 있는 남성을 종과 함께 화염으로 태워 버렸다는 내용이 도조지 설화의 골자이다. 여성의 순수한 정열과 격렬한 열정이라는 테마의 보편성으로 옛부터 일본인들에게 애호되어 많은 문학작품을 만들어내었다. 노와 가부키는 이 설화의 후일담이다.

도조지의 범종을 큰 뱀(일본 고전에서는 뱀이 곧 용을 의미하는 경우가 많다)이 태워 버린 후 오랫동안

새로 만들지 못하였는데 다시 범종을 만들어 공양식을 거행하게 되었다. 그곳에 무희 차림의 여성이 등장한다. 여인은 들어갈 수 없는 곳이나 산문을 지키는 승려와 선문답을 하고 춤을 추고는 들어갈 수 있었다. 무희는 춤을 추면서 기회를 잡아 순간적으로 종 안으로 들어간다. 승려들의 기도로 종이 들어올려지자 무희는 뱀으로 변하여 모습을 나타내지만 결국 승려에게 굴복 당한다는 내용이다. 이 작품은 무용본위로 짜여져 있다.

가부키에서는 무용을 마이(舞), 오도리(踊), 후리(振)의 3요소로 나누고 있다. 마이는 '돌다' 라는 말에서 나왔다고 한다. 빙글빙글 조용히 도는 것이 기본이다. 오도리는 옛날에는 약(躍)이라는 글자를 사용하여 문자 그대로 약동하는 모습을 의미한다. 후리(振)는 몸동작(제스추어)을 나타낸다. 이 3요소가 복잡하게 조합되어 일본 무용을 이루고 있다.

【용어사전】

◇ 온나가타(女形)

여자 배역을 담당하는 남자배우나 그 배역 자체를 온나가타라 한다. 남자가 완전한 여자로 변신한다는 것은 실로 불가능한 이야기이지만, 온나가타를 담당하는 배우들은 이를 과업이라고 생각했다. 그래서 이 온나가타 배우들은 철저하게 여성으로 살아가는 법을 실천했고, 여성의 심리와 거동을 자신의 것으로 만들었으며, 그러면서도 오히려 여자 자신이 느낄 수 없는 여성다움을 보다 날카롭고도 적절하게 표출하여 그것을 다소 과장된 표현으로 아름답게 강조했었다. 온나가타를 본 사람들이 온나가타는 실제 여성보다도 더 아름답다고 느끼는 것은 일상적인 여성들보다 더욱 여성스러움을 추구하여 그 여성미 자체를 양식화하며 갈고 닦았기 때문이다.

◇ 잔기리극(散切劇)과 가쓰레키극(活歷劇)

잔기리극은 일본의 전통 머리형은 남자의 머리를 틀어 묶는 것이었으나 문명개화의 상징으로 머리를 자르고 묶지 않은 머리로 하는 연극을 말하며, 가쓰레키극은 가부키의 연출형식의 하나로서 역사적 사실에 충실하여 당시의 풍속을 있는 그대로 재현하는 것을 목적으로 하는 연극이다. 이런 형식은 근대에 서양 연극의 영향을 받은 가부키계 인사들이 새로운 형식의 가부키를 시도하고자 하는 발상에서 나온 연극양식이었다.

◇ 미에(見得)

신체를 조각적으로 아름답게 보이려고 하는 연기의 수법으로, 배우가 연기하는 중에 감정이 고도로 격앙된 순간이나 절정에 달했을 때, 그 멋진 순간의 동작을 그대로 정지시켜 보인다. 관객에게 가장 멋진 연기 대목을 천천히 음미할 수 있도록 한 연출법이다. 배우의 멋진 동작의 절정 부분을 정지시켜서 보는 이 과장된 연기법에는 마치 비디오를 보다가 한 순간을 정지 화면으로 음미하는 것과 같은 효과가 있다. 실제 상황 가운데서는 도저히 있을 수 없는 동작 양식이지만, 관객들은 미에를 보며 극적 감정을 고조시키며 배우의 멋진 모습을 머리 속에 확실하게 새겨 둘 수 있게 된다.

14. 서민들의 재치와 활기를 그려내는 라쿠고

홍지형

I. 라쿠고란 무엇인가
II. 라쿠고의 발생
III. 고전라쿠고와 신작라쿠고
IV. 웃음산업의 한가지로 번창한 라쿠고

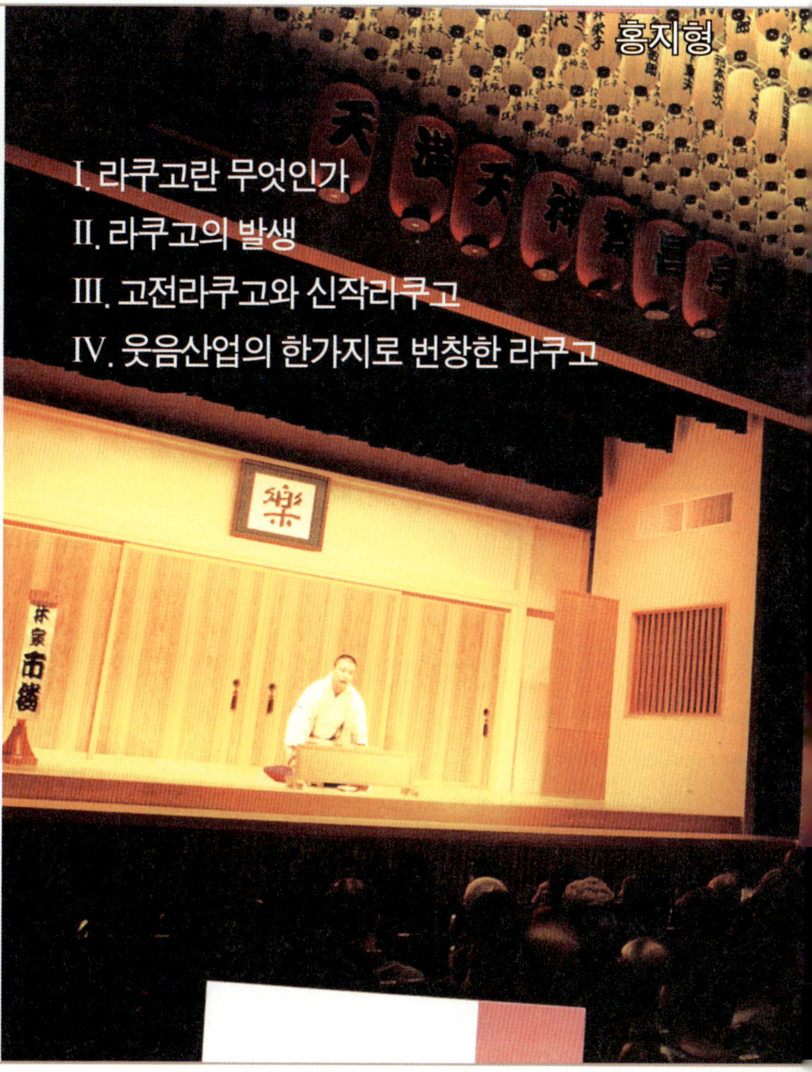

I. 라쿠고란 무엇인가

라쿠고(落語)는 한 사람의 라쿠고가(落語家)가 무대 위에 앉아서 입담 좋게 재미있고 우스꽝스러운 이야기를 들려주는 전통적인 1인극이다. 짧은 이야기에서부터 1시간 이상 걸리는 긴 이야기까지 서민생활에서 따온 다양한 소재를 재치 있고 유머스럽게 전개한다.

라쿠고란 익살스러운 이야기를 재치있게 전개해 나가는 1인극으로, 결말에는 오치(落ち) 또는 사게(下げ)라 하여 엉뚱한 방향으로 결말을 이끌어 다시 한 번 큰 웃음을 자아내며 끝내는 전문적인 이야기꾼의 무대예술이다. 즉 라쿠고의 특징은 무대 위에서 관객을 대상으로 하는 우스개라는 점과 이야기의 흐름을 반전시키는 오치라는 결말부분을 가지는 점에 있다.

라쿠고는 와게이(話芸)의 하나이다. 와게이란 연기자의 몸동작이나 도구에 크게 의존하지 않고, 연기자의 입담 능력을 중심으로 전개하는 무대예술을 말한다. 와게이는 라쿠고 이외에 영웅담이나 교훈적이며 서사적인 이야기를 혼자 앉아서 전개하는 고단(講談), 두 사람이 서서 재담을 주고 받는 형식으로 진행되는 만자이(漫才), 만단가(漫談家)가 항간의 소문이나 세태를 비평하거나 시종 좌충우돌하는 우스개로 끝내기도 하는 만단(漫談) 등이 있으며, 이들은 오늘날에도 공연되고 있다.

와게이 단독으로 공연하기도 하지만, 곡예(曲芸), 성대모사나 사람 흉내내기, 음악, 무용 등을 상설극장인 요세에서 함께 공연하는 전통이 있었다. 이런 극장은 에도시대부터 상업성을 지닌 공연장으로 많은 관객을 모으며 번성했으며, 오늘날에도 많은 도시의 번화가에 요세(寄席)가 운영되고 있다.

II. 라쿠고의 발생

요즈음과 같은 형식의 라쿠고는 센고쿠시대 말기인 16세기 후반부터 에도시대가 시작되는 17세기초 사이에 형성되었다는 것이 일반적인 견해이다. 다케다 신겐(武田信玄, 1521~1573)이나 오다 노부나가(織田信長, 1534~1582) 등 센고쿠 다이묘(戦国大名)는 견문을 넓히고 무료함을 달래기 위하여 학자나 다인(茶人), 때로는 지혜 있는 사람을 가까이 두고 시중을 들게 하며 말벗을 삼기도 하였는데, 이런 역할을 하는 사람을 오토기슈(御伽衆)라 했다.

16세기에 간행된 『기겐요키슈(戲言養気集)』나 17세기 초반에 간행된 『기노

와교노모노가타리(昨日は今日の物語)』등에는 다수의 익살스러운 이야기가 수록되어 있는데, 이것을 라쿠고의 출발점으로 여긴다. 이런 책을 대본으로 삼아 이야기 전문가로서 활동한 오토기슈의 골계담이 라쿠고의 기원이 되는 것이다.

16세기 후반에 승려이자 다인인 안라쿠안 사쿠텐(安楽庵策伝)는 서민들 사이에 널리 회자되던 우스개 1000여편을 모아 소화집(笑話集)을 내었는데 이것을 『세이스이쇼(醒睡笑)』라 한다. 책 제목은 잠을 깨고 웃는다는 뜻으로, 이후의 라쿠고에 큰 영향을 끼쳤다. 저자는 어려서부터 들어 온 우스개를 세련된 필치로 정리하였을 뿐만 아니라, 도요토미 히데요시 등 여러 무사의 부탁을 받고 불려가서 이야기를 들려주기도 하였다. 불특정 다수의 관중 앞에서 연기한 것은 아니지만, 부탁을 받고 여러 사람 앞에서 매우 흥미롭게 우스개를 연기했기 때문에 라쿠고의 시조라는 평가를 받기도 한다. 이 책에 실려 있는 이야기는 승려인 저자가 신도들에게 설교할 때 쓰는 예화집이기도 하지만, 대부분의 이야기의 결말부분에 오치가 있다는 점은 라쿠고의 구조와 같기 때문이다.

▲ 라쿠고의 기원을 이룬 안라쿠안 사쿠덴(安楽庵策伝)의 초상화

▲ 라쿠고의 시조 안라쿠안 사쿠텐이 1623년에 쓴 『세이스이쇼(醒睡笑)』. 현재 상연되는 라쿠고 상연 목록을 많이 포함하고 있다.

1. 대중의 인기를 얻기 시작한 17세기 라쿠고

17세기 말, 교토와 에도 그리고 오사카 등 대도시에는 길거리에서 군단(軍談)이나 고단(講談)을 하며 관중에게 돈을 받는 이야기꾼이 있었는데 이를 쓰지바나시(辻話)라 한다. 쓰지바나시는 길거리에 천막을 치거나 칸막이를 하고 관중을 불러들여 가볍고 익살스럽고 재미도 있는 이야기를 들려주며 인기를 얻었다. 이런 흥행이 차츰 인기를 얻자 신사 경내에서 입장료를 받고 공연하기도 하였고 귀인의 집에 초청을 받기도 하였다.

이처럼 불특정 다수의 관중이 입장료를 내고 공연을 본다는 것은 당시에 이 공연물이 상업성을 띨 만큼 대중적 인기를 얻고 있었음을 알 수 있다. 이 시기를 제1차 라쿠고 붐이라고 한다.

그런데 1693년 전염병이 크게 유행했을 때, 어떤 사람이 전하기를 말이 사람

▲ 라쿠고가 시카노 부자에몬이 쓴 『시카노마키후데(鹿の巻筆)』의 한 장면. 말 역할을 한 배우가 '히힝, 히힝' 하고 울었다는 오치가 이후에 말이 계시를 했다고 세상에 알려져 세상에 큰 소동을 일으켰다.

목소리로 '남천 열매와 매실 장아찌를 고아먹으면 효능이 있다'고 계시했다고 했다. 그러자 남천 열매와 매실 장아찌 값이 폭등하는 대소동이 일어났다. 나중에 조사해 보니 어느 낭인이 떼돈을 벌려고 야채가게 주인과 공모하여 헛소문을 낸 것임이 판명되어 결국 참수형을 당했다.

말이 사람소리를 냈다는 이야기는 라쿠고가 시카노 부자에몬(鹿野武左衛門, 1649~1699)이 쓴 라쿠고 모음집 『시카노마키후데(鹿の巻筆)』 가운데 나오는 이야기이다. 낭인은 별생각 없이 이 라쿠고를 듣고 힌트를 얻어서 그런 소문을 냈다고 고했다. 말도 안 되는 이야기를 라쿠고로 공연한 이 라쿠고가는 엄한 처벌을 받아 멀리 떨어진 섬으로 유배를 가게 되었다. 이 사건으로 인기를 모으던 라쿠고는 기세가 꺾이고 말았다.

해학이나 풍자는 자연히 현실을 비판하는 내용이 많기 때문에, 이야기 자체에 깊은 의미를 두지 않는다고 하더라도, 위정자측에서 보면 귀에 거슬리는 것은 어쩔 수 없는 일이었다. 그 후에도 라쿠고는 때때로 권력의 통제를 받으며 부침을 거듭하였다.

2. 골계문학의 붐과 더불어 라쿠고 붐이

18세기 말에 교카(狂歌)가 유행하던 시기에 에도에는 라쿠고가 다시 활기를 띠기 시작한다. 몇 년 전부터 본래 직업이 있는 사람 가운데 라쿠고를 좋아하는 사람들이 요리점의 2층을 빌려서 관중을 모아놓고 교카나 자기가 만든 짤막한 우스개를 공연하는 모임이 열리고 있었다. 이런 모임이 차츰 다양해지고 횟수도 늘어나면서 차츰 직업적으로 라쿠고를 하는 사람이 나타나면서 라쿠고의 중흥기를 맞이한다. 이 시기에 활약하던 라쿠고가인 산유테이 엔쇼(三遊亭円生), 산쇼테이 가라쿠(三笑亭可楽) 등은 흥행에 성공을 거두면서 제자를 두어 예명을 잇도록 하였다.

같은 시기에 오사카에서는 신사 경내에 가설무대를 만들어 라쿠고를 상설 공연하였는데, 에도와 다른 오사카 특유의 유머를 쓰는 라쿠고가가 등장하였다. 이 가운데서도 초대 가쓰라 분지(桂文治)는 많은 제자를 길러내며 가쓰라파(桂派)의 원조가 되었으며 오늘날에도 직계 제자는 이 예명을 이어받고 있다.

이 무렵 오사카에는 라쿠고나 고단 등의 와게이와 음악을 전문으로 하는 공연장인 요세가 설치되어 상업적인 공연을 시작한다. 당시 가부키나 분라쿠 등 화려한 공연물이 많았던 시대에 라쿠고는 매우 소박한 형식의 공연물이었으며, 입장료도 저렴하여 서민을 위한 공연물로 자리잡게 되었다. 요세 경영자들은 보다 많은 관중을 모으기 위하여 와게이뿐만 아니라, 음악과 무용, 요술 등

▼ 프랑스인이 외국에 라쿠고를 소개하기 위해 쓴 『Au Japan』(1899)의 한 장면. 라쿠고의 중흥기였던 1800년대의 요세와 라쿠고 공연을 하는 모습이 잘 그려져 있다.

을 도입하여 무대를 화려하게 꾸미려고 노력하였으며, 이와 같은 전통은 오늘날에도 계승되고 있다.

19세기에 들어서서도 정세의 변화에 따라 라쿠고는 부침을 거듭하였으나, 서민의 오락을 대표하는 라쿠고 등을 즐길 수 있는 요세는 증가하여 에도시내에 약 390개소가 운영되고 있었을 정도로 번창해졌다.

3. 메이지유신 이후의 라쿠고

메이지 신정부는 사회 각 방면에 새로운 훈령을 내렸는데, 전통예술에 대하여 많은 통제를 가했다. 산발적으로 활동하는 라쿠고가를 모아 단체를 만들어 통제하는 한편, 단체를 통하여 세금을 부과하며 조직화하였다. 당시 연극개량운동이라 하여 서양식으로 새로운 연극양식을 만들어야 한다는 풍조에 따라서 라쿠고의 세계에도 요세를 개량하고 라쿠고의 내용도 외설적인 것은 피해야 한다는 개량운동이 전개되었다.

이 시기에는 크게 다른 양식으로 전개되던 동쪽의 에도(지금의 도쿄)와 서쪽의 오사카 라쿠고 사이에 활발한 교류가 이루어져서 라쿠고 연구회가 발족되어 라쿠고의 질적 발전을 꾀하였다. 한편으로는 라쿠고 공연을 근대적인 공연사업으로 운영하려는 연예회사를 설립하여 흥행에 비약적인 발전을 이루었다. 그러나 이런 호황은 오래 지속되지 못하였다. 1923년 관동대지진으로 도쿄에서는 많은 시설이 파괴되어 공연무대를 잃게 되었다. 그후 영화가 부흥하고 경제적으로는 불경기를 맞이하자 많은 라쿠고가가 다른 직업으로 전향하는 등 어려운 시대에 놓이게 되었다. 그후 제2차 세계대전이 시작되자 라쿠고를 즐길 만한 사회적 분위기가 아니었다. 라쿠고가는 군인으로 입대하기도 하고, 군부대를 찾아다니며 라쿠고를 공연하는 위문단으로 편입되기도 하였다.

4. 다시 찾아온 평화롭고 활기찬 시대에 활짝 핀 라쿠고

전쟁이 끝난 후 라쿠고계는 얼마 남지 않은 요세에서 공연을 재개하며 새 출발했다. 그 후 방송과 여러 홀에서 공연하는 기회가 늘어나며 오래 전부터 이름을 이어받아 능력을 인정받았던 라쿠고가가 무대로 복귀하며 황금기를 맞이한다. 이들은 몇 개의 분파를 이루어 각기 특색있는 라쿠고를 전개하는 한편, 대학을 졸업한 지식인 출신의 라쿠고가의 등장, 라쿠고가 국회의원의 등장, 라쿠고를 전문으로 하는 국립극장이 국립연예장(国立演芸場)의 설립, 인

▲ 라쿠고를 소재로 한 드라마 「타이거 & 드래곤(2005)」과 영화 「말해도 말해도 (2007)」의 한 장면. 영상물 제작에 힘입어 젊은이들에게 라쿠고에 대한 관심을 불러 일으키고 있다.

간국보로 지정되는 일 등 시대를 반영하며 라쿠고계는 크게 발전했다.

요즈음에도 매스컴에서는 끊임없이 라쿠고를 다루면서 현대인에게 활력을 주는 중요한 전통문화로 높이 평가하고 있다. 최근에는 라쿠고가를 주인공으로 하는 영화, 애니메이션, TV드라마 등이 연이어 발표되어 큰 호응을 얻고 있다.

III. 고전라쿠고와 신작라쿠고

라쿠고는 줄거리가 짤막하고 내용이 단순해도 결말에 멋진 오치부분이 있으면 그것으로 좋은 평가를 받는다. 길거리에서 지나가는 행인을 불러 모아 놓고 라쿠고를 할 때는 오히려 그런 단순한 형식이 더 좋게 받아들여졌다.

그러나 입장료를 내고 요세에 들어온 관객들은 보다 진지하고 스토리 있는 복잡한 줄거리를 지닌 이야기를 기대하게 되고, 이에 부응하기 위해서 다양한 여러 양식의 새 라쿠고가 등장하게 되었다.

라쿠고를 분류하는 방식은 여러 가지가 있다. 이야기의 배경에 따른 분류, 등장인물의 신분이나 성격에 따른 분류, 이야기의 주제에 따른 분류 등 무엇을 기준으로 하는가에 따라서 다양하게 분류할 수 있다. 한편 창작된 시기나 전개 방식에 기준을 두고 고전과 신작으로 나누기도 한다.

고전라쿠고라는 용어는 전후(戰後)에 라디오방송의 프로그램 명칭으로 쓰기 시작했다고 한다. 그러나 어디까지가 고전이고 어디부터가 현대인가 정확하게 구분하기는 쉽지 않다.

우선 고전라쿠고의 특징을 살펴보면, 에도시대에서 메이지시대에 만들어진 작품으로, 그 당시 시대의 풍속을 반영하고 있는 작품이며, 대부분의 작품이 작자미상이라는 점 등을 들 수 있다. 고전라쿠고에는 등장인물을 통해 신분이나 직업을 드러내고 있으며, 당시의 가치기준과 생활이 묘사되어 있다.

고전라쿠고의 예를 들면 상인이 횡재하여 부자가 되는 꿈을 그린「시바하마(芝浜)」, 약간 모자라는 형제가 술장사에 나서지만 서로 결국 술만 축내고 만다는「하나미자케(花見酒)」, 나이가 들어 손님의 발길이 뜸해진 유녀가 애꿎은 남자를 꾀어 동반자살 하려다가 실패한다는「시나가와신주(品川心中)」, 첩을 둔 남편이 아내와 첩 사이를 오가며 밤새 고생한다는 이야기「곤스케초친(権助提灯)」등이 있다.

신작라쿠고란 1910년대 이후에 창작된 작품이다. 대부분이 현대인을 주인공으로 하여 그 풍속을 그려내지만, 더러는 에도시대를 배경으로 하기도 한다. 대부분의 경우 작자가 밝혀져 있다. 현대문물이나 현대인의 생활을 그려낸다는 점 때문에 고전라쿠고와는 전혀 다른 느낌을 준다. 최근에는 라쿠고가 대중문화의 하나로 자리잡아감에 따라, 더 재미있고 새로운 신작라쿠고를 기대하는 관객들이 늘어나고 있다. 그러나 근대 이후에 풍속이나 문화의 변천이 너무나도 급변했기 때문에 라쿠고 특유의 수법이나 형식 혹은 분위기를 나타내어 관객의 인기를 얻는 작품을 만들기가 쉽지 않다.

신작라쿠고로는 현대사회를 풍자하는「젠자이 공사(ぜんざい公社)」, 술 다섯 되를 마시게 해준다기에 정말 마실 수 있을지 시험 삼아 먼저 다섯 되를 마셔보았다는 술 센 사나이의「시험 삼아 마신 술」, 가장 인기 있는 구경거리인 사자가 죽어버리자 사람에게 호랑이 가죽을 뒤집어 씌워 호랑이 역할을 시킨다는 다소 황당한 줄거리의「동물원」등이 유명한 작품이다.

1. 반전에 반전을 이루는 횡재한 상인의 꿈「시바하마」

라쿠고「시바하마」는「가죽돈지갑」이라고도 한다. 도쿄의 바닷가 시바에서 돈지갑을 주운 남자가 아내의 지혜로 돈을 주웠던 사실을 까마득하게 잊어버리고, 마음을 고쳐 먹고 열심히 일하여 돈을 모으고 안정된 생활을 하게 된다. 3년이 지나서야 아내는 진상을 밝히고 부부가 더욱 화목해진다는 잘 알려진 라쿠고이다.

수완은 좋지만 술을 너무 많이 마시는 생선장수가 요즘 장사는 팽개치고 술만 마시고 있다.

오늘 아침은 날이 밝기도 전에 아내가 깨워 "당신이 장사하러 나가지 않아 우리집 밥솥에 거미줄이 생길 지경이에요. 오늘은 부지런히 선창가에 나가보세요."라고 쫓아내는 바람에 선창가로 나왔지만, 시간이 일러 아무도 나와 있지 않았다. 집으로 돌아가서 더 자기에는 너무 늦었기에 시바의 바닷가에 나가서 날이 새기를 기다리면서 담배를 한 대 피우고 있었는데 물가에 떠밀려 와 있는 낡은 가죽돈지갑이 눈에 들어왔다. 집어서 지갑 속을 보니 대금이 들어 있는 것이 아닌가.

지갑을 가지고 뒤도 돌아보지 않고 서둘러 집으로 돌아왔

다. 아내와 함께 돈을 세어보니 50냥이었다. 날아갈 듯 기쁜 마음에 마시다 남은 술을 전부 마시고 한잠 깊이 잔 뒤에 일어나서 목욕탕에 갔다. 돌아오는 길에 친구들을 불러다가 실컷 먹고 마시고 노래를 부르는 등 한바탕 소동을 피운 뒤에 다시 골아 떨어졌다.

다음날 아침 아내가 다시 흔들어 깨우기에 "이제부터는 장사를 하지 않아도 돼. 시바하마에서 큰돈을 주웠거든. 이제 돈을 벌지 않아도 잘 살 수 있을 거야"라고 말한다. 그러나 아내는 정색을 하며 "그런 돈이 있으면 얼마나 좋겠어요? 당신 꿈이라도 꾼 거 아니에요? 꿈이랑 생시랑 구별도 못하다니…"라며 남편의 말을 믿어주지 않았다. 남편은 반신반의하면서도 돈지갑을 주웠던 일이 꿈이었다고 믿어버리고 만다.

돈을 줍는 꿈은 가장 못난 인간이나 꾸는 꿈이라고 면박을 주는 아내의 말을 듣고, 남편은 그 날 이후, 심기일전하여 좋아하는 술을 끊고 열심히 일했다. 삼년 후, 부부의 생활은 많이 좋아져 빚도 다 갚고 번듯한 가게까지 차릴 수 있게 되었다. 그해 섣달 그믐날 밤, 남편은 "모두가 그동안 열심히 일한 덕분이야. 역시 사람은 열심히 일하며 살아야 해"라고 혼잣말로 중얼거렸다. 이것을 들은 아내는 깊이 감추어 놓았던 가죽돈지갑과 50냥을 남편 앞에 내어 놓았다. 역시 꿈이 아니었던 것이다.

그 후, 부부는 그 돈이 마음에 걸려서 관청에 가서 사실대로 알렸다. 관청에서는 삼 년간 주인이 나타나지 않았으므로 돈을 가져도 좋다고 허락해 주었다. 그러나 부인은 남편에게 계속 꿈을 꾼 것으로 생각하도록 단단히 일렀다. "당신에게는 미안하지만 끝까지 꿈이었다고 거짓말을 했어요. 돈을 잃어버린 사람이 나타나지 않아서 그 돈은 다시 우리가 가지게 되었지만, 모처럼 마음잡고 열심히 일하는 당신에게 돈을 보여주면 도로아미타불이 되지 않을까 걱정이 되어 오늘까지 말하지 않았습니다. 그러나 오늘 당신이 하는 말을 듣고 이제는 그럴 일이 없겠다는 생각이 들었어요. 한 이불을 덮고 자는 마누라가 삼 년이나 남편을 속였다고 생각하면 화가 나시겠지만, 저의 이런 마음을 헤아려 이해해주세요"라고 아내가 말했다. 남편은 곰곰이 생각하더니 "아 당신은 정말 훌륭하오. 당신이 말한 그대로요."라고 말했다. 아내가 "그럼, 당신 이제부터 굳이 술을 끊지 않아도 되잖아요. 기분도 풀 겸, 한 잔 드시지요."라며 술을 내놓자, 남편을 술잔을 입에 대려다가 "역시, 그만 두는 것이 좋겠어. 또 꿈이 되어 버리면 안 되잖아."

라쿠고는 여기서 끝난다. 아내가 권하는 술을 안 마시고 참으면서 행복한 현실이 다시 꿈이 되어버릴까 두려워하는 남편의 모습은, 근면하고 성실한 일본 상인의 바람직한 상(像)을 보여주는 장면이다. 그러나 이런 과정을 다 알고 있는 관객에게는 남편의 이 마지막 말이 한낱 우스개로 들리며 웃음을 자아내게 된다. 바로 이 부분이 오치이며, 대단원을 짓는 반전의 우스개로 감칠맛나게 라쿠고를 마무리하게 되는 것이다.

2. 반전의 묘미를 즐기는 라쿠고 「만두가 무서워」

만두(饅頭)란, 우리나라에서는 밀가루 등을 반죽하여 야채와 고기로 소를 만들어 넣고 빚어서 삶거나 찌거나 기름에 지져서 만드는 음식을 말하지만, 일본에서는 만주라고 하여 밀가루나 메밀가루 등을 반죽하여 단팥으로 소를 만들어 넣고 빚어서 찌거나 구운 과자를 말한다. 우리나라에서 먹는 고기와 야채를 넣어 만드는 만두는 니쿠만주(肉饅頭)라 해서 만주와 구별한다. 일본에는 전국 각지에 유명한 만주 가게가 많으며, 선물이나 간식용으로 애호되고 있다. 음식이 풍부하지 않던 시대에 만주는 누구나 좋아하는 과자였다. 옛날 어느 마을에 만두가 먹기 싫을 정도가 아니라 무지무지하게 무섭다는 사나이가 있었다는 데서 라쿠고 「만두가 무서워」는 시작된다.

어느 날, 젊은이들이 모여서 각자 세상에서 무엇이 가장 무서운지에 관해 이야기하고 있었다. 어떤 이는 뱀이 무섭다, 어떤 이는 거미가 무섭다 등의 입씨름을 벌이고 있는데, 곁에서 듣던 어떤 사나이가 "나는 이 세상에서 무서운 것이 아무것도 없어"라며 콧방귀를 낀다. 그러자 사람들은 "어찌 사람인데 이 세상에서 무서운 것이 하나도 없을 수가 없어? 정말로 무서워하는 것이 뭐냐?"라고 다그쳐 물었다. 그러자 사나이는 갑자기 부들부들 떨면서 "사실 내가 이 세상에서 가장 무서워하는 것은 만두야. 만두를 생각조차 하기 싫어서 무서운 것이 없다고 거짓말을 친 것일세." 라고 털어놓고는 이불 속에 들어가 떨다가 잠

이 들어버렸다.

　평소부터 마음에 들지 않았던 녀석이었기 때문에 젊은이들은 이참에 사나이에게 골탕을 먹이려고 돈을 모아 만두를 사다가 베갯머리 위에 늘어놓았다. 젊은이들은 사나이를 억지로 깨워서 만두를 보게 했다. 사나이는 만두를 무서워하는 척을 하며 순식간에 모두 먹어 치웠다. 약이 오른 젊은이들이 물었다. "자네, 만두를 별로 무서워하지 않는군. 진짜 무서운 게 뭐지?" 그러자 사나이는 "이럴 때는 맛있는 차가 가장 무섭지."라고 대답한다.

　라쿠고는 여기서 끝난다. 젊은이가 만두가 무섭다고 말한 것이 만두를 먹기 위한 술수였다는 것을 미리 알고 있던 관객들은 웃음이 터져 나오기 시작한다. 그러나 여기서 한 술 더 떠서 만두를 먹은 뒤, 맛있는 차를 마시고 싶다는 뜻으로 "차가 더 무섭다"라는 말로 끝맺음을 하는 반전의 묘미를 느끼며 관객의 웃음은 폭발하게 되는 것이다.
　이런 식의 위트 있는 반전을 가지는 것이 라쿠고의 매력이며 이런 부분을 오치라고 한다.

3. 값비싼 골동품을 싸게 사려고 술수를 부린다는 「고양이의 밥그릇」

　「고양이의 다완(猫の茶碗)」 또는 「고양이의 접시(猫の皿)」라고 하는 이 라쿠고는 악덕 골동품상이 찻집 주인을 속이려고 하지만, 사실은 주인이 한 수 위였다는 에도시대의 이야기로, 현대인에게도 통용되는 주제이다.

　에도의 골동풍상이 진귀한 물건을 찾아 시골을 찾아다녔으나, 아무런 수확도 없이 돌아오는 길에 찻집에 들어가 쉬게 되었다. 보리차와 옥수수를 먹고 있으려니, 마루 밑에 고양이가 밥을 먹고 있는 것이 눈에 띄었다. 자세히 보니 고양이 밥그릇이 매화잎을 본떠 만든 우메바치다완(梅鉢茶椀)이라는 매우 값비싼 고려다완이었다. 이 다완을 팔면 삼백냥은 족히 받을 수 있는 엄청난 골동품이다. 찻집 영감은 그런 것도 모르고 이 귀한 다완을 고양이 밥그릇으로 쓰고 있다고 생각하여 어떻게 해서든지 그럴 듯한 말로 속이고 얻어가려 작정했다. 골동품상은 고양이를 좋아한다고 하면서, 무릎 위에 올려놓고 쓰다듬어 주기도 하고, 가슴에 껴안는 등, 호들갑을 떨며 일부러 주인 앞에서 고양이가 아주 마음에 드는 척을 했다.
　결국, 이 남자는 주인에게 고양이를 데리고 가서 키우게 해달라고 사정을 한

끝에, 세 냥의 돈을 주고 고양이를 샀다. 그리고는 고양이가 주인이 바뀌어 낯선 곳에 가면 밥을 잘 먹지 않을 것이니, 그동안 늘 쓰던 밥그릇도 함께 주면 좋겠다고 하며 그릇도 함께 줄 것을 부탁했다. 주인 영감은 "이 다완은 내가 좋아하는 그릇이기 때문에 절대 드릴 수가 없소."라며 대신 나무 그릇을 주겠다고 한다. 그러자 골동품상은 다완도 세 냥에 팔라고 제의한다. 그때서야 주인 영감은 "이 다완으로 말할 것 같으면 고려다완 가운데서도 우메바치다완이라 하여 아무리 못 받아도 삼백냥은 받을 수 있는 엄청나게 비싼 것이기 때문에 절대 드릴 수가 없습니다."라고 말한다. 얼렁뚱땅 속임수로 귀한 물건을 손에 넣으려던 골동품상의 잔꾀는 통하지 않았다. 뿐만 아니라 안고 있던 고양이가 손등을 할퀴고, 무릎에 오줌을 싸는 등 낭패를 보았다.

골동품상은 다완의 가치를 잘 알고 있으면서도 왜 고양이 밥그릇 따위로 쓰고 있는지 궁금해서 물었다. "왜 이렇게 진귀한 다완을 고양이 밥그릇으로 쓰는 겁니까?"

찻집 영감이 대답했다. "이 다완을 고양이 밥그릇으로 쓰고 있으면, 가끔 당신 같은 사람이 나타나서 고양이를 세 냥이나 주고 사가기 때문이지."

4. 대표적인 신작 라쿠고 「동물원」

메이지시대가 시작된 후 새로운 사회상을 소재로 하는 라쿠고가 발표되었다. 당시에 서양식 동물원이 개장되어 사람들의 호기심을 끌었는데, 특히 외국에서 들여온 사자나 호랑이는 당시에는 보기 힘든 맹수로, 많은 관객을 모을 수 있는 볼거리가 되었다. 호랑이를 주인공으로 하는 라쿠고 「동물원」은 때로는 호랑이 대신 사자를 등장시켜 「라이온」이라는 제목으로 공연을 하기도 하는데, 오늘날에도 자주 공연되고 있는 인기작품이다.

평소 게으르고 매사를 귀찮아하는 사내가 빈둥빈둥 세월을 보내고 있었다. 주위에서 일좀 하라고 다그치면 "이렇게 노는 저에게도 조건이 있답니다. 10시쯤 출근해서 빈둥빈둥 놀다가, 점심에는 식사하러 나가고, 저녁 4시쯤에는 일을 마치는 자리가 좋은데, 어디 없을까요? 돈은 만엔 정도만 받으면 되고요."라고 말해 모두에게 비웃음을 샀다. 그러던 어느 날, 사내의 선배로부터 연락이 왔다. 마침 사내에게 딱 맞는 조건의 일자리가 있으니 해보겠냐고 제의해 왔다. 사내는 그런 조건이라면 일할 용의가 있으니 소개시켜 달라고 한다. 소개받고 찾아간 곳은 동물원이었다. 동물원의 원장은 "우리 동물원의 호랑이가 그만 죽어버렸어. 그 후 동물원 인기가 시들해져서 입장객이 많이 줄었다네. 그래서 누군가 호랑이 가죽을 뒤집어쓰고 우리 안을 어슬렁어슬렁 걸어다니면서 실제 호랑이처럼 보이기만 하면 되는데…. 자네가 그 일을 해주면 좋겠네. 자네가 제시한 조건과 딱 들어맞지 않는가? 동물원 개장은 10시 반이니까 10시에 출근하면 딱 되고 말이지. 하루 종일 우리 안에서 어슬렁어슬렁 돌아다니기만 하면 되는 거야. 폐장 시간이 4시니까 그 후에 일당을 받고 돌아가면 되는 일이야."라고 말한다.

당장 오늘부터 근무하라는 제의를 받은 사내는 호랑이처럼 걷는 법을 배운 후, 호랑이 가죽을 뒤집어쓰고 우리 안에 들어갔다. 하다가 잘 모르면 그대로 쓰러져 자면 된다는 말을 듣고 매우 안심했다.

동물원 문이 열리자 입장객들이 들어왔다. 사내가 아이들을 놀려주려고 "워—엉, 워—엉" 소리를 치자, 구경꾼 아이들이 "엄마 이것 좀 보세요. 이 호랑이는 개처럼 짖어요."라고 호들갑을 떨어댔다. 마침 배가 고파진 사내는 아이가 맛있게 빵을 먹는 것을 보자 빵을 가리키며 먹고 싶다는 시늉을 했다. 아이는 던져준 빵을 호랑이가 받아먹는 모습을 보고 "엄마, 이 호랑이는 빵을 손으로 받아 먹네요. 정말 신기해요!"라며 소리쳤다.

▲ 한국어로 「동물원」을 공연하고 있는 재일교포 라쿠고가 쇼후쿠테이 긴페이

이때 동물원 내 스피커에서 안내방송이 흘러 나왔다. "손님 여러분, 많이 기다리셨습니다. 지금부터 호랑이 우리에서 호랑이와 사자의 대결이 펼쳐집니다. 목숨을 건 일대일의 사투가 벌어집니다. 장내에 계신 여러분은 호랑이 우리 앞으로 모여주시기 바랍니다."라는 방송이었다. 당황한 호랑이 사내는 "아니, 이게 무슨 소리야? 그런 이야기를 들은 적은 없는데. 내 목숨을 이런 곳에서 잃고 싶지 않아. 어쩜 좋지?"라며 안절부절 못했다. 마침내 우리 사이의 칸막이가 열리면서 눈에 광채가 도는 무시무시한 사자가 들어왔다. "이제 난 죽었구나. 아이고…." 호랑이 사내는 부들부들 몸을 떨면서 자기도 모르는 사이에 "나미아미타불…."을 외며 신의 가호를 빌기 시작했다. 이것을 본 아이가 말했다. "엄마 호랑이가 떨고 있어요." 이 말을 들은 엄마는 "당연하지. 어린 아이의 빵을 뺏어 받아먹을 정도로 약한 호랑이니까."라며 웃었다.

드디어 사자가 호랑이 앞에 성큼성큼 다가왔다. "아, 이젠 꼼짝없이 죽었구나."라고 생각하며 체념하고 있던 중, 사자가 가까이 오더니 호랑이의 귀에 대고 소곤거렸다. "걱정하지 마. 나도 만 엔 받고 일하는 몸이니까."

가죽을 뒤집어쓰고 사람이 맹수역을 한 것이 호랑이뿐만 아니라 사자도 마찬가지였다는 점이 오치가 되는 반전의 묘미가 있는 라쿠고이다. 마지막 사자의 한 마디가 이 라쿠고의 오치가 된다. 결말을 구체적으로 설명하거나 그래서 어떻다고 일일이 설명하지는 않지만, 관객들은 이야기를 스스로 정리하고 상상하면서 즐거움을 누리는 것이다.

실제로 사람이 호랑이나 사자의 가죽을 뒤집어쓰고 기어다닌다고 해도 진짜라고 속을 사람은 한 명도 없을 뿐더러, 호랑이가 육식이 아닌 빵을 먹을 수도 없다. 그러나 이와 같은 설정이야말로 오치의 부분을 끌어내기 위하여 웃음을 차츰 고조시켜 가는 요소로서 관객에게 상상을 통한 즐거움을 누리게 해 주는 대목이 된다.

Ⅳ. 웃음산업의 한 가지로 번창한 라쿠고

▲ 도쿄 신주쿠에 있는 요세 스에히로테의 외관

오늘날 도쿄나 오사카 등의 대도시에는 라쿠고 전용극장인 요세가 운영되고 있기 때문에 관객들은 마음만 먹으면 언제든지 라쿠고를 감상할 수 있다. 요세는 극장처럼 입구에 공연물의 안내판을 내걸고, 축제적인 분위기를 자아내게 하기 위하여 등롱을 걸며, 독특한 서체로 쓴 간판을 단다.

이와 같이 누구나 쉽게 드나들 수 있는 무대와 누구나 공감할 수 있는 소재로 오랜 시간동안 꾸준한 인기를 얻고 있는 라쿠고의 힘은 바로 '서민적 웃음'을 전달하는 데 있다고 할 수 있다.

컴퓨터의 발달로 인해 게임이나 오락이 하루가 다르게 발전하고 있는 오늘날에도 라쿠고는 여전히 대중문학의 하나로 자리잡고 있다.

1. 단순함으로 전달하는 웃음의 미학

라쿠고를 상연하는 요세는 연예장, 연예홀이라고도 한다. 요세안의 내부는 고자(高座)라는 무대와 객석, 분장실 등으로 구성되는데, 무대는 특별한 장식물이나 배경을 쓰지 않고 단순하게 하여 관객이 배우의 연기에 집중하도록 하는 것에 특징이 있다. 라쿠고가는 무대 위의 방석에 앉아서 라쿠고를 공연한다 라쿠고가의 목소리가 잘 울려 퍼지도록 대부분 나무판을 여러 장 대어 놓기도 하며, 금병풍으로 장식하기도 한다. 무대 왼쪽에는 메쿠리(めくり)라고 하는 걸개가 놓여 있는데, 붓으로 라쿠고용의 굵고 부드러운 서체로 출연자의 이름을 횡서로 적어둔 순서지이다.

한편 라쿠고가는 소도구로 쓰이는 접는 부채와 수건만 가지고 등장한다. 부채는 다양한 용도로 쓰이는데, 이야기의 내용에 따라서 젓가락, 붓, 지팡이,

▲ 라쿠고를 공연하는 요세 안의 모습

칼, 술잔, 주판 담뱃대 등을 상징적으로 나타낸다. 라쿠고를 연기하는 중요한 두 가지 요소인 대사와 동작에서 '동작'을 나타내는 데에 가장 큰 역할을 하는 도구라 할 수 있다. 수건은 접기도 하고 적당한 크기로 펴기도 하여, 담배쌈지, 장부책, 두건, 지갑, 편지지 등을 나타내며 연기의 보조도구가 된다. 이와 같이 부채와 수건이라는 매우 간단한 도구만으로 라쿠고가 관객들을 웃게도 하고 울게도 한다. 즉, 최소의 도구로 관객들에게 이야기의 상상력을 제공하는 것이다. 라쿠고가가 무대 위에서 진행하는 이야기도 결코 길지 않다. 하나의 이야기는 30분을 넘지 않는다. 짧은 이야기 속에 사람들의 사는 모습이 들어있고, 세상을 풍자하는 즐거움이 있다. 사람들에게 웃음을 전달하는 데에는 복잡함이나 화려함이 필요 없다는 것을 라쿠고는 잘 보여주고 있다. 최근, 라쿠고는 웃음의 무대를 요세에만 한정시키지 않고, TV와 영화, 애니메이션, 드라마로까지 확대시키고 있다.

이와 같은 현상은 서민적 해학과 무겁지 않게 웃음으로 자아내는 사회풍자를 소재로 다루는 라쿠고가 복잡한 현대 대중들의 취향에도 잘 맞기 때문이다. 현대의 라쿠고는 현재 일본 웃음산업의 원동력이 되고 있다.

2. 에도라쿠고와 가미가타라쿠고

라쿠고카의 계보는 크게 둘로 나누어 도쿄를 중심으로 하는 에도(江戸)라쿠고와 가미가타(上方)라쿠고가 있다. 오늘날에는 교통과 매스컴의 발달로 두

▲ 부채와 수건으로 다양한 모습을 표현한다.
1. 담배를 피우는 모습
2. 우동을 먹는 모습.
3. 책을 읽는 모습
4. 지갑에서 돈을 꺼내는 모습

가지 라쿠고 내용이나 라쿠고카의 교류가 활발하게 일어나고 있다. 그러나 원래 두 지역 사이의 방언의 차이가 크고 서민생활에서 가치관이나 정서도 다르기 때문에 이야기의 전개방식이나, 웃음을 자아내는 부분, 오치의 방식에 다른 특징을 지니고 있다.

현재 전국에서 활동하고 있는 직업적인 라쿠고카는 500명 내지 600명에 이른다고 한다. 이들은 요세를 중심으로 공연하지만, 지역이나 학교의 강당에서 공연하기도 하고, 라디오나 텔레비전을 통해서 웃음을 선사하기도 한다.

현대에는 라쿠고는 물론 만자이가 일본인에게 웃음과 즐거움을 제공함으로써 육체적으로 정신적으로 건강해질 수 있다는 면에 대한 관심이 매우 높아졌다. 웃음은 역경을 극복하고 행복감을 가져다주며 사람과 사람 사이를 맺어주는 역할을 할 뿐만 아니라, 혁신과 창조의 에너지를 제공해 준다는 점 때문에 보다 적극적으로 웃음을 요구하는 시대가 된 것이다.

이런 시대적 요청에 따라서 요세나 매스컴 또는 순회공연 등의 방식으로 웃음을 제공하는 공연물을 기획하고 흥행하는 단체나 기업이 등장하였다. 라쿠고라는 전통문화는 문화산업의 일종이라는 관점에서 주목을 받고 있다. 라쿠고가를 육성하며, 요세를 운영하며 관객을 확보하여 현대의 공연문화산업이라는 측면에서 사업을 전개하는 웃음문화산업을 이른바 「오와라이산업(お笑い産業)」이라 하여 전통과 현대를 접목하는 문화산업분야로 주목을 받고 있다.

【용어사전】

◇ 오치(落ち)
　익살스럽고 재치있는 이야기로 진행해나가는 라쿠고에서 클라이막스가 되는 부분으로, 짧은 말로 내용을 반전시키거나 극적 효과를 높이며 극을 종결시킨다. 순간적으로 극의 분위기를 바뀌는 기능을 하므로 뚝 떨어진다는 의미의 사게(下げ)라고도 한다.

◇ 와게이(話芸)
　연기자의 화술에 의해 즐거움을 더하는 예능. 무대 위에 여러 가지 도구나 장치를 필요로 하지 않고 연기자의 몸동작과 말로 극을 진행시켜 나간다. 라쿠고(落語), 만단(漫談), 고단(講談) 등이 있다.

◇ 군단(軍談)
　에도시대의 통속소설로, 전쟁을 소재로 한 이야기. 군기물이라고도 한다.

◇ 고단(講談)
　라쿠고와 같이 요세에서 하는 무대예술의 하나. 전쟁에서의 무용담이나 복수담, 군담 등을 가락을 붙여 재미있게 들려준다.

◇ 만단(漫談)
　요세 예능의 하나로, 가벼운 입담으로 사회풍속이나 시사문제 등을 풍자하며 청중들을 웃긴다. 다이쇼(大正)시대에 유성영화의 발달로 직업을 잃은 변사(弁士)들이 시작을 했다.

◇ 만자이(漫才)
　무대 위에 두 명의 배우가 나와 재미있는 문답을 서로 주고받으며 연기하는 요세 예능. 주로 관서지방에서 흥행했다.

◇ 요세(寄席)
　사람을 불러 모은다는 뜻에서 유래한 말로, 라쿠고나 만단, 만자이 등의 대중예술을 하는 연예장. 상설로 지어진 것은 에도중기인 1789~1801년에 시작되었다.

◇ 쓰지바나시(辻話)
　사람들이 많이 다니는 큰 길에서 여러 가지 예능을 선보이며 관중들을 불러 모으는 이야기꾼. 17세기 말에 만이 등장했다.

◇ 교카(狂歌)

　일상 신변의 일을 소재로 하여 속어를 사용해가며 재미있는 말장난과 사회 풍자를 주로 하여 지은 골계적인 단가(短歌). 만요슈(万葉集)의 기쇼우가(疑笑歌), 고킨슈(古今集)의 하이카이카(俳諧歌)의 계통으로, 에도 중기 이후에 특히 유행했다.

제 V 장

대중의 취향과 미디어예술

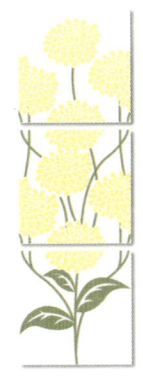

15. 변혁과 실험정신이 넘치는 현대연극

최인향

I. 서구화된 연극의 출발점 신극
II. 전쟁과 신극의 재출발
III. 현대적 연극으로의 모험과 실험
IV. 급변하는 연극 환경

I. 서구화된 연극의 출발점 신극

메이지유신(明治維新) 이후, 일본은 서구의 문물과 근대적 사상을 적극적으로 유입하고 근대국가 건설에 박차를 가한다. 국가정책의 일환으로 문화계에서도 연극의 근대화를 추진하게 되는데, 이 시기에 탄생한 새로운 서구식의 연극을 신극(新劇)이라 부른다.

신극이라는 말은 노와 교겐, 분라쿠, 가부키 등과 같은 기존의 전통극인 구극과는 달리, 근대적 사상을 근대적 방식으로 표현하는 전혀 새로운 연극이라는 의미를 갖는다. 신극은 일본의 연극적 전통과 동떨어진 영역에서 형성된 새로운 개념으로, 서구의 근대문학과 연극론의 이념과 방법에 기초를 둔 연극장르이자 연극운동이었다.

서구의 연극을 본보기 삼아 셰익스피어, 입센, 체홉, 고리키 등의 번역극을 중심으로 발전하던 신극은 메이지시대 후반에 이르러 융성기에 접어든다. 1906년 극작가 쓰보우치 쇼요(坪内逍遙)는 시마무라 호게쓰(島村抱月)의 자문을 받아 문학, 연극, 미술 등의 폭넓은 예술운동을 목적으로 하는 문예협회를 결성하여 광범위한 문화개혁운동에 앞장섰다. 출발 당시에는 문화단체로서의 광범위한 활동을 목표로 하였으나, 차츰 연극분야에 각별한 관심을 집중하게 되었다.

쓰보우치 쇼요가 연극 쇄신의지를 실현하기 위하여 결성한 극단인 문예협회는 전기의 문예협회와 후기의 문예협회로 구분된다. 전기 문예협회는 독일과 영국유학을 마치고 귀국한 문학평론가이자 연극인인 시마무라 호게쓰가 중심이 되었다.

▼ 쓰보우치 쇼요

자유극장은 1909년 일본연극의 혁신을 위해 유럽의 자연주의 연극을 도입하여 의욕적으로 연극혁신을 시도한 연극운동단체였다. 유럽을 여행하며 연극을 체험한 가부키배우 이치카와 사단지(市川佐団次)와 신극개척에 열중하던 오사나이 가오루(小山内薫)가 당시 유럽의 자유극장운동을 모델로 시작하였다. 자유극장은 회원제도로 운영하고 창립기념으로 1910년 입센 작「보르크만」을 공연하여, 일본에서 처음 시도된 자연주의 연극이라는 역사적 평가를 받는다. 신극운동의 선구가 된 문예협회와 자유극장은 대조적인 성격을 보이지만, 둘 다 입센의 영향을 받아 문예협회도 시마무라 호게쓰의 번역과 연출로「인형의 집」을 공연하여 성과를 올렸다.

자유극장은 지식인과 문학청년을 중심으로 회원제로 운영되는 소극장주의를 택하였다. 이는 보다 많은 관객을 대상으로 대극장주의를 추구하려던 쓰보우치 쇼요의 문예협회와는 대조적인 연극운동이었다. 자유극장은 1919년에 해산하기까지 본격 번역극과 창작극을 공연했는데, 일본의 근대극운동 과정에서 자유극장의 선구적 역할은 문예협회의 활동과 더불어 매우 큰 의의를 갖는다.

'연극실험실'을 표방하며 1924년 창립한 쓰키지(築地) 소극장은 오사나이 가오루와 히지카타 요시(土方与志) 등 연출가의 지도 아래 서구적 근대 연극을 확립한 일본 최초의 극장운동이었다. 1923년 관동대지진으로 도쿄가 초토화되고 수많은 극장들이 소실되자 젊은 귀족이었던 히지카타 요시는 오사나이 가오루와 함께 사재를 털어 쓰키지 소극장을 건설한다. 극단 쓰키지 소극장은 1924년 6월부터 1929년 3월까지 총 84회의 정기공연을 하였다. 처음에는 번역극만을 상연하였으나 1926년 첫 창작극「수행승」이후에는 번역극을 기반으로 창작극을 만들어갔다. 외국희곡 90편, 창작희곡 27편 등 총 117편의 희곡을 다루었고 연출의 개념과 실태를 확립하여 무대예술과 조명, 효과를 비약적으로 발전시켰다. 또한 오사나이 가오루의 '춤추지 말고 움직여라', '노래하지 말고, 말하라'와 같은 가르침은 신극 연기의 규범이 되었고, 이후 우수한 연출가와 배우가 배출되었다. 당시 쓰키지 소극장의 연극활동에 참여했던 한국 유학생 홍해성은 이후 귀국하여 한국 연극계에 크게 기여하였다. 지식인층을 중심으로 다양한 레퍼토리를 통해 실험정신을 보여주던 쓰키지 소극장은 극단 내부의 혼란과 대립이 나타나고 1928년 오사나이 가오루의 갑작스러운 사망으로 인해 갈등이 표면화되어 신쓰키지극단과 극단 쓰키지 소극장으로 분열된다.

쓰키지 소극장의 분열 이후 신극은 좌익운동과 결합하게 된다. 무라야마 도모요시(村山知義)의 주도로 1929년 일본프롤레타리아극장동맹(프롯트)이 결성되고 히지가타 요시를 중심으로 한 신쓰키지극단도 프롯트에 가맹한다. 신쓰키지극단은 프롤레타리아 연극의 대표작인「폭력단기」가 새로운 관객층을 불러들여 이전과는 비교할 수 없는 흥행에 성공하였다. 그러나 탄압으로 인해 좌익운동이 좌절되고 1934년 프롯트가 해산하자 무라야마의 '신극단 대동단결' 제창에 따라 신협극단이 결성된다.

그 무렵의 신극운동을 주도하면서, 프롤레타리아 연극운동의 움직임에는 휩쓸리지 않고 자신들의 무대를 만들어 나가던 극단은 쓰키

▲ 오사나이 가오루

▼ 히지카타 요시

▲ 쓰키지 소극장

지좌(築地座)였다. 쓰키지좌는 1932년 도모타 교스케(友田恭助)·다무라 아키코(田村秋子) 부부가 중심이 되어 연구하는 자세로 순수한 연극을 만들겠다는 생각으로 결성하였다. 좌익연극에 반해 예술지상주의적인 경향을 강화하며 세련된 문체로 리얼리즘 희곡을 만들어 냈는데 그 중에서도 기시다 구니오(岸田国士)의 「우시야마 호텔」은 당시의 일본인들의 새로운 세계관을 반영한 작품이다. 일본을 떠나서 세계 각지를 유랑하는 자유인에게 있어서 조국이란 무엇인가라는 문제를 제기함으로써, 전혀 새로운 일본, 일본인의 본질을 추구하려 한 특이한 작품이라 할 수 있다.

II. 전쟁과 신극의 재출발

1940년에 들어 리얼리즘 연극에 대한 탄압이 강화되었다. 예술상의 리얼리즘이란 현실을 있는 그대로 보고, 나아가 그 현실의 배후에 있는 진실을 제시하는 작가의 안목이 요구되는 것이지만, 준전시(準戰時) 체제에서 전시체제로 진행되어 가던 시대에 그러한 현실을 있는 그대로 보고 이를 무대에 옮기려는 연극인은 군국주의 위정자에게 달가운 존재가 아니었다.

이해 봄에 일본의 군국주의를 찬양하는 기념축전이 열리자 신협극단과 신쓰키지극단도 협찬공연을 했으나, 결국 두 극단은 해산하게 된다. 뿐만 아니라 신극운동에 종지부를 찍고, 보국(保国)연극으로 재출발하라는 명령을 받는 등 극한 상황에 놓이게 되었다. 신극계를 대표하는 두 극단은 어지러운 사회상황 속에서 고민하다가 경찰에 자진해산신고서를 제출한다. 신쓰키지극단은 창단 이래 12년, 신협극단은 7년 만에 파란만장했던 역사를 남기고 신극운동의 막을 내리고, 일부 연극인들은 신체제에 적응하여 연극보국(演劇報国)이란 이름 아래 군국주의를 찬미하는 연극의 길을 걷게 되었다. 그리고 이해 11월에는 당국의 압박에 의해 쓰키지 소극장의 건물명칭도 국민신극장으로 개칭되었다.

전시체제에 들어가면서 강제해산된 신협극단과 신쓰키지극장과는 달리, 예술성을 목표로 내건 문학좌(文学座)는 정치성을 배제한 내용으로 공연을 계속할 수 있었다. 그러나 삼엄한 검열제도 아래서 문학좌도 대본에 정치가를 야유하는 내용이 암시되어 있다 하여 공연정지를 당하기도 하였다.

이윽고 전쟁에 돌입하자 군부는 일일이 연극을 검열하며 군국주의를 찬미하는 연극만 허용하는 체제를 굳혀갔다. 뿐만 아니라 전쟁태세의 강화와 함께 연극에 대한 국가통제의 망은 급속하게 단단히 죄어져 갔다.

1940년 문부성에 연극영화음악개선위원회가 설립되고 연극개선에 관한 구체적인 방책이 발표되어 흥행시간, 공연회수 등을 일일이 규정하고, 연극인에 대해 품행과 기능 등을 국가에서 심사하고 등록중, 즉 감찰(鑑札)을 발부하여 휴대하도록 하는 제도를 만들었다. 또한 정부는 지방문화발전을 위하여 특히 농어촌에 건전한 오락을 제공한다는 목표로 아마추어연극의 공연을 장려하였다. 이를 위하여 '국민정신총동원본부'를 두고 지방에 연극인을 파견하거나 대본을 제공하는 등으로 군국주의 정책의 홍보연극을 보급하고자 노력하였다.

1944년에는 느슨해진 국민의 사기를 고양한다는 명목으로 결전비상조치(決戰非常措置)가 발효되어, 연극은 사치스런 것, 소비적인 것이라 하여 가부키좌를 비롯한 도시의 대극장은 모두 폐쇄되었다. 내각정보국에는 '예능동원본부'가 설치되고, 군국주의를 찬미하는 이동연극만 가능하게 되었다.

한편 1941년에는 일본이동연극연맹이 출범한다. 이동연극이란, 대도시의 극장 중심으로 활동하고 있는 연극의 지방공연을 말하는 것이 아니라, 광범위한 사명을 띤 군국주의적인 국민문화운동이었다. 즉 '1) 전쟁 수행을 위하여 건전한 오락을 보급하며, 2) 국민적 신념을 고양하며, 3) 국민문화를 수립한다'는 목표를 내걸고 연극인은 연극으로 봉사해야 한다는 정책이었던 것이다.

일본이동연극연맹은 산하에 전속극단을 두는 한편, 상업자본에 의해 흥행 중심으로 운영되는 상업극단이던 쇼치쿠(松竹), 도호(東宝), 요시모토(吉本) 등을 가맹극단으로 편성했다. 또한 이동극단의 원활한 활동을 위해 각 지역에는 농산어촌문화협회를 설립하여 이동극단과의 연락과 관객동원을 담당하도록 했다.

1945년 전국 각 도시에 공습이 빈번해지자 이동극단은 공습을 피하여 지방에 분산 상주하며 그 주변지역을 중심으로 연극 활동을 하라는 명령이 발표되었다.

1945년 8월 15일 패전과 더불어, 군국주의 시대에 탄압을 받아 활동을 중지했거나 이동연극에 참여, 혹은 동원되었던 연극인들은 새로운 방향을 모색하기 시작했다. 그러나 새로운 방향이 확립되기까지 큰 혼란을 겪어야 했다.

연극인들 사이에 형성된 기본적인 방향은 같은 예술적인 이념을 지닌 사람들이 모여 극단을 결성하여 활동해야 한다는 것, 즉 일본연극계는 극단제도로 전개되어야 한다는 인식이 형성되었다.

신극의 본격적인 공연은 1945년 12월에 도쿄에서 체홉의「벚꽃동산」으로 막을 올렸다. 신극의 새로운 출발이라는 점과 당시의 중추적인 연극인들이 역량을 모아 무대를 꾸민 합동공연이라는 점에 역사적인 의미를 지닌다. 이 공연은 히지카타 요시를 고문으로 추대하여 새로 발족한 도쿄예술극장, 전쟁이 일어나기 전에 출범했던 문학좌, 전쟁 말기에 결성되었으나 활동을 하지 못하고 있던 배우좌(俳優座) 등 3극단이 신극의 재출발을 축하하는 의미에서 기획되었다. 공연장 유라쿠좌(有楽座)는 도쿄 한가운데 있으면서도 전쟁 중에도 큰 폐해를 입지 않은 채로 남아 있었기에 공연이 가능했는데, 전쟁 직후 어려운 상황 가운데서의 이와 같은 공연은 연극인들의 뜨거운 정열의 산물이라 평가하고자 한다.

「벚꽃동산」에 참여했던 연극인들은 다음해 '신연극인협회'를 결성하였다. 전쟁 중에 정치권력에 의해 분열되었던 신극인이 이념을 떠나서 힘을 모아 연극의 발전을 도모해야 할 필요성을 통감했던 것이다. '신연극인협회의' 중요한 녹표는 다음과 같은 것이었다.

  1) 연극에 있어서 진실과 진보를 추구하며 허위와 저속함을 극복한다.
  2) 연극의 보급을 위해 관객 조직을 확립한다.
  3) 민주주의 연극정책을 확립한다.

이는 민주주의 일본에 적합한 연극을 창조하여 보급한다는 매우 이상적인 선언이었으며, 그 정신은 높은 평가를 받았다. 합동공연과 신연극인협회의 결성으로 새롭게 출발한 신극은 각 극단별로 활발한 활동을 전개하여 갔다.

▲ 유라쿠좌

　민중예술극장은 민중적이며 예술적인 연극의 수립, 즉 신극의 대중화와 연극인의 직업화를 목표로 1947년에 창립되었다. 그 후 정치적·경제적 문제로 일단 해산되었다가 1950년에 재결성되어 극단민예(劇団民芸)로 개칭한 이래 현재도 문학좌, 배우좌와 더불어 3대 신극극단의 하나로 정통신극의 중심적인 역할을 담당하고 있다.

　재결성된 극단민예는 체홉의「갈매기」, 아서 밀러의「세일즈맨의 죽음」, 테네시 윌리엄즈「유리 동물원」등의 번역 작품을 비롯하여, 후쿠다 쓰네아리(福田恒存), 기노시타 준지(木下順二), 고야마 유시 등의 희곡을 공연하였다. 특히 1960년대 초기에는 고골리의「빈민가」, 시마자키 도손의「동트기 전에 (夜明けの前)」등으로 일본의 리얼리즘연극에 대한 재검토를 시도하는 계기를 마련했다.

　극단민예는 연극활동과 병행하여 민예영화사를 설립하여 영화제작에 참여하는 한편, 전국규모의 관객의 조직인 '민예의 친구들'을 운영하며, 연극을 보는 즐거움, 시대에 부응하는 내용, 현대란 무엇인가를 함께 생각하는 소재를 추구하여 폭넓은 관객층을 확보하고 있다는 점이 특이하다.

　한편 사회주의적인 시각에서 리얼리즘 연극을 추구하기 위하여 창립되었다가 사회주의 탄압정책과 전쟁으로 해산되었던 신협극단은 초기의 발기인이던 무라야마 도모요시에 의해 1946년에 재건되었다. 그러나 이미 이전의 중요 단원의 일부가 도쿄예술극장 등 다른 극단에 참가했고, 일본공산당의 이념논쟁

▲ 기노시타 준지

으로 분열되자 활발한 활동이 이루어지지 않았다. 신협극단은 결국 여러 극단이 통합하며 새로 발족된 교토예술좌에 흡수되어 버리고 말았다.

1950년대는 전쟁의 폐허를 딛고 새 출발하려는 사회적 기운과 더불어 연극계에도 새로운 가치를 추구하려는 노력이 시도되어 많은 희곡과 연출가가 활동한 시기이기도 하다. 많은 작품이 공연되었는데 특히 아베 고보, 다나카 지카오 등의 작품이 비판적인 정신으로 사회적인 문제를 제기하였다. 1955년 아베 고보의 「노예 사냥(どれいがり)」은 먼저 소설로 발표되었다가, 이듬해 희곡으로 꾸며 공연되었다. 이 작품은 인간의 노동이 노예의 이용가치와 같은 것임을 암시하는 정치풍자극으로서, 아베 고보의 최초의 희곡으로 이 실험극 후에도 많은 극작품을 발표했다.

일본신극의 역사에서 공연회수가 가장 많은 작품이자 인간의 원초적인 정서를 다룬 작품으로 일본인에게 널리 사랑받고 있는 작품은 「유즈루(夕鶴)」이다. 민화극(民話劇)이라는 장르를 확립한 기노시타 준지가 1949년에 희곡으로 발표한 후, 2000회 이상의 공연기록을 세우고 지금도 널리 공연되고 있다.

눈이 많이 쌓인 어느 깊은 마을에 외딴집 한 채가 있었다. 우둔하지만 사람 좋은 요효(与ひょう)에게 아름다운 여인이 찾아와 아내가 되게 해달라고 하였다. 요효는 아내 쓰우(つう)가 사냥꾼의 화살에 맞아 신음하던 자기가 목숨을 구해준 학(鶴)이라는 사실을 모르고 있었다. 아내가 은혜를 갚기 위해 깃털을 뽑아서 짜주는 고운 옷감을 팔아서 부부는 다정하게 살고 있었다. 그러던 어느날 값비싼 학의 깃털로 짠 옷감을 본 마을의 욕심장이 소도(惣ど)와 운즈(運づ)는 떼돈을 벌려고 일을 꾸몄다. 요효를 달콤한 말로 꼬이자, 요효는 욕심에 끌려서 쓰우에게 무리하게 옷감을 짜도록 했다. 쓰우는 내키지 않았으나, 사랑하는 요효의 부탁이기에 하는 수 없이 옷감을 짜기로 한다. 지금까지 그랬던 것처럼 옷감을 짜는 모습을 절대로 보지 말라고 신신당부하자 요효는 엿보지 않겠다고 약속한다. 그러나 요효는 약속을 깨고 옷감을 짜는 아내를 엿본다. 최후의 옷감을 짜고 바싹 여윈 쓰우는 학의 모습으로 되돌아가서 요효를 남겨둔 채 저녁노을 진 하늘로 날아가 버리고 만다.

작자가 동물보은담(動物報恩談)을 취재하여 쓴 이 작품은 민담의 소박하고 청순한 아름다움을 현대인에게 환상적인 분위기와 상징적인 세계로 무대화한 작품으로서, 일본희곡사상 수작으로 평가받고 있다. 실제 각 지방에서 쓰이고 있는 방언을 재구성하여 누구나 쉽게 알아들을 수 있도록 대사와 표현을 다듬었다. 억압당하는 여성이나 근로자 관객에게 큰 지지를 얻었으며, 주제와 표현 면에서 역사학, 민속학, 언어학 등의 방면에서도 주목을 받았다.

▲ 유즈루 기념관

현대의 고전극으로서 자리잡은 이 작품의 쓰우 배역을 담당했던 야마모토 야스에(山本安英)는 연기로 절찬을 받았고, 여러 가지 연극상을 받기도 했다. 오늘날에도 연극은 물론 노(能), 오페라, 영화, 아마추어연극 등으로도 공연되며 외국에도 자주 소개된 일본을 대표하는 연극의 한 가지로 인식되고 있다.

1953년에 발족한 극단사계(劇団四季)는 50년 이상을 정력적인 활동을 전개해오고 있는데 오늘날에도 관객동원에 독보적인 역량을 지닌 극단으로 인식되고 있다. 이 극단은 극작가 가토 미치오 뜻을 같이한 아사리 게타(浅利慶太), 구사카 다케시(日下武史), 후지노 세쓰코(藤野節子) 등이 러시아나 독일 등 북유럽의 극작가를 중요시하는 신극의 전통에 반기를 들고, 장 아누이와 장 지로드의 작품을 중심으로 프랑스의 현대연극을 정력적으로 공연하여 자신의 스타일로 삼았다. 뿐만 아니라 아사리 게타가 리더를 담당하면서 「웨스트 사이드 스토리」, 「코러스 라인」, 「캣츠」, 「오페라의 유령」, 「미녀와 야수」 등 뮤지컬을 화려하고 짜임새 있게 연출하여 일본뮤지컬의 독보적인 지위를 확보했다. 비즈니스면에서도 상당한 역량을 보여 대규모의 자체극장과 팬 조직을 운영하고 있는데, '자신의 연극은 쇼비지니스이다'라고 선언하고 관객에게 즐거움과 감동을 파는 사업이라는 인식 아래 연극계에 새로운 조류를 이루어 내었다.

극단사계는 2007년에 서울에서 뮤지컬 「라이온 킹」을 공연하여 많은 관객을 동원하며 좋은 평가를 받았는데, 이밖에도 빈번한 외국공연으로 활동영역을 국제화하고 있다.

유즈루 기념관

III. 현대적 연극으로의 모험과 실험

1960년대는 패전의 폐허가 회복되고, 1959년에서 1960년 사이에 전개된 현대일본의 최대 국민운동이었던 안보투쟁의 후유증으로 사회와 인간에 대한 새로운 문제점이 대두된 시기였다. 1964년 도쿄 올림픽 개최로 인해 경제성장이 가속화되고 자본주의 논리에 따라 이루어진 급속한 근대화에 반발하고 이를 극복하고자 하는 움직임이 문화 전반에서 일어난다. 이 시기에 등장한 새로운 스타일의 연극은 이때까지의 신극과도 전혀 다른 가치관과 방법론으로 연출이 시도되었다. 특히 젊은 연극인들에 의하여 인간의 본질에 대한 탐색과 고도경제성장 과정 속에서 관심의 중심에서 멀어져 버린 문제, 즉 문화의 본질을 추구하기 위한 새로운 연출양식을 시도하며 이전의 연극과 차별성을 강조하였다.

현대연극의 출발은 소극장운동으로 시작되었다. 이를 주도한 사람들을 '소극장연극의 제1세대'라고 하는데, 상황극장(状況劇場)의 가라 주로(唐十郎), 와세다소극장(早稲田小劇場)의 스즈키 다다시(鈴木忠志)와 베쓰야쿠 미노루(別役実), 데라야마 슈지(寺山修司), 사토 마코토(佐藤信), 니나가와 사치오(蜷川幸雄) 등이다.

소극장운동이란 1960년대 중반에 도쿄를 중심으로 젊은 연극인이 극단을 구성하여 동시다발적으로 전개한 전위극 활동이나 그런 계통의 연극 활동을 말한다. 처음에는 주로 매스컴에서 경멸하는 듯한 뉘앙스를 포함하여 단속해야 할 대상, 풍기를 문란하게 하는 연극이라는 의미로 '안구라(underground)'라 명명했다. 그 후 안구라라는 명칭은 소극장 연극을 하는 사람들 스스로가 기성연극의 표현양식이나 정치체제에 대하여 반항하는 연극이라는 의미로 정착되면서 안구라 연극인들에게는 일종의 영광스러운 명칭으로 인식되어 널리 쓰이게 되었다. 소극장운동을 시작한 연극인들은 어떤 공통된 강령이나 거창한 목표를 내걸고 있었던 것이 아니지만, 기성연극에 대한 비판정신을 지닌다는 점이 공통되었다. 그 가운데는 독자적인 연극운동이론을 전개한 그룹도 있었기 때문에 '소극장운동'이라 부르기도 한다. 이에 따라 연극에서의 '현대'는 새로운 시대의 비판정신을 바탕으로 전개되었다는 특징이 있다. 더구나 이 시기의 새로운 연극양식의 전개와 비판정신의 표현은 미리 설정된 방향이나 모델이 없는 것이었기 때문에 1960년대부터의 일본 현대연극의 발자취는 '미지의 영역을 향해 가는 긴 항해'에 비유되기도 한다.

1960년대 소극장운동을 주도했던 가라 주로는 실생활에서 해결할 수 없었던 문제의 해답은 기성의 관념이나 제도를 과감하게 비판하고 벗어나는 데서 찾을 수 있다고 생각했다. 소설가, 극작가이자 연출가이며 배우인 그는 1967년에 도쿄시내의 신사의 경내에 빨간색 텐트를 치고 자신이 이끄는 극단 상황극장에서 기획에서 공연까지 자체적으로 진행하는 전위적인 연극으로 사람들을 깜짝 놀라게 했다.

이 연극 「고시마키 오센(腰卷お仙)」의 공연은 '일본연극의 혁명이라고 할 만한 사건'으로 평가된다.

▲ 1962년 「코끼리」 공연포스터

일본연극계의 리더로 활약하고 있는 베쓰야쿠 미노루는 스즈키 다다시와 함께 극단 와세다소극장(극단 SCOT로 개칭)을 발족하여 초기의 대표작인 「코끼리(象)」를 공연했다. 이 작품은 히로시마 병원을 배경으로 원폭 피해환자의 모습을 그린 작품으로 소재를 다루는 방식과 시적 문체를 쓴 작품으로 높은 평가를 받았다.

스즈키 다다시는 베쓰야쿠 미노루와 결별하여 독립적으로 연극 활동을 하던 중, 희곡을 충실히 무대화하는 작업에 한계를 느끼고, 연기자의 매력을 확대시켜 연기자의 의도를 명확하게 드러내는 방법을 추구했다. 그는 특히 '극적인 것이란 무엇인가' '과연 배우의 육체를 어떻게 극적인 것으로 표현할 수 있는가'라는 문제에 몰입하여 논의를 전개하기도 하며, '스즈키 메소드'라는 독특한 연기훈련법을 개발하기도 했다.

1960년대 초기에 극작가로서 등장한 데라야마 슈지는 '연극실험실 덴조사지키(天井桟敷)'을 결성하여 실험적인 연극으로 많은 화제를 불러 일으켰다. 그는 현대사회에 대한 강한 비판의식을 연극으로 풍자하여 관객들의 공감을 일으키고, 관객이 이를 행동에 옮기도록 하는 독특한 연출방식을 구사하여 일본연극사에 기록적인 작품을 남겼다. 그의 연극이란 스토리를 전개하는 것이라는 희곡 문학적 성격을 배제하고, 구경거리의 전개, 즉 시각성에 주안점을 두는 연극을 시도했다. 이는 희곡을 그대로 무대 위에 복원하는 작업에 머물고 있는 연극을 전면적으로 부정하는 것이었다. 이 극단의 연극은 익숙한 공간에 문득 이물질을 올려놓는 과정과 같이 생소한 장면이 연속적으로 전개되었다.

그는 '미세모노(見世物)의 복권'을 주장하는데, 미세모노란 길가나 가설건물 속에서 사람을 모아서 보여주는 흥미로운 구경거리라는 뜻이다. 곡예나 요

▲ 연극실험실 덴조 사지키 1969년작 「이누가미」

술을 비롯하여 진귀한 물건, 때로는 기괴한 동작이나 기괴하게 생긴 신체나 동물 등이 구경거리가 되는데, 이런 구경거리에는 일본전통사회에 대한 콤플렉스와 향수가 잠재되어 있다고 할 수 있다.

미세모노를 연극에 적극적으로 수용한다는 것은 서양의 문화와 서양적인 발상법을 지닌 신극에 대한 반발이자, 일본적인 구경거리를 재등장시켜서 그 가치와 미학을 발견하려는 노력이었다고 할 수 있다.

이 시기에 극단 검은 텐트(黒テント)를 결성하여 전위적 연극활동을 시작한 사토 마코토는 리얼리즘 연극이 아니라, 관념적이며 이미지를 복잡하게 구성하여 수수께끼 같은 기호를 나열해 가는 화려하고 시적인 분위기의 연출을 구사하여 관심을 집중시켰다. 니나가와 사치오는 극단 현대인극장을 통하여 안보투쟁과정의 내부적 갈등을 그린 연극을 공연하였는데, 템포가 빠르고, 시각성(視覚性)이 강렬한 연출로 관객을 사로잡았다.

1970년대에는 여러 가지 연극이론이 제시되고 또한 실험된 시기이기도 하다. 데라야마 슈지는 시가극(市街劇)이라는 실험극을 연출했다. 연극 「인력비행기 소로몬」에서 관객을 모아 일정한 설명을 한 뒤에 입장권 대신 신주쿠의 지도를 손에 들고 연극을 찾아서 시가지를 헤매 다니도록 연출했다. 연극은 일방적으로 감상만 하는 시대가 아니라, 관객이 연출가와 더불어 창작해가는 것이라는 생각이었다. 시가극 「녹크」는 1973년 도쿄시내의 스기나미(杉並) 거리

일대에서 전개되었다. 영업 중인 목욕탕이 무대로 지정되었고, 남자 미이라가 가정집을 방문하는 등 허구가 현실을 침범하고, 현실과 허구가 혼동되는 등 현실의 원칙이 뒤섞여 혼란을 일으키도록 했다. 그는 '종래의 연극은 타락되었다. 극장이라는 한정된 시설 가운데서 특정한 배우와 특정한 관객에 의해서 약속된 허구를 공유한다는 형식에 익숙해져 있기 때문에 충격성을 상실했다' 고 주장했다. 그는 끊임없이 새로운 형식을 추구하며, 기존의 연극제도를 근원적으로 부정함으로써 항상 많은 관객을 동원하였다. 그러나 극단적인 과격성 때문에 기존의 연극계에서는 그를 호의적으로 받아들이지 않았다.

1970년대 스즈키 다다시는 이전부터 지녀온 그의 연극이론을 정비하고 실천하는 가운데 전통적 연극기법의 현대적 응용을 구체화 하였고, 이런 노력은 당시의 새로운 연극운동으로 높이 평가받았다. 그의 활동 가운데 또 한 가지 주목할 것은 1976년에 도쿄에서 멀리 떨어진 농촌인 도야마현(富山県)의 도가마을(利賀村)에 새로운 연극거점을 만들어 성공적인 연극활동을 지속했다는 점이다. 그는 일본인에게 도쿄가 현대연극의 중심지라는 선입견을 극복하도록 한다는 의미에서, 대도시인 도쿄를 상대화할 수 있는 전통적인 촌락을 국제적인 연극공간으로 만들고자 했다. 적당한 장소로서 도야마현의 시골 농가를 선택하였던 그는 경제성장시대의 문제점을 지적하며 시대를 앞서 갔다. 도쿄에 문화가 집중되고 가치관이 일원화되는 사회구조 문제를 연극을 통해서 극복하고자 하였다. 일본의 자연환경과 전통가옥 그리고 전통문화가 배경이 되는 장소를 국제화된 장소로 변화시켰다. 이 마을의 농가를 개조하여 극장으로 만들고, 여기서 해마다 연극제와 워크숍을 진행하여 이제는 세계적인 연극공연장으로 알려지게 되었다.

쓰카 고헤이(つかこうへい)는 1970년대의 일본연극에 공격적이며 풍자적인 희극으로 스타가 된 소설가이자 극작가이며 연출가이다. 귀화한 재일한국인 2세인 그는 1973년에 「아타미(熱海) 살인사건」으로 많은 관객을 동원했다. 그의 연극은 인간과 인간이 1대1로 대면할 때 생기는 긴장관계를 치밀하게 파헤치는 것이 특징이다. 애매한 타협이나 적당히 넘기는 일은 용납하지 않는 현실 속에서 차별과 피차별, 억압과 피억압, 인간과 인간이 만날 때 얼마나 싫어할 수 있는가, 혹은 어디까지 의지를 관철시킬 수 있는가에 대한 의문을 제기한다. 그의 인기는 매우 대단하여 한동안 '1970년대의 연극 = 쓰카 고헤이의 연극' 이라고 할 정도의 평가를 받은 이래 오늘날에도 국제적으로 연극활동을 계속하고 있다.

그의 등장으로 소극장운동은 언더그라운드 문화라는 이미지가 크게 달라져

▲ 1978년작 「아타미 살인사건」

서, 소극장연극에도 웃음이 있는 연극, 희극적인 연극이 있다는 점이 부각되었다. 소극장에서 하는 연극이 널리 인기를 모으는 대중적인 연극으로 전환된 것은 그의 독특한 연출력에 의한 것이었다. 뿐만 아니라 1970년대는 이미 저항이나 반항으로 사회를 개혁해야 한다는 시대적 소명감이 희박해진 시대였다. 사회적인 문제보다는 인간 자신의 문제, 개인의 문제, 아니면 사회와 개인의 문제에 관심이 옮겨져 있던 시대였으며, 지하실에서 심각한 목소리로 하는 우울한 비판보다는 장소에 구애받지 않고 당당하게 주장하며 큰소리로 떠들썩하게 이야기하며 크게 소리 내어 웃는 인간상을 더욱 중시하던 시대였으며, 쓰카 고헤이의 작품은 이를 잘 반영하고 있었던 것이다.

당시에는 쓰카 고헤이의 작품뿐만 아니라, 야마자키 아키라(山崎哲), 오카베 고타이(岡部耕大), 다케우치 주이치로(竹内銃一朗) 등이 활약했는데, 이들을 '소극장운동의 제2세대'라 한다

IV. 급변하는 연극 환경

1980년대는 이전에 없었던 경제적 호황이 절정을 달한 시기이자, 그 중반부터 경기의 침체현상이 가시화되기 시작하여 최고점에서 하향국면으로 접어드는 일대 변동기였다. 즉 기업이 경제적 호황으로 얻은 이윤을 직접 간접적으로

공연을 후원하고 극장을 건설, 운영하는 등 새로운 연극 환경이 조성되던 시기이자, 연극계에서는 제3세대의 등장으로 다양한 연극적 메시지가 전개되던 시기였다.

1980년대에 들어서자 1960년대 방식의 연극의 양

▲ 극단 유메노유민샤 1985년작 「혜성의 사자」

식이나 이념은 대부분 해체되었으며 소극장 계열의 연극인들은 새로운 전략을 제시해야 했다. 1960년대부터 저항적 뉘앙스로 쓰이던 '소극장운동'이라는 말은 바뀌어, '소극장연극'이라는 중립적인 용어로 쓰이기 시작했다. 무엇인가를 변혁하기 위해 주장하며 투쟁한다는 이미지를 지니고 무겁고 음침하게 느껴지던 운동이라는 용어가 슬며시 사라져 버린 것이다. 이미 '소극장연극 = 전위극 = 실험극'이라는 등식은 성립되지 않게 되었다.

노다 히데키(野田秀樹)가 이끄는 극단 유메노유민샤(夢の遊眠社), 고카미 히사시(鴻上常史)가 주재하는 극단 제3무대 등의 경우는 한 차례 공연에 수만 명의 관객을 불러들였기 때문에, 이미 소극장이라는 명칭 자체가 극단의 형식을 정확히 표현하는 용어가 되지 못했다. 이전에는 사회 개혁에 동참하려는 의식을 지닌 소수파의 지적 관객을 대상으로 소규모 극장에서 메시지를 전달함에 목적을 두고 있던 소극장연극에 대기업이 참여하면서 상업성을 추구할 정도로 대중적인 다수파의 관객을 획득한 것이다. 그들의 연극정신의 출발점은 소극장운동에 있었지만, 이미 소극장이라는 용어로 표현할 수 있는 한계를 넘어선 연극형식이었던 것이었다.

이를 예술과 사회와의 만남이라는 관점에서 보면 매우 흥미로운 현상이다. 1980년대에 예술에 관한 제도적 환경의 변화로 현대연극 장르는 역사적 전환점을 맞이하게 되었다.

1980년대에는 일본의 무역흑자로 얻은 기업 이윤을 사회에 환원한다는 뜻에서, 연극·무용·음악 등의 예술계 후원사업 즉 메세나(Mécénat)가 활발하게 이루어졌다. 극장을 건설하여 연극인에게 제공하거나, 재정적인 후원을 하는 등의 메세나 활동을 통하여 기업은 이미지를 높이는 효과를 얻을 수 있었다.

　새로운 연극세대는 1960년대 이래의 '전위'라는 무거운 굴레로부터 벗어나 웃음이 넘치는 가볍고 즐거운 무대를 만들어냈다. 공연정보지인 『피아』를 비롯한 대중정보지가 연극관련 정보를 대량으로 제공하고, 도쿄나 오사카에는 소극장이나 기업계열의 공연장이 급격히 증가되었으며, 대량의 공연물이 많은 관객을 동원하는 이전에 없던 현상인 '연극 붐'이 일어났다.

　한편, 소극장운동 계통의 많은 연극이 사회적 문제의 제기와 투쟁으로 정체성을 확립하던 시기가 마감된 1980년대에는 육체적 한계를 뛰어넘는 큰 스케일을 향하는 허장성세를 버리고 소박하고 차분한 분위기의 연극이 등장하였다. 현실에 안주하려는 현대인의 사고방식이나 보이지 않는 부드러운 벽으로 둘러싸인 일상적인 세계를 등장시켜 놓고, 그 벽을 뛰어넘으려고 하는 사람들의 노력을 그린 고카미 쇼지나 가와무라 다케시(川村毅)의 작품은 새로이 대두된 사회적 문제에 대응하려는 작품이라는 평가를 받았다.

　1990년대에 들어서자 일본의 경기는 급속히 냉각되어 회복되지 못한 채 불경기가 지속되었다. 이런 사회적 경향은 연극의 세계에도 다양한 모습으로 반영되었다. 우선 주목되는 경향으로 이른바 '조용한 연극(静かな劇)'이 대두되었다. 조용한 연극이란 1990년대에 나타난 현대연극의 한 경향인데 과장된 주제나 연기를 배제하고 억제된 연출로 실제 상황의 틀을 벗어나지 않는 범위에서 일상적인 모습을 그린다는 특징이 있다. 신예 극작가인 이와마쓰 료(岩松了)나 극단 청년단의 리더인 히라타 오리자(平田オリザ), 극단 유원지재생사업단(遊園地再生事業団)을 리드하던 미야자와 아키오(宮沢章夫) 등이 대표적인 예가 된다. 그들은 북적거리는 분위기, 떠들썩한 웃음소리, 빠른 스피드 감각 등을 특징으로 하는 1980년대의 소극장연극과는 전혀 다른 연극세계를 창조해내고 있다. 이 가운데서도 히라타 오리자는 희곡창작뿐만 아니라 일상 언어로 전개되는 연극에 대한 이론의 정립에도 관심을 가지고, 『현대구어연극(現代口語演劇)을 위하여』 『연극입문』 등으로 연극계에 논제를 제공하였다.

　이 시기에는 연극의 공연 방식에도 큰 변화가 일어났다. 일본의 현대연극의 변천은 극단을 단위로 전개되는 점이 특징이었는데, 연극전반에 지각변동이라 할 수 있는 프로듀서시스템에 의한 연극공연 방식이 증가되었던 것이다. 프로듀서 공연이란 각 공연에 맞추어 프로듀서는 배우와 스태프를 구성하여 공연하고, 공연이 끝나면 해체한 후 다음 작품은 필요에 따라서 다시 구성하는 방식인 것이다.

1990년대에 들어서 극단소속에 관계없이 팀을 짜서 연극을 하는 프로듀서 공연이 늘어남에 따라 관객 입장에서는 좋아하는 배우가 출연하거나 좋아하는 작가의 작품이면 찾아가서 관람할 수 있는 새로운 관람방식이 등장하게 된 것이다.

연극의 내용면에 있어서 큰 변화로는 자연에 대한 동경과 리얼리즘으로의 회귀경향을 들 수 있다. 1990년대의 현대연극을 정리해 보면, 고도경제성장의 한계로 일본의 신화는 붕괴되었다는 시각에서 연극내부에 나타나는 자연에 대한 동경과 현실에 바탕을 둔 소재가 추구되었다고 할 수 있으며, 이런 의미에서 리얼리즘의 복권이 연극의 주된 주제를 이루고 있었다고 지적할 수 있다.

사람들은 어려운 상황에 처하게 되면 새삼스럽게 우리들 주위의 자연에 눈을 돌려 자신이 살아 있다는 증거를 찾으려고 한다. 콘크리트와 유리와 철근으로 둘러싸인 살벌한 도시를 건설하여 진보와 번영을 이루었다고 하지만, 그 속에서 얻는 것은 만족감보다 피로감 뿐이었다는 사실에 연극적인 관심이 집중되었던 것이다. 푸른 하늘이나 풀과 나무를 보며 사계절의 변화와 자연의 아름다움을 구하게 되고, 생활방식에도 이런 욕구가 강하게 나타나 여가에는 자연을 찾으려고 노력하는 풍조가 나타났다. 이런 시대적 요구는 자연에 대한 동경이자 회귀를 주제로 하는 연극을 통해서 표현되었다.

【용어사전】

◇ **입센**

노르웨이를 대표하는 역사상 가장 중요한 극작가 중 하나로 힘차고 응집된 사상과 작품으로 현실주의 극을 확립하는데 공헌하였고 근대 사상과 여성해방 운동에 깊은 영향을 끼쳤다. 《인형의 집》은 "아내이며 어머니이기 이전에 한 사람의 인간으로서 살겠다"며 새로운 유형의 여인 노라의 각성 과정을 그려냄으로써, 온 세계의 화제를 모았고 명실상부한 근대극의 제1인자가 되었다. 그의 연극은 당대 유럽에 퍼져 있던 빅토리아 시대적인 도덕적 가족 관계나 소유 관계를 벗어났기에 당시에는 충격적인 것이었으며 부도덕하고 몰상식하다고 여겨지기도 하였다. 일본의 신극운동은 입센의 작품 상연에서 시작되었다고 할 수 있으며, 그의 작품군은 오늘날에도 연극계에 영향을 끼치고 있다.

◇ **체홉**

러시아의 소설가 겸 극작가. 모스크바대학 의학부 재학 중에 가족을 부양하기 위해

잡지와 신문에 7년 동안 약 400편 이상의 단편소설과 짧은 유머소설을 쓰기 시작했다. 졸업 후 의사로 근무하면서 본격적인 문학 활동에 나섰고 수많은 작품을 써 사회에 큰 반향을 불러일으켰다. 객관주의 문학론을 주장하였고 시대의 변화와 요구에 대한 올바른 목소리를 전달하기 위해 저술활동을 벌였다.

그의 4대 희곡의 하나인 《갈매기》가 상연되었을 때 전례를 볼 수 없을 만큼 혹평을 받았으나, 항시 새로운 실험을 시도해 온 그는 그 아픔을 딛고 서서 선구적인 근대 연극의 무대화에 성공하였다. 주제와 줄거리의 생략이라든지 무대에서의 사건의 후퇴, 사소한 일상사의 재현에 의하여 눈에 보이지 않는 인생의 진실과 미를 시의 경지에까지 끌어올린 희곡으로서 이 밖에 《세 자매》(1901년 초연)와 《벚꽃 동산》(1904년 초연)을 완성하였다. 이들 작품은 러시아 근대 리얼리즘을 완성한 작품이라는 평가를 받고 있다.

◇ 안구라

상업성을 무시하고 독자적인 주장을 하는 전위적이고 실험적인 예술이나 그 작품을 가리키는 용어이다. 1960년대 미국을 기점으로 하여 문화적 측면에서 권위주의나 주류파, 보수계층에 대한 반발, 상업주의에의 저항에서 출발하여 젊은이들을 중심으로 정치적 연대감과 함께 크게 발전하였다. 미국에서는 대중음악, 영화, 현대미술을 중심으로 영향을 미쳤다. 일본에서는 전위예술이나 실험예술 등 혁신적인 전위미술표현에서 문화적 저항이 강하게 나타났다. 안구라 연극에서는 상황극장의 가라주로, 데라야마 슈지 등이 대표적이다. 현재는 유행 등 주류문화에 대비되는 의미를 가진 용어로 서브컬쳐와 동일시되어 사용되는 경우가 많다.

◇ 메세나

문화예술·스포츠 등에 대한 원조 및 사회적·인도적 입장에서 공익사업 등에 지원하는 기업들의 지원 활동을 총칭하는 용어이다. 역사적으로 메세나의 대표적 예로는 르네상스 시대의 미켈란젤로, 레오나르도 다빈치 등의 대 예술가들을 지원한 피렌체의 메디치 가(家)가 꼽히며, 현재는 미국의 카네기 홀, 록펠러 재단 등이 대표적인 메세나 활동이다. 이는 기업이윤의 사회적 환원이란 기업윤리를 실천하는 측면과 홍보전략의 수단으로 기업지명도 향상 및 문화적 이미지제고라는 양면성을 갖는다.

일본에서는 1990년에 사단법인 기업메세나협의회가 발족되어 예술문화지원에서 사회공헌활동으로 그 활동 폭을 넓혀가고 있다. 또한, 일본경제단체연합회가 1%클럽을 설립하여 회원기업이나 개인이 경상이익이나 가처분소득의 1% 상당액 이상을 사회공헌활동에 지출하는 등 노력을 기울이고 있다.

16. 21세기, 더욱 다양해지는 일본영화

이즈미 지하루

I. 영화의 특징
II. 일본영화란 무엇인가
III. 일본영화의 흐름
IV. 장르와 작품
V. 일본의 영화상과 영화제
VI. 21세기, 더욱 다양해지는 일본영화

I. 영화의 특징

인간은 삶의 순간이나 생각을 시각적으로 남겨두고자 하는 욕망을 가지고 있다. 그동안 회화나 사진이 그 욕망을 어느 정도 만족시켜 줬다. 그러나 인간은 그런 현실과 생각을 보다 구체적이고 리얼하게 표현하여 타인과 공감하고 싶은 욕망을 품어 왔다. 그 욕망을 영상이라는 형태로 더욱더 만족시켜 준 것이 영화이다.

영화는 영상기술의 발달과 더불어 나타난 근현대 문화이다. 기술을 구사하여 제작된 영화는 배급 과정을 거쳐 극장을 통해 관객과 만난다. 그러므로 영화는 작품과 기술, 산업, 관객으로 이루어져 존재한다. 즉, 총 지휘자로서의 감독, 시나리오 작가, 프로듀서, 배우, 각종 스텝들에 의해 제작되어 문학, 미술, 음악 등 여러 요소가 조화함으로써 태어나는 종합예술로 여러 관객의 평가에 의해 그 가치가 자리매김 되는 대중문화예술이기도 하다.

영화는 이러한 복합적인 성격으로 기술의 발달, 경제사회의 변화, 대중들의 취향의 변화 등이 복잡하게 얽혀 때로는 천천히, 때로는 활기차게 전개되어 오늘에 이르렀다.

II. 일본영화란 무엇인가

1985년 일본 문화청에서 규정한 영화조성기금교부의 일본영화에 의하면 '일본 국민, 일본에 영주권을 받은 자, 또는 일본 법령으로 설립된 법인에 의해 제작된 영화'라고 기재되어 있다. 과연 일본영화라는 규정이 가능할까?

일본의 영화는 일본사회, 그리고 그곳에 살고 있는 사람들의 모습을 스크린에 투영시켜 그 시대를 살고 있는 관객들의 공감을 얻음으로써 존재해 왔다. 그러므로 일본사회가 아시아는 물론 전 세계적으로 관계를 맺고, 그러한 국제적 사회로 시야를 확대하는 오늘날, 영화의 시야도 자연스럽게 확대되었다. 즉, 급속하게 국제화가 진행되는 현재는 영화 제작에 임하는 사람도 그것을 보는 관객도 국제화되는 경향이 증가되어 예전처럼 '일본에서 일본인 감독이 일본인 스텝과 배우를 써서 일본자본으로 제작된 영화'가 일본영화라고 단순하게 말할 수 없게 되었다.

비단 글로벌화 되고 있는 현재에는 외국에서 제작되는 것뿐만 아니라, 일본 국내에서 제작되는 영화도 제작진들의 국적을 떠나 여러 민족이 공존한다는 현실 속에서 여러 가지 형태로 제작되기에 앞서의 일본영화라는 정의를 더욱 애매하게 하고 있는 것이다. 아니 그런 정의를 내리는 것 자체가 무의미할지도 모른다.

하지만 본고에서는 이러한 의문을 지닌 채 '일본인이 주도하여 제작해 온 영화'를 일본영화라고 정의하며, 일본영화의 역사나 장르에 따라 그 특징을 개관하려고 한다.

III. 일본영화의 흐름

1. 일본영화의 시작(1896년~1910년대)

1896년 11월 25일부터 12월 1일까지 고베(神戶) 신코클럽(神港俱樂部)에서 기네토스코프가 상영된 것이 일본영화의 시작이다. 키네토스코프란 기계상자에 한 사람씩 동전을 넣고 들여다보는 영상장치이다.

스크린에서 영화가 상영된 것은 1897년 오사카이고, 프랑스에서 개발된 시네마토그라프라는 영사기를 사용해 상영했다. 그렇지만 이것은 일본사람이 촬영한 영상은 아니었다. 일본사람에 의해 처음으로 영화가 촬영된 것은 1898년 아사노 시로(浅野四郎)가 촬영한 『둔갑한 지장보살(化け地蔵)』이었고, 그는 이듬해 『게이샤의 무용(芸者の手踊り)』을 촬영해 가부키좌에서 공개하게 되는데 이것이 일본에서 최초의 극장상영이 된다.

▲ 코베 신코클럽

▼ 기네토스코프

그 후 1912년에는 본격적인 영화사 닛카쓰(日活), 1920년에는 쇼치쿠(松竹)가 설립되었고, 본격적인 영화감독 마키노 쇼조(牧野省三)도 등장하였다. 당시의 영화는 움직이는 사진 즉 '활동사진(活動写真)'이라 불렸고, 출연자의 목소리나 음악이 전혀 나오지 않는 무성영화였다.

무성영화의 감상이 서양에서는 영화 속에 삽입된 대사나 배경해설과 반주음악에 의해 이루어졌으나, 일본에서는 활동변사(活動弁士)가 대본을 쓰고 상영진행에 맞춰서 해설하는 것에 의해 감상됐다. 일본은 원래 인형조루리(人形浄瑠璃)이나 가부키(歌舞伎) 등 내레이션 문화가 이미 정착되어 있었기에 변사의 존재를 자연스럽게 받아들여 인기 변사가 등장할 정도로 발전하였다. 이것은 서양에서 들어온 문화가 일본적 문맥 속에서 토착화 되어가는 한 면을 보여준다.

2. 무성영화의 성숙과 발성영화의 시작 (1920년대~1930년대)

▼ 오즈 야스지로 감독

무성영화는 1910년대 후반부터 일본의 토양 속에서 전통적인 가부키나 사극의 소재를 다루기도 하였고 구미, 특히 헐리웃영화의 영향을 받으면서 성숙되었다. 사극 스타가 활약하기도 하고, 영화사에서는 헐리웃을 흉내 내어 스타시스템을 차용하기도 하였다. 또한 1920년대 후반에 이르러 오즈 야스지로(小津安二郎) 감독, 나루세 미키오(成瀬巳喜男) 감독 등에 의해 도시의 샐러리맨을 주인공으로 하는 소시민영화가 등장하여 사람들로부터 공감을 얻었고, 서민들의 오락으로 자리잡게 되었다. 바야흐로 이때부터 '활동사진'이 아니라 '영화'라고 불리게 되었다.

▲ 마담과 부인

1927년 미국에서 세계 최초로 발성영화인 『재즈싱어(ジャズシンガー)』가 공개되어 일본에서도 해외의 발성영화가 속속 개봉됐다. 그리고 1931년 일본 최초의 발성영화 고쇼 헤이노스케(五所平之輔) 감독의 『마담과 부인(マダムと女房)』을 시작으로 발성영화의 시대가 열렸다.

3. 전쟁체제와 전후 미군정기(1930년대 후반~1952년)

제2차 세계대전중인 1939년 일본에서 설정된 영화법에서는 감독과 배우 모두 면허등록제가 되었다. 그리고 일본 정부는 군국주의를 고무시키는 영화를 강요했고, 시나리오 단계에서부터 엄격한 검열을 시행해 자유로운 영화 제작이 불가능해졌다. 1941년 일본은 미국 다음으로 많은 연간 500편에 가까운 영화를 제작하였으나, 4년 뒤인 1945년에는 겨우 26편을 제작할 뿐이었는데, 이는 영화 내용을 따지기 이전에 영화 제작 자체가 어려웠기 때문이다.

1945년 히로시마(広島)와 나가사키(長崎)에 원자폭탄이 투하되며 일본은 전쟁에서 패했음을 인정했다. 그리고 1945년부터 1952년까지 미군정(GHQ)의 제어와 관리 하에 들어가 영화는 이전과는 또 다른 검열을 받게 된다. 이 검열은 국가주의나 애국주의, 봉건적 충성심을 예찬하는 것들을 금지하였고, 미국풍 민주주의를 예찬하는 영화가 장려되었다.

4. 황금기 (1950년대)

1951년 샌프란시스코 강화조약이 체결되어 그 이듬해 일본은 미군정부로부터 독립했다. 미군정의 영화검열이 폐지되자 자유롭게 영화를 제작할 수 있게 되었다. 이때부터 1960년대 초까지 일본에서는 가장 많은 영화가 제작되었고, 가장 많은 관객들이 영화를 즐긴 황금기라 하겠다.

1958년 일본에서 영화를 본 관객은 사상 최고치였던 1억 2745만 명이었고, 1960년에는 일본영화의 배급수가 최고치에 달해 547편에 이르렀다. 전쟁이 끝나고 평온한 생활을 되찾게 된 사람들에게 있어 영화는 '오락의 왕'이었다.

또한, 기술면에서는 기노시타 게이스케(木下恵介) 감독이 1951년에 제작한 일본 최초의 컬러영화인 『카르멘 고향에 돌아가다(カルメン故郷に帰る)』가 공개되어 현재 일본영화의 토대가 마련됐다.

일본영화는 메이저영화사가 헐리웃 스타일의 스튜디오시스템을 차용하여 그 속에서 영화산업이 육성되었다. 도호(東宝)와 다이에(大映)는 1950년대 초에 프로그램픽쳐체제가 확립되었고, 도에이(東映)와 닛카쓰(日活)도 이에 합류하였다. 메이저영화사는 영화의 기획, 제작, 극장경영까지 한꺼번에 경영하는 프로그램시스템으로 운영되어 감독이나 배우의 개성을 충분히 표출할 수 없었으나, 선배들로부터 뛰어난 테크닉과 영화제작 기술을 전수 받을 수 있었고, 영화의 양산을 가능하게 하였다.

이 시기에 구로사와 아키라(黒沢明) 감독의 『라쇼몽(羅生門)』이 1951년 베니스국제영화제에서 그랑프리를, 미조구치 겐지(溝口健二) 감독의 『오하루의 일생(西鶴一代女)』(1952), 『우게쓰이야기(雨月物語)』(1953), 『산쇼다유(山椒太夫)』(1954) 등 세 편이 3년 연속으로 수상하였고, 기누가사 데노스케(衣笠貞之助) 감독의 『지옥문(地獄

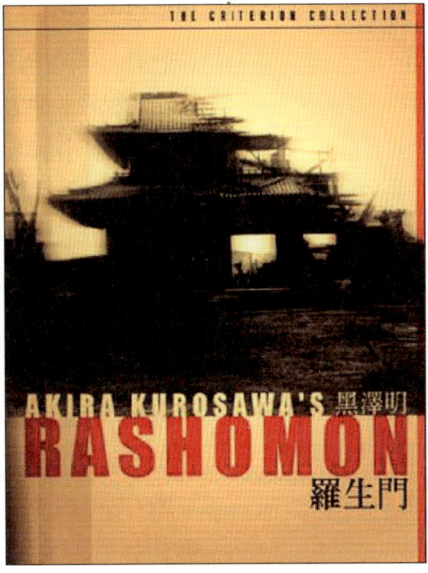

▼ 「라쇼몽」 해외 포스터

▲ 「라쇼몽」 일본 포스터

門)』이 칸국제영화제에서 수상하는 등 쾌거를 이뤄 일본영화가 국제무대에 진출하게 되었다. 다만 당시 수상작의 공통점이 일본의 전근대를 무대로 하여 사무라이(侍)나 기모노(着物)가 등장하는 것으로 구미의 오리엔탈리즘을 만족시키는 경향이 있었다.

한편 1950년대 미국에서 일어난 극단 반공운동의 영향으로 일본에서도 공산주의자에 대한 억압이 시작되어 감독과 배우들이 메이저영화사에서 추방되기도 하였고, 그들에 의해 독립프로덕션의 붐이 일기 시작하였다.

5. 하강기(1960年代)

1953년 TV 방송이, 1960년에는 컬러TV방송이 시작되었다. 방송이 시작된 지 10년 정도의 기간 동안 각 가정에 TV가 빠르게 보급되는데, 1959년 황태자의 결혼식 퍼레이드 중계와 1964년 도쿄올림픽의 중계는 TV 보급에 박차를 가했다.

이러한 TV의 보급이 영화산업에 커다란 타격을 미쳤다. 1960년에 연간 547편이 개봉됐던 일본영화는 4년 후인 1964년에는 344편으로 줄어들었고, 관객수가 1958년에 연간 11억 2745만 명의 기록을 세웠으나 1963년에는 5억 1112만 명으로 격감되었다. '오락의 왕'으로 불리던 영화는 그 칭호를 한 순간에 박탈당한 것이다.

한편 영화산업이 급속도로 기울어가자 재능있는 감독들이 독립프로덕션에서 활약하게 되었고, 신도 가네토(新藤兼人) 감독은 『벌거벗은 섬(裸の島)』(1960), 데시가하라 히로시(勅使河原宏) 감독은 『모래의 여자(砂の女)』(1964) 등 의욕적인 작품을 발표하였다. 또 1962년에는 일본 아트 시어터 길드(ATG)가 결성되어 예술영화발전에 기여하였다. 오시마 나기사(大島渚), 스즈키 세이쥰(鈴木清順) 등은 전위적이며 실험적인 작품을 찍었고, 독립프로덕션에서 저예산 B급영화로 재능 있는 신인감독들이 배출되었다.

6. 스튜디오 시스템의 쇠퇴와 영화의 다양화(1970년대)

1960년부터 1970년대에 이르러 메이저영화사마다 살아남기 위한 시행착오를 거듭했으나, 영화산업의 사양화를 멈출 수 없었다. 1971년에 공개된 일본영화 367편 중에서 메이저영화사에서 제작된 것은 160편, 저예산 성인영화가 154편, 독립프로덕션에서 제작한 영화가 47편으로 메이저영화사가 1961년에 개봉한 일본영화 535편 가운데 520편을 차지했을 당시와 비교할 때 큰 차이를 보여준다. 이렇듯 촬영소 스튜디오시스템이 붕괴되며, 많은 감독들과 스텝들은 방송이나 CF업계로 이직하게 되었다.

우선 메이저영화사들의 시도를 본다면 2차대전 이후 액션영화로 홍콩 느와르에 영향을 미쳤던 닛카쓰는 1971년에 도산위기에 몰려 '로만포르노'라는 성인영화 노선으로 전환하였다.

쇼치쿠는 2차대전 이전에는 모던한 도회풍의 서민적인 영화를, 전후에는 서민의 정이 넘치는 희극을 제작하였고, 1960년대 이후 야마다 요지(山田洋次) 감독의 시리즈 영화 『남자는 괴로워(男はつらいよ)』로 국민적인 인기를 얻었으나 새로운 작품을 만들어내지 못하고 매너리즘에 빠졌다. 도호(東宝)는 1950년대부터 괴수영화 고지라시리즈, 1960년대는 샐러리맨을 주인공으로 한 희극, 1970년대는 가수이며 배우인 야마구치 모모에(山口百恵)를 기용하여 아이돌영화를 제작해 인기를 얻었다. 다이에는 1960년대에 『자토이치(座頭市)』 등의 시리즈 영화가 인기를 끌었으나 1971년에 도산했다. 도에이(東映)는 만주제작영화소에서 귀국한 사람들을 많이 고용해 1950년대에 명랑한 사극 시리즈, 1960년대는 야쿠자영화, 1970년대는 시리즈 영화 『트럭야로(トラック野郎)』가 인기를 얻었으나 경영의 위기를 피할 수 없었다.

한편 성인영화는 전후 작은 예산과 짧은 기간에 완성해 내야 하는 악조건에서도 계속 제작되어 오다가 영화의 사양기에 오히려 그 편수를 늘이게 되었고, 갈 곳을 잃은 젊은 감독들에게 기회를 마련해주어 결과적으로 많은 신인감독들을 키우게 되었다.

또한 1970년대에 가도카와(角川) 출판사가 「보고 나서 읽을 것인지, 읽고 나서 볼 것인지(見てから読むか, 読んでから見るか)」라는 선전 문구와 함께 미디어믹스 전략을 표방하며 영화산업에 참여해 일본영화산업에 커다란 영향을 끼쳤다.

▲ 남자는 괴로워

7. 독립영화 출신의 신인감독(1980년대)

1961년 535편의 일본영화 가운데 메이저영화 6개 회사가 520편을 만들었으나, 1986년에는 311편의 일본영화 가운데 남아있는 메이저 3사(쇼치쿠, 도에이, 도호)가 제작한 영화는 24편으로 줄었다. 사실상 스튜디오 시스템은 멈췄고, 로만포르노로 겨우 유지되던 닛카쓰도 활동을 그만둬 일본영화계는 새로운 모습을 보이기 시작했다.

스튜디오 시스템의 종료는 촬영기술이 저하되었다는 단점도 있으나 촬영소를 거치지 않은 풍부한 개성 있는 감독들이 그들만의 다양한 작품을 만들었고, 이들 작품이 상영될 수 있는 미니시어터가 늘어나며 다양한 관객의 세분화가 진행되었다.

1970년대부터 8mm, 16mm 필름으로 개인영화를 찍는 붐이 일었고, 1977년에는 신인감독을 발굴 육성하는 콘테스트인 '피아영화제(ぴあフィルムフェスティバル, PFF)'가 시작되어 그 기운이 급속도로 퍼졌다. 특히 피아영화제는 1984년에 상영뿐만 아니라 수상자에게 영화제작을 돕는 스칼라쉽 자격이 주어져 1980년대 영화감독의 등용문으로 인식되었다. 피아영화제는 현재까지 이시이 소고(石井聰互), 모리타 요시미쓰(森田芳光), 이누도 잇신(犬童一心), 쓰카모토 신야(塚本晋也), 소노 시온(園子温), 이상일(李相日) 등 재능 넘치는 감독들을 배출했고, 현재 일본영화계를 견인하는 중요한 감독들을 데뷔시키고 있다. 또, 하라 마사토(原将人), 하라 가즈오(原一男), 가와세 나오미(河瀬直美) 감독 등 다큐멘터리를 통해서 자신을 찾는 '자기 찾기'를 시도한 개성적인 감독의 활동도 주목받는다.

이때에 이르러 배급, 흥행의 형식이 크게 바뀌었다. 대형 영화관 대신 200석 정도의 미니시어터가 등장하여 '단관상영'이라는 시스템이 생겨났다. 국내외를 가리지 않고 개성 넘치

▼ 2008년 피아영화제 포스터

는 예술영화나 독립영화 상영도 가능해져 영화를 만드는 사람과 보는 사람들을 세분화 시켰다. 특히 젊음의 거리인 시부야에 미니시어터가 집중되어 개성적인 작품을 선호하는 사람들을 '시부야케이(渋谷系)'라고 불렀다.

버블경제기로 영화와 직접 관계가 없는 기업이 영화산업에 참여하게 되었고, 그 자금이 대형영화의 작업을 가능케 하였다. 1970년대 후반부터 영화산업에 참여한 가도카와 서점(角川書店)을 비롯하여 1980년대에는 방송국, 대기업, 부동산, 유통회사 등이 비디오, 케이블방송, 위성방송 등에 영화의 2차, 3차 판권 이권을 노리고 투자하게 되었다.

가도카와는 오디션으로 신인 여배우를 발굴해 영화에만 출연시키는 전략을 내세웠다. 『W의 비극(Wの悲劇)』(1984)의 주인공 야쿠시마루 히로코(薬師丸ひろ子), 『이른 봄 이야기(早春物語)』(1985)의 하라다 도모요(原田知世)가 대표작인 예이다.

1989년도에는 「도호V시네마」라는 오리지날 비디오영화의 제작이 시작되었고, 이에 상응하듯 비디오대여점이 증가했다. 또한 1970년대에 이어 성인영화계에서 뛰어난 신인감독들이 탄생하였다. 구로사와 기요시(黒沢清)나 수오 마사유키(周防正行) 등 현대를 대표하는 감독들이 성인영화에서 출발한 것은 흥미로운 사실이다.

한편 애니메이션 영화가 성인으로까지 관객층을 넓혔다. 1984년 『바람계곡의 나우시카(風の谷のナウシカ)』 이후 스튜디오 지브리 작품은 일본영화 연간 배급수익 1위에 오르기도 하였다.

8. 독립영화의 전성기 (1990년대)

버블경제가 터진 1990년대에 이르면 1980년대의 영화산업에 출자했던 일반 기업들이 영화제작에서 일제히 떠나고 일본의 영화산업은 지독한 경제난에 직면하게 된다. 1958년의 11억 2,745만 명이었던 관객은 1996년에 1억 1,958만 명까지 줄었고, 1960년에 7,457개 관이었던 극장은 1993년에 1,734개 관으로 격감하는 등 1990년대 일본영화계는 전후 최악의 상황에 이르렀다.

그러한 실상에서 독립영화의 전성기가 되어 더욱더 작품의 다양화와 관객의 세분화가 진행되었다. 미니시어터의 인기는 정점에 이르렀고, 개성적인 작품이 넘쳐 흘렀다. 또 교외 쇼핑몰 안에 생겨난 시네마플렉스가 현대인의 라이프스타일에 맞아 인기를 얻었다.

한편 신인이나 젊은 감독들에게 제작의 기회를 제공한 것은 일본빅터(日本

▲ 우나기

▲ 하나비

ビクター), 소니뮤직엔터테인먼트(SME), 도시바EMI(東芝EMI) 등의 음향기기나 레코드회사였다. 마쓰오카 조지(松岡錠司) 감독의 『바타아시 금붕어(バタアシ金魚)』(1990), 쓰카모토 신야(塚本晋也) 감독의 『테쓰오2(鉄男Ⅱ)』(1992)등이 대표적이다.

또한 이업종감독(異業種監督, 다른 분야에서 활동하며 영화감독을 겸하는 사람)의 활약이 눈에 띄기 시작한다. 소설가, 뮤지션이나 배우, 코미디언 등이 영화를 감독해 화제가 되었다. 특히 배우 다케나카 나오토(竹中直人)의 『무능한 사람(無能の人)』(1991), 코미디언 기타노 다케시(北野武)의 『하나비(HANA-BI)』가 1997년 베니스영화제에서 그랑프리를 수상하는 등 높은 평가를 받아 영화계에 적지 않은 자극이 되었다.

위성다채널시대를 맞이한 방송국과 판권을 가진 출판사는 일반기업이 떠난 뒤에도 메이저영화사에 계속 투자했다.

특히 방송국은 뉴미디어시대의 도래에 발맞춰 영상소프트의 확보가 요구되었고, 제작에도 적극적이었다. 소마이 신지(相米慎二) 감독의 『여름 정원(夏の庭)』(1994, 요미우리TV), 이와이 슌지(岩井俊二) 감독의 『러브레터(Love Letter)』(1995, 후지TV) 등이 방송국에서 단독으로 제작한 영화였다.

이를 통해 방송국이 영화를 제작하고 메이저영화사에서 배급하는 형식이 정착되었다. 메이저영화사가 본업인 영화의 기획, 제작으로부터 그 흐름이 단절되어 배급에만 치중하기 시작한 것이 1990년대 특징의 하나였다.

산업적으로는 부진했지만 국제적으로는 큰 비약을 가져왔다. 1997년 이마무라 쇼헤이(今村昌平) 감독이 『우나기(うなぎ)』로 칸영화제 그랑프리 수상, 같은 해 가와세 나오미 감독이 『수자쿠(萌の朱雀)』로 신인상을 수상, 또 기타노 다케시 감독이 『하나비(HANA-BI)』로 베니스국제영화제에서 쾌거를 이루는 등 일본영화의 르네상스를 맞이하게 된다.

Ⅳ. 장르와 작품

일본의 영화는 각종 소재를 이용해 여러 가지 주제를 다루고 있으며, 기법이나 장르 등에서 매우 다양하다. 이런 다양한 일본영화들을 장르별로 살펴보면 다음과 같다.

1. 액션영화

액션영화는 권선징악의 스토리를 가지고, 기본적으로 몸의 움직임을 중요시한 영화이다. 대표적인 예로 구로사와 아키라 감독의 『7인의 사무라이(七人の侍)』(1954)를 들 수 있으며, 치밀한 시나리오와 정확한 시대 고증, 리얼한 액션장면으로 이전의 액션영화에 큰 변화를 일으켰고, 해외의 액션영화에도 큰 영향을 끼쳤다.

2. 무협(仁俠)·야쿠자영화

무협·야쿠자영화는 사극 붐이 끝나는 1960년대에 이르러 나타났다. 무협영화는 야쿠자가 주인공이지만 의리나 남자다움을 중요시해 권선징악의 스토리를 전개하는 것이 대부분이다. 야쿠자영화는 현대 폭력배들이 주인공으로 실화를 바탕으로 하는 경우가 많다. 따라서 스토리 전개도 폭력배끼리의 대립과 저항 등 다양하다. 후카사쿠 긴지(深作欣二) 감독의 『의리 없는 전쟁(仁義なき戦い)』을 야쿠자영화의 걸작으로 꼽을 수 있다.

3. 미스테리·서스펜스 영화

미스테리·서스펜스 영화의 구분은 애매모호하지만 미스테리영화는 수수께끼가 스토리의 열쇠가 되는 작품의 장르로 주로 추리극 자체가 범주가 된다. 탐정에 의한 수수께끼 풀이, 범인의 교묘한 트릭을 밝히는 것이다.

서스펜스 영화는 관객에게 극도의 긴장감을 주는 것으로 호러영화도 이 범주에 들어갈 수 있다. 미스테리·서스펜스 영화의 최고 걸작으로 이치카와 곤(市川崑) 감독의 『이누가

▼ 링

미가의 일족(犬神家の一族)』(2006)을 들 수 있고, 현대작품으로 나카타 히데오(中田秀夫) 감독의 『링(リング)』(1998)을 들 수 있는데 이 영화는 세계적으로 일본호러영화 붐을 일으켰다.

4. 사극영화(時代劇映画)

사극영화는 일본의 역사적인 인물이나 사건을 픽션을 곁들여 가며 전개한 것으로 화려한 검술을 다루는 경우가 대부분이다. 후지사와 슈헤이(藤沢周平) 원작, 야마다 요지(山田洋次) 감독, 각본의 사극 3부작 『황혼의 사무라이(たそがれ清兵衛)』(2002), 『숨겨진 검, 오니노츠메(隠し剣鬼の爪)』(2004), 『무사의 일분(武士の一分)』(2006)이다. 이들 작품은 픽션이긴 하지만 시대고증이 제대로 이루어져 검술장면을 박력 있게 유지했고 사무라이를 포함한 그 시대 사람들의 삶과 생각이 섬세하게 묘사되어 시대를 초월한 인간의 모습을 성찰하게 하는 수작들이다.

▲ 워터 보이즈

5. 아이돌·청춘영화

아이돌·청춘영화에서 아이돌 영화란 아이돌스타를 주인공으로 한 영화이고, 청춘영화는 고교생과 대학생 등 십대 후반에서 이십대 전반의 젊은이들의 꿈과 우정, 연애, 좌절, 희망 등을 그린 것으로 아이돌 영화와 겹치기 쉽다. 초창기에는 이시하라 유지로(石原裕次郎) 같은 대스타를 기용해 만들었으나, 현대에는 평범한 젊은이들의 꿈을 향해 노력하는 야구치 시노부(矢口史靖) 감독의 『워터보이즈(ウォーターボーイズ)』(2001)나 『스윙걸즈(スウィングガールズ)』(2004) 같은 작품이 많아졌다.

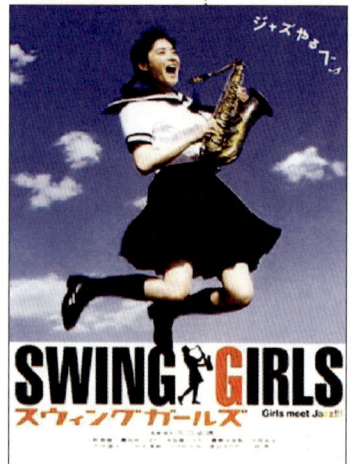
▲ 스윙 걸스

6. 연애영화(恋愛映画)

연애영화란 로맨스를 주제로 한 장르이다. 연애의 모습은 러브 코미디, 운명적 사랑, 이루어질 수 없는 사랑, 증오의 사랑 등이 있으며 설정에서는 학생의 사랑, 전쟁을 배경으로 한 사랑, 불륜, 노인들의 사랑 등 다양하다. 요즘에 와서는 나카무라 마사노리

▲ 전차남

(村上正典) 감독의 『전차남(電車男)』(2005), 유키사다 이사오(行定勳) 감독의 『세상의 중심에서 사랑을 외치다(世界の中心で, 愛をさけぶ)』(2004) 등 순애보를 다루는 것이 많고, 또한 흥행에서도 큰 성공을 거두고 있다.

7. 코미디영화

코미디영화란 작품 속에서 또는 스토리 전체를 통해서 웃음을 유발하는 요소를 넣은 영화를 말한다. 한국에서 개봉된 작품으로는 수오 마사유키 감독의 『으랏차차 스모부(シコふんじゃった)』 (1991)를 들 수 있다.

▲ 세상의 중심에서 사랑을 외치다

8. 독립영화(独立系映画)

독립영화란 자신의 작가성이나 예술성과 짙은 사회성을 추구하며 메이저영화사로부터 독립한 감독, 스텝들이 모여 제작한 영화들이 시초이다. 신도 가네토 감독은 독립영화의 개척자로서 그의 업적을 평가받으며 이를 기려 신도 가네토상을 수여하고 있다.

오기가미 나오코(荻上直子) 감독의 『가모메식당(かもめ食堂)』이 2006년에 이 상을 수상하기도 했다.

9. 성인영화

성인영화는 1960년대 중반에 등장했다. 성적인 표현을 커다란 주제로 삼아 성인관객을 대상으로 한 작품들로 이들을 '핑크영화'라고 불렀다. '야쿠자영화'와 함께 '성과 폭력'의 시대로 형용되었던 1960년대의 다양한 대중문화의 단면을 보여줬고, 1971년 메이저영화사인 닛카쓰는 '로망포르노'를 제작하기에 이른다.

이후 지금까지 일본에서는 꾸준히 성인영화들이 제작되고 있으며, 영상뿐만 아니라 내용에 있어서도 성적 표현이 늘 외설과 예술의 논쟁에 서 있게 된다. 『키스보다 간단(キスより簡単)』(1989) 등을 연출한 와카마쓰 고지(若松孝二) 감독은 성적인 스토리 안에 정치적인 메시지를 담는 등 혁명적인 투쟁을 테마로 한 문제작들을 계속 발표했다.

10. 시리즈영화

시리즈영화는 프로그램픽쳐체제 하에서 영화를 효율적으로 양산하기 위해 인기 있는 작품을 연속해서 만들어 시리즈화 한 것을 말한다. 안정 속에서 부분적인 변화를 좋아하는 일본사람의 취향과도 맞아 여러 가지 시리즈영화가 제작되었다.

특히 1969년에 시작한 『남자는 괴로워』시리즈는 주인공 구루마 도라지로(車寅次郎)역의 아쓰미 기요시(渥美清)가 사망한 1995년까지 48편을 제작하여 세계에서 가장 긴 시리즈영화로 기록되기도 하였다.

V. 일본의 영화상과 영화제

1. 영화상

▲ 키네마 슌 포영화상트로피
(와디에미 디자인)

일본에는 다양한 영화상과 영화제가 개최된다. 영화상은 기본적으로 작품, 각본, 감독, 배우에게 주어진다. 그러나 「일본아카데미상(日本アカデミ賞)」은 제작자의 입장에서 수여하는 상으로, 촬영, 조명, 미술 등 기술 스텝에게도 상이 주어진다. 이 상은 미국 헐리웃에서 개최되는 '아카데미상'에서 유래했고, 수상작 선정시스템도 아카데미상과 동일하게 적용된다.

일본에서 가장 권위 있는 상은 1950년부터 시작한 「블루리본상(ブルリボン賞)」으로, 상장을 푸른 리본으로 감아 수여한다. 이 푸른 리본은 영국의 기사에 주어진 최고의 명예인 「The Order of the Garter」에서 유래했다. 그리고 일본에서 가장 오래된 영화상은 1924년에 시작하는 「키네마슌포 베스트 10(キネマ旬報ベストテン)」이다. 이것은 1919년에 창간된 영화잡지 『키네마슌포(キネマ旬報)』의 필자나 영화평론가들이 선정하는 것으로 '일본영화부문', '외국영화부문', '문화영화부문' 등을 수여한다.

2. 영화제

일본의 대표적인 영화제는 매년 가을 개최되는 도쿄국제영화제, 다큐멘터리로 유명한 야마가타(山形) 국제다큐멘터리영화제, 아시아 각국의 영화를 세계에 소개하여 평가받고 있는 아시아포커스 후쿠오카(福岡)영화제, 아시아의 신진작가들이 경쟁하는 도쿄필름맥스영화제, 가장 아름다운 판타스틱영화제로 일컬어지는 유바리(夕張) 국제판타스틱영화제 등이 있다.

일본 정부가 영화산업진흥을 목적으로 개최하는 도쿄국제영화제는 1985년 쓰쿠바과학만국박람회(筑波科学万国博覧会)와 연계하여 시작된 경쟁영화제로 2007년까지 10월에 열렸으나 2008년부터는 9월에 열린다.

1990년 2월 눈 덮인 탄광촌 홋카이도(北海道) 유바리시에서 열린 유바리국제판타스틱영화제는 이후 한국의 부천국제판타스틱영화제와 제천국제음악영화제의 모델이 되기도 했다. 2007년 시의 재정 파탄으로 중단되었지만 주민들의 노력으로 2008년부터 부활하여 3월에 열리고 있다.

이 외에도 일본에서 가장 오래된 역사를 자랑하는 영화제로 1976년에 시작된 유후인(湯布院)영화제가 있다.

▲ 유바리영화제 포스터

VI. 21세기, 더욱 다양해지는 일본영화

1. 새로운 상업영화의 구도

21세기를 맞이하여 일본영화산업이 다시 활기를 되찾고 있다. 영화 특히 일본영화로부터 떠났던 관객들이 돌아온 것이다. 2006년 일본에서의 일본영화흥행수입은 1,079억 엔(약 1조 790억원)으로 일본영화시장에서의 점유율이 53.2%를 차지했고, 1985년 이래 21년 만에 외국영화를 앞질렀다. 2000년대에 이르러 몇 년간 일본영화의 성장은 놀랄 만하다.

애니메이션 영화는 여전히 인기를 유지했다. 특히 미야자키 하야오(宮崎駿) 감독의 『센과 치히로의 행방불명(千と千尋の神隠し)』(2001)이 304억 엔(약 3,040억원), 『하울의 움직이는 성(ハウルの動く城)』(2004)이 396억 엔(약 3,960억원)의 흥행성적을 거뒀고, 실사영화에서는 하스미 에이치로(羽住英一郎) 감독의 『LIMIT OF LOVE 해원(LIMIT OF LOVE 海猿)』(2006)은 71억엔(약 710억원), 스즈키 마사유키(鈴木雅之) 감독의 『히어로(HERO)』(2007)는 81억엔(약

810억원)이라는 거액의 흥행수익을 올린 대표적인 예이다.

이 성공의 열쇠는 메이저영화사, 특히 도호의 '산업적 전략의 성공'에 있다고 하겠다. 방송국과 제휴, 혹은 주도하여 투자자 등으로 구성되는 '제작위원회(製作委員会)'가 흥행에 목적을 두고 작품을 선정했다. 베스트셀러 소설이나 만화원작이라는 익숙해진 소재로 만든 영화를 방송국이라는 미디어를 효율적으로 활용하여 선전공세를 펼치며 자회사 배급망을 통해서 상영한다. 또한 방송 드라마와 영화 사이트에서 리메이크를 되풀이 하며 방송시청자와 영화관객을 동시에 아우른다.

따라서 좋은 시나리오보다 판매 전략이 흥행의 결정적인 요인으로 작용했고, 확실하게 흥행성적을 올리기 위하여 리스크를 줄여 나갔다. 따라서 영화제작에 있어 오리지널 시나리오보다 익숙해진 원작을 선정하고, 개성적인 영화감독보다 인기 있는 드라마 연출자를 감독으로 기용했다. 이로써 일본영화의 흥행성적은 향상되었다.

그러나 그 결과 제작된 작품들은 히트의 방정식, 즉 베스트셀러 원작, 화려한 캐스팅, 인기 있는 장르의 테두리를 벗어나지 못해 모두 비슷한 TV 드라마의 스페셜 버전같이 여겨질 우려도 낳고 있다.

2. 작가성의 표출

▼ 유레카

한편 2000년대 들어 일본영화는 흥행뿐만 아니라 질적인 면에서도 크게 성장하고 있다. 1990년대 비주류라고 일컬어지던 영화 속에서 나온 재능꾼들이 2000년대에 이르러 그 꽃을 활짝 피운 것이다. 예를 들면 'V 시네마'에서 미이케 다카시(三池崇史), 이업종감독에서의 기타노 다케시, '갓파더 J호러'로 불리며 국내외에서 높은 지지를 받고 있는 구로사와 기요시 등이다. 쓰카모토 신야, 가와세 나오미와 같이 일본 국내보다 해외에서 평가받아, 해외에서 활약하는 감독도 늘어나고 있다. 그들이 중심이 되어 개성적인 젊은 감독들을 개척해 가고 있다.

아오야마 신지(青山真治) 감독의 『유레카(EUREKA, ユリイカ)』(2001), 고레에다 히로카즈(是枝裕和) 감독의 『아무도 모른다(誰も知らない)』(2004), 수오 마사유키 감독의 『그래도 나는 하지 않았다(それでもボクはやっていない)』(2007)

등 사회에 질문을 던지는 수작이 많아지고 있다. 또한 니시카와 미와(西川美和), 다나다 유키(タナダユキ), 오기가미 나오코 등 여성감독의 뛰어난 활약도 주목된다.

3. 작품성과 상업성을 겸비한 독립영화사

앞서 말한 메이저영화사의 흥행방정식에 의지하지 않고 독자적인 가치관으로 영화를 제작하여 성과를 내고 있는 영화사로 재일교포 이봉우(李鳳宇)가 운영하는 시네콰논(シネカノン)과 아스믹 에스 엔터테인먼트(アスミック・エース エンタテイメント)가 주목을 받고 있다.

2000년 이후 시네콰논이 제작 배급한 영화『아무도 모른다』,『유레루(ゆれる)』(2006),『박치기!(パッチギ!)』(2005),『훌라걸스(フラガール)』(2006)는 상업적으로 성공하였고, 평론가들의 평가도 높았다. 이봉우 대표가 지향하는 것은 시대도, 나라도, 국경도 가볍게 초월하는 '강한 영화(強い映画)'라고 한다.

또한 아스믹 에스 엔터테인먼트는『조제 호랑이 그리고 물고기들(ジョゼと虎と魚たち)』(2003),『박사가 사랑한 수식(博士の愛した数式)』(2005) 등 시대성과 작가의 개성을 배려해 작품을 제작하고 있다. 이 두 회사는 방송국들과도 공동제작을 하지만, 영화 제작을 마친 뒤 제작비를 투자 받는 형식을 취해 메이저영화사와 달리 자신들의 색깔을 고집하며 영화를 만들고 있다. 21세기 일본영화의 가능성은 리스크를 줄여 성공방정식에 의지하는 것이 아니라 이러한 보편적인 좋은 작품을 만드는 것에 있을는지도 모른다.

▲ 조제, 호랑이 그리고 물고기들

4. 다문화영화의 가능성

국제화의 커다란 파도 속에서 영화계도 국제 교류가 일상화 되고 있다. 국제영화제 등에서의 교류는 물론이지만 다문화 사회 속에서의 내적 교류가 영화계에 새로운 바람을 불러 일으키고 있다. 예를 들어 최양일(崔洋一) 감독의『달은 어디에 떠 있는가(月はどっちに出ている)』나『피와 뼈(血と骨)』는 재일교포 작가 양석일(梁石日)의 자서전적 소설을 원작으로 일본의 재일교포들의

▲ 오다기리 조

일상생활이 그려져 있다. 유키사다 이사오 감독의 『고(GO)』(2001), 이즈쓰 가즈유키(井筒和幸) 감독의 『박치기!』는 재일교포 젊은이의 성장 이야기가 신선한 충격을 던져준다. 또 『훌라걸스』의 이상일 감독은 재일교포라는 테두리를 초월하여 차세대 일본영화를 견인하는 감독으로 주목받고 있다. 앞에서 언급한 시네콰논 대표 이봉우도 재일교포다. 『린다린다린다(リンダリンダリンダ)』의 배두나는 일본영화에, 『첫눈(ヴァージンスノー)』의 이준기는 한일합작영화에 한국인 유학생으로 등장한다. 또한 오다기리 조(オダギリジョー)는 한국의 김기덕 감독의 『비몽』(2008)에 출연하기도 했다. 앞으로 전개되는 영화계의 교류로 인한 상승효과를 기대해 볼 만하다.

5. 국제무대에 선 일본영화와 영화인

국제영화제가 세계의 주목을 받게 된 것은 제2차세계대전 이후의 일로 칸, 베니스, 베를린영화제가 세계의 3대 국제영화제로 불리고 있다. 일본에서 국제영화제가 알려지게 된 것은 앞에서 말한 바 1951년 『라쇼몽』이 칸국제영화제에서 그랑프리를 수상하면서부터이다. 그리고 60여 년간 세계의 국제영화제에서 평가받아 유명해진 감독은 구로사와 아키라, 미조구치 겐지, 오시마 나기사, 이마무라 쇼헤이, 기타노 다케시 등이다. 2000년 이후에는 아오야마 신지 감독의 『유리카』, 구로사와 기요시 감독의 『회로(回路)』(2001)가 칸국제영화제에서 국제비평가연맹상, 가와세 나오미 감독의 『너를 보내는 숲(殯の森)』(2007)이 심사위원 특별상을 수상했다. 또한 3대국제영화제 이외의 해외영화제에서 활약이 늘어났다. 2006년 북미 최대인 몬트리올국제영화제에서 오쿠다 에이지(奥田瑛二) 감독의 『긴 산책(長い散歩)』이 그랑프리 등을 받았고, 2007년 독립영화계인 로카르노국제영화제에서 고바야시 마사히로(小林雅広) 감독의 『사랑의 예감(愛の予感)』이 금표범상을 수상했다.

배우로는 베니스국제영화제에서 남우주연상을 두 차례 수상한 미후네 도시로(三船敏郎)는 출연섭외가 쇄도하여 미국영화 『그랑프리(Grand Prix)』, 『헬 인 더 퍼시픽(Hell in the Pacific)』, 프랑스 영화 『레드 선(Red Sun, Soleil Rouge)』등 수많은 해외 영화에 출연했다. 최근에는 2004년 야기라 유야(柳楽優弥)가 칸국제영화제에서 약관 14세의 나이로 최연소 남우주연상을 받았다. 그 밖에 단바 데쓰로(丹羽哲朗), 마쓰다 유사쿠(松田優作), 다카쿠라 겐(高倉

① 미후네 도시로
② 다카쿠라 겐
③ 와타나베 겐
④ 구도 유키

健), 와타나베 겐(渡辺謙), 사나다 히로유키(真田広之), 야쿠쇼 고지(役所広司), 구도 유키(工藤夕貴), 기쿠치 린코(菊地凛子) 등의 헐리웃 진출이 잇따르고 있다.

6. 헐리웃을 향한 새로운 진출

일본영화의 해외 리메이크는 꽤 오래 전부터 있었다. 1954년 구로사와 아키라 감독의 『칠인의 사무라이』가 1960년 헐리웃에서 『황야의 7인(荒野の七人, THE MAGNIFICENT SEVEN)』으로 리메이크된 것은 유명한 사실이다. 최근 수오 마사유키 감독의 『셸위댄스(Shall We ダンス-)』와 나카타 히데오 감독의 『링(リング)』 등으로 리메이크가 이어지고 있다. 그러나 이들의 계약 형태는 리메이크 판권을 받을 뿐이며, 영화시장에서의 수익은 모두 헐리웃에서 가져가는 형국이다.

그렇지만 『링』의 프로듀서 이치세 다카시게(一瀬隆重)는 『링』에서 일어난 호러붐을 정착시키기 위해 『J 호러 시어터(J HORROR THEATER)』라는 호러전문의 새로운 브랜드를 만들어 2004년부터는 리메이크 판권뿐만 아니라 제작에도 참여해 성공보수를 받는 계약을 체결했다.

그 첫 작품이 『그루지(呪怨, THE JUON / THE GRUDGE)』다. 또한 가도카와 홀딩스는 해외영화사와 적극적으로 업무제휴를 맺으려 하고 있다. 지금까지 일본관객만을 염두에 두고 제작해 왔던 일본영화계가 세계화를 지향하는 새로운 발전적 사고에 큰 기대를 해본다.

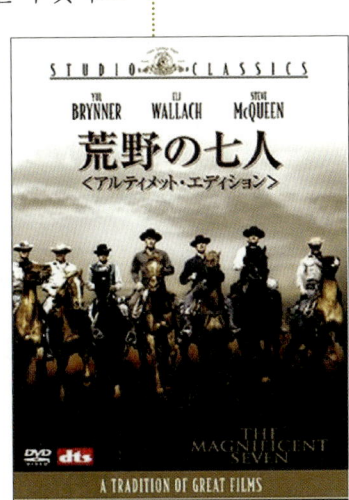
▲ 황야의 7인
▼ 그루지

〈참고자료〉

< 일본의 영화제 >
도쿄국제영화제(Tokyo International Film Festival) : http://www.tiff-jp.net/ja/
도쿄필맥스영화제 (Tokyo FilmEx) : http://www.filmex.net
후쿠오카아시아영화제 (Fukuoka Asian Film Festival)
 : http://www2.gol.com/users/faff
유바리국제판타스틱영화제 (Yubari International Fantastic Film Festival)
 : http://yubarifanta.com

히로시마애니메이션영화제 (International Animation Festival HIROSHIMA)
 : http://www.urban.ne.jp/home/hiroanim/
야마가타국제다큐멘터리영화제 (Yamagata International Documentary Film Festival) : http://www.yidff.jp/
도쿄국제단편영화제 (Shortshorts Film Festival Asia)
 : http://www.shortshorts.org/
포커스 온 아시아 후쿠오카국제영화제 (Focus on Asia Fukuoka Int`l Film Festival) : http://focus-on-asia.com/j/index.html
유후인 영화제 (YUFUIN CINEMA FESTIVAL)
 : http://www.d-b.ne.jp/yufuin-c/

〈통계자료〉
일본영화상업통계 (사단법인영화제작자연맹) :
http://www.eiren.org/toukei/data.html
키네마 슌포 베스트10 :
http://www1.harenet.ne.jp/~sato2000/movie/cinema/cinemabest.html

〈용어 사진〉

○ 메이저영화사
일본의 5대 영화사로 닛카쓰(日活), 쇼치쿠(松竹), 도호(東宝), 도에이(東映), 다이에(大映)이고, 현재는 닛카쓰, 쇼치쿠, 도호, 도에이가 활동하고 있다.

○ 스튜디오시스템
영화의 기획, 제작, 그리고 극장경영까지 포함해서 영화사가 일괄하여 경영하는 시스템. 그러므로 촬영장이 정기적으로 프로그램픽쳐를 제작하여 이에 따라 영화산업과 각각의 필름이 결정되었다.

감독, 배우까지 자회사 전속으로 계약하는 것이 관례였다. 일본에서는 1970년대부터 이 시스템이 쇠퇴하여 1980년대에 해체되었다.

○ 프로그램픽쳐

영화사의 주도로 상영성을 중시하는 기획영화. 패턴화 된 스토리, 저예산, 단기간동안 촬영한 장르영화. 일본영화에서는 사무라이영화, 야쿠자영화, 코미디영화, 액션영화, 당시 인기 배우나 가수를 주연으로 한 청춘영화 등이 이에 해당된다. 일본영화의 전성기에는 매주 신작을 상영하므로 대량으로 제작되었다. 당시에는 이들 영화가 대부분 동시상영되어 두 편의 영화를 프로그램픽쳐라고 말하는 경우도 있었다.

○ 블록부킹방식

스튜디오시스템 속에서 제작사가 영화관을 종속화시켜 배급과 상영을 지배하는 방법. 그러므로 한 편의 작품이 전국의 직영영화관에서 동시에 개봉되는 방식을 말한다.

○ 스타시스템

제작회사가 인기가 높은 인물을 기용하므로 전속배우로서 작품 제작이나 팀을 형성하여 기획 등을 종합적으로 해가는 방식. 1970년대에 소멸하였다.

○ 독립프로덕션

대형영화사에 속하지 않고 자주적으로 자금을 모아 영화를 제작하는 조직. 1950년대 전반공산주의자나 사회주의자 배우들이 대형영화사에서 추방되며 독립프로덕션 붐이 일어났다.

○ 일본 아트씨어터길드(ATG)

1962년 예술영화 또는 영화예술의 발전을 위해 만들어진 단체. 메이저영화사의 약 5분의 1의 제작비에 해당하는 1,000만 엔으로 의욕적인 감독에게 실험적인 영화제작을 의뢰한다. 대도시에 예술영화전용 전문영화관을 설치하여 실험적인 영화를 상영한다.

○ 미디어믹스전략

영화뿐만 아니라 그 영화의 시나리오나 원작소설을 함께 판매함으로써 수입의 상승효과를 올리며 양쪽에 매상을 올리려는 전략.

○ 미니시어터

1980년대에 대두한 좌석수 200석 전후의 소규모 극장으로 국내외의 예술영화나 독립영화를 주로 상영한다.

○ 시네마콤플렉스

한국에서는 멀티플렉스로 불리는 복합상영관으로, 1990년대에 등장한 여러 개의 상영관이 결합된 형태. 대부분 교외에 생긴 쇼핑센터 안에 있고, 쇼핑을 하다가도 자신이 좋아하는 영화를 시간에 맞춰 골라 관람한다. 교외에 살고 있는 사람들의 라이프스타일에 맞아 계속 증가하고 있다.

○ 제작위원회

일본영화산업에 안정되게 투자를 하기 위해서 만들어진 조직으로, 1980년대 후반부터 일반화되기 시작했다. 메이저영화사와 방송국, 홍보사, 출판사, 연예매니지먼트사, 음반제작사 등으로 구성되었으며, 작품 선택, 배우 캐스팅, 감독 선임을 비롯한 영화의 제작 및 진행 등에 영향력을 행사한다.

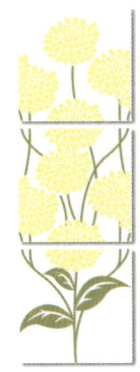

17. 일본 드라마의 역사와 그 작품

곽은심

I. 텔레비전 드라마의 정의
II. 일본의 방송국과 드라마 촬영의 역사
III. 드라마의 종류와 시대별 흐름
IV. 일본 드라마를 만든 5명의 극작가들
V. 일본 드라마의 현재 위치

I. 텔레비전 드라마의 정의

드라마란 무엇인가. 사전적인 정의에 따르면 영화, 라디오 예술에 이어서 등장했지만, 기계매체를 필요로 하는 예술인 만큼 본질에 대한 정의를 내리기가 간단하지 않으며, 텔레비전이 생기기 이전의 무대극, 영화, 라디오 등의 요소를 모두 배합해서 만들어진 새로운 장르이다. 즉 한정된 시간 내에 특정한 장소에서 창조되는 연기예술이란 점에서는 연극적이나, 카메라에 의해서 촬영되어 브라운관 매체를 통해서 송출된다는 점에서는 영화적이다. 그리고 전파에 실어서 각 가정에 전달된다는 점에서는 라디오적이다. 즉, 드라마는 청각적 기호와 시각적 기호를 모두 이용하며, 연극과 영화의 중간 형태를 띤다는 것이다.

텔레비전 드라마는 20세기 1930년대 텔레비전 방송설비의 등장에 따라 나타난 일종의 새로운 드라마 양식이다. 이런 텔레비전 드라마는 제2차 세계대전으로 일시 정지되었다가 1950년대로부터 세계 각 나라에서 신속히 발전되어 사람들의 문화생활에서 중요한 일부분이 되었다. 텔레비전 드라마가 이와 같이 빨리 발전할 수 있었던 것은 첫째로 제작원가가 낮으며, 둘째로 제작속도가 빠르며, 셋째로 비교적 훌륭한 예술효과를 얻을 수 있으며, 넷째로 시청자가 감상하기 편리하다는 등의 장점을 가지고 있기 때문이다.

텔레비전 드라마는 오늘날 세계에서 영향력이 제일 큰 희곡 양식이 되었다. 텔레비전 드라마가 이처럼 큰 영향을 지녔기 때문에 이것을 문학, 희곡, 음악, 조각, 회화, 건축, 무용, 영화의 다음에 나타난 제9예술이라고도 하게 된다. 텔레비전 드라마의 편집, 연출, 제작 및 방송의 실제정황으로부터 보면 그 정의를 다음과 같이 내릴 수 있다. 즉 텔레비전 드라마는 전자파의 매개를 통하고 극본, 출연, 미술, 음향, 음악 등 각종 예술수단을 한 곳에 집중하여 직관적인 텔레비전 형상을 창조하는 종합예술형식이다.

대중문화를 이끄는 가장 강력한 미디어인 텔레비전, 그 중에서도 드라마는 대중에게 가장 큰 영향력을 미치고 있다고 볼 수 있다. 시청자들이 가장 선호하는 프로그램이 드라마라는 것은 여론조사의 결과에서도 알 수 있다.

텔레비전 프로그램 중에서 드라마의 주요 시청자는 여성들이다. 남성들은 뉴스, 다큐멘터리, 스포츠 등에 관심을 더 두고 있는 반면, 여성들은 드라마, 쇼, 여성 프로그램을 선호한다. 여성들이 드라마를 선호하는 이유 중의 하나는 대리만족이다. 시청자들은 현실에서 도저히 일어날 수 없는 많은 일들을 드라마를 통해서 경험한다. 시청자들은 드라마 속의 인물과 동일시 과정을 통해 성공, 외모, 그리고 부에 대한 대리만족을 얻는다. 드라마는 분명 허구적인 세계이다. 그러나 그 세계는 우리가 사는 현실을 반영하기도 하고 현실을 재구성하기도 한다. 드라마는 시청자들에게 현실에 관한 특정한 신념과 가치관 등을 주입시키는 대표적인 사회화의 도구이다. 뿐만 아니라 최근에는 '한류'를 일구어 낸 국가적 차원의 문화상품으로서도 새로운 주목을 받고 있다.

현재 한국은 아시아에서 '드라마 왕국'으로 불리며 각국에서 많은 한국 드라마가 방영되고 있으나, 한국 드라마의 역사에 있어서 일본 드라마가 영향을 끼친 것도 분명한 사실이다. 또한 일본 대중문화 개방정책으로 인하여 수많은 일본 드라마들이 케이블 방송과 인터넷을 통해 방영되고 있고 한국 시청자들의 인기를 끌고 있다. 여기서는 일본 드라마의 역사를 연대별로 소개하여, 드라마가 각 시대의 양상을 어떻게 반영하고 있는지 작품들을 통해 살펴보고자 한다. 그리고 일본 드라마의 근황과 실태를 파악함으로써 한국 드라마와의 연관성, 상호간에 끼치는 영향 등에 대해 알아보기로 한다.

II. 일본의 방송국과 드라마 촬영의 역사

1. 일본의 방송국

일본에서 텔레비전 방송국이 개설되고 방송이 시작된 것은 1953년으로, 이후 텔레비전이 급속히 각 가정에 보급되어 현재의 보급률은 99%를 넘는다. 최근에는 두 대 이상의 텔레비전을 보유하고 있는 가정도 늘고 있다.

일본의 방송국은 우선 공영방송인 NHK와 나머지 민영방송국으로 분류된다. 수도인 도쿄에서는 니혼 텔레비전, TBS, 후지 텔레비전, 텔레비전 아사히, 텔레비전 도쿄 등의 주요 민방이 존재하며, 이들 방송국은 전국의 지방 텔레비전 방송국과 방송망을 연결하여 프로그램을 제작, 방영한다. 또한 방송사는 각각의 신문사와도 연계되어 있다는 것이 한국과는 다른 특징이다.

위성방송, 케이블 방송도 있으나 방송사의 수가 한국에 비해 많아서 그런지, 한국처럼 보편화되어 있지 않으며, 텔레비전 수신료가 강제 징수되는 한국과는 달리 NHK의 직원이 각 가정을 방문하여 수신료를 수금해 간다는 것도 우리와는 다른 점이다. 수신료에 관해서는 강제성이 없다는 이유로 내지 않는 사람들도 있으므로, 수신료로 운영을 해 나가는 NHK는 여러모로 어려운 문제가 많다는 것이 현실이다.

다음으로 방송 시간대를 보자면, 공영방송인 NHK는 자정을 조금 넘으면 방송을 종료하는 것에 비해 민영방송들은 방송사마다 다소 차이가 있기는 하나 심야 늦은 시간까지 방영하고 있다.

방송 프로그램에 관해서는 시간대 별로 한국과 비슷하다고 할 수 있다. 오전에는 주부를 대상으로 한 프로가 많고, 점심에서 오후 시간대는 토크쇼와 드라마의 재방송, 저녁 시간대에는 정보제공을 위한 프로나 뉴스, 드라마, 오락프로 등으로 구성된다.

2. 드라마 촬영의 역사

일본에서 처음으로 방송된 텔레비전 드라마는 1940년 4월에 NHK 방송기술연구소 안의 스튜디오에서 제작되어 실험방송으로 방송된 「저녁식사 전」(夕餉前, 유게마에)이다. 방송시간 12분의 홈드라마로 내용은 시집가기 전의 여동생과 오빠, 어머니 3명이 저녁식사 전의 정다운 생활상을 그린 것이다. 두부장수의 나팔 소리와 화병이 깨지는 소리 등이 효과음으로 사용되었다고 한다.

1939년에 텔레비전의 방송 실험이 시작된 이후, 텔레비전의 실험방송은 영화 외에도 스튜디오에서의 실연(実演)도 점차 많아져 그 외 음악, 예능, 강연 프로 등을 두 대의 카메라를 사용하여 제작하였다. 당시 사용되었던 카메라는 감도가 그다지 좋지 않았기 때문에 많은 조명을 써서 촬영하였다. 또한 2대의 카메라의 영상 전환이 현재와 같이 버튼 하나로 되는 것이 아니었기 때문에 연출의 의도에 맞게 전환이 순조롭게 이루어지지 않았다.

그 후 기술의 발전을 거쳐, 1963년에 본방송이 시작된 이후 드라마는 종종 생방송으로 진행되었다. 하지만 이것은 방송국의 스튜디오의 일각에서 행해진 소규모 연극의 극장 중계였던 것이다.

비디오는 1956년에 미국에서 2인치 비디오가 개발되어 일본에 처음으로 수입된 후 2년 뒤에 국산 비디오가 개발되었다. 그 해에는 KPT(현재의 TBS)가 후란키 사카이 주연의 「나는 조개가 되고 싶다」(私は貝になりたい)를 방송했다. 이 드라마는 그 해의 예술제에 참가하여 그 때까지 전기그림연극(電気紙芝居)이라고 혹평을 받았던 텔레비전 드라마가 처음으로 사람들을 감동시켰다고 하여 텔레비전 드라마 사상에 남

는 명작이라 불리는데, 이 드라마는 기술적으로도 비디오 녹화가 도입된 시초가 된 것이다. 당시에는 비디오 기재도 비디오 테입도 고가였으나 비디오가 점차 보급되어 가며 드라마도 생방송에서 녹화로 변화해 갔다.

1970년대까지의 비디오 테이프으로 수록된 텔레비전 드라마 중에는 원판비디오 테입이 다른 프로그램의 촬영에 다시 사용되는 등 영상이 상실된 것도 적지 않다. 또한 당시에는 촬영기기가 크고 카메라의 감도도 낮았으며 조명을 휘황하게 비춘 스튜디오 안에서 연기할 수밖에 없었으며 야외의 정경은 스튜디오 안의 세트로 재연했다. 어쩔 수 없이 야외에서 촬영할 수밖에 없는 상황에서는 비디오로 촬영하는 것을 포기하고 영화 필름으로 촬영하는 일도 있었다. 이전에 수많이 제작되었던 이른바 홈드라마라는 것은 이러한 기술적 제약을 받아가면서 만들어진 고육지책이었던 것이다.

NHK의 드라마는 NHK에서 모두 제작되고 있었던 것에 반해 민영방송에서는 1950년대부터 외부의 제작회사가 제작한 드라마를 방송했다. 그것들은 당시 텔레비전 영화라고도 불리며 연극 영화를 만들어 온 스텝들이 담당하고 촬영도 필름으로 행해졌다. 대규모 회사로는 도에이(東映)가 출자한 텔레비전 방송국 NET가, 1962년에는 신토호(新東宝)를 전신으로 하는 국제방송이 TBS로 회사명을 바꾸어 텔레비전 영화 제작에 진출했다.

특수촬영은 합성 등의 노하우가 축적된 필름을 사용한 촬영이 주가 되었다.

1970년대도 중반을 넘어 가자 이제까지의 비디오 카메라의 코스트와 기술적 제약도 적어져서 필름에서 비디오를 사용한 촬영으로 서서히 이행하게 되었다. 필름을 필요로 하는 현상에 드는 수고뿐만 아니라 비디오 편집용의 기자재 발달과 무엇보다도 비용의 문제로 인하여 영화회사 계열의 제작회사도 비디오 촬영을 이용하기 시작했기 때문에 1990년대 후반부터는 필름으로 촬영한 드라마는 크게 줄어들었다.

2000년대 초에는 형사드라마나 시대극도 비디오 촬영으로 이행하여 필름 촬영은 거의 모습을 감추었다. 현재 지상 디지털 방송으로의 이행기를 맞이하여 비디오 촬영도 NTSC에서 하이비전으로 수록한 것이 점차 늘어나고 있다.

III. 드라마의 종류와 시대별 흐름

일본 드라마는 크게 시대극과 현대극으로 나눌 수 있다.
먼저 시대극을 보면 역사 자료를 바탕으로 한 시대극과 픽션을 각색한 시대

극으로 나눌 수 있다. 그 중 규모가 제일 큰 것은 대하드라마(大河ドラマ)라 불리는 것으로 주로 NHK에서 제작된 것이 많다.

대하드라마란, NHK가 매년 다른 테마로 방영하는 시대극 시리즈인데, 한국의 사극과 비슷하다. 주로 역사상의 인물이나 사건 등을 중심으로 1년간 50회를 예정으로 방영되며 작품에 따라서는 주인공이 가공의 인물인 경우도 있다. 전체적으로는 전반부에는 로케이션 신이 많고 중반에는 클라이맥스가 있고 후반부에는 등장인물이 서서히 줄어들기 때문에(극중 역할 인물들의 사망으로 인해) 스튜디오 내부에서의 촬영이 많아지는 것이 특징이다.

▼ 미토코몬(水戸黄門)

전투 장면에서는 컴퓨터 그래픽을 사용하는 경우가 많고 촬영 장소도 과거에 사용한 곳을 다시 이용하는 등 하여 촬영 소재지를 관광지와 연계해서 소개하는 경우도 있다(한국의 민속촌과 같은 세트장을 이용하기도 한다). 한편 주인공을 영웅으로 묘사하고자 하는 경향이 강하기 때문에 그 인물의 어두운 측면에 관해서는 묘사가 애매하거나 역사상의 정설과는 거리가 먼 것도 많아, 이에 관해서 NHK측은 "대하드라마는 다큐멘터리가 아니라 어디까지나 드라마이기 때문에 연출도 필요하다."라고 주장하고 있다. 시청률은 전국시대의 무장들을 주인공으로 한 작품들은 비교적 높으나, 에도막부 말기나 근대를 소재로 한 작품들은 그다지 인기가 없는 경향이 있다.

▼ 사자의 시대

과거의 작품으로는 1965년에 방송된 「다이코우키」(太閤記: 도요토미 히데요시와 오다 노부나가의 이야기), 1974년에 방영된 「가쓰가이슈」(勝海舟: 에도막부 말기의 정치가로서 미국으로 도항 후 귀국한 뒤 일본 해군의 기초를 다진 인물의 이야기), 1980년에 방영된 「사자의 시대」(獅子の時代: 영웅들을 중심으로 한 소재에서 벗어나 메이지유신시대에 지방에 살던 서민의 생활을 그린 작품. 파리만국박람회, 지치부(秩父)사건, 자유민권운동 등 이제까지 잘 다

루지 않은 내용들이 신선하게 비추어짐), 1991년에 방영된 「다이헤이키」(太平記 : 남북조시대의 전란 속에서 무로마치막부 정권을 세운 초대 장군 아시카가 다카우지(足利尊氏)를 주인공으로 한 작품), 최근 작품으로는 2006년에 방송된 「고묘가쓰지」(功名が辻 : 이 작품도 역시 도요토미 히데요시와 오다 노부나가를 중심으로 그린 것이나, 종래와는 달리 히데요시를 비롯한 측근들의 부부애를 그린 작품으로 역사상 중대한 장면에 부부가 함께 연관이 되어 있다는 점에서 이색적인 이야기다) 등이 있다.

그리고 그 외의 시대극으로는 '잔바라(チャンバラ)'라고 불리는 칼싸움 장면이 클라이맥스에 많이 나오는 무사들의 이야기나 암행어사의 행각을 다룬 것이 있다. 권선징악이 주된 내용이며 주연 배우만 몇 대째 바뀌며 이어지는 시리즈물도 많다.

다음으로 현대극을 보면, 홈 드라마, 청춘 드라마, 학원 드라마, 트렌디 드라마, 그리고 서스펜스 드라마로 나눌 수 있다. 또한 소설을 바탕으로 한 것과 드라마를 위해 제작된 시나리오를 바탕으로 한 것, 이전에 영화로 상영된 것을 드라마화한 것, 최근에는 만화를 원작으로 한 드라마가 인기를 끌고 있다. 한국 드라마와 비교해 색다른 장르로는 서스펜스 드라마를 들 수 있는데, 이것은 주로 추리소설을 바탕으로 하여 제작된 드라마이다. 각 민영방송에서는 대부분 일주일에 한 번씩 서스펜스 극장이라 불리는 드라마 방송시간을 마련하여 유명한 추리소설을 각색하여 주인공을 중심으로 여러 사건이 전개되는 시리즈물이나 단막극장으로 방영하고 있다. 살인장면이 나오는 형사물이 많으며 한국정서에는 잘 맞지 않는 장르라 생각되기도 한다.

이제 시대극과 현대극을 모두 포함하여 연대별로 일본 드라마를 소개하기로 한다. 각 시대마다 드라마의 특징을 알기 위해 당시 인기를 모았던 작품들을 몇 가지씩 소개하여 이해를 돕고자 한다.

1. 1953~1964년

1953년에 텔레비전 방송이 개시된 해부터 일본 텔레비전 드라마의 역사는 시작되었다.

그 후 고도경제성장을 배경으로 드라마는 순조롭게 발전해 나갔으나 달러 쇼크, 오일 쇼크 등에 영향을 받아 드라마도 역시 한 시대의 매듭을 맞이한다. 1953년부터 1964년까지의 이 기간을 '드라마의 신화시대'라고 부르기도 한다.

2. 1965~1974년

이 시기는 '드라마의 청춘시대' 라고 할 수 있다. 1970년부터 각 연도별로 작품을 해석해 본다.

1) 1970년 ; 연이은 홈드라마 히트의 전성기
① TBS 방송국「고맙습니다」(ありがとう)
도쿄 시타마치(下町)의 인정(人情)을 아버지가 없는 가정의 일상을 중심으로 밝게 그려가는 홈 드라마. 역대 시청률 최고 56.3%을 자랑한 작품이다. 직업 드라마의 요소도 강하여 제1시리즈에는 주인공의 역할이 여형사, 제2시리즈에서는 간호사, 제3시리즈에서는 생선가게를 운영하는 등 다양하게 전개되었다.
② TBS 방송국「시간입니다」(時間ですよ)

▲ 시간입니다

정통파 홈 드라마인「고맙습니다」에 비해 버라이어티적 연출이 강한 홈 드라마의 선구적 역할을 한 작품. 직업적 요소가 강한 다른 작품들에 비해서 무대가 공중목욕탕이라는 점이 신선했다.
③ TBS 방송국「부인은 18살」(おくさまは18歳)
'18세 시리즈(18歳シリーズ)' 라 불리는 시리즈의 원점이 된 작품. 고등학생인 여자 주인공이 선생님과 결혼하고 있다는 사실을 억지로 주위에 속여가며 이야기가 전개된다. 결혼생활이 무대가 되어 있으나 성적(性的)인 내용은 조금도 비치지 않고 산뜻하고 밝은 동화적 드라마라는 점이 중요하다.
④ 1970년의 방송국의 동향 : TBS계열의 제작 프로덕션의 설립
먼저 TBS방송국을 퇴직한 제작자들이 공동 설립한 '텔레비맨 유니온' 이 설립되었다. 창립 당시의 정신은 현재에도 이어져 프리 제작자들의 집합체라는 측면이 강하다. 또 TBS방송국과 기노시타 게이스케(木下惠介) 감독과 하쿠호도(博報堂)가 공동 출시한 '기노시타 프로덕션' 이 설립되어 '인간의 노래 시리즈(人間の歌シリーズ)' 가 시작되어 인간 내면의 세계를 깊이 파헤친 성인 드라마가 연이어 제작되었다.「겨울 여행」(冬の旅),「동백꽃이 질 때」(椿が散

るとき), 「겨울의 구름」(冬の雲) 등 많은 작품이 있다.

2) 1971년 ; 달러 쇼크, 공해 등 고도경제성장의 여파가 현저화됨
① NHK 방송국 「덴카고멘」(天下御免)
에도시대 중기에 살았던 히라가 겐나이(平賀源内)의 청춘을 에도시대와 고도성장기에 있는 일본을 오버랩시켜 사회풍자, 실험적 수법을 엮어 그려낸 파격적인 시대극. 에도시대의 쓰레기 문제, 분가루의 납중독에 의한 공해문제 등을 소재로 풍자적이면서도 사회파 드라마로서의 지위를 세웠다.
② 니혼 텔레비전 「나는 남자다!」(俺は男だ)
우먼 리브 전성기를 배경으로 여학생이 80%를 차지하는 고등학교에 전학해 온 주인공이 검도부 주장이 되어 분투하는 드라마.
③ 아사히 방송국 「천황의 세기」(天皇の世紀)
아사히 신문에 연재된 작품을 원작으로 한 다큐멘터리 드라마의 선구작. 메이지유신의 역사를 드라마의 부분과 역사 관계자들의 증언을 엮어서 재현해 낸 다큐멘터리 융합작품.
④ 1971년의 방송국의 동향 : 후지 텔레비전, 제작국을 폐지
후지 텔레비전이 경영합리화를 위해 제작국을 폐지하고 드라마 등의 제작부문을 후지 텔레비전 계열의 제작회사로 이행했다. 제작회사를 경쟁체제로 두고 활성화할 목적도 있었으나 현실적으로 제작회사가 후지 텔레비전에 의존하는 결과가 되어 실패하였다.

3) 1972년 ; 열도 개조론(列島改造論)이 빛 바랜 가운데 쿨한 히어로의 등장
① 니혼 텔레비전 「태양을 향해 외쳐라」(太陽にほえろ)
14년간 연속 방영된 형사드라마의 대표작. 중심 내용은 사건을 다루는 것이 아니라 형사들의 젊음, 정열, 정의감과 같은 인간성을 주로 묘사하려고 했다.

▼ 태양을 향해 외쳐라

② NHK 방송국 「중학생 일기」(中学生日記)
현재도 방영되고 있으며 전국방송으로서는 최장방송인 텔레비전 드라마이다. 나고야 시내에 있는 공립중학교를 무대로 세밀한 취재를 바탕으로 매회 다른 학생들의 고민을 그려 나간다. 애매한 현실 상황에 맞물릴 수 있도록 일부러 결말을 짓지 않고 끝내는 것이 특징이다. NHK 나

고야 방송국이 지역 방송국의 틀 안에서 교육상담 프로에 드라마적 요소를 가미한 것이 시작이므로 드라마라기보다 교육 프로그램의 색깔이 짙다.

그 외 금요 드라마 NHK '은하텔레비젼 소설(銀河テレビ小説)'이 시작되었다.

4) 1973년대 ; 오일 쇼크로 인하여 사라진 고도성장기의 꿈

① TBS 방송국「각자의 가을」(それぞれの秋)

어느 5인가족의 각 구성원이 지닌 문제점을 하나하나씩 파헤쳐 가는 작품. 아버지가 뇌종양에 걸려 부인에 대한 불만을 토로하기 시작한 시점에서 가족이 산산조각 나 버리지만 위기에 처한 가족은 또 다시 유대감을 회복한다는 이야기이다. 극작가 야마다 다이치(山田太一)의 작품으로 일본방송작가협회상 등 많은 상을 탔다.

② 아사히 방송국「필살 징계인」(必殺仕置人)

'필살시리즈'라 불리는 작품의 제2탄. 에도시대의 재판소 역할을 했던 부교쇼(奉行所)에서 상사에게는 무시당하고 집에서는 아내에게 구박받는 주인공이 암흑의 세상에 나서면 멋진 영웅으로서 일을 처리한다는 내용이다. 영상적 특징으로는 망원렌즈를 사용하여 대상을 과감히 비춘 구도와 빛과 그림자를 강조한 대비가 강한 인상을 남긴다는 점에 있다.

1973년에는 오일 쇼크로 인해 방송국들은 심야 방송의 자숙을 강요당했다.

5) 1974년 ; 불경기와 양산체제로 인한 드라마 제작의 전환점

① TBS 방송국「데라우치 간타로 일가」(寺内貫太郎一家)

여성 주체가 많은 홈드라마 가운데 석재상을 하는 엄한 아버지를 중심으로 가족들의 심정을 깊이 파헤치면서도 코믹한 이면성을 지니는 드라마. 볼거리로는 장남과 아버지가 싸우는 장면으로 세트가 부서질 정도로 과격했던 점이다.

▼ 데라우치 간타로 일가 (寺内貫太郎一家)

② TBS 방송국「빨간 미로」(赤い迷路)

1970년대 인기를 끌었던 '빨간시리즈' 중의 하나. 부인을 살해당한 정신과 의사와 그의 딸의 출생의 비밀이 중심 내용. 당시의 인기 가수였던 야마구치 모모에(山口百惠)를 대스타로 만든 시리즈이기도 하다.

오일 쇼크와 불황으로 인하여 방송국의 수입이 감소하는 한편 1973년도와 1974년도에는 8시에서 11시 사이의 황금시간대를 드라마가 약 반수를 차지하는 양산체제를 강요당했기 때문에 제작현장에는 무리가 가해졌다. 이에 대응하기 위하여 민영방송국들은 제작의 외주화를 진행시켰으며, 특히 TBS는 일찍이 우수한 제작회사와의 관계를 단단히 함으로써 우위에 설 수가 있었던 결과 '드라마의 TBS'의 기반을 다질 수 있었다.

3. 1975~1982년 : 테마의 시대

이 시기에는 이치카와 모리카즈(市川森一), 구라모토 소(倉本聰), 하야사카 아키라(早坂暁), 무코다 구니코(向田邦子), 야마다 다이치(山田太一) 등의 극작가를 중심으로 한 작품성이 강한 작품들로 드라마의 완성도를 더해 갔다. 그 한편 일주일에 한 번씩 방영하는 연속드라마가 중심이었던 방송 형식도, 70분에서 90분간 방송하는 등 비정규적인 토요드라마, 2시간에서 3시간 연속 방영하는 스페셜 드라마 등 기동적인 편성으로 변해 갔다.

1) 1975년 ; 드라마의 새로운 시대를 맞이함
① 니혼 텔레비전 「어머님 전상서」(前略おふくろ様)
숫기가 없고 내성적인 주인공이 고향에 늙은 어머니를 두고 도쿄에서 요리가로서 수련에 정진하는 청춘을 그린 시타마치 인정(人情)희극. 주인공의 기운없이 가라앉은 말투의 독백과 도쿄와 지방의 구도 등 현재에 이르는 구라모토 소 극본 드라마의 패턴이 확립된 작품이다.
② 니혼 텔레비전 「우리들의 여행」(俺たちの旅)
고도경제성장기 시대의 열기 왕성했던 작풍에서 오일 쇼크 이후에는 크게 전환하여, 장래를 위해 지금을 억누르는 것보다 지금을 소중히 생각하는 대학생들의 모습을 그린 청춘드라마이다. 나팔 바지가 유행하던 시절의 작품이긴 하지만 구시대적이지 않고 신선한 모습을 보여 준다.

2) 1976년 ; 시어머니와 며느리, 전전 세대와 전후 세대의 대립
① NHK 방송국 「옆집의 잔디」(となりの芝生)
이제까지의 은하 텔레비전 소설(銀河テレビ小説)은 소설을 드라마로 한 문예노선 중심이었으나, 이 작품의 호평으로 인해 홈 드라마로 전환하게 되었다.

내 집을 장만한 부부의 비희극을 그린 것인데, 시어머니가 강제로 동거를 시작하며 며느리를 구박하지만 며느리는 일을 하러 나감으로써 시어머니에게 저항하게 된다는 내용. 진부한 테마를 다룬 것으로 처음에는 기대를 하지 않았으나 예상 외로 히트한 작품이다.
② 니혼 텔레비전「모모타로 사무라이」(桃太郎侍)
경쾌하고 통쾌한 시대극. 주인공 모모타로는 장군의 아들로 태어났으나 쌍둥이였기 때문에 양자로 보내지게 되고 성장하고 나서는 악한 자를 처벌하러 다닌다는 내용이다.
그 외 메이지 원년(1876)부터 100년이 되던 이 해에는, 메이지 100년 기획이 잇따라 일어나 메이지 이후의 근대를 되돌아 보는 스페셜 드라마가 연이어 제작되었다.

3) 1977년 ; 금요 드라마가 사회파로 방향 전환, 내용과 편성의 변혁
① TBS 방송국「강변의 앨범」(岸辺のアルバム)

▲ 강변의 앨범
(岸辺のアルバム)

텔레비전 드라마의 이정표라고 불리는 작품. 겉으로는 평범하고 평화롭게 보이는 중류가정의 내부 붕괴를 그린 드라마이다. 무너지고 있던 가족의 진상을 수험생인 아들이 폭로하는데 그 와중에 다마가와(多摩川)의 범람으로 인하여 대출을 받아 지은 집은 강물에 흘러 내려가 버린다. 극본을 쓴 야마다 다이치는 철저한 리얼리즘을 추구하였으며, 기술적으로도 소형 비디오 카메라를 도입함으로써 촬영을 야외에서 하기 시작하는 흐름을 만들었다.
② MBS 제작「이누가미 일족」(犬神家の一族)
당시 가도카와 서점(角川書店)이 요코미조 마사시(橫溝正史) 작품을 영화화하여 큰 호응을 얻은 것에 영향을 입어, MBS가 드라마로 제작한 시리즈 중의 첫 작품이다. 긴다이치 고스케(金田一耕助)라는 탐정이 비밀을 풀어 나가는 미스테리물이다. 현재까지 많은 배우들이 긴다이치 역을 맡아 왔다.
③ TBS 방송국/텔레비맨 유니온「바다는 되살아나다」(海は甦る)
이제까지의 편성 상식을 뒤바꾸게 한 일본 최초의 3시간 드라마. 제작회사 텔레비맨 유니온이 이제까지는 하청업체에 불과했던 입장에서 벗어나 자주 기획, 영업, 제작한 것이며, 또한 스폰서로 히타치(日立)제작소가 단독 제공한

화제작이다. 일본해군의 근대화의 주력자인 야마모토 곤베(山本權兵衛)의 반평생을 러일전쟁에서 발틱함대를 물리칠 때까지의 이야기로 그려냈다.
  NET 방송국은 아사히신문사(朝日新聞)의 자본으로 텔레비전 아사히(テレビ朝日)로 회사명을 변경했다.

4) 1978년 ; 드라마의 황금시대
① NHK 방송국「황금의 나날」(黃金の日々)
  장황한 소재를 다루던 대하드라마에 혁신을 가져다 준 작품이다. 역사상 거의 앞무대에 나서지 않았던 상인들과 서민들의 생활상을 경제적 관점에서 다룬 작품이다. 해외 촬영을 하러 필리핀까지 가서 길이 40m의 모형배를 만들었다는 점에서도 역사에 남을 드라마이다.
② 니혼 텔레비전「열중시대」(熱中時代)
  새로 부임한 젊은 교사와 초등학생 간의 교류를 그린 학원 드라마. 주인공은 신규채용에서 떨어져 보충교원으로 겨우 교사가 된 입장인데 학생들 한 명 한 명을 소중히 여기며 함께 성장해 가는 모습이 호응을 얻었다. 이전까지의 학원 드라마는 우정이나 연애를 테마로 한 것이었으나, 관리교육에 대한 문제제기를 주요테마로 하고 있으며 그것도 무대가 초등학교라는 점에서 새로운 학원 드라마의 패턴을 확립하게 된 작품이다.
③ TBS 방송국「하얀 거탑」(白い巨塔)
  다미야 지로(田宮二郎)를 주연으로 한 '하얀시리즈' 중의 하나이다. 야심에 불탄 의과대학의 조교수 자이젠 고로(財前五郎)를 주인공으로 라이벌과의 쟁투, 의료사고로 인한 재판 승소 후 마지막에는 암으로 요절한다는 한 남자의 인생을 그린 작품이다. 주인공역을 맡은 다미야 지로는 이 해 총기자살을 한다. 최근 한국에서도 리메이크되어 화제를 모은 드라마이기도 하다.

5) 1979년
① TBS 방송국「3학년 B반 긴파치 선생님」(3年B組金八先生)
  여러 고민을 껴안고 있는 중학교 3학년 학생들과 담임이 정면에서부터 충돌, 토론해 가며 인생, 교육, 우정에 대해 생각하게 하는 휴먼 드라마. 첫해 방송에서는 15살인 여학생이 임신을 하여 아이를 낳는다는 충격적인 이

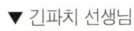
▼ 긴파치 선생님

야기로 전개되어 큰 반응을 얻었다. 그 후 이 시리즈는 2000년대까지 제작되어 꾸준한 인기를 얻었다.

6) 1980년
① NHK 방송국 「아운」(あうん)
'드라마 인간모양 시리즈(ドラマ人間模様シリーズ)' 의 하나로 무코다 구니코 극본의 매력을 충실히 표현한 걸작이다. 제약회사에 근무하는 주인공 센키치(仙吉)와 그의 친구 가도쿠라(門倉)와 센키치의 아내와의 삼각관계를 그린 내용인데, 세 명의 미묘한 관계를 쇼와 초기의 풍속 속에서 그려낸 작품이다.

② NHK 방송국 「유토피아노」(ユトピアノ)
국내 갤럭시상, 방송문화기금상 등 수많은 상을 수상하고 해외에서는 이탈리아상 국제애미상을 수상하였으며, 명확한 스토리가 없이 올 로케이션 필름 촬영으로 서정적으로 그려낸 영상시(映像詩)인 것이 특징이다. 주인공 역을 맡은 여배우 이외의 출연자는 모두 배우가 아닌 현지에서 섭외한 사람으로 신선미가 넘치는 작품이다.

그 후 1983년부터 1987년까지를 '엔터테인먼트의 시대', 1988년에서 1990년까지를 '트렌디 드라마의 시대', 1991년부터 1999년까지를 '마케팅의 시대' 라고 할 수가 있다.

4. 1980년대부터 현재까지

일본의 연속드라마는 대체로 계절에 맞추어 시작된다. 봄드라마는 4월에 시작하여 6월에 끝난다. 여름드라마는 7월에서 9월, 가을드라마는 10월에서 12월, 겨울드라마는 1월에서 3월까지의 3개월 단위로 방송된다. 이 3개월씩의 단위를 방송용어로 쿨(クール)이라고 부른다. 대하드라마와 같이 긴 것들로는 1월에서 12월까지의 네 쿨로 편성되는 것이 있다. 쿨이란 용어는 방송업계의 일반화된 용어이나 어원이 확실하지 않다고 한다. 일본의 방송국들이 쿨을 단위로 드라마를 방송하기 시작한 데에는 프로야구 중계가 큰 영향을 끼쳤다고 한다(그 중에서도 자이언츠(巨人)시합이 유력하다). 야구중계는 4월에서 9월 사이에 방송되는데, 그것에 맞추어 방송편성을 한 것이다.

과거에는 어중간한 시기에 시작하고 끝나는 드라마도 적지 않았으나 현재와 같은 쿨 단위로 이행하게 된 계기는 1988년도에 시작된 후지텔레비전 계열

의 밤9시에 시작하는 이른바 '게쓰쿠(月9)'라 불리는 드라마이다. 트렌디 드라마의 원형은 1986년도에 TBS계열에서 방송된 「남녀 7인 여름 이야기」(男女7人夏物語)이지만, 트렌디 드라마가 정착하게 된 것은 시부야 거리를 배경으로 2명의 남자 형사가 주인공인 「너의 눈동자를 체포한다」(君の瞳をタイホする！)가 1988년도에 방송되고 난 다음부터이다. '게쓰쿠'의 등장으로 기존의 가족을 중심으로 한 연속드라마는 젊은 층을 중심으로 이행하게 된다.

이러한 트렌디 드라마는 1990년대의 한국 드라마에도 큰 영향을 끼쳤다고 할 수 있다.

일본의 방송국들이 왜 이렇게 원 쿨 단위의 드라마를 제작하는가. 그 이유는 크게 5가지로 분석할 수 있다. 첫째, 인기 배우를 섭외하기 위해서는 배우의 스케줄에 맞추어 단기 계약을 하는 것이 쉽기 때문이고, 둘째로 스폰서를 구하기가 쉽고, 셋째로 시청률 부진으로 인한 타격의 완화, 넷째로 연말연시의 스페셜 방송 기간 중 드라마가 중단되는 경우 시청자들의 관심에서 벗어날 수 있다는 위험성의 회피, 마지막으로 시청자들의 흥미가 예전처럼 오래 지속되지 못하다는 점에서이다. 이러한 이유로 쿨 단위의 드라마가 각 방송국마다 일반화되고 후지 텔레비전의 '게쓰쿠'가 연이어 고시청률을 기록해 간다.

그 중에서도 1991년의 만화를 원작으로 한 작품으로 적극적으로 남자에게 다가가는 여자 주인공이 신선한 충격을 준 「도쿄 러브스토리」(東京ラブストーリ)는 아시아에서도 많은 인기를 얻었으며, 결혼식 날 상대로부터 버림받은 30세의 모델과 피아니스트의 사랑을 그린 「롱 버케이션」(ロングーバケーション)(1996년), 기무라 타쿠야 주연으로 광고대리점에 근무하는 남녀의 사랑을 그린 「러브 제너레이션」(ラブージェネレーション)(1997)도 기록적인 시청률을 기록한 작품들이다.

▼ 도쿄 러브스토리
(東京ラブストーリ)

이렇게 트렌디 드라마는 일본 드라마의 주류를 선도해 나갔으나, 최근의 일본 드라마는 다양해지고 있다. 1997년에 후지 텔레비전에서 방영된 「춤추는 대수사선」(踊る大捜査線)과 TBS에서 방영된 「게이조쿠」(ケイゾク)는 범죄물을 다루면서도 기존의 드라마의 틀을 크게 바꾸어 놓았으며, 사회에 진출한 여성들이 적극적으로 조직과 맞싸우는 모습을 그린 「쇼무니」(ショムニ)(후지 텔레비전,

▲ 게이조쿠(ケイゾク)

1998년),폭주족 출신의 청년이 고등학교 교사가 되는 학교 드라마「GTO」(후지 텔레비전, 1998년)와 같이 만화가 원작인 황당무계한 줄거리를 가진 작품들도 시청자들의 많은 호응을 얻었다.

2000년대에 들어와서는 금전문제를 다룬 드라마들이 연이어 발표된다. 불경기에 허덕이는 일본 사회를 예리하게 또는 코믹하게 파헤친 작품들이 많다. 그중에서도 경영부진에 시달리는 사립 고등학교를 재건하기 위하여 젊은 이사장이 분투하는 모습을 그린「너의 유키치가 울고 있다」(お前の諭吉が泣いている)(아사히 텔레비전, 2001년)에서는 만원이 있으면 행복을 살 수 있다. 즉 헛되이 돈을 쓰지 말고 살아 있는 돈을 쓰라는 철학이 살아 있다. 그리고 빚, 부당해고, 유산상속, 교통위반 등에 대한 대응책을 지시하며 유능한 여자 법무사가 문제를 해결해 가는「가바치타레」(カバチタレ)(후지 텔레비전, 2001년)가 있다. 버블 경제가 무너지기 전까지는 좋은 대학에 진학해서 좋은 사회에 들어가면 인생은 안전하다고 생각했던 가치관에 따라 가정과 연애를 다룬 드라마가 주류를 이루었으나, 좋은 회사에 취직해도 언제 해고당할지도 모르는 현대사회의 불안을 반영한 것이라고 할 수 있다. 그리고 가족을 그린 드라마에 있어서도 종전의 부모와 자식간의 수직적인 관계에서 점차 형제간의 수평적인 관계로 주제가 변해 가고 있으며, 혈연관계가 없더라도 나이가 비슷한 젊은이들이 일종의 가족애와 유사한 연대의식을 가지며 서로의 고뇌와 기쁨을 나누는 모습을 그린 드라마가 등장하고 있다.

이와 같이 일본의 드라마는 1990년대 이후 다양한 주제와 소재를 다루며 끊임없이 시청자들을 텔레비전의 세계로 끌어들이고 있다. 일본의 대중문화가 개방된 이후로 케이블 TV를 통하여 소개되는 일본 드라마들이 한국의 시청자들에게도 인기가 있는 이유는 바로 이러한 다양성 때문이 아닐까 생각된다.

Ⅳ. 일본 드라마를 만든 5명의 극작가들

현재는 여성이나 젊은 사람들을 위한 작품이 주류인 텔레비전 드라마이지만, 1970년대에는 성인들을 위한 정취가 깊은 명작드라마가 많이 제작되었다.

그 중심이 되었던 것은 테마성이 강한 시나리오를 쓴 극작가들이다. 그 중에서도 '거장 5인'이라 불리는 이들은 이치카와 모리카즈, 구라모토 소, 하야사카 아키라, 무코다 구니코, 야마다 다이치 등 5명이다. 이들의 공통점은 노베라이제이션(novelization : 영화나 텔레비전의 극본을 소설로 다시 써서 간행하는 일)이 아니라 시나리오 자체를 출판하여 팔린다는 것이다.

다음은 이들 5명의 작품에서 하나씩 명작드라마를 소개하여 그들의 작풍을 보기로 한다.

1. 이치카와 모리카즈

- 1983년, TBS 방송국 「외로운 것은 너만이 아니다」(淋しいのはお前だけじゃない)

2004년에 TBS 방송국의 금요드라마로 인기를 끈 「타이거 앤 드래곤」(タイガーアンドラゴン)의 원작이 된 작품이다. 고전 대중 연예극을 하는 주인공이 사채에서 돈을 빌려 쓰고 쫓기며 그들과 벌이는 희극이다. 복잡한 사회와 그 속에 사는 인간의 현실과 병행하여 향수를 풍겨내면서도 리얼하고 독기가 있는 성인의 우화를 그려낸 것이다. 이 작품에서 우메자와 도미오(梅沢富美男)가 유명해졌으며 주제곡인 「야기리노 와타시」(矢切りの渡し)가 히트하는 등 여러 분야에 영향을 끼쳤다. 드라마가 방영된 다음해에는 소비자 금융의 상한 금리가 내려지는 등 사회에도 영향을 끼쳤다.

2. 구라모토 소

- 1975년~1977년, 니혼 텔레비전 「어머님 전상서」(前略おふくろ様)

구라모토 소라고 하면 후지 텔레비전에서 1981년부터 2002년까지 시리즈로 방영된 「북쪽 나라로부터」(北の国から)가 대표작이긴 하나, 「북쪽 나라로부터」 외의 다른 작품들에서 볼 수 있는 요소는 이 「어머님 전상서」에서 거의 완성되었다고 볼 수 있다.

구라모토 자신의 어머니가 돌아가신 것도 이 드라마와 연관되어 있으며 고향에 어머니를 두고 온 주인공이 한결같이 어머니를 그리워 하며 자신의 어머니뿐만이 아니라 다른 사람의 부모도 소중히 여기는 설정에서 잘 나타나고 있다. 구라모토는 그 이후 홋카이도(北海道)의 후라노(富良野)에 이주한 뒤, 명작 「북쪽 나라로부터」 「따뜻한 시간」(優しい時間) 등 후라노를 무대로 한 잔잔

하고 가슴 뭉클한 작품들을 많이 써 냈다.

3. 하야사카 아키라

• 1981년~1984년, NHK 방송국 「유메치요 일기」(夢千代日記)

사회 속에서 이름 없이 살아가는 일반 사람들에게 초점을 맞추어 그 단편에서 인생을 깊은 시점에서 바라보는 '드라마 인간모양 시리즈' 중의 하나로, 당대 최고의 여배우 요시나가 사유리(吉永小百合)를 주인공으로 한 대표작이다. 피폭(被爆) 2세인 기생 유메치요는 목숨이 수년밖에 남지 않아 온천가에서 조용히 살고 있었다. 이런 그녀의 곁에 박복한 기생과 슬픈 과거를 지닌 사람들이 모여와 서로 의지하며 살아가고 있었는데, 그러한 그들의 곁에 매번 시리즈마다 태평양 쪽에서 문제를 안고 있는 사람들이 찾아와 잔물결을 일으키고 간다는 내용이다. 하야사카의 작품을 본 요시나가 사유리가 사람의 따뜻한 눈빛을 바라보고 있는 그의 작풍에 매료되어 스스로 출연 의뢰를 해 왔다는 경유가 있으나 실제로는 그녀를 전면으로 내세우지 않고 다른 사람의 고뇌를 들어주고 보살피는 역할로 그녀의 연기가 돋보이는 작품이다. 또한 일본해(日本海) 측의 작은 마을을 무대로 번영하는 태평양 측에 비해 퇴세해 가는 일본해 측의 문제를 제기하여 지방의 문제를 다룬 드라마이기도 하다.

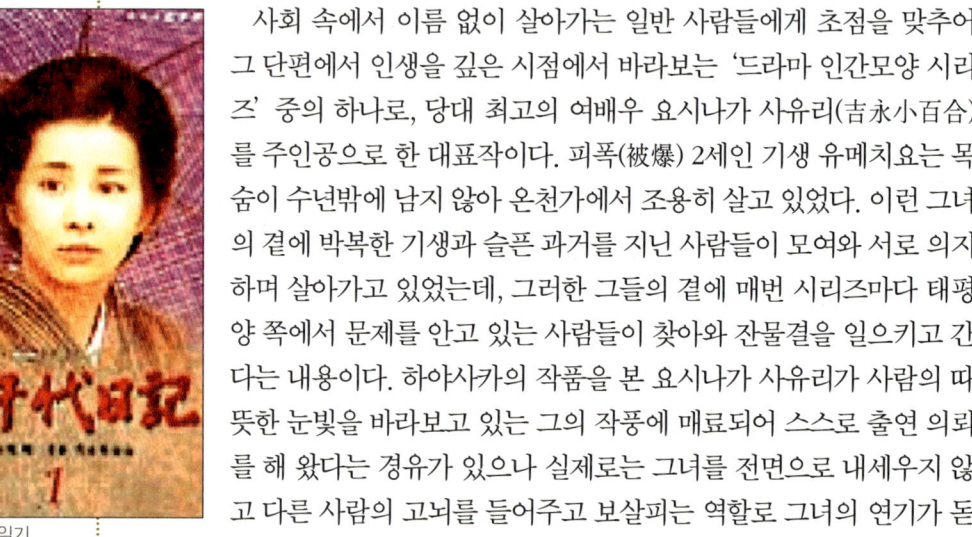

▲ 유메치요 일기
(夢千代日記)

▼ 아수라와 같이
(阿修羅のごとく)

4. 무코다 구니코

• 1979년~1980년, NHK 방송국 「아수라와 같이」(阿修羅のごとく)

제목에 있는 아수라와 드라마의 내용은 겉으로는 인의예지신(仁義礼智信)를 내세우는 것처럼 보이나 속으로는 의심이 강하고 일상적으로 싸움을 좋아하며 서로 사실을 왜곡하고 남의 욕을 하다란 뜻이다. 늙은 아버지와 4자매를 둘러싼 이야기인데, 아버지에게 애인과 그 사이에 태어난 아이가 있다는 것을 안 4자매는 어머니에게 들키지 않게 서로 신경을 쓰는 한편 각자의 고민을 지닌 채로 여자끼리 음과 양으로 부딪히는 모습을 여성인 무코다 구니코 특유의 터치로 그려낸 작품이다. 무코다 구니코는 여성 특유의 섬세함과 대사로 표현하지 않아도 공간의 분위기만으로 장면을 읽을 수 있는 그녀만의 독특한 필체로 행간(行間)의 의미를 중시한 작가이기도 하다.

5. 야마다 다이치

- 1983년, 후지 텔레비전 「조춘 스케치북」(早春スケッチブック)

요령 좋게 살아갈 수 없는 평범한 사람들을 주인공으로 인간의 여러 가지 삶의 방식을 바라보며 긍정적으로 그려 나가는 휴먼 드라마를 주로 쓴 작가이다. 단순한 인정극이 아닌 주인공과 현대사회의 관계성을 섬세하게 다루어 현대 풍조를 신랄하게 비판하는 사회파적 요소가 강하다. 「조춘 스케치북」은 후지 텔레비전에서 금요드라마로 방송된 작품인데 진정한 가족이란 무엇인가를 묻게 하는 내용이다. 서로 딸과 아들을 데리고 재혼한 부부는 각각 고민을 가지면서도 가족의 형태를 유지해 왔다. 그러던 어느 날 아들 가즈히코(和彦)의 생부가 나타나 가족간에 갈등을 겪게 된다. 애써 평온을 유지하려는 부부였지만, 가즈히코의 생부가 시한부인생이란 사실에 죽음을 앞둔 사람에게 해 줄 수 있는 일은 무엇인가, 진정한 가족이란 무엇인가를 생각하게 만드는 드라마이다.

V. 일본 드라마의 현재 위치

이 장에서는 아시아에 있어서의 일본 드라마의 인기와 한국 드라마에 끼친 영향, 그리고 한류가 일본 드라마에 끼친 영향을 살펴보면서 일본 드라마의 현주소를 알아보고자 한다. 젊은이들이 좋아하는 텔레비전 드라마의 도시별 랭킹이 '하쿠호도 글로벌(博報堂グローバル)' 에서 발표되었다(2005년 7월). 이에 따르면 국내 드라마 이외의 순위로는 이하와 같이 나왔다.

	1위	2위
홍콩	일본(25%)	유럽 미국(16%)
타이페이	한국(34%)	일본(32%)
서울	일본(13.5%)	유럽 미국(7.5%)
방콕	중국(24%)	일본(23%)
자카르타	유럽 미국(24%)	대만(13%)

이 통계에서 보듯이 아시아인들은 아시아 드라마에 친근감을 가지는 것 같다. 이미 1970년대부터 홍콩에서는 일본의 드라마나 애니메이션이 방송되기 시작했다. 후지 텔레비전에서 제작한「도쿄 러브스토리」(東京ラブストーリ)가 1995년에 중국 상해에서 방송되어 큰 인기를 얻은 이후로 중국의 도시 젊은이들 사이에서는 통칭 '일극(日劇)'이라고 불리는 일본 드라마의 인기가 높다고 한다. 하지만 같은 중국권이라 해도 타이페이에서는 한국 드라마의 인기가 일본 드라마보다 높은 것을 볼 수 있다. 일본에서의 한류열풍과 마찬가지로 중국에서도 한류 드라마가 인기를 끌고 있는 것이다.

한국에서 일본 드라마의 인기가 높은 것은 케이블 TV에서 방영되는 일본 드라마의 숫자가 많다는 데에 기인한다. 현재 한국에서 방영되는 일본 드라마는 내용보다는 출연배우의 인지도를 중심으로 선택되는 경향이다. 또한 중국에서와 마찬가지로 젊은 층에서 인기가 높다.

일본 드라마는 한국 드라마에 많은 영향을 끼쳤다. 특히, 표절과 모방에 대한 문제점은 끊임없이 제기되고 있다. 이제까지는 정보의 차단과 제한으로 인해 비교적 표절이 쉽게 행해져 왔다. 여전히 표절은 우리 문화 산업에 있어서 심각한 문제라고 할 수 있다. 조선일보 2007년 3월 27일자 기사를 보면 다음과 같이 지적하고 있다.

「한국에 일본의 대중문화가 흘러 들어오고 있다. 음악, 만화, 애니메이션에 이어 영화나 드라마, 소설의 분야에서도 번역, 번안된 일본 작품이 석권하고 있다. 최근 큰 반응을 일으킨 드라마「하얀 거탑」과 660만 명을 동원한 영화「미녀는 괴로워」도, 각각 일본의 드라마와 만화를 밑바탕으로 한 작품이다. 일본의 작품을 원작으로 한 영화는 올해에 들어와 이미 8편이 있으며 드라마 제작자들은 일본 작품의 판권을 얻으려고 앞을 다투고 있다. 10대와 20대 사이에는 일본 드라마 마니아를 지칭하는 '일드족'(일본 드라마족)이라는 유행어까지 탄생했다.

한국의 영화나 드라마는 엔터테인먼트 산업의 급속한 팽창으로 인하여 콘텐츠가 고갈되고 있다. 그 때문에 한국의 소비자에게 받아들여지기 쉬운 일본의 작품에 의존하고 있는 것이다. 지금은 콘텐츠가 승부를 좌우하는 시대이다. 생명력이 강한 유행을 창조해 낼 수 있는 콘텐츠를 생산하는 것만이 문화의 진정한 승리자가 되는 길이다. 한류를 실속 없이 사라지는 유행으로 끝내지 않으려면 한국의 문화 관계자들이 콘텐츠 시대의 의미를 잘 이해함으로써 그 방향으로 매진해 나가지 않으면 안 될 것이다.」

일본문화개방은 텔레비전 드라마를 비롯하여 여러 분야에 영향을 끼치고 있다. 문화개방으로 인해 더 이상 모방과 표절은 수월하지 않게 되었다. 즉 우리만의 문화콘텐츠를 만들어야 할 시대가 온 것이다.

다음으로 일본 드라마에 끼친 한류의 영향을 살펴보자. 일본에서의 한류의 원조는 역시 드라마 「겨울연가」이다. 2005년 5월 '교도통신(共同通信)'의 전후 60년간의 드라마를 다룬 특집기사에 의하면 「겨울연가」는 1950년대 일본에서 선풍적인 인기를 끌었던 라디오 드라마 「당신의 이름은」(君の名は)에서와 마찬가지로 순진한 사랑을 테마로 했다는 점에서 유사하다고 분석했다. 즉, 한국 드라마와 일본의 옛날 드라마는 둘 다 사랑을 테마로 하고 있으며, 한국인과 일본인은 세월의 흐름과 상관없이 순진한 러브스토리를 추구한다는 공통점을 가지고 있다는 것이다. 1953년에 첫 방송이 시작된 「당신의 이름은」은 드라마가 방송되는 시간에는 일본 전역의 공중목욕탕의 여탕이 텅텅 빌 정도로 폭발적인 인기를 끌었다고 한다. 이런 현상을 잘 파악하고 있던 방송국에서는 일본에서 1970년대에 선풍적인 인기를 끌었던 '빨간시리즈'를 리바이벌하기도 했다. 출생의 비밀, 불치병, 지극한 사랑 등 한국 드라마에의 단골 소재를 부각시켜 인기를 끌었던 것이다.

일본에서의 한류열풍은 여성 팬들이 한국 배우를 따라다니는 유행을 넘어 이를 계기로 일본의 젊은 층에게 한국을 소개하는 역할을 해 왔다. 앞서 예를 든 「겨울연가」가 그 좋은 예라 할 것이다. 한 편의 드라마가 수많은 사람들의 생각을 바꾸어 놓았던 것이다. 현재에도 일본 드라마에 있어서 한류의 영향은 계속되고 있다. 이를 매개로 하여 한일 상호간의 갈등을 풀어 나갈 수 있는 계기가 되기를 바란다.

【용어사전】

◇ NTSC

아날로그 컬러텔레비전 방송에 관한 규격. 미국의 "National Television Standards Committee"(국가 텔레비전 표준화 위원회)에 의해서 아날로그 텔레비전 방식의 규격으로 제정되어, 약칭인 NTSC로 불린다. NTSC는 미국뿐만이 아니라 일본, 대만, 한국, 필리핀, 중남미에서도 채용되었다. 일본에서는 NTSC를 이용한 아날로그 방송에서 2011년부터는 일본이 개발한 방송규격인 "Integrated Services Digital Broadcasting"(ISDB)를 이용한 디지털 방송으로 완전이행할 예정이다.

◇ 하이비전(Hi-Vision)

NHK가 상표권을 소유하고 있는 고정밀 텔레비전 방송(High definition television/HDTV)의 애칭이다. NHK는 하이비전을 세계의 통일규격으로 만들 것을 목표로 구미(欧美)에서 적극적인 표준화 활동을 펼쳤으나, 정치적 그 외 여러 가지 이유로 일본과 유럽, 미국은 서로 다른 방식으로 HDTV방송을 실시하게 되었다. 2007년까지는 아날로그 하이비전 방송을 실시하였으나, 미국에서 디지털 방송을 실시함에 따라 일본도 디지털 하이비전 방송을 실시하게 되었다.

◇ 시타마치(下町)

도쿄의 야마노테(山の手, 무사시노 지역의 동쪽)의 반대편을 뜻하는 말이며, 역사적으로는 에도(江戸)시대에 고급 무사들의 저택 주변에 위치한 하급 무사와 서민들이 모여 살던 지역을 뜻한다. 텔레비전, 영화 등에서 다루어지는 시타마치는 '현대의 도쿄에 있어서 에도의 정서와 인간미를 느낄 수 있는 곳'이라는 이미지가 강하다.

◇ 열도개조론(日本列島改造論)

1972년에 수상이 된 다나카 가쿠에이(田中角栄)가 주장. 일본열도를 고속교통망으로 연결시켜 지방의 공업화를 촉진하여 인구의 과소, 과밀 현상 그리고 공해 문제를 동시에 해결하려는 것이다. 국토의 북부를 공업지대로, 남부를 농업지대로 만들자는 논리가 전개되었으며, 다나카 수상의 출신지인 북부 지방의 빈곤해소에 대한 열망이 담긴 주장이다.

18. 대중음악과 가라오케의 신경향

노근숙

I. 일본 대중음악의 대표적 장르인 엔카
II. 엔카 속에 보이는 서양음계
III. 새로운 미디어와 새로운 노래 형식
IV. 뉴뮤직의 등장
V. 일본 대중음악은 빠르게 변하고 있다

I. 일본 대중음악의 대표적 장르인 엔카

메이지시대 이후 일본음악은 서구문물과 접촉하면서 변화를 거듭하고 대중음악 역시 서양음악과 더불어 변화하여 현재에 이르고 있다. 이러한 변화의 소용돌이 속에서 대중음악은 다양한 모습으로 시대를 반영하고 있다. 따라서 그 시대를 대표하고 있는 음악이 무엇을 꿈꾸고 무엇을 만들어 왔는가를 더듬어 보면, 일본 가요곡의 역사를 이해할 수 있을 것이다. 엔카(演歌)는 어떠한 시대적 상황 속에서 생성되었으며, 어떠한 모습으로 변화하여 대중들의 마음 속에 자리잡게 되었을까를 살펴본다.

그리고 우리와 비슷한 정서를 가지고 있는 엔카의 탄생 배경에는 서양음악을 그대로 모방한 창가(唱歌)가 그 밑거름이 되어 있다. 엔카는 시대의 굴레 속에서 다양한 모습과 명칭을 갖게 되는데 원래의 엔카의 모습과 오늘날 우리에게 익숙한 엔카의 모습은 상당 부분에서 차이를 보이고 있다. 예를 들면 가사에 눈물·비·이별 등의 단어가 빈번히 쓰이고 있고, 주제는 이별·체념·미련·사랑 등의 감상적인 것이 대부분이다. 일본 대중가요를 보면 악곡의 구성과 리듬, 반주악기의 구성 등은 서양 대중음악에 보이는 형식을 따르고 있지만, 멜로디만큼은 일본의 전통적인 음감을 바탕으로 작곡되고 있다.

1. 그 옛날 운동권의 노래

엔카의 어원은 엔제쓰카(演說歌) 즉 연설노래이다. 일본 국어대사전의 설명을 보면 엔카(演歌, 艶歌라고도 쓴다)는 연설노래의 통칭으로 메이지 10년대(1878 ~ 1888) 자유민권사상을 보급하기 위한 목적으로 연설을 노래로 변형시킨 것이다. 그 이후에는 정치활동에서 멀어져 길거리에서 악기 반주에 맞춰, 비련·이별·사랑과 같은 세상사에 대한 노래를 부르며 노래 책을 팔던 예능을 말하는 것이라고 정의하고 있다. 원래 '엔제쓰(演說)'라는 말은 후쿠자와 유키치(福沢諭吉)가 만든 조어로, 그 전에는 '엔제쓰(演舌)'라고 했다.

1887년 경 자유민권운동가들이 헌법제정 및 의회개설을 요구하며 각지에서 가두연설을 시작한다. 그러자 메이지정부는 이것을 반체제운동으로 간주하여 연설을 제지시키고 언론을 봉쇄한다. 자유민권운동가들은 이러한 메이지정부에 맞서 연설 대신 그 내용을 노래에 담아 길거리에서 노래를 부르며 그들의 주장을 펴나가게 된다. 이 연설회는 세이난(西南) 전쟁 이후 1880년에서 1882년까지 2년간 절정기를 맞이하게 된다. 이후 연설노래로 생업을 꾸려가는 전문직업인이 출현하게 되는데, 이들은 노래책(歌体 : 가사를 인쇄한 카드를 묶은 책)을 팔아서 그들의 주요 생계수단으로 삼았다. 이들을 엔카시(演歌師)라고 하는데, 자유민권운동가들의 엔카활동은 드디어 전문적 엔카시의 탄생으로 이어지게 되고 자유민권운동가들의 사상 또한 엔카시의 몫으로 이어지게 된다. 자유민권운동가들의 노래인 엔카는 레코드회사가 개입되면서 패전 이후 이성에 대한 연모의 정을 노래하는 엔카(艶歌)의 성격으로 변해 간다.

2. 엔카의 토대가 되는 쇼카

엔카의 토대가 된 것은 엔카보다 먼저 있었던 쇼카 즉 창가(唱歌)라는 노래이다. 1881년에 소학창가집초편(小学唱歌輯初編)이 발행되기 전에, 한국의 초등학교에 해당하는 소학교가 생겨나고 창가라는 교과목도 개설되었지만, 교사도 교재도 없었던 시대였기 때문에 명목뿐인 과목으로만 존재하다가 9년 후 소학창가집(초등학교 교재용 창가집)이 출간되면서 교과서로 채택된다. 이 창가집은 주로 스코틀랜드나 아일랜드의 민요, 서양 명곡 등에 일본어 가사를 붙인 것이 대부분으로 여기서 주목할 점은 서양음계에 의한 음악교육이 최초로 실시되었다는 점이다. 그리고 또 한 가지 우리나라 어린이들이 즐겨 부르고 있는 대부분의 노래가 일본 창가를 우리말로 가사만 바꾸어 놓았다는 놀라운 사실이다.

서민에게는 창가, 전문가에게는 가곡이 음악의 표준양식이 되면서 메이지시대 초기에 돈야레부시, 그리고 메이지시대에 옷페케페, 엔카, 속요를 거쳐 하야리우타(流行歌)가 맹렬한 기세로 나타나 서민들을 열광시키고, 도취시켜 그들의 마음 속으로 깊숙이 파고들게 된다. 일본인이 「소학창가」를 통해서 처음 서양음계를 접했다는 사실과 일본인 생활 속에 자리잡은 하야리우타(유행노래)는 깊은 관련을 갖고 있다.

일본의 창가는 찬송가와 서양의 학교 창가가 출발점이 되고 있다. 이것을 토대로 메이지창가가 만들어지고 국가 차원의 교육과 연결되는 변모과정을 거친다. 다시 말해 학교 창가는 천황체제 국가의 입장에서 학교교육을 전제로 서양의 음계체계를 국민의 덕목으로 삼아 창작된 것이다. 즉 근대라고 하는 한 시대를 서양 멜로디에 실어서 국수주의를 선전, 강조하려는 의도가 들어 있다고 할 수 있다. 창가교육을 통한 서양음악의 보급은 전통음악에 대한 멸시풍조를 낳고, 그 발전까지도 저해함으로써 만회하기 어려운 깊은 단절을 발생시키고 있다.

3. 군악대에서 시작된 창가

1853년 우라가(浦賀) 해안에 페리가 이끄는 흑선(黑船) 함대가 나타난다. 그 이듬해 다시 일본을 찾은 이 흑선함대는 군악대의 새로운 리듬과 소리를 일본인에게 쏟아 부었다. 온 거리를 뒤흔드는 군악대 연주는 일본인의 마음 속에 각인되고, 이 서양소리는 결국 창가의 모태가 된다. 또한 창가는 전쟁의 여운이 만들어 낸 리듬이라 할 수 있다. 청일전쟁이 한창일 때 적개심에 불타는 애국정신이 노래로 표현되고, 이러한 2박자 행진곡인 군가는 거리를 휩쓸며 일본 국민들 마음 속에 자리잡게 된다. 국가와 민족을 위해 전쟁터를 향해 전진하는 젊은이들을 찬미하며 온 국민들이 입을 모아 노래 부르고 행진하는 새로운 풍속도가 거리를 메워 나가게 된다.

청일전쟁 이후 1900년에 발표된 「철도창가」「지리교육철도창가」는 신주쿠(新宿)에서 고베(神戶)까지 각 역의 경치를 노래로 표현하고 있는 국민적 애창가곡으로서 문명의 소리, 문명의 리듬인 기차 소리를 상징하는 듯한 경쾌한 2박자 노래로 사람들의 마음을 사로잡았다. 「철도창가」는 우리나라 개화기 초기부터 널리 애창된 「학도가」의 멜로디로 우리에게도 그리 낯설지 않은 곡이다. 이 노래는 국학(国学)과 한학(漢學)의 대가인 오와다 다케키(大和田建樹)가 무명의 작사가가 쓴 가사를 보완해서 만든 것으로 일본이라는 근대 국가의 성장 모습이 힘찬 리듬으로 표현되어 있다.

II. 엔카 속에 보이는 서양음계

일본 대중음악인 엔카의 기본음절은 서양의 7음계에서 태어난 요나누키 단조 5음계이다. 1912년경부터 단조(短調)의 애수를 띤 요나누키 음계로 노래를 작곡하여 일본 최초의 유행가 황금기를 누린 나카야마 신페이(中山晋平)는 청일전쟁을 전후하여 음악을 동경하며 소년기를 보내게 된다. 학교교육을 통해 일본 어린이들의 귀에 익숙해지기 시작한 요나누키 5음계는 이후 거리에 울려 퍼지는 군가를 통해 일본 국민들에게 깊숙이 정착된다.

일본 대중음악사에서 최초로 등장한 엔카는 1914년 나카야마 신페이가 작곡한 「카츄샤의 노래」이다. 이것은 톨스토이 원작의 『부활』을 바탕으로 만든 신파극의 극중 노래이다. 이 곡은 레코드로 발매되어 대단한 인기를 누렸고, 이 신파극과 노래는 곧 번안되어 한국에 상륙한다. 이 곡은 소학창가 음계로 작곡되었는데 크게 히트하면서 음계를 다시 단음계로 바꾸어 「센도고우타(船頭小唄)」로 이어진다.

특히 일본 엔카의 아버지로 추앙받고 있는 고가 마사오(古賀正男)가 1930년대 레코드 산업의 비약적인 선풍을 일으키면서 엔카는 명실상부한 대중음악으로 자리잡기에 이른다. 일본에서 레코드 유행가가 대량 생산되는 1928년부터 종전까지 일본의 유행가 중 75%가 요나누키 5음계였다고 한다. 창가를 거쳐 엔카에 이르기까지 요나누키 5음계 정착이라는 커다란 흐름이 있었다고 할 수 있다.

▲ 나카야마 신페이의 생가

일본의 전통민요 단음계인 미야코부시(都節) 음계(미-파-라-시-도-미, 반음이 두 개 포함된 음계)는 서구의 장단음계가 5음계 문화권에 들어올 때 일반적으로 일어날 수 있는 현상, 즉 반음계를 피하기 위해 4번째 음(장조의 파 단조의 레)과 7번째 음(장조의 시와 단조의 솔)이 생략된 라-시-도-미-파-라의 요시누키 단조 5음계(도, 레, 미, 솔, 라, 도 요나누키 장조 5음계에 대응하는)라는 점이다.

그러나 요나누키 단조 음계의 구성음들이 미야코부시 음계의 구성음과 같다는 것뿐이지 같은 원류에서 비롯되었다는 말은 아니다. 이것들은 서로 다른 음계이며 따라서 엔카는 일본 고유의 음계가 아니라 일본이 메이지유신을 거치면서 진행된 서구문화 접촉에 의해서 생긴 결과이다.

1. 애절하게 호소하는 유행가

전쟁 중에 금지되었던 경음악, 재즈 등 영미음악은 일변하여 유행의 최첨단에 서게 되고 40년대의 혼란한 사회를 틈타 라디오 방송을 통해 확산되어 간다. 패전 전에 있었던 음악이 다시 부활하면서 음악계에도 새로운 흐름이 형성되어 가는데, 전쟁으로 인해 강제로 단절된 재즈, 블루스와 같은 서양음악과 단음계인 일본 가락이 두 개의 궤도를 나란히 달리게 된다.

서양 대중음악의 아버지로 불리는 핫토리 료이치(服部良一)는 문화통제시대였던 전쟁 중에도 군가는 한 곡도 작곡하지 않고 재즈, 부기우기 등 서양음악을 작곡했으며 그 후 8비트의 히트곡을 탄생시킨다. 그 시대를 풍미하던 노래로는 핫토리 료이치가 작곡한 「도쿄 부기우기」와 고가(古賀)가 만든 「온천장 엘레지」 「이국 언덕」이 있는데, 「도쿄 부기우기」는 가히 서양풍 일본 팝스 제 1호라 할 만하다. 「온천장 엘레지」는 가요곡의 원형이라 할 수 있는 단조 멜로디의 일본풍 서정가요이며, 「이국 언덕」은 군가의 흔적이 묻어 있는 씩씩한 곡이다. 「도쿄 부기우기」는 히로시마(広島) 원폭과 전쟁의 와중에서 겪는 생사의 갈림길, 혼돈과 황폐 속에서 인간이 갈구하는 자유를 안겨 주었으며, 살아남은 사람들의 내일을 향한 소원을 대변해 주기도 했다.

일본적 멜로디를 담아내고 있는 「온천장 엘레지」에는 황폐한 사회 속에서 인플레이션으로 인한 불황에 허덕이며 고단한 삶을 살아가는 서민들의 한숨이 진하게 배어나오고 있다.

일반적으로 제 1차 유행가의 황금기를 1948년 전후로 보는 경향이 많은데, 이 시기의 유행가의 토대를 이루는 것으로는 창가와 나니와부시(浪花節 : 샤미센 반주로 의리나 인정을 노래한 대중적인 창)를 들 수 있다. 일본 유행가의 가장 큰 특징은 애조를 띈 가락에 있다.

그 대표적인 노래가 바로 「카츄사의 노래」 「센도 고우타」인데 시마무라 호케쓰(島村抱月)의 문하생

▲ 「도쿄 부기우기」를 부른 가사기 시즈코

이던 나카야마 신페이가 일본식 서양음계(요나누키 5음계)로 작곡한 이 노래에는 애조가 감돌고 있다. 이 가요곡에 들어 있는 일본 가락은 순수한 전통곡조는 아니다. 그러나 이 음계는 단음계로서 그 음안에 전통적인 노래의 기본이 되는 에도(江戸)시대 미야코부시 음계가 들어 있어 일본의 정서를 표현하고 있다.

두 번째 특징으로 고부시라 불리는 특수한 가창법을 들 수 있다. 고부시라는 것은 민요나 전통가요에 붙이는 미묘한 장식적인 가락을 말한다. 이 전통적인 가창법이 민중들의 마음 속에 깊게 자리잡고 있었기 때문에 이 가창법을 유행가 가락에 붙여 마지막 음절모음을 끌어올리며 애절하게 부르는 창법을 구사함으로써 대중의 사랑을 받았던 것이다.

2. 빠른 템포에 흥겨운 가락의 가요곡

가요곡이란 명칭은 쇼와 전쟁 중에 문화통제 정책 가운데 명명된 것이다. 그 때까지는 유행가, 영화주제가, 고우타(小唄) 등으로 적당히 레코드 회사가 분류해서 불렀는데, 전쟁을 수행하는 국민이 가볍고 조심성 없는 유행가를 불러서는 안 된다는 국가방침에 따라 가요곡이라는 명칭을 갖게 되었다. 전쟁 상황 아래서 강행된 문화통제는 1938년에 「애국행진곡-보라 동해 하늘이 밝고」가 발표되면서부터 더욱 강화되고 유행가 레코드를 만들지 못하게 되자 가요곡이라는 이름을 사용하게 된다.

이 명칭은 독일의 리트(Lied)와 같은 노래에 붙여주는 가곡이라는 어휘에서 힌트를 얻은 것으로 '가요'라는 이 말은 일본 고대가요를 비롯하여 계속 사용되고 있는 음악의 갈래라고 할 수 있다. 당시의 가요곡은 서양음계로 되어 있어서 음계를 소리로 바꿀 수 있는 능력이 필요했다. 그렇기 때문에 초기 가수는 클래식 출신 가수·기생 출신 가수들이 대부분이었다. 또 가요곡은 엔카와 비교해서 보다 현대적인 노래, 서양적인 노래로서의 위치를 확보하게 된다.

1928년에 빅터레코드사에서 제작한 「하부(波浮)항구」는 새롭고 이질적인 노래라는 평가를 받으며 공전의 히트곡으로 급부상하면서 엔카 중심의 유행가를 구시대적 노래로 만들어 버린다. 1920년대 후반에 나온 가요곡을 보면 가사나 곡 모두 새로운 형태로 만들어져 새로운 것을 즐기는 일본 젊은이들의 취향에 잘 어울리는 노래이다. 이 새로운 가요곡은 도쿄의 긴자(銀座) 거리를 중심으로 모가모보(모던걸, 모던보이의 준말. 당시의 유행어)에 의해서 토대가 형성된다. 1933년경에는 가요곡의 수량이 급속히 증가되면서 여러 사람이 모여서 노래를 즐기는 모임도 생겨나게 된다.

당시의 노래는 1925년경의 노래에 비해 2배 정도 템포가 빠르고, 내용도 주로 향락과 값싼 감상을 주입하는 것으로, 다시 말하면 우민정책(愚民政策)의 도구가 되었다. 지금도 가요곡이라면 듣고 싶지도 부르고 싶지도 않다는 층이 비교적 많은 것은 이러한 배경에 기인한다.

3. 군국주의 시대의 가요

1937년 중일전쟁이 시작되면서 가요계는 바야흐로 군국가요시대로 접어들게 된다. 아와야 노리코(淡谷のり子)가 불러서 크게 유행시킨 「이별의 블루스-창을 열면 항구가 보여요」는 현대적 감각의 가요곡인데 중일전쟁의 양상

이 새로운 국면으로 접어들면서 군국주의 사상을 선전하는 데 염증을 느끼게 된 대중들의 폭발적인 지지로 온 국민의 애창곡으로서 사랑을 받았던 곡이다. 그러나 사랑 운운하는 연애노래는 전쟁의식을 고양시키는 데 방해가 된다는 이유로 통제를 받게 되고 결국 전시하에 어울리는 군국가요를 또 다시 만들게 된다. 이리하여 제2차 세계대전에서 일본이 패망하기까지 수백 곡의 군국가요가 일본의 대중음악을 지배하였는데 대중들은 그 중에서 자신의 기호에 맞는 노래를 골라 애창하곤 했다. 물론 대중들의 사랑을 받았던 곡은 대부분 인간미를 그리는 내용의 가사나 비장감이 넘치는 노래였다.

현상공모에서 1등을 차지한 곡으로서 「진군의 노래」가 있는데 지나치게 용맹스러운 면만을 표현한 나머지 대중들로부터 외면당한 반면, 오히려 인간다운 내용을 노래한 「야영의 노래」가 대중의 사랑을 받는 애창곡이 된다. 「출정 병사를 전송하는 노래」나 「새벽 기도」는 아주 뛰어난 곡으로 많이 부르던 군국가요이다. 이 후 통제는 점점 심해져 곡이 아무리 훌륭해도 비장감이 없으면 금지곡이 되어 버리는 것이 예사였다. 종전 후 후타바 아키코(二葉あき子)가 불러서 히트시킨 「밤의 플랫트 홈」도 실은 금지곡이었다. 내용은 출정하는 병사를 환송하는 노래인데 너무 애절하고 현대적인 감각을 지녔다는 것이 금지곡의 이유였다.

4. 패전 후의 가요곡

제2차 세계대전이 패전으로 끝나고 민주화의 바람이 불기 시작하면서 바야흐로 일본에는 자유를 구가하는 시대가 도래한다. 이 물결을 타고 출정한 병사의 노래, 전쟁에서 돌아오지 않는 사람을 기다리는 노래 등이 공허한 사람들의 마음을 달래며 전쟁 중에 금지곡으로 지정되었던 이별 노래 「밤의 플랫트 홈」도 다시 대중들에게 돌아온다. 현실을 리얼하게 표현한 가요곡 「별이 흐르는 데」는 약자의 입장에서 전쟁을 비판하는 내용을 담고 있는 것으로 패전한 일본의 현실에 정면으로 맞선 이색적인 가요곡이다. 이 노래는 당시 미군병사들이 즐겨 추던 지르박에 어울리는 멜로디였는데 이 노래 이후 이런 주장을 내세우는 노래는 가요곡에 나타나지 않는다.

일본 정부는 패전이 몰고 온 인플레이션, 식량난, 취직난, 주택난 등 사회혼란을 딛고 미국 경제에 기대어 전후 국력부흥에 온 힘을 기울인다. 그러나 한편 이로 인해 일본 경제는 미국 달러권에 속하게 되고 결국 일본에 미국 풍조와 미국 문화가 널리 확산되기에 이른다.

초등학교에서 문어체의 문장과 한문(한자와 한문은 다르다)을 가르치지 않게 되자 가요곡의 가사에서도 문어체가 자연히 사라지게 된다. 가요곡은 레코드가 대량 판매됨으로써 비로소 성립되는 문화이므로 젊은이들이 이해하지 못하면 레코드가 팔리지 않기 때문이다.

녹음과 재생기술의 발달도 가요계에 일대 혁신을 일으키는 계기가 된다. 원음에 충실한 녹음재생기술 하이파이는 마이크를 손에 들고 노래를 부를 수 있어 움직이며 춤을 출 수 있기 때문에 고부시를 듬뿍 살려서 녹음을 할 수 있다. 미소라 히바리(美空ひばり)는 근대화를 향해 가는 가요계의 물결을 맨 먼저 탄 가수이다. 이러한 기술의 진보로 인해 이제 가수들에게는 다른 사람들과 구별되는 개성이 요구되게 되는데, 일반 방송이 시작되고 텔레비전 수상기가 보급되자 가수가 되는 첫 번째 조건은 스타일과 용모로 바뀌게 된다. 때로는 서투르게 부르는 노래가 개성이 있어서 좋다고 할 정도로 1920년대와는 전혀 다른 양상을 띠게 된다.

1955년이 되면서 나니와부시는 눈에 띄게 퇴조양상을 보이게 된다. 패전 후에 나타난 민주화로 인해 천황을 신으로 숭상하는 풍조를 부정하고 개인의 자유를 존중하는 의식이 점차 고조되어 간다. 이러한 사회 변화 속에서 의리를 존중해야 한다고 고리타분하게 설교하는 나니와부시가 젊은이들의 지지기반을 잃게 되는 것은 어쩌면 당연한 일인지도 모른다.

한편 달러권 경제 시대에 접어들면서 일본의 근대화·공업화는 석유산업을 중심으로 고도의 경제성장을 이루게 된다. 고도 경제성장과 더불어 나타난 사회 현상 중 하나가 가요곡을 기피하고, 모던재즈, 라틴리듬, 포크, 록, 소울, 샹송 등을 선호하는 젊은이들이 대도시를 중심으로 증가하게 되는데 젊은이들의 의식구조가 바뀌고 미국화 되어가는 것은 막을 수 없는 시대적 흐름이었던 것이다. 이처럼 가요곡은 우타고에(歌声)운동과 모던추구를 지향하는 그 틈새에 끼어 협공을 당하게 된다.

Ⅲ. 새로운 미디어와 새로운 노래 형식

1. 도시화의 물결 속의 영화 주제곡

1922년 「시든 갈대」, 1924년 「바구니의 새」 등 영화 속의 주제가가 크게 유행하면서 영화는 유행가의 기반이 되기 시작한다. 또한 무성영화시대에 종지

부를 찍으며 유성영화가 시작된 것이 1931년 여름부터인데 이후 유성영화는 대도시를 중심으로 급속도로 보급되면서 지방도시로 확산되고 영화는 범국민적 오락으로 성장하게 된다. 한편 이 영화의 소리는 노래로 이어져 영화 주제가가 탄생하는 계기를 마련한다. 도회지를 겨냥해서 만들어진 가요곡은 영화 주제곡으로서 중소도시 및 젊은 생산근로자들에게까지 확산되는 파급효과를 가져오게 된다. 이들에게 가장 많은 사랑을 받은 노래는 고가가 만든 곡으로 대표작에는 「술은 눈물인가, 한숨인가」 「일본 다리에서」 등이 있다. 패전 후 제1호 가요곡이 된 「사과의 노래」는 점령군 통제하에서 절대적 권력을 쥐고 있던 GHQ(점령군 최고사령부)의 검열을 통과한 제1호 영화로 쇼치쿠(松竹) 영화사가 제작한 「산들바람」의 주제가이다.

영화 주제가는 1930년대에 한층 더 많이 보급되고 도시화와 인구의 도시집중 현상이 반영된 「도쿄 행진곡」 「여급(女給)의 노래」 등은 큰 화제가 된다. 또 전기 녹음설비가 개선되면서 음질이 비교적 좋은 레코드가 제작되어 가정으로 침투한다. 레코드매상이 비약적으로 신장되자 각 레코드사는 유행가 제작에 몰두하게 되고 각 레코드 제작사는 유행을 예측해서 노래를 만들어 가기에 이른다. 이러한 음반업계의 변화는 서민들이 애창하는 노래가 유행가가 된다는 공식을 무너뜨리고 레코드 제작사가 서민의 기호를 좌지우지하며 대중을 선도해 가는 현상을 낳게 된다.

2. 유행가와 CM송

민간방송이 시작되면서 새롭게 나타난 것이 바로 CM송이다. CM송 1호는 1951년에 제작된 고니시로쿠사진공업(小西六写真工業)의 「나는 아마추어 사진가」로, 회사명과 제품명이 나오지 않는 것이 특징이다. 그 후 CM송은 홈송(가정에서 부르기 좋은 노래)으로 발전되고 상품명을 직접 노래 속에 삽입하여 전성기를 구가하게 되는데 패전 후 일본 국민들에게 가장 많이 침투된 것은 CM송이라는 기사가 주간지에 게재될 만큼 CM송은 새로운 분야로 부상한다.

TV 수상기가 빠른 속도로 보급되고 소비혁명으로 신상품이 쏟아져 나오자 CM송 선전술도 급변하게 된다. 그 결과 시성(詩性)과 음악성을 잃게 되고 상품의 세일즈 포인트를 강조하는 내용이 그 자리를 대신하게 된다. 이렇게 시각적 CM이 중요시되는 시대가 도래하면서 「20세기 동요」라는 평가까지 받게 된다. 그러나 CM송은 어린이보다 유행가에 큰 영향을 미치게 되는데 이것은 CM송에도 음악성이 살아 있다는 증거이다. CM송에 가사를 바꾸어 넣으면 유행가로 탈바꿈할 수 있기 때문에 음악인들은 가요곡으로서의 성공여부를 CM송에 맡겨 보는 시스템을 구축하고 있다. 다시 말해 새로운 리듬에 대한 대중의 호응도를 CM송으로 살펴보는 것이다. 이렇게 우리 생활과 밀접한 상품광고 노랫말과 선율은 대중음악에 커다란 영향을 미치고 있다.

3. NHK의 고하쿠우타갓센

▼ NHK 고하쿠우타갓센

일종의 가요청백전이라 할 수 있는 고하쿠우타갓센(紅白歌合戰)은 1951년에 시작된 살아 있는 현대 가요사이자 가수들의 제전이다. 참가자는 남녀 각각 25명씩 선발하며 출연가수 심사는 9월부터 시작된다.

심사는 60여개 지방방송국이 시청자의 의견을 수렴하여 실시하는데 도쿄중앙방송국 국장·부장급을 중심으로 구성된 고하쿠우타갓센 심사위원회가 이 자료를 기초로 2개월간 최종심사를 한다. 심사기준은 인기·실적·NHK 공헌도인데 가장 중요시되는 것이 NHK에 대한 공헌도라고 한다. 이 고하쿠우타갓센에 출연하게 되면 가수 베스트 50이라

는 대열에 들어서게 되며, 출연가수는 지명도가 높아지고 출연료도 올라간다.

그러므로 '고하쿠우타갓센' 무대에 선다는 것은 가수에게 있어 최대의 영광이자 축제인 셈이다.

일반인들도 12월 31일 NHK의 이 고하쿠우타갓센을 보지 않으면 한 해를 보내는 느낌이 들지 않는다고 할 정도로 제야의 종소리, 섣달 그믐날 밤에 먹는 메밀국수인 도시코시소바(年越しそば)와 함께 연중행사로 자리잡고 있다.

Ⅳ. 뉴뮤직의 등장

1. 젊은이들의 마음을 사로잡은 포크 송

　텔레비전시대가 개막되면서 '가수'는 청춘의 꿈과 희망을 상징하는 심벌이 된다. 미디어혁명은 음악을 전달하는 레코드와 라디오에서 절대적인 힘을 발휘하는 텔레비전으로 연결시키게 되는데, 매체가 급변하면서 음악을 둘러싸고 있는 환경도 상당한 변화를 일으킨다. 음악계에서는 테크놀로지와 엘렉트릭이 그리고 사회적으로는 베트남 전쟁이 음악의 흐름을 바꾸어 놓게 되는데 비틀즈의 대두도 이 흐름에 한 몫을 하게 된다.
　일본 유행가는 서양음악과 시대의 흐름에 대응하면서 만들어져 왔으나 이제는 더 이상 젊은이들을 지탱할 힘을 갖지 못하게 된다. 바로 베트남 전쟁과 대학분쟁 때문이었다. 기존의 가요곡으로는 해결하지 못하는 부분을 감당할 만한 노래가 필요했다. 그 자리를 차지한 것이 포크송으로, 1964년 도쿄 올림픽 이후 대학생들 사이에 유행하기 시작하였는데 포크송 붐과 엘렉트릭 붐은 동시에 일본 땅에 상륙한다. 그러나 대부분의 포크송은 미국에서 만들어진 노래로 포크 본래의 의미를 대중들에게 전달하지 못했다. 그래서 탄생된 것이 사회파 가요곡으로 그 대표적인 곡은 이즈미 다쿠 작곡의 「돌려보내 줘 지금 당장」이라는 유괴범을 설득하는 노래이다. 또 지체장애인, 혼혈아 문제와 같은 사회의 문제점을 거론하는 등 기본의 가요곡과는 다른 테마를 갖는 유행가로서, 가요곡에 리얼리즘과 사회의식을 고양시키는 큰 역할을 부여하게 된다. 한편 포크송은 일본 팝스로 전향하면서 그룹사운드의 전성기를 맞이하게 된다.
　한편 가요곡이 록과 포크 사이에 끼여 제자리를 맴돌고 있을 때 미소라 히바리가 「야와라(柔)」로 레코드 대상을 수상하여 엔카여왕이라는 칭호를 얻으며, 이 칭호는 히바리에게 붙는 고유명사가 된다.
　1969년에 다시 일어난 포크송 붐은 언더그라운드 노래라고 하는 사회 풍자, 프로테스트 송(항의하는 내용을 담은 포크송)이 기폭제가 되어 간사이(関西) 지방을 중심으로 일어난다. 1964년 도쿄를 중심으로 퍼져 나간 포크송 붐은 이미 그 세력이 약화되어 팝스, 가요코러스로 변한 반면 관서지방의 포크송은 가요계의 주목을 받게 된다. 일상생활 속에서 숨 막히는 여러 가지 일들은 노래로서 속 시원히 대변해 주었기 때문에 대중의 지지를 획득할 수 있었던 것이다. 이러한 인기는 오래 가지 못했지만 가요계에 끼친 업적은 대단하며 사회에 미친 공헌도 높이 평가되고 있다.

포크송이 사회에 어필하기 시작한 시기는 학생운동과 밀접한 관계를 갖고 있다. 엔카도 원래는 자유민권운동가인 투사들의 노래로 뭔가 저항해 보는 정치적인 노래였다. 학생운동이 사회에서 소용돌이치고 있을 때 포크송이 대두되었고 엔카 역시 운동가들의 노래라는 점에서 양쪽 모두 정치와 관련을 갖고 있다고 볼 수 있다. 즉 시대가 변하면서 엔카가 포크송으로 형식이 바뀌었을 뿐 근본적으로는 닮은꼴이라 할 수 있다.

2. 뉴포크와 뉴뮤직

포크는 이미 반체제에서도 언더그라운드에서도 사라졌으며, 기존의 매스컴과 매체의 완고함을 제외한다면 상업적인 주류가 되어 버렸다. 그리고 그 자리를 대신한 것이 포크도 록도 아닌 새로운 일본 노래로 떠 오른 뉴뮤직이다. 그러나 뉴뮤직은 음악장르로서 확립된 것이 아니라 뉴포크에서 파생된 한 갈래라고 보고 있는 견해가 일반적이다. 1970년에 요시다 다쿠로(吉田拓郎)가 팝 스풍의 「결혼하자」, 엔카풍의 「나그네의 주막(旅の宿)」을 히트시키며 포크의 이미지를 새롭게 한다. 그리고 언더그라운드에서 활동하던 가수들이 부상하면서 뉴포크의 시대가 열린 것이다. 이러한 변화 속에서 아라이 유미(荒井由美)를 선두로 한 여성 싱어 송 라이터들이 급증하면서 중요한 역할을 담당하게 된다. 그 후 1970년대의 음악을 주도한 것은 뉴뮤직이며, 이 용어는 1969년에 음악잡지 『뉴뮤직 매거진』이 창간되면서 사용된 단어이다. 비틀즈와 밥 딜런의 영향을 받아 생긴 새로운 음악이라는 뜻으로 포크도 록도 아닌 젊은 세대에 어울리는 대중음악이라는 의미도 갖고 있다. 화술이 뛰어난 이들의 매력을 전달하는 매체는 주로 스테이지와 라디오였다.

1978년은 '뉴뮤직의 해'라고 해도 과언이 아닐 만큼 레코드 판매량에서도 전성기를 누린 한 해였다. 포크에서 뉴뮤직으로 이행하면서 노래가 사회 현상을 담아낸다는 사실을 털어 버리고 좀 더 음악적인 요소를 추구하기에 이른다. 하지만 뉴뮤직은 현대의 가요곡으로 안주하기 시작한다.

그것은 뉴뮤직을 만들어내는 라이터들이 엔카가수의 노래까지 만들어 히트를 시키면서, 엔카가 사운드 면에서 뉴뮤직화 되어가고, 또 뉴뮤직은 내용 면에서 엔카에 접근해 갔기 때문이다. 엔카의 이미지를 갖고 있는 남녀의 이별이 뉴뮤직의 테마가 되어 버린 것이다. 뉴뮤직의 특징은 젊음을 잃어버린 젊은 세대의 노래라는 점이다.

V. 일본 대중음악은 빠르게 변하고 있다

1990년대 한일양국의 대중음악계를 살펴보면, 일본은 댄스와 록이 주류를 이루고 있고 한국은 힙합과 댄스가 주도하고 있다. 그리고 듣는 노래에서 부르는 노래로 변했다는 점이 이 시대의 특징이라 할 수 있다. 가라오케의 등장은 대중의 변신을 주도했고 따라서 선율자체도 따라 부르기 쉽고 기억하기 쉬운 곡이어야 한다는 조건을 유도하게 되었다. 대중음악의 대량생산, 대량소비시대가 도래한 것이다.

이러한 시대 흐름에 맞추어 대중들과 함께 걷기 시작한 아티스트들은 B'z, ZARD, 오쿠로 마키(大黑摩季) 등이다. 일본 최고의 밴드로 부상한 B'z는 1988년 2인조 밴드로 출발하여 컴퓨터와 록의 결합이라는 자신들만의 독특한 스타일을 확립하여 일본을 대표하는 정통파 록 밴드로 정상을 차지하고 있다. 권위 있는 NHK 고하쿠우타갓센에도 출전한 6인조 록 밴드 X-JAPAN은 1992년 X라는 밴드 명에 JAPAN(미국에 X라는 밴드가 있다)을 덧붙여 미국에서 활동하기 시작한다. 이들은 화려한 의상과 일본 전통예능인 가부키의 무대화장으로 여자보다 아름다운 외모를 시각적으로 어필하며 비주얼가수로서 왕성한 활동을 하고 있다.

세계 음악을 두루 섭렵하여 최고의 록 밴드로 성장한 서던 올스타즈는 변해가는 대중들의 마음을 읽어내어, 시대의 공기를 민감하게 호흡하면서 경제성장기에는 청춘이야기를, 버블경제시대에는 화려한 노래를, 그리고 세기말에는 혼돈에 맞서기 위한 노래를 부른다. 여고생들에게 「아무라」라는 아무로 패션을 유행시킨 아무로 나미에(安室奈美惠)는 오키나와 액터스 스쿨이라는 양성학교 출신으로 팔등신의 선천적인 스타일과 뛰어난 댄스 실력, 가창력을 겸비한 20세기말 초슈퍼스타이다. 프로듀서 고무로 데쓰야(小室哲哉)와 짝을 이루면서 일약 스타덤에 올라 타의 추종을 불허하는 최고의 아이돌로서 여왕의 자리에 군림한다. 아무로 나미에의 뒤를 이어 정상에 오른 보컬 4인조 그룹 SPEED는 어린 나이에 큰 인기를 끌었으며 멤버 전원이 개성으로 뭉친 SMAP는 1988년에 결성된 그룹으로, 그룹명 SMAP는 Sports, Music, Assembly, People에서 따온 머리글자이다. 어려

▼ SMAP

운 무명시절을 보내고 정상에 우뚝 서 있지만 혹독한 훈련이 없었다면 오늘의 SMAP은 대중들에게 기억되지 못했을 것이다.

1990년대는 비주얼 밴드가 주목을 받고 있으며, 베스트 10 가운데 7~8곡은 비주얼 밴드곡이다. 고무로 데쓰야가 만들어 내는 댄스곡도 젊은이들에게 없어서는 안 될 부분이다. 가라오케에서 불러 보고 싶은 노래가 1990년도 전반을 장식했지만 지금은 가라오케 붐도 일상생활의 한 부분으로 정착되고 있으며 젊은이들의 기호도 다양해져 밀리언 히트의 수가 감소하고 있는 추세이다. 이러한 시대의 변화에 따라 젊은 뮤지션 중에는 인터넷을 통해 자신의 작품을 발표하거나 인터넷 홈페이지에 정보를 제공하여 대중과 함께 호흡하는 길을 모색하는 음악인들도 상당수 있다.

1. 가라오케의 탄생

후리 백과사전을 보면 가라오케라는 것은 노래를 부를 때, 또는 멜로디 파트를 담당하는 악기를 연주할 때, 실제연주가 아니라 사전에 녹음된 반주를 재생하여 연주를 재현하는 것이라고 설명하고 있다. 이노우에 다이스케(井上大佑)씨가 음원제작, 재생장치, 판매방법을 세트로 한 '에이트주크'를 서비스차원에서 일반인에게 제공했는데 이것이 확산되어 가라오케라고 부르게 되었다. 가라오케는 멜로디를 담당하는 악기로써 사용되는 경우가 가장 많다. 그리고 기능적인 측면에서도 노래 반주로 사용되는 가라오케를 멜로디 담당 가라오케의 일부분으로 이해하고 있는 것이 일반적인 견해이다. 엄밀히 말하면 양쪽의 사용범위는 매우 다르지만 양쪽 모두 가라오케라는 독립된 언어를 사용하고 있다는 공통점을 갖고 있다.

가라오케라는 말이 보급되기 전에는 '가라엔소(空演奏)'라는 말을 사용했는데, 이것은 실제연주가 존재하지 않는다는 의미이

▼ 가라오케 박스

다. 일반적으로 반주부분만을 미리 기록해 두었다가 사용한다. 즉 기록매체인 음악 테이프, 디스크를 사용해서 반주를 재생하는 것으로 주로 방송매체에서 사용하는 방법이었다. 생방송에 의한 경비문제, 연주도중에 생기는 여러 가지 문제점을 보완할 수 있다는 점에서 방송가의 환영을 받았다. 이러한 이점에서 가라오케는 방송전문용어로 정착이 된다.

그 후에 술집을 다니면서 기타를 연주하던 이노우에 다이스케가 8트랙테이프를 사용해서 사전녹음을 하고, 그것을 재생시키는 장치를 개발하게 된다. 이러한 연주 방법이 소문을 타고 좋은 평가를 받게 된다. 가라오케가 대중문화로서 탄생된 사회적 배경이 여기에 있는 것이다.

2. 가라오케 문화의 변천

노래방은 학생들의 모임이나 회사원들의 친목회 등의 2차 장소로 당연히 발길이 향하는 공간으로서 인정을 받고 있다. 가라오케가 문화로서 자리매김을 하기 전, 노래방 기기는 스낵바와 같은 가게나 호텔 연회장 등에 설치되는 경우가 많았다. 가라오케는 술자리의 여흥으로 대중의 사랑을 받으며 새로운 문화로 성장되었다. 이 시기의 노래방 애창곡은 대부분 엔카였다. 왜냐하면 가라오케는 술 문화에서 탄생되었고 술을 마실 수 있는 세대가 즐기는 노래가 엔카이었기 때문이다.

1980년대 중반 가라오케는 산업으로 발돋움하기 시작한다. 그리고 '가라오

▼ Jaccom 뮤직페스티벌 2006

케 박스'라는 형태가 생기면서 술과 더불어 노래를 즐기는 것이 아니라, 노래를 부르기 위한 즐거운 공간이 요구된다. 이것은 기존의 가라오케문화가 새로운 모습으로 탈바꿈을 하여 산업으로서 확장되어 가는 기틀을 마련해 주었다. 가라오케 1세대는 술의 힘으로 노래를 불렀지만, 그 다음세대에 이르러서는 술의 도움이 없이 단순히 노래만을 즐기는 문화적 정서가 조성된 것이다.

또 좁은 공간에서 안정감을 느끼는 일본인의 축소지향의 정서가 가라오케 산업화에 한 몫을 했다고 할 수 있다. 노래방이라는 좁고 사적인 공간개념이 가라오케 박스를 산업으로 성공시킨 중요한 요인이 되었다고 생각한다. 스낵바, 연회장과 같은 큰 공간에서 아무런 보호장치도 없이 잘 모르는 사람들 앞에서 노래를 부르는 것은 참으로 부담스러운 일이었을 것이다. 이러한 대중의 고민을 해결해 준 것이 가라오케 박스이다. 처음 등장한 가라오케 박스의 형태는 폐차된 화물열차와 트럭 컨테이너를 개조한 것이다. 이렇게 오카야마현에서 시작된 가라오케 박스는 '룸' 형태의 전용공간으로 변화 발전되어 노래방 문화를 주도해 가고 있다. 전문공간인 가라오케 박스가 생기자 수용층이 확대되어 학생들도 노래방문화에 합류한다. 따라서 음악의 폭도 다양해져 가요곡이나 히트송, 그리고 외국 음악 등으로 확대된다. 한편 가족간의 오락으로 등장하기 시작하면서 아이들을 위한 곡들이 생기는 등 폭넓은 음원이 제공되고 있다. '노래방에서 부를 노래를 외우기 위해 CD를 산다'는 사람들이 증가되면서, 1990년대 일본 내 싱글CD 중 밀리언셀러가 많아진다. 이러한 문화현상도 가라오케문화의 덕택이 아니냐고 우겨봄 직하다.

휴대전화 사용이 일반화되고 인터넷이 보급되면서 노래방 프로그램이나 많은 음악을 다운로드 받는 시대가 도래되었다. 이러한 새로운 서비스가 대중의 호응을 이끌어 내면서, 노래방 문화에 새로운 변수로 등장되고 있다.

【용어사전】

◇ 요나누키 5음계
서양의 7음계(도, 레, 미, 파, 솔, 라, 시)에서 4번째와 7번째 음계인 파, 시를 빼 버린 5음계를 말한다. 요나(よ, な)라는 것은 일본어 숫자 「よつ(四)」와 「ななつ(七)」의 첫 글자를 따서 만든 합성어이다.

◇ 돈야레부시
「도코톤야레부시」라고도 한다. 메이지 초기의 군가인데, 나중에 유행가가 된다. 「미

야산 미야산(宮さん宮さん)」으로 시작되고, 끝에 「도코톤야레톤야레나」라고 하는 후렴구가 붙는다. 메이지유신 당시 동정군(東征軍)의 참모였던 시나가와 야지로(品川弥二郎)가 병사들의 사기를 고취하기 위하여 만들어서 부르게 했다는 노래이다.

◇ 미야코부시

에도(江戶)시대에 거문고에 맞춰 부르는 노래인 고토우타와 속요(俗謠)의 기본음계.

◇ 우타고에(歌声)운동

1948년 '우타고에여, 일어나라'라는 표어 아래 합창단의 지도자인 세키 아키코(関鑑子) 등이 중심이 되어 전국 청년들에게 보급시킨 우타고에 합창단을 통해서 전개한 합창운동이다. 주로 노동자 계층을 중심으로 하는 중앙합창단에 의해 평화운동의 한 가지로 시작되었다. 외국의 민요나 노동투쟁의 노래를 많이 불렀지만 대중의 요구에 의해서 일본 민요와 유행가도 불렀으며, 우타고에 합창단에서 즐겨 불렀던 노래가 유행가에 영향을 주기도 했다.

◇ 옷페케페

메이지 중기, 오사카(大阪)에서 연극운동가인 가와카미 오토지로(川上音二郎)가 만든 곡으로, 가사는 세상을 풍자하는 것이 많고, 노래 후렴구가 '옷페케페, 옷페케펫포, 펫포'로 되어 있음이 특징이며, 시대를 풍자하는 가사를 넣고, 익살스러운 촌극적 동작을 병행하여 많은 사람에게 인기를 끌었다.

제VI장

판타지의 세계와 첨단문화산업

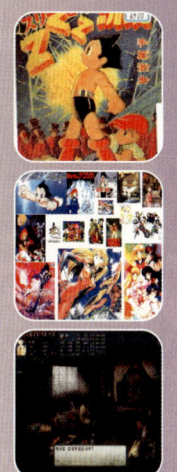

19. 시대를 반영하는 만화문화

이건상

I. 만화의 기원과 일본만화
II. 현대 일본만화의 흐름
III. 현대 일본만화의 개척자

I. 만화의 기원과 일본만화

만화(caricature ; cartoon ; comic strip)는 단일 또는 복수의 장면을 구성단위로 하여 변형된 그림을 통해 풍자나 우스꽝스러움, 또는 이야기를 전하는 문예양식으로 정의할 수 있다. 일본은 1945년 이후 스토리만화가 독자적으로 발달하여 현재 질적으로나 양적으로나 모두 고루 균형을 갖춘 이른바 만화대국의 입지에 서 있다.

만화의 기원을 정확히 단정하기는 어렵다. 인류가 최초로 그린 그림이 만화와 비슷하기 때문이며, 따라서 회화의 역사와 중복된다고 할 수 있다. 단 대중문화의 관점에서 본다면 인쇄기술의 발달과 관련지어 생각할 수 있으며, 그런 의미에서 1700년대의 목판・석판화의 일반화에 의한 풍자・풍속화의 보급을 그 기원으로 볼 수 있다.

일본에서는 1700년대 이후 유곽(遊郭)이나 미인배우의 초상화 등을 주제로 한 화려하면서도 민중적인 풍속화「우키요에(浮世絵)」가 인기를 얻었는데, 이 같은 우키요에는 1800년대 후반 서양에도 전래되어 프랑스 인상파 화가 등에게 영향을 끼치기도 하였다. 우키요에의 대표적 작가로 가쓰시카 호쿠사이(葛飾北斎)를 꼽을 수 있는데, 그의 1814년 작품『호쿠사이만화(北斎漫画)』에「만화(漫画)」라는 단어가 등장한다. 물론 이 때의 만화는 일반 회화를 가리키는 본화(本画)에 대해 가벼운 마음으로 그린 그림이라는 의미로 볼 수 있다.

▼ 재팬판치

한편 1900년대 전후에는 오늘날 만화에 해당하는 말을「도바에(鳥羽絵)」또는「폰치(ポンチ)」「폰치에(ポンチ絵)」라고 불렀다. 도바에는 동물들을 의인화하여 그린『조수희화(鳥獣戯画)』의 작자로 알려진 도바 소조(鳥羽僧正)에서 유래된 말로, 1800년대 초에 출판된 도바에책의 전국적 인기로 인해 일상화되었다. 폰치・폰치에는 1862년 요코하마(横浜)에서 영국인 와그만(Wirgman, Charles)이 창간한『재팬판치(ジャパンパンチ)』라는 만화잡지의 이름에서 유래되었다.

중국에도 만화(漫画)라는 말은 없었다. 기록에 의하면, 이 말은 1900년대 초반 일본에서 중국으로 건너가 중국에서도 쓰게 된 것으로 알려져 있다. 그리고 이 경우 만화(漫画)라는 말은 수필(隨筆)에 해당하는 중국어「만필(漫筆)」이 일본어에 들어온 후 그림의 의미가 덧붙여져「만필화(漫筆画)」가 되고, 다시 생략된 어형인「만화(漫画)」로 정리되어 생겨난 것으로 알려져 있다. 즉 중국어의 영향을 받고 일본어 안에서 정리된 단어로 볼 수 있다. 또 서적과 우키요에(浮世絵) 등의 타이틀용 말이었다는 견해도 있다.

일본에서 발행된 최초의 만화잡지는 위에서 언급한『재팬판치』로, 이것은 일본에서 발행된 최초의 서양어 잡지이기도 하다. 이 잡지의 영향으로 일본인에 의한 최초의 만화잡지『닛폰치』가 생겼으며, 이후 신문에서도 앞다투어 만화를 게재하게 되었다. 여기서 닛폰치(日本地)란 문자 그대로 일본토지라는 의미가 되는데, 이것은 일본토지라는 의미와 판치(パンチ)를 나타내는 폰치를 엇걸은 표현이라 할 수 있다.

▲ 닛폰치

만화가 독자적 형식을 획득하게 된 것은 기타자와 라쿠텐(北沢楽天)과 오카모토 잇페이(岡本一平)가 활약한 1920년대 이후이다. 기타자와 라쿠텐은 직업만화가의 효시로 알려져 있는데, 자신이 간행한『도쿄팟쿠(東京パック)』1905년 6월 10일호에서 스스로를 만가시(漫画師)라고 불렀다. 그 후 그는 1921년에 주필이 된「시사신보(時事新報)」에서 일요부록「시사만화(時事漫画)」를 만들어 신문 만화의 붐을 불러 일으켰다.

오카모토 잇페이는 1922년 일본 최초의 장편만화『사람의 일생(人の一生)』을 만들었다. 그는 스스로를 만가시(漫画子)라고 불렀고, 그 후 만가카(漫画家)라고 불리게 되었다. 또 그는 1915년에 도쿄만화회(東京漫画会)를 조직, 만화가라는 직업을 홍보하기도 하였다.

1946년 데즈카 오사무(手塚治虫)의 등장은 현대 만화의 전환점이 된다. 그는 1928년에 태어났으며, 디즈니 애니메이션, 독일의 표현주의와 미국의 SF영화, 다카라즈카(宝塚) 소녀가극, 천체의 움직임을 설명한 플라네타륨, 한큐(阪急)백화점, 다카라즈카 호텔 등 1930년대의 다채로운 도시의 대중문화를 흡수하며 성장, 이후 이 에너지를 만화에서 발산하게 된다.

1950년대 후반「소녀만화」가 하나의 장르로서 확립되었고, 1957년에는 대본(貸本)만화로부터「극화(劇画)」가 생겨났으며, 이후 1959년「소년주간지」의 등장, 1963년 텔레비전 애니메이션「철완아톰(鉄腕アトム)」의 방송개시(~1966년), 1960년대 후반「청년만화지(青年漫画誌)」의 잇단 창간 등이 이어져 독자의 세대적 확대와 매스미디어화의 진행을 불러 일으켰다. 또 현재 텔레비전 애니메이션과 비디오, 그리고 컴퓨터게임 등의 멀티미디어화도 진행되고

있어서, 만화의 영향은 문학·영화·광고 등으로 확대되어 가고 있다.

일본의 만화는 1945년 이후 태어난 세대를 중심 독자로 삼아, 아동들의 읽을거리에서 청년문화의 핵심적 존재로 그 폭을 넓혀 가고 있다. 독자의 대부분은 중고등학생을 중심으로 한 세대이지만, 현재 만화를 문화로서 수용하는 층은 50대까지 걸쳐 있다.

또 일본에서는 만화가 문예작품의 일종으로도 취급받고 있는데, 이같이 특수한 일본적 발전을 이룬 배경에는 독자의 성장, 확대를 불러온 스토리만화, 소녀만화, 애니메이션, 청년만화 등의 다양성과 이들 장르를 새로이 개척한 작가들이 다양하게 있었기에 가능했다고 할 수 있다. 이 밖에도 일본인의 독서열과 높은 식자율(識字率), 짧은 시간 안에 정보수집을 원하는 시간감각 등에서도 그 원인을 찾을 수 있다.

II. 현대 일본만화의 흐름

여기서는 현대 일본만화의 역사를 만화잡지(雜誌)의 흥망을 중심으로 하며, 거기에 작품 경향을 덧붙여 가며 전개하도록 한다. 시대 구분은 구레 도모후사(吳智英)의 6기 구분에 따랐다.

▼ 만화잡지의 흥망을 시점에 둔 현대 일본만화

1. 초창기의 만화(전사 : ~ 1945년)

현대 일본만화 전사(前史)의 출발은 1900년대 전후로 보는 것이 일반적이다. 이 무렵에 인쇄·출판·유통 시스템이 확립되었고, 신문과 잡지를 정기적으로 구독하는 독자층이 나타났기 때문이다. 따라서 『조수회화』나 『호쿠사이 만화』를 현대만화의 기원으로 보는 것은 무리가 있다.

넓서 선사에서도 시소라고 할 만한 삭가로 기타자와 라쿠텐과 오카모토 잇페이를 꼽을 수 있다. 기타자와 라쿠텐은 1900년대 전후부터 1920년대에 걸쳐 활약한 작가인데, 1900년대 초 『시사신보(時事新報)』라는 신문의 시국(時局)만화로 이름이 알려졌으며, 만화지 『도쿄팟쿠(東京パック)』를 창간한 작가이다. 「도쿄팟쿠」의 팟쿠는 미국의 만화지 뉴욕팟쿠(ニューヨークパック)에서 따온 명칭인데, 이후 이 같은 명칭을 사용한 만화가 여러 권 나왔다. 오카모토 잇페이는 1910년대부터 활약하며, 주로 지식인들에게 어필한 작가로 알려져 있다. 아사히(朝日)신문에 연재된 『사람의 일생(人の一生)』이 대표작으로, 다음 시대의 중핵을 이루는 많은 작가들을 길러내기도 하였다(제Ⅲ장에서 상술).

▲ 도쿄팟쿠

기타자와 라쿠텐과 오카모토 잇페이 다음으로는 신만화파집단(新漫画派集団)의 작가들을 꼽을 수 있다. 이 집단은 1932년에 결성되었는데, 작품을 붓으로 표현한 기존의 작가들과 달리 펜으로 표현하는 것을 선호하였고, 서구 만화의 영향을 받아 순수 유머를 추구하였다. 신만화파집단은 이후의 만화집단과 계보적으로도 연결이 되는데, 따라서 현대 만화의 직접적 전사로 보는 것이 가능하다.

1900년대 전반이 되면, 일반 신문과 잡지에 시평만화 이외에 새롭게 연재만화가 게재되었다. 이것은 독자가 친근감을 느끼기 쉬운 등장인물이 풍자가 섞인 유머 있는 언행으로 인기를 얻는다는 형식이 되어 있는데, 현재도 쓰이는 형식이다.

1920년대 중반 이후 신문 연재만화 분야에 새로운 세력이 등장하게 된다. 즉 1929년 요미우리(読売) 신문의 일요판 형태로 창간된 『요미우리 선데이만화(読売サンデー漫画)』인데, 신문지면 4페이지를 전부 칼라인쇄 만화로 채운 대형 기획이 특징이다. 이 기획으로 인해 요미우리 신문의 매상은 높은 신장을 보였으며, 이를 통해 만화에 대한 당시의 인식과 인기를 엿볼 수 있다. 1933년 전후가 되면 신문과 잡지에서 만화의 수요가 더욱 늘어났으며, 동시에 만화가의 세대교체가 시작되었다. 신세대 만화가들은 앞서 언급한 신만화파집단 출신 사람들이 대부분이었다.

한편 스토리만화의 전사를 이루는 것으로 고단샤(講談社)의 『소년구락부(少年倶楽部)』에 연재된 소년만화를 들 수 있다. 특히 1931년부터 연재된 다가와 스이호(田河水泡)의 『노라쿠로 이등병(のらくろ二等兵)』과 1934년부터 연재된 시마다 게이조(島田啓三)의 『모험 단키치(冒険ダン吉)』가 인기가 있었는데, 이 작품들은 모두 전쟁을 배경으로 하여 소년들의 꿈을 시각화 하였다.

이상 전사의 특징을 개괄적으로 살펴보았는데, 전체적으로 대부분의 현대 만화에 공통적으로 나타나는 리얼리즘이 성립되기 이전 단계로 보는 것이 가능하다. 또 이 시기는 정치의 집약 형태인 전쟁을 그린 작품이 많다는 특징이 있다. 아울러 이들 작품들은 여러 형태로 나타나는데, 전쟁을 포함한 정치, 그리고 만화를 포함한 표현이란 무엇인가 등 본질적 문제에 대해 적극적이지 못한 측면이 있다.

2. 전후 부흥기에서 고도 성장기까지(제1기 : 1945~1958년)

현대만화 제1기는 전후(戰後) 부흥기에서 고도 성장기까지로, 사회 전반에 걸쳐 혼란과 해방감이 혼재된 시기다. 또 이전부터 조짐이 있기는 했지만, 대중사회의 출현과 저널리즘의 거대한 현상이 나타났다. 특히 만화와 같이 시각(視覺)이라는 감각에 호소하는 표현양식은 이 같은 상황에서 유리하게 작용할 수 있다.

1945년 패전으로 인해 용지 부족현상이 나타나는 등 기본적으로 신문·잡지에 만화가 게재될 여지가 없었다. 그러나 시간이 흐르자 신문·잡지에 만화가 경쟁적으로 실리게 되었다. 신문에는 네칸 만화가 연재되었으며, 주인공 이름이 그대로 제목인 것이 특징이었다.

즉 시대를 상징하거나 일반 독자가 감정이입하기 쉬운 캐릭터를 설정하였으며, 내용 또한 이들이 신문 사회면에 나타나는 사건을 단순히 체험하는 것으

▼ 문춘만화독본

로 되어 있었다. 이같이 주인공 이름이 그대로 제목인 신문 네칸 만화 방식은 소년만화지의 스토리만화에도 영향을 끼쳤다.

잡지 분야에서는 저속한 기사 중심의 잡지가 출현하였다. 대부분 창간 후 3호 정도로 사라졌는데, 기사의 내용과 통하는 에로 중심의 만화가 대부분이었다. 또 1954년에는 『문춘만화독본(文春漫画読本)』이 나왔는데, 이 잡지는 다음 제2기에 들어 전성기를 맞게 된다.

한편 제3기 이후 만화는 문화의 새로운 장르로 각광을 받게 되는데, 이 융성을 떠받치는 만화가와 독자를 길러 낸 것이 바로 제1기의 「월간소년지」다. 월간지에는 그밖에 소학○년생과 같은 「학년지」와 소녀가 대상인 「소녀지」가 있었다. 이중 학년지는 본래 학교교육 보조자료로서의 역할이었지만, 실제로는 만화가 대부분의 지면을 차지하였다.

월간소년지가 A급 작품발표장이었다면, B급에 해당하는 것으로 중소출판사에서 간행된 단행본 「아카본(赤本)만화」를 들 수 있다. 아카본은 표지가 품위 없이 요란하게 칠해져 있고, 또 불그스름한 값싼 용지를 사용했다는 것에서 붙여진 명칭인데, 집필자는 월간소년지와 거의 동일하였다. 한편 만화잡지의 흐름에서 보면 아카본만화는 제2기에 정점에 오르게 되는 「대본지(貸本誌)」로 이어지게 된다.

　다음 C급이라 불릴 만한 것으로는 「가미시바이(紙芝居)」가 있다. 가미시바이는 이야기 장면을 연속적으로 그린 그림을 순차적으로 한 장씩 꺼내어 극적으로 설명하는 일종의 그림 연극을 가리킨다. 한편 대형출판사의 만화잡지는 1952년 이후 A5판(210×148)에서 B5판(257×182)으로 대형화되었으며, 별책 부록 첨부라는 판매 전략이 추진되기도 하였다.

　제1기의 중요한 만화가로는 데즈카 오사무를 들 수 있다. 앞서 언급하였듯이 데즈카 오사무는 1946년 마이니치(每日) 소학생신문의 『마아짱의 일기장』으로 데뷔하였으며, 이름이 널리 알려지게 된 것은 이듬해에 발표한 단행본 스토리만화 『신다카라지마』를 통해서이다. 이후 그는 과학·모험·탐정 등을 내용으로 하는 만화를 그렸는데, 제1기 전체를 통해 볼 때 하나의 커다란 산맥이었다고 볼 수 있다(제Ⅲ장에서 상술).

　한편 「에모노가타리(絵物語)」도 애독되었다. 에모노가타리는 그림책과 삽화가 들어있는 책에서 스토리만화로 이행하는 장르로, 예를 들면 전전(戰前) 가미시바이로 인기가 있었던 『황금박쥐(黃金バット)』가 전후(戰後) 모노가타리로 다시 나타났다. 이같이 선과 악이 괴기스럽게 혼재하는 느낌은 에모노가타리라는 표현 양식에 적합하다고 볼 수 있다.

　1945년 12월 미국의 점령군에 의해 학교교육에서 무도수업이 금지되었는데, 이 조치가 1951년 샌프란시스코조약 이후 해금이 되자, 내재되어 있던 욕구가 폭발하듯 무도를 다룬 만화가 붐을 이루기도 하였다.

　한편 이 시대 만화잡지의 전설적인 존재로 1947년부터 1955년까지 간행된 『만화소년(漫画少年)』을 꼽을 수 있다. 가식이 없고 교양적 내용이 담긴 작품이 많이 게재되었는데, 당시 애독자와 아마추어 투고자로부터 이시노모리 쇼타로(石ノ森章太郎), 후지코 후지오(藤子不二雄), 마쓰모토 레이지(松本零士)와 같이 지금껏 제일선에서 활약하는 작가들이 배출되었다. 『만화소년』에는 이밖에 데즈카 오사무의 「밀림의 왕자 레오(ジャングル大帝)」와 「불새(火の鳥)」도 연재되었다.

3. 현대만화의 성장기(제2기 : 1958 ~ 1965년)

제2기는 제1기에 성립된 현대만화가 성장하는 시기다. 이 무렵이 되면 일본은 미군의 점령체제에서 자립하여 독자적인 길을 걷게 되는데, 경제적 번영 뒤편으로 공해문제·산업의 계층화·농촌의 황폐와 같은 희생도 뒤따랐다.

출판계에서는 『아사히저널(朝日ジャーナル)』, 『주간현대(週刊現代)』, 『주간문춘(週刊文春)』 등의 일반주간지가 간행되었으며, 방송 쪽에서는 컬러TV가 등장하였다. 만화는 성인만화 『문춘만화독본(文春漫画読本)』이 인기를 얻었으며, 소년만화지 『소년매거진(少年マガジン)』과 『소년선데이(少年サンデー)』가 창간되었고 이윽고 주간지화 되었다.

▲ 소년매거진

▲ 소년선데이

『문춘만화독본』은 1954년 12월 『문예춘추(文藝春秋)』 임시중간호로 시작되었는데, 한칸 만화·네칸 만화·만문(漫文)과 같은 고전적 유머만화를 게재하여 성인들에게 인기를 얻었다. 1960년대 전반에 최전성기를 맞았는데, 1960년 후반 이후 극화·소년지·청년지에 밀리게 되어, 결국 1970년에 휴간되었다. 이밖에 성인대상의 잡지로 『주간만화(週刊漫画)』와 『만화선데이(漫画サンデー)』가 있었으며, 지금도 간행 중에 있다.

또 일반주간지의 창간 붐은 1959년 이후 위에서 언급한 『소년매거진』, 『소년선데이』와 같이 「소년지」에서도 나타났다. 처음에는 월간소년지가 그런 대로 인기가 있었고, 또 월간을 단지 주간으로 4등분한 작품이 많았던 관계로 매출은 시원치 않았다. 주간지 특유의 빠른 리듬과 시원시원하고 강렬한 개그는 제3기 이후 나타나게 되는데, 이와 같은 의미에서 본다면 제2기는 준비기간으로 볼 수 있다. 아울러 제2기 소년주간지의 특징으로 만화작품 이외에 소년을 대상으로 한 소설·스포츠기사·과학과 관련된 읽을거리가 게재되었다는 점을 꼽을 수 있다. 현재와 같이 만화 일색으로 된 것은 제3기 이후가 된다.

한편 당시를 상징하는 것으로 「만화대본소(貸本所)」가 있었는데, 이는 일종의 유료 사설도서관이라고 할 수 있다. 주로 서민들을 대상으로 한 통속소설과 오락잡지가 구비되어 있었으며, 만화는 중소출판사의 단행본이 주류를 이루었다. 특히 이들 만화단행본은 점차 시리즈화 되었고, 순차적으로 간행된 것이 많아서 명칭도 잡지에 준하여 대본지라 불렸다. 특히 1950년대 중반부터 1960년대에 걸쳐 인기를 얻었다.

다음으로 아동들을 대상으로 하는 종래의 스토리만화와 별개로 청년들을 위한 스토리만화인 「극화」가 나타났다. 이는 아동대상 만화에 나타나는 선도(善導)주의에 대한 실증, 그리고 리얼한 그림과 왕성한 투지가 요구되는 도시 청년노동자의 요구에 의해 나타난 것으로, 이윽고 대본지의 주류를 이루게 되었다. 대표적인 것으로 히노마루(日の丸)문고의 월간 시리즈물 『가게(陰)』을 들 수 있다.

또 대본지의 대표적 작가로 미즈키 시게루(水木しげる)와 쓰게 요시하루(つげ義春)를 꼽을 수 있는데, 이들은 제3기

▲ 월간만화 가로

이후 학생들 사이에서 큰 인기를 얻게 된다. 또 이들은 현재의 만화 융성의 기초를 닦았는데, 특히 1964년 『가로(ガロ)』의 창간이 그 계기가 되었다. 아울러 『가로』가 본격적으로 궤도에 오른 것은 제3기이다.

4. 새로운 방식의 만화문화(제3기 : 1965 ~ 1973년)

1960년대 후반부터 1970년대 초반에 걸쳐 학생데모가 잇달았는데, 이 같은 정치적 반란시대에는 문화적으로도 새로운 움직임이 나오기 쉬우며, 실제로 대항문화(対抗文化)가 나타났다. 만화도 중요한 장르로 ―만화에 반체제적 비평을 구하면서― 고도로 발달한 저널리즘을 제공하는 오락으로서 받아들여졌다. 또 이 같은 풍조에 편집자와 작가도 민감하게 대응하였다. 그러나 현실적으로는 단순한 상품원칙이 관철되어 있었다고 보는 것이 일반적이다.

제3기는 현대만화의 홍융기로 예를 들면 이 무렵부터 대학생들이 만화를 애독하는 풍조가 나타났다. 월간소년지는 주간지의 증간·별책의 형태를 취하는 것과 마니아 대상의 특수한 것을 제외하고 거의 폐간되었다. 즉 주간지가 정착하게 되었다.

소년주간지의 독자는 초중고생들이었다. 그러나 대학생이 이를 애독하게 되자, 편집자와 작가들은 이를 의식하여 청년 대상의 작품을 게재하였다. 소년주간지의 이 같은 모순은 결국 제3기 후반에 「청년지」 창간을 낳았고, 그 결과

▲ 만화액션

소년지는 본래의 초중고생 대상의 길을 걷게 되었다. 청년지는 1967년에 창간된 『만화액션(漫画アクション)』부터 시작되는데, 주로 극화와 개그 작품을 취급하였다. 또 만화지 이름을 「○○코믹」 또는 「코믹○○」과 같이 붙이는 경향도 이 무렵부터 나타났는데, 이는 종래의 만화와 구별짓고 외국어를 쓰면 멋있어 보일 것 같은 심리에서 나온 출판사의 전략이다.

한편 주간지가 정착된 제3기 소년만화의 특징으로 리얼리즘의 출현을 들 수 있다. 이는 기존의 세세하지 않은 묘사가 정밀해졌다는 의미인데, 그 원인으로 한 달에 한 번이던 월간지 작품이 주간지로 되면서 네 번으로 세분화된 것과 관련이 있다. 당연히 화제가 늘게 되고, 그 결과 묘사가 보다 짜임새 있게 되었다. 웃음을 소재로 하는 만화도 리얼리즘에 의해 새롭게 나타났는데, 즉 개그만화가 생겨났다.

개그만화는 웃음을 소재로 하는 만화 중에서 비양식성, 외설적인 묘사, 세부(細部)에 대한 착안과 확대라는 점에서 기존의 유머만화와 구분이 된다. 또 1960년 무렵부터 시대소설과 영화에 닌자모노(忍者もの)가 나타났는데 이 영향으로 닌자모노가 소년지에서도 인기를 얻었다.

1966년에는 신서판(182×103) 크기의 만화 단행본시리즈가 간행되었다. 예를 들면, 소학관(小学館)의 『골덴코믹스(ゴールデン・コミックス)』, 고다마프레스(コダマプレス)의 『다이아몬드코믹스(ダイヤモンド・コミックス)』 등이 있는데, 이러한 형태가 생겼다는 것은 만화를 읽고 버리는 소모품에서 문학서나 사상서처럼 소장하는 장서로 인식이 바뀌었음을 의미한다.

다음으로 원작(原作)과 작화(作画)의 분업 현상이 나타났다. 물론 이전 단계에 이 같은 분업이 없었던 것은 아니다. 단 기존의 것은 만화가가 주된 제작자이었는데 반해, 이 시기에는 작화로부터 완전히 독립하여 분업된 원작이 나타났다. 이 같은 원작만화의 경우 원작가의 발언권과 지휘권이 작화가보다 강해지기 마련인데, 그 결과 작화에 대한 원작의 지배 현상이 나타났으며, 원작가의 이름도 알려지게 되었다.

아울러 이 같은 원작만화가 나타난 배경에는 만화의 리얼리즘 도입과 주간지화에 의한 부담이 있었다고 할 수 있는데, 결국 프로덕션 체제를 낳게 하였다. 즉 영화제작과 비슷한 집단분업제를 취하게 되었는데, 그 결과 작품의 모험은 점차 줄어들게 되었다.

SF만화가 시민권을 얻게 된 것은 제3기 이후이다. 대표적 작가로 데즈카 오사무를 꼽을 수 있는데, 그의 SF만화는 모험활극에 그치는 것이 아니라 문명비판을 주제로 다루는 등 그 차원을 달리 하였다. 이시노모리 쇼타로는 그의 SF만화에서 초현실적 표현, 첫 부분 두 페이지에 큰 칸의 사용 등 새로운 기술을 시도하였다. 현재 일본 SF만화에 초능력물이 많은 것은 그의 영향으로 알려져 있다. 또 마쓰모토 레이지는 SF만화에 낭만주의적 경향을 실현하였다. 제4기에 나오게 되는 『우주전함 야마토(宇宙戰艦ヤマト)』가 대표작인데, 그 저변에는 전후(戰後)체제가 가져온 미적지근한 행복에 대한 반감이 깔려 있다고 할 수 있다.

SF물에 가까운 분야의 것으로 유머와 토속성이 특징인 괴기환상물이 있는데, 미즈키 시게루가 대표적 작가이다. 또 소녀만화 분야에서는 와타나베 마사코(わたなべまさこ)가 인기가 있었다. 이같이 제3기는 전체적으로 현재 활약 중인 중장년 작가들이 등장하여 자신들의 작품 경향을 확립한 시기로 볼 수 있다.

한편 전통적인 한칸 만화, 즉 「시평(詩評)만화」는 1970년 『만화독본(漫画読本)』의 휴간에서도 알 수 있듯이, 인기를 잃게 되었다. 그러나 『주간만화(週刊漫画)』와 『만화선데이(漫画サンデー)』는 종래의 경향을 유지하면서 새롭게 개그와 극화를 받아들여 명맥을 이어갔다.

마지막으로 제3기에서 주목할 만한 것으로, 상업성·대중성·오락성만을 지향하지 않은 만화가 출현했다는 점을 들 수 있다. 즉 제3기 말기가 되면 만화 시장이 확대되어 대중성을 지향하지 않아도 일정 수의 확실한 독자가 있어 수지를 맞출 수 있게 되었다.

또 난해한 만화 즉 실험작이나 전위작(前衛作)이 시도되기도 했는데, 그 견인차로 월간지 『가로(ガロ)』와 『콤(COM)』을 꼽을 수 있다. 『가로』는 1964년에 간행된 후 만화마니아와 학생들 사이에서 널리 애독되었으며, 이후 제4기·제5기에도 시대 변화에 잘 대응하였다. 『콤』은 1967년부터 1971년까지 5년간 간행되었는데, 유명 만화가의 작품뿐만 아니라 비상업적 작품과 신인 작가의 작품도 게재되었다.

5. 만화영역의 확대와 세분화(제4기 : 1973 ~ 1978년)

제4기 특징으로 개그만화의 전성, 소녀만화의 생성, 에로극화의 활성을 들 수 있다. 안정 성장이 이어진 이 시기는 국민들의 중류의식화가 진행되어 물질적·신변적 만족을 중시하는 경향이 강해졌다. 또 전후 수년간의 베이비붐기에 태어난 세대가 사회로 진출하며 가정을 갖게 되었는데, 이들은 만화에 대한 저항감이 없는 만화세대 제1기생이라 할 수 있다.

만화계도 제4기가 되면 안정·번영의 시대로 접어들게 된다. 즉 문화적 시민권을 인정받게 되어 출판산업의 중요한 부분을 차지하게 되는데, 독자도 늘고 만화지의 종류·발행부수 모두 증가하였다. 아울러 성년지·소년지·에로극화지·소녀지·마니아지와 같이 영역이 세분화되었다. 이것은 독자의 연령적 확대와 수요의 다양화에 대응한 결과 나타난 것으로, 번영이 세분화·특수화로 나타난 것이다. 또 소년지에 게재된 스포츠만화·학교소재만화·오컬트(occult)만화·SF만화 등이 모두 인기를 얻어 인기다극화 양상을 띠게 되었다. 여기서 오컬트는 과학적으로 해명할 수 없는 신비적 초자연적 현상을 의미하는데, 이와 같은 것이 소재가 된 만화를 오컬트만화라 부른다.

먼저 성년지의 극화는 통속오락 계통으로, 활극·연애·성·사업·스포츠를 그린 작품이 많았다. 또 독자의 생활과 심정을 세밀하게 묘사한 이른바 생활감(生活感) 중시만화라는 것이 나타난 것도 제4기의 특징이다. 생활감 중시만화는 만화세대가 사회인이 된 것과 관련이 있다. 마니아지 또는 마이너지라 불린『코믹개그(コミックギャグ)』『증간영코믹(増刊ヤングコミック)』『만화소년(漫画少年)』같은 잡지들도 나타났다.

또 에로극화가 각광을 받았다. 에로극화는 성적인 이야기를 단지 만화로 만든 고전적인 것과 달리 포르노그래피 그 자체였다. 현실의 성행위 대용품이라는 측면에서 볼 때 만화는 리얼리즘, 내용설정의 다양함, 싼 경비 등 강점을 가지고 있었다. 대표적 에로극화지로『만화에로제니카(漫画エロジェニカ)』『극화아리스(劇画アリス)』『만화대쾌락(漫画大快楽)』이 있었는데, 제5기에 접어들면서 그 열기는 점차 식어 갔다. 이는 성을 다루는 내용이 결국 패턴과 매너리즘에 빠질 수밖에 없고, 독자도 결국은 포르노그래피 이상은 바라지 않기 때문이라고 할 수 있다.

다음으로 소녀만화라는 분야도 주목을 받았다. 특히 환상적인 작품, 문학적 정서를 느낄 수 있는 작품, 고등학교를 무대로 소년애를 그린 작품 등 종래에는 없던 작품이 나타났다. 모두 소녀만화의 뉴웨이브라 불리는 작품으로 기존에 소녀만화의 독자가 아니었던 사람들도 독자로 흡수하게 되었다.

한편 제3기에 유력한 만화제작방법으로 인정받은 원작만화는 제4기에 들어 만화 원작가를 지망하는 청년들이 나타날 정도로 정착되었다. 특히 소년지와 성년지에 집중되었는데, 반대로 마니아지·에로극화·소녀만화에는 지망생이 나타나지 않았다.

6. 생활감을 잘 드러내는 만화(제5기 : 1978 ~ 1986년)

일본 경제는 장기적으로 안정세를 보였으며, 국민의 중류의식과 현재 상황에 대한 긍정주의가 정착하였다. 또 컴퓨터 게임과 만자이(漫才)가 1980년대 초반 유행하였는데, 즉 문화적 에너지는 가속되지 않고 자가소비적으로 흐르게 되었다. 여기서 만자이는 두 사람이 번갈아 가며 세상이나 인정을 풍자적인 언어유희로 전개하는 일종의 만담을 가리킨다. 만화도 새로운 경향은 나타나지 않았고, 10년·20년 전을 반복하며, 기술적으로만 정교하고 치밀해져 갔다. 만화지는 양적으로는 융성의 길을 걸었지만, 동시에 세분화·고정화는 더욱 추진되었다. 아울러 제5기는 전반적으로 제4기의 연장선상에 있었다고 할 수 있다.

▲ 영점프

한편 제5기의 출발점으로 『영점프(ヤングジャンプ)』가 「영지(ヤング誌)」 제1호로 창간된 1979년을 들 수 있다. 이듬해에는 『영매거진(ヤングマガジン)』과 『빅코믹스피릿(ビックコミックスピリッツ)』이 창간되었으며, 이들은 이후 만화지의 중요 위치를 차지하게 되었다.

영지는 대학생 등 10대 후반에서 20대 전반까지를 대상으로 한 만화지이다. 게재작품의 내용은 대학생을 주인공으로 하였으며, 특히 학교 러브코미디물이 인기가 있었다. 이는 학교를 무대로 생기는 연애를 코미디 터치로 그린 것인데, 젊은이들의 강박관념적 연애 원망(願望)을 충족하게끔 되어 있는 설정으로, 이후 청년지에도 영향을 끼쳤다.

또 영지에서는 개그만화도 인기가 있었는데, 블랙유머를 느끼게 하는 것과 일러스트레이션의 영향을 받은 것이 많았다. 아울러 영지는 20대 전반과 20대 후반, 독신자와 기혼자, 그리고 화이트칼라와 블루칼라와 같이 독자층 분화에 대한 대응으로 지면(誌面)의 특수화를 꾀하기도 하였다. 그 결과 지면과 영역의 고정화가 나타나 새로운 움직임은 점점 나오기 힘들어지게 되었다.

한편 소년지는 영지에 다리를 놓는 흐름과 소년지 본래의 모습을 지키려는 흐름으로 나뉘어졌다. 또 한계가 있기는 했지만, 단순명쾌한 내용의 연애물이 소년지에도 등장하여 인기를 얻게 되었다. 특히 독자들의 반응을 민감할 정도로 반영하는 앙케트 방식을 도입하였는데, 이것이 단순명쾌한 노선에 주효하였다.

제4기에 새로운 분야로 주목을 받은 소녀만화는 제5기에 들어 총체적으로 침체에 빠졌다. 이는 소녀만화의 장점인 연애물을 영지·소년지의 러브코미디물이 잠식한 결과로 볼 수 있다. 반면 소녀지에 게재된 작품이 단행본으로 만들어진 후 독자층이 넓어지는 현상도 나타났다.

다음으로 제4기에서 눈에 띈 생활감을 중시하는 만화는 제5기에 들어 성년지의 중심을 이루게 되었다. 예를 들면 비즈니스물·가정물·교양물 같은 형태를 취했다.

먼저 비즈니스물로는 영지인 『영점프』에서 분리·독립된 월간 『비즈니스점프(ビジネスジャンプ)』가 나타났으며, 다음 제6기에 들어서는 격주간화될 정도로 성장하였다. 가정물은 핵가족과 가정내 폭력 등, 현대의 기성 가정론이 통용되기 힘든 상황에 대응하여 인기가 있었다. 교양물은 예술인이나 음식 등을 테마로 하며 유행하였으며, 이 경향은 제6기에 이어져 정보만화로 나타나게 된다.

한편 제5기 초반에는 네칸 만화가 큰 붐을 일으켰다. 이것은 뒤에 언급할 생활감 중시 만화의 융성과 통하는 일종의 신변적 트리비얼 리얼리즘(trivial-realism)으로 표현할 수 있는데, 이 현상은 극화의 설정이 너무나도 거짓처럼 느껴지거나 실증이 난 것에 대한 반동이라 볼 수 있다. 내용적으로도 시시한 악희(惡戱)나 농담을 그대로 그림으로 표현한 것이 많았다. 여기서 트리비얼 리얼리즘이란 사물이나 현상의 본질은 탐구하지 않고, 사소한 문제를 상세하고 사실적으로 표현하는 것을 가리킨다.

7. 정보를 제공하며 문학에 영향을 끼치는 만화(제6기 : 1986 ~)

제6기는 하드커버로 제작된 이시노모리 쇼타로(石の森章太郎)의 단행본 만화 『일본경제입문(日本經濟入門)』(전4권)이 출간된 1986년부터다. 교양서의 코믹화라고 할 수 있는데, 이 책은 경제의 난해한 부분을 만화로 표현하여 해설하는 형식을 띠었으며, 이 같은 신선한 아이디어가 비즈니스맨들 중심으로 지지를 얻은 것이다. 즉 짧은 시간 내에 독파할 수 있다는 장점이 바쁜 현대인들의 지식 흡수 스타일과 맞아 떨어지게 된 것이 성공의 원인이라 할 수 있다.

이후 그는 『만화일본의 역사(マンガ日本の歷史)』(전55권)를 간행하기도 하였다. 이같이 초등학생들이 아닌 일반대중들을 대상으로 하는 교양만화 분야의 확립은 일본 만화의 대중화를 단적으로 표현한다고 할 수 있다. 또 이로 인

해 만화와 인연이 없던 출판사까지 비슷한 종류의 책자를 출판하게 되었다. 내용은 경제·정치·법률·자연과학의 해설로부터 고전·위인전기(偉人伝記)에 이르기까지 그 폭이 넓은데, 총칭하여 정보만화라고 부른다. 정보만화의 원형은 1950년대에 나타난 아동대상 학습만화라고 볼 수 있다. 이는 만화의 기능이 학습과 교육에 적용된 것인데, 1986년 이후 아동이 아니라 성인을 대상으로 하는 만화가 나타난 것은 역사적 성숙이라 볼 수 있다.

한편 제6기에는 만화가 문학에 영향을 끼치는 현상도 나타났으며, 만화에 대한 평론도 나타났다. 또 대학에서 만화를 주제로 한 강좌도 나타났으며, 졸업논문의 테마로 만화가 활용되기도 하였다.

다음으로 영지·성년지 모두 시장 점유율의 고정화 현상이 나타났다. 예를 들면 소년지 장르에서는 『소년점프(少年ジャンプ)』의 독주, 『영매거진(ヤングマガジン)』의 건투, 『챔피언(チャンピオン)』의 선전 등과 같이 시장점유율은 고정되었으며, 신규 참여는 나타나지 않았다.

특히 『점프』는 우정·노력·승리를 기본 테마로 한 단순 명쾌한 방침과 대형출판사 특유의 자본력과 조직력으로 독주(1985년 400만부, 1989년 500만부, 1991년 600만부, 1994년 653부와 같이 발행부수가 증가)가 가능하였다.

코믹잡지 안에서 히트한 만화가 단행본화·애니메이션화 되는 것 또한 일반화 되었다. 이로 인해 다시 많은 팬을 확보하게 되었으며, 지명도와 인기도를 얻은 캐릭터는 다음 단계에서 상품의 판매 촉진에 활용되었고, 여기서 판권 사용료로 생긴 많은 이익은 움직이는 캐릭터산업을 형성하게 되었다. 이것이 현대 만화시장 거대화의 큰 흐름이라 할 수 있는데, 이 같은 코믹시장의 거대화는 앞으로도 계속될 것이다.

제5기 초반부터 있었던 네칸 만화 붐은 한 때 가라앉기는 했지만, 일정 수요가 있는 일용품처럼 만화계에 정착되었다. 그 주된 소재는 일반인들이 호감을 갖는 주인공이 벌리는 일상적 못된 장난과 실패인데, 그런 의미에서 일상 네칸 만화라 불리기도 한다. 한편 제6기에는 새로운 경향의 개그만화가도 등장하였는데, 이들은 일상생활과 일상논리를 넘어 아예 일상을 거부하는 작품을 그렸으며, 이를 부조리개그라고 부르기도 한다. 또 1964년 이래 상업성은 떨어지지만 의욕작을 연재하며 선전해 온 월간지 『가로』가 판매부진을 겪게 되었고, 에로만화지도 비디오의 보급과 더불어 점차 과거의 위

▼ 소년점프

력을 찾아볼 수 없게 되었다.

1980년대 이후 일본의 만화는 세계 각국에서 번역·출판되어 현지인에게 큰 인기를 얻게 되었는데, 이는 일본만화 문화의 세계화를 뜻한다고 할 수 있다. 이 같은 배경에 이미 이전 시기에 일본의 애니메이션 등이 해외에서 상영돼 큰 인기를 얻은 것을 꼽을 수 있다.

2000년대에 들어 만화잡지는 더욱 다양화 되었으며, 동시에 시대와 독자들의 요구를 뒤따르지 못해 폐간하는 잡지도 늘어났다. 아울러 인쇄기술의 간이화·저비용화와 맞물려 만화동인지가 만들어졌는데, 이는 만화와 만화가의 사회적 지위가 그만큼 향상된 결과로 볼 수 있으며, 이 역시 일본의 만화가 성숙기에 들어갔다는 것을 의미한다고 할 수 있다. 그밖에 대형출판사이면서 만화 관련으로 소극적이었던 가도카와서점(角川書店), 도쿠마서점(德間書店) 등이 만화 매니아를 대상으로 하는 만화 발행에 적극적으로 참여하였다.

웹코믹(웹만화라고도 함) 문화의 발전도 빼놓을 수 없다. 웹코믹에는 크게 이미 단행본으로 나온 만화를 다운로드하여 판매하는 것과 미리 인터넷상에서 읽는다는 것을 상정하여 올린 것을 독자측이 PDF파일 다운로드 또는 전용 브라우저 등의 사용을 통해 열람하는 두 종류가 있다. 인터넷을 매체로 한 웹코믹의 발전으로 인해 누구나 손쉽게 만화를 발표할 수 있게 되어 아마추어는 물론이고 기성 작가들의 발표가 늘고 있는 추세이다.

한편 저연령층에 있어 휴대용 게임기와 휴대전화의 보급이 늘어 상대적으로 만화를 읽지 않는 층이 늘어난 것 또한 주목할 만한 현상이다. 또 저출산으로 인해 소년·소녀잡지의 매상이 감소하여 폐간하는 소년·소녀잡지도 점차 늘고 있는 경향이 있다.

2000년대에 들어 전반적으로 만화잡지의 매상은 감소하는 추세이며, 그에 반해 단행본은 미디어믹스(주로 애니메이션으로 만들어짐) 되는 작품을 중심으로 히트작이 나오는 경향이 있다. 일반인들이 만화잡지를 접하지 않고 미디어믹스 된 이후 작품을 접하는 경우가 늘어 단행본의 매상은 전반적으로 유지되고 있다.

여기서 미디어믹스(media promotion mix)란 각종 광고매체를 이용하여 적합한 광고수단을 계획하고 광고효과를 올리는 수법을 말하며, 정해진 광고비용으로 최대의 광고효과를 얻는 것을 그 목적으로 하고 있다. 일본의 경우 1970년대 가도카와서점이 자사 발행 원작소설을 영화로 만들어 판매하여 이익을 늘린 것이 일본 미디어믹스 전개의 효시로 보고 있다. 근래에는 원작을 복수의 미디어를 통해 전개하는 비즈니스 모델을 미디어믹스라 부르는 것이

일반적이다. 즉 종래의 캐릭터・소도구 등 작품 안에 등장하는 것을 모티브로 한 상품의 판매와 달리 미디어믹스는 작품 자체가 상품으로서 경제효과를 흡수하는 매개라는 점이 차이점이다. 그 결과 창작활동의 다양화로 인해 창작물의 양산 그리고 기존과는 차별이 되는 시장개척 능력을 갖추게 되었으며, 이로 인해 지명도의 확대 및 지지층의 개척이 가능하게 되었다. 규모가 큰 경우는 그 중복효과가 증폭되어 애니메이션이 원작인 『신세기 에반겔리온(新世紀ヱヴァンゲリオン)』처럼 하나의 사회현상으로서 신드롬을 불러 일으키기도 하였다. 미디어믹스된 작품 중 만화가 원작인 것으로 『철완아톰』, 『루팡3세(ルパン三世)』, 『미소녀전사 세일러문(美少女戰士セーラームーン)』, 애니메이션이 원작인 것으로 『우주전함 야마토(宇宙戰艦ヤマト)』, 『기동전사 건담(機動戰士ガンダム)』, 『신세기 에반겔리온(新世紀ヱヴァンゲリオン)』, 게임이 원작인 것으로 『포켓몬스터(ポケットモンスター)』, 소설이 원작인 것으로 『시간을 달리는 소녀(時をかける少女)』, 영화가 원작인 것으로 『7인의 사무라이(七人の侍)』, 『워터보이즈(ウォーターボーイズ)』 등이 있다.

마지막으로 만화 자체의 발전에 비해 만화평론은 비교적 발전의 속도가 늦었다고 할 수 있다. 일본만화평론의 선각자적 인물로 스야마 게이치(須山計一)를 들 수 있는데, 그는 주로 총론적・통사적 관점에서 만화평론을 다루었다. 『현대세계만화집(現代世界漫畵集)』(1936)과 『만화박물지(漫畵博物誌)』(1972)가 그의 대표적 저술이다. 1990년대에 들어 나쓰메 후사노스케(夏目房之介)가 칸과 묘선(コマと描線)에 중점을 두고 분석을 하는 이른바 기호론적 만화론으로 평론을 하는 등 만화표현론이 새롭게 주목을 받기 시작하였다. 『만화를 읽는 방법(漫画の読み方)』(1995)이 그의 대표적 저술이다.

한편 지난 2001년 일본만화학회가 설립되었으며, 현재 데이터베이스의 정비 등 만화평론의 기초를 다지는 작업이 진행 중에 있어, 향후 만화가 만화학이라는 하나의 학문으로서 자립할 수 있는 가능성도 예측할 수 있다.

III. 현대 일본만화의 개척자

1. 만화의 개화—만화만문의 발명자 오카모토 잇페이(1886~1948년)

오카모토 잇페이(岡本一平)는 만화에 해설문을 덧붙인 만화만문(漫畵漫文)이라는 독자적인 만화 스타일을 구축하였으며, 본격적인 스토리만화의 선구자라고 할 수 있다.

그는 1886년 홋카이도(北海道) 하코다테(函館)에서 태어났으며, 이후 도쿄에 올라와 도쿄미술학교 서양화과(西洋画科)에 진학하였다. 1910년 서양화과를 졸업한 후 소설가 나쓰메 소세키(夏目漱石)에게 만화에 대한 능력을 인정받고 그의 소개로 26세 때인 1912년 아사히(朝日)신문사에 입사하였다. 그리고 신문의 사회면에 경쾌한 문장을 토대로 만화를 그려 나갔다. 그리고 이같이 신문 지상에 경쾌한 터치로 그린 만화를 스스로「만화만문(漫画漫文)」이라 불렀다. 이후 이 같은 스타일은 만화계에 유행하였는데, 이로 인해 만화가는 그림뿐만 아니라 문장을 쓰지 못하면 일류가 될 수 없다는 흐름이 만들어지게 되었다. 아울러 그는 이 같은 스타일을 진화시켜「영화소설(映画小説)」과 같은 독자적 세계를 펼쳐 나갔다. 또 1915년에는 일본 최초의 만화가단체인 도쿄만화회(東京漫画会, 후에 일본만화회)를 설립하기도 하였다.

만화만문의 대표작으로는『사람의 일생(人の一生)』을 꼽을 수 있는데, 1922년 10월부터 아사히신문에 연재가 시작되어(1925년 7월부터는『부녀계(婦女界)』에서 연재됨), 1929년 4월까지 이어졌다. 이는 스토리만화의 원형으로 평범한 주인공 개인의 인생과 주변 인물의 운명을 통해 당시의 세태를 반영코자

▼ 사람의 일생

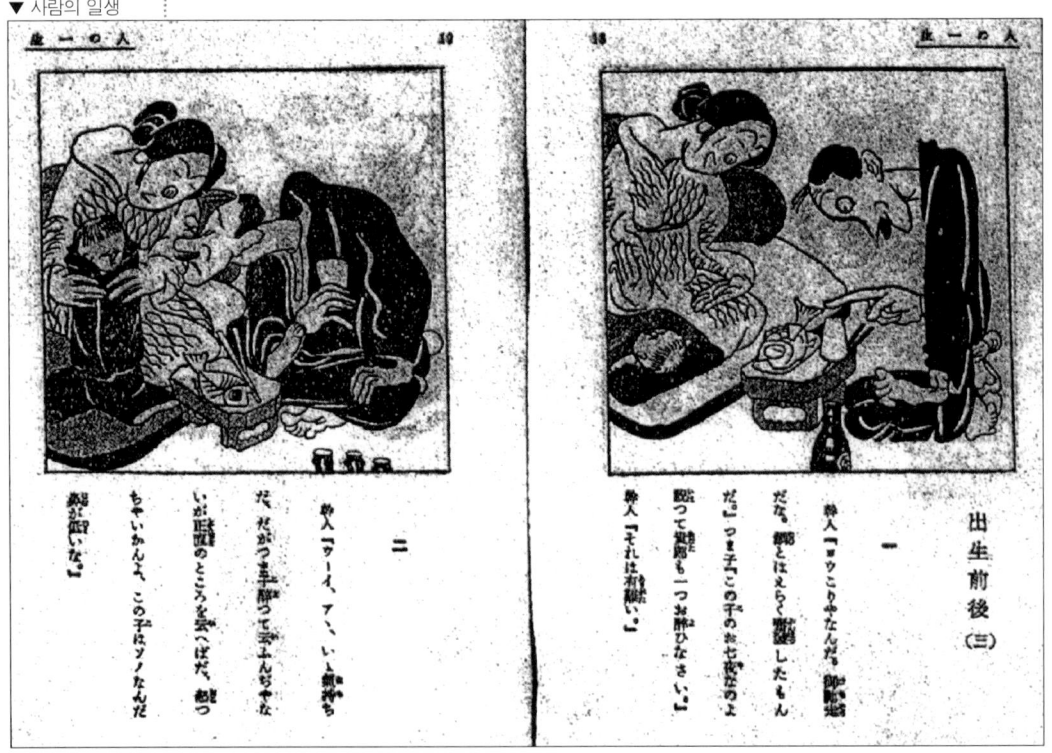

한 것으로, 서민들이 이상(理想)으로 하는 이른바 성공스토리를 유머 있게 다룬 작품이라고 할 수 있다. 이 작품으로 인해 이전까지 주로 풍자의 수단으로 평가된 만화가 대중오락으로서 인식되는 계기를 마련하게 되었다.

이 당시 인기 만화는 영화로도 만들어지는 경우가 많았는데, 『사람의 일생』도 1928년 영화로 만들어졌다. 1926년 만화가 양성을 위한 개인 학교 「잇페이주쿠(一平塾)」를 만들어 다수의 제자를 배출하였으며, 1929년부터 약 4년간은 유럽을 여행하며 만화만문집 『세계만유(世界漫遊)』를 저술하였다.

한편 그의 작풍의 배경에 소년시절의 영화, 즉 당시의 활동사진이 영향이 컸는데, 그의 그림 묘사의 특징인 영화적인 앵글 잡기와 필름과도 같은 칸 나누기 등이 그 예라고 할 수 있다. 또 당시 일본에 널리 소개된 아르누보(art nouveau) 양식의 영향 또한 빼놓을 수 없다.

현재 그의 작품은 『잇페이전집(一平全集)』(전15권, 先進社)을 통해 접할 수 있다.

2. 만화의 부활—만화와 영화의 결합 데즈카 오사무(1928 ~ 1989년)

일본 만화영화의 아버지, 만화의 신으로 불리는 데즈카 오사무(手塚治虫)는 1946년 「마아짱의 일기장」으로 데뷔 이래 『철완 아톰』(일본 최초의 TV애니메이션) 『정글대제』 『블랙잭』 『리본의 기사』 『불새』 『아돌프에게 고한다』 등 발군의 표현력과 스토리 창작력으로 다수의 작품을 남기며 42년간 일본만화를 개척하였다.

그는 1928년 오사카(大阪)의 도요나카(豊中)에서 태어나 다카라즈카에서 성장하였다. 어린 시절에는 다카라즈카 가극(여성들만 출연하는 가극으로 남자역까지 여자가 담당함)에 심취하였고, 라쿠고(落語)에도 관심을 가져 만담을 배운 적도 있었다. 이후 오사카대학 의학부 외과의 전공으로 졸업을 하였는데, 실제로 환자를 진료한 적이 없었으며, 오히려 기초 생물학 영역에 관심이 있었고 특히 곤충에 관심이 많았던 것으로 알려져 있다. 그런 이유로 그의 작품 곳곳에 생명을 소중히 다루는 내용이 나오곤 한다.

이같이 젊은 시절의 경험은 훗날 그의 작품 창작의 밑거름이 되었는데, 즉 의학 공부는 무면허 청부의사를 그린 『블랙잭』, 다카라즈카 가극은 『리본의 기사』의 정체성 표현, 라쿠고 공부는 작품의 문체 등에 각각 영향을 미치게 되었다.

데즈카 오사무는 일본에 있어서 본격적인 스토리만화의 시조로 알려져 있다. 종종 무대극적(舞台劇的)이던 만화를 영화적(映画的)으로 변혁한 것으로 평가를 받고 있다. 특히 전쟁이 한참이던 1938년 이래 표현에 대한 각종 규제가 심해졌는데, 1947년 발표된 『신다카라지마(新宝島)』는 당시 소년들에게 가히 충격적으로 받아들여졌다. 즉 『신다카라지마』는 만화에 영화적인 스펙터클한 표현을 도입한 선각적인 작품으로, 이후 많은 후배 만화가들에게도 영향을 끼쳤다. 즉 복잡한 내면을 가진 캐릭터에 의해 비극적 요소도 존재하는 이른바 드라마틱한 스토리를 만화에 도입하여 만화를 스토리 즉 이야기를 전개해 나가는 수단으로서 표현하여 현대만화의 하나의 원점을 쌓아올렸다고 볼 수 있다. 그밖에 그의 다양한 작품 영역은 현대 일본만화 기초의 완성에 큰 역할을 담당하였다.

1954년에는 전문지 『만화연구(漫画研究)』에 보조(補助)를 구하는 광고를 내고, 프로덕션 형식을 취하며 다수의 보조를 고용하여 작업을 분담시켜 한 달에 100페이지가 넘는 집필이 가능하게 되었는데, 이로 인해 『주간소년선데이』 같은 주간만화잡지의 간행이 가능하게 되었다. 아울러 일반 작가들의 경우 원안(原案)과 스토리의 전개, 작화(作画)작업 등을 스태프나 잡지편집자들과 공동으로 한 데 반해, 그는 작화 작업 이외 즉 아이디어와 스토리는 거의 혼자 작업을 한 것으로 알려져 있다. 이는 그가 발상(発想)이 풍부한 작가라는 증거로 볼 수 있다.

1950년대 『정글대제』를 제작, 일본이라는 폐쇄공동체를 들여다보았으며, 1952년에는 만화잡지 『소년(少年)』에 「철완아톰」을 연재하였다. 즉 인간의 감수성을 지닌 아톰을 통해 경제적 궁핍과 좌절에 시달렸던 전후 일본사회에 자신감과 희망을 안겨줬다는 평가를 받고 있다. 이후 그는 애니메이션제작 프로덕션을 설립하고, 1963년 일본 최초의 TV방송용 연속 애니메이션 『철완아톰』을 만화영화로도 제작하였다. 즉 1963~1966년 동안 일본의 첫 TV만화영화로 방영되어 큰 인기를 얻었다. 아톰은 1963년 말 「아스트로 보이(Astro Boy)」라는 제목으로 미국을 비롯한 전 세계에 방영되기도 하였다.

그는 만화비즈니스에도 관심을 기울였다. 캐릭터에 대한 판권상품의 개발과 판매를 담당하는 「무시프로상사(虫プロ商事)」가 바로 그것인데, 이를 통해 1967년 1월 『COM』이라는 잡지를 창간하였으며, 그밖에 소녀들을 대상으로 하는 만화잡지 『퍼니(ファニー)』, 어린이 만화잡지 『레오(れお)』 등을 발행하였다. 그의 수법과 비즈니스 모델은 후에 일본 애니메이션 제작에 큰 영향을 끼쳤다.

그의 작풍(作風)에 대해서는 일반적으로 휴머니즘 정신의 측면이 부각되는 경향이 있는데, 오히려 그는 인간의 마이너스 측면과 그로 인해 생겨나는 비극을 작품에 즐겨 반영하였다. 또한 대립(対立)이라는 주제도 즐겨 사용하였다. 예를 들면『불새』에서는 구원이 없는 암흑의 면을 적극적으로 반영하여, 거기서부터 오는 깊은 절망 속에서 주어지는 한 줄기의 빛을 나타냄으로 인해, 음영(陰影) 짙은 작품을 표현하였다. 또『철완 아톰』을 통해 과학기술에 대한 악의 없는 신뢰를 표현하였는데, 실제로는 과학기술에 의해 비극적인 결과가 나타나는 에피소드를 그린 작품 또한 다수 남겼다. 과학기술의 남용을 꼬집은 것이다.

데즈카 오사무는 SF적 줄거리와 일본 만화의 고전 캐릭터, 즉 단순화된 선과 작고 귀여운 체형의 주인공을 창조해 냈고 일본 젊은이들에게 자신감을 갖게 하였으며, 영상산업의 고속도로를 건설하고 만화의 파생산업을 발굴, 캐릭터를 완구·문구·의류에까지 연결해 새로운 시장도 개척해 나갔다.

여성을 의식이 있는 주체로 다룬 점도 당시 주목을 받았다. 기타 성전환(性転換), 이성(理性)의 복장(服装), 중성적(中性的)인 것에 대한 동경 등이 작품 곳곳에 나타나는데, 이를 작가 자신은 에로티시즘이라 표현하였다.

동글동글한 그림, 활극, 낭만, 미래 등을 소재로 하여 치밀하게 스토리를 전개해 나가는 스타일, 그리고 휴머니즘 색이 짙은 세계관 등이 특징인 그의 작품은 현재『데즈카오사무만화전집(手塚治虫漫画全集)』(전500권, 講談社)에 정리되어 있다.

【용어사전】

◇ 닛폰치(日本地)
닛폰치는 문자 그대로 일본토지라는 의미가 되는데, 이것은 일본 토지라는 의미와 판치(パンチ)를 나타내는 폰치(本地)가 엇갈린 표현이다.

◇ 다카라즈카 소녀가극
다카라즈카 소녀가극은 1913년 다카라즈카시에 만들어진 가극단으로 여성만으로 음악극과 비평을 연출하는 특징이 있다. 가극단의 공연내용은 음악, 무용, 연극 등으로 구성되며 일본은 물론 동서양의 각지를 배경으로 한다. 여성이 남성의 배역도 연기한다는 점과 청순한 미혼 여성들만이 무대에 설 수 있게 하는 등 독특한 운영방식을 취하고 있어서 일본인들에게 많은 화제거리를 제공해 주기도 한다.

◇ 가미시바이(紙芝居)

가미시바이는 이야기 장면을 연속적으로 그린 그림을 순차적으로 1장씩 써내어 극적으로 설명하는 그림 연극이다. 보통 한 사람이 관객 앞에서 그림의 뒤쪽에 적혀 있는 극의 내용을 목소리를 바꾸어가며 읽어나간다. 일종의 행상인(行商人)이 하는 간단한 연극으로써 매스컴이 없던 시절에 교육적인 효과도 있었다.

◇ 오컬트(occult)

오컬트는 과학적으로 해명할 수 없는 신비적 초자연적 현상을 의미하는데, 이와 같은 것이 소재가 된 만화를 오컬트 만화라 부른다. 가리워진 것, 숨겨진 것 등의 어원을 지니는 오컬트는 텔레파시, 연금술, 점성술 등의 불가사의한 현상이나 작용을 말한다. 반체제적 문화 현상으로써 1960년대부터 세계적인 규모로 유행하고 있다. 과학적이고 합리적인 사상을 이상으로 하는 현대사회 조류에 역행하면서 정신적인 해방을 추구하는 경향을 담고 있다.

20. 아니메 파워와 역사의 아이러니

이재성

I. 상업적 애니메이션의 발자취
II. 일본 애니메이션 산업의 태동과 전개
III. 독립된 장르의 형성과 전문 아니메 작가의 출현
IV. 오리지널 비디오 애니메이션의 등장과 그 여파
V. 아니메의 위상 변화와 셀에서 CG로의 이행

I. 상업적 애니메이션의 발자취

월트 디즈니는 1928년에 최초의 토키(Talkie) 애니메이션「증기선 윌리(Steamboat Willie)」를 발표한 뒤, 기술적 진보에 바탕을 둔 획기적 기획으로 미국 시장을 석권하고 세계 애니메이션 시장의 최강자로 부상했다. 이 디즈니를 비롯한 미국의 애니메이션은 1930~40년대에 황금기를 구가하며 베티붑, 뽀빠이, 미키마우스, 백설공주, 딱따구리, 벅스바니, 톰과 제리 등 우리에게 친숙한 많은 스타들을 탄생시켰다.

1951년에는 스테판 보서스토우(Stephen Bosustow)의 UPA가 '실사에 가까운 동작'이라는 원칙을 무너뜨리고 초당 사용되는 셀의 매수를 가변적으로 조정한「제럴드 맥보잉 보잉(Gerald McBoing Boing)」을 선보여 디즈니식 애니메이션과는 전혀 다른 새로운 셀 애니메이션이 탄생하는 기반을 조성했다.

이 리미티드(Limited) 애니메이션 기법은 미국보다도 오히려 유럽이나 일본에서 활발하게 이용되었으며, 그 중에서도 특히 일본에서 눈부신 발전상을 보였는데, 그 첫 시도는 1963년에 데즈카 오사무(手塚治虫)의 무시(虫) 프로덕션이 제작한 최초의 TV시리즈「철완 아톰(鉄腕アトム)」이었다.

이후 일본에서는 리미티드 기법의 사용으로 제작비를 대폭 경감할 수 있었던 덕택에, 다수의 저가 TV애니메이션이 제작되었으며, 그러한 과정에서 동작의 부자연스러움을 보완하기 위한 다양한 테크닉들이 꾸준히 개발된 결과, 미국의 애니메이션에서는 볼 수 없는 전혀 다른 움직임과 연출로 무장한 아니메, 포르노물에서부터 예술적 단편에 이르기까지 다양한 장르로 분화된 아니메의 세계를 구축할 수 있게 되었다.

한때 재패니메이션(Japanimation)이라 불리며 싸구려 TV시리즈로만 생각되던 일본산 애니메이션은 1990년대 초부터 인지도와 평가가 급격히 높아져 90년대 말에는 이미 미국과 유럽 그리고 아시아를 제패하기 시작했으며 전세계 TV 애니메이션 공급물량의 약 65% 가량을 장악하기에 이르렀다. 이는 단순히 일본산 애니메이션의 판매가격이 상대적으로 저렴하다는 이유 하나만으로는 설명하기 어려운 가공할 만한 수치이다. 뿐만 아니라 미야자키 하야오(宮崎駿), 오시이 마모루(押井守), 오토모 가쓰히로(大友克洋) 등이 감독한 극장판 애니메이션 역시 높은 평가를 받으며 세계 진출에 성공했다.

이러한 가운데 세계에는 수많은 아니메 오타쿠들이 생겨났으며, 이들은 인터넷을 통해 서로 정보를 교환하고 일본에서 출시된 새로운 애니메이션을 앞다투어 구입하고 있다. 그리하여 일본에서 통용되던 아니메(Anime)라는 용어는 더 이상 일본 내에만 국한되지 않는 세계적으로 통용되는 일본산 애니메이션의 또 다른 이름이 되었다. 이 아니메는 리미티드 기법을 토대로 자신들만의 독특한 미학을 작품 속에 투영하면서 마침내 세계를 석권하는 독특한 문화상품으로 성장한 것이다.

영상세대라 불리는 70년대 이후의 세대는 거의 모두가 TV에서 방영된 아니메의 세례를 받으며 자라났다. 1960 ~ 1970년대부터 일본에서 제작된 수많은 아니메 작품들이 우리나라에 소개되었고 우리는 알게 모르게 그 작품들을 통해 삶에 대해, 그리고 자연과 우주, 사랑과 우정, 정의와 용기 등에 관한 것을 배웠다. 아니메는 우리가 인식하지 못하고 있었을 뿐 늘 우리 곁에 존재하고 있었다고 해도 과언이 아니다.

II. 일본 애니메이션 산업의 태동과 전개

1. 미국산 애니메이션에 압도되어 있던 초기의 일본 애니메이션

일본 최초의 애니메이션은 1917년에 만화가 시모카와 오텐(下川凹天)이 분필로 흑판에 그려 제작한 「이모카와 게이조-현관지기편(芋川椋三 玄関番の券)」이라고 알려져 있으며, 1921년에 닛카쓰(日活) 영화사에서 독립한 기타야마(北山) 영화제작소가 일본 최초의 애니메이션 전문 스튜디오로 문을 열어 오락물과 교육용 애니메이션을 제작하기 시작했으나, 이들 초기 애니메이션은 대부분 종이에 그림을 그리는 종이 애니메이션 기법에 의존하고 있었다.

그러다가 1932년에는 마사오카 겐조(政岡憲三)에 의해 일본 최초의 토키 애니메이션 「힘과 여자의 세상(力と女の世の中)」이 셀로 제작되어 나오고, 이즈음부터 극장 광고로 상영되기 위한 애니메이션 CF가 활발히 만들어지기 시작했으며, 1940년대에는 새로 제정된 영화법이 만화영화를 '어린이의 교육에 필요한 문화영화'로 규정하여 강제적으로 상영토록 함으로써 다수의 호전적 작품들이 극장에서 상영되었다. 이러한 가운데 세오 미쓰요(瀨尾光世)는 1943년에 일본 최초의 장편 애니메이션 「모모타로의 바다독수리(桃太郎の海鷲)」를 발표하고, 2년 뒤에는 그 후속편 「모모타로—바다의 신병(桃太郎—海の神兵)」을 내놓기도 했다.

그러나 패전과 더불어 1920 ~ 40년대 미국 애니메이션의 황금기에 제작된 작품들이 일시에 쏟아져 들어왔고, 특히 디즈니의 풀 모션 컬러애니메이션

「백설공주(Snow White)」는 당시 애니메이션에 종사하던 많은 사람들에게 신선한 충격을 안겨 주었다. 그 화려한 미국산 애니메이션의 경쟁상대가 되지 못하고 압도당한 일본의 애니메이션 업계는 한동안 침체의 늪을 벗어나지 못했다.

2. 도에이 영화사 동화부의 야심작—풀 모션 장편 컬러애니메이션

그러다가 일본 경제가 한국전쟁 특수에 힘입은 고도성장으로 호황국면을 맞이하면서, 1955년경부터 애니메이션 제작도 차츰 활기를 띠게 된다. 그 대표주자는 메이저 영화사 도에이(東映)의 동화부(動画部)였으며, 막대한 자본이 투입된 대규모 스튜디오를 갖추고 예술성보다 상업성을 중시한 작품을 제작했다.

'동양의 디즈니'를 목표로 했던 이들이 중국의 고전설화를 애니메이션화하여 극장에서 상영한 「백사전(白蛇伝)」(1958)은 명실상부한 일본 최초의 장편 컬러애니메이션이었으며, 디즈니의 작품처럼 풀 애니메이션으로 제작되어 작화 매수만도 무려 20만 장이나 들어간 야심작이었다. 이들 도에이 동화부는 계속해서 1959년에 야부시타 다이지(籔下泰司)의 감독하에 「소년 사루토비 사스케(少年猿飛佐助)」를 제작하고, 1960년에는, 당시 『만화왕』에 연재 중이던 데즈카 오사무의 만화 「나의 손오공(ぼくの孫悟空)」을 원작으로 데즈카와 야부시타가 공동으로 감독한 「서유기(西遊記)」를 제작하여 극장에서 상영했다.

3. 세계 최초의 TV 애니메이션 시리즈 「철완 아톰」과 '아니메의 아버지' 데즈카 오사무

만화가 데즈카 오사무는 「서유기」를 계기로 도에이 동화부에 조력하게 되었지만, 그는 이 도에이의 애니메이션, 즉 만화영화 그 자체에 언제부터인가 회의를 품게 되었다. '확실히 그림은 선명하고 제법 잘 움직이지만 그것만으로는 기껏해야 디즈니의 아류에 불과하지 않은가, 무엇보다 작가성이라고 하는 것이 무시되고 있지 않은가' 하고 고심하던 그는 마침내 1961년 6월에 '무시 프로덕션'을 설립했다. 멤버는 그 외에 고작 6명, 순전히 아마추어 집단이었다.

데즈카는 동작보다 정지된 소재나 인물을 사용함으로써 스토리나 분위기

같은 것을 연출해 내려고 시도한 최초의 작품 「어느 거리의 이야기(ある街角の物語)」를 제작하는 한편 또 하나의 실험을 준비하고 있었다. 최초의 국산 주말 TV 애니메이션 「철완 아톰」은 사업상 기업의 재정적 안정을 고려하지 않을 수 없는 당시의 현실과 맞물려 제작되어야만 했다.

그렇다고는 해도 예산도 턱없이 부족한 데다 스케줄상으로 보나 인력면으로 보나 당시의 능력으로는 매주 한 편의 시각적으로 거슬림이 없는 애니메이션 작품을 제작한다는 건 도저히 불가능한 일이라고 주위에서는 반대했다. 그러자 데즈카는 말했다. "그렇다면 현재의 능력으로 매주 1편을 만든다면 어느 정도까지 가능한지 생각해 보자. 그리고 나서 그것을 자연스럽게 보일 수 있도록 하기만 하면 된다."

그러한 발상에서 생겨난 연출법이 현재의 애니메이션 작품에서는 이미 보편화·상식화 되어 있다. 한 장면을 반복해서 사용하는 뱅크시스템이나 정지화면과 같은 연출방법이었다. 동작묘사는 제작팀이 소화해 낼 수 있는 범위 내에서 하고 동작보다 캐릭터나 스토리의 전개를 중시한다는 방침 하에 1963년 1월 1일부터 스타트한 「철완 아톰」은 평균시청률 30%를 웃도는 대성공을 거두었다.

이 작고 귀여운 영웅 '아톰'은 1963년부터 66년까지 총 193화가 흑백으로 제작되고, 80년부터 81년까지 총 53화가 리메이크된 컬러 애니메이션으로 방영되어 일본의 어린 시청자들과 만나게 된다.

4. 아니메 미학의 출발점―리미티드 기법

그러나 같은 업종에 종사하던 사람들의 시각에서 보면 데즈카의 시도는 터무니없는 덤핑전략이었다. 당시 TV애니메이션을 제작하는 데에는 30분짜리 한 편에 200만 엔 정도가 필요했는데도 '우린 55만 엔에 할 수 있다오' 하고 나선 것이 「철완 아톰」이라는 결과를 낳았다.

이 작품의 예상 밖의 성공은 이후의 일본 애니메이션 업계의 나아갈 방향을 거의 결정지었다고 해도 과언이 아니다. 각 방송사들은 「철완 아톰」의 전례에 따라 저가의 제작을 추진했고, 후발 프로덕션들은 울며 겨자 먹기 식으로 「철완 아톰」이 정해 놓은 제작비를 따라야 했다. 셀의 사용 매수를 대폭 줄이고 같은 셀을 여러 번 반복해서 사용하며 인건비를 줄이는 등 치열한 제작비 절감책이 강구되었다. 저가의 제작비 환경은 이미 출판된 만화를 애니메이션화 하여 리스크를 최소화하고, 리미티드 기법의 극대화를 통한 제작비의 절감, 스폰서

유치를 통한 제작비의 보충, 캐릭터상품 제작을 통한 부가가치의 창출이라고 하는 아니메 시스템을 정착시키는 요인으로 작용한 것이다.

「아톰」이 성공한 탓에 이후의 아니메 제작비가 늘 바닥에 머무는 폐해가 생겼고 그로 인해 '아니메 노동자' 라는 말로 대변되는 열악한 작업환경이 보편화되는 결과를 초래한 것은 사실이지만, 저가형 TV시리즈 덕택에 일본 어린이들이 수많은 애니메이션을 별다른 투자 없이 볼 수 있었다는 점도 무시할 수 없다.

또한, 아니메의 리미티드 기법은 미국의 애니메이션과는 다른 아니메 미학을 추구하게 만든 출발점이라고 할 수 있다. 물론 당초에는 저가의 제작비를 감당해내기 위해 궁여지책으로 채택한 것이었지만, 그 후 다양한 테크닉이 추가되면서 끊임없이 발전되고 세련되어 아니메 특유의 기법으로 정착된 것이다.

5. 아톰의 인기에 따른 캐릭터상품 시장의 형성

아톰은 자식을 교통사고로 잃은 천재과학자 덴마(天馬) 박사에 의해 아들의 대용품으로 만들어졌다. 박사는 아톰에게 '인간' 임을 주입시켜 정서를 지닌 로봇으로 성장시키지만, 인간과는 달리 키가 전혀 자라지 않자 이에 화가 난 박사는 아톰을 서커스단에 팔아버린다. 서커스단에서 괴력을 발휘하는 쇼를 보이던 아톰은 가끔 서커스를 구경하러 오던 오차노미즈(お茶の水) 박사에게 구출되어 아버지와 어머니 그리고 동생을 갖게 되고, 박사는 아톰에게 로켓 분사장치와 머신 건을 달아준다. 그리하여 아톰은 위험에 처한 사람들을 위해 적들과 싸우는 정의의 히어로로서 다시 태어나게 되는 것이다.

즉, 아톰은 성장하는 육체에 대한 콤플렉스, 다시 말해서 인간 그 자체에 대한 콤플렉스를 지니고 있는 것이다. 그렇기 때문에 보통 인간을 동경한 나머지 부모형제와 같은 가족을 원하기도 한다. 정체성을 확립하지 못하고 무엇인가 상실감을 안고 있는 것이다. 게다가 아톰은 버려진 존재이다. 더구나 로봇법 때문에 인간에게는 대항할 수가 없고 엄청난 힘을 지녔기 때문에 오히려 인간들에게 괴물취급을 받기도 한다. 이해심 없는 인간(어른)들의 편견에 끊임없이 시달리면서도, 로봇으로서의 자신의 처지를 슬퍼할 겨를도 없이 인간들을 위해 악당과 싸워야 한다. 팔다리가 잘려 나가거나 죽을지도 모르는 상황에서도 그들 인간을 위해 싸우지 않으면 안 되는 것이 아톰의 숙명인 것이다.

어린 시청자들은 이 아톰에게서 독립된 인격체이면서도 결코 그렇게 대접받지 못하는 자신, 복제된 자신의 모습을 발견하고, 친구들과 뛰어 노는 아톰의 천진성과 그 이면의 슬픔을 통해 위로하고 위로 받을 친구를 발견하게 된다.

이러한 아톰의 캐릭터야말로 국민적 인기를 누린 「철완 아톰」인기의 주된 원인이었다. 아톰은 주위의 어른들로부터는 박해를 받고 있지만 정직하고 상대를 배려할 줄 알며 용기도 있다. 그것은 시청자라면 누구나가 알 수 있는 것이지만, '나만이 아톰을 이해할 수 있다, 이해해 줄 수 있다'고 하는 독점상태를 거치고 자연스럽게 감정이입이 이루어져 매주 아톰을 '보아주지 않으면 안 된다'고 하는 거의 의무화된 행동을 유발시켰던 것이다.

그것은 TV 시청만으로 그치지 않는다. 아톰의 모습을 인형이나 학용품, 혹은 의복류에 새겨 신변 가까이 두는 것은 그만큼 아톰에의 공감과 일체감을 용이하게 했다. 그리하여 캐릭터 '아톰'을 중심으로 한 일대 상업분야가 개척되었다.

Ⅲ. 독립된 장르의 형성과 전문 아니메 작가의 출현

1. 아니메 시청 연령층의 다양화와 독립된 아니메 장르의 형성

1970년대 초 일본 아니메의 변혁기라 불리는 이 시기에 주인공들은 '아톰'적인 모습에서 벗어나 갖가지 변화의 양상을 보이기 시작하는데, 그 공통점은 아톰 이래 주인공의 필수조건시 되어 왔던 이능력성(異能力性)으로부터의 탈피였다. 그 상징적인 작품이 1972년의 「마징가Z」인데 여기서는 로봇 그 자체가 아니라 로봇에 '올라탄다'고 하는 설정을 통해 주인공 자신으로부터 그 이능력을 분리했다.

그리고 거기서 더 나아가 로봇적인 이능력으로부터 해방된 주인공들이 같은 인간을 미워하고 질투하고 사랑하는 드라마를 연출한 것이 바로 1974년 10월 6일부터 1975년 3월 30일까지 방영된 「우주전함 야마토(宇宙戰艦ヤマト)」였다. 요미우리TV와 오피스아카데미 등이 공동으로 제작하고 당시의 신진 인

기 만화가 마쓰모토 레이지(松本零士)가 감독한 이 작품의 줄거리는 대략 이러하다.

서기 2199년 지구는 종말의 위기를 맞는다. 가미라스의 유성폭탄 공격으로 바닷물은 모두 증발해 버리고 지상의 모든 생명체는 멸종해 간다. 인류는 지하도시를 건설하는 등 필사적이지만 방사능 오염은 결국 지하에까지 미쳐, 거기서 버틸 수 있는 시한도 1년밖에 남지 않았다. 이때 화성에서 훈련 중이던 병사가 "방사능 제거장치를 가져가라"는 마젤란 성운 이스칸달의 여왕 스타샤의 메시지와 파동엔진의 설계도가 담긴 캡슐을 발견한다. 그리하여 파동엔진을 장착하고 최강의 파일럿들이 탑승한 우주전함 야마토는 인류를 구하기 위해 방사능 제거장치를 가지러 은하계 끝에 위치한 마젤란 성운으로 발진한다.

이러한 내용의 「야마토」는 매회 지구종말의 시간을 카운팅했고 어른들은 하나 둘씩 TV 앞으로 모여들기 시작했다. 특이하게도 TV판 방영이 종료된 후에 큰 반응이 나타나기 시작했고, 그에 따라 TV판 옴니버스의 극장판이 공개되고 계속해서 TV시리즈 2편과 극장판 5편이 제작되었다. 팬들은 이 작품을 보기 위해 전날 밤부터 극장 앞에 진을 치는 기현상이 벌어졌고, 그러한 열광적인 팬들의 반응이 만화영화는 아이들이나 보는 것이라는 기존의 시각을 일거에 바꾸어 놓았다.

이때까지 수많은 아니메가 제작되어 왔지만 그것들은 아니메를 독립된 장르로서 인식시키지는 못했다. 굳이 말하자면 오락방송에 불과했다. 그러나 「야마토」는 달랐다. 그것은 만화영화와 구별되는 아니메의 시작을 알리는 작품이었던 것이다.

2. 일본의 아니메를 대표하는 「기동전사 건담」과 아니메 전문작가의 탄생

인기가 비등한 가운데 「야마토」는 1978년에 사실상의 종결편인 「잘 가라 우주전함 야마토(さらば宇宙戦艦ヤマト)」를 상영한다. 이 해에는 마쓰모토 레이지가 「우주해적 캡틴 하록(宇宙海賊キャプテン・ハーロック)」「은하철도999(銀河鉄道999)」 등으로 대활약을 하고 「미래소년 코난(未来少年コナン)」 「보물섬(宝島)」과 같은 원작소설물이 뛰어난 작품성을 보였지만 일본 아니메의 전체적인 '흐름'을 바꿀 정도는 아니었다. 그런데 이듬해인 1979년에「기동전사 건담(機動戰士ガンダム)」이 시작되었다.

「기동전사 건담」은 나고야TV 계열의 전파를 타고 처음 방영된 이후 20주년이 되는 시점까지 7개의 TV시리즈와 8편의 극장판, 그리고 4개의 OVA시리즈로 제작되면서 일본의 아니메를 대표하는 작품으로 굳건히 자리를 잡았다.

▲ 미래소년 코난

이전의 로봇 SF물 대부분은 '슈퍼로봇물'로 통칭되었으나「건담」이후로는 메카닉 설정이나 전투장면의 현실적 재현뿐만 아니라 작품설정 전반에 걸쳐 현실성이 강조되면서 '리얼 로봇물'이라는 새로운 장르가 생겨났다.「건담」의 등장으로「야마토」에서 중단되어 있던 연장선이 그어지고 일본 아니메의 커다란 '흐름'이 형성된 것이다.

또한 이「건담」에 의해 무엇이 일본의 아니메에 더해졌는가 하면, 인류애나 지구애 같은 이데올로기적인 것을 당연한 전제로 하지 않는 다양한 등장인물들의 인생을 그려내는 이야기의 가능성이다. 한 사람만을 주인공으로 하여 전개되던 종래의 이야기 체계의 붕괴 혹은 이야기의 사실화가 이루어진 것이다.

그리고 이「건담」이후 아니메 감독이나 각본가와 같은 존재가 클로즈업되어 왔다. 그때까지의 작가들은 모두 만화가로서 존재했지만,「건담」에 있어서의 도미노 요시유키(富野喜幸)의 출현은 만화가도 소설가도 아닌(소설은 썼지만) 진정한 아니메 작가의 탄생이면서 아니메 작가의 작가로서의 사회적 자립의 시작이었던 것이다.

「건담」의 성공 이후 선라이즈사는 작품의 총괄과 더불어 그 사상성까지를 작가에게 일임할 수 있는 감독제도를 상설하고, 이 체제를 기본 축으로 하여 다수의 시리즈 감독 및 아니메 작가라고 하는 스타를 낳았다. 또한 이러한 방침은 많든 적든 다른 아니메 제작사에도 영향을 미쳐 많은 인재들을 배출케 하고, 나아가 그 스타들에 의한 독립 스튜디오의 난립을 초래하기도 했다.

▼ 기동전사 건담

3. 아니메의 확산—아니메를 보며 자란 세대에 의한 아니메 제작

▼ 우르세이 야쓰라

「기동전사 건담」이 성공을 거두고 아니메가 일반에까지 널리 침투되어 호응을 얻기 시작하던 그 즈음, 아니메를 보며 자란 세대 중 일부는 성인이 되어서도 아니메 시청층을 형성했고, 아니메를 보며 자란 세대가 직접 아니메를 제작하기에 이르렀다. 다수의 아니메 잡지가 간행되고 OVA(Original Video Animation)의 등장에 의해 미디어의 확산이 가속화되는 가운데, 아니메 팬들에 의한 아니메 팬을 위한 아니메가 제작되는 기운이 무르익어 갔다. 그러한 분위기를 대표하는 작품이 「우르세이 야쓰라(うる星やつら)」(스튜디오 피에로, 1981)와 「초시공요새 마크로스(超時空要塞マクロス)」(다쓰노코 프로덕션, 1982)였다.

이들 작품에 이르러서는 「건담」까지의 작품에서 볼 수 있었던 이해심 없고 편견에 찬 인간상은 가볍게 다루어지고, '보통 사람'의 범주에 들지 못하는 자의 비애는 연애문제로 대체되어, 개개인의 성장이 진지하게 그려지는 일은 거의 사라져 버렸다. 인간의 비애도 갈등도 모두 연애 속에 갇혀 버린 것이다.

그리고 이러한 분위기 속에서 맞이한 1984년을 기점으로 아니메의 화제작은 TV시리즈로부터 영화, 그리고 OVA로 옮겨가기 시작했다. 매체의 다양성에 있어서도 일본 아니메가 확산되어 갔던 것이다.

IV. 오리지널 비디오 애니메이션의 등장과 그 여파

1. OVA의 탄생과 성숙

1980년대 들어 값싼 가정용 VTR이 양산됨에 따라 1983년 12월 오시이 마모루가 감독한 세계 최초의 OVA(오리지널 비디오 애니메이션)「달로스(ダロス ; DALLOS)」가 출시되었다. 제작회사는 스튜디오 피에로, 발매회사는 반다이였다.

이때까지 일본 아니메의 흐름은 작가와 제작회사를 조사해 보면 어느 정도 파악이 가능했으나, 이 OVA의 출현은 거기에 기업이라고 하는 것을 고려하지 않으면 그 흐름을 포착할 수 없는 새로운 장르가 생겨났음을 의미하는 것이었다. 그렇지만 1987년에 재팬 홈비디오(JHV)가 출시한 「요수도시(妖獸都市)」 이전까지의 초기 OVA는 스토리다운 스토리도 없이 에로틱한 요소만으로 겨우 명맥을 유지하고 있을 뿐이었다.

그러다가 1988년에 들어서면서부터 마침내 OVA에서 일본 아니메의 명작이라 부를 만한 작품이 집중적으로 나왔는데, 그 중에서도 압권이었던 것은 도쿠마(德間) 서점의 「은하영웅전설(銀河英雄伝説)」이었다. 이해 3월에 영화로 먼저 데뷔하여 호평을 얻고 있던 작품이었지만, 세계 최초의 주간(週刊) 비디오인 데다 통신으로만 판매하는 방식을 취해, 그 캐릭터와 그 세계를 동시진행적으로 함께 공유하고자 하는 의도가 역력했다. 그 결과, 원작 10권 분의 내용을 4기(期) 8년에 걸쳐 모두 애니메이션화 하는 전무후무한 쾌거를 이룩했다.

2. OVA의 백화요란과 성우의 상품화

이후 OVA는 비디오테이프 대여점의 증가나 테이프 자체의 저가격화에 힘입어 말 그대로 백화요란(百花燎亂)의 양상을 띠게 된다. 조금이라도 화제가 되었던 원작은 바로 비디오화되고, 판매회사도 우후죽순처럼 생겨났다가 금방 사라지는 혼란한 양상이 수년간 이어졌고, 그러한 경향은 1991년에 피크를 이루었다.

그러다가 1992년 9월, 파이오니어 LDC가 발표한 「천지무용(天地無用)」을 시작으로 OVA에 관한 새로운 발상이 생겨나게 된다. 이 「천지무용」은 처음에는 그저 얼마간의 에로틱한 요소를 지닌 작품에 지나지 않았다. 그것이 파이오니어의 간판상품으로까지 된 것은 순전히 그 내용에 기인한다. 1986년의 「프로젝트 A양(プロジェクトA子)」 이래 OVA에 있어서 '강하고 귀여운 여자아이'라고 하는 것은 하나의 필수조건이 되어 있었는데, 이 「천지무용」은 평소에는 신통치 않지만 여차하면 아주 강한 남자아이로 돌변한다고 하는 핵심적 요소를 통해, 저속한 에로물 노선에서 심각한 사내아이의 투쟁 노선으로 손쉽게 전환할 수 있는 설정을 찾아낸 것이다. 이러한 새로운 발상의 작품이 먹혀들지 않을 리 없었다. 그리고 이 미소녀들에게 에워싸인 사내아이 주인공이라고 하는 노선의 히트는 또 다른 새로운 분야의 개척을 촉발시켰는데, 그것은 다름 아닌 성우였다.

그때까지는 역할 즉 애니메이션의 캐릭터가 있고 나서 성우가 있었다. 그러나 「천지무용」은 달랐다. 경우에 따라서는 각각의 캐릭터를 성우의 선전을 위한 일종의 소품으로 보는 시각을 가능케 한 것이다. 물론 그것은 「천지무용」이 다소 에로물적 성격을 띠고 있던 것과 밀접한 관련이 있었다. 그리고 여기에 착안한 파이오니어 LDC가 성우를 아니메 작품과 동등하게 취급하여 상품화함으로써 새로운 사업분야를 찾아낸 것이다.

▲ 아이돌 방위대 벌새

이를 계기로 아니메 작품을 발표하기 약 반년이나 전부터 3명의 여자 성우에 의한 싱글 CD와 보너스 CD를 한 데 묶어 발매한 KSS의 「오!나의 여신님(ああっ女神さまっ)」(創映新社, 1993)이나 인기성우가 민간 자위대로서 일본을 지킨다고 하는 터무니없는 설정에 그 이름도 「아이돌 방위대 벌새(アイドル防衛隊 ハミングバード)」(東寶, 1993)라 칭하는 시리즈 작품까지 나타났다.

이후 성우를 중심으로 드라마 CD·라디오·TV·영화·게임·소설 등 온갖 미디어를 구사하는 전략이 당연시되고 1994년 선라이즈가 반다이 산하에 예속되면서 '작품'으로서의 OVA는 거의 나오지 않게 된다.

3. 오타쿠 문화의 정점 「신세기 에반겔리온(新世紀ェヴァンゲリオン)」

이후의 OVA는 작품이라고 부를 만한 것이라곤 고집스럽게 자신의 영상을 추구하는 소수의 작가들에 의한 것밖에 찾아볼 수 없게 되었으며, 그것들조차

▼ 신세기 에반겔리온

도 발매원이나 스폰서와의 타협의 흔적이 보이는 것들이었다. 그러나 이러한 상황에 다소나마 저항을 하는 인물이 있었다. 안노 히데아키(庵野秀明)는 일본의 아니메가 작품을 상품의 선전 매체로밖에 보지 않는 기업과 한정된 정보만을 선호하는 시청자의 공범(共犯) 작업에 중독된 폐색(閉塞) 상태라고 비판하며, TV나 장난감회사가 개입되지 않은 로봇물을 고집했다. 그것이 가이낙스(GAINAX)의 프로젝트 에바에 의해 탄생한 「신세기 에반겔리온」이었다.

이 작품은 1995년 10월 6일부터 1996년 3월 27일까지 TV도쿄 계열을 통해 총 26화로 방영되어 평균시청률 7.1%를 기록하는데 그쳤으나, 뒤늦게 아니메 오타쿠들

의 관심이 증폭되어 폭발적인 인기를 누리며 '에바 신드롬'을 이끌었고, 1997년 3월과 7월에 2편의 극장판을 내놓았다.

이 「에반겔리온」의 전반부는 사실적인 묘사가 돋보인다는 점을 제외하고는 여느 슈퍼로봇물과 크게 다를 것이 없다. 그러나 한 꺼풀씩 벗겨가다 보면, 여기에 등장하는 주인공들은 한결같이 마음에 깊은 상처를 입고 저마다 타인과의 단절에 괴로워하는 인물들뿐이며, 매회 해석을 강요하는 암시와 복선으로 가득함을 알게 된다.

숱한 의문을 던지고는 그러한 의문에 대해 극히 단편적인 답이 가뭄에 콩 나듯이 제시될 뿐이다. 후반부에 가서는 심리극의 형태를 취하며 아버지에게 버려진 주인공 신지의 내면의 첨예한 갈등을 보여주다가 마지막 제25화와 제26화에서는 그때까지의 스토리 전개를 중단한 채 아무런 해답도 없이 등장인물의 내면 이야기만을 들려준다.

이 작품은 인물들의 내면의 갈등을 독백 혹은 자의식과의 대화로 풀어내고 있는데, 서로의 관계로 상처를 푸는 것이 아니라 각각의 갈등을 개인의 문제로만 국한시키고, 다시 마음으로 깊숙이 들어가는 드라마는 의도적으로 생략된 채 상징적인 화면으로 대체된다. 작품의 상징과 수수께끼들도 몇 구절의 대사를 통해 해답을 찾아야 한다. 신의 문제, 세컨드 임팩트, 서드 임팩트, 인류보완계획, 아담, 리리스, 리린, 네르프, 제레, 사해문서, AT필드 등에 얽힌 의문은 작품 곳곳에 즉흥적으로 배치되어 있다. 이것은 오타쿠들이 열광할 만한 패러디를

▲ 톱을 노려라

지향하여 온갖 다양한 작품들을 뒤섞어놓은 「톱을 노려라(トップをねらえ)」(1988)와도 흡사하다. 「에반겔리온」에는 그때까지 나왔던 모든 것이 다 들어 있었고, 오타쿠들은 마치 숨은 그림 찾기를 하듯 그것들을 하나하나 찾아내며 즐거워했다.

그리하여, 30만부 정도가 나간 『신세기 에반겔리온, 더 이상의 수수께끼는 없다』를 비롯하여 이른바 '에바 서적'이라 불리는 일련의 수수께끼 풀기 책이 날개 돋친 듯이 팔려나갈 정도로 세기말의 '에바 신드롬'을 몰고 왔다.

V. 아니메의 위상 변화와 셀에서 CG로의 이행

1. 아니메의 위상 변화—재패니메이션과 아니메

1990년대는 일본의 아니메가 세계 시장에서 확고한 입지를 구축하기 시작한 시기인데, 이는 재패니메이션(Japanimation)과 아니메(Anime)를 들어 설명하는 것이 좋을 듯하다.

일본의 애니메이션이란 의미로 Jap과 Animation의 합성어인 재패니메이션은 「철완 아톰」이 'Astro Boy' 라는 이름으로 미국에 방영되면서부터 사용되기 시작하여 1970~1980년대에 북미에서 자주 사용되었지만 지금은 거의 사용되지 않는다. 이 용어가 생겨났을 당시에는 일본과 북미의 문화·습관의 차이나 표현 규제로 일본적·선정적·폭력적인 장면을 삭제하거나 어린 아이들에게는 난해한 장편 스토리를 대폭 재편집하여 1회로 완결되게끔 하는 것이 일반적으로 행해지고 있었고, 용어 자체에 다소 경멸이나 비하의 뉘앙스가 담겨 있었다.

▼ 미소녀 전사 세일러문

그러다가 1989년 12월에 북미에서 공개된 「아키라(AKIRA)」가 관객과 비평가들로부터 작품성과 예술성을 인정받고, 유럽에서도 비슷한 평가를 받으면서 일본 애니메이션에 대한 인식의 변화를 가져왔다. 90년대 들어서는 「란마」 「미소녀 전사 세일러문」 「드래곤 볼」 등이 전세계적으로 유행하기 시작했고 이 역시 일본 애니메이션에 대한 인식의 전환에 한몫을 했다. 1995년에 공개된 오시이 마모루 감독의 영화 「공각기동대(攻殼機動隊/GHOST IN THE SHELL)」는 일본에서의 흥행수입은 저조했으나 나중에 해외에서 높은 평가를 받아 「매트릭스」 등의 작품에 영향을 주었고, 미야자키 하야오 감독의 「센과 치히로의 행방불명(千と千尋の神隱し)」은 2002년에 미국에서 극장판으로 공개되어 아카데미상 장편 애니메이션 부문을 수상했다.

▼ 센과 치히로의 행방불명

나라에 따라 여전히 대폭적인 편집을 거쳐 방영하는 경우도 적지 않지만, 1995년 이후의 일본 애니메이션은 거의 원형 그대로 방영되는 것이 일반화되었다. 또한 1991년 미국에서 발족된 '일본 애니메이션 프로모션협회'(The Society for the Promotion of Japanese Animaition)'가 1992년부터 매년 'Anime Expo'를 개최하면서 아니메라는 용어가 급속히 보급되기 시작했고, 이제는 아니메라고 하면 일본의 애니메이션 혹은 그것과 비슷한 풍의 작품을 가리키는 것으로 정착되어 가고 있다.

단, 일본 국내에서는 자국의 것만 아니메라 하지 않고 타국의 애니메이션까지 통틀어 아니메라 지칭하고 있으므로 혼동해서는 안 된다.

이 아니메라는 용어는 1965년에 발행된 영상제작자 전문잡지 「소형영화(小型映畵)」 7월호에서 처음 등장했는데, 그 즈음부터 업계 내에서 일반화되기 시작했을 것으로 추측된다.

2. 셀 제작 방식으로부터 CG 제작 방식으로의 이행

셀 애니메이션(Cell Animation)은 투명한 셀룰로이드 필름으로 배경을 그리고 다른 셀룰로이드 필름에 인물을 그려 한 콤마씩 촬영하는 기법으로, 배경과 인물을 분리할 수 있고 분업화된 작업이 가능하다는 장점 때문에 최근까지 가장 널리 사용되어 왔다. 그러나 1995년에 미국의 「토이 스토리(Toy Story)」가 세계 최초로 CG 애니메이션(Computer Graphic Animation)으로 소개된 이후, 일본에서도 1996년부터 차츰 CG작업이 들어간 작품이 생겨나기 시작했고, 2003년부터는 한 번에 많은 아니메가 처음부터 끝까지 CG만으로 제작되어 셀 애니메이션으로부터 CG 애니메이션으로의 이행이 급속하게 이루어지고 있다.

3. 아니메의 특징과 경쟁력의 요체

한때는 조잡한 싸구려라는 인식 속에 '재패니메이션'이라 불리며 차별을 받던 아니메가 국제 시장에서 메이저가 되어 막강한 영향력을 행사하게 될 수 있었던 주된 이유는 무엇일까? 그 이유를 알아보기 위해서는 먼저 아니메의 출발점인 리미티드 기법의 실체를 돌아볼 필요가 있다.

아니메의 거의 대부분은 1초 동안 사용되는 셀의 매수가 기본적으로 8매에 불과한 리미티드 기법으로 제작된 것이었다. 8장의 그림을 각각 3번씩 촬영해서 24장을 만드는 식이다. 게다가 이것도 움직일 경우에만 그렇고, 언제나 1초에 8장을 사용하는 것이 아니라 움직임이 적을 경우에는 1장의 같은 그림을 24

번 촬영하여 풀 모션 애니메이션과 같은 매수인 24콤마로 만드는 것이다. 이러한 방식이니까 당연히 그 동작이 자연스러울 수가 없다. 하지만 이런 방식을 통해 디즈니의 풀 모션 애니메이션과는 비교도 할 수 없을 정도의 적은 시간과 인원으로도 제작이 가능했고, 소자본의 젊은이들도 신규 참여가 가능하여 다양한 색깔의 애니메이션이 양산되는 결과를 가져왔으며, 제작 단가가 적게 들고 짧은 시간에 제작이 가능한 만큼 부담 없는 가격에 다량으로 공급이 가능하다는 크나큰 이점이 있었다.

그러나 이러한 장점만으로는 많은 한계를 가질 수밖에 없고 도저히 싸구려의 이미지를 벗을 수가 없었다. 그래서 일본의 아니메 업계 종사자들은 여러 지혜를 짜내기 시작했다. 이미 출판되어 흥행성이 확인된 만화를 애니메이션화 함으로써 리스크를 최소화하고, 같은 그림을 여러 번 반복해서 재활용할 수 있는 뱅크시스템의 도입으로 시간과 노력을 절감하여 가격 경쟁력을 더욱 높이는 한편, 커다란 배경을 만들어 그 위에서 셀을 스크롤시키거나 카메라 렌즈의 원근을 조절하여 단조로움을 피하거나, 중간 중간에 공들여 그린 멋진 정지화상을 집어넣거나 하는 등의 다양한 기법을 개발해 냈고, 풀 애니메이션에 비해 동작이 부자연스러운 단점을 극복하고자 스토리에 더욱 치중한 결과 미국이나 유럽의 애니메이션에서는 찾아보기 어려운 아니메만의 특징을 결정지었다.

이러한 아니메가 성공할 수 있었던 요인을 정리하면 다음의 3가지로 압축될 수 있다.

첫째, 무엇보다도 저렴한 공급가격과 취향에 따라 골라 볼 수 있을 만큼 선택폭이 넓은 다양한 장르의 존재이다. 이것은 결코 무시할 수 없는 아니메의 장점이다.

둘째, 그림이나 캐릭터가 화려하고 멋지다. 예컨대 세일러문의 변신장면 등은 다른 미디어에서는 절대 볼 수 없는 아름다움이다. 그러나 아니메의 진짜 아름다움은 동화보다도 오히려 정지화에 있다. 일반 애니메이션이 '끊임없이 움직이는 동작의 아름다움'을 추구한다면, 아니메는 오히려 '절정의 순간'과 '정지된 동작의 아름다움'을 추구하고 있는 점이 다르다고 할 수 있다. 이는 일본의 전통 연극에서 배우가 동작이나 감정이 최고조에 달했을 때, 일시 동작을 정지시켜 관객들로 하여금 그 멋진 모습을 찬찬히 음미할 수 있도록 배려하는 연출법인 미에(見得) 기법과도 흡사한 것으로 아니메 미학의 근간을 이루는 요소라 할 수 있을 것이다.

셋째, 작품성이 높고 거대한 서사구조로 긴밀하게 짜인 스토리가 있다. 예컨대 미국의 애니메이션 시리즈물은 대부분 매회의 내용이 거의 독립적이고 시리즈 전체를 잇는 줄거리가 빈약하다. 아무런 전제도 없이 캐릭터들이 튀어나와 활약하다가 들어가곤 하는 식이다. 게다가 정의로운 편은 절대로 죽지 않는다든가, 정의로운 인물은 하나에서 열까지 다 정의롭기만 하고, 악당은 철저히 나쁘게만 그려진다든가 하는 식이다. 그 결과 미국의 애니메이션은 아이들만을 대상으로 한 것이 되어 버렸다.

그러나 일본의 아니메는 다르다. 일본에서는 1960년대에 안보투쟁이 활발히 전개되었고, 이 시기에 정치운동을 하던 사람들은 대부분 취직도 변변히 할 수 없었다. 그러한 사람들이 포르노 영화계나 아니메계 쪽으로 대거 유입되어 갔다. 그들은 아이들을 대상으로 한 애니메이션 속에 정치라든가 인간이라든가 음울한 테마를 집어넣게 되었고, 일본 특유의 아니메 문화를 만들어 내게 된 것이다. 아이들을 독자로 한 것임에도, 보아 가다 보면 무언가의 클라이맥스에서 인간의 업(業)이 튀어나오거나, 인과응보니 뉴 타입이니 하는 전후문맥에 상통하지 않는 괴상한 단어가 속출하는 것이다. 아이들이 보고 이해할 수 있는 것을 만든다. 하지만 클라이맥스에 가서는 인간의 심리가 어떻고, 인간이란 무엇이고 하는 방향으로 선회해 버리는 것이다. 이것은 실로 아니메만의 특징이 아닐 수 없다.

그리고 아니메 자체가 가진 특징은 아니지만, 일본은 거대한 만화시장이 뒤를 받치고 있어서 다양한 소재를 찾아내는 데 유리하며, 만화로 출판되어 이미 흥행이 검증된 작품을 아니메화 함으로써 광고비를 절약하고 위험부담을 줄일 수 있다는 점도 일본의 아니메 산업이 비교우위의 경쟁력을 확보할 수 있는 요인으로 작용한다.

【용어사전】

◇ 애니메이션(Animation)
영혼이라는 뜻의 라틴어 Anima를 어원으로 하는 애니메이션이란 용어는 넓은 의미에서 보면 생명이 없는 사물에 움직임을 주어 생명을 불어넣는 작업 혹은 그 산물을 지칭하는 것이라 할 수 있다. 애니메이션 테크놀로지의 기본은 인간의 시각체계가 불완전하여 빠른 속도로 연속된 이미지를 보여줄 경우, 뇌리의 잔상으로 인해 움직이고 있는 것으로 착각하게 된다고 하는 간단한 원리에 바탕을 두고 있다. 실사영화가 촬영기를 사용해 실제 운동을 필름에 기록하는 데 비해, 애니메이션은 정지된 그림을 한 콤마씩 촬영해 연속적으로 영사함으로써 움직임을 표현하는 점이 다르다고 할 수 있다. 다시 말해서 애니메이션이란 실사영화의 제작방식과는 다른 기술과 기법을 다양하게 사용하여 창출되는 움직이는 이미지들을 지칭하는 것이며, 그 제작 과정은 움직이지 않는 고정된 사물에 움직임, 즉 생명을 불어넣는 작업이기도 하다. 또한, 애니메이션은 화면과 소리의 결합체이기도 하다. 소리로는 등장인물의 대사 외에도 배경음악이나 효과음 등이 자주 사용되는데, 화면의 내용과 소리를 자연스럽게 짜 맞추는 작업을 더빙이라 한다.

◇ 오타쿠(オタク)

국가나 회사나 가정 등에 대한 관심보다는 자신이 좋아하는 특정한 어느 한 분야에 폐쇄적이라고 할 만큼 열광적으로 매달리는 사람들을 일컫는 말. 아니메, 만화, 게임 같은 일본의 대중문화의 심층을 적절히 이해하기 위해서는 빼놓을 수 없는 키워드의 하나라고 할 수 있다.

◇ OVA(Original Video Animation)

극장용 영화도 아니고 TV 방영도 되지 않는 오로지 비디오만을 위해 제작된 애니메이션인 OVA는 극장용이나 TV에서는 다루지 못하는 폭력과 섹스 그리고 새로운 세계관 등을 실험하면서 아니메의 다양화를 주도했다. 그 결과, 아니메는 저연령·가족 대상의 TV 방영용과 성인 대상의 OVA로 양분되는 양상을 가져왔고 지금도 그러한 구조에는 변함이 없다.

◇ 안보투쟁(安保鬪爭)

1959~1960년 사이에 전국적 규모로 전개된 미일안전보장 조약 개정반대의 투쟁으로, 근현대 일본사상 최대규모의 대중운동. 특히 60년 5~6월은 연일 국회를 향해 수 만 명이 데모 행진을 했고 또한 청원자(請願者)도 천만 명에 달했으나, 결국 조약은 개정되고 신 조약은 비준되어 발효되었다. 1970년에도 조약의 연장을 둘러싸고 반대운동이 벌어졌다.

◇ 뉴타입(New Type)

'뉴타입'은「기동전사 건담」의 주제와 내용을 함축한 가장 상징적인 단어로 인류학적이면서 또한 정치적인 단어이기도 하며, 1980년대 일본에서 등장한 새로운 가치관과 생활양식을 가진 젊은 세대를 지칭하는 사회학적 용어이기도 하다. 또한 뉴타입은 인류의 진화적 미래에 대한 비전을 이야기하는 키워드이기도 하다. 그러나「건담」에서의 뉴타입의 모습은 결코 희망적이지만은 않다. 지구를 떠나 외계의 별에서 적응해 살아가는 동안 특수한 능력을 갖게 된 신인류. 그들의 뛰어난 능력이 전쟁의 도구로 이용되고, 그들 개개인의 삶 역시 전쟁의 비극을 감당하지 못하고 폐인이 되거나 과거의 기억에 짓눌려 세상을 등지는 등 자기 파괴적이고도 불행한 모습으로 그려지고 있는 것이다.

21. 판타지와 첨단기술의 조화를 즐기는 게임

한기련

I. 게임산업이란?
II. 게임의 역사와 종류
III. 일본 게임산업의 현상과 의의
IV. 일본 게임산업의 미래

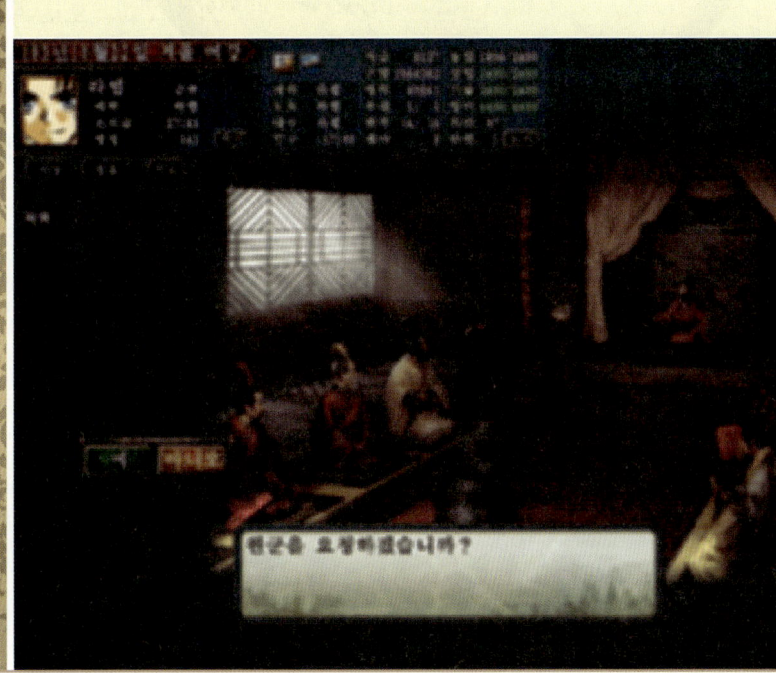

I. 게임산업이란?

'게임'은 규칙을 정해 놓고 승부를 겨루는 놀이를 의미하며, 흔히 '경기', '놀이', '내기'로 부른다. 그리고 운동경기나 시합, 경기의 횟수를 세는 단위로 사용하기도 한다.

예를 들면, 테니스 시합에서 경기자가 제1포인트를 따면 피프틴(15), 제2포인트를 따면 서티(30), 제3포인트를 따면 포티(40)라고 하며, 제4포인트를 따냈을 때 그 경기의 승자가 되며, 게임을 땄다고 한다. 똑같이 3포인트를 얻었을 때에는 스코어는 듀스가 되고, 듀스 뒤에는 연속으로 2포인트를 따낸 선수가 그 게임의 승자가 된다.

▶ 윤손하의 사진이 들어 있는 파친코기계

일본의 전통적인 놀이인 가루타(カルタ)부터, 오셀로, 장기, 바둑, 대부호(大富豪), 마작, 화투, 파친코까지 모두 게임에 포함시킬 수 있다.

게임의 의미는 어떤 목적의식을 가지고, 그 목적을 달성하기 위해 연속으로 행하는 행위의 과정이라고 할 수 있다. 이와 같은 행위를 통해 재미와 충족감을 느끼게 되는데 이와 같은 관점에서 본다면 파친코 또한 게임의 범주에 들어간다.

1995년 이후 일본의 파친코 산업이 구슬 대여료나 참가인구 모든 면에서 그 규모가 조금씩 줄어들고 있다고 하지만, 2006년에는 1,660만명이 연평균 28.1회 파친코 게임을 하였으며 구슬 대여료의 연간매출은 27조 4,550억엔에 이른다. 이를 우리나라의 원으로 환산을 하면, 약 214조 4,235억원(기준환율 781원, 2007년 10월 11일)이나 된다.

〈표1〉 일본의 파친코매상 (레저백서 요약)

	1955년	1998년	2001년	2004년	2005년	2006년
구슬 대여료(억엔)	309,020	280,570	278,070	294,860	287,490	274,550
참가인구 (만)	2,900	1,980	1,930	1,790	1,710	1,660

한편, 개인용 컴퓨터의 급속한 보급에 따라, 비디오게임 또한 빠른 속도로 보급되었다. 절대 대다수의 사람들은 컴퓨터나 전자게임기를 가지고 게임을 즐긴다. 이와 같은 현상 때문인지 최근 들어 게임이라고 하면 주로 비디오게임 또는 컴퓨터게임을 의미하게 되었다. 이러한 이유에서 일본에서는 파친코를 "파친코 경락(京楽)산업" 이라 하여, 게임산업과는 다르게 분류하고 있다.

따라서 일본에서 게임산업에 대해서 논할 때에는, 게임의 범위를 "전자게임기 또는 컴퓨터를 이용하는 게임" 에 국한시킨다. 일본의 전통적인 놀이인 가루타를 비롯해서 파친코 등에 이르기까지 컴퓨터나 전자게임기를 이용하지 않는 게임은 포함시키지 않는다. 따라서 이 글에서 게임은 전자게임기 또는 컴퓨터를 이용한 게임만을 의미한다.

II. 게임의 역사와 종류

1. 게임의 역사

1) 1970년대

1958년 미국의 브룩 헤이븐 국립연구소에서 연구를 목적으로 만든 테니스 게임이 비디오게임의 시초이다. 1962년 MIT연구소의 학생 스티브 레셀이 개발한 스페이스 워(Space War)가 슈팅게임의 효시이며, 이는 연구목적으로만 이용되었다.

1970년대에 들어와 게임을 목적으로 하는 컴퓨터게임기가 미국에서 처음으로 개발되었다. 이어서 컴퓨터내에 게임소프트가 들어간 일체형 게임기가 개발되었으며, 카세트 교환형 게임기로 발전했다. 게임이 상업용, 가정용, PC용으로 분화된 것이다. 1971년 최초의 상업용 게임으로 컴퓨터 스페이스(Computer Space)가 발매되었으나 별다른 인기를 끌지는 못했다.

1978년 일본의 다이토(Taito)에서 개발된 스페이스 인베이더(Space Invader)에 이어, 1979년에 일명 갤러그로 널리 알려져 있는 갤럭시안이 출시되면서 미국은 게임 종주국의 자리를 일본에 내주게 되었다. 전자오락실용 게임개발을 통해 일본은 경제적으로 막대한 국익을 얻었으며, 이는 일본이 경제대국으로 성장하는 데 기여했다.

이때부터 일본은 게임왕국이라 불리게 되었고, 컴퓨터게임산업에서 차지하는 일본의 위상은 아직까지도 크게 변함이 없다. 2007년에는 일본의 휴대용게임 닌텐도 DS가 히트했다.

1970년대 후반부터 우리나라에서도 전자오락실이 생기기 시작하였는데, 블록격파로 널리 알려진 브레이크아웃을 비롯하여, 스페이스 인베이더, 갤럭시안, 팩맨(Pac-Man), 제비우스 등의 다양한 게임이 소개되었다. 그중에서도 갤러그는 1980년대 초반에 선풍적인 인기를 끌었다.

2) 1980년대

1970년대 후반부터 컴퓨터게임이 인기를 얻게 되자, 미국을 중심으로 다양한 게임이 출시되었다. 그러나 게임소프트의 질적 저하로 플레이어들이 게임으로부터 멀어져 갔다. 1983년에는 아타리쇼크가 발생하였고, 미국의 게임시장이 쇠퇴일로를 걷게 되는 결정적 요인이 되었다.

일본에서는 1982년에 가정용 오락시장을 겨냥하여 닌텐도사가 패미컴이라 불리는 가정용 게임기를 만들어 650만대를 판매하는 실적을 올렸다. 이 게임기의 장점은 게임용 팩을 갈아 끼우면 새로운 게임을 즐길 수 있다는 데 있으며, 우리나라에도 200만대 이상의 패미컴이 보급되었다. 1988년에는 세가(Sega)의 메가드라이브가 출시되면서 가정용 게임기기 시장은 격돌하게 되었다.

일본은 가정용 게임이라는 당시로서는 새로운 비즈니스 모델을 개발하여, 일본제 게임기와 소프트웨어가 전세계로 퍼져 나갔다. 1980년대 후반에는 휴대용 게임기도 등장하여 인기를 끌었다.

1980년대의 가장 두드러진 특징의 하나로는 개인용 컴퓨터가 게임에 이용되기 시작되었다는 점이다. 1980년대 중반 8비트 컴퓨터인 일본제 MSX 기종이 나오면서 컴퓨터게임이 인기를 누리기 시작했다. 1980년대 후반에는 게임 프로그래머들이 IBM PC 호환기종에 맞는 게임을 개발하기 시작했다.

'슈퍼마리오' 처럼 히트한 게임이 영화로 제작되거나, '라이온 킹' 처럼 영화가 게임으로 만들어졌다는 것이 1980년대 게임업계의 또 다른 하나의 특징이다. 이는 컴퓨터 게임이 전자오락산업으로서 뿐만 아니라, 영화와 같은 영상문화사업의 부대효과까지 창출하는 고부가가치 산업으로 자리를 잡게 되었다는 점에 그 의의가 있다.

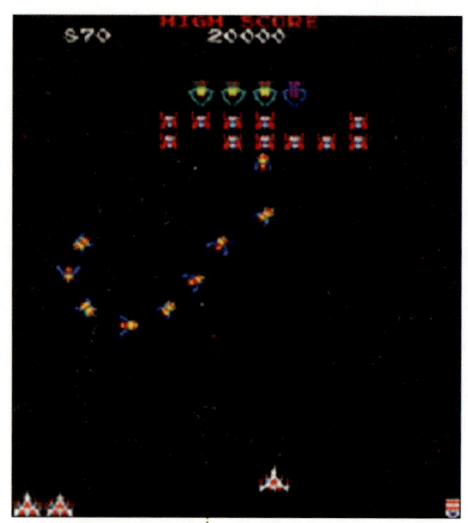
▲ 1980년대 선풍적인 인기를 끌었던 갤럭시안

3) 1990년대

　닌텐도에서 출시한 패미컴의 후속모델인 슈퍼패미컴도 크게 히트하여, 게임산업은 한층 더 발전했다. 1990년에 발매된 슈퍼패미컴을 4,910만대 판매한 닌텐도는 계속해서 업계를 리드하는 지위를 지켰다.

　1994년 소니에서 뛰어난 화질의 플레이 스테이션(PS)이 발매되었다. 1995년 12월까지 누적대수 1억 249만대가 팔려, 게임업계 최고의 자리를 차지했다. 플레이 스테이션의 발매와 함께 게임소프트가 카트리지형에서 CD-ROM형으로 바뀌면서, 게임소프트의 가격이 인하되었다. 하드의 성능도 향상되어, 영상의 3D화가 이루어졌다. 그리고 다양한 휴대용 게임기와 소프트가 발매되면서, 게임시장이 다시 활기를 띠었다.

　1990년대 일어난 가장 주목할 만한 변화의 하나는 이 무렵부터 우리나라를 중심으로 온라인 게임이라는 새로운 게임서비스가 시작된 것이다. 1996년 우리나라의 넥슨(Nexon)은 세계 최초로 여러 사람이 동시에 접속하여 게임을 즐기는 온라인 롤플레잉 게임인 「바람의 나라」의 상업적 서비스를 시작했다.

　우리나라에서 온라인 게임이 발달된 것은 초고속 인터넷의 발달에 따른 당연한 결과이며, 앞으로도 우리나라는 당분간 온라인 게임에서 강세를 보일 것이다. 하지만, 게임 선진국인 미국과 일본, 게임 후발국이면서도 거대한 시장을 무기로 새로운 강자로 부상하고 있는 중국의 추격이 거세질 것으로 보인다.

4) 2000년대

　게임기가 더욱 고성능화되고, 조작성과 그래픽이 뛰어난 새로운 게임전용기가 출시되었다. DVD 재생기능을 갖추고 호환성도 뛰어나, 인기를 끌고 있는 제품도 발매되었다. 미국의 마이크로소프트도 Xbox를 출시하여 새로이 게임전용기 시장에 출사표를 던졌다.

　차세대 게임전용기로 소니에서는 2006년 11월에 플레이 스테이션 3을, 마이크로 소프트에서는 2005년 12월에 Xbox 360을, 닌텐도에서는 2006년 하반기에 Wii를 각각 출시했지만, 판매는 순조롭지 않은 형편이다.

　이와는 대조적으로 휴대용 게임기가 소비자들의 인기를 끌어 게임시장에 활력을 불어넣고 있다. 터치스크린 방식을 도입하고, 통신기기 등을 이용하여 새로운 기능을 추가한 소프트웨어를 발매한 것이 휴대용 게임기가 인기를 끌게 된 주요 이유로 보인다. 그리고 여성과 중장년층 등 새로운 고객층을 개척하고, 휴대용 게임기로 음악과 영상을 시청할 수 있는 기능을 추가한 것도 판매량 신장에 영향을 미쳤다.

▲ 닌텐도 DS용 소프트 웨어

▲ 닌텐도 DS용 테트리스

▼ 1984년에 유행했던 1942

2007년 10월 현재, 우리나라의 청소년들 사이에도 휴대용 게임기 닌텐도 DS가 선풍적인 인기를 끌고 있다. 닌텐도 DS가 지닌 특징의 하나는 게임을 통해 수학이나 영어를 학습하는 학습기능이 추가되었다는 점이다.

2000년대에는 게임기기의 고성능화에 따른 게임소프트 개발비의 증대가 커다란 하나의 요인으로 작용하여, 게임회사의 재편이라는 변화가 일어났다. 그리고 여러 대의 게임기에서 동일한 게임을 함께 진행하는 멀티플랫폼화가 진행되었다.

2. 게임의 장르별 분류

1) 아케이드(Arcade) 게임

아케이드게임이란 전자오락실용 게임을 총칭한다고 할 수 있다. 아케이드 게임의 특징은 순발력과 순간적인 판단을 요하며, 시간적 제한이 있다. 이는 상업적인 효과를 극대화하기 위한 수단이다.

예전에 전자오락실에서 많은 인기를 누렸던 갤러그, 소닉, 스페이스 인베이더, 테트리스, 스트리트 파이터, 수퍼 마리오 등이 대표적인 아케이드게임이다. 슈팅, 액션, 스포츠, 보드, 퍼즐게임도 아케이드게임으로 분류된다.

슈팅게임인 갤러그는 1980년대 초, 초등학생부터 대학생에 이르기까지 상상할 수 없을 정도의 인기를 누렸다. 당시의 대학생들도 강의시간이 끝나면 삼삼오오 전자오락실로 달려가 게임기에 표시되는 최고점수의 기록갱신을 시도하거나 갤러그 고득점자의 게임하는 모습을 모여서 바라보는 풍경을 쉽게 찾아볼 수 있었다.

2) 어드벤처(Adventure) 게임

어드벤처라는 단어에서도 알 수 있듯이 모험을 주제로 한 게임이다. 어드벤처게임은 영화 「인디아나 존스」의 주인공처럼 보물을 찾아 위험을 무릅쓰고 동굴을 탐험한다. 이 게임의 목표는 보물을 발견하여 이를 밖으로 운반하는 것이다. 그 과정에서 플레이어는 숨겨진 아이템, 다시 말해서 단서를 찾아 적절하게 이용해야 한다.

　아케이드게임과는 달리 게임을 하는 데 많은 시간을 필요로 하기에 전자오락실 같은 곳에서는 찾아보기 힘들다. 빠른 순발력보다는 생각하는 시간을 필요로 하며, 스토리가 미리 정해져 있기 때문에 한 번 게임에 성공하면 두 번 다시 하지 않게 되는 단점도 있다.

　어드벤처게임은 스토리의 전개가 중요한 비중을 차지한다. 얼마나 스토리가 짜임새 있게 구성되었는가가 플레이어의 게임에 대한 만족도와 직결된다고 할 수 있다. 그리고 어드벤처게임에서는 탐험, 수집, 문제해결, 미로 통과, 메시지를 어떻게 해석하느냐가 중요하다. 어드벤처와 액션이 혼합된 액션 어드벤처 게임도 있다.

▲ 가장 오랫동안 많은 사랑을 받은 어드벤처 게임 '미스트'

3) 롤플레잉(Role Playing) 게임

　우리나라에서 온라인 서비스가 시작된 지 1년도 채 지나지 않은 2007년 9월 30일 서비스가 종료된 「던전 앤 드래곤(Dungeons & Dragons)」이 롤플레잉게임의 원조이다. 던전 앤 드래곤은 보드게임으로 1970년대에 시작되었다. 사람

▼ 온라인 던전 앤 드래곤의 한 장면

들이 테이블에 모여 앉아, 서로의 의사를 전달하면서 진행했던 역할 놀이이다. 컴퓨터가 나오기 이전에는 게임마스터가 게임을 진행했다. 던전 앤 드래곤은 우리나라에서는 줄여서 '던드' 라고 부르기도 한다.

롤플레잉 게임은 게임 내에 하나의 독립된 세계와 생활과 행동 규칙이 있다. 플레이어는 게임 속의 세계로 들어가 그 게임 속의 인물이 되어 줄거리를 따라 진행해 나가는 방식을 취한다. 자신이 게임내의 전사, 마법사, 성직자, 요정 또는 도적과 같은 등장인물이 되어 게임을 수행한다. 플레이어는 게임 속의 주인공이 되어 이야기 속에 빠져들게 된다.

네트워크에 연결하면 여러 사람이 동행이 되어서 이야기를 풀어 나갈 수도 있다. 대표적인 게임으로는 디아블로, 울티마, 지혜의 땅, 파이널 판타지 등이 있다.

4) 시뮬레이션(Simulation) 게임

현실과 유사한 모의 상황을 만들어 컴퓨터에서 가상체험을 하는 게임형식을 말한다. 자동차 시뮬레이션게임이나 비행 조종 시뮬레이션 게임이 있으며, 이외에도 잠수함이나 탱크 등 전쟁무기와 관련된 조종 시뮬레이션게임이 개발되었다.

게임의 수준은 실제로 직접 조종하는 수준으로 큰 훈련효과를 얻을 수 있다. 그 밖에도 야구, 농구, 배구, 축구, 골프, 권투 등 다양한 종류의 게임이 있다.

시뮬레이션게임은 처음에 군사적인 목적에서 개발되었다. 시뮬레이션이란 모의실험을 한다는 뜻으로 실제로 체험하기 힘든 상황을 플레이어가 간접적으로 체험하기 위해 만든 모의 훈련게임이다. 대표적인 전략 시뮬레이션게임으로는 심시티, 스타크래프트와 삼국지 시리즈가 있다. 가상인물이나 동물을 키워가는 육성 시뮬레이션게임으로는 프린시스 메이커, 졸업 등이 있다.

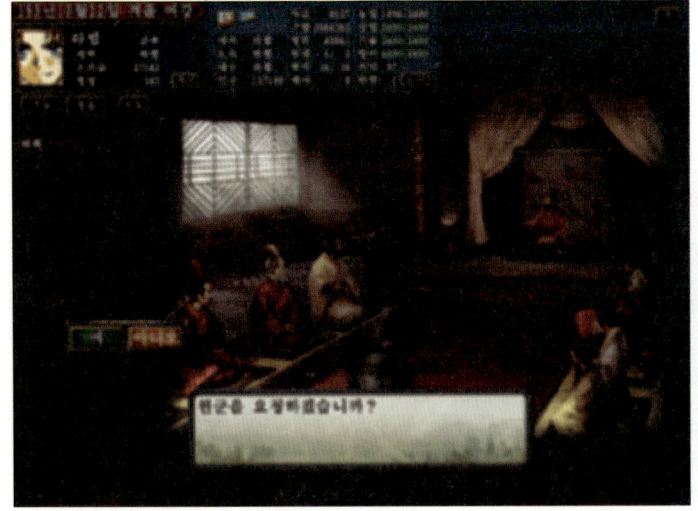
▼ 삼국지 게임의 한 장면

3. 게임의 기능

대다수의 플레이어들은 게임을 통해 일상생활에서 얻은 스트레스를 해소한다. 이러한 이유 때문에 일반적으로 플레이어에게 즐거움을 주기 위해 게임이 개발되었다고 생각하기 쉽다. 그러나 우리가 게임을 통해 얻을 수 있는 것은 즐거움만이 아니다.

시뮬레이션게임을 통해서는 비행기, 탱크 조종 등 실제 생활에 필요한 기초 능력을 키울 수 있다. 교육용 게임을 통해서 재미있게 즐기면서 학습효과를 높일 수 있다. 최근에 에듀테인먼트(edutainment)라는 단어가 사용되고 있는데, 이는 교육과 엔터테인먼트의 합성어이다.

교육용 게임을 통해 플레이어는 수학이나 영어, 지리, 비행기 조종 등 다양한 지식이나 기능을 익히게 된다.

교육용 게임은 아동용뿐만 아니라, 전문대학이나 대학, 회사 등에서 성인의 교육을 목적으로 개발된 게임도 있다. 이제 게임은 온라인 멀티플레이어 게임을 통해 경제, 고고학, 자동화 기계, 음악, 미술, 심지어는 외과수술까지도 간접적으로 경험할 수 있다.

III. 일본 게임산업의 현상과 의의

1. 게임과 사회와의 관계

일본의 CESA(Computer Entertainment Supplier's Association)의 조사에 따르면, 가정용 게임기로 한 번 이상 게임을 해본 일본인은 약 62%에 이른다. 이는 컴퓨터 게임이 하나의 오락으로서 사회에 자연스럽게 받아들여지고 있다고 말할 수 있을 것이다.

컴퓨터 게임은 교육적인 기능으로 대표되는 순기능도 지니고 있지만, 게임 중독, 폭력 등 부작용에 따른 피해 또한 심각하다. 최근에 일부 지방자치단체에서는 폭력적인 표현이 들어있다는 이유로 일부 게임소프트에 대해 유해 도서류로 지정했다. 이처럼 청소년들의 건전한 게임이용에 대한 일본사회의 관심도 점점 높아지고 있다.

청소년들의 건전한 게임이용을 위해서, 2006년 3월에 CERO(Computer Entertainment Rating Organization)는 연령별로 이용 가능한 게임의 기준을 새로이 정했다. 모든 연령의 이용이 가능한 A, 12세 이상 B, 15세 이상 C, 17세 이상 D, 18세 이상 성인만 이용이 가능한 Z로 분류하여 연령인증을 하고 있다. 그리고 5월부터는 개정된 규정이 지켜지도록 CESA와 함께 게임소프트 판매점에 대한 계몽활동도 실시했다.

경제산업성도 게임을 비롯한 콘텐츠의 건전한 유통구조를 확립하고 소비자가 안심하고 인터넷을 이용할 수 있도록 하기 위해 여러 가지 대처방안을 강구하기 시작했다. 2006년 7월에는 콘텐츠사업자들이 자발적으로 영상콘텐츠 윤리연락회의를 설치하여, 영상콘텐츠와 이용가능 연령지정에 관한 논의를 시작했다.

2. 게임산업의 현상

2005년 일본내 콘텐츠산업의 시장규모는 13조 6,811억엔, 게임 소프트의 시장규모는 1조 1,442억엔이었다. 이중 가정용 게임 소프트의 시장규모는 3,141억엔, 게임기를 더하면 4,965억엔이었다.

일본내 가정용 게임산업의 시장규모는 1997년 5,833억엔을 피크로 점점 감소 경향을 보여, 2005년에는 19976년 시장규모의 54% 수준에 지나지 않았다.

저출산으로 인해 게임에 즐겨 참여하는 아동이 감소한 것이 주요 원인이다. 그리고 PC, 휴대전화 등을 이용한 인터넷의 보급, BS방송, CS방송, 전문채널 등의 증가에 따라 게임 이외에도 시간을 보낼 수 있는 방법이 다양해진 것에서도 그 원인을 찾을 수 있다.

게임하는 사람들에 대해 구체적으로 알아보면, 남성의 게임 참여율이 여자의 게임 참여율보다 높다. 그리고 남녀 모두 7세부터 12세까지의 어린이의 참여율이 높으며, 이 연령대의 인구가 게임시장 규모의 추이에 크게 영향을 미치고 있다.

최근에 휴대용게임을 중심으로 중장년층과 성인 여성들이 게임에 참여하기 시작했다. 앞으로 이들의 게임에 대한 참여를 어떻게 확대시킬 것인가에 관심이 집중되고 있다.

한편, 게임시장 규모가 가장 컸던 1997년에 매출을 기준으로 선정한 10대 게임 중에서 시리즈 게임은 '파이널 판타지'만 들어 있을 정도로 다양한 종류의 게임이 팔렸다. 2004년에는 10대 게임 속에 시리즈 게임이 9개나 들어 있으며, 이는 일본의 게임업계가 플레이어의 요구에 부응하는 새로운 게임 소프트를 개발하지 못했기에 일어난 현상으로 보인다.

2005년도에는 닌텐도에서 만든 휴대용 게임기 소프트가 10대 게임에 4개나 포함되어 있어 새로운 변화의 조짐이 보였다.

우리나라를 중심으로 보급된 온라인게임이 몇 년 전부터 일본에서도 보급되기 시작했다. 시장규모도 급속히 확대되고 있다. 일본에서 보급되고 있는 308개 온라인 게임 중, 일본 게임이 141개, 미국 94개, 한국 69개로 일본 게임이 46%를 차지하고 있다.

2005년도에 제공된 게임을 분석해 보면, 일본과 미국 게임은 가정용 게임기와 PC용 게임이 거의 비슷한 비율을 보이는 반면에, 한국 게임은 모두 온라인 게임으로 제공되고 있다.

가정용 게임기에서 구동되는 게임소프트는 모두 유료 판매를 전제로 제공되고 있다. PC용 온라인게임은 정액제를 실시하는 곳도 있지만, 게임소프트는 무료로 제공하면서 아이템을 판매하는 등 다양한 방법으로 수익을 올리고 있다. PC용 게임 소프트웨어의 2005년도 매출 중에서, 이러한 방법에 의한 매출이 28%를 차지한다. 앞으로도 온라인 게임업체는 수익을 올리기 위해 다양한 방법을 고안할 것으로 생각된다.

우리나라와는 달리 일본에서는 중고 게임소프트의 판매도 활발하게 이루어진다. 2005년도 중고게임 소프트의 시장규모는 870억엔으로 신규 게임소프트 시장규모의 30% 정도이다. 중고게임 시장규모는 전년과 비교해서 크게 변함이 없지만, 신규 소프트 시장규모의 감소로 상대적으로 증가한 것이다.

한편, 2001년도에는 가정용 게임 부문에서는 일본이 세계 최대의 시장규모를 자랑했다. 그러나 2005년에는 유럽이 5,467억엔, 북아메리카는 7,177억엔 규모로 성장하여, 유럽은 일본의 1.7배, 북아메리카는 2.2배 규모의 시장이 되었다.

유럽과 북미의 게임시장이 급속하게 성장했음에도 불구하고, 일본의 게임소프트 수출은 금액면에서 크게 증가하지 않았다. 일본 내에서 국제게임시장의 변화에 충분하게 대응하지 못했기 때문이라고 보는 시각도 있다.

일본 게임소프트 웨어의 해외시장 점유율 저하를 보면, 국제게임시장에서의 일본의 위상이 변하고 있다는 것을 알 수 있다. 1998년에 미국에서 팔린 10대 게임소프트 중에는 닌텐도의 '골든아이 007'을 비롯하여 일본 제품이 7개나 포함되었다. 그러나 2005년도에는 2개로 감소했다. 일본 게임업체가 해외 플레이어의 요구에 부응하지 못한 점과 외국 게임업체가 비즈니스 능력을 강화한 점, 게임 개발능력을 향상한 점 등이 주요 원인으로 생각된다.

국제게임시장에서 일본제 소프트웨어의 점유율은 내려갔지만, 외국의 게임 개발자들은 일본제 게임소프트 웨어를 높이 평가한다. 게임개발자협회가 주관하는 제6회 「Game Developers Choice Award」에서 일본 게임으로는 처음으로 올해의 게임상(Best game of the year)을 수상했다. 이외에도 4개의 일본 게임이 후보에 올랐다. 아직까지는 일본의 게임개발력이 세계적인 수준이라는 것은 말해 주고 있다고 볼 수 있다.

일본이 게임전용기 분야에서도 높은 기술력을 보유하고 있다. 게임전용기 시장에서는 소니의 플레이스테이션 2와 닌텐도 게임큐브가 82%의 점유율을 차지하고 있다. 한편으로는 마이크로소프트사의 Xbox와 차세대 게임기 Xbox360이 새로이 출시되어 북아메리카와 유럽을 중심으로 시장점유율을 높여가고 있다.

우리나라를 비롯하여 중국, 북아메리카, 유럽 등 모든 지역에서 온라인게임의 시장규모가 확대되고 있다. 특히 우리나라 온라인게임 시장의 발전은 눈부시다. 우리나라의 온라인게임이 크게 발전할 수 있었던 배경으로는 초고속 광랜의 보급, PC방, 다양한 결제수단 등 인프라가 상대적으로 잘 갖추어졌다는 요인을 들 수 있다. 그리고 게임 소프트웨어의 불법복제를 해결하기 위한 하나의 방법으로 온라인 게임이 발달되었다고 한다.

일본이 온라인 게임분야에서 뒤처지게 된 가장 근본적인 원인은 고가의 통신요금에서 찾아 볼 수 있다. 일반적인 플레이어가 집에서 온라인 게임을 하기에는 경제적으로 부담이 적지 않다. 이와 같은 이유에서 온라인 게임에 대한 긍정적인 사회적 분위기가 형성되지 않았다.

대다수의 일본인들은 게임기를 통해서 하는 게임을 게임이라고 생각하는 경향이 강하다. 개인이 PC를 가지고 온라인에서 게임을 한다는 것은 무척 생소한 개념이며, 이러한 이유로 일본의 게임회사들이 온라인 게임에 대해 소극적인 자세를 취해 온 것도 사실이다.

하지만 일본의 게임회사들도 급변하는 게임시장과 우리나라에서 시작된 온라인 게임시장의 급격한 성장에 대응을 서두르고 있어, 일본이 온라인 게임시

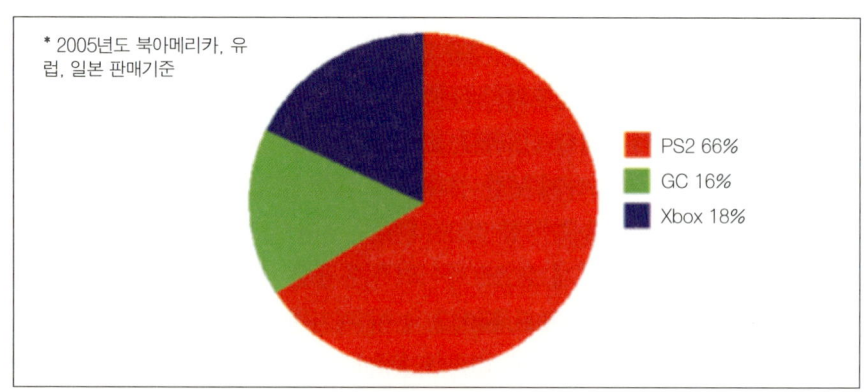

게임전용기 판매대수

장에서도 성공을 거둘지 주목된다.

컴퓨터 게임 소프트웨어의 불법복제는 게임시장을 크게 위축시킨다. 중국의 컴퓨터 게임 소프트웨어의 98%가 불법복제품이라고 할 정도로 중국에서의 불법복제는 매우 심각하다. 중국 정부에서도 불법복제를 막기 위해, 지적재산권 보호를 위한 여러 가지 방법을 취하고는 있다지만, 중국에서는 거의 모든 산업분야에서 불법복제가 이루어지고 있으며, 이러한 현상이 쉽게 해결될 것으로 보이지 않는다.

중국의 불법복제는 우리나라를 비롯한 일본 등 게임선진국에게 막대한 피해를 주고 있다. 이와 같은 피해를 예방하기 위해, 일본에서는 2005년 3월부터 콘텐츠 해외유통촉진기구(CODA)를 만들어, 해외수출용 일본제 소프트웨어에 대해 회원에 한해서 CJ(Contents Japan)마크를 부여하는 사업을 추진하고 있다.

이는 불법 복제시에 CJ마크도 함께 복사되기 때문에, 정품 유통지역에서 불법복제품이 유통될 경우 출원된 상표권을 가지고 불법복제에 보다 빠르게 대응하기 위해서 CJ마크 사업을 추진하는 것이다.

2004년 CODA는 일본을 비롯하여, 우리나라, 미국, 중국, 홍콩, 대만, 유럽연합에 상표를 등록을 출원하여, 이미 상표등록을 마친 곳도 있다. 게임관련 2개 회사와 1개 단체를 비롯하여, 모두 29개사와 9개 단체가 CJ마크 위원회에 참가하고 있다. CJ마크위원회가 회원사를 대리하여 CJ마크 상표권과 회원 각사의 저작권에 근거하여 불법복제품에 대한 권리행사를 하고 있다.

▲ CJ마크

3. 일본의 게임산업과 인력 육성

플레이어의 인기를 끌 수 있는 게임소프트의 개발은 매우 중요하다. 게임소프트의 개발은 게임디자인, 사운드, 그래픽, 프로그래밍 등의 분야로 나뉘어 이루어진다. 그리고 온라인게임에서는 네트워크 관리와 커뮤니티 관리 등을 담당하는 전문가도 필요하다. 이들이 게임산업에서 차지하는 역할은 매우 중요하다.

한편, 일본의 게임 개발자에 대한 국제적 평가는 매우 높다. 미국의 AIAS(Academy of Interactive Arts and Sciences)가 선정하는 게임개발자 전당에 일본인 게임개발자 3명의 이름이 올라 있으며, 2006년에는 소니의 완다와 거상(Shadow of the Colossus)이 개발자 3명과 함께 Game Developers Choice Awards 2006에서 올해의 게임상을 수상했다.

〈표 3〉 AIAS게임 개발자 전당 수상자 일람

년도	수상자	소속(수상 당시)
1998	미야모토 시게루	닌텐도
1999	Sid Meister	Firaxis Games
2000	사카구치 히로노부	스퀘어 (미국)
2001	John Carmac	id Software
2002	Will Wright	Maxis
2003	스즈키 유	Sega
2004	Peter Molyneux	Lionhead Studies
2005	Trip Hawkins	Digital Chocolate
2006	Richard Garriott	Ncsoft North America

* AIAS 홈페이지 참조

　일본의 게임업계 관계자들은 입버릇처럼 우수한 인재가 부족하다고 말한다. 게임프로듀서, 디렉터, 프로그래머가 수요에 비해 공급이 현저히 부족하다. 최근 들어 온라인게임의 보급으로 네트워크 관리능력을 지닌 기술자에 대한 수요도 늘고 있다. 이와 같은 각 분야의 전문가가 팀을 이루어 게임을 만들기에 자신의 담당분야는 물론, 팀원과의 의사소통 능력과 자신의 전문분야 이외의 기술과 지식도 함께 요구되고 있다.
　2006년도에 실시된 도쿄대학의 조사에 의하면, 게임산업에 진출하는 인재의 대다수는 전문학교 출신이다. 대학원이나 대학을 졸업한 신입사원은 30%에 지나지 않으며, 전문학교 출신은 60%에 이른다. 대학원을 졸업한 신입사원은 1%에 불과하다. 정보통신산업 전체를 보면, 게임산업분야와는 달리 대학졸업자가 53%, 전문학교 출신은 16%에 불과하다.
　일본에서 게임교육을 실시하고 있는 학교는 전문학교가 206개 전공·코스로 압도적으로 많다. 최근 들어, 대학에 9개 전공·코스, 대학원에 5개 전공·코스가 설치되기 시작한 것을 보면, 대학과 대학원 관계자들의 게임산업에 대한 인식의 변화가 엿보인다. 정확한 통계에 의한 것은 아니지만 미국에서는 게임회사에서 근무하는 대학원 졸업자의 비율이 15%에 이른다고 한다. 30%가 대학원 졸업자라는 보도도 있다. 이와 같은 조사 자료를 보더라도 일본의 게임 관련업계에 고도의 전문교육을 받은 전문인재의 확보가 보다 필요하다는 게임업계 관련자들의 주장이 엄살만은 아닌 듯하다.
　인재 채용은 회사 홈페이지를 주로 이용하고 있으며, 정기채용과 함께 상시 채용을 병행하고 있다. 신입사원 모집시에는 업무 내용, 업무에 필요한 지식과

능력, 경험 등에 관한 자료제공이 충분하지 못하며, 그나마 학생들에게도 정확하게 전달되지 않는다. 한편, 게임산업에 대한 일본 내의 낮은 평가가 잠재적 능력을 가진 우수한 인재의 확보를 어렵게 만든다고 한다. 이러한 문제해결을 위해서는 게임개발자의 사회적 지위 향상은 물론 임금인상 등의 처우개선도 함께 이루어져야 할 것이다.

4. 게임산업의 의의

게임산업은 아이디어 하나로 고부가가치를 창출할 수 있는 대표적인 두뇌집약형 지식산업이다. 일본은 멀티미디어의 핵심 산업인 게임산업을 하나의 전략산업으로 보아 국가적으로 대처하기 시작했다.

게임산업은 일본이 세계적으로 내놓을 수 있는 콘텐츠산업의 하나이다. 게임산업이 일본 경제에 미치는 파급효과는 매우 크며, 게임산업을 통해 국가이미지 향상효과도 얻을 수 있다. 일본의 게임산업은 앞으로 발전가능성도 매우 높으며, 일본의 게임업계와 정부관계자는 게임산업을 아래와 같이 긍정적으로 높게 평가하고 있다. 현재 일본의 게임산업은 콘텐츠 산업 중에서 최대의 수출산업으로, 일본 경제의 발전에 크게 공헌하고 있다. 새로운 일본문화와 일본브랜드의 가치 향상에도 게임산업은 크게 도움이 되고 있다.

일본이 세계의 게임시장을 리드하고 있는 입장이다. 앞으로도 세계시장을 리드해 갈 수 있는 잠재능력을 가지고 있다고, 일본의 게임업체와 정부관계자는 판단하고 있다. 전세계적으로 게임시장이 점점 확대될 것으로 예상된다. 특히 우리나라와 중국, 동유럽과 중남미의 시장이 급속하게 확대될 가능성이 높다. 네트워크 환경의 정비에 따라 온라인게임처럼 앞으로도 새로운 방식의 게임이 등장할 가능성이 높으며, 일본이 국내시장뿐만 아니라 세계시장을 개척해 갈 수 있는 가능성이 높다고 보고 있다.

게임산업은 콘텐츠산업 전체를 기술적인 면에서 이끌고 있다. 최근 게임 이외의 음악과 서적, 애니메이션 등의 분야에서도 디지털화가 진행되고 있으며, 게임은 명실 공히 디지털 콘텐츠 분야를 선도하고 있다.

게임은 유비쿼터스 사회의 실현에도 많은 도움이 되고 있다. 게임을 통해 컴퓨터와 쉽게 친해지게 되고, 이는 정보화 사회를 위한 저변확대에 도움이 된다. 휴대용 게임기와 네트워크화 사회에서도 게임산업이 유비쿼터스 사회의 실현을 위한 새로운 플랫폼의 제공과 저변확대에 크게 공헌할 것으로 판단된다. 미국에서 개발된 게임을 산업적 가치에 적용하여 막대한 경제적 이익을 얻은 나라는 일본이다. 지금까지 얻어온 막대한 경제적 이익의 유지와 게임을 통한 국가 이미지의 제고를 위해 앞으로도 일본은 세계의 게임산업을 선도하기 위해 부단히 노력할 것으로 판단된다.

5. 게임산업의 과제

일본의 게임산업이 안고 있는 과제는 크게 3가지로 나뉜다. 이 과제는 일본의 게임산업계와 학계, 정부차원에서 함께 해결해야 할 문제가 포함되어 있다.

첫째로, 고객의 라이프스타일의 다양화에 따른 게임을 제공하는 것이다. 국제시장에서 경쟁업체의 비즈니스 능력과 게임개발 능력의 향상 등으로 일본제 게임의 점유율이 저하되고 있다. 저출산으로 인한 생활양식의 변화, 즉 라이프스타일의 변화로 인해 일본 내에선 가정용 게임기 시장이 축소되고 있는 것이다. 플레이어의 요구에 부응할 수 있는 소프트웨어의 개발을 통해 이러한 상황을 타개하지 않으면 안 된다.

둘째로, 게임산업을 둘러싼 환경의 변화에 발 빠른 대응이 과제로 대두되었다. 정보통신기술분야 등의 과학기술의 발달과 네트워크 환경의 향상으로 게임을 둘러싼 환경이 크게 변하고 있다.

정보통신 분야 등에서 과학기술이 발달하면서 게임개발비의 증가와 게임개발의 대형프로젝트화가 이루어졌다. PC를 기반으로 게임개발환경이 변화되면서 게임개발에 필요한 전문인재의 양성·확보가 해결 과제로 대두되었다.

사회와의 관계 향상 또한 앞으로 해결해야 할 과제이다. 게임산업이 일본 경제에서 차지하는 위상에도 불구하고, 게임에 대한 일본내의 평가는 그다지 높지 않다. 이러한 부정적인 사회 분위기는 비즈니스와 게임개발에 필요한 인재 확보를 어렵게 하고 있다.

IV. 일본 게임산업의 미래

미래사회에서 게임산업이 차지하는 사회적·경제적 중요성을 인식한 일본정부는 게임산업계와 학계 그리고 일본정부의 관계자가 참여한 「게임산업전략 연구회」를 구성하여, 일본의 게임산업의 전반에 걸친 검토를 실시했다. 경제산업성은 2006년 8월 24일 게임산업전략 연구회가 작성한 「게임산업 전략—게임산업의 발전과 미래상—」이라는 제목의 보고서를 발간했다. 이 보고서는 일본의 게임산업이 나가야 할 미래의 모습을 다음과 같이 크게 2가지로 제시했다.

첫째로 일본이 자랑하는 엔터테인먼트 콘텐츠로서, 그리고 일본 브랜드를 지지하는 존재로서 앞으로도 경쟁력을 유지, 강화하고 수출산업으로서 발전을 계속하여 세계를 리드해 갈 수 있도록 한다.

둘째로 일본의 게임산업이 건전한 청소년 육성 등의 과제에 적극적으로 대처하고, 교육·학습, 의료·복지 등 엔터테인먼트 이외의 분야에서 잠재력을 발휘하여, 앞으로 일본 사회의 더 많은 지지를 얻을 수 있도록 한다.

게임산업을 둘러싼 환경의 변화에 대응하고, 앞에서 제시한 미래상의 실현을 위해, 앞으로 5년간 「게임의 창조·개발력을 강화하기 위한 개발전략」「해외시장과 새로운 환경에 대한 대응을 강화하기 위한 비즈니스전략」「사회와의 커뮤니케이션을 강화하기 위한 커뮤니케이션전략」을 세우고 산업체와 교육기관, 관이 일체가 되어 함께 대처해야 한다고 이야기하고 있다.

게임의 창조·개발력을 강화하기 위한 개발전략의 구체적인 방안으로, ① 게임개발자의 잠재력을 이끌어낼 수 있는 환경의 정비 ② 우수한 인재를 확보하기 위한 체제 강화 ③ 산학협력을 통한 인재 육성 ④ 연구개발 추진 시스템의 확립을 들며 각 항목마다 2~3가지의 구체적인 실천 방안을 들고 있다.

해외시장과 새로운 환경에 대한 대응을 강화하기 위한 비즈니스전략의 구체적인 방안으로 ① 「도쿄게임쇼」를 세계 최고의 정보 발신력과 비즈니스 기능을 가진 장으로 조성 ② 해외시장에서 적극적인 비즈니스 추진 ③ 인터넷 통신환경을 이용한 비즈니스 추진 ④ 중소벤처기업의 비즈니스 능력 강화 등을 제시하고, 각 항목별로 1~4개의 구체적인 실천방안을 마련했다.

사회와의 커뮤니케이션을 강화하기 위한 커뮤니케이션전략의 구체적인 방안으로, ① 게임산업이 주축이 되어 정보를 분석하고 발신한다. ② 게임회사와 유저의 양방향 커뮤니케이션을 위한 방안 마련 ③ 청소년을 건전하게 육성하기 위한 방안 마련을 이야기하며, 항목별로 1-3가지의 구체적인 실천방안을 소개하고 있다. 게임산업에서 일본이 차지하고 있는 위상과 게임에 대한 일본 정부의 대처 등을 고려할 때, 앞으로도 상당기간 동안은 변함없이 일본이 게임시장을 선도하는 국가의 하나가 될 가능성은 매우 높다.

그러나 게임의 중요성을 인식한 우리나라를 비롯한 다른 나라들의 추격도 만만치는 않을 것이며, 세계의 게임시장을 놓고 각국은 서로 치열한 경쟁을 면하기 어려울 것이다. 하루가 다르게 진화하는 정보통신기술과 게임 환경 등의 변화를 고려할 때, 치열한 경쟁의 결과는 쉽게 예측하기 힘들 것으로 보인다.

【용어사전】

◇ **파이널판타지**

파이널판타지 시리즈는 스퀘어 에닉스사에서 개발하는 비디오게임 시리즈이다. 1987년 패밀리 컴퓨터용으로 1편이 출시된 이후로 2006년까지 메인타이틀이 '파이널판타지+숫자'인 작품은 12편이 출시되었으며, 이외에도 관련된 다른 작품들이 존재한다. 이후 원더스완, 게임보이 어드밴스 등의 휴대용 게임기와 플레이스테이션(PS), PC, 모바일 등 상위기종으로의 리메이크 작도 다수 존재하며 2007년에는 파이널판타지가 PSP용으로 출시되었다. 플레이스테이션의 보급률을 확장시킨 킬러콘텐츠로서 게임산업에 중요한 위치를 차지한다.

◇ **완다와 거상**

소니컴퓨터엔터테인먼트(Sony Computer Entertainment Inc.)에서 개발한 플레이스테이션 2용 액션어드벤쳐게임이다. 일본과 북미에서 2005년 10월에 발매되었고, 한국에서는 같은 해 12월에 한글화되어 발매되었다. 게임은 컬트적인 인기를 누린 이코(Ico)의 개발팀에 의해 제작되었다. 게임의 주인공은 완다로 영혼을 잃은 소녀를 구하기 위해 자신의 말을 타고 넓은 평원을 가로지르며 거상(巨像)으로 알려진 열여섯 거인들을 차례로 물리쳐야만 하는 소년이다. 각 거상들을 물리치려면 그 약점을 찾아서 밝혀내야 한다는 점에서 퍼즐 게임으로서 묘사되기도 한다. 완다와 거상은 일본에서 발매 첫주에 14만장을 판매하며 차트에서 1위를 기록했고, 여러 상을 받았다. 2006년 'Game Developers Choice Awards'에서는 '최고의 캐릭터 디자인', '최고의 게임 디자인', '최고의 비주얼 아트', '올해의 게임'을 수상하고, '혁신상'을 받은 세 게임 중 하나가 되었다. Academy of Interactive Arts & Sciences로부터 '뛰어난 아트 디렉션'을 수상하고 '올해의 콘솔게임'에 노미네이트되었다.

◇ **도쿄게임쇼**

도쿄게임쇼(TGS)는 사단법인 컴퓨터엔터테인먼트협회(CESA)의 주최로 매년 개최되는 일본 최대 규모의 컴퓨터엔터테인먼트 종합전시회이다. 매년 9월경에 3~4일간 지바현 마쿠하리 메세에서 개최되는데, 첫 1,2일은 업계 관계자나 언론매체를 위한 비즈니스 데이로 일반인은 입장할 수 없다. 1996년 제1회 개최 이후로 매년 입장객이 증가하여 2007년에는 19만 3천여명에 이르러 최대 입장객 기록을 세웠다. 개막 이후에는 판매나 배부되는 한정상품 등을 구하려고 밤을 지새우는 사람들이 속출하는 등 게임업계와 게임 팬에게 있어 1년에 한 번뿐인 대축제이다.

■ 맺음말

문화콘텐츠와 문화산업

박전열

I. 문화산업·일본의 문화산업
II. 문화콘텐츠의 다양한 영역
III. 현대인의 생활과 문화산업의 의미

I. 문화산업 · 일본의 문화산업

1. 대중사회와 문화산업

오늘날의 일본문화는 실로 다양한 사고방식과 다양한 생활방식을 가진 사람들에 의하여 각 방면에 문화의 꽃을 피우며 이를 즐기고 또한 재생산해 가고 있다.

오랜 역사 가운데 형성된 일본문화는 시대적 필요에 따라 생성되어 향유되다가 더러는 시대적 소명을 다하고 사라져 버리고, 더러는 현대에도 전통문화라는 형태로 계승되고 있으며, 더러는 현대사회의 요구에 따라 새로이 형성되기도 한다.

특히 20세기 이후에 근대산업의 발달에 따라, 이른바 대중사회의 등장으로 문화는 이전과는 크게 다른 방향으로 전개되기 시작하였다. 1960년대의 고도 경제성장기를 거치는 동안 사회구조에도 큰 변화가 일어났다. 산업의 발달과 활발한 수출에 힘입어 많은 가계에 수입이 증가하기 시작하고, 가사노동에 냉장고, 세탁기, 텔레비전 등 가전제품을 활용함으로써 생활에 여유가 생기고 보다 많은 정보를 얻을 수 있게 되어 이전과는 다른 가치관을 형성하게 되었다.

1980년대는 경제성장의 최고점에 달하여 일본사회는 본격적인 소비사회 즉 고도소비사회에 들어서게 되었다. 고도소비사회 성립의 필수조건은 국내의 생산이 소비를 추월하는 상황 즉, 생산과잉현상이다. 이에 기업은 해외수출을 확대함과 더불어 국내에서는 생활필수품이 아닌 소비재를 제안하기 시작하였다.

우선 소비의 개인화가 일어났다. 이전에는 한 가정에 한 대를 구입하기가 목표였으나, 가전제품이나 자동차 등의 내구소비재가 한 사람이 한 대씩을 목표로 삼게 되었다. 뿐만 아니라 소비의 대상이 물건이었던 단계에서 상승되어 외식, 오락, 여행 등의 비용이 증가하게 되었다. 사람들의 관심은 물건의 질적인 면보다는 디자인이나 브랜드성 혹은 소비할 때 느끼는 느낌을 중요시하는 시대가 되었다.

1970년대 전반까지 소비란 커다란 사회적 의미를 지니고 있었다. 즉 소비는 중류화, 근대화, 서양화를 의미하며, 나아가 새로운 가족, 새로운 일본인이 된다는 의미를 내포하고 있었다. 1970년대 중반에 이른바 전일본인의 중류화가 어느 정도 달성되었다. 즉 생활에 필요한 소비재로서의 물건이 충족되었을 뿐만 아니라 대량생산과 대량소비의 구조를 지니는 소비사회에 들어섰던 것이다. 그러나 물질 소비재를 확보하는 과정에 누리던 만족감은 물질이 충족되면 더 이상 누릴 수 없게 된다. 이 단계에 이르면 대중은 새로운 소비재를 추구하게 되는데, 새로운 소비재는 이른바 영화, 음악, 게임, 출판물 등의 문화를 소비 혹은 누림으로써 삶의 활력을 찾으려는 경향이 두드러지게 나타난다.

이런 상황 가운데 소비되는 문화는 근대 이전의 문화향유방식과는 달리 대중을 대상으로 하여 대량생산 대량소비된다는 특징이 있다.

2. 문화와 산업

예를 들면 에도시대 이전의 음악은 오늘날과 같이 쉽게 접할 수 있는 문화가 아니었다. 궁중이나 무사계층에서 이들에게 예속되어 있는 음악가에 의하여 의식(儀式)이나 유희용으로 연주되는 것이었다. 민간에서는 드물게 찾아오는 유랑예인을 통해서 즐길 수 있을 정도로 일상생활과는 거리가 먼 것이었다. 일반인들은 음악가에게 음악은 들을 수 있는 기회가 매우 적었던 것이다.

그러나 오늘날에는 방송이나 테이프, CD, 인터넷, MP3 등의 매체를 통하여 언제 어디서나 접할 수 있게 되었다. 이제는 대량생산되는 매체를 그다지 큰 비용을 들이지 않고 언제든지 구입하여 감상하거나 소장할 수 있는 시대가 된 것이다.

음악을 대량생산하는 과정 즉 문화 소비재의 생산은 기획에서부터 매체의 제작, 광고, 유통 판매 등으로 구성되는데, 이는 물질 소비재의 생산과정과는 다른 특성을 지니는 문화산업이라 할 수 있다.

문화산업은 본래 정반대편에 위치한다고 생각하던 개념인 '문화'와 '산업'을 자본주의의 소비사회에 밀접한 관련을 지니고 하나의 문화영역이자 산업영역으로 존재한다. 다른 예를 들면 영화의 경우, 한정된 극장공간에서 소수의 관객을 대상으로 하는 연극과는 달리 출발 당시부터 불특정의 대중을 관객으로 삼아 동시에 수많은 영화관에서 상영해야 한다는 특성을 지니고 있다. 여기에는 영화제작의 테크놀로지와 산업적인 측면뿐만 아니라 영화는 예술의 한 영역이기 때문에 문화로서의 의미가 있다. 영화는 문화적 측면과 산업적 측면이 공존하는 문화산업으로 논의되는 이유는 여기에 있는 것이다.

문화산업이라는 용어는 1930년대에 독일의 '프랑크푸르트학파'의 대표적 철학자인 M. 호르크하이머와 T. 아드르노가 제창한 개념이다. '문화'와 '산업'이라고 하는 2개의 개념이 자본주의의 소비사회에 공존하는 현상을 설명하는데 쓰이기 시작하였다.

문화산업에 대하여 유네스코나 GATT 등의 국제기관은 지적재산권으로 보호육성되어야 할 분야라는 의미로 다음과 같이 정의하고 있다.

「문화산업이란 본질적으로 문화적이며, 대부분의 경우 지적재산권에 의해서 보호되고 있는 재화·서비스의 생산 즉 창조와과 유통의 분야를 말한다. 또한 문화산업은 '창조산업' 이라고도 불린다. 문화산업의 개념은 일반적으로 직물, 음악, 텔레비전, 영화, 출판, 공예, 디자인을 포함한다. 건축이나 시각예술, 무대예술, 스포츠, 광고, 문화관광이 포함되는 경우도 있다.」

즉 문화산업은 지식에 바탕을 두고 있으며, 또한 노동집약적이며, 고용과 부를 창출한다. 창조성을 길러 문화산업의 혁신을 촉진함으로써, 사회는 문화의 다양성을 유지하면서 경제적 성과를 높일 수 있다는 것이 특징이다.

3. 한국의 문화산업

한국에서도 근년에 문화산업을 중요시하여 정부는 물론 지방자치단체에서도 고유한 문화를 발굴하고 잘 다듬어서 이윤을 창출하는 산업으로 발전시키고자 노력하고 있다. 특히 정부에서는 문화산업을 21세기의 중요한 산업영역으로 인식하여 이를 육성발전시키기 위한 제도를 만들고 후원하고 있다.

한국사회에서도 문화산업은 1980년대부터 주목을 받기 시작하여, 자원의 한계를 극복하기 위한 새로운 국가전략으로써 문화산업에 많은 관심과 연구가 이루어지게 되었다. 1999년에는 「문화산업의 지원 및 육성에 필요한 사항을 정하여 문화산업 발전의 기반을 조성하고 경쟁력을 강화함으로써 국민의 문화적 삶의 질 향상과 국민경제의 발전에 이바지함을 목적」으로 「문화산업진흥기본법」을 제정하였다. 여기에 나타난 문화산업의 영역이란, 영화, 음반, 비디오, 음반, 게임, 출판, 방송 그리고 문화적 요소와 경제적 부가가치를 창출하는 캐릭터, 애니메이션 광고, 공연, 미술, 공예 등과 관련된 산업이라 하였다. 여기서 문화적 요소란 예술성, 창의성, 오락성, 여가성, 대중성을 말한다.

오늘날 선진국에서는 문화산업을 '콘텐츠비즈니스' 로 파악하여 국가적인 차원에서 지원하는 사례가 많다. 기존의 물질 소비재를 하드웨어라고 하는 반면, 문화산업의 내용 즉 콘텐츠라는 소프트웨어의 산업적 혹은 문화적 가치를 '소프트파워' 라 한다. 나아가 국가적 전략을 '소프트웨어파워시대' 에 맞추어 설정하기에 이르렀다. 뿐만 아니라 현대의 국가 브랜드는 하드웨어적인 것이 아니라 소프트웨어적인 것 문화산업적인 능력과 이미지에 의하여 형성되고 있다.

4. 서구의 문화산업

일찍부터 영화나 음악이 문화산업으로서 막대한 국익과 국가이미지를 창출한다는 점에 주목한 미국은 자국의 문화산업의 보호와 육성에 많은 힘을 기울이고 있다. 특히 문화산업에 해당되는 영역을 저작권산업(Copyright Industry)이라 하며 저작자의 권익보호에 많은 관심을 기울이고 있다. 또한 대중의 여가 활용을 위한 영화, 비디오, 케이블TV, 비디오, DVD, 음악, 게임 등은 엔터테인먼트 산업(Entertainment Industry)이라는 개념으로 파악하고, 디지털시대에 저작권을 보호할 목적으로 하여 엔터테인먼트 산업 자유무역연합(Entertainment Industry Coalition for Free Trade 약칭 EIC, 2003년 결성)을 결성하여 문화산업을 지원하는 체제를 구축하고 있다.

영국의 '문화미디어 스포츠 성(DCMS)'은 문화산업을 창조산업(Creative Industries)이라는 개념으로 파악하여 「개인의 창조성이나 기능 혹은 재능에 유래하거나, 지적 재산권 개발을 통하여 부(富)와 고용을 창출하는 산업」이라 정의하였다. 이 범주에는 광고, 방송, 디자인, 패션, 편집, 비평, 보도, 영화, 비디오, 미술, 게임, 음악, 출판, 소프트웨어 개발 등이 포함된다.

5. 일본문화산업의 콘텐츠

일본에서는 '문화산업'과 함께 '콘텐츠산업'이라는 용어도 쓰이고 있다. 문화산업을 다룬 출판물도 많이 간행되어 있지만, 경제산업성에서는 '콘텐츠산업(コンテンツ産業)'의 중요성을 인식하고 국제적인 시장규모의 확대를 위하여 노력하고 있음을 알 수 있다. 일본의 문화산업 영역은 매우 넓고 특징적인 분야가 많지만, 대표적인 영역은 음악, 방송, 광고, 영화, 애니메이션, 출판, 게임, 캐릭터, 여행, 공연문화, 축제 등을 들 수 있으며, 이외에도 테마파크, 외식산업, 스포츠, 취미로 배우기 등등 다양한 형태의 문화산업이 존재한다. 이들은 경제파급효과가 매우 크고 대내외적으로 국가의 이미지향상에 효과가 크다는 점 때문에 주목받고 있다.

문화산업을 논하는 가운데 콘텐츠의 생산에서부터 판매에 이르는 기업의 활동 가운데 지적소유권과 직접 관련된 분야만을 창조산업 혹은 콘텐츠산업으로 파악하기도 한다. 때로는 영화, 비디오, 게임, 방송, 출판 등과 같이 대중에게 대량공급과 대량소비를 제공하는 문화산업과 미술이나 무대예술, 문화유산 등과 같이 특정한 시간과 공간에서만 한정적으로 소비할 수 있는 문화산업을 구분하기도 한다.

문화산업은 전통에 뿌리를 둔 것, 외래적인 것, 새로이 창조된 것 등, 다양한 영역이 다양한 방식으로 표현되고 향유되지만, 궁극적으로는 현대인의 인생을 풍요롭게 하는 데 목표를 둔다. 지식과 기술을 기반으로 하는 창조적인 생산물 혹은 서비스를 제공하는 문화산업은 금전적 혹은 물질적인 가치가 아닌 문화적 풍요나 사회적 풍요라는 또 다른 종류의 가치를 제공해 준다는 데 의의가 있다.

II. 문화콘텐츠의 다양한 영역

문화산업은 위에서 제시한 것과 같이 다양한 콘텐츠로 구성되고 있지만 여기서는 대표적인 영역인 음악산업, 영화산업, 애니메이션산업, 게임산업, 캐릭터산업, 여행관광산업, 문화산업으로서의 마쓰리 등에 관하여 살펴보고자 한다.

1. 음악문화와 매체

일본의 음악문화는 궁중이나 귀족 사이에 연주되던 아악(雅樂)이나 민간에 전승되던 가요(歌謠) 즉 민요 등의 전통적인 음악을 비롯하여 근대 이후에 서양 각국에서 유입된 음악이 다양하게 공존한다. 근대 이후에 전통적인 음계(音階)와는 다른 서양음악의 음계가 들어온 이후에 학교교육에서도 서양의 음계를 따르는 곡이 중심을 이루게 되었다.

대중사회에서 널리 부르는 노래는 전통적인 감성을 서양적인 음악 요소로 표현하는 엔카(演歌)가 19세기 말에 나와서 크게 유행하였다. 당시의 정치에 대한 풍자로 시작된 엔카였지만, 대중의 호응을 얻으면서 개인의 심정이나 인간관계를 소재로 다루면서 유행가가 되었다. 엔카는 대중의 폭발적인 인기를 얻으면서 음반(音盤)으로 제작되어 새로운 미디어로 각광을 받았다. 음반 즉 레코드판은 축음기로 소리를 재생하여 듣는 새로운 음악장치로 1879년에 일본에 소개되었다. 1920년대에는 축음기가 널리 보급되기 시작하여 엔카의 유행에 박차를 가하게 되었다.

가수가 부르는 노래는 축음기의 보급과 더불어 엔카의 보급과 유행은 대중음악의 중심을 이루었으나, 시대의 흐름과 함께 다양한 장르가 형성되었다.

대중적인 음악 가운데 가요곡은 가사에 중점을 두는 곡으로 엔카에 이어 클래식풍의 가요쿄구(歌謠曲), 1960년대 이후에 팝스 등의 장르가 등장하더니, 1970년대 1980년대에는 싱어송라이터의 곡이 뉴뮤직이라는 이름으로 불리었다. 1980년대 이후에는 엔카와 동요(童謠) 이외의 일본 가수가 부른 노래를 J-POP이라 하여 대중음악을 대표하고 있다.

J-POP은 대개가 록풍이며, 가수가 가사나 곡을 직접 만드는 경우가 많지만, 이전의 가요곡과 구별하기 어려운 부분도 있다.

뿐만 아니라 일본 가수가 부르는 록앤롤(R&R)이나 소울뮤직(Soul Music)도 여기에 포함시키는 경우가 많다. 그러나 하트록, 헤비메탈, 펑크록 등의 록 계열은 구별하여 J-ROCK이라 부르지만 때로는 중복되는 부분이 있다.

일본 대중음악은 새로운 장르가 나온다고 하여 이전의 장르가 모두 사라져 버리는 것이 아니라, 이전 것은 이전 것대로 병존되면서 새로운 장르가 유행의 중심에 서는 구조로 전개된다.

대중음악은 라디오와 텔레비전을 통해서 전달되며, 개인적으로 반복해서 듣거나 소장하기 위하여 레코드로 제작 보급된다. 오늘날에는 LP방식의 레코드는 거의 제작되지 않고, 컴팩트한 크기에 고음질을 수록하는 CD나 DVD가 중심적인 매체가 되었다.

저작물로서 라이센스를 인정받는 CD나 DVD의 판매는 음악계의 중요한 수입원이 되기 때문에 정부차원에서 보호 육성의 대상이 되고 있다. 큰 인기를 얻어 많은 팬을 확보한 가수의 CD나 DVD의 경우는 엄청난 판매량으로 음악 문화산업의 견인차 역할을 하게 된다. 이와 더불어 음원을 기록한 MP3 파일을 이용한 음악감상이 젊은이들 사이에 널리 유행하고 있다. 오늘날 일본의 대중음악은 국내뿐 아니라, 외국 특히 유사한 감각과 유사한 정서를 지닌 아시아에서 큰 인기를 얻고 있음이 주목된다.

2. 영화와 이미지

1895년에 유럽에서 발명된 영화는 2년 후인 1897년에 수입되어 활동사진(活動寫眞)이라는 이름으로 공개되었고, 이어서 일본영화가 제작되었다. 초기의 영화는 영화배우가 없던 시대였기 때문에 가부키배우가 출연하였다. 무성영화시대의 후반에는 변사(弁士)가 등장하여 육성으로 해설하여 활동사진은 큰 인기를 누렸다. 1910년대부터 본격적인 영화제작 회사가 창설되었고, 1931년에는 최초로 토키영화가 제작되어 영화는 대중의 중요한 오락이 되었다. 제2

차세계대전 중에 영화제작이 주춤하더니 패전 이후에는 사회가 활기를 되찾음과 동시에 많은 영화가 제작되어 영화전성시대를 맞이하여 일본영화는 국제영화제에 참가하여 국제적인 평가를 얻었다.

일본은 미국과 인도에 버금가는 영화산업국으로서 많은 영화를 제작하고 있다. 오늘날은 텔레비전의 보급으로 영화의 영향력이 감소했다고 하지만, 영화제작에 고도로 발달된 기술과 두터운 관객층으로 영화는 대중을 리드하는 중요한 매체이자 일본정서를 표현하는 대표적인 대중문화로 평가받고 있다.

오늘날 일본영화는 여러 대형영화회사가 주도하는 상업성이 강한 영화가 주류를 이루고 있지만, 비상업적인 예술영화의 제작도 활발하게 이루어지고 있다는 점도 주목된다. 2006년의 경우 공개된 영화편수는 881편으로 1955년 이후의 최고 기록이며, 스크린의 총수는 3062개, 연간 총입장자수는 약 1억 6427만명이라는 엄청난 규모를 이루고 있다.

영화는 특히 대중문화의 꽃이라고 일컬어지는데, 고도의 테크놀로지와 예술성 그리고 매니지먼트를 통한 관객의 동원 등이 조화를 이루어야 하기 때문이다. 이러한 영화의 성격 때문에 영화는 현대의 종합예술이라 하는데, 전통적인 일본의 사고체계를 바탕으로 전개되는 현대 일본인의 정서가 표현되는 영화를 통하여 일본문화의 흐름을 파악해내는 중요한 수단이 되기도 한다.

특히 대량의 투자와 대량의 관객동원을 통해서 이루어지는 영화산업은 문화산업의 전형으로 중요한 의의를 지닌다.

3. 애니메이션과 콘텐츠 산업법

일본에서 극장용 애니메이션은 이전부터 제작되었지만, 본격적인 텔레비전 방송용 장편 연속 애니메이션은 1963년에 제작된「철완 아톰(鉄腕アトム)」이다. 이 작품은 폭발적인 인기로 대량의 시청자를 확보하였으며 일본 상업 애니메이션의 출발로서 역사적 의의가 있다. 이 때 제작을 지휘한 원작자인 데즈카 오사무(手塚治虫)는 매우 적은 예산으로 애니메이션을 제작 방송하여 큰 수입을 얻지 못하였으나, 그 이후 작품에 등장하는 캐릭터의 그림이 들어간 완구, 문구, 과자 등을 제작 판매하는 새로운 비즈니스 모델을 개발하여 성공을 거두었다.

작품은 어떤 계층을 주요 대상으로 하는가에 따라 여러 가지로 구분된다. 예를 들면 유아용, 어린이용, 소년용, 소녀용, 남성용, 여성용, 가족용 등 연령이나 성별에 따라 나눌 수도 있고, 장르나 소재에 따라서 SF계열, 로봇계열, 마법

소녀계열, 귀여운 소녀주인공계열, 성인용계열, 개그계열, 스포츠계열, 격투기계열 등으로 나누기도 한다.

텔레비전 애니메이션의 성공은 극장용 애니메이션에도 큰 영향을 미쳐 우수한 애니메이션은 상업적으로 성공할 수 있는 가능성을 열어주었다. 2000년 이후에는 일본영화 가운데 애니메이션의 비중이 매우 높아져서 일본영화 흥행수입 상위 10작품 가운데 절반 이상을 애니메이션이 차지할 정도이다.

초기에는 흑백 애니메이션으로 제작되었으나 기술혁신이 이루어져 요즈음은 고도의 제작기술과 컴퓨터그래픽의 활동으로 수준 높은 작품이 나와 세계적으로도 좋은 평가를 받고 있다.

2004년에는 대중의 중요 오락이자 중요한 산업분야인 애니메이션과 만화 등 일본의 문화산업을 보호 육성하기 위하여 「콘텐츠산업법」을 발효시켜 국가적으로도 많은 관심을 기울이고 있다.

4. 게임의 판타지와 IT테크놀로지

1970년대 말부터 컴퓨터가 널리 보급되기 시작하자 대중적인 오락기구에 도입되어 가정이나 놀이시설에서 즐길 수 있는 텔레비전게임(TV game) 혹은 컴퓨터게임이 발달하기 시작하였다. 이런 게임은 게임기나 게임용 소프트웨어를 텔레비전 수상기나 컴퓨터 모니터에서 구현시키는 것으로 산업화된 고도의 IT 테크놀로지를 바탕으로 성립된다.

초기에는 단순한 내용의 아케이드게임으로 출발하였으나 1980년대에 폭발적인 인기를 누리며 일반화되었다. 가정이나 전문적인 게임센터에 설치하여 화면을 통하여 즐기는 설치용 게임기가 있는가 하면, 다양한 성능의 휴대용 게임기가 보급되어 시간과 장소에 구애받지 않고 즐길 수 있는 여건을 갖추게 되었다.

 오늘날 설치용 게임기와 소프트웨어를 생산에 참여한 기업이 많이 있어, 다양한 제품이 생산 유통되었으나 현재는 성능과 게임 내용에 흥미도가 높아 시장성을 확보한 극히 일부 제품만 판매되고 있다. 세계적인 시장을 확보한 대표적인 게임기는 위(Wii), 플레이스테이션(PS), 엑스박스(Xbox) 등이 있다. 이 가운데 2가지가 일본의 제품으로 세계시장에서 일본이 차지하는 비중이 매우 높음을 알 수 있다.

 게임은 내용에 따라서 액션게임, 격투게임, 롤플레이게임(RPG), 시뮬레이션게임, 스포츠게임, 레이스게임, 퍼즐게임, 테이블게임, 퀴즈게임, 온라인게임 등으로 나눌 수 있으며, 이밖에도 다양한 게임이 끊임없이 출시되고 있다. 게임시장은 그 특성상 수많은 제품이 출시되는데, 대중적인 인기를 누려 속편으로 이어져 시리즈물로 인기를 이어가는 경우도 있고, 많은 제작비를 들인 것 가운데도 주목을 받지 못하여 곧 사라져 버리고 마는 경우도 많다.

 일본은 상대적으로 설치용 게임이 먼저 발달되어 있었으나, 랜(LAN)환경의 발전에 따라 컴퓨터 네트웍을 이용하는 온라인 게임도 중요한 문화산업으로 자리 잡게 되었다.

 일본의 게임 소프트와 게임기가 높은 인기를 유지하며 세계시장에서 차지하는 비중이 매우 높다. 특히 고도의 부가가치를 창출하는 문화산업이라는 측면이고 일본은 정부차원에서도 이를 지원 육성하는 정책을 펼치고 있다. 이는 사람들의 상상의 세계를 즐기게 하는 일종의 판타지 산업이자 지적 재산을 판매하는 산업이라는 경제적 문화적 효과를 중요시하기 때문이다.

5. 응용상품으로서의 캐릭터

 캐릭터란 소설이나 영화, 만화, 애니메이션, 게임 등 사람들의 감성이나 꿈을 제공하는 픽션에 등장하는 인물이나 동식물 때로는 생물이나 요괴가 지닌 성격이나 성질을 말한다. 이런 기본적인 의미를 바탕으로 등장하는 존재를 의인화한 그림이나 로봇 혹은 장식품이나 도구를 제작하여 이를 감상의 대상으로 삼거나 이를 지님으로써 즐거움을 누리고자 하는 사람들이 있다.

 캐릭터는 대개 특정한 스토리 가운데 등장하는 존재이기 때문에 외형적인 특징뿐만 아니라 스토리나 역사성도 흥미의 요소가 된다. 이런 스토리나 역사를 알고 있는 사람들끼리는 캐릭터는 외형이 지니는 시각적 요소와 더불어 역동적인 의미를 공유하게 되며, 이를 보는 것만으로도 즐거움을 느끼게 된다.

예를 들면 유명한 애니메이션 「도토로」의 등장인물은 애니메이션의 스크린 안에만 머물지 않고, 다양한 상품으로 제작 유통된다. 사람들은 이를 구입하여 보고, 만지고, 사용하기도 하지만, 곁에 두거나 소장하는 것만으로도 판타지의 세계에 있는 것과 같은 즐거움을 누릴 수 있다. 일종의 요괴이지만, 무서운 느낌이 아니라 친근하고 따뜻한 느낌을 주는 도토로와 그 주변의 존재, 주인공인 소녀들은 그림이나 인형으로 제작되기도 하지만, 베개, 이불, 시계, 지갑, 찻잔, 접시, 타월 등등에 여러 가지 디자인으로 재창조된다.

뿐만 아니라 '도토로 마을'을 만들어 관광산업으로 발전시키고 있다. 이런 점은 미국의 월트디즈니의 비즈니스 방식과도 통하는 것으로 문화산업의 중요한 분야이기도 하다.

대중적인 인기를 확보한 캐릭터는 높은 상업적 가치를 지닌다. 인형이나 장난감, 캐릭터로 디자인한 문방구 등의 수입이 때로는 캐릭터를 낳은 본래의 작품보다 많은 이익을 창출하기도 한다. 어떤 경우에는 본래의 작품 속의 이야기나 성격과는 달리 시각적인 측면만 강조되어 또 하나의 스토리나 의미를 파생시키기도 한다. 육체적인 실체가 없는 캐릭터이고 보면 인기가 유지되는 한, 수명의 제한이 없으며, 가족이나 친구 등 새로운 캐릭터를 만들어낼 수도 있기 때문에 상업적 가치를 지속적으로 창출할 수도 있다.

초기에 캐릭터란 소설이나 희곡 등 문학작품의 등장인물의 성격을 가리키는 말이었다. 그러나 대중사회에서 문화산업적 측면을 논할 때 캐릭터산업이란 원작에 바탕을 두고 등장인물의 이미지를 구체적인 물품으로 제작한 상품을 구입하여 즐기는 문화산업의 중요한 영역으로 자리잡고 있다.

6. 콘텐츠 산업으로서의 투어리즘

고대부터 인간은 수렵과 채취에 나서 식량과 도구를 손에 넣음으로써 생활을 영위할 수 있었다. 수렵이나 채취는 가까운 곳에서 이루어지기도 하지만, 때로는 멀리까지 가지 않을 수 없기 때문에 활동반경은 점점 넓어지게 되었다. 보다 멀고 보다 넓은 활동영역을 확보함으로써 보다 많은 것을 획득할 수 있음을 아는 사람들은 끊임없는 호기심으로 먼 길을 마다하지 않았다.

먼 길에 나선다는 일은 육체적인 고통이 따르지만, 그 이상으로 많은 것을 획득할 수 있고 거기서 얻는 새로운 체험은 삶의 활력소가 되었다. 물론 강제로 전쟁터에 끌려 나간다든지 권력에 의하여 물건을 운반하기 위하여 동원되는 경우는 즐거움이 아니라 고통스러운 일이었다.

먼 길에 나서는 일, 즉 여행은 일본어로 다비(旅)라 하며, 역사적으로 목적이나 방식에 따라서 여러 가지 여행이 있었다. 근대 이후에는 견문을 넓히고 새로운 체험을 통하여 풍요로운 인생을 즐기려는 목적의 여행이 많아졌다. 뿐만 아니라 교통기관과 숙박시설의 발전에 따라 여행을 보다 효율적으로 기획하고 안내하는 전문기업이 등장하여 여행이 대중화되었다. 1920년대에는 다른 지역의 아름다운 풍경이나 문물제도 등을 본대는 뜻으로 관광(觀光)이라는 말을 널리 쓰기 시작하였고, 고도경제성장기에 들어서 투어리즘에 국민적인 관심이 고조되었다. 대중관광시대가 열려 국내뿐만 아니라 국제관광에 나서는 사람도 많아졌다.

일본에도 일찍부터 여행자의 심경이나 여행지의 문물을 묘사하는 기행문학이 발달되었다. 『만요슈(万葉集)』나 『고킨와카슈(古今和歌集)』 등의 시가집에 수록된 노래에 여행의 고통이나 즐거움이 묘사되어 있고, 수필형식의 기행문도 전해지고 있다.

에도시대의 시인 마쓰오 바쇼(松尾芭蕉)는 도호쿠(東北)지방을 여행하며 각지에서 느낀 감동을 엮은 『오쿠노호소미치(奥の細道)』를 남겼다. 이밖에도 두 여행자가 에도를 출발하여 도카이도를 따라 교토와 오사카에 도착하는 과정을 그린 골계소설 『도카이도추히자쿠리게(東海道中膝栗毛)』도 목판본으로 대량 간행되어 널리 읽혔다. 각지의 풍경이나 풍속을 그린 그림이 우키요에로 대량생산 유통되어 여행에 대한 호기심을 불러 일으켰다.

또한 불교나 신도 등 종교유적지를 참배하며 순례하는 전통이 오랫동안 이어져 오고 있다. 순례객을 위한 도로가 형성되고 순례지 주변에는 대중적인 숙박시설과 놀이시설 등이 생겨 오늘날에도 관광자원으로 활용되고 있다.

이와 같은 여행과 관련된 문화적 전통이 오늘날에는 경제적 여유를 바탕으로 대중적인 관광붐이 일어나 일본 국내여행에 한정되지 않고 세계 각국으로 떠나는 관광문화가 형성되었다. 단체 혹은 개인이 보다 효과적으로 여행할 수 있도록 잘 기획된 여행상품이 대량으로 개발되어 현대 여행자들의 여행수요를 충족시켜 주고 있다.

7. 문화콘텐츠로써의 축제문화

일본의 마쓰리는 그 지역의 수호신이나 특별한 신을 제사지내는 신령한 의식으로서 각지에 전승되는 전통적인 행사이다. 고대부터 전해지는 유서 깊은 마쓰리가 있는가 하면, 새로운 도시가 생기거나, 특별한 집단의 필요에 의하여 새로운 마쓰리가 탄생되기도 한다. 마쓰리는 신에게 제사를 지내는 엄숙한 의식이 중심을 이루지만, 마쓰리를 준비하는 과정과 의식에 수반되는 놀이가 매우 중요한 의미를 지닌다. 놀이의 부분이야말로 축제적인 분위기를 자아내며 일상생활에서 억제되던 인간의 욕망이 자유롭게 분출되는 즐거움을 누릴 수 있기 때문이다.

　전통적인 마쓰리는 대체로 신사나 사찰을 중심으로 전개되며, 풍년이나 풍어를 빌며, 상업이 번창하고 재액이 들지 않고 무병하기를 빌고 가정이 평안하도록 기원하는 데 목적이 있다.

　이와 같은 일반적인 마쓰리는 시대가 흐르고 지역의 환경이 변화함에 따라서 원래의 내용이나 형식과는 다른 방향으로 변하는 경우도 있다. 사회적 환경이 바뀜에 따라서 마쓰리의 신성성이 줄어들어 신앙적인 의례보다는 흥겨운 분위기를 강조하여 즐거운 이벤트로 변화하기도 한다. 이런 경우는 마쓰리를 일종의 관광자원으로 삼아 외부로부터 많은 사람이 찾아오도록 하여 마쓰리를 통한 지역의 활성화를 꾀하기도 한다.

1960년대 이후 일본은 공업화, 도시화에 이루어지는 과정에 지방의 인구가 도시로 집중되는 바람에 일부지역을 제외하고 대부분의 지방도시나 그 주변 지역에는 과소화현상이 심화되었다. 기존의 농업 이외에는 고용이 없고, 인구가 감소가 가속화되고, 지역의 산업이 쇠퇴한 지역에서는 지역의 활성화가 매우 심각한 과제가 되고 있다.

이런 과제를 해결하기 위한 사업을 무라오코시(村おこし) 혹은 마치오코시(町おこし)라 한다. 그 방안으로써 기업을 유치하여 일자리를 창출하거나, 지방의 특산물을 발굴 개발하는 일, 관광자원을 발굴하는 일 등으로 지리적 핸디캡을 극복하고자 노력하고 있다. 지역의 특산품의 개발이나 지역의 지리적 특성 혹은 역사를 관광자원으로 활용하는 사업도 실행되었다. 즉 지역브랜드라 할 수 있는 지역의 특수성을 활용하여 자원으로 삼고자 하는 것이다.

이 가운데서도 지역의 마쓰리를 새롭게 하여 관광자원으로 발전시키려는 노력은 각지에서 활발하게 이루어지고 있으며 어느 정도 성과를 나타내고 있다. 매년 8월에 고치시(高知市)에서 열리는 요사코이마쓰리(よさこい祭り)는 이곳의 많은 시민이 참가할 뿐만 아니라 외부에서도 많은 사람이 행렬에 참가하거나 관광객이 참가하여 경제적 효과도 대단하다. 이 마쓰리는 간단한 룰만 지키면 누구나 참가할 수 있다는 특징으로 인기가 있다. 나루코(鳴子)라는 나무로 만든 딱딱이를 지참하고 요사코이라는 후렴이 붙은 노래를 부르며 장식한 수레를 앞세워 그룹을 지어 춤을 추며 행진하면 된다. 이 흥겨운 행진에 참가하기 위하여 전국에서 참가 그룹이 몰려들어 경연을 벌리고 관객과 더불어 열광한다.

본래 신에게 감사하며 인간의 소원을 비는 엄숙한 의례이던 마쓰리는 시대와 장소 그리고 사회적 환경이 바뀜에 따라 다양한 모습으로 전개되었다. 특히 신앙심이 적고 놀이적인 요소를 즐기고자 하는 현대인에게의 마쓰리는 대중을 위한 흥겨운 놀이이자 대량소비를 전제로 하는 문화산업적 요소를 지니며 새로운 모습으로 변화되고 있다.

III. 현대인의 생활과 문화산업의 의미

앞에서 다룬 사례에서 볼 수 있듯이 문화의 산업화는 이미 일정한 규모의 시장을 확보하고 있음을 알 수 있다. 일본의 전통문화를 바탕으로 새로운 서양의 문물 그리고 현대의 테크놀로지를 결합하여 문화산업의 다양한 영역을 확보하고 심화시켜 나아가고 있는 모습을 알 수 있었다.

전형적인 전통문화라고 할 수 있는 일본다도에서도 문화산업적 측면을 발견할 수 있다. 많은 다도인구가 활동하고 있는 일본의 경우, 다인들은 다도에 필요한 각종 다도구(茶道具)와 다실, 차(茶)를 구입해야 한다. 이런 수요에 맞추어 이런 것들을 제조하고 공급하는 시스템이 갖추어져 있다. 각종 공예품으로서의 다도구를 만드는 장인들, 건축예술로서의 다실을 만드는 장인들, 보다 좋은 차를 재배하고 가공하는 사람들이 다도에 필요한 것을 제공하며 다도문화를 지탱하는 역할을 하고 있는 것이다.

이런 역할은 물론 경제적 활동이지만, 한편으로는 다도구나 다실을 만든다는 창작활동 혹은 예술활동이라는 측면을 지니기 때문에 창조산업 혹은 문화산업으로서의 의미를 지닌다.

대량생산과 대량소비라는 현대의 사회구조 속에서 전개되는 일본의 문화와 예술은 그 자체의 구조와 미학을 논의하는 일도 중요하지만 문화산업이라는 측면에 의하여 전개되고 있음을 간과할 수 없다. 보다 아름다운 모양과 심오한 의미를 지닌 문화는 이 문화를 누리는 사람들에게 삶의 즐거움과 보람을 느끼게 하는 힘이 있다. 이와 같은 즐거움과 보람을 보다 많은 사람이 누릴 수 있도록 하려는 문화산업은 현대인에게 주어진 과제이자 그 자체가 삶의 수단이 되기도 하는 것이다.

색인

*는 용어사전

ㄱ

가가미노마(鏡の間)	214
가가미모치	161
가구라(神楽)	174
가나데혼추신구라(假名手本忠臣藏)	239
가네코 미쓰하루(金子光晴)	63
가노파(狩野派)	108
가도(花道, 華道)	87
가도마쓰	160
가도카와 서점(角川書店)	321
가라엔소(空演奏)	371
가라오케	371
가라오케 박스	372
가라 주로(唐十郎)	304
가람석(伽藍石)	101
가레산스이(故山水)정원	95, 97
가루타(カルタ)	418
가리코미(刈込)	103
가면(能面)	214
가무극(歌舞劇)	210
가미다나(神棚)	147
가미시바이(紙芝居)	*398
가부쿠(傾く)	251
가쓰가이슈(勝海舟)	340
가쓰라리큐(桂離宮)	102
가쓰라모노노	222
가쓰레키극(活歷劇)	*271
가쓰시카 호쿠사이(葛飾北齋)	116
가와바타 야스나리(川端康成)	124
가와세 나오미	322
가타키야쿠(敵役)	252
각력(角力)	188
간제(観世)	209
간제류(観世流)	218
간진(勸進)	*225
간진히지리(勸進聖)	208
갈매기	301
강한 영화(强い映画)	329

갯벌올림픽(ガタリンピック)	174
검은 텐트(黑テント)	306
게이고토	241
게임개발자협회	427
게자(下座)	268
겐다이(見臺)	*246
겐자이노(現在能)	213
겐페이전쟁(源平合戰)	238
겨울연가	355
결납금	155
경어표현	38
경어행동(폴라이트니스)	38
고가 마사오(古賀正男)	361
고골리	301
고니시키(小錦)	202
고단(講談)	274
고류(古流)	92
고무로 데쓰야(小室哲哉)	370
고무스비(小結)	199
고분(子分)	61
고양이의 다완(猫の茶碗)	284
고양이의 접시(猫の皿)	284
고우타(小唄)	363
고이노보리(鯉幟り)	150
고지마 노부오(小島信夫)	124
고카미히사시(鴻上常史)	309
고하쿠우타갓센(紅白歌合戰)	367
곡수연(曲水宴)	97
곡예(曲芸)	208
곤고(金剛)	209
곤고류(金剛流)	218
곤스케초친(權助提燈)	280
곤치인(金地院)	98
곤파루류(金春流)	218
곤파루젠치쿠(金春禪竹)	209
공용어(official language)	14, *25
관혼상제(冠婚喪祭)	146
교겐(狂言)	210
교도통신(共同通信)	355
교섭(negotiation)	45
교지(行司)	189, *203
교카(狂歌)	277, *292
교쿠로(玉露)	80

구로사와 기요시(黒沢清)	321	나게이레카텐쇼(抛入花傳書)	91
구루마 도라지로(車寅次郎)	326	나고야바쇼(名古屋場所)	194
구이조메	147	나기나타보코(長刀鉾)	177
구조적 개념	44	나루세 미키오(成瀬巳喜男)	316
구키 슈조(九鬼周造)	54	나루코(鳴子)	182
구키차(莖茶)	81	나마즈에(鯰絵)	114
국립노가쿠도(国立能楽堂)	210	나미키 고헤이(並木五瓶)	255
국립연예장(国立演芸場)	278	나쓰메 소세키(夏目漱石)	62
국어(national language)	14	나쓰바쇼(夏場所)	194
군기물(軍記物)	237	나카가미 겐지(中上健次)	135
규슈바쇼(九州場所)	194	나카네 치에(中根千枝)	60
그로타스(W.A.Grootaers)	21	나카무라 마사노리(村上正典)	324
그루지(呪怨, THE JUON/ THE GRUDGE)	331	나카무라 미쓰오(中村光夫)	122
그림달력교환회(絵暦交換会)	111	나카무라 신이치로(中村眞一郎)	123
극단민예(劇団民芸)	301	나카타 히데오(中田秀夫)	324
극단사계	303	남방록(南方錄)	*84
극장주(座元)	259	남자는 괴로워	319
기겐요키슈(戲言養氣集)	274	납폐금	155
기계매체	336	네거티브 페이스(negative face)	40
기노시타 게이스케(木下惠介)	317	네부타나가시(ねぶた流し)	180
기노시타 준지(木下順二)	301	네부타마쓰리	180
기능적 개념	44	네푸타(ねぶた)	180
기다유(義太夫)	229	넥슨(Nexon)	421
기동전사 건담	393, 407	노가쿠(能楽)	77
기리노	223	노가쿠도(能楽堂)	215
기리이시바시(切石橋)	101	노가쿠시(能楽師)	218
기뵤시(黃表紙)	*119	노극장(能舞臺)	210
기시다 구니오(岸田国士)	298	노다 히데키(野田秀樹)	309
기온마쓰리(祇園祭り)	175	노미노스쿠네(野見宿禰)	190
기제와(生世話)	267	노베라이제이션(novelization)	351
기타가와 우타마로(喜多川歌麿)	115	노야쿠샤(能役者)	218
기타노 다케시(北野武)	322	노예 사냥	302
기타류(喜多流)	210, 218	뉴뮤직	369
긴피라모노(金平物)	230	뉴뮤직 매거진	369
김나지움(gymnasium)	19	뉴타입(New Type)	*416
김달수(金達壽)	129	뉴포크	369
꿈의 부교	138	니나가와 사치오(蜷川幸雄)	304
		니시키에(錦絵)	111
		니지리구치(躪口)	74
ㄴ		니쿠만주(肉饅頭)	283
		니토베 이나조(新渡戸稲造)	56
나가이 가후(永井荷風)	63	니혼 텔레비전	337
나게이레바나(抛入花)	90	닌교조루리(人形淨瑠璃)	228

닌자모노(忍者もの)	386	데라야마 슈지(寺山修司)	304
닌텐도 DS	422	데시가하라 히로시(勅使河原宏)	318
닛카쓰(日活)	315	데즈카 오사무(手塚治虫)	395
닛폰치(日本地)	379, *397	덴란스모(天覽相撲)	192
		덴진마쓰리	178
		덴진사이(天神祭)	178

ㄷ

		도바에(鳥羽絵)	378
		도슈사이 샤라쿠(東洲齋寫樂)	116
다경(茶経)	72	도시이와이(年祝い)	158
다나바타(七夕)	163	도시코시소바(年越しそば)	160, 367
다나바타쓰메(棚機津女)	163	도에이(東映)	339
다나바타오쿠리(七夕送り)	163	도요다케좌(豊竹座)	229
다니자키 준이치로(谷崎潤一郎)	57	도제제도(徒弟制度)	58
다단물(多段物)	242	도조 미사오(東條操)	42
다도구(茶道具)	*82	도조지(道成寺)	*225
다례(茶礼)	77	도지마강(堂島川)	179
다마루 다쿠로(田丸卓郎)	21	도코노마(床の間)	147, *168
다사칠식(茶事七式)	81	도쿄게임쇼	433, *434
다산소사(多産少死)	155	도쿄 러브스토리	354
다시(山車)	*186	도쿠베(德兵衛)	243
다실(茶室)	*82	도토로	445
다와라(俵)	197	도호(東宝)	300
다이마노게하야(當麻蹴速)	190	도호쿠방언	43
다이묘정원	96	도효(土俵)	188
다이코우키(太閤記)	340	도효마쓰리(土俵祭)	195
다이토쿠지(大德寺)	98	도효이리(土俵入り)	*203
다자이 오사무(太宰治)	123	독립영화(獨立系映畫)	325
다카라즈카 소녀가극	*397	독립프로덕션	*333
다카무라 고타로(高村光太郎)	63	돈야레부시	*373
다카사고(高砂)	*225	동도명소(東都名所)	118
다케가키(竹垣)	103	동물보은담(動物報恩談)	302
다케노 조오(武野紹鴎)	73	동물원	286
다케다 다이준(武田泰淳)	123	동방정책(Look East)	19
다케모토좌(竹本座)	229	동양의 디즈니	402
다키기노(薪能)	210, 219	동해도오십삼차(東海道五十三次)	118, *120
다테마에(建前)	256	드라마 왕국	337
단고노셋쿠(端午の節句)	150	디지털문화콘텐츠	8
달은 어디에 떠 있는가(月はどつちに出ている)	329		
담화능력	31		
당신의 이름은(君の名は)	355		
대량생산	449	## ㄹ	
대량소비	449	라이온 킹	303
대언어(major language)	16, *26	라쿠고(落語)	274

라쿠고가(落語家)	274	메세나	*312
러브레터(Love Letter)	322	메이저영화사	*332
로만포르노	319	메차(芽茶)	81
로카르노국제영화제	330	메쿠리(めくり)	288
롤플레잉(Role Playing) 게임	423	명소에도백경(名所江戸百景)	118
료안지(竜安寺)	98	모가모보	363
루팡3세	393	모노구루이노	222
리미티드 기법	403	모노노아와레(もののあわれ)	54
리미티드(Limited) 애니메이션 기법	400	모래의 여자	125
리본의 기사	395	모리바나(盛花)	92
리큐(離宮)정원	96	모리 오가이(森鴎外)	62
리키시(力士)	188	모리타 간야(守田勘弥)	259
리트(Lied)	363	모바일문화콘텐츠	8
린다린다린다(リンダリンダリンダ)	330	모어(mother tongue)	14
릿카(立花)	88	몬시타(紋下)	232
릿카대전(立花大全)	89	무겐노(夢幻能)	213
링(リング)	324, 331	무라오코시(村おこし)	173, 448
		무라카미 류(村上竜)	135
		무라카미 하루키(村上春樹)	127, 135
		무라타 주코(村田珠光)	73
ㅁ		무사도(武士道)	56, *67
마고이(真鯉)	151	무사시마루(武藏丸)	202
마루혼(丸本)	*247	무스메도조지(娘道成寺)	270
마쓰루(奉る)	170	무시프로상사(虫プロ商事)	396
마쓰리(祭)	170	문고본(文庫本)	30
마쓰오 바쇼(松尾芭蕉)	446	문법능력	31
마에가시라(前頭)	199	문춘만화독본(文春漫画読本)	382
마이(舞)	271	문화 수요	6
마징가Z	405	문화미디어 스포츠 성(DCMS)	439
마치오코시(町おこし)	448	문화산업	449
마케팅의 시대	348	문화산업진흥기본법	8, 438
마쿠노시타(幕下)	199	문화상품	8
마키노 쇼조(牧野省三)	315	문화예술진흥기본법	6
만단(漫談)	*291	문화콘텐츠산업포럼	7
만두가 무서워	282	미나미간논야마(南観音山)	177
만엔원년(万延元年)의 풋볼	128	미니시어터	*333
만자이(漫才)	274, *291	미디어믹스(media promotion mix)	392
만필화(漫筆画)	379	미디어믹스전략	*333
만화(caricature)	378	미래소년 코난(未来少年コナン)	406
만화선데이(漫画サンデー)	384	미세모노(見世物)	305
만화소년	383	미소녀전사 세일러문	393
말차(抹茶)	75	미소라 히바리(美空ひばり)	365
멀티미디어콘텐츠	9	미시마 유키오(三島由紀夫)	124

미야자와 아키오(宮沢章夫)	310
미야자키 하야오(宮崎駿)	327, 400
미야코부시(都節) 음계	361
미에(見得) 기법	414
미에(見得)	*271
미우라 아야코(三浦綾子)	139
미인화(美人画)	110
미즈키 시게루(水木しげる)	385
미즈히키막(水引幕)	196
미치유키(道行)	*248
미코시(御輿)	*186
밀림의 왕자 레오(ジャングル大帝)	383

ㅂ

바나나 붐	140
바둑	418
박사가 사랑한 수식(博士の愛した数式)	329
박차(薄茶)	75
박치기	329
반딧불의 묘	133
반즈케(番付)	198, *247
반차(番茶)	80
배두나	330
백사전(白蛇伝)	402
벚꽃동산	300
베니에(紅絵)	111
베니즈리에(紅摺絵)	111
베를린영화제	330
베쓰야쿠 미노루(別役実)	304
변사(弁士)	441
본오도리(盆踊り)	166
부가가치	444
부라이하(無頼派)	123
부악삼십육경(富嶽三十六景)	117, *120
분라쿠(文楽)	228
분아미전서(文阿弥伝書)	90
불새(火の鳥)	383
블랙잭	395
블록부킹방식	*333
블루리본상	326
비희화(秘戯画)	112
빈민가	301
빙의(憑依)	172
빙점	139
빨간 미로(赤い迷路)	344

ㅅ

사계(下ば)	274
사교적 행동 양식	29
사규(四規)	76
사규칠칙(四規七則)	90
사기(史記)	72
사나이는 괴로워(男はつらいよ)	60
사루가쿠(猿楽)	208
사무라이	55
사비(さび)	54
사시가네(差金)	235
사신도(四神図)	196
사에키 준코(佐伯順子)	61
사와리(サワリ)	*246
사카구치 안고(坂口安吾)	123
사카타 도주로(坂田藤十郎)	252
사쿠데이키(作庭記)	*105
사토가에리(里歸り)	154
사화(私画)	112
사회언어능력	31
사후정정(事後訂正)	35
산가쿠(散楽)	208
산단메(三段目)	199
산업협력	433
산자곤겐(三社権現)	177
산자마쓰리(三社祭り)	177
산콘노기(三献の儀)	*168
산타이(三態)	87
삼현(三弦)	234
상대경어	*26
상박(相撲)	188
상징적 축경식 정원	95
상황극장(状況劇場)	304
생산과잉현상	436
샤레본(洒落本)	*119
서민적 웃음	288

서유기(西遊記)	402	스스하라이(煤払い)	159
성과 폭력	325	스윙걸스	324
성인식	152	스즈키 다다시(鈴木忠志)	304
성인영화	325	스즈키 다카오(鈴木孝夫)	22
세상의 중심에서 사랑을 외치다	325	스키(数奇)	80
세와물(世話物)	228, 239	스타시스템	*333
세이카(生花)	88	스타일(style)	*49
세일즈맨의 죽음	301	스튜디오시스템	*332
세키와케(関脇)	199	스페이스 워(Space War)	419
센과 치히로의 행방불명	327, 412	스페이스 인베이더(Space Invader)	419
센노리큐(千利休)	73, *84	시가극(市街劇)	306
센소지(浅草寺)	177	시고토오사메(仕事納め)	159
센차로쿠(煎茶錄)	79	시나가와신주(品川心中)	280
소네자키신주(曽根崎心中)	243, 264	시네마콤플렉스	*334
소년가부키(若衆歌舞伎)	251	시네콰논	329
소노 아야코(曽野綾子)	124	시대세와(時代世話)	241
소마이 신지(相米慎二)	322	시리즈영화	326
소산소사(少産少死)	155	시마다 마사히코(島田雅彦)	127
소시키구미(葬式組)	158	시마이(仕舞)	213
소안식(草庵式)	99	시마자키 도손(島崎藤村)	63
소우카(挿花)	88	시메카자리	161
소탄일기(宗湛日記)	91	시뮬레이션(Simulation) 게임	424
소프트웨어파워시대	438	시바타니 마사요시(柴谷方良)	22
소학창가집초편(小学唱歌輯初編)	359	시바하마(芝浜)	280
쇼멘석(正面席)	216	시부야 가쓰미(澁谷勝己)	45
쇼우카(活花)	88	시부야케이(澁谷系)	321
쇼치쿠(松竹)	300, 315	시이나 린조(椎名麟三)	124
쇼쿠닌(職人)	58, *68	시중(市中)에 있는 산거(山居)	76
쇼쿠닌가타키(職人氣質, 장인기질)	59	시치고산(七五三)	147, 151
쇼토쿠태자(聖德太子)	184	시카노마키후테(鹿卷筆)	276
수수께끼의 화가(謎の浮世絵師)	116	시코나	201
수자쿠(萌の朱雀)	322	시키삼방(式三番)	221
수직적 사회	60	시타마치(下町)	*356
슈가쿠인리큐(修学院離宮)	*105	시테카다(シテ方)	212
슈라노	221	시텐노지(四天王寺)	184
슈쿠바(宿場)	*120	신게사쿠하(新戲作派)	123
슈퍼패미컴	421	신덴즈쿠리(寝殿造)	93
슛세가게키요(出世景清)	253	신도 가네토(新藤兼人)	318
스가와라 미치자네(菅原道真)	178	신만화파집단(新漫画派集団)	381
스모(相撲)	188	신세기 에반겔리온(新世紀エヴァンゲリオン)	393, 410
스모베야(相撲部屋)	198	신주(心中)	*248
스모세치에(相撲節会)	191	신코클럽(神港倶楽部)	315
스모에(相撲絵)	112	신토미좌(新富座)	259

신토호(新東宝)	339		야구라시타(櫓下)	232
십이단초지(十二段草紙)	237		야로가부키(野郎歌舞伎)	251
쓰루자와(鶴沢)	234		야리미즈(遣水)	100
쓰보우치 소요(坪内逍遙)	62, 296		야마가타(山形) 국제다큐멘터리영화제	326
쓰시마 유코(津島佑子)	135		야마구치 모모에(山口百惠)	319
쓰지바나시(辻話)	275, *291		야마다 요지(山田洋次)	319, 324
쓰카 고헤이(つかこうへい)	135, 307		야마보코(山鉾)	176, *185
쓰쿠바과학만국박람회(筑波科学万国博覽会)	327		야마토에(大和絵)	94
쓰키지좌(築地座)	297		야스오카 쇼타로(安岡章太郎)	124
쓰타야 주자부로(蔦屋重三郎)	115		야쿠도시(厄年)	157
			야쿠바라이(厄払い)	157
			야쿠샤에(役者絵)	110
ㅇ			야쿠자영화	325
			양석일(梁石日)	329
아귀도(餓鬼道)	165		어드벤처(Adventure) 게임	422
아리마 이쿠마(有馬生馬)	63		언어경제력	*26
아마에(甘え)	*68		언어행동	*49
아무로 나미에(安室奈美惠)	370		에도삼부(江戸参府)	64
아베 고보(安部公房)	123, 302		에듀테인먼트(edutainment)	8, 425
아사누마 이네지로(浅沼稲次郎)	127		에로쿠 스케(永六輔)	59
아사리 게타(浅利慶太)	303		에비스신(エビス神)	172
아사쇼류(朝青竜)	202		에사이(栄西)	72
아사쿠사진자(浅草神社)	177		에혼(絵本)	*120
아서 밀러	301		엑스박스(Xbox)	444
아스트로 보이(Astro Boy)	396		엔겔벨트 켄펠(Kämpfer, Engelbert)	64
아시아라이(足洗い)	177		엔슈류(遠州流)	92
아쓰미 기요시(渥美清)	326		엔제쓰카(演說歌)	358
아오야마 신지(青山貞治)	328		엔카(演歌)	358
아오키 다모쓰(青木保)	52		엔카시(演歌師)	359
아와오도리(阿波踊り)	174		엔터테인먼트 산업 자유무역연합	439
아이돌	324		엔터테인먼트 산업(Entertainment Industry)	439
아이샤미센(合三味線)	233		엔터테인먼트의 시대	348
아카본(赤本)만화	383		여자 스모(女相撲)	193
아케보노(曙)	202		연극보국(演劇報国)	299
아케이드(Arcade) 게임	422		연속상연(続き狂言)	261
아쿠다가와상(芥川賞)	*140		연애결혼	153
아키라(AKIRA)	412		연하장(年賀狀)	163
아키바쇼(秋場所)	194		열도개조론(列島改造論)	*356
아타미(熱海) 살인사건	307		염본(艶本)	112
안구라(underground)	304, *312		염치(恥)의 문화	65
안보투쟁(安保闘争)	*416		영점프(ヤングジャンプ)	389
애니메이션 CF	401		예의적 방식	*50
애니메이션(Animation)	*415		오가와 구니오(小川国夫)	131

오다기리 조	330	와세다소극장(早稲田小劇場)	304
오다기리 히데오(小田切秀雄)	131	와쓰지 데쓰로(和辻哲郎)	57
오다비쇼(御旅所)	173	와자오기(俳優)	208
오도리(踊)	271	와카마쓰 고지	325
오미야마이리(お宮参り)	148	와키노(脇能)	221
오본(お盆)	164	완다와 거상	429, *434
오비토키(帶解)	151	왓소마쓰리	184
오사나이 가오루(小山內薰)	296	요교쿠(謠曲)	210
오세치요리(御節料理)	162	요나누키 5음계	*373
오셀로	418	요나누키 단조 음계	361
오소지(大掃除)	159	요리시로(依代)	175
오시이 마모루(押井守)	400	요미우리 선데이만화(読売サンデー漫画)	381
오시치야	147	요미혼(読本)	*119
오쓰야(お通夜)	158	요비다시(呼び出し)	*203
오쓰키미(お月見)	166	요사코이마쓰리(よさこい祭り)	182
오야분(親分)	61	요세(寄席)	274, *291
오오바 미나코(大庭みな子)	136	요시나가 사유리(吉永小百合)	352
오와라이산업(お笑い産業)	290	요시모토(吉本)	300
오이초(大銀杏)	200	요시모토 바나나(吉本ばなな)	140
오자키 고요(尾崎紅葉)	62	요시유키 준노스케(吉行淳之介)	124
오제키(大関)	199	요츠기소가(世継会我)	253
오주겐(お中元)	164	요코즈나(横綱)	199, 202
오즈 야스지로(小津安二郎)	316	우나기(うなぎ)	322
오즈모(大相撲)	194	우라본(盂蘭盆)	165
오차노미즈(お茶の水) 박사	404	우메자키 하루오(梅崎春生)	123
오치(落ち)	274	우민정책(愚民政策)	363
오카 쇼헤이(大岡承平)	124	우시야마 호텔	298
오컬트(occult)	*398	우주전함 야마토(宇宙戦艦ヤマト)	387, 393
오쿠니(お国)	250	우지가미(氏神)	148, *167
오키나(翁)	221	우지코초(氏子帳)	148
오키나사루가쿠(翁猿楽)	208	우지코후다(氏子札)	148
오타쿠(オタク)	*416	우키요(優世)	108
오토시다마(御年玉)	162	우키요에(浮世絵)	378
오하라 운신(小原雲心)	92, *105	우키요에시(浮世絵師)	109
오하시조메	147	우키요조시(浮世草子)	*119
오히간(お彼岸)	159	우타가와 히로시게(歌川広重)	117
온나가타(女形)	252, *271	우타고에(歌声)운동	365, *374
온아미(音阿弥)	209	우타카이(歌会)	96
올해의 게임상	427	원령(怨霊)	174
옷페케페	359, *374	월트 디즈니	400
와게이(話芸)	274	웹코믹(웹만화)	392
와고토(和事)	252	위(Wii)	444
와비(侘)	54, 73, 79	유곽(遊郭)	378

유네스코	438	이쿠타마신주(生玉心中)	245
유락풍속화(遊楽風俗画)	112	이키(粋)	54, *67
유레루	329	이키미타마(生身魂)	164
유리 동물원	301	이키본(生盆)	164
유미도리식(弓取式)	*203	이하라 사이카쿠(井原西鶴)	108
유미리(柳美里)	129	이회성(李恢成)	129
유바리(夕張) 국제판타스틱영화제	327	인막(引幕)	251
유비쿼터스	431	인형의 집	296
유이노(結納)	*167	일극(日劇)	354
유카혼(床本)	*247	일본경제입문(日本経済入門)	390
유키사다 이사오(行定動)	325, 330	일본노가쿠협회	219
유후인(湯布院)영화제	327	일본 때리기(Japan Bashing)	53
육우(陸羽)	72	일본 아트씨어터길드(ATG)	*333
은하텔레비전 소설	344	일본어 학습대국	18
의리(義理)	262	일본지(日本誌)	64
이노우에 가오루(井上馨)	260	입센	296, *311
이노우에 히사시(井上ひさし)	131		
이누가미가의 일족(犬神家の一族)	324		
이누하리코(犬張子)	*167	**ㅈ**	
이능력성(異能力性)	405		
이로리(囲炉裏)	159	자비셴(蛇皮線)	234
이마무라 쇼헤이(今村昌平)	322	자센(茶筅)	79
이마이소큐차노유가키누키(今井宗久茶湯書抜)	91	잔기리극(散切劇)	*271
이마하시 에이코(今橋映子)	62	잔바라(チャンバラ)	341
이벤트(event)마쓰리	170	장기	418
이봉우	329	장례(葬礼)	146
이소가이 지로(磯貝治良)	129	재팬 홈비디오(JHV)	409
이시하라 신타로(石原慎太郎)	134	저작권산업(Copyright Industry)	439
이시하라 유지로(石原裕次郎)	324	저출산	155
이쓰키 히로유키(五木寛之)	131	저출산 현상	156
이양지(李良枝)	129	적응	*50
이어령	65	전공투 운동	*141
이업종감독(異業種監督)	322	전략적 방식	*50
이에모토제도(家元制度)	86	전일본인의 중류화	436
이와무라 토오루(岩村透)	63	전차(煎茶)	80
이와이 슌지(岩井俊二)	322	전차남(電車男)	325
이준기	330	절대경어	*26
이즈미 교카(泉鏡花)	62	정글대제	395
이치카와 곤(市川崑)	323	정원(庭園)	*82
이치카와 단주로(市川団十郎)	252	제1언어(first language)	*25
이케가키(生垣)	102	제2언어(second language)	15
이케노보(池坊)	87, *105	제럴드 맥보잉 보잉(Gerald McBoing Boing)	400
이케바(生け花)	86	제작위원회	*334

젠에이바나(前衛花)	93
조기리(序切)	242
조노구치(序ノ口)	200
조니단(序二段)	199
조닌(町人)	108, 250
조란스모(上覽相撲)	192
조루리(淨瑠璃)	228
조수희화(鳥獣戲画)	378
조용한 연극(静かな劇)	310
조제 호랑이 그리고 물고기들	329
주간만화(週刊漫画)	384
주료(十両)	199
주신구라(忠臣藏)	239, 257
주의도(Labov)	33
주자학(朱子学)	89
중간소설	*140
증기선 윌리(Steamboat Willie)	400
지브리	321
지센(池泉)정원	95
지카마쓰 몬자에몬(近松門左衛門)	229

ㅊ

차니와(茶庭)	95
참근교대	263
창가(唱歌)	358
창조산업(Creative Industries)	439
책략(策略)능력	31
천지인(天地人)	87
철도창가	360
철완아톰(鉄腕アトム)	379
첫눈(ヴアージンスノー)	330
체홉	300, *311
최양일(崔洋一)	329
축소지향의 일본인	65
축제문화	446
춘화(春画)	112
침묵	125

ㅋ

카츄사의 노래	362

컴퓨터 스페이스(Computer Space)	419
코미디영화	325
코믹개그(コミックギャグ)	388
콘텐츠비즈니스	438
콘텐츠산업(コンテンツ産業)	439
콘텐츠산업법	442
콘텐츠 해외유통촉진기구(CODA)	429
콤(COM)	387
키네마슌포 베스트	326
키스보다 간단	325
키친	140
킬러콘텐츠	*434

ㅌ

태양을 향해 외쳐라	343
태양의 계절	134
테네시 윌리엄즈	301
텔레비전 도쿄	337
텔레비전 아사히	337
통합콘텐츠페스티벌	7
투어리즘	445
트렌디 드라마의 시대	348
트리비얼 리얼리즘(trivialrealism)	390

ㅍ

파이널판타지	*434
파친코	418
파친코 경락(京楽)산업	419
판타지 산업	444
포지티브 페이스(positive face)	40
프랑크푸르트학파	437
프로그램픽처	*333
플라네타륨	379
플레이 스테이션(PS)	421, 444
피아영화제	320
피와 뼈(血と骨)	329
핑크영화	325

ㅎ

하나미자케(花見酒)	280
하나미치(花道)	251
하나비(HANA-BI)	322
하나즈모(花相撲)	*204
하네토(跳ね人)	181
하니야 유타카(埴谷雄高)	123
하레기(晴れ着)	*166
하루바쇼(春場所)	194
하시가카리(橋掛り)	212
하쓰모데(初詣)	160
하쓰바쇼(初場所)	194
하쓰반메모노(初番目物)	221
하야리우타(流行歌)	359
하야시카다(囃子方)	177, 218
하울의 움직이는 성	327
하이비전(Hi-Vision)	339, *356
하이카이(俳諧)	79
하쿠호(白鵬)	202
하쿠호도 글로벌(博報堂グローバル)	353
핫토리 료이치(服部良一)	361
헐리웃	331
헤소마쓰리(へそ祭)	174
헤케모노가타리(平家物語)	223
현대구어연극(現代口語演劇)	310
현미차(玄米茶)	81
현해탄	129
호쇼(宝生)	209
호쇼류(宝生流)	218
호지차(焙茶)	80
호쿠사이 만화(北斎漫画)	117, 378
혼바쇼(本場所)	188
혼제쓰(本說)	220
홋타 요시에(堀田善衛)	126
활력(活歷)	260
황야의 7인(荒野の七人)	331
회석요리(懷石料理)	74
후리(振)	271
후리소데(振袖)	153
후지 텔레비전	337
후카자와 시치로(深沢七郎)	127
후쿠오카(福岡)영화제	326
후타바테이 시메이(二葉亭四迷)	62
홀라걸스	329
휴대용게임	426
히고이(緋鯉)	151
히나단(雛壇)	149
히나마쓰리(雛祭り)	149, *167
히나인형(雛人形)	149
히라이즈미 기요시(平泉澄)	20
히라타 오리자(平田オリザ)	310
히시카와 모로노부(菱川師宣)	114
히어로(HERO)	327
히지카타 요시(土方與志)	297
히토리 스모(一人相撲)	189

기타

47인의 사무라이	266
AIAS	429
CD	441
CERO	425
CESA	425
CG 애니메이션	413
CJ(Contents Japan)마크	429
CM송	366
CoFesta	7
DVD	441
GATT	438
IT테크놀로지	443
J호러 시어터(J HORROR THEATER)	331
M.호르크하이머	437
MP3	441
NHK	337
NTSC	339, *355
OVA	408, *416
SF만화	387
SMAP	370
SPEED	370
T.아드르노	437
TBS	337
The Order of the Garter	326

필자 프로필

박전열(朴銓烈)
- 집필테마 : 문화콘텐츠와 문화산업
- 최종학력 : 쓰쿠바(筑波)대학 대학원 졸업, 문학박사
- 현   직 : 중앙대학교 일어일문학과 교수
- 전   공 : 일본문학·비교문화론
- 대표논저
  『일본전통문화론』
  「일본다도의 문화산업적 의미에 관한 연구」

임영철(任榮哲)
- 집필테마 : 일본의 언어문화
- 최종학력 : 오사카(大阪)대학 대학원 졸업, 학술박사
- 현   직 : 중앙대학교 일어일문학과 교수
- 전   공 : 일본어학·사회언어학
- 대표논저
  『일본의 일상세계』
  『在日·在米韓國人および韓國人の言語生活の實態』
  『箸とチョッカラク』

이길용(李吉鎔)
- 집필테마 : 언어행동으로 엿보는 스즈키 씨의 하루
- 최종학력 : 오사카(大阪)대학 대학원 졸업, 문학박사
- 현   직 : 중앙대학교 일어일문학과 교수
- 전   공 : 사회언어학·제2언어습득
- 대표논저
  『日本語学習者におけるスタイル切換え能力の発達』
  『社会言語学の展望』
  『사회언어학의 전망』

김화영(金華榮)
- 집필테마 : 자타의 눈에 비친 일본인 일본문화
- 최종학력 : 오사카(大阪)대학 대학원 졸업, 문학박사
- 현   직 : 중앙대학교 전임연구원
- 전   공 : 문화표현론
- 대표논저
  「근대와 여성-김일엽과 히라쓰카 라이초의 비교를 중심으로」
  「나혜석의 나부에 그려진 유방-일본의 나체화와의 비교를 통하여」
  「일본의 모더니즘과 여성」

허 곤(許坤)
- 집필테마 : 진솔한 삶의 여유 다도 세계
- 최종학력 : 주오(中央)대학 대학원 졸업, 문학박사
- 현   직 : 강원대학교 교수
- 전   공 : 일본근세문학
- 대표논저
  『芭蕉と莊子とのかかわり-思想世界に於ける影響關係を中心として-』
  「『去来抄』에 나타나 있는 바쇼의 「웃음」에 관한 고찰」
  「바쇼의 사상세계와 「종교」에 관한 고찰」

서윤순(徐潤純)
- 집필테마 : 자연을 재현하는 이케바나와 정원
- 최종학력 : 중앙대학교 대학원 졸업, 문학박사
- 현   직 : 고려대학교 일어일문학과 초빙교수
- 전   공 : 일본어학·사회언어학
- 대표논저
  「가타카나의 사용과 의식에 관한 연구」
  「會話における話題選擇の韓·日·豪比較」
  「日韓のチャットにおけるあいさつ表現」

구정호(具廷鎬)
- 집필테마 : 시대정신을 드러내는 우키요에
- 최종학력 : 홋카이도(北海道)대학 대학원 졸업, 문학박사
- 현   직 : 중앙대학교 일어학과 교수
- 전   공 : 일본상대운문
- 대표논저
  『아무도 모를 내 다니는 사랑길 伊勢物語』
  『만요슈』
  『일본시가문학사』

박영준(朴榮俊)
- 집필테마 : 시대와 삶을 산책하는 현대문학
- 최종학력 : 중앙대학교 대학원 졸업, 문학박사
- 현   직 : 인천대・중앙대 강사
- 전   공 : 일본현대문학

• 대표논저
「太宰治硏究」
「한일정형시가의 연구」

권익호(權益湖)
- 집필테마 : 일본인의 일생과 연중행사
- 최종학력 : 니혼(日本)대학 대학원
- 현   직 : 중앙대학교 일어학과 교수
- 전   공 : 일본어학

• 대표논저
「한일관용어의 변이형에 관한 소고」
「신체어휘[□]와[입]에 관한 한일관용어의 대조분석」
「한일관용어의 통사적 대조 고찰」
「[手]와 [손]에 관한 신체어휘의 한일 대조연구」

임찬수(林瓚洙)
- 집필테마 : 신과 인간의 흥겨운 만남 마쓰리
- 최종학력 : 중앙대학교 대학원 졸업, 문학박사
- 현   직 : 중앙대학교 일어일문학과 교수
- 전   공 : 일본고전문학

• 대표논저
『百人一首』, 『겐지모노가타리』
「八代集 四季歌에 나타난 '새벽' 표현 연구」
「藤原定家의 歌論 전승과 특징」

김용의(金容儀)
- 집필테마 : 힘과 기를 겨루는 전통스포츠 스모
- 최종학력 : 오사카(大阪)대학 대학원 졸업, 문학박사
- 현   직 : 전남대학교 일어일문학과 교수
- 전   공 : 일본문화학・민속학

• 대표논저
『일본의 민담』, 『전쟁과 사람들』
『문화시대의 디지털 아카이브』
『일본의 요괴문화』, 『명치대정사 세상편』

유길동(柳吉東)
- 집필테마 : 역사와 삶을 그려내는 가면극 노
- 최종학력 : 중앙대학교 대학원 졸업, 문학박사
- 현   직 : 한양여자대학 일어통역과 교수
- 전   공 : 일본극문학

• 대표논저
『ことばと文化をめぐって'外から見た日本語発見記』
「'노(能)에 나타난 美意識 硏究-演出의 逆說的 構造를 중심으로」
「'노' 作家의 作品性向에 관한 一考察」

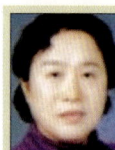
손순옥(孫順玉)
- 집필테마 : 전통인형극 분라쿠의 아름다움
- 최종학력 : 한국외국어대학교 대학원 졸업, 문학박사
- 현   직 : 중앙대학교 일어학과 교수
- 전   공 : 일본근대문학

• 대표논저
『모리 오가이 단편집』
『조선통신사와 치요조의 하이쿠』
『마사오카 시키의 시가와 회화』

최경국(崔京國)
- 집필테마 : 서민의 희로애락 가부키
- 최종학력 : 도쿄(東京)대학 대학원 졸업, 학술박사
- 현   직 : 명지대학교 일어일문학과 교수
- 전   공 : 일본에도문화

• 대표논저
『江戶時代における見立ての硏究』
『가부키』
『일본문명의 77가지 열쇠』

홍지형(洪知亨)
- 집필테마 : 서민들의 재치와 활기를 그려내는 라쿠고
- 최종학력 : 중앙대학교 대학원 박사과정 수료
- 현   직 : 중앙대학교 강사
- 전   공 : 일본근대문학

• 대표논저
「金子光晴의 『상어』에서 본 반전의식」
「金子光晴의 낙하산 연구」

최인향(崔仁香)
- 집필테마 : 변혁과 실험정신이 넘치는 현대연극
- 최종학력 : 중앙대학교 대학원 박사과정 수료
- 현   직 : 중앙대학교 강사
- 전   공 : 일본극문학·가부키
- 대표논저
  「일본전통무대예술의 해외발신고찰」
  「『役者論語』를 통해 본 元禄歌舞伎의 관객우선주의」

이즈미 지하루(泉千春)
- 집필테마 : 21세기, 더욱 다양해지는 일본영화
- 최종학력 : 중앙대학교 대학원 박사과정 수료
- 현   직 : 서경대학교 일어학과 조교수
- 전   공 : 일본문화, 한국예술
- 대표논저
  『야나기 무네요시(柳宗悦)의 한국미론(美論)과 종교철학』
  『일본영화상업의 새로운 경향』

곽은심(郭銀心)
- 집필테마 : 일본 드라마의 역사와 그 작품
- 최종학력 : 도쿄(東京)대학 종합문화연구과 박사과정 수료
- 현   직 : 중앙대학교 강사
- 전   공 : 사회언어학·제2언어습득
- 대표논저
  「韓国の帰国子女の言語生活」
  「韓国人留学生の日本語と韓国語のコード・スイッチング」

노근숙(盧近淑)
- 집필테마 : 대중음악과 가라오케의 신경향
- 최종학력 : 니혼(日本)대학 교육대학원 졸업
- 현   직 : 중앙대학교 일어일문학과 대우교수
- 전   공 : 일본근대문학
- 대표논저
  「日本 茶の湯의 形成과 展開」
  「十三年과 메밀꽃 필 무렵의 비교 분석」

이건상(李健相)
- 집필테마 : 시대를 반영하는 만화문화
- 최종학력 : 중앙대학교 대학원 졸업, 문학박사
- 현   직 : 인천대학교 일어일문학과 교수
- 전   공 : 일본학
- 대표논저
  「蕃書調所의 번역과 교육」
  「開成所의 改革과 諸學諸術」

이재성(李在聖)
- 집필테마 : 아니메 파워와 역사의 아이러니
- 최종학력 : 주오(中央)대학 문학연구과 박사과정 수료, 문학박사
- 현   직 : 중앙대학교 일어일문학과 교수
- 전   공 : 일본근대문학
- 대표논저
  「가와바타 야스나리 연구 -초월지향의 프로세스」
  「가와바타 야스나리 『천 마리 학』 고찰-근원적인 성과 마계를 중심으로」
  「일본문학에 나타난 전쟁체험 양상」

한기련(韓基連)
- 집필테마 : 판타지와 첨단기술의 조화를 즐기는 게임
- 최종학력 : 중앙대학교 대학원 졸업, 문학박사
- 현   직 : 강릉대학교 여성인력개발학과 교수
- 전   공 : 일본근대문학
- 대표논저
  『이시카와 타쿠보쿠의 슬픔과 한』
  「이시카와 타쿠보쿠의 단가 연구」

현대일본의 문화콘텐츠 21

지은이 / 한일문화연구원
발행인 / 김재엽
펴낸곳 / **한누리미디어**
디자인 / 지선숙

121-840, 서울시 마포구 서교동 395-13 서원빌딩 2층
전화 / (02)379-4514, 379-4519
Fax / (02)379-4516
E-mail/hannury2003@hanmail.net

신고번호 / 제300-2006-61호
등록일 / 1993. 11. 4

초판발행일 / 2008년 9월 5일

ⓒ 2008 박전열 외 Printed in KOREA

값 22,000원

※잘못된 책은 바꿔드립니다.

ISBN 978-89-7969-326-3 93830